JESUS DE NAZARÉ

Dados Internacionais de Catalogação na Publicação (CIP)
(Câmara Brasileira do Livro, SP, Brasil)

Hernández Alonso, Juan José
  Jesus de Nazaré, suas palavras e as nossas : o que se pode afirmar sobre sua vida e sua mensagem / Juan José Hernández Alonso ; tradução João Batista Kreuch. – 1. ed. – Petrópolis, RJ : Vozes, 2022.

Título original: Jesús de Nazaret – Sus palabras y las nuestras

ISBN 978-65-5713-262-3

1. Cristianismo 2. Cristologia 3. Jesus Cristo – Biografia 4. Jesus Cristo – Ensinamentos 5. Jesus Cristo – Historicidade 6. Jesus Cristo – Vida espiritual 7. Teologia cristã I. Título.

21-66260   CDD-232.901

Índices para catálogo sistemático:
1. Jesus Cristo : Vida : Cristologia   232.901

Maria Alice Ferreira – Bibliotecária – CRB-8/7964

JUAN JOSÉ HERNÁNDEZ ALONSO

JESUS DE NAZARÉ,
SUAS PALAVRAS E AS NOSSAS

O QUE SE PODE AFIRMAR SOBRE SUA VIDA E MENSAGEM

Tradução de João Batista Kreuch

EDITORA VOZES

Petrópolis

© Editorial Sal Terrae, 2016. Grupo de Comunicación Loyola – Espanha

Tradução realizada a partir do original em espanhol intitulado
Jesús de Nazaret – Sus palabras y las nuestras.

Direitos de publicação em língua portuguesa – Brasil:
2021, Editora Vozes Ltda.
Rua Frei Luís, 100
25689-900 Petrópolis, RJ
www.vozes.com.br
Brasil

Todos os direitos reservados. Nenhuma parte desta obra poderá ser reproduzida ou transmitida por qualquer forma e/ou quaisquer meios (eletrônico ou mecânico, incluindo fotocópia e gravação) ou arquivada em qualquer sistema ou banco de dados sem permissão escrita da editora.

CONSELHO EDITORIAL

Diretor
Gilberto Gonçalves Garcia

Editores
Aline dos Santos Carneiro
Edrian Josué Pasini
Marilac Loraine Oleniki
Welder Lancieri Marchini

Conselheiros
Francisco Morás
Ludovico Garmus
Teobaldo Heidemann
Volney J. Berkenbrock

Secretário executivo
Leonardo A.R.T. dos Santos

Diagramação: Raquel Nascimento
Revisão gráfica: Alessandra Karl
Capa: Renan Rivero

ISBN 978-65-5713-262-3 (Brasil)
ISBN 978-84-293-2595-9 (Espanha)

Este livro foi composto e impresso pela Editora Vozes Ltda.

Dedicatória

No seguimento do Galileu mais universal,
cujos atos e palavras anunciaram profeticamente
o caminho do reino de Deus.
Com curiosidade, humildade, admiração e esperança nele,
que apontou um futuro durável e luminoso.

Sumário

Dedicatória, 5

Prólogo, 13
 Dom José Sánchez González

Introdução geral, 17

CAPÍTULO 1
O Jesus histórico, 23

 1.1. O Jesus da história, 23

 1.2. Interesse e transcendência do estudo sobre o Jesus da história, 24

 1.3. A interminável busca de Jesus de Nazaré, 28

 1.4. Do Jesus histórico à Igreja, comunidade dos discípulos de Jesus, 45

CAPÍTULO 2
Pressupostos de estudo e questões metodológicas, 52

 2.1. Εὐαγγέλιον ou boa notícia, 52

 2.2. Nas pegadas dos evangelhos, 53

 2.3. A recepção da comunidade eclesial, 57

 2.4. Os quatro evangelhos, 60

 2.5. O desenvolvimento da tradição do Evangelho de Jesus, 61

 2.6. Reconhecer o Jesus histórico, 67

 2.7. A Igreja Católica e a pesquisa bíblica, 73

 2.8. Conclusão, 82

CAPÍTULO 3
A esperança messiânica no Antigo Testamento – Uma introdução à história de Israel, 83

 3.1. As origens de um povo: a terra e seus habitantes. Os Patriarcas, 84

 3.2. Sob o poder de Egito, 86

3.3. A conquista de Canaã, 90

3.4. A época dos Juízes, 91

3.5. A instituição da monarquia, 93

3.6. A monarquia dividida. O reino do Norte e o reino de Judá, 99

3.7. O exílio na Babilônia, 107

3.8. A restauração na época persa, 108

3.9. A época helenística, 110

3.10. Conclusão, 114

CAPÍTULO 4
O contexto da vida de Jesus, 115

4.1. A figura de Jesus de Nazaré: uma breve biografia, 115

4.2. A terra de Jesus, 120

4.3. Sob o império de Roma, 122

4.4. Herodes, o Grande, 123

4.5. Palestina, 125

4.6. Galileia, 126

4.7. Judeia, 131

4.8. A família de Jesus, 133

4.9. Jesus e João Batista, 135

4.10. O ministério de Jesus, 141

4.11. A nova família de Jesus, 145

4.12. Os discípulos, 147

4.13. Os Doze, 151

4.14. Inimigos de Jesus, 155

CAPÍTULO 5
O anúncio do reino de Deus, 159

5.1. O reino de Deus, 159

5.2. Poder e soberania de Deus no Antigo Testamento, 160

5.3. O reino de Deus, centro da mensagem de Jesus, 164

5.4. Significado de βασιλεία τοῦ Θεοῦ ou reino de Deus, 165

5.5. A pregação de João Batista, 166

5.6. O reino de Deus na pregação de Jesus: o reino está próximo, 168

5.7. Presente e futuro do reino de Deus, 169

5.8. O contexto da pregação de Jesus sobre o reino de Deus, 171

5.9. Chegou o reino de Deus, 172

5.10. O reino de Deus é para os pobres e excluídos do mundo, 181

5.11. A dimensão futura do reino de Deus, 184

5.12. Reinterpretando o reino de Deus – Opiniões de exegetas e teólogos, 189

5.13. Os valores permanentes do reino de Deus, 195

CAPÍTULO 6
Ações e milagres de Jesus de Nazaré, 198

6.1. As ações de Jesus narradas nos evangelhos, 202

6.2. O conceito de milagre, 203

6.3. As curas (exorcismos e terapias) de Jesus, 206

6.4. O estilo de vida de Jesus: família e refeições, 209

6.5. Significado teológico dos milagres de Jesus, 215

CAPÍTULO 7
Sobre os títulos de Jesus, 217

7.1. Questão introdutória, 217

CAPÍTULO 8
O Filho do homem, 220

8.1. Jesus, o Filho do homem, 220

8.2. Origem da expressão "Filho do homem", 221

8.3. Palavras de Jesus que evocam o "Filho do homem", 224

8.4. Opiniões acerca da expressão "Filho do homem", 227

8.5. Significado da expressão "Filho do homem", 230

CAPÍTULO 9
O Messias, 232

    9.1. Jesus, o Messias, 232

    9.2. Significado do termo "Messias", 232

    9.3. "Messias" no Antigo Testamento, 233

    9.4. "Messias" no Novo Testamento, 240

    9.5. Conclusões, 245

CAPÍTULO 10
O "Filho de Deus", 248

    10.1. Jesus, o "Filho de Deus", 248

    10.2. O mundo dos deuses pagãos e o conceito de "Filho de Deus", 250

    10.3. "Filho de Deus" no Antigo Testamento e no judaísmo, 252

    10.4. "Filho" e "Filho de Deus" nos escritos dos evangelhos, 253

        a) Marcos, 254

        b) Mateus, 258

        c) Lucas, 261

        d) João, 262

    10.5. Conclusão, 264

CAPÍTULO 11
O conflito final de Jesus, 266

    11.1. A morte de Jesus, 266

    11.2. O conflito na vida de Jesus, 268

    11.3. Jesus enfrenta a morte e deixa entrever seu alcance, 273

    11.4. A morte do profeta, 274

    11.5. A morte do justo, 275

    11.6. A morte do servo sofredor, 277

    11.7. A paixão de Jesus, 281

    11.8. Referências evangélicas ao sofrimento de Jesus, 281

11.9. Os anúncios dos sofrimentos e da paixão de Jesus, 283

11.10. Os relatos da paixão de Jesus, 285

    11.10.1. A oração no horto do Getsêmani, 285

    11.10.2. A prisão de Jesus, 286

    11.10.3. Jesus ante o sinédrio, 288

    11.10.4. Jesus ante o tribunal romano, 289

    11.10.5. O caminho da cruz e a crucifixão, 293

    11.10.6. A morte de Jesus, 297

CAPÍTULO 12
A última ceia de Jesus, 301

12.1. Os relatos da ceia, 302

12.2. Ceia pascal e ceia de Jesus, 313

12.3. A última ceia e a Eucaristia, 316

12.4. Conclusão, 321

CAPÍTULO 13
Ressuscitou!, 323

13.1. Deus o ressuscitou, 323

13.2. A experiência pascal, 325

13.3. Os relatos pascais, 328

13.4. A tradição do sepulcro vazio, 330

13.5. As aparições de Jesus, 335

    a) As aparições às mulheres, 335

    b) A aparição a Pedro, 337

    c) Aparições aos Onze em Jerusalém, 339

    d) Aparição a Tomé, 341

    e) A aparição a caminho da aldeia de Emaús, 342

    f) Aparições na Galileia, 344

13.6. A tradição sobre a fé pascal, 347

13.7. Linguagem do Novo Testamento e realidade sobre a nova vida de Jesus, 350

CAPÍTULO 14
A fé da Igreja em Jesus de Nazaré, o Credo eclesial, 354

14.1. A fé da Igreja em Jesus, 354

14.2. Principais traços cristológicos dos evangelhos, 355

14.3. A fé em Jesus e o diálogo com o mundo da cultura, 365

14.4. Pensamento cristológico no período pré-niceno, 372

14.5. Erros sobre Jesus no cristianismo nascente, 381

14.6. O caminho até o Concílio de Niceia, 385

14.7. O Concílio I de Niceia (325), 391

14.8. O Concílio de Constantinopla I (381), 398

14.9. Entre Constantinopla e Calcedônia, 401

14.10. O Concílio de Calcedônia (451), 406

14.11. Conclusão, 409

Conclusão geral, 411

Glossário, 417

Bibliografia geral, 437

Prólogo

Atendo com gosto e com gratidão ao convite de Juan José Hernández Alonso de escrever um prólogo ao presente livro, *Jesus de Nazaré: suas palavras e as nossas*, por duas razões: por nossa longa amizade e porque o li detidamente, com atenção, com gosto e até com devoção, e reconheço que me foi de grande proveito.

Conheci o autor no ano de 1947, como aluno do Seminário diocesano da Cidade Rodrigo, duas turmas depois de mim. Depois ele estudou Teologia em Roma; a mim me correspondeu Salamanca. Nossa amizade se consolidou no curso de 1959-1960 no Convictorio sacerdotal da Cidade Rodrigo. Em julho de 1960 fomos enviados os dois, junto com outro companheiro, Juan Medina (RIP), à Alemanha, à diocese de Rottenburg/N, hoje Rottenburg-Stuttgart, para o serviço pastoral aos emigrantes espanhóis, com a preparação prévia no ministério de vigários em paróquias alemãs.

Juan José, já então, apontava o que haveria de ser depois de seu ofício e de sua paixão: o estudo e o ensino da Teologia, cujo fruto maduro é o presente livro. Digo que Juan José já apontava para isso porque, enquanto Juan Medina e eu fomos para a Alemanha leves de bagagens, Juan José ia equipado com uma maleta de livros de Teologia que nos revezamos para carregar nas baldeações de estação pelos túneis do Metrô de Paris.

Juan José conseguiu compatibilizar o seu serviço aos emigrantes espanhóis, primeiro na Alemanha, depois na Inglaterra, com o estudo da Teologia alemã e anglo-saxã que, mais tarde, ampliou nos Estados Unidos da América. Completava, assim, seus estudos feitos em Roma antes do Concílio Vaticano II, com a Teologia pós-conciliar a partir da dupla perspectiva, alemã e anglo-saxã.

Teve a oportunidade de comunicar seus conhecimentos no breve tempo em que trabalhou como professor na Universidade Pontifícia de Salamanca e, muito embora, posteriormente, tenha sido professor de Filologia Inglesa na Universidade de Salamanca, nunca abandonou o estudo e o interesse pela Teologia. A prova dessa trajetória de toda uma vida é esta obra que tenho a honra de apresentar.

Porém, não é somente minha amizade com o autor que me move a escrever esta simples apresentação; não sei se pode chamar-se "prólogo", porque é um gênero literário que não cultivei. Move-me também e, sobretudo, a gratidão, porque me trouxe muito proveito sua leitura e não posso senão recomendá-la a todos que tenham interesse em abordar adequadamente a pessoa, a vida e a obra de Jesus de Nazaré, o Cristo.

Depois de uma atenta leitura, considero que este estudo sobre Jesus de Nazaré pode muito bem ser colocado na lista das boas publicações deste gênero; algumas já clássicas, outras mais recentes; todas, sem dúvida, atuais. Para citar algumas, sem pretender excluir outras, considero que o livro do Dr. Hernández Alonso não apenas não desmerece, senão que está à altura do *Jesus – História de um Vivente*, de E. Schillebeeckx; do *Jesus de Nazaré – Mensagem e história de Jesus*, de Joachim Gnilka; da obra *Jesus de Nazaré*, de Joseph Ratzinger (Bento XVI); do *Jesus – Aproximação histórica*, de José Antonio Pagola..., entre outras. Cito só alguns dos livros sobre Jesus mais lidos ultimamente; abstenho-me de um juízo de valor ou de manifestar minhas preferências. Com esta afirmação, apenas quero expressar minha convicção de que o livro que aqui prefacio reúne as condições exigidas para se comparar com estas publicações e outras semelhantes.

Fundamento minha opinião, não só minha impressão, de que o livro sobre Jesus de Juan José Hernández Alonso é, em primeiro lugar, o resultado da leitura e da apreciação crítica do que há de mais importante publicado sobre este aspecto de Jesus como figura histórica nos últimos tempos, não somente no âmbito europeu, mas também no mundo anglo-saxão.

No livro mantém-se firme a tese comum da historicidade de Jesus patente nos textos sagrados e na Tradição da Igreja a partir de suas origens, confirmada pelos testemunhos profanos ou apócrifos que, embora escassos e um pouco menos confiáveis, são suficientes para não pôr em dúvida a existência de Jesus na história.

A interminável e fascinante busca do Jesus da história – desde a época da Ilustração até nossos dias – simboliza o diligente e escorregadio intento da reflexão teológica sobre a figura de Jesus e a inesgotável riqueza de sua pessoa e de sua mensagem.

Como o próprio autor expressa, "a busca do Jesus histórico sempre é frutífera, apesar de suas dificuldades e limitações; porém, o Jesus histórico que encontramos não é suficiente nem pode esgotar o sentido de nossa fé cristã. Nunca chegaremos a descobrir um Jesus histórico que possa ser identificado com o autêntico e verdadeiro Jesus".

Por isso, não menos importante é o esforço constante e o empenho do autor para que o seu rigor investigativo sobre o Jesus da história não oculte sua condição como alguém que crê em Jesus, o Filho de Deus, Senhor e Salvador. Com a mesma força com que se deve apresentar Jesus em sua história humana, se deve apresentá-la em sua origem divina, em sua missão messiânica, como Senhor e Salvador.

Aspectos esses fundamentais, reconhecidos e demonstrados também na história dos crentes e dos discípulos de Jesus, em seu tempo e posteriormente.

A importância nesta obra da dupla linha da fidelidade histórica, a partir da história terrena de Jesus e da fé dos crentes, aparece, por exemplo, na linha de continuidade das expectativas messiânicas do Antigo Testamento com a trama histórica de Jesus de Nazaré, desde seu nascimento até sua morte; com o Cristo Ressuscitado crido, confessado e vivido por seus discípulos e pela Igreja; com a esperança de sua vinda em majestade, como aparece nos escritos neotestamentários e na definição da fé cristã nos primeiros concílios.

Os meios e os métodos históricos de aproximação a Jesus em sua história terrena não são aplicáveis para nos aproximarmos do acontecimento de sua ressurreição e do Cristo Ressuscitado e vivo e presente hoje, ainda que não perceptível pelos sentidos. Porém, o Jesus de Nazaré não é menos real do que o Cristo da fé. Ao primeiro, a Jesus de Nazaré, se pode aceder, ainda que com dificuldades, pelos métodos históricos, como a qualquer personagem histórico de vinte séculos atrás do qual haja testemunhos. Ao segundo, ao Cristo que ressuscita e vive para sempre e virá com glória, e que é o mesmo Jesus de Nazaré, se acede pela fé, que é também um meio válido, não ilusório nem em contradição com a razão ou com a história, para chegar ao conhecimento de uma pessoa real.

O autor trata deste importantíssimo ponto, por exemplo, ao falar da ressurreição do Senhor, acontecimento transcendental em Jesus de Nazaré, ainda que já não pertença à sua história terrena. Porém, que não é menos real do que seu nascimento, sua vida ou sua morte. Diz assim: "A ressurreição de Jesus não pertence mais à história terrena. Os métodos históricos não podem comprovar o fato da ressurreição. O Ressuscitado transcende o espaço e o tempo, ainda que sua pessoa se mescle com os traços próprios e singulares do Jesus histórico. Neste sentido, e singularmente pela centralidade da crença em Jesus Ressuscitado a partir já do próprio começo do cristianismo, o Jesus da fé está intimamente relacionado com o Jesus da história, e sem a ressurreição não poderia explicar-se a religião cristã. A partir desta perspectiva, cabe entender de alguma maneira o componente histórico da ressurreição de Jesus. A continuidade entre o Jesus da história e o Cristo da fé é algo de que não se pode duvidar. O crucificado e o glorificado são uma única realidade".

Sem cair nem em uma apologética acrítica ou em um imperativo categórico, nem em uma espécie de biografia devota de Jesus, o autor mantém permanentemente na obra o rigor do investigador bem-informado, o acertado discernimento naquilo que está sujeito a opinião e, ao mesmo tempo, o respeito, a fidelidade e o afeto do discípulo que crê.

Não deixam de ser igualmente relevantes a linguagem clara e exequível, e a capacidade de expressar de maneira compreensível diante da dificuldade natural de alguns pontos. Por isso, considero este livro adequado como uma atualização sobre o estado da questão sobre Jesus que, de uma ou outra forma, vem sendo colocada há vários séculos, porém, sobretudo, a partir do século XIX. Por outro lado, este livro pode ser oferecido como alimento espiritual ao leitor crente em Jesus Cristo. A leitura da obra suscita a admiração pela pessoa de Jesus, fortalece a fé do leitor e lhe oferece meios e recursos para ser seu mensageiro e sua testemunha.

A mim, pessoalmente, trouxe-me encanto sua leitura e me serviu para um melhor e mais atualizado conhecimento de Jesus, do que dele se pensa e se escreve, e ainda para responder às duas perguntas que, como a seus discípulos, nos faz a todos o Senhor (cf. Mt 16,13ss.): o que dizem as pessoas de mim? "E vós quem dizeis que eu sou?" Quem é Jesus hoje para tantos que não o conhecem e para aqueles que falam dele e o estudam? E a segunda, quem é Jesus para mim?

Considero que a leitura do presente livro pode nos oferecer uma valiosa ajuda para responder adequadamente a essa dupla pergunta.

José Sánchez González
Bispo emérito de Sigüenza-Guadalajara

Introdução geral

Com curiosidade, admiração e respeito, homens e mulheres de todos os tempos – crentes e não crentes – temo-nos questionado a respeito de Jesus de Nazaré. Quem é esse homem, de origem humilde, pregador e curador infatigável e aclamado nas ignoradas aldeias da Galileia, alijadas do poder imperial de Roma e da pureza religiosa do povo de Israel? Por que um homem, executado por suas pretensões de ser "rei dos judeus" se converteu rapidamente no centro de um movimento religioso que marcaria o rumo espiritual e cultural do mundo ocidental? Por que um crucificado desperta tantas interrogações, inquietações e esperanças no coração do ser humano? Que razão existe para que a memória de um galileu sobreviva em tantos milhões de pessoas, de todas as condições econômicas, religiosas e sociais e ao longo de toda a história do cristianismo?

Esta pergunta múltipla sobre Jesus de Nazaré aparece já expressamente formulada nas próprias origens do cristianismo. Ao norte da Galileia, em uma cidade chamada Cesareia de Filipo, em honra a um filho de Herodes o Grande, a antiga Panias (Banias, atualmente), em uma região pagã e fortemente relacionada com atividades visionárias e com o César de Roma, Jesus pergunta a seus discípulos: "Quem dizem os homens que eu sou?" (Mc 8,27). As opiniões do povo, ainda que apropriadamente façam referência ao caráter profético de Jesus, são realmente incompletas. Por isso Jesus se dirige a seus discípulos e lhes pergunta: "E vós, quem dizeis que eu sou?" (Mc 8,29). Pedro respondeu assim: "Tu és o Messias" (Mc 8,29). Quer dizer, Jesus é o Cristo, o Messias escatológico, o último rei de Israel que ensinará os caminhos de Deus a todos os reis do universo, submetendo-os e derrotando-os. Como grande novidade, esta missão messiânica se realizará através do sofrimento e da morte: "O Filho do homem tinha que sofrer muito, e ser rejeitado pelos anciãos e os sumos sacerdotes e os escribas, e sofrer a morte e, depois de três dias, ressuscitar" (Mc 8,31). Precisamente, o Crucificado e Ressuscitado – e só Ele – trará a salvação a Israel e a todos os povos da terra. Esta confissão de Pedro bem pode ser, como opina J. Marcus, "o eco de uma confissão cristã primitiva, que os leitores de Marcos já conhecem por seus próprios ofícios litúrgicos"[1].

---

1. J. MARCUS. *El evangelio según Marcos 8,22–16,8* (Salamanca: Sígueme, 2011), p. 701.

A partir da resposta de Pedro, a pergunta de Jesus de Nazaré provocou uma infinidade de soluções, impregnadas de múltiplas concepções bíblicas, filosóficas e teológicas, em um renovado afã por descobrir a autêntica figura do Salvador do mundo. É claro que os escritos do Novo Testamento, inspirados nas Escrituras hebraicas, oferecem uma grande variedade de cristologias, nas quais se encontram diversos títulos – Messias, Filho do homem, Senhor, Filho de Deus, inclusive, Deus – aplicados a Jesus de Nazaré. Animados por esta riqueza doutrinal, cristãos de todas as épocas da história têm expressado sua fé, conformando-a às suas próprias representações culturais. Desta forma, a imagem do Jesus da história aparece algumas vezes como mestre ético, perseguidor de um claro ideal religioso e outras como personagem revolucionário, intolerante com as atitudes morais dos dirigentes políticos e religiosos de Israel. Mesmo assim, biblistas e teólogos se concentram tanto em sua humanidade, ressaltando as propriedades inerentes à mesma, como em sua divindade, chamando-o Lógos, Cristo, Senhor e Salvador[2].

Esta permanente busca pela identidade de Jesus de Nazaré é uma prova inequívoca da centralidade desta questão na cristologia. Ela nos conduz inevitavelmente à consideração do fato bíblico por excelência: a existência histórica de Jesus de Nazaré e a profissão de fé em Cristo, o Senhor. Fato e interpretação constituem inseparavelmente o fato bíblico por antonomásia. A história – o Jesus que viveu na Palestina e morreu em uma cruz – fica muda sem a interpretação, e a interpretação – a fé no Ressuscitado– sem a história, fica oca e vazia[3].

Desnecessário afirmar que, como teólogo cristão que empreende este trabalho ajudado pelo conhecimento das ciências filológicas, minha profissão de fé proclama a verdadeira divindade e a verdadeira humanidade de Jesus que, em sua existência histórica pregou a boa-nova do reino de Deus, curou as pessoas mais necessitadas, padeceu e morreu, e Deus o ressuscitou, constituindo-o Senhor do universo.

Depois de muitos estudos de pesquisa sobre Jesus de Nazaré, minhas pretensões de trazer alguma novidade sobre Ele aos leitores irremediavelmente se desvanecem. A força dos meus argumentos está nos conhecimentos de inúmeros teólogos e biblistas em cujo saber me amparo e aos quais me sinto muito agradecido.

Não pretendo sugerir que meus conhecimentos bíblicos e teológicos nesta matéria sejam insuperáveis. Em meus estudos de licenciatura em teologia na Universidade Gregoriana de Roma e de doutorado, orientado à eclesiologia, na Universidade de Münster, na Westfália (Alemanha), percebi que a dogmática é incompreensível

---

2. Cf. E. RICHARD. *Jesus: One and Many: The Christological Concepts of the New Testament Authors* (Wilmington: Michao Glazier, 1988), p. 26.
3. Cf. F. FERNÁNDEZ RAMOS. *Diccionario de Jesus de Nazaret* (Burgos: Monte Carmelo, 2001), p. 649. J. I. González Faus, *La Humanidade Nueva. Ensayo de Cristología* (Santander: Sal Terrae, 19849), p. 15.

sem a Escritura, a Igreja sem o reino e que nenhum estudo teológico, em geral, tem outro centro senão Cristo, o Senhor. Recordo, ademais, com lúcida saudade e profundo contentamento, o curso de Cristologia que dei a teólogos protestantes na Faculdade do *Garrett-Evangelical Theological Seminary*, na atraente e ecumênica cidade de Evanston, às margens do formoso lago Michigan, nos Estados Unidos da América. Foi uma experiência única e enriquecedora, e como tal me recordo dela.

Nesta ocasião, escrevo por pura curiosidade intelectual e com satisfação pessoal, em busca do fundamento de minha fé cristã. Eu sei que a compreensão total de Jesus é inalcançável, que sua pessoa é cativante e sua mensagem original é fascinante. Por isso, sem pretensões acadêmicas nem restrições de tempo, embarco como um *seeker* [buscador] indigente, ingênuo e curioso, na busca daquele que cativou minha existência por ter-me ensinado sobre a paternidade de Deus e a irmandade entre os homens e por ter-me mostrado um futuro esplendoroso, no qual, como diz o Apocalipse de João, o Senhor Deus reluzirá sobre toda a criação e reinará pelos séculos dos séculos (Ap 22,5).

Não me questiono neste momento a respeito da conveniência de publicar um novo livro sobre Jesus de Nazaré, embora esteja plenamente consciente tanto da impossibilidade de se reconstruir sua vida, no sentido mais estrito da ciência histórica moderna, como de trazer alguma contribuição nova a tantos estudos sérios sobre esta matéria. Paradoxalmente, nesta inegável debilidade encontro minha força. À parte os excelentes e minuciosos estudos sobre a vida de Jesus de Nazaré, sempre aparece no horizonte de sua pessoa e de sua mensagem a salvação de Deus, oferecida nele a toda a humanidade. Nenhum ser humano pode realizar por si mesmo esta salvação, nenhuma forma de libertação científica e social é capaz de colmar os anseios de bondade e compaixão da pessoa, nenhuma experiência religiosa pode substituir a originalidade salvífica que o Ressuscitado nos oferece. Meu estudo se encaminha a conhecer melhor Jesus, a autêntica salvação do mundo.

O objetivo deste livro não é entrar em discussão com as várias correntes cristológicas, antigas e modernas, com pretensões de apresentar alguma interpretação relevante no campo da cristologia. Não é minha intenção polemizar sobre as muitas questões abertas em torno da figura de Jesus de Nazaré. Seria impossível entrar na análise da abundante literatura bíblica e teológica sobre Jesus, desdobrada especialmente nos últimos tempos. Minha aspiração é, simplesmente, apresentar Jesus de Nazaré com a linguagem mais transparente e acessível possível, mostrar os conteúdos mais essenciais de sua mensagem e, ao mesmo tempo, pôr em relevo a simplicidade e a espontaneidade de suas palavras diante da complexidade e, algumas vezes, a artificialidade das nossas.

Levei a cabo este trabalho recolhendo o ingente material que a exegese – católica e protestante – tem utilizado para se aproximar do conhecimento da figura de Jesus de Nazaré e analisando criticamente o valor dos argumentos utilizados. Esta e não outra é a função do teólogo, preso à Escritura, porém livre para avaliar e selecionar as opiniões dos exegetas. E, sobretudo, aproximei-me com esmero e dedicação do Jesus dos evangelhos, de vida diáfana e mensagem luminosa. No estudo de Jesus de Nazaré, empreguei o método histórico-crítico que, como considera González-Faus, se acomoda facilmente à situação de secularização do mundo atual (substituindo uma cristologia "dedutiva" por uma "genética") e faz frente a um problema "cultural" de nossa época[4]. Também recorri à fé, consciente de que as ciências históricas não só não esgotam o conhecimento de Jesus, como ainda deixariam sem solução questões colocadas ao longo de toda a história. Razão e fé necessitam uma da outra e se complementam mutuamente, como afirma o Concílio Vaticano II em vários de seus documentos importantes[5]. Os evangelhos canônicos têm sido minha primeira e fundamental fonte de inspiração. Dou por entendidas as questões que fazem referência ao caráter histórico dos mesmos e à hermenêutica para sua compreensão. Atenho-me exclusivamente à interpretação destes escritos, que possibilitam o acesso ao Jesus da história e ao Cristo da fé. Também foram utilizadas outras fontes, clássicas nesta matéria, cujo conhecimento está ao alcance de qualquer leitor.

Os temas de investigação pretendem oferecer uma visão bastante ampla da figura de Jesus, tanto em sua face histórica como do ponto de vista da fé. Para isso, detalhando os pressupostos de estudo e as questões metodológicas, analiso o contexto judeu para chegar aos pontos essenciais da cristologia: o Jesus histórico, a aparência e contexto de sua vida, o anúncio do reino de Deus, suas atitudes e milagres, os títulos messiânicos reivindicados por Jesus, o conflito final de sua vida e a celebração da última ceia e, finalmente, a fé da Igreja em seu Senhor.

Minhas últimas palavras desejam transmitir um agradecimento sincero a tantos teólogos e exegetas que, com suas pesquisas, serviram-me de inspiração e orientação neste estudo. Pessoalmente, creio que estudar e conhecer com mais profundidade Jesus é em si uma alegre satisfação e uma recompensa. Tornei-me mais seguro sobre a generosidade e a misericórdia de um homem-Deus, que ama e acolhe as pessoas de todos os tempos, sejam descendentes do povo de Israel ou das nações gentílicas.

---

4. J. I. GONZÁLEZ FAUS. *La Humanidad Nueva. Ensayo de Cristología*. 9. ed. (Santander: Sal Terrae, 1984), p. 15-16.

5. CONCÍLIO VATICANO II: *Dei Verbum*, c. III, p. 12; *Lumen gentium*, c. II, p. 9; *Ad Gentes*, c. II, p. 10.

O livro leva o título de *Jesus de Nazaré: suas palavras e as nossas*. A palavra, apesar de ser o instrumento mais sutil e poderoso do ser humano, sempre é frágil e incerta. Mesmo que invoquemos teorias linguísticas pode parecer inconsistente e vazia de sentido em si mesma ou carecer de integração em estruturas gramaticais e do discurso. Com a palavra, não obstante, afirmamos a sublimidade de Deus e confessamos as verdades mais firmes e libertadoras de nossa fé cristã. Falamos de Jesus de Nazaré de forma analógica e simbólica, amparados na força de sua Palavra – dele mesmo – que nos comunica Deus, seu Pai, e que transcende os signos alfabéticos mais sagrados, aqueles que encontramos na Escritura, por ser o Logos, a Palavra, que existia no princípio com Deus e que era Deus (Jo 1,1). Ao fazer a contraposição entre as palavras de Jesus e as nossas, eu quis chamar a atenção para a lacuna evidente que existe entre o frescor original da mensagem do Ungido de Deus e a fragilidade e, às vezes, a pobreza da formulação que nós, seus discípulos e seguidores, dela fazemos. Diminuir esta distância – que subjaz entre suas palavras e as nossas – é a tarefa da teologia em todos os tempos, que intenta expressar com coragem e beleza a peculiar originalidade da mensagem de Jesus.

Para finalizar esta introdução, gostaria de mencionar que as citações do Antigo Testamento e do Novo Testamento presentes neste livro foram tomadas da Sagrada Bíblia por Francisco Cantera e Manuel Iglesias, publicada na BAC no ano de 2003*. É uma Bíblia científica, com versão crítica sobre os textos hebraico, aramaico e grego, em que sobressaem a fidelidade textual e os comentários de tipo filológico. Segundo a opinião de especialistas exegetas, é a mais apropriada e conveniente para um estudo com essas características. Para mim, ela foi extraordinariamente útil e instrutiva; por isso, minha admiração e gratidão àqueles que, de maneira tão especial, souberam descobrir e ensinar a inesgotável riqueza da palavra de Deus.

---

* Evidentemente, o autor se refere à edição original em espanhol. Nesta tradução, as citações bíblicas são substituídas, em geral, pela tradução da Bíblia da Editora Vozes (50ª. Edição), exceto quando se mostrou importante ater-se mais próximo a versão do original para conservar termos ressaltados pelo autor [N.T.].

CAPÍTULO 1
O Jesus histórico

1.1. O Jesus da história

A figura de Jesus de Nazaré tem ocupado o centro das manifestações populares da fé, pesquisas históricas e das reflexões teológicas. É o que se revela na infinidade de livros e ensaios de alta especialização exegética e teológica, em estudos temáticos de divulgação, em boletins e revistas de interesse geral de ampla difusão e, inclusive, em projeções cinematográficas e televisivas. Esses estudos se caracterizam por sua abundância, sua pluralidade e a variedade de enfoques, que conduzem a conclusões nitidamente diferenciadas, apesar de, em todos eles, existirem algumas características básicas que nos ajudam a esboçar a figura de Jesus de Nazaré.

Todas estas investigações possuem peculiaridades muito definidas: têm um nítido caráter interdisciplinar, prescindem parcialmente do interesse teológico que, teoricamente, todo estudo sobre Jesus deve possuir, consideram seriamente as contribuições dos documentos que não se encontram no cânon tradicional da teologia católica, concedem grande importância às ciências históricas e à metodologia científica, são realizadas não só em centros teológicos, mas também em departamentos de universidades laicas e se produzem tanto na Europa – particularmente em seminários e institutos alemães – como em países de língua inglesa, especialmente nos Estados Unidos.

Não é ou não deve parecer estranho que as ciências e a teologia se ocupem da busca do Jesus da história. Trata-se simplesmente de dar expressão ao velho problema da relação entre a fé e a ciência, precisamente naquelas questões que são fundamentais na vida cristã. Ainda que se mostre extremamente difícil, pelas intrincadas urdiduras das tradições e dos relatos bíblicos e seu cotejamento com os dados da história, não é aconselhável renunciar à busca do Jesus da história. Eliminar esta busca da correspondência ou harmonia entre fé e ciência seria simplesmente disfarçar o sentido da realidade histórica e da fé em Jesus, neste caso. Interrogar-se a respeito do Jesus da história, que aparece nos evangelhos, é simplesmente uma exigência da fé. Os esforços por averiguar o Jesus da história, que aparece nos evangelhos, ainda que sejam árduos e complexos, mostram-se indispensáveis para a tradição de fé. Os evangelhos não podem ser abandonados à incúria e ao descaso da ciência, expondo-os indevidamente à lenda e ao ceticismo. Neles se observa a frescura dos relatos, a autenticidade dos acontecimentos, a originalidade da mensagem, de tal forma que nem sequer podem ser obscurecidos pela fé pascal da comunidade. Os vestígios da história nos evangelhos são inequívocos e precedem qualquer consideração de índole teológica.

Em todo caso, a investigação histórica não pode ser freada nem obstaculizada pelos pressupostos dogmáticos. É indiscutível que o interesse que a tradição evangélica suscita tem um alcance que ultrapassa a dimensão da história e que a perspectiva pascal dos seguidores de Jesus não se limita por parâmetros da ciência histórica moderna. Porém, Jesus tem uma história antes de sua morte e ressurreição, antes que a fé de seus discípulos tivesse reconhecido sua filiação divina. A fé cristã não é um mito nem uma lenda, construídos sobre concepções falsas, privadas de qualquer fundamento histórico. Os conteúdos do Evangelho têm sido construídos e interpretados, não por um interesse histórico, mas a partir de uma perspectiva de fé. O humano, aquilo que acontece na história, se converte no divino, com a certeza proporcionada pela fé da comunidade dos seguidores de Jesus. Tudo o mais, quer dizer, aquilo que não é recolhido nas tradições orais e escritas sobre Jesus como evento histórico, deve ser considerado alheio à fé cristã. A dimensão histórica dos evangelhos reafirma a presença de Jesus na humanidade, ao mesmo tempo em que deixa aberto o futuro escatológico da soberania de Deus.

As interpretações históricas sobre Jesus não são chamadas a nos oferecer uma imagem detalhada de sua pessoa, de suas ações e suas palavras, de sua evolução psicológica. Não é necessário especificar detalhes, nem se deve desconsiderar a percepção pascal da comunidade primitiva sobre Jesus. A crítica histórica moderna pode livrar-nos de muitas falhas de interpretação. Seria ingênuo imaginar que os evangelhos apresentassem em detalhes a história de Jesus; sem dúvida, nos falam de ações e acontecimentos que, como dizia anteriormente, se caracterizam por sua autenticidade e simplicidade.

A história de Jesus de Nazaré, narrada com características de tradição popular – tão distante do conceito de história que temos atualmente – e orientada ao conhecimento e à prática de uma comunidade de fiéis, distante de todo saber científico, não só não desvirtua a realidade, como também a transforma em única e singular, dando sentido à fé da comunidade cristã primitiva.

1.2. Interesse e transcendência do estudo sobre o Jesus da história

É evidente o interesse pela figura de Jesus de Nazaré nos últimos anos. Como já mencionei, no esclarecimento de sua pessoa se concentram estudos de toda índole, alguns tratando de aprofundar a ideia tradicional da comunidade eclesial, outros aplicando a Jesus conceitos alheios à tarefa teológica. Com estas colocações, apareceram estudos sobre Jesus cheios de fantasia e sensacionalismo junto a outros que, ainda que com perspectivas diferentes, conduzem a uma aproximação crítica às tradições orais da comunidade primitiva e aos conteúdos do evangelho. Em todo caso, o estudo do Jesus histórico é um tema central na reflexão teológica. A revelação definitiva de Deus ao homem, a encarnação, assim como a experiência pascal da comunidade após a ressurreição de Jesus, carecem de todo sentido se não estiverem cimentadas em uma realidade histórica. O mito e a lenda não podem ser fundamento do autenticamente divino.

Jesus, aquele que se conformou à nossa natureza e a quem Deus ressuscitou dentre os mortos para ser elevado à glória de Deus, não pode ser confessado pela comunidade cristã como Senhor se sua existência se disfarça de mito e lenda e não se conforma à realidade histórica. O alijamento da história no estudo sobre Jesus só pode conduzir ao docetismo, reduzindo toda a riqueza de sua pessoa a uma mera aparência estéril.

As investigações históricas sobre Jesus de Nazaré lançam muita luz sobre sua pessoa, ainda que estejam cheias de múltiplas dificuldades de índole variada. Encontramo-nos, em primeiro lugar, com o confronto entre o Jesus histórico e o Cristo da fé, que suscita profundos desencontros, originados, às vezes, por meros pré-juízos, tanto no campo bíblico como no das ciências históricas e sociais. Além disso, a terminologia, a metodologia, pressupostos e conceitos são muito variados nas reflexões sobre Jesus. Isso nos leva a pensar que a tarefa para chegar ao conhecimento do Jesus da história é árdua e, às vezes, desalentadora.

Neste estudo, é necessário ter presentes as afirmações de um dos mais eminentes e eruditos exegetas católicos, J. P. Meier. No começo de sua grande obra sobre Jesus, ele constata: "Por 'Jesus Histórico' entendo o Jesus que podemos recuperar, resgatar ou reconstruir utilizando os meios modernos da investigação científica. Dada a fragmentariedade de nossas fontes e o caráter frequentemente indireto dos argumentos que temos que empregar, este 'Jesus histórico' será sempre uma elaboração científica, uma abstração teórica que não coincide nem pode coincidir com a realidade total de Jesus de Nazaré como realmente viveu e atuou na Palestina durante o século I de nossa era"[1]. De forma categórica, este reconhecido exegeta afirma: "O Jesus histórico não é o Jesus real. O Jesus real não é o Jesus histórico"[2]. E, no sentido de "real", considera diferentes graus. Apesar da existência inquestionável

---

1. J. P. MEIER. *Un Judío Marginal. Nueva visión del Jesús histórico, I: las raíces del problema y de la persona* (Estella: Verbo Divino, 2005), p. 29.
2. *Ibid.*, p. 47.

de uma pessoa, ninguém pode conhecer sua realidade total, simplesmente porque, por sua própria natureza, o conhecimento histórico é limitado.

Acerca de muitos personagens da história moderna, de que dispomos de inúmeros dados empíricos, podemos traçar um retrato "razoavelmente completo" de sua realidade, apesar de as interpretações de tais dados serem muitas e diferentes. De personagens da história antiga, de quem temos materiais menos abundantes, podemos reconstruir às vezes apenas um retrato confiável. Sem dúvida, carecemos de fontes suficientes para reconstruir um retrato razoavelmente completo da figura de Jesus. Falando do Jesus histórico, este autor diz: "Jesus viveu aproximadamente trinta e cinco anos na Palestina do século I. Cada um desses anos foi cheio de mudanças físicas e psicológicas. Inclusive antes de iniciar seu ministério público, boa parte de suas palavras e atos tinham tido como testemunhas a sua família e amigos, seus vizinhos e conhecidos. Em princípio, esses acontecimentos estavam, então, à disposição do interessado em indagar. Em seguida, durante aproximadamente os três últimos anos de sua vida, muito do que Jesus disse e fez ocorreu em público ou ao menos diante de seus discípulos, especialmente daqueles que viajavam com Ele. De novo, em princípio, se trata de acontecimentos que podiam chegar, então, ao conhecimento do pesquisador zeloso. Sem dúvida, a grande maioria desses atos e palavras, a história 'razoavelmente completa' do Jesus 'real', se encontra hoje irremediavelmente perdida para nós"[3]. De forma mais categórica se pronuncia Meier, afirmando: "Não podemos conhecer o Jesus 'real' mediante investigação histórica, nem sua realidade total, nem sequer ter um retrato biográfico razoavelmente completo"[4].

Por sua vez, sim, podemos conhecer o "Jesus histórico". O Jesus da história não é absolutamente inalcançável pelos meios técnicos da moderna investigação científica. R. Aguirre afirma que "nenhum historiador sério põe hoje em questão a possibilidade de se ter acesso ao Jesus da história"[5]. Dispomos de escritos suficientes para traçar as características mais importantes de Jesus, segundo os meios científicos da investigação histórica. Parece evidente que não podemos chegar a conhecer o Jesus real, a totalidade de sua pessoa, e que temos que nos conformar com alguns aspectos de sua vida. Tampouco devemos confundir o "Jesus real", conhecido "mediante estudo e raciocínio" com o "Jesus teológico", afirmado "mediante a fé", como expressa Meier[6]. Uma coisa é a reflexão teológica sobre Jesus, com métodos e critérios próprios desta ciência, quer dizer, a cristologia, que tem Jesus

---

3. *Ibid.*, p. 48.
4. *Ibid.*, p. 50.
5. R. AGUIRRE; C. BERNABÉ & C. GIL. *Qué se sabe de...Jesús de Nazaret* (Estella: Verbo Divino, 2009), p. 21.
6. J. P. MEIER, *op. cit.*, p. 34.

Cristo como objeto da fé cristã, e outra muito distinta é a investigação da pessoa de Jesus mediante os métodos modernos das ciências históricas.

O Jesus da história – e volto uma vez mais a citar a J. P. Meier – é uma abstração e construção moderna, surgida na época da Ilustração e sua busca "pode reconstruir tão somente fragmentos de um mosaico, o leve esboço de um afresco descolorido que permite muitas interpretações"[7].

Acerca da busca do Jesus histórico, outro famoso teólogo, especialista em Novo Testamento em âmbito mundial, James D. G. Dunn, aponta uma série de fatos, que me parecem significativos para a compreensão do tema. Este teólogo põe em evidência a dificuldade de definir o sentido da expressão "Jesus histórico" (aquele, como ele diz, "reconstruído pela investigação histórica") e as tentativas de substituição do "Cristo da fé" pelo "Jesus da história". Em sua argumentação, este biblista, pertencente à confissão anglicana, estabelece dois corolários de extrema importância, a saber, que sem a fé da tradição eclesial é impossível chegar ao Jesus da história – o acesso a Jesus de Nazaré só é possível "na medida em que foi recordado" (como explicado em seu livro *Jesus Remembered* [Jesus recordado]) – e que nenhuma fonte goza da pureza e da autenticidade que os evangelhos canônicos proporcionam. O único Jesus que realmente podemos encontrar em qualquer busca é o "Jesus dos evangelhos", aquele que, com suas palavras e ações, deu origem ao cristianismo[8]. Seu pensamento pode resumir-se no parágrafo que encerra o livro: "Não há um 'Jesus histórico' crível a partir do retrato dos evangelhos que se distinga do Jesus emblemático da tradição sinóptica. Não temos à nossa disposição um Jesus galileu distinto daquele que deixou marca tão profunda na tradição de Jesus e através dela. Apesar disso, este é seguramente o Jesus histórico que o cristão deseja encontrar". E se pergunta retoricamente: "Deveriam o exegeta e o historiador contentar-se com menos?"[9]

Tomando em consideração estas reflexões e estando conscientes das limitações tanto nos métodos como nos resultados sobre o Jesus histórico, nos aventuramos na apaixonante tarefa da busca, movidos não só pela curiosidade científica e pelo espetacular interesse cultural do tema, mas também, e sobretudo, para descobrir a raiz histórica de nossa fé cristã.

---

7. Este autor, além dos termos "Jesus real" e "Jesus histórico", admite a existência de outro, a saber, o "Jesus terreno" ou "Jesus durante sua vida na terra". Em relação a este último, diz: "A ambiguidade do termo 'Jesus terreno' apoia-se no fato de que também se pode usá-lo, com diferentes matizes, para o Jesus real e o Jesus histórico: esses remetem também a Jesus na terra. E a ambiguidade se agrava ainda mais porque, para um teólogo, a simples expressão 'Jesus terreno' pode implicar uma existência no céu, antes da encarnação e depois da ressurreição. Por esta falta de clareza no conceito, não empregarei 'Jesus terreno' como uma categoria principal neste livro" (*Op. cit.*, p. 51).
8. Cf. J. D. G. DUNN. *Redescobrir a Jesús de Nazaret. Lo que la investigación sobre el Jesús histórico ha olvidado* (Salamanca: Sígueme, 2015), p. 36-42.
9. *Ibid.*, p. 122.

1.3. A interminável busca de Jesus de Nazaré

A busca do Jesus da história é um fato que persiste desde a época da Ilustração até nossos dias. Não é, portanto, um fenômeno novo. De fato, é uma questão intrínseca à fé cristã, embora a reflexão e a polêmica sobre o tema pertençam aos tempos recentes. Se o cristianismo dos primeiros séculos não problematizou a relação entre o Cristo da fé (crido e confessado) e o Jesus da história, a cultura da Ilustração, baseada no racionalismo e na clara oposição ao sobrenatural e ao tradicional, começou a questionar as religiões reveladas e a pôr em dúvida as seculares convicções religiosas.

A imagem de Jesus de Nazaré, o centro da fé cristã, sofreu as invectivas deste movimento cultural e intelectual europeu e os evangelhos, imagens desta figura, foram submetidos à investigação crítica. Os estudiosos desta investigação, plasmada em muitas ocasiões em profundo desacordo e em múltiplos enfoques enormemente diferenciados, falam genericamente da *Old Quest* (antiga busca), da *New Quest* (nova busca) e da *Third Quest* (terceira busca), ainda que esta última categoria, segundo alguns autores, careça de entidade própria. Todas essas investigações históricas vêm desde meados do século XVIII até a época atual[10].

Hermann Samuel Reimarus (1694-1768) é considerado unanimemente o primeiro investigador que inicia o caminho da busca do Jesus histórico. Manuscritos inéditos deste professor de línguas orientais em Hamburgo, publicados, em parte, por seu discípulo, G. E. Lessing, como "Fragmentos de Wolfenbüttel", abriram os caminhos da investigação histórica sobre Jesus, caminhos ainda abertos e, em boa medida, promissores e em constante atualização. Supunha-se uma busca de Jesus desvinculada da tradição dogmática da Igreja Católica, que proporcionasse uma imagem de Jesus livre de qualquer preconceito das épocas anteriores.

Os textos manuscritos de Reimarus, carregados de agudeza crítica e de ressentimento, provocaram reações muito diversas, como era de se presumir, porém, abriram, indiscutivelmente, um caminho que conduziria inevitavelmente ao esclarecimento da figura de Jesus de Nazaré. A investigação acerca do Jesus histórico era fruto da Ilustração e do nascimento da história como ciência. Era lógico, consequentemente, que tal investigação não poderia ver-se livre dos preconceitos que esses movimentos projetavam sobre a religião. Como aponta A. Schweitzer, os livros sobre Jesus deste período estão impregnados de um caráter profundamente pessoal, em que se observa claramente o ódio ou o amor dos autores, movidos não

---

10. R. FABRIS. *Jesús de Nazaret. Historia e Interpretación* (Salamanca: Sígueme, 1985), p. 11-34, oferece uma introdução curta e indicativa acerca do debate histórico sobre Jesus, sob as seguintes epígrafes: a) O Jesus dos ilustrados, b) O Jesus da escola de Tübingen, c) O Jesus da "escola liberal", d) Jesus na história das religiões, e) O Jesus "histórico" no século XX.

tanto pelo rigor científico quanto pela agressão ou a defesa dos evangelhos[11]. A suspeita da Ilustração se centrava na identidade entre o Jesus da história e o que os evangelhos nos apresentam dele. Punha-se em questionamento a unidade entre o Jesus objeto da ciência histórica e o apresentado nos evangelhos e pregado pela Igreja como Cristo da fé.

Não é de estranhar que, com tais pressupostos metodológicos, aparecessem no âmbito da religião imagens de Jesus carregadas de subjetivismo e carentes de imparcialidade. A tese central de Reimarus, expressa de forma concisa, é muito clara e simples, a saber, o Jesus que viveu em Nazaré no século I não é o mesmo que o Cristo pregado nos evangelhos. O Jesus da história foi um personagem profético a mais entre os muitos que surgiram no povo judeu, fracassado e condenado à morte; os discípulos converteram seu fracasso em ressurreição e o proclamaram redentor e salvador por sua morte na cruz. Era o Cristo da fé. Reimarus aplicou os princípios do racionalismo a todos os acontecimentos narrados nos evangelhos e separou, por princípios metodológicos, a mensagem de Jesus e a fé de seus seguidores. Uma coisa seriam os ditos e ações de Jesus e outra, muito distinta, a pregação que seus discípulos fizeram dele. Jesus teria sido um típico profeta apocalíptico de Israel. Sua pregação, centrada no arrependimento, concebia-se como anúncio do reino de Deus. Este reino, exposto profusamente em imagens e parábolas (entendidas pelo povo sem necessidade de mais explicações), concebia-se, segundo Reimarus, como temporal e personificado em Jesus, que libertaria seu povo da opressão de Roma. Este seria o começo de um novo reino. Porém, Jesus morreu no mais evidente fracasso, abandonado por seu Pai e pelos homens, nos tormentos de uma cruz. A lógica frustração dos discípulos, abandonados de novo à sua incerta sorte depois da morte de Jesus, se transformou em segurança e firmeza ao proclamar a ressurreição do Galileu. Roubaram seu corpo, afirma Reimarus, e inventaram a história da ressurreição e de um Messias salvador da humanidade, elevado aos céus cheios de glória e poder sobre vivos e mortos.

Os propósitos de Jesus e os de seus discípulos eram radicalmente distintos. O retrato do Jesus histórico pintado por Reimarus é, nas palavras de J. Jeremias, "absurdo e desleixado"[12]. A publicação dos "Fragmentos", uma tentativa de substituir a revelação pela razão e a busca de um cristianismo sem dogmas, provocou um enorme escândalo na opinião pública religiosa, porém sua importância não pode ser minimizada. Doravante, começaria o debate histórico-crítico sobre Jesus; a partir do ponto de vista metodológico se distinguiria nitidamente o Jesus da história do Cristo da fé e apareceriam tratados abundantes sobre a vida de Jesus, como os

---

11. A. SCHWEITZER. *Geschichte der Leben Jesu Forschung*. 9. ed. (Tübingen: Mohr, 1984).
12. J. JEREMIAS. *The Problem of the Historical Jesus* (Phliladelphia: Fortress Press, 1964), p. 5.

publicados por Davi Friedrich Strauss (1808-1874)[13], Bruno Bauer (1809-1882)[14], Ernest Renan (1823-1892)[15] ou J. Weiss (1863-1914)[16], entre outros.

Grande parte das publicações sobre a busca liberal de Jesus destaca-se por sua atitude hostil em relação ao cristianismo. Os autores, guiados pelos princípios da Ilustração e hostis à ortodoxia do cristianismo, desenharam um Jesus histórico alijado do judaísmo e da pregação da Igreja Católica. Os evangelhos foram interpretados com critérios puramente humanos e a imagem de Jesus de Nazaré se reduziu à de um mero pregador moral, um reformador social, comprometido com os pobres e oprimidos, um revolucionário político, um ser humano excepcional ou, inclusive, um personagem de ficção. Os autênticos desejos de objetividade se haviam convertido em imagens distorcidas da realidade histórica, em pura subjetividade, em muitos casos. A semelhança destas vidas de Jesus inspirou-se no descobrimento da prioridade de Marcos sobre os outros evangelistas sinóticos. Os simples detalhes do Evangelho de Marcos, aparentemente próximos aos acontecimentos da vida de Jesus, foram considerados mais confiáveis a partir do ponto de vista histórico e deram o tom da vida de Jesus, marcada pelo êxito na Galileia e convertida em sofrimento, uma vez descoberta sua autêntica missão que o conduziria à morte na cruz em Jerusalém.

Apesar das muitas falhas e deformações, a busca iniciada não se mostrou completamente negativa. Até fins do século XIX, em 1882, o teólogo alemão, Karl

---

13. Escreveu *Das Leben Jesu, kritisch bearbeitet* (Darmstadt: Wissenschaftliche Buchgesellschaft, 1969). Os evangelhos, afirma, são relatos míticos, não falsificados, como defende Reimarus; livros de fé que não têm explicação racional, escritos com uma mentalidade pré-científica. Os relatos evangélicos contêm materiais existentes no Antigo Testamento e na história das religiões. O Jesus da história é simplesmente mitológico. Esse mito representa verdade, porém não se realiza na história, mas somente se representa na ideia. Conforme esta argumentação, escassamente interessada em buscar a verdade histórica dos relatos evangélicos, a figura de Jesus seria facilmente prescindível, abrindo o caminho à negação de sua existência histórica. Em sua interpretação se verifica a influência de F. C. Baur, fundador da famosa "Escola de Tübingen".

14. Publicou *Die Geschichte des Lebens Jesu mit steter Rücksicht auf die vorhandenen Quellen* (Leipzig: Dr. Von Ammon, 1842).

15. Com sua obra *La Vie de Jésus* (Paris: Calmann-Lévy, 1923) contribuiu para a busca do Jesus histórico a partir das posições racionalistas da escola liberal. Segundo Renan, a Bíblia está sujeita a escrutínio científico e crítico como qualquer livro, e a vida de Jesus deve ser escrita como a de qualquer personagem histórico. Na opinião deste autor, revestido com sua linguagem sentimental e pitoresca, Jesus aparece inicialmente como o bondoso pregador do reino de Deus na Galileia, para se converter em um revolucionário em seus últimos dias em Jerusalém, disposto a dar sua vida pela causa do reino de Deus, interpretado agora de forma apocalíptica.

16. A Johannes Weiss se deve a denominação do documento Q. Para este teólogo protestante alemão, o tema central de Jesus de Nazaré é a chegada iminente do reino de Deus. Assim se pode observar em sua obra *Die Predigt Jesu vom Reiche Gottes* (Göttingen: Vandenhoeck & Ruprecht, 1964). Ele insiste no enraizamento do cristianismo nas fontes judaicas, afastando-o de interpretações provenientes dos cultos mistéricos.

Martin August Kähler (1835-1912) publicou sua obra *Der sogenannte historische Jesus und der geschichtliche, biblische Christus* ["O assim chamado Jesus histórico e o Cristo bíblico da história"], em que, à parte uma chamada de atenção sobre o otimismo do racionalismo e da escola liberal, introduziu duas famosas distinções que, dali em diante, formariam parte do vocabulário da cristologia. Ele distinguiu entre "Jesus" e "Cristo", por um lado, e entre *historisch* (histórico) e *geschichtlich* (da história), por outro. Estaríamos diante de uma realidade – central no cristianismo – que admitiria, segundo este teólogo, uma dupla interpretação: a que constata os atos históricos, interpretados com meros critérios histórico-científicos, sempre aberta à multiplicidade de opiniões, e a realizada à luz do fato da ressurreição e proclamação de Jesus como Senhor, quer dizer, fundamentada na fé. Ficava assim colocada uma dupla alternativa para a compreensão de Jesus: a de um Jesus cujos atos e palavras estavam sujeitos à mera interpretação da ciência histórica (*historisch*) e a do Cristo, existencialmente histórico (*geschichtlich*), proclamado pela Igreja. O Jesus da história faz referência a Jesus de Nazaré, conhecido pela investigação crítica das ciências humanas, enquanto o Cristo da fé é o Jesus conhecido à luz da ressurreição e proclamado pela fé como Messias e Senhor[17].

No ano de 1901, aparece a importante obra de William Wrede (1859-1906), *Das Messiasgeheimnis in dem Evangelien*[18]. Este livro, já estabelecida a prioridade do Evangelho de Marcos, pôs em evidência o caráter teológico deste evangelista e consequentemente sua natureza tendenciosa. Assim se depreende do chamado "segredo messiânico" – o silêncio que Jesus (descrito por Marcos) impõe aos espíritos impuros que o reconhecem como Messias e Filho de Deus – que, mais do que um dato histórico, é um recurso literário do evangelista, produto da fé da comunidade cristã depois da ressurreição. A comparação das diferentes passagens dos sinóticos convenceu Wrede de que a origem do segredo messiânico não estava em Jesus, mas em Marcos. A identificação de Jesus como Messias se produziu somente a partir de sua morte. Não existe a menor dúvida, afirma este teólogo, de que "a ideia do segredo messiânico é um conceito teológico".

A obra de Wrede colocou uma grande nuvem de dúvidas sobre a investigação histórica da vida de Jesus. Ao pôr em dúvida a confiabilidade de Marcos como fonte histórica (e descartados previamente outros relatos evangélicos mais duvidosos),

---

17. O idioma alemão dispõe de dois termos sinônimos, um de raiz latina *historisch* (historicamente documentado), e outro de raiz germânica *geschichtlich* (historicamente significativo). No debate sobre o Jesus histórico, estes termos serviram para distinguir entre o objeto da ciência historiográfica moderna -*historisch*- e a história entendida em um sentido mais profundo, enquanto acontecimento significativo não só para o presente, mas também para a posteridade – *geschichtlich*.
18. W. WREDE. *Das Messiasgeheimnis in den Evangelien. Zugleich ein Beitrag zum Verständnis des Markusevangeliums* (Göttingen: Vandenhoeck and Ruprecht, 1901).

produziu-se uma situação de perplexidade, agravada pela publicação de Albert Schweitzer (1875-1965), no ano de 1906, da *Geschichte der Leben-Jesu-Forschung* [História da investigação sobre a vida de Jesus]. A obra, traduzida foi ao inglês por W. Montgomery com o nome de *The Quest of the Historical Jesus*, e teve grande influência, especialmente no mundo de língua inglesa. Schweitzer rechaçou a imagem de Jesus apresentada pela teologia liberal, afirmando que era impossível sua reconstrução partindo dos escritos evangélicos e das ciências humanas.

Os teólogos da época pretendiam desfazer-se das amarras do dogma e se tinham enredado nos laços da filosofia e das ciências, projetando uma imagem de Jesus conforme seus ideais éticos, sociais ou políticos. Sua célebre frase, que tomo de R. Aguirre, resume assim esta ideia: "Jesus, livre das amarras com que há séculos havia estado preso à rocha da doutrina eclesiástica [...], não se deteve em nosso tempo, mas voltou ao seu"[19]. O tempo ao que faz referência é o da espera escatológica-apocalítica. Jesus, argumentava, não foi um homem moderno, mas sim "um estranho e um enigma" para a época contemporânea[20]. Nos textos de uma escatologia apocalíptica, Schweitzer distinguiu duas etapas na vida de Jesus: por um lado, consciente de seu messianismo, teria estado plenamente convencido da proximidade do fim. Isso parece concluir-se do mistério do reino de Deus, a que se refere Marcos (Mc 4,11), e o texto-chave de Mateus, segundo o qual "e quando vos perseguirem numa cidade, fugi para outra; pois vos digo, em verdade, não esgotareis as cidades de Israel antes que chegue o Filho do homem" (Mt 10,23). Por outro, a profecia – referida ao tempo – não se cumpriu. Os discípulos regressaram de sua missão e o mundo não presenciou a manifestação do Filho do homem. Porém, Jesus não renunciou à sua missão. Subiu a Jerusalém e, com sua morte, esperaria definitivamente a chegada do reino de Deus. Segundo Schweitzer, "o Jesus de Nazaré que se manifestou publicamente como Messias, que pregou a ética do reino de Deus, que fundou o reino dos céus sobre a terra e morreu para dar à sua obra a consagração final, nunca existiu". O autêntico conhecimento de Jesus consiste na vivência de seu espírito. Em plena coerência com seus postulados teológicos, A. Schweitzer dedicou os últimos anos de sua vida ao estudo da medicina e a exercê-la na África, à espera do tempo escatológico.

A antiga busca do Jesus histórico chegou ao seu fim com a obra de Schweitzer, uma vez que a euforia do liberalismo teológico havia enfraquecido e aparecia no cenário teológico a figura dominante de R. Bultmann. Apesar das dificuldades e erros cometidos, a busca não havia sido infrutífera. Tinham-se estabelecido prin-

---

19. R. AGUIRRE; C. BERNABÉ & C. GIL. *Qué se sabe de...Jesús de Nazaret* (Estella: Verbo Divino, 2009), p. 27.

20. A. SCHWEITZER. *The Quest of the Historical Jesus: A Critical Study of its Progress from Reimarus to Wrede* (Londres: A. & C. Black, 1910), p. 398.

cípios que formariam parte da investigação bíblica nascente. Havia-se incorporado à ciência bíblica o documento Q e admitido a prioridade de Marcos. A distinção entre o Jesus da história e o Cristo da fé havia ficado patente. Havia recebido realce e valor o contexto do século I do judaísmo palestino na interpretação dos temas bíblicos, assim como o trabalho da primitiva comunidade eclesial no conhecimento da figura de Jesus.

O ceticismo a respeito do conhecimento do Jesus histórico que domina, em boa medida, a primeira metade do século XX está representado na figura do grande teólogo alemão Rudolf Bultmann (1884-1976). Sua postura em relação ao tema do Jesus histórico deve entender-se no contexto da descoberta da "história das formas". Os evangelhos nasceram de pequenas unidades independentes às quais os evangelistas deram forma literária contextualizada (esta foi a grande contribuição de K. L. Schmidt) e, ademais, estas unidades tinham surgido e se tinham transmitido em diferentes ambientes das comunidades cristãs, guiadas pela fé (M. Dibelius, 1883-1947)[21]. Com estas descobertas bíblicas, a tarefa de traçar a vida de Jesus se tornava muito mais árdua ao requerer não só o estudo das fontes, senão também das tradições orais. E assim, Bultmann não apenas duvida da possibilidade de aceder historicamente a Jesus, dada a complexidade do material elaborado pelas primeiras comunidades cristãs, mas além disso, considera desnecessária esta busca do ponto de vista teológico, já que o importante é a adesão do crente a Cristo, pregado no querigma da Igreja. O importante não é Jesus, e sim a mensagem.

A autoridade de Bultmann pesou tanto no mundo teológico e bíblico que na primeira metade do século XX quase não se produziram abordagens importantes sobre o Jesus histórico. Somente um célebre teólogo luterano, Joachim Jeremias (1900-1979), formado em Jerusalém e perfeito conhecedor dos textos e da cultura bíblica, adentrou-se neste estudo, com excelentes contribuições, especialmente no que se refere à invocação *abbâ'*, às Parábolas de Jesus e à teologia do Novo Testamento[22].

Em outubro de 1953, Ernst Käsemann, professor de Novo Testamento na Universidade de Tübingen e discípulo de Bultmann, em desacordo com o ceticismo de seu mestre, pronunciou uma conferência em Hamburgo intitulada "O problema do Jesus histórico"[23], em que advogava a volta à investigação do Jesus histórico. Essa investigação, desprovida dos preconceitos e dos defeitos da primeira busca, dispunha agora de novos métodos histórico-críticos: a crítica das fontes, das for-

---

21. M. DIBELIUS. *Die Formgeschichte des Evangeliums* (Tübingen: Mohr, 1919).

22. J. JEREMIAS. *Abba y el mensaje central del Nuevo Testamento* (Salamanca: Sígueme, 1981); ID. Las *Parábolas de Jesús* (Estella: Verbo Divino, 1981); ID. *Teología del Nuevo Testamento. La predicación de Jesús* (Salamanca: Sígueme, 2009).

23. E. KÄSEMANN. "El problema del Jesús histórico", en *Ensayos exegéticos* (Salamanca: Sígueme, 1978), p. 159-189.

mas e da redação. Era impensável, segundo este teólogo, negar a relação existente entre o Jesus histórico e o Cristo da fé, e o querigma do Novo Testamento não podia prescindir do Jesus histórico. A fé cristã não podia desvincular-se da vida histórica de Jesus. Os evangelhos não são histórias, porém contêm material histórico; tampouco são documentos míticos, e a fé não pode sustentar-se somente no querigma eclesial. O Jesus histórico interpreta o querigma e este interpreta o Jesus histórico. Käsemann, ao referir-se ao interesse que devemos mostrar pelo Jesus da história, diz: "(desinteressar-se do Jesus terreno) seria ignorar que existem na tradição sinótica alguns elementos que o historiador, se quiser continuar sendo realmente historiador, tem que reconhecer simplesmente como autênticos [...] o problema do Jesus histórico não foi inventado por nós, mas é o enigma que ele mesmo nos propõe"[24].

A segunda busca, iniciada por E. Käsemann, desencadeou um interesse renovado pela pessoa de Jesus e, consequentemente, uma onda de publicações teológicas. Entre os teólogos protestantes, em grande parte alemães, se encontram G. Bornkamm, H. Conzelman, H. Braun, W. Pannenberg e J. Robinson e entre os católicos, R. Schnackenburg, H. Küng, W. Kasper e E. Schillebeeckx. O precioso e famoso livro de Günther Bornkamm, *Jesus de Nazaré*, se orienta na mesma direção de E. Käsemann, defendendo a possibilidade e a conveniência da investigação sobre o Jesus histórico. No capítulo intitulado "Fé e história nos evangelhos" afirma: "Nossa tarefa mais urgente não será, pois, a de reafirmar a verossimilhança histórica desse ou daquele relato de milagre, que a crítica considera como uma lenda, e de salvar essa ou aquela palavra do Jesus histórico que sem dúvida não se explicam bem senão pela fé da comunidade crente. Tais operações tentadas aqui ou ali não podem remediar nossa situação em seu conjunto. Sem dúvida, os evangelhos não autorizam de nenhuma maneira a resignação ou o ceticismo. Pelo contrário, nos fazem sensíveis à pessoa histórica de Jesus, ainda que de maneira muito distinta de como o fazem as crônicas ou os relatos históricos. Está bem claro: o que os evangelhos relatam da mensagem dos atos e da história de Jesus se caracteriza por uma autenticidade, um frescor, uma originalidade que nem sequer a fé pascal da comunidade foi capaz de reduzir; tudo isso remete à pessoa terrena de Jesus"[25].

Edward Schillebeeckx, um dos teólogos católicos mais famosos e originais do século XX, publicou dois relevantes livros para a interpretação cristológica: *Jesus: um experimento em Cristologia e Jesus, a história de um vivente*. São um dos melhores trabalhos sobre o Jesus histórico. Cito dois lugares, relativamente extensos, que dão ideia de sua opinião sobre esta questão. O primeiro deles diz assim: "Uma in-

---

24. E. KÄSEMANN. *Ensayos exegéticos* (Salamanca: Sígueme, 1978), p. 159.
25. G. BORNKAMM. *Jesus de Nazaret* (Salamanca: Sígueme, 2002), p. 24-25.

vestigação histórica sobre Jesus é absolutamente necessária; dá um conteúdo concreto à fé, porém, em nenhum caso pode ser uma *verificação da fé*. Uma imagem de Jesus reconstruída historicamente pode apenas admitir a interpretação cristã ou mantê-la aberta, porém não pode impô-la partindo de seus próprios posicionamentos. Daí que é racionalmente possível interpretar Jesus em um sentido judeu, não cristão ou religioso em geral. Um historiador, ademais, não pode enquanto tal demostrar que a autêntica ação salvífica de Deus se realizou em Jesus. Uma realidade salvífica não pode ser verificada objetivamente por meio da história. Para isso se requer, tanto antes como depois da morte de Jesus, uma decisão de fé baseada em acontecimentos relativos a Jesus, os quais são identificáveis, porém não deixam de ser historicamente ambíguos e por isso escapam a uma valoração racional inequívoca. Se a investigação histórica nos permite descobrir que a cristologia posterior à morte de Jesus se fundamenta em sua vida, em sua mensagem e em sua práxis, com isso estamos mostrando uma continuidade real, porém tal verificação só é significativa se se parte do pressuposto de fé de que Deus atua realmente em Jesus. E isto é um ato de fé"[26]. E, no segundo, se afirma: "Por isso, a fé cristã implica, para mim, não só a presença pessoal e viva do Jesus glorificado, como também uma conexão com sua vida terrena; esta vida terrena foi confirmada e legitimada por Deus através da ressurreição. Por isso, para mim, o cristianismo ou o querigma sem o Jesus histórico carece de conteúdo ou, em todo caso, não é cristianismo. Se o núcleo da fé cristã consiste no reconhecimento crente da ação salvífica de Deus na libertação, particularmente na história de Jesus de Nazaré, para a libertação dos homens (em outras palavras, se devemos falar do Jesus histórico com uma linguagem de fé), então a história pessoal deste Jesus não pode perder-se na névoa, sob pena de que nossa cristologia se converta em ideologia"[27].

A busca continuou avançando, incorporando o estudo das ciências sociais, da arqueologia, das descobertas de Qumran e, em geral, dos conteúdos provenientes da tradição rabínica. Esta nova busca se libertou, em boa parte, dos postulados racionalistas da primeira busca, apesar de ainda persistirem entre seus representantes sinais de uma clara modernidade.

Até a década de 1980, os estudos sobre o Jesus histórico, realizados, em um primeiro momento, em institutos superiores e em universidades teológicas europeias, especialmente alemãs, se abriram a seminários e a departamentos universitários de estudos religiosos sediados em países de língua inglesa, particularmente nos Estados Unidos. Nascia assim a chamada *Third Quest*, ou terceira busca, questionada por alguns estudiosos por romper abruptamente com a fase anterior e por sua

---

26. E. SCHILLEBEECKX. *Jesus La historia de un viviente* (Madri: Trotta, 2002), p. 63-64.
27. *Ibid.*, p. 65.

falta de interesse teológico. Os investigadores da terceira busca realçam o valor das fontes antigas, como os dados oferecidos pelo historiador judeu, Flávio Josefo[28] (até agora, bastante ignorado), as valiosas contribuições dos documentos de Qumrã[29] e, em geral, as contribuições das ciências sociais, culturais, antropológicas e religiosas ao judaísmo palestino da época de Jesus.

Entre os teólogos mais importantes desta terceira busca merecem menção à parte os membros do chamado *Jesus Seminar*[30] e, de forma especial, J. P. Meier[31]. A reconstrução histórica pela qual se empenha o fundador do *Jesus Seminar*, R. W. Funk, se contrapõe radicalmente às linhas traçadas pelas Escrituras e, em particular, pelos evangelhos. Jesus de Nazaré, um profeta itinerante, livre e sábio, subversivo e perigoso pela novidade de sua mensagem, não pode intrincar-se nos costumes tradicionais do povo de Israel, nem se ajustar a ditos e parábolas do Novo Testamento, como tampouco confundir-se com as práticas da comunidade cristã primitiva. A fé, mais do que ajudar, distorce a figura do Jesus histórico e consequentemente deve ser eliminada. História e fé são realidades irreconciliáveis e o "Jesus histórico" deve prevalecer sobre o "Cristo da fé"[32].

Sobre o extenso e profundo trabalho do biblista católico J. P. Meier, *Um judeu marginal*, R. Aguirre se pronunciou, na apresentação do livro, da seguinte maneira: "Por sua índole ponderada, pelo rigor analítico e pela abrangência de sua abordagem, o livro de Meier se propõe a ser um ponto de referência incontornável durante muito tempo na pesquisa histórica sobre Jesus"[33]. De forma semelhante avalia R. E. Brown a contribuição deste autor ao estudo do Jesus histórico, ao afirmar

---

28. Flávio Josefo nasceu na Palestina, no ano 37 d.C. Comandou as forças judaicas na Galileia durante a rebelião contra Roma (66-70). Rendeu-se a Vespasiano e, posteriormente, foi cliente da família imperial Flávia (daí, o nome de Flávio). Tito, filho de Vespasiano, o levou a Roma e o aposentou no palácio imperial. Em Roma, escreveu suas obras mais conhecidas.

29. Os manuscritos do mar Morto, encontrados nas grutas de Qumran na margem noroeste do Mar Morto, no ano de 1947, compreendem rolos e fragmentos escritos entre finais do século III a.C. e princípios do século I d.C. Entre eles, há livros do Antigo Testamento, escritos apócrifos e composições da comunidade judaica que habitava nesse lugar. Entre as composições mais importantes da comunidade se encontram as denominadas QS4, ou regra da comunidade (150-125 a.C.), QSa, que trata dos últimos dias, QSb, que contém bençãos, QH, uma coleção de hinos ou salmos, QM, uma descrição da guerra final entre as forças do bem e as do mal.

30. Os autores do *Jesus Seminar* mais importantes ficaram no capítulo IV deste livro, "Contexto da vida de Jesus", concretamente, na parte IV. p. 10 "O ministério de Jesus".

31. J. P. MEIER. *Un judio marginal. Nueva visión del Jesús histórico*, vols. I-IV (Estella: Verbo Divino, 2004-2010).

32. Cf. R. W. FUNK. *Honest to Jesus: Jesus for a New Millennium* (San Francisco: Harper, 1996), p. 208, 252, 300.

33. J. P. MEIER. *Un judio marginal. Nueva visión del Jesús histórico I: Las raíces del problema e da persona* (Estella: Verbo Divino, 2005), p. 26.

que é "a mais ambiciosa reconstrução moderna do Jesus histórico"[34]. E sentencia: "da imponente obra de Meier emerge um Jesus mais tradicional, que tem considerável número de traços em comum com o Jesus Cristo descrito em Paulo e nos evangelhos"[35]. Os cinco primeiros capítulos do tomo I de *Um judeu marginal* estão dedicados a conceitos básicos e às fontes sobre o Jesus histórico. Meier parte de um contexto católico (p. 34) e se pronuncia imediatamente sobre os aspectos sociológicos, religiosos e a crítica literária como instrumentos para o conhecimento do Jesus histórico. Em relação aos aspectos sociológicos, o autor faz uma clara distinção entre "uma consideração das realidades sociais do tempo de Jesus" e a "análise sociológica formal" (ou a análise transcultural da antropologia). E diz: "devo deixar claro desde o princípio que tal análise sociológica não é o objetivo deste livro" (p. 38). Outra distinção que se impõe, segundo Meier, é "a diferenciação entre dar atenção às condições sociais dentro das que a vida e o ministério de Jesus se desenvolveram e reduzir a dimensão religiosa de sua obra a forças sociais, econômicas e políticas" (p. 39). É preciso evitar a todo custo que a religião se disfarce com fins sociais e políticos, convertendo-se em uma força a mais. Quanto à crítica literária, diz: "A crítica literária é um meio útil de chamar a atenção para aquilo sobre o que, de outro modo, passaríamos por cima em nossa busca zelosa de fontes e de transfundo histórico. Ajuda-nos a prestar atenção ao conjunto literário e a entender como as diferentes partes da narração funcionam dentro de um todo. Sem dúvida, é obvio que tão a-histórica aproximação dos documentos de propaganda cristã do século I que davam a conhecer o que neles se consideravam verdades sobre Jesus de Nazaré... não pode ser o principal método em uma busca do Jesus histórico" (p. 40).

Porém, se pergunta Meier, quais são as fontes primárias de nosso conhecimento sobre o Jesus histórico? O célebre biblista enumera e revisa as distintas fontes que a ciência e a exegese apresentam para consideração dos estudiosos. Fala-se dos quatro evangelhos canônicos, indubitavelmente a principal fonte de informação sobre o Jesus histórico (p. 65-69), da informação oferecida por Paulo, o único autor neotestamentário que procede da primeira geração cristã (p. 69-71), das demais epístolas do Novo Testamento (p. 71-72), dos escritos não canônicos do século I ou II d.C., como os de Flávio Josefo (p. 79-92), refletidos em suas duas importantes obras, a saber, a *Guerra judaica* (iniciada a partir da queda de Jerusalém, no ano 70 d.C.) e *Antiguidades judaicas* (ca. 93-94 d.C.), os do historiador Tácito (56-ca. 118 d.C.), em sua obra *Anales*, sobre a história de Roma (p. 109-112), os documentos de Qumrã (p. 113-118), os *agrapha* (ações e ditos não escritos de Jesus) e evan-

---

34. R. E. BROWN. *Introducción al Nuevo Testamento II* (Madri: Trotta, 2002), p. 1.057.
35. *Ibid.*, p. 1.058.

gelhos apócrifos (p. 131-142), e o material de Nag Hammadi, descoberto no ano de 1945, no Alto Egito, junto à antiga Chenoboskia ou Chenoboskion (p. 142-158)[36].

Sobre estas fontes mencionadas, Meier se expressa de uma maneira entre cética e decepcionante. Transcrevo suas palavras, um resumo de sua opinião sobre o tema. A respeito dos escritos do Novo Testamento e de outros documentos do século II, afirma: "Os quatro evangelhos canônicos são, por fim, os únicos documentos extensos que contêm blocos de material suficientemente importante para uma busca do Jesus histórico. O restante do NT oferece unicamente pequenos fragmentos, a maior parte das vezes no corpus paulino. Fora do NT, o único testemunho não cristão e independente sobre Jesus no século II se encontra em Josefo, porém, seu famoso *Testimonium Flavianum* requer alguma poda crítica para eliminar as interpolações cristãs posteriores. Inclusive depois disso, Josefo proporciona uma comprovação independente dos principais traços de Jesus dados pelos Evangelhos, porém nada de realmente novo ou diferente. Se Tácito representa uma fonte independente – o que é duvidoso – tudo o que nos mostra é uma confirmação adicional da execução de Jesus por parte de Pôncio Pilatos na Judeia durante o reinado de Tibério. Os demais autores pagãos greco-romanos (Suetônio, Plínio o Jovem, Luciano de Samosata) não oferecem nenhuma informação recente e independente acerca de Jesus. Assim, para todos os efeitos práticos, nossas fontes recentes e independentes de conhecimentos sobre Jesus se reduzem aos quatro evangelhos, alguns poucos dados disseminados em outras partes do NT e em Josefo"[37].

Com relação a materiais fora do Novo Testamento, pensa da seguinte forma: "Diferentemente de alguns estudiosos, não creio que o material rabínico, os *agrapha*, os evangelhos apócrifos e os códices de Nag Hammadi (em particular o *Evangelho de Tomé*) nos ofereçam informação nova e fidedigna nem ditos autênticos independentes do NT. O que vemos nestes documentos posteriores são antes reações contra o NT ou reelaborações deles, devidas a rabinos metidos em polêmicas, a cristãos imaginativos que refletem a piedade popular e lendas e a cristãos gnósticos que desenvolvem um sistema especulativo místico. Suas versões das palavras e ações de Jesus podem ser incluídas em um 'corpus de material de Jesus', se se entende com isso o conjunto de tudo aquilo que qualquer fonte antiga identificou alguma vez como material procedente de Jesus. Porém, semelhante *corpus* é a

---

36. Neste lugar egípcio, ao Sul do Cairo, não muito longe de um antigo mosteiro cristão do século IV, foram descobertos três códices coptas, com tratados diferentes, dos quais uns 40 eram desconhecidos anteriormente. São traduções de documentos gregos, muitos deles marcados pelo pensamento gnóstico. O "Evangelho de Tomé" é uma coleção de ditos de Jesus em vida, muitos dos quais têm claras analogias na tradição sinótica. É um documento sumamente importante para o estudo do Novo Testamento, que oferece um adequado paralelo da famosa fonte Q.

37. J. P. MEIER. *Un judio marginal. Nueva visión del Jesús histórico I: Las raíces del problema y de la persona* (Estella: Verbo Divino, 2005), p. 158-159.

rede mateana (Mt 13,47-48) entre cujos peixes é preciso selecionar os bons da tradição primitiva para lançá-los no cesto da investigação histórica séria, enquanto os maus peixes da mistura e da invenção posterior devem ser devolvidos ao tenebroso mar das mentes sem senso crítico"[38].

Embora alguns especialistas tenham se sentido inclinados a admitir tais documentos para aceder à busca do Jesus histórico, Meier se pronuncia de forma taxativa sobre o tema: "Por sorte ou por desgraça, em nossa busca do Jesus histórico não podemos ir muito além dos evangelhos canônicos; o *corpus* autêntico resulta exasperante em suas restrições. Para o historiador é uma limitação mortificante. Porém, recorrer ao *Evangelho de Pedro* ou ao *Evangelho de Tomé* como complementos dos quatro evangelhos é ampliar nossas fontes a partir do problemático até o inacreditável"[39].

Em referência aos evangelhos, Meier faz a seguinte observação crítica: "Os quatro evangelhos são, com efeito, fontes difíceis. O fato de ocuparem, em princípio, um lugar privilegiado não garante que recolham as palavras e as ações de Jesus. Impregnados completamente da fé pascal da Igreja primitiva, sumamente seletivos e ordenados segundo diversos programas teológicos, os evangelhos canônicos exigem um filtro crítico muito cuidadoso antes de proporcionar informação fidedigna para a investigação"[40].

Aparece claro, segundo expus anteriormente, que Meier argumenta somente com fontes históricas. Ele mesmo o afirma na introdução ao primeiro volume de sua ingente e valiosíssima obra: "Por 'Jesus histórico' entendo o Jesus que podemos recuperar, resgatar ou reconstruir utilizando os meios científicos da investigação histórica moderna"[41]. Porém, diferentemente de outros autores, mais voltados a negar o sobrenatural e milagroso da vida de Jesus, considera que "do ponto de vista histórico, a afirmação de que Jesus agiu e foi considerado como exorcista e curador durante seu ministério público conta com tanto respaldo como quase qualquer outra declaração que possamos fazer sobre o Jesus da história. De fato, como afirmação global acerca de Jesus e sua atividade está melhor testemunhada que muitas outras sobre ele, que se costuma aceitar facilmente. [...] Qualquer historiador que tente traçar o perfil do Jesus histórico sem dar a devida importância à sua fama de taumaturgo não descreverá esse estranho e complicado judeu, mas

---

38. *Ibid.*, p. 159. O autor faz notar que esta observação vale *somente* com referência à busca do Jesus histórico, posto que esses documentos têm grande valor para a história do cristianismo primitivo no período patrístico.
39. *Ibid.*, p. 160.
40. *Ibid.*, p. 160.
41. *Ibid.*, p. 29.

sim um Jesus 'domesticado' e reminiscente do suave moralista criado por Thomas Jefferson"[42].

As conclusões semelhantes às de J. P. Meier – com ligeiras diferenças terminológicas – chega o especialista em Novo Testamento e grande conhecedor dos documentos em língua aramaica, J. A. Fitzmyer[43]. Segundo este biblista, as referências extrabíblicas a Jesus são muitíssimo escassas. Tácito se refere a Cristo como autor de uma "superstição perniciosa" e que foi executado no tempo do "procurador" Pôncio Pilatos, sendo imperador Tibério (*Annais 15.44,3*). Suetônio menciona um *Chrestus* (provavelmente *Christus*), ao falar da expulsão dos judeus de Roma pelo imperador Claudio (*Vita Claudii, 25.4*). O *Testimonium Flavianum* do historiador Flávio Josefo, com toda probabilidade interpolado pelos comentaristas cristãos, diz que Jesus foi condenado à morte por Pilatos (*Ant. 18.3,3 e 63-64*). Em outra passagem, quase sem interpolações, fala de Tiago, "o irmão de Jesus, a quem chamavam Cristo" (*Ant. 20,9,1 e 200*)[44]. Plínio o Jovem informa que os cristãos de seu tempo (finais do século I) cantavam na Bitínia (um território ao noroeste da Ásia Menor) "hinos em honra de Cristo, como se fosse um Deus" (*Christo quasi deo*, em *Ep. 10.96,7*). O sofista de origem síria, Luciano de Samosata, se refere a Jesus como "primeiro legislador" dos cristãos que "os convenceu de que todos eles são irmãos entre si" e que eles mesmos "adoram àquele sofista crucificado e que vivem de acordo com suas leis" (*De morte Peregrini, 13*). A obra apócrifa, *Evangelho de Tomé*, atribui a Jesus mais de cem afirmações, introduzidas pela fórmula "Jesus disse". Porém, tais afirmações são, em sua maioria, posteriores aos evangelhos canônicos, encontram-se em certas ocasiões revestidas de interesses gnósticos e, ainda que às vezes algumas fórmulas sejam mais primitivas do que os próprios evangelhos, não é possível estabelecer sua autenticidade.

Todos os documentos citados, diz Fitzmyer são problemáticos por múltiplas razões. E, em todo caso, "o máximo que fazem é confirmar alguns detalhes, conhecidos fundamentalmente pelas narrativas da paixão, contidas nos evangelhos canônicos: que Jesus foi condenado à morte no reinado de Tibério sob a autoridade de Pôncio Pilatos, que estiveram relacionados com sua morte alguns dirigentes dos judeus palestinos, e que tinha alguns seguidores para quem ele

---

42. J. P. MEIER. *Un judeu marginal. Nueva vision del Jesús histórico* II/2: *los milagros* (Estella: Verbo Divino, 2005), p. 1.113.

43. J. A. FITZMYER. *Catecismo cristológico. Respuestas del Nuevo Testamento* (Salamanca: Sígueme, 1998), p. 16-21.

44. A obra de FLAVIO JOSEFO, *Antiguidades Judaicas* (Terrassa: CLIE, 1988), contém no livro 18 o famoso fragmento *Testimonium Flavianum*, que faz referência à vida de Jesus.

era considerado o 'Cristo', legislador e fundador de uma nova forma de vida, e *quasi deo*"[45].

Depois de dois séculos de investigação sobre o Jesus da história, cabe perguntar-se acerca de sua utilidade para o conhecimento da pessoa de Jesus. As dúvidas que ainda espreitam a cristologia parecem lançar sombra sobre as aquisições realizadas neste campo da teologia. Porém, não seria justo desconsiderar os êxitos alcançados, que têm introduzido conceitos básicos e esclarecedores para nosso tempo como a distinção entre o Jesus da história e o Cristo da fé, a prioridade do Evangelho de Marcos e o valor do documento Q. Se a primeira busca enredou e se esterilizou com os preconceitos da Ilustração, a segunda descobriu a continuidade entre o Jesus descoberto pela história e o Cristo objeto de fé da comunidade cristã. A busca do Jesus histórico não podia deixar em segundo lugar o querigma, e a interpretação deste requeria conhecimento do judaísmo palestino da época de Jesus, especialmente em sua vertente religiosa. E. Käsemann se opôs à distinção de Bultmann (e de seus discípulos) entre "continuidade objetiva" e "continuidade histórica", demostrando a inseparabilidade de ambas e a insuficiência de aceitar pela fé o querigma de Cristo sem assumir sua realidade histórica[46]. A terceira busca desembaraçou ainda mais o caminho até o conhecimento de Jesus. Mediante o estudo das fontes antigas profanas, o exame do contexto histórico do mundo judeu palestino do século I, a descoberta dos escritos de Qumran e outros documentos apocalípticos, podemos ter um acesso mais fidedigno e próximo às palavras e ações de Jesus e, em geral, à sua pessoa. As investigações do *Jesus Seminar são rara*mente valorizadas, quando não depreciadas, por exegetas e teólogos. Seus métodos de seleção das fontes são muito questionáveis, costumam isolar as palavras de Jesus da visão mais compreensiva de seu ministério e de sua morte, e seus fins não respondem a critérios especificamente científicos, mas se ajustam muito mais a propósitos sensacionalistas e propagandísticos. Parte de sua atratividade, afirma R. E. Brown, se deve à sua ventilada intenção de libertar Jesus da superestrutura religiosa e à extravagante afirmação de que Jesus não pronunciou o Pai-nosso. Por outro lado, este autor, apoiando-se nos testemunhos de prestigiosos biblistas, acusa-lhes uma metodologia dispersa, de escassa investigação neotestamentária e de antepor seus preconceitos religiosos à busca objetiva[47].

A busca do Jesus histórico sempre é frutífera, apesar de suas dificuldades e limitações, porém o Jesus histórico que encontramos não é suficiente nem pode

---

45. J. A. FITZMYER. *Op. cit.*, p. 18.
46. E. KÄSEMANN. "Sackgassen im Streit um den historischen Jesus", em *Exegetische Versuche und Besinnungen* I (1960), p. 187-214. Citado por J. GNILKA, *Jesús de Nazaret. Mensaje e historia* (Barcelona: Herder, 1995), p. 27.
47. R. E. BROWN. *Introducción al Nuevo Testamento* II (Madri: Trotta, 2002), p. 1.050-1.051.

esgotar o sentido de nossa fé cristã. Nunca chegaremos a descobrir um Jesus histórico que possa ser identificado com o autêntico e verdadeiro Jesus. Esta ideia, a expressa magnificamente J. P. Meier quando diz que "o Jesus da história é uma abstração e uma construção moderna"[48]. Não por nada, a busca do Jesus histórico é um esforço surgido com a Ilustração, no século XVIII. Mais que isso, continua Meier, "o Jesus histórico pode dar-nos fragmentos da pessoa 'real', porém nada mais"[49]. Em outro momento, reitera a mesma ideia: "O Jesus da história não é o Jesus real, mas apenas uma reconstrução hipotética e fragmentária dele com os meios de investigação modernos"[50]. Ao mesmo tempo, deixa muito claro que, na prática, não se pode separar adequadamente o "Jesus da história" do "Jesus da fé". Na realidade, "um desemboca amplamente no outro"[51]. R. E. Brown, falando do Jesus histórico, quer dizer, aquilo que podemos recuperar da vida de Jesus de Nazaré por meio da aplicação de métodos modernos aos escritos de pessoas que, há dois mil anos, o conceberam como Senhor e Messias, afirma: "É um grande erro pensar que o 'Jesus histórico (reconstruído)', uma pintura totalmente moderna, é o mesmo do que o Jesus real, quer dizer, Jesus tal como viveu na realidade em sua época". E continua: "É igualmente um erro identificar o 'Jesus histórico (reconstruído)' com o Jesus real, um Jesus que significa realmente algo para as pessoas, um Jesus em quem podem fundamentar sua vida"[52].

O Jesus autêntico em nenhum caso corresponde à reconstrução histórica que possamos fazer dele. A ciência, neste caso, a história, não pode ser normativa para a fé, ainda que, de fato, possa ajudar à elaboração teológica. J. Gnilka expressa esta ideia com as seguintes palavras: "O exegeta, com seu labor histórico, não pode propor conteúdos de fé que sejam vinculantes. [...] A finalidade do labor histórico consistirá em investigar a conexão entre Jesus e o testemunho de fé dado pelo Novo Testamento, entre a proclamação efetuada por Jesus e a proclamação realizada pela comunidade pós-pascal, tal como a encontramos no Novo Testamento, particularmente nos evangelhos"[53]. O mesmo pensamento é desenvolvido de forma mística por Luke T. Johnson, que criticou duramente a metodologia histórica do *Jesus Seminar* e se pronunciou contra as doutrinas de Funk, Crossan e Mack, entre outros. A fé cristã, longe de perder-se em inquirições puramente científicas que a fundamentem, se concentra na pessoa de Jesus de Nazaré, ressuscitado e consti-

---

48. J. P. MEIER. *Un judío marginal. Nueva visión del Jesús histórico* I: *Las raíces del problema y de la persona* (Estella: Verbo Divino, 2005), p. 51.

49. *Ibid.*, p. 51.

50. *Ibid.*, p. 57.

51. *Ibid.*, p. 57.

52. R. E. BROWN. *Introducción al Nuevo Testamento* II, (Madri: Trotta, 2002), p. 1.059.

53. J. GNILKA. *Jesús de Nazaret. Mensaje e historia* (Barcelona: Herder, 1995), p. 27.

tuído por Deus como Cristo e Senhor[54]. R. E. Brown, tendo em conta a distinção entre o "Jesus histórico (reconstruído)" e o "Jesus real", chama à atenção sobre "a loucura de fazer do 'Jesus histórico' - um retrato esboçado por um pesquisador ou um seminário de estudiosos - a norma do cristianismo, de modo que a tradição das Igrejas cristãs deva ser continuamente alterada de acordo com o último retrato"[55].

Em suma, o Jesus da história é crucial para evitar falsos mal-entendidos de mera e pura helenização da linguagem mítica do judaísmo, que reduziria a pessoa de Jesus a pura lenda e a falsos fundamentalismos de caráter apocalítico. Ao mesmo tempo, e com a mesma consistência, temos de afirmar que o objeto da fé cristã não é o Jesus da história, mas sim o Cristo da tradição da Igreja.

Em um louvável esforço de síntese, em nota bibliográfico-temática sobre o Jesus histórico, X. Pikaza propõe alguns acordos básicos em que se evocam tanto as contribuições quanto os questionamentos sobre Jesus de Nazaré[56]. São os seguintes: a) Jesus é o profeta escatológico, ao qual se vincula a ação iminente de Deus e a salvação humana. Seu projeto fracassou externamente e, por isso, morreu em uma cruz. A experiência pascal de seus discípulos recria sua vida e mensagem. b) Jesus é um sábio no mundo, um filósofo da vida, distante da função profético-apocalíptica do judaísmo. c) Jesus foi um curador e um carismático, dedicado completamente à libertação dos seres humanos. d) Jesus colocou o sinal e a realidade da mesa partilhada, antepondo-os às normas sagradas que estabeleciam distinções entre ricos e pobres, puros e pecadores. e) Jesus ofereceu a todos a "graça escatológica", tornando inútil a lei de pureza e de pecados. f) Jesus foi condenado e morreu; e g) Deus o ressuscitou e seus discípulos continuaram sua mensagem, aguardando sua vinda como Messias escatológico. A fragilidade de tais acordos e contribuições sobre Jesus de Nazaré, enumerados por X. Pikaza, fica patente à luz da disparidade de interpretação em uma matéria tão escabrosa e variada como esta.

O vasto saber e os ousados esforços de inúmeros escrituristas e teólogos nos têm levado ao convencimento – sempre exposto a objeções razoáveis – de que existe um núcleo de ações e ditos de Jesus em seu ministério que podem ser considerados históricos.

A estrutura narrativa de Marcos, corroborada por outros escritos não narrativos do Novo Testamento, assim como por documentos não cristãos, nos oferece al-

---

54. L. T. JOHNSON. *The Real Jesus: The Misguided Quest for the Historical Jesus and the Truth of the Traditional Gospels* (São Francisco: Harper-Collins, 1996), p. 121-122. ID. *Living Jesus: Learning the Heart of the Gospel* (São Francisco: Harper, 2000), p. 105-108.
55. R. E. BROWN. *Op. cit.*, p. 1.059.
56. X. PIKAZA. *Iglesia Viva* 210 (2002).

guns dados sobre o Jesus histórico que poderíamos descrever nos seguintes termos, cingindo-nos dos aspectos mais essenciais de sua vida.

Jesus foi um judeu nascido na Palestina nos últimos anos do rei Herodes, o Grande (73-4 a.C.), de uma mulher de nome Maria, casada com José, carpinteiro ou artesão, aberto a ofícios diversos. Viveu com sua família em Nazaré, um pequeno povoado nas montanhas da Galileia. Em seu ministério público, aparece pela primeira vez no deserto da Judeia, atendendo ao chamado profético de penitência de João e recebendo seu batismo. Relacionando intimamente seu ministério com o de João, o Batista, começou sua pregação por volta do ano 28 d.C., décimo-quinto do reinado do imperador Tibério Júlio César Augusto. Durante seu ministério, cuja duração exata se desconhece (João menciona três páscoas, enquanto os sinóticos o fazem uma só vez), ensinou na Galileia, sob a tetrarquia de Herodes Antipas, a prefeitura de Pôncio Pilatos e o sumo-sacerdócio de Caifás, principalmente na cidade de Cafarnaum.

Não obstante a oposição ocasional a certos mestres da lei judaica em questões referentes à lei de Moisés, ao cumprimento do sábado, ao respeito ao templo e outras tradições, Jesus se conformou ao pensamento judaico religioso-apocalítico de sua época. Seus enfrentamentos dialéticos se produziram de forma especial com os fariseus e os saduceus, convertidos em intérpretes autênticos da lei mosaica.

Escolheu como seus seguidores um grupo de homens entre os quais se destacam Simão e André, Tiago e seu irmão, João, filhos de Zebedeu, de ofício pescadores e escolhidos às margens do mar da Galileia. Três deles, Simão (Pedro), Tiago e João, constituíram o círculo de seus íntimos, que acompanharam o mestre nos momentos mais transcendentais de sua vida. Escolheu pessoalmente seus Doze discípulos prediletos, instruindo-os e partilhando com eles um modelo de vida.

Ao final de seu ministério, subiu a Jerusalém, perto da Páscoa judaica. Ali, com a colaboração de Judas Iscariotes, foi preso, interrogado por dirigentes religiosos judeus, apresentado diante do prefeito da Judeia, Pôncio Pilatos, condenado à morte e crucificado. Nesse mesmo dia foi enterrado. Passados alguns dias, seu sepulcro foi encontrado vazio, no primeiro dia da semana, e seus seguidores começaram a difundir notícias de aparições de Jesus "ressuscitado" dentre os mortos, considerando-se eles mesmos, entre outras pessoas, testemunhas destas aparições[57].

---

57. Esses traços do Jesus histórico estão corroborados não somente nos evangelhos, senão também em escritos não cristãos. Podem ser verificados em: L. T. JOHNSON. *The Real Jesus: The Misguided Quest for the Historical Jesus and the Truth of the Traditional Gospels* (New York: HarperCollins Publishers, 1971), p. 121-122. J. A. FITZMYER. *Catecismo cristológico. Respuestas del Nuevo Testamento* (Salamanca: Sígueme, 1998), p. 21-22.

Como se pode inferir, sobre esses dados concisos se projeta uma infinidade de opiniões, algumas relativas ao Jesus da história e outras ao Cristo da fé. Imersos neste profundo mar de opiniões, fica aberta a nobre e, ao mesmo tempo, escabrosa tarefa de traçar o mais nitidamente possível a linha histórica acerca de Jesus para abraçarmos a refinada e sempre elaborada fé da Igreja em Cristo, o Senhor.

1.4. Do Jesus histórico à Igreja, comunidade dos discípulos de Jesus

Jesus se revela ao ser humano através da intimidade de sua pessoa e de suas ações e palavras. Sobre eles podemos cimentar, com as limitações inerentes ao nosso pensamento humano e tendo sempre presente a singularidade de sua pessoa, a ciência da cristologia ou o conhecimento acerca de Jesus Cristo. O estudo sobre a Igreja – a eclesiologia – se fundamenta no conhecimento sobre Jesus. A comunidade eclesial não tem exclusivamente uma razão "funcional", a saber, garantir ao longo dos tempos a proclamação da palavra e a celebração dos sacramentos. Não é questão unicamente de "necessidade prática", mas de "continuidade fundamental" entre o povo de Israel e o novo povo de Deus, estabelecida na continuidade entre o "Jesus da história" e o "Cristo da fé", entre a "mensagem" e o "querigma", o anúncio da ressurreição de Jesus transmitido pelas comunidades cristãs, primeiro aos judeus e depois ao mundo inteiro.

A Igreja dos inícios explicitou a todas as pessoas o que Jesus de Nazaré significava para ela. Não lhe servia seguir a trajetória da religiosidade judaica, ensoberbada pelo élitismo do povo escolhido de Deus e o rígido império da lei do povo de Israel, mas se conformou ao seguimento humilde do Mestre, oferecendo o serviço e a cura a todos os povos[58].

a) A Igreja no Evangelho Segundo Mateus

Dizem os escrituristas que o Evangelho segundo Mateus é uma versão aumentada e corrigida do Evangelho de Marcos, especialmente no que se refere aos ensinamentos de Jesus. Mateus escreve a uma comunidade formada principalmente por gente procedente do judaísmo – pode ser a Antioquia, na Síria (com toda probabilidade), Damasco ou a Cesareia Marítima – com a intenção de demonstrar que Jesus de Nazaré é o Ungido de Deus e que as tradições de Israel serão continuadas, ainda que de forma diferente, por outro povo, o novo povo de Deus, que é a Igreja.

---

58. Para esta breve reflexão sobre a Igreja, à parte os tratados eclesiológicos mais conhecidos em língua espanhola, utilizei escritos de eminentes teólogos e escrituristas que me serviram de inspiração. Entre esses autores, encontram-se R. E. Brown, N. Brox, A. D. Clarke, J. Dunn, P. Ester, D. J. Harrington, J. F. Nelly, G. Lohfink e G. Theissen. A todos eles, meu sincero reconhecimento.

Mateus entra assim no grande debate dentro do judaísmo no século I de nossa era. Todos os temas de seu evangelho – principalmente a aceitação ou rejeição de Jesus e sua proclamação do reino de Deus – tendem a esboçar uma imagem de Jesus onde se possa contemplar a plenitude da tradição religiosa do povo judeu.

No começo de seu evangelho, Mateus traça a genealogia de Jesus, situando-o na linhagem de Abraão e Davi, quer dizer, situando-o no coração do Antigo Testamento (Mt 1,1-17). Todas as narrações da infância de Jesus inserem cumprimentos de profecias do Antigo Testamento (Mt 1,22; 2,6; 2,15; 2,18). Para Mateus, Jesus é o único Mestre (Mt 23,10), o único que interpreta a Torá com autoridade, mas cuidando para que ninguém entenda que ele tenha vindo para abolir a lei ou os profetas, mas sim para dar-lhes plenitude (Mt 5,17). Nesta interpretação autoritativa se assentam também as bases éticas de seus discípulos à luz do reino de Deus ("dos céus", diz Mateus, seguindo o costume judaico de não utilizar em vão o nome divino). A comunidade eclesial de Mateus, apesar de seu tronco comum e suas referências simbólicas ligadas ao povo de Israel, tem um caráter novo. Não é uma mera substituição de Israel ou uma modalidade dele, mas uma realidade que dá forma definitiva às promessas de salvação de Deus ao homem. Na parábola da vinha e dos lavradores homicidas (Mt 21,33-46), inspirada claramente em outra belíssima parábola de Isaías (Is 5,1-30), onde expressamente se diz que "a vinha de Yahvé-Sebaòt é a casa de Israel", (v. 7) não se diz que a vinha (Israel) será arrasada (tal como se afirma em Isaías); mas antes, se adverte aos perversos lavradores (os dirigentes do povo de Israel) que o dono da vinha "acabará com eles de maneira cruel, e arrendará a vinha a outros lavradores" (Mt 21,41). E por isso "o reino de Deus será tirado de vós, e será dado a um povo que produza os devidos frutos" (Mt 21,43). É a grande novidade. Israel não será rejeitada, a vinha permanece, porém surge um novo povo, chamado a guiar-se pelos valores do reino e a anunciá-lo aos demais.

A comunidade que aparece em Mateus é radicalmente nova: é um novo povo de Deus, existe graças ao acontecimento de Cristo Jesus, se rege pela nova lei do amor, é portadora dos frutos do reino e está aberta a todos, quer dizer, possui um caráter universal, enquanto a fé em Cristo, da qual vive a comunidade, é fonte de salvação para todos os seres humanos, tanto os procedentes do antigo Israel (não convém esquecer disso) como os que vieram da gentilidade (Mt 12,21; 24,14).

Apesar de as promessas de Jesus a seus discípulos depois de sua ressurreição e antes de sua ascensão aos céus garantirem a viva presença do mestre na comunidade ao longo dos séculos e a animação do Espírito Santo (Mt 28,20), esta pequena comunidade se apresenta frágil, inclusive nos membros mais paradigmáticos (como os Doze), com discípulos covardes e de pouca fé, ὀλιγόπιστοι (Mt 8,26), com escândalos e egoísmos e com necessidade constante de correção fraterna

(Mt 18,15-17). Porém, acima de tudo isso e sempre, está o perdão de Deus a todos os que perdoam a seus devedores (Mt 6,12-15).

Mateus, como é fartamente conhecido, é o único evangelista que menciona expressamente a palavra ἐκκλησία. Não parece ser muito chocante que a omitam os demais evangelistas ao encarregar-se principalmente de percorrer a vida de Jesus até sua morte e ressurreição. O tempo da Igreja viria depois. Em todo caso, esse fato representou e representa motivo de interpretações diferentes e díspares entre os teólogos cristãos quando se analisa a passagem que diz: "E eu te digo: tu és Pedro, e sobre esta pedra edificarei minha Igreja, e as portas do inferno nunca prevalecerão contra ela" (Mt 16,18). Não é este o espaço para tratar do tema. Sem dúvida, é apaixonante descobrir uma vez mais o vigor e a importância da figura de Pedro. Envoltos em uma problemática teológica e, ao mesmo tempo, histórica, filológica e bíblica, entrevemos as dificuldades que nos assaltam. Em Cesareia de Filipe, uma região ao norte de Israel, próxima aos mananciais do rio Jordão, na Itureia e não muito longe da Fenícia, Jesus pergunta a seus discípulos a respeito da opinião que as pessoas têm dele. O "Filho do homem" entra em um jogo de palavras ao fazer-lhes as perguntas. Os discípulos dizem ao mestre as opiniões recolhidas no povo, comparando-o a algum dos profetas mais importantes de Israel: João Batista, Elias ou Jeremias. Da opinião das pessoas, passa-se à opinião dos discípulos e Simão Pedro lhe responde dizendo: "Tu és o Cristo, o Filho de Deus vivo". O centro de atenção do relato se dirige agora a Pedro por sua profissão de fé, e ele recebe a solene promessa de que "Tu és 'Pedra' (Pedro), e sobre esta rocha edificarei a minha Igreja". E as portas do Hades não prevalecerão contra ela.

Sobre este simples, belo e significativo relato se levantou um mar de dificuldades que não conseguem pôr fim às diferenças entre teólogos e biblistas. É verdade que a passagem citada possui muitíssimas dificuldades. E não é este o momento de mencioná-las ou buscar uma explicação. Em todo caso, parece claro que há muitas coisas nessa passagem de Mateus que continuarão sendo debatidas pelas Igrejas cristãs durante muito tempo. Isto nos mostra, sem dúvida, a importância capital de Pedro na Igreja. Certamente, em todas e cada uma das realizações históricas eclesiais se encontram recolhidos aspectos deste texto bíblico. Nenhuma Igreja pode condenar a parte de verdade que se encontra nas outras. Antes, todos devemos perguntar-nos até que ponto temos feito do "ministério" de Pedro um "serviço" à Igreja Católica, universal, que, por incluir a todas chamamos Igreja de Cristo. O "serviço" de Pedro, o discípulo de Jesus, um "serviço" cimentado no testemunho público de sua fé em Cristo Jesus e em sua coragem no seguimento de seu mestre, continuará para sempre. É isso que assumimos como cristãos; de outra forma, a comunidade se desvaneceria, como se derruba uma casa que não está fundada sobre a rocha.

A Igreja, enfim, com a presença do Senhor sobre ela, com a direção dos pastores constituídos com autoridade, entre o escândalo, o pecado e a miséria de seus membros, peregrina rumo ao reino de Deus que a mantém indefectível até que Ele volte: "E eis que eu estou convosco, todos os dias, até o fim do mundo" (Mt 28,20). A Igreja aparece assim historicamente em tensão, entre gozos e tristezas, entre santidade e pecado, entre o "já" e o "ainda não", assegurada em sua indefectibilidade pela presença do Senhor.

b) A Igreja no Evangelho Segundo Marcos

Ao nos aproximarmos dos escritos de Marcos observamos que, contando com tradições orais e escritas das Igrejas primitivas, ele utilizou os títulos mais importantes aplicados a Jesus – Filho de Deus, Filho do homem, Messias, Filho de Davi – ligados a todas as comunidades cristãs, ao mesmo tempo em que apresentou a figura de Jesus, sofredor e morrendo na cruz, capaz de dar forças a alguns cristãos atormentados pela perseguição do imperador Nero, que lhes atribuía o incêndio de Roma (ano 64 d.C.), e suspeitos da revolução judaica na Palestina (ano 66 d.C.) que terminou com a destruição de Jerusalém (então província romana) e do que havia de mais sagrado nela e no judaísmo, o Templo. Visava explicar que "o rei dos Judeus" não havia sido um revolucionário político. Não era tarefa fácil.

Marcos, uma vez apresentado o ministério do precursor, faz a passagem para Jesus, que prega o εὐαγγέλιον, a boa notícia e afirma que "cumpriu-se o tempo, e chegou ao reino de Deus" (Mc 1,14-15). Anteriormente, em seu batismo, Jesus havia sido reconhecido pelo Pai: "Tu és meu Filho querido, em ti me comprazo", sendo testemunhas os céus e o Espírito (Mc 1,10-11). Foi um curador, curando endemoniados, leprosos e paralíticos (Mc 1,29s.–2,1-12). Impôs-se às forças do mar, curou à hemorroísa e ressuscitou a filha de Jairo (Mc 4,35; 5,1-42). Apesar de tudo, Ele não encontra mais do que incompreensão, falta de fé e, inclusive, oposição.

No coração do Evangelho Segundo Marcos está o mistério da cruz. Jesus prediz sua paixão, morte e ressurreição (Mc 8,31s.). E os escandalizados e opositores aparecem por toda parte entre seus discípulos e escribas e fariseus (Mc 8,33; 10,37; 11,15s.; 14,10-11). Jesus é certamente o Filho de Deus e Filho do homem, o Messias – Ele aceita esta dignidade unicamente depois das sombras tenebrosas da cruz – reconhecido como tal inclusive pelo centurião que estava presente em sua morte: "Verdadeiramente este homem era Filho de Deus" (Mc 15,39).

Importante em Marcos é também sua reflexão sobre o discipulado de Jesus, sempre orientado e confrontado com a realidade dura e enigmática da cruz. Ele chama e diz: "Segue-me" (Mc 2,13), dando a entender que o seguimento não significa "imitar", nem "ensinar uma conduta", mas sim "aderir", em definitiva, "crer", entrar no reino de Deus, já presente, partilhar a cruz e a glória com o Ressuscitado. Ele chama pescadores (Mc 1,16-20), convoca os Doze, dando-lhes ordens de submeter todo afã material à missão de pregar (Mc 6,7-11). Porém, a família de discípulos não tem fronteiras: "Eis aqui minha mãe e meus irmãos. Aquele que fizer a vontade de Deus, esse é meu irmão, minha irmã e minha mãe" (Mc 3,34-35). Como ele diz, Jesus não veio "para chamar os justos, mas os pecadores" (Mc 2,17). Na verdade, os membros desta grande família dos filhos de Deus são *chamados* a dar sua vida para ganhar outra melhor: "Se alguém quiser vir após mim, renuncie (ἀκολουθέω) a si mesmo, leve às costas sua cruz e siga-me". À Igreja de Marcos, acossada pela perseguição e pelo sofrimento, abre-se o caminho da cruz que a levará ao triunfo e à glória[59].

c) A Igreja no Evangelho Segundo Lucas

Com significativas diferenças em relação aos outros dois sinóticos, Lucas coloca a Jesus no centro da história da salvação, chama todos os povos a essa salvação – ele provavelmente escreve a comunidades com muitos não judeus – e descreve a função do Espírito Santo como a alma do novo povo de Deus.

O ministério de Jesus na Galileia é apresentado como um ministério profético. Jesus é profeta, atua como profeta e morre como profeta (Lc 4,16-30; 7,16; 24,25-27). É um profeta a quem assiste o Espírito, descendo em seu batismo (Lc 3,21-22), guiando seus ensinamentos e permanecendo com seus discípulos depois que Ele tiver subido aos céus (Lc 24,49). O mesmo Espírito garante a continuidade entre o tempo de Jesus e o tempo da Igreja. E mais que isso, a sucessão profética se realiza de modo pleno nos seguidores de Jesus no dia de Pentecostes (At 2). Neste ministério tem uma presença terna e especial as mulheres. Não somente aquelas que, como Isabel e Ana, representam o melhor da tradição judaica, mas também as pecadoras (Lc 7,36-50) que sempre devolvem amor. Marta e Maria experimentam de perto a amizade de Jesus (Lc 10,38-42). As mulheres estão ao lado da cruz, seguindo Jesus desde a Galileia (Lc 23,49) e o acompanham no momento mais triste, desolador e dilacerante de sua vida, quer dizer, no sepulcro, quando a escuridão e o frio da pedra pareciam fechar as portas a toda esperança (Lc 24,10-11).

A cidade de Jerusalém ocupa um papel excepcional em toda a vida de Jesus. Um judeu piedoso, como Jesus, estaria familiarizado com nomes - como Salém, Cidade de Davi ou Ariel, para dar alguns exemplos – que indicam a importância desta

---

59. R. FABRIS. *Jesús de Nazaret. Historia e interpretación* (Salamanca: Sígueme, 1985), p. 128-135, expõe de maneira simples o tema de Jesus e seus discípulos, considerando os capítulos sobre a) os "Doze", b) O chamado e c) o seguimento e a missão.

cidade, tanto no campo político como religioso, na história de sua terra. Conheceria, com toda probabilidade, suas origens, que remontam às tribos dos jebuzeus (Gn 10,15). Teria escutado muitas vezes os nomes de Saul, de Davi e de Salomão (seus reis) e os de Nabucodonosor, Ciro e Alexandro Magno (os reis estrangeiros). Saberia das vicissitudes e a sorte dos reinos do Norte (931-721) e de Judá (931-587). Rezaria no segundo Templo, consciente da destruição daquele construído por Salomão. Estaria a par dos exílios forçados e dolorosos de seu povo. Experimentaria muito de perto os caprichos e veleidades dos procuradores romanos residentes na Cesareia e, sobretudo, de Herodes Antipas, tetrarca da Galileia, e de Pôncio Pilatos, prefeito romano que o condenaria a morrer na cruz. Porém, sobretudo, reconheceria Jerusalém como centro religioso de todos os povos, esperando o fim da idolatria e o retorno de todas as nações ao Deus de Israel, como havia profetizado o segundo Isaías: "Voltai-vos para mim e sereis salvos, todos os confins da terra, porque eu sou Yahvé e não há outro" (Is 45,22).

Voltando ao evangelista Lucas, vemos que Jesus esbanja sabedoria no lugar sagrado do templo e que ali exerce seu ministério (Lc 2,46-47; 21,38). As aparições do ressuscitado também têm lugar em Jerusalém (Lc 24,13s.) e a partir desta cidade se pregará "o arrependimento e o perdão dos pecados a todas as nações" (Lc 24,47). Esse profeta, que se cerca de discípulos – Lucas utiliza os termos *Doze e Apóstolos* (Lc 6,13) –, que reza ao Pai nos momentos mais transcendentais de sua vida – quando cura, quando escolhe os Doze, quando se transfigura e quando morre (Lc 5,16; 6,12; 9,28-29; 23,34) – e que ensina a rezar (Lc 11,1-13), esse mesmo, que abraça os pobres e chama de insensatos os ricos (Lc 12,13-21), abre a salvação, nos três grandes períodos demarcados pelo evangelista (Antigo Testamento, a presença salvadora de Jesus e o tempo da Igreja, guiada pelo Espírito Santo), a todos os povos. As refeições com publicanos e pecadores, a última ceia, sobretudo, e as aparições do Ressuscitado são sinais que orientam ao grande banquete do reino de Deus. Um reino que já está presente (Lc 17,21), que brilhará plenamente em seu dia, como o relâmpago brilha de um extremo a outro extremo do céu (Lc 17,24) e que, em todo caso, é um acontecimento gozoso porque com ele, nos diz Jesus, "chegou a vossa libertação", e a de todos (Lc 21,28).

Se fosse possível relatar em poucas palavras os traços mais significativos da comunidade que continua no tempo a missão que Jesus desenvolveu nas terras de Palestina, atreveria-me a enumerar alguns aspectos fundamentais. Seria um erro perigoso se a Igreja tentasse se identificar, de alguma maneira, com Jesus. Sua existência se deve completamente ao serviço da causa de Jesus e sua missão de aprofundar a revelação que lhe foi entregue para levar os seres humanos ao conhecimento da verdade plena. Jesus é a novidade última, que nunca envelhece e nunca se esgota; nela tem de inspirar-se as ações mais inovadoras e audazes de seus seguidores. Por outra parte, a Igreja tampouco é o reino de Deus. A ideia dominante da pregação e da ação ministerial de Jesus é o reino de Deus, como testemunha o Evangelho de Marcos (Mc 1,15). A Igreja é, antes, o instrumento do reino, guardiã dele, e sua missão consiste em dar testemunho da presença do reino, quer dizer, da ação salvadora de Cristo, tanto passada quanto futura[60]. Jesus permanece o único Mestre (Mt 23,10), aquele que fala com autoridade (κατ ἐξουσίαν: Mc 1,27), não só na interpretação da Torá, senão nos assuntos de seu Pai, que constituirão as bases doutrinais e éticas de seus discípulos à luz do reino de Deus.

A nova comunidade dos seguidores de Jesus se enraíza na tradição religiosa do povo judeu e está repleta de referências simbólicas a suas instituições e vivências. Porém, não é uma mera substituição de Israel ou uma modalidade dele. É uma realidade nova, um novo povo de Deus, surgido no mundo pelo acontecimento de Cristo Jesus, regido por sua amorosa soberania e aberto a todos os povos, a quem se destinam os frutos do reino.

A Igreja tem um caráter universal. Seu serviço deve estar aberto a todos, homens e mulheres, poderosos e indigentes. Como Jesus foi um curador, curando endemoniados e enfermos (Mc 1,29s.–2,1-12), inclusive ressuscitando mortos (Mc 5,41), e como Ele convocou os Doze para que, abandonando tudo, saíssem a pregar (Mc 6,7-11), assim a Igreja deve seguir (ou simplesmente imitar ou ensinar uma conduta) seu caminho, quer dizer, crer nele, entrar no reino de Deus e partilhar com todas as pessoas a cruz – o mistério da cruz– e a glória do Ressuscitado.

A glória da Igreja é mostrar ao mundo a esperança de Jesus. Ela, de forma singular e entusiástica, e sempre guiada pelo Espírito, deve orientar o mundo de todas as épocas para a libertação e salvação que vêm de Jesus. Nele sempre encontrará o espelho diáfano para perceber a bela realidade do amor de Deus. Porque Jesus rezou, abraçou os pobres, comeu com publicanos e pecadores, ceou com seus amigos, manifestou-se a seus discípulos depois de ressuscitar e lhes falou com paixão do reino de Deus já presente (Lc 17,21) e que brilhará um dia em todo seu esplendor, mostrando-se como acontecimento gozoso para toda a humanidade porque, como nos diz Ele mesmo, "chegou a vossa libertação", a de todos que somos seus seguidores (Lc 21,28).

---

60. Concílio Vaticano II: *Lumen Gentium,* c. 1, a. 5.

CAPÍTULO 2
Pressupostos de estudo e questões metodológicas

2.1. Εὐαγγέλιον ou boa notícia

É sublime e esplêndida a manifestação de Deus à humanidade na obra da criação, aberta à curiosidade, à admiração e à atenta observação de todo ser humano. Portentosa e misteriosa é a revelação de Deus ao povo de Israel, eleito entre todos para seguir os caminhos do Deus verdadeiro e preparar o caminho ao maior profeta de todos os tempos. Mais milagrosa e nova ainda é a boa notícia, o εὐαγγέλιον que Jesus de Nazaré traz a toda a humanidade. A criação e a eleição divina do povo de Israel perdem o brilho e relevância diante da grandeza de uma notícia que anuncia a vinda do reino de Deus em Jesus de Nazaré, em quem se encontram a libertação e a salvação de toda a humanidade e a soberania absoluta de Deus.

Este evangelho, quer dizer, a boa notícia, é o objeto primordial desta reflexão. Marcos começa seu evangelho com a expressão "Evangelho de Jesus Cristo Filho de Deus", apresentando o evangelho como "notícia" da pregação a respeito de Jesus Cristo, cuja novidade radica, mais do que na mensagem, na pessoa de Jesus de Nazaré (Mc 1,1). No mesmo capítulo, o evangelista fala do "Evangelho de Deus", associado intimamente à exuberante notícia da chegada do reino de Deus (Mc 1,14). Nos capítulos restantes de seu livro, Marcos emprega o termo "evangelho" em sentido absoluto, significando sempre a boa notícia que representa Jesus de Nazaré (Mc 8,35; 13,10; 14,9). A palavra "Evangelho", Segundo Marcos, designa quase sempre a boa notícia que Jesus traz da parte de Deus para partilhar com a humanidade. Esta boa notícia se prega (κηρύσσω), é o κήρυγμα, a pregação da Igreja, evidenciando deste modo que o evangelho somente pode ser entendido no contexto da missão e que seu caráter é universal, destinado a todos os povos, sejam judeus ou gentios.

Assim o entenderam os primeiros judeus-cristãos da Palestina que levaram o anúncio a Alexandria, a Antioquia e a Damasco. A "boa notícia" surge – antes de chegar ao mundo pagão – na Palestina, entre os judeus da diáspora, para ser levada, posteriormente a todos os povos da terra. Obviamente, o κήρυγμα dessa extraordinária notícia abarca toda a pessoa de Jesus, suas ações e suas palavras, especialmente, sua paixão, morte e ressurreição. O evangelho é inconcebível sem a assunção da atividade terrena de Jesus e sem a proclamação de sua morte e sua ressurreição. De outra forma, a notícia do Novo Testamento não se diferenciaria muito do mundo religioso do Antigo, ficando desvirtuada a pessoa de Jesus de Nazaré.

Mateus fala do "Evangelho do reino", em que se incluem a atividade de Jesus e a comunicação da ação graciosa de Deus a todas as pessoas (Mt 4,23; 9,35; 24,14). Lucas prescinde do termo "evangelho" em seu próprio evangelho (mas não nos Atos, onde aparece em duas ocasiões, At 15,7; 20,24), muito embora utilize com frequência o verbo εὐαγγελίξομαι, "anunciar a boa notícia".

O emprego deste verbo, afirma Schillebeeckx, "remete precisamente ao contexto original a que pertence o vocábulo, quer dizer, a um contexto, no princípio, puramente judeu, em que estão mutuamente ligados os conceitos de "profeta escatológico" e "levar a boa notícia aos pobres"[1]. E continua dizendo: "Neste contexto tradicional judeu é surpreendente que o termo "evangelho" se convertesse em um conceito especificamente cristão, na palavra-chave do movimento em torno a Jesus, tão logo esse movimento iniciou sua missão na Palestina (missão entre os judeus, incluídos os da diáspora) e, mais tarde, em sua missão aos pagãos, onde o termo "evangelho" adquiriu um novo matiz[2]. A novidade e a força deste conceito são determinadas pela pessoa de Jesus de Nazaré, que transcende todas as categorias do Antigo Testamento, inclusive as mais belas e libertadoras. As noções de "unção", "reino de Deus", "luz do mundo" e "boa-nova" e outras similares adquirem sua plenitude em Jesus de Nazaré.

2.2. Nas pegadas dos evangelhos

A tarefa primordial, fascinante e interminável dos cristãos de todos os tempos é seguir Jesus de Nazaré e desta forma proclamar a boa notícia a todos os povos da terra, cumprindo a vontade salvífica, em obediência à vontade do Pai. Para seguir a Jesus é preciso conhecê-lo e a Ele se chega através de sua mensagem – refletida nas palavras, ações e atitudes – recolhida nos evangelhos, relatos e testemunhos de fé daqueles que conheceram e experimentaram a presença de Jesus na terra.

Aproximar-se dos evangelhos parece ser algo extremamente simples. Os séculos de vivência cristã e os avanços técnicos nos têm oferecido uma leitura fácil, repleta de erudição e interpretação da Boa-nova de Jesus. Porém, na realidade, o processo para chegar a esta leitura foi longo e complexo. Os evangelhos são o final

---

1. E. SCHILLEBEECKX. *Jesus. La historia de un viviente* (Madri: Trotta, 2002), p. 98.
2. *Ibid.*, p. 99.

de um processo complexo, que se estende ao longo de mais de meio século, resultado especial da pregação cristã e da reflexão teológica das primeiras comunidades cristãs sobre os acontecimentos mais significativos da vida de Jesus, especialmente suas palavras e ações, sua morte e ressurreição. Eles representam, de forma respeitosa e crítica, simultaneamente, a reflexão das primitivas comunidades cristãs sobre o acontecimento único de Jesus de Nazaré, sob o prisma de sua própria percepção e visão pessoal.

Essa reflexão apaixonada dos primeiros seguidores de Jesus de Nazaré se consolidou com base em diversas tradições, umas orais e outras escritas, que cristalizaram em muitos escritos – alguns em forma de livro – como confirmam os evangelhos de Lucas (Lc 1,1-2) e João (Jo 21,24-25). Desses escritos e livros, alguns se perderam; outros chegaram até nós de forma fragmentária e alguns recebemos de maneira completa. É óbvio supor, dadas as formas culturais da época, que as primeiras memórias daqueles que conheceram Jesus pessoalmente ou ouviram falar dele tenham sido divulgadas primeiramente de forma oral e que, só com o passar do tempo, foram sendo postas por escrito.

No complicado processo da tradição sobre Jesus – oral e escrita – os biblistas distinguem três fases, claramente diferenciadas, e que, ao mesmo tempo, interagem entre si. A primeira fase, com claro predomínio do aspecto oral, se estende a partir do começo do ministério público de Jesus até meados do século I, data em que as palavras e ações do galileu começam a tomar forma escrita, como parece desprender-se das Cartas de Paulo aos Coríntios e aos Tessalonicenses, que referem tradições procedentes do "Senhor" de conteúdos diferentes (1Cor 7,10; 9,14; 11,23-26; 1Ts 4,15). Na segunda fase as recordações sobre Jesus coexistiram em forma oral e escrita, assim como os escritos foram impondo-se progressivamente, ao ser aceitos de forma aberta e confiante pelas primitivas comunidades cristãs. Esta fase se estende a partir de meados do século I até finais do século II. Na terceira fase, apesar de a tradição oral continuar existindo nas comunidades cristãs, se observa claramente o predomínio dos escritos sobre Jesus, cujo conhecimento se estende por esses agrupamentos a partir da segunda metade do século II.

Aproximadamente no período de tempo de um século (desde meados do século I a meados do século II) aparece um bom número de escritos sobre Jesus, alguns que não chegaram até nós e outros que foram testemunhados por manuscritos (a maior parte procedentes de Egito) e por escritores eclesiásticos do século II. Não é minha intenção oferecer um catálogo completo dos livros sobre Jesus. No entanto, convém recordar escritos de suma importância para o conhecimento de Jesus de Nazaré. Nessa linha, e deixando registradas as valiosíssimas contribuições desses escritos, atrevo-me a mencionar alguns deles. Existe uma composição que se costuma denominar de formas diversas, em função do aspecto que se pretenda ressaltar, "Documento Q", "Fonte Q" ou "Fonte sinótica de ditos". A sigla "Q", tomada da primeira letra do termo alemão *Quelle* (fonte) costuma dar nome a esta composição, que tem despertado o interesse geral dos estudiosos da Bíblia por seu enorme valor para averiguar o processo de formação dos evangelhos. A reconstrução desta fonte – uma coleção de ditos de Jesus – efetua-se a partir da coincidência das passagens que os evangelhos de Lucas e Mateus têm em comum, ainda que só seja possível chegar a uma aproximação das versões utilizadas por esses evangelistas.

O chamado "relato da paixão" (RP) previsivelmente serviu de fonte a Marcos, a João e ao Evangelho de Pedro. As características que configuram o relato da paixão nos evangelhos – os sinóticos coincidem surpreendentemente com João, a ordem dos episódios narrados e a própria coesão narrativa – sugerem a possibilidade da existência de um relato anterior que explicasse as coincidências entre eles. Outra composição de vital importância no processo de formação dos evangelhos é a conhecida como "Fonte dos signos" ou *Semeia* (Σημεῖα) *Quelle* (SQ), nome pelo qual são conhecidos os milagres de Jesus no Evangelho de João. Esta fonte, bastante complexa tanto literária como teologicamente, está recolhida apenas no quarto evangelho e, como acontece com as demais composições, é de grande importância para compreender o processo de formação dos livros sobre Jesus.

Outros escritos antigos sobre Jesus, já mais conhecidos, relacionados pelo número e pela importância dos testemunhos sobre eles, são: os evangelhos de Mateus (Mt), de João (Jo), de Lucas (Lc), o Evangelho de Pedro (EvPe), o de Tomé (EvTom), o Evangelho de Marcos (Mc), o Evangelho da infância de Jesus (InfJes), o protoevangelho de Tiago (PEvT), o Evangelho do papiro Egerton (PEg), o Evangelho da Verdade (EvVer), o Evangelho de Judas (EvJud), o Evangelho dos Hebreus (EvHebr), o Evangelho dos Nazarenos (EvNaz) e o Evangelho dos Egípcios (EvEg)[3].

Surpreendentemente, esses dados frios e estéreis teoricamente permitem entrever certos indícios, extremamente valiosos para conhecer a pessoa de Jesus. Parece evidente que as formas e os temas com que se plasmou a tradição sobre Jesus de Nazaré foram variados e de índole diversa. A maior parte dos escritos têm forma narrativa, centrada no ministério público de Jesus. Outros narram a infância ou a paixão de Jesus. Outros referem ditos, discursos ou diálogos do Senhor. Por outro lado, observa-se facilmente a procedência desses escritos, vinculados alguns a determinados grupos judeus-cristãos e gnósticos e, portanto, de caráter mais restrito e local, ao passo que outros apresentam uma condição mais universal. Por fim,

---

3. A ordem dos evangelhos canônicos corresponde ao P45, um códice de meados do século III, o primeiro a consigná-los. A ordem atual corresponde às edições do Novo Testamento, fixadas a partir do século IV.

observa-se nitidamente a importância concedida à apostolicidade, já que os escritos mais bem atestados e mais amplamente difundidos são aqueles que fazem referência a um apóstolo. Esses livros sobre Jesus contêm escritos de índole diversa, tanto em seu conteúdo como em sua forma. Encontramos neles as denominadas *coleções de ditos*, nas quais se incluem pequenas composições de ditos, historietas, controvérsias e Parábolas de Jesus. Esse material, utilizado pelas primeiras comunidades cristãs para indagar sua identidade e formar um estilo de vida, foi de grande utilidade para a composição dos evangelhos de Mateus e Lucas, elaborados a partir do "Documento Q".

Os *ditos* originaram outra forma de composição muito conhecida, os chamados *discursos e diálogos*. Ambos, discursos e diálogos, utilizam a mesma técnica, construindo-se sobre os ditos de Jesus, ampliados mediante mecanismos exegéticos da tradição hebraica ou da tradição helenística. Encontram sua máxima expressão e elaboração no Evangelho de João (Jo 14-16), ainda que também existam em Mateus e em Lucas. Junto a essas tradições sobre os ditos de Jesus, se desenvolveram outras, referentes às ações e aos acontecimentos mais importantes de sua vida. São as "coleções de milagres". Essas coleções, desenvolvidas amplamente na literatura sobre os apóstolos de Jesus, apenas constam nos escritos evangélicos, com exceção do Evangelho de Marcos que incorpora em seus conteúdos tradições populares sobre o tema.

Uma das tradições narrativas mais significativas, incorporada aos escritos sobre Jesus, é a que faz referência à paixão de Jesus. Amparados em relatos tradicionais distintos, Marcos e João utilizam estas tradições iniciais do cristianismo nascente relatando cenas da paixão, desde a prisão até o sepulcro vazio. A trama narrada por ambos os evangelistas é praticamente idêntica, embora elaborada conforme à visão teológica particular de cada um deles (Mc 14-16; Jo 18-19). Finalmente, outra tradição sobre os escritos de Jesus é a que trata das origens de Jesus, conhecida como "relatos da infância". Diferentemente das anteriores, estas composições, que respondem à curiosidade dos cristãos a respeito do nascimento e a infância de Jesus, são mais tardias e de menor importância. Encontram-se recolhidas por Mateus e Lucas (Mt 1-2; Lc 1-2)[4].

---

4. Para mais informação acerca dos escritos sobre Jesus pode-se consultar: S. GUIJARRO. *Jesus y sus primeros discípulos* (Estella: Verbo Divino, 2007), p. 11-34; ID. *Los Cuatro Evangelios* (Salamanca: Sígueme, 2010), p. 21-34. W. H. KELBER. *The Oral and the Written Gospel. Hermeneutics of Speaking and Writing in the Synoptic Tradition, Mark, Paul, and Q*. 2. ed. (Bloomington: Indiana University Press, 1997). E. NESTLE & K. ALAND (eds.). *Novum Testamentum Graece et Latine* (Stuttgart: Deutsche Bibelgesellschaft, 2008), p. 683-720. H. KÖSTER. *Ancient Christian Gospels. Their History and Development* (London: SCM Press, 1990).

2.3. A recepção da comunidade eclesial

É uma obviedade dizer que os escritos sobre Jesus foram produzidos nas comunidades que, sentindo-se seguidoras dele, empenharam-se em conhecer sua vida e encarnar suas doutrinas. Sem a comunidade dos seguidores de Jesus teria sido impossível escrever os evangelhos. Se fosse o caso, teriam sido algo diferentes. Escritos em que se apresenta a fé em Jesus têm de realizar-se necessariamente em uma comunidade que nasce e vive da fé. A dimensão comunitária dos escritos evangélicos é inegável e só a partir dela se compreende o autêntico sentido do Evangelho de Jesus.

Com fórmulas consagradas a partir da segunda metade do século II, os evangelhos levam a autoria pessoal de um evangelista: "Evangelho segundo...", porém pertencem à comunidade e, portanto, a ela corresponde pronunciar-se sobre a inclusão dos mesmos em seu seio, o que equivale a reconhecer a autenticidade de sua doutrina. Como resultado do conhecimento e vivência das primeiras comunidades cristãs sobre a pessoa de Jesus de Nazaré, e depois de um longo processo de discernimento, aparece a distinção entre os chamados escritos canônicos e aqueles que, posteriormente, se definiriam como apócrifos. Neste processo se envolveram todas as comunidades eclesiais, ratificando com sua autoridade e sua vida o valor e a autenticidade daqueles escritos que, finalmente, seriam reconhecidos como Evangelho de Jesus. Os escritos canônicos são aqueles que foram considerados normativos pelas comunidades cristãs (norma, medida da fé) e apócrifos, os restantes. A distinção entre escritos canônicos e apócrifos é relativamente tardia, já que ambos coexistiram durante bastante tempo, praticamente até o século IV, época em que adquiriram o sentido que lhes atribuímos atualmente. A partir destas datas, o adjetivo "apócrifo" que originariamente significava "arcano", "escondido", "oculto", adquiriria o sentido de "falso", "adulterado", "espúrio", em contraposição àqueles livros canônicos que continham a fé autêntica das Igrejas. O texto canônico, à parte o fato de conter uma escritura sagrada, gozava também de autoridade normativa.

Este longo e complexo processo de formação e definição do cânon dos livros sobre Jesus não se efetuou simultaneamente nem da mesma forma em todas as comunidades cristãs. É certo que os escritos que hoje compõem os quatro evangelhos foram amplamente reconhecidos até finais do século II e que os grandes concílios da época constantiniana (século IV) confirmaram seu caráter normativo, porém algumas Igrejas – concretamente, as da Síria– continuaram atribuindo mais importância ao *Diatéssaron* (διὰ τεσσάρων, genitivo de τέσσαρες, feito de quatro), a harmonia dos evangelhos mais importante, composto pelo asceta e apologista Taciano (ca. 160-175)[5].

---

5. Sobre a recepção eclesial dos escritos sobre Jesus pode-se consultar: H. GAMBLE. *The New Testament Canon, Its Making and Meaning* (Philadelphia: Fortress Press, 1985). T. C. SKEAT. "The Oldest Manus-

O longo e escrupuloso processo das comunidades cristãs em torno dos escritos sobre Jesus de Nazaré, que finalizou com a aceitação e veneração dos quatro evangelhos que hoje conhecemos, foi um fato de vital importância eclesial, tanto do ponto de vista bíblico como do dogmático. A memória de Jesus ficou esclarecida de forma viva e fidedigna, servindo como norma de fé e modelo de vida para todos que acreditavam nele. Ficavam encerradas para sempre as diferenças entre o "normativo" e o "falso", ao mesmo tempo em que os (quatro) "evangelhos" eram lidos nas celebrações litúrgicas e configuravam com robustez o cristianismo nascente.

Porém, o pronunciamento das comunidades sobre a definição do cânon não se deu por capricho. Guiadas pela presença do Espírito e críticas com relação à adaptação da mensagem de Jesus aos tempos em que viviam, elas utilizaram os critérios mais adequados para distinguir a autenticidade dos escritos que se referiam ao seu mestre. Um desses critérios, quiçá o mais determinante, foi a estreita vinculação dos escritos sobre Jesus com a tradição apostólica. Necessariamente, os escritos e os apóstolos deviam estar intimamente relacionados, uma vez que eles foram as testemunhas e os transmissores da mensagem de Jesus. De fato, os evangelhos mais conhecidos no século II foram os relacionados com o nome de um apóstolo e os escritores mais antigos apresentam os autores dos evangelhos vinculados a algum deles[6].

Outro critério de seleção de grande força eclesial foi o uso dos textos evangélicos nas celebrações litúrgicas das comunidades. A leitura dos textos nas celebrações confirmava a validez dos mesmos e, de fato, os mais lidos formariam mais tarde parte do cânon. Percebe-se assim a catolicidade das primeiras comunidades cristãs, que deixavam fora os escritos mais sectários e de grupos restritos, ao passo que aceitavam aqueles de caráter universal.

A coincidência dos conteúdos dos escritos com a fé das comunidades foi outro critério básico para determinar sua canonicidade. É lógico pensar que a fé vivida nas comunidades fora a norma para determinar a fidelidade dos escritos ao Espírito de Jesus. Tratava-se de fazer coincidir a fé vivida e a fé expressada, sem o menor vislumbre de discrepâncias.

Os critérios se ajustavam escrupulosamente à concepção de autêntica catolicidade das comunidades eclesiais. Estas se identificavam e se concebiam de acordo com esta catolicidade e, a partir desta perspectiva, é legítimo pensar que a elas ca-

---

cript of the Four Gospels": *New Testament Studies* 43 (1997), p. 1-34. D. M. SMITH. "When Did the Gospels Become Scripture?": *Journal of Biblical Literature* 119 (2000), 3-20. J. TREBOLLE. "Los comienzos o APXAI del Nuevo Testamento y de la biografia de Jesús", em A. AGIRRE; C. BERNABÉ & C. GIL (eds.). *Reimaginando los orígenes del cristianismo* (Estella: Verbo Divino, 2008), p. 401-431. S. GUIJARRO. *Los Cuatro Evangelios* (Salamanca: Sígueme, 2010), p. 36-42.

6. EUSEBIO DE CESAREA. *Historiae Ecclesiasticae, lib. III, cap. III*, J. P. Migne. Patrologia Graeca (doravante PG), t. 20, p. 215-218; IRENEO, *Adv. Haer. 3,1,1*, PG, t. 7-1, p. 844-845.

beria determinar, em última instância, o valor dos escritos que, como depositárias, lhes pertenciam[7].

Chegava-se, assim, no final do século II, a uma denominação dos livros sobre Jesus, muito familiar entre nós, "evangelhos", com o sentido de "boa notícia" de Jesus e sobre Jesus. O caráter normativo desta "boa notícia" permanece aberto ainda por certo tempo.

A palavra εὐαγγέλιον com o significado de "boa notícia" pertencia à linguagem ordinária da cultura helenística e da tradição israelita. Além disso, desta acepção comum, o termo era utilizado em ambas as culturas para designar, por um lado, a propaganda imperial, concebida como boa notícia, plasmada nos grandes acontecimentos militares[8] e, por outro, como a chegada salvadora de Deus, anunciado como rei do universo[9]. Em ambos os casos, a boa notícia é percebida como anúncio de salvação, que se estabelece em um novo reinado.

Muito cedo, os seguidores de Jesus, conhecedores da cultura de seu mundo, se apoiaram nela, dando um significado novo à palavra εὐαγγέλιον, referindo-se expressamente à mensagem de salvação que eles proclamavam. Jesus se converteu no centro desta mensagem e, enquanto as comunidades da diáspora, mais influenciadas pela mentalidade imperial, interpretavam o evangelho como a boa-nova "sobre Jesus", quer dizer, centrada nos acontecimentos salvadores de sua morte e ressurreição, as da Síria e Palestina o concebiam como a chegada do reino de Deus, anunciada "por Jesus", realização última das promessas proféticas de Israel. Em todo caso, a palavra "evangelho" foi utilizada preferencialmente em referência a uma mensagem, embora, com o tempo, tenha passado a designar também um texto escrito.

Os evangelhos apócrifos, quer dizer, os livros "escondidos", "secretos", ficavam excluídos da condição de escrituras sagradas e do caráter de normatividade, atribuído aos escritos canônicos. Ninguém põe em dúvida a antiguidade de alguns desses escritos (como o *Evangelho de Tomé*, o *Evangelho de Pedro* ou *Protoevangelho de Tiago*) e sua contribuição ao conhecimento de alguns ditos e ações da vida de Jesus. Tampouco se pode negar a proximidade desses escritos com certas formas de piedade cristã, apesar dos desvios em questões doutrinais, ou inclusive suas contribuições à teologia, à arte e à liturgia. Embora esses textos tenham surgido da tra-

---

7. Sobre os critérios no processo de seleção dos livros sobre Jesus se pode consultar: S. GUIJARRO. Los *Cuatro Evangelios* (Salamanca: Sígueme, 2010), p. 42-44. L. M. McDONALD. *The Biblical Canon: Its Origin, Transmission, and Authority* (Peabody: Hendrickson Publisher, 2007), p. 401-421.
8. FLÁVIO JOSEFO. *Guerras de los Judios* II (Terrassa: CLIE, 1990), liv. IV, cap. I-VII, p. 43-81.
9. O anúncio da boa notícia aparece sobretudo nos últimos capítulos do livro do profeta Isaías (Is 40-66).

dição enraizada no ministério de Jesus de Nazaré e alguns detalhes referidos possam ser considerados históricos, sua confecção é basicamente imaginativa e suas contribuições sobre Jesus de Nazaré revelam-se, realmente, de pouquíssimo valor[10].

2.4. Os quatro evangelhos

A partir da segunda metade do século II, os evangelhos ou "boa notícia" de Jesus e sobre Jesus começaram a ser intitulados de tal forma que refletem o sentido autêntico do termo evangelho. Os evangelhos se denominaram "Evangelho segundo Marcos", "segundo Mateus" etc., ressaltando a convicção de que a mensagem é idêntica, apesar de a autoria ser atribuída a diferentes pessoas. Há um único Evangelho – o de Jesus – com quatro versões diferentes. Confirmava-se, ao mesmo tempo, a autoridade e veneração desses escritos e a autenticidade do conteúdo da salvação de Jesus de Nazaré. Escritura e autoridade ficavam entrelaçadas de forma indissolúvel.

Os quatro livros canônicos sobre Jesus apresentam diferenças e semelhanças entre eles. A diferença mais notável é a que existe entre os três evangelhos chamados "sinóticos" e o Evangelho de João. Os evangelhos sinóticos (Mateus, Marcos e Lucas) são muito parecidos nas formas que utilizam ao transmitir ditos, parábolas, milagres etc., de Jesus das diversas tradições que recebem. Por essa razão eles se denominam "evangelhos sinóticos" (de "sinopsis", palavra grega que significa "visão de conjunto"), cuja leitura pode-se abarcar com um único olhar. Do ponto de vista formal, apresentam um caráter narrativo, são autênticos relatos, διήγησις, que contam a atividade pública de Jesus, começando com a pregação de João Batista e terminando com o relato da paixão, ao qual se concede uma importância excepcional.

Felipe Fernández Ramos resume essas ideias da seguinte forma: "Os três (sinóticos) nos oferecem o mesmo esquema: atuação ininterrupta de Jesus na Galileia; só depois de ter terminado a atividade na Galileia passa-se a narrar seu ministério em Jerusalém. O conteúdo e a ordem dos relatos sinóticos é a seguinte: o Batista, o batismo de Jesus, as tentações, a vida pública, Galileia-viagem a Jerusalém, morte e ressurreição"[11]. Contudo, os "sinóticos" também apresentam notáveis diferenças entre si, sendo as mais significativas as existentes entre Marcos, por um lado, e Mateus e Lucas, por outro. No Evangelho de Marcos, o mais antigo deles, não se

---

10. J. A. FITZMYER. *Catecismo Cristológico, respuestas del nuevo testamento* (Salamanca: Sígueme, 1998), p. 23-25. G. RAVASI, *Cuestiones de Fe: 150 respuestas a preguntas de creyentes y no creyentes* (Estella: Verbo Divino, 2011), p. 31-34.
11. F. FERNÁNDEZ RAMOS. *La Biblia, claves para una lectura actualizada, II: Nuevo Testamento* (León, 2011), p. 60.

encontram muitas das doutrinas recolhidas em Mateus e Lucas, assim como os relatos da infância de Jesus ou das aparições do ressuscitado.

Porém, as diferenças mais importantes aparecem quando se comparam os três sinóticos com o Evangelho de João, tanto em conteúdo como em forma literária. Em João são abundantes, sobretudo, os diálogos e os grandes discursos de Jesus e a importância da fé, ao mesmo tempo em que desaparecem os temas centrais de sua pregação (o reino de Deus), são oferecidas versões diferentes de acontecimentos idênticos, situando-se os mesmos relatos em cenários diferentes. (Mc 1,16-20 par. e Jo 1,35-50; Mc 11,15-17 par. e Jo 2,14-16)[12].

2.5. O desenvolvimento da tradição do Evangelho de Jesus

No processo de formação dos escritos sobre Jesus pode-se perceber de maneira inequívoca a centralidade da pessoa de Jesus, a fidelidade das comunidades cristãs, manifestada tanto em suas crenças como em seu estilo de vida, e a ação do Espírito, que vela por essas comunidades, inspirando-lhes as formas de permanência até o final dos tempos.

Jesus é o único Evangelho que, vindo de Deus, revela aos homens o grande mistério da salvação. Antes de encarnar-se e viver entre nós, antes de realizar seu ministério profético nas terras da Palestina e, obviamente, antes de existirem as tradições orais e escritas sobre Ele, o evangelho da salvação se encontrava prefigurado nos escritos do Antigo Testamento. Se a salvação de Deus aos homens é única, os escritos antigos sobre Jesus devem concordar com os novos, ainda que esses se revistam de um caráter radicalmente novo. Esta é a razão por que os textos do Antigo Testamento foram tão minuciosamente examinados pelas primeiras comunidades cristãs, que perceberam o passado do povo de Deus como anúncio dos novos tempos. Deus não podia contradizer-se em relação a Si mesmo, modificando seus desígnios sobre a humanidade. A dinâmica entre o Antigo e o Novo Testamento é transferível à ação das primeiras comunidades cristãs em busca da mensagem de Jesus de Nazaré. Os evangelhos são a bela concreção da fé e da esperança das comunidades cristãs. Sua fé indagou tradições orais de tempos antigos e plasmou de formas diversas suas vivências em textos literários. Há diversos testemunhos, correspondentes a diferentes comunidades cristãs, que professavam a mesma fé no Senhor Jesus.

---

12. S. GUIJARRO. *Los Cuatro Evangelios* (Salamanca: Sígueme, 2010), p. 51-57. F. FERNÁNDEZ. *Op. cit.*, p. 59-73. J. JEREMIAS. *Teología del Nuevo Testamento. La predicación de Jesus* (Salamanca: Sígueme, 2009), p. 53-57. G. BORNKAMM. *Jesus de Nazaret* (Salamanca: Sígueme, 2002), p. 207-212.

O Espírito vela pela permanência destas comunidades na fé ao longo dos tempos. A tradição não é história morta nem mera lembrança do passado; antes, é vivência continuada da sempre nova notícia da salvação. Por essa razão, o tempo presente se converte em tradição viva, sem confrontos estéreis com o passado e reclama, com a enorme potencialidade do novo, toda sua força.

Conforme a doutrina dos documentos da Igreja, o desenvolvimento da tradição do Evangelho de Jesus passou por três fases, nitidamente diferenciadas: as palavras e as ações de Jesus durante seu ministério público, a pregação dos apóstolos depois da ressurreição e a composição escrita dos evangelhos.

O Concílio Vaticano II, integrando sabiamente as Escrituras de ambos os Testamentos, afirma de maneira simples e magistral, na Constituição sobre a divina revelação: "Deus dispôs com suma benignidade que aquelas coisas que revelara para a salvação de todos os povos permanecessem sempre íntegras e fossem transmitidas a todas as gerações. Por isso o Cristo Senhor, em quem se consuma toda a revelação do Sumo Deus (cf. 2Cor 1,20 e 3,16–4,6), ordenou aos apóstolos que o Evangelho, prometido antes pelos profetas, completado por Ele e por sua própria boca promulgado, fosse por eles pregado a todos os homens como fonte de toda verdade salvífica e de toda disciplina de costumes, comunicando-lhes dons divinos. E isto foi fielmente executado tanto pelos apóstolos, que na pregação oral, por exemplos e instituições, transmitiram aquelas coisas que ou receberam das palavras, da convivência e das obras de Cristo ou aprenderam das sugestões do Espírito Santo, como também por aqueles apóstolos e varões apostólicos que, sob inspiração do mesmo Espírito Santo, puseram por escrito a mensagem da salvação"[13].

No ano de 1964, uma Instrução sobre a verdade histórica dos evangelhos da Pontifícia Comissão Bíblica se pronunciava da seguinte forma: "O exegeta, para afirmar o fundamento daquilo que os evangelhos nos referem, atenda com diligência aos três momentos que atravessaram a vida e as doutrinas de Cristo antes de chegar até nós. Cristo escolheu os discípulos, que o seguiram desde o começo, viram suas obras, ouviram suas palavras e puderam assim ser testemunhas de sua vida e de sua doutrina. O Senhor, ao expor de viva voz sua doutrina, seguiu as normas do pensamento e expressão então em uso, adaptando-se à mentalidade de seus ouvintes, fazendo com que aquilo que lhes ensinava se gravasse firmemente em sua mente, pudesse ser retido com facilidade pelos discípulos... Os apóstolos anunciaram acima de tudo a morte e a ressurreição do Senhor; dando testemunho de Cristo e expunham fielmente sua vida, repetiam suas palavras, tendo presente em sua pregação as exigências dos diversos ouvintes... Esta instrução primitiva, feita primeiro oralmente e em seguida posta por escrito – de fato, muitos se dedicaram

---

13. Concílio Vaticano II: *Dei Verbum,* II, p. 7.

a 'organizar a narrativa das ações' que se referiam a Jesus –, os autores sagrados a consignaram nos quatro evangelhos para o bem da Igreja, com um método correspondente ao fim a que cada um se propunha. Escolheram algumas coisas; outras as sintetizaram; desenvolveram alguns elementos tendo em vista a situação de cada uma das Igrejas, buscando por todos os meios permitir aos leitores conhecer o fundamento daquilo que lhes era ensinado"[14].

No ano de 1984, outro documento da Pontifícia Comissão Bíblica sobre a Sagrada Escritura e a cristologia expressava a mesma ideia sob os seguintes termos: "As *tradições evangélicas* foram sendo reunidas e postas pouco a pouco por escrito sob a luz pascal até receber, finalmente, sua forma estável em quatro livros. Esses contêm não apenas 'o que Jesus começou a fazer e ensinar' (At 1,1), mas também oferecem suas interpretações teológicas. Neles deve-se buscar, portanto, a *cristologia de cada evangelista*. Isso vale especialmente para São João que, na época dos padres, receberia o codinome de 'teólogo'. Igualmente, os demais autores cujos escritos se conservam no Novo Testamento interpretaram de formas diversas as ações e palavras de Jesus, e muito mais sua morte e ressurreição"[15]. Vejamos com mais detalhe estas três fases, descritas pelo magistério eclesial:

a) As palavras e ações de Jesus

Se incluem nesta seção as palavras, frases, sentenças, parábolas e relatos da vida de Jesus, recolhidos pelos evangelistas de distintas e independentes tradições, antes de ser consignados por escrito e atribuir-lhes um determinado contexto histórico.

Estas palavras respondem, algumas vezes, à dimensão profética de Jesus que, ao estilo dos profetas do Antigo Testamento, anuncia a vinda do reino de Deus, a hora da salvação para todos os povos (Mc 1,15); em outras ocasiões, revelam a consciência messiânica de Jesus e a relação com o Pai (Mt 11,27); às vezes, aparecem no contexto de discussões entre Jesus e seus adversários sobre as tradições dos fariseus e a lei de Deus (Mt 5,21ss.; Mc 7). Em outros momentos, as palavras de Jesus referem situações normais da vida diante das quais se reflete com inusitada Sabedoria (Mt 6,25-7,29). As parábolas também pertencem às suas palavras e, ainda que em boa medida tenham sido reformuladas, constituem o recurso didático mais utilizado por Jesus para ensinar a seus discípulos. O relato da paixão merece especial consideração por seu caráter histórico, sua unidade e a fidelidade na tradição.

---

14. *Sancta Mater Ecclesia, Instrucción sobre la verdad histórica de los Evangelios,* PCB (1964), VI, VII, VIII, IX.
15. *Sagrada Escritura e cristología,* PCB (1984), C. GRANADOS & L. SÁNCHEZ NAVARRO. *Enchiridion bíblico. Documentos de la Iglesia sobre la Sagrada Escritura* (Madri: BAC, 2010), p. 1.015-1.017.

A tudo isto se deve acrescentar a palavra *abbâ*', a oração do Senhor, as formas das bem-aventuranças e algumas expressões referentes ao núcleo da mensagem de Jesus. As ações de Jesus fazem referência expressa às curas e milagres que efetuou ao longo de seu ministério público. Ninguém põe em dúvida o poder de Jesus sobre o mal, porém sua atuação na cura de "possuídos" e outras ações a que se atribui o caráter de milagrosas, devem ser entendidas na perspectiva misericordiosa de Jesus para com os mais necessitados. Na realidade, Ele é o "Santo de Deus" e "o Filho de Deus", reconhecido pelos espíritos impuros (Mc 1,24; 3,11), e não um taumaturgo qualquer.

Evidente e lamentavelmente, muitas palavras e ações de Jesus se perderam definitivamente para a história, especialmente aquelas que se referem à sua vida anterior ao ministério profético na Galileia. Não em vão, o vazio histórico deste período é conhecido tradicionalmente como a "vida oculta" de Jesus.

b) A pregação apostólica

A pregação cristã começa com o κήρυγμα (proclamação, anúncio) da ressurreição de Jesus. Discípulos e apóstolos de Jesus proclamam os ditos e as ações de seu mestre, os interpretam conforme as necessidades de seus ouvintes e os anunciam com formas literárias retiradas das Escrituras. Este processo na pregação apostólica se reflete perfeitamente na Instrução da Pontifícia Comissão Bíblica, que diz assim:

"Não se pode negar, sem dúvida, que os apóstolos apresentaram a seus ouvintes os autênticos ditos de Cristo e os acontecimentos de sua vida com a mais plena inteligência de que dispunham a continuação dos acontecimentos gloriosos de Cristo e pela iluminação do Espírito de verdade. Disso se deduz que, como o próprio Cristo depois de sua ressurreição lhes interpretava tanto as palavras do Antigo Testamento como as suas próprias, da mesma forma eles explicaram suas ações e palavras de acordo com as exigências de seus ouvintes. 'Assíduos no ministério da palavra', pregaram com formas de expressão adaptadas a seu fim específico e à mentalidade de seus ouvintes, pois eram 'devedores de gregos e bárbaros, de sábios e ignorantes'. Podem-se, pois, distinguir na pregação que tinha por tema a Cristo: catequese, narrações, testemunhos, hinos, doxologias, orações e outras formas literárias semelhantes que aparecem na Sagrada Escritura e que estavam em uso entre os homens daquele tempo"[16].

Nesta pregação se encontram primordialmente o κήρυγμα pascal, quer dizer, a ressurreição de Jesus, que há de converter-se em uma vida nova em Cristo para todos quantos se considerem seus seguidores e as narrações pascais acerca da tumba vazia e das aparições do ressuscitado a seus discípulos. Também aparecem os re-

---

16. *Sancta Mater Ecclesia, Instrucción sobre la verdad histórica de los Evangelios* PCB (1964), VIII.

latos acerca de Jesus (seu batismo, a escolha dos Doze etc.) e seus ditos, assim como as parábolas e as narrativas de milagres. Utilizam-se, ademais, fórmulas litúrgicas e hinos, ambos empregados pelas primitivas comunidades cristãs (Mt 26,26-29; Mc 12,22-25; Lc 22,17-19). Finalmente, proclamam-se os títulos cristológicos, que os cristãos do começo atribuíam a Jesus, como Messias, Filho de Davi, Filho do homem, Filho de Deus e Senhor, entre outros.

A riqueza e vitalidade das primeiras comunidades cristãs são facilmente observáveis. Elas proclamaram sua fé em Jesus como Senhor em diversas formas, ao mesmo tempo que celebraram a ação de graças na ceia de Jesus, memorial até que Ele volte. Os evangelistas plasmariam por escrito toda esta tradição.

c) A composição escrita dos evangelhos

Os evangelistas puseram por escrito o que receberam de múltiplas tradições, orais e escritas, das comunidades que foram atraídas pela mensagem de Jesus de Nazaré. Recolheram e selecionaram o abundante material que chegou a suas mãos, o estruturaram e, conforme suas capacidades, elaborações próprias e as necessidades das comunidades a que se dirigiram, escreveram os evangelhos que hoje conhecemos. Todos viveram contextos culturais diferentes, tiveram diferentes perspectivas, escreveram de forma distinta, ainda que perseguissem os mesmos objetivos: proclamar o Evangelho de Jesus.

É obvio que os evangelistas estão interessados na vida de Jesus, porém seus escritos não são crônicas fiáveis sobre sua existência terrena e, menos ainda, relatos apologéticos de sua fama e milagres. Tampouco têm um caráter biográfico, nem se ajustam a normas históricas ou exigências geográficas e temporais, apesar de que não desdenhem o interesse por dados desta natureza. Seus escritos se situam em um gênero literário novo, que se centra na fé em Jesus e se anuncia ao mundo inteiro.

Marcos, discípulo de Pedro, é o autor do Segundo Evangelho, tal como o testemunham abundantes testemunhos da tradição cristã. A relação de Marcos com Pedro parece iniciar-se já em Jerusalém (At 12,12) e se constata quando é mencionado junto a ele e chamado "Marcos, meu filho", o seja, discípulo queridíssimo (1Pd 5,13). Aparece também com Paulo e Bernabé em Antioquia (At 12,25) e só com Paulo em Roma (Cl 4,10; 2Tm 4,11).

Acerca do lugar onde se escreveu este evangelho, existem discrepâncias entre os biblistas: alguns o situam em Roma e outros, na Palestina ou na Síria. Quanto ao tempo, é indubitável que este é o primeiro dos evangelhos sinóticos, já que Mateus e Lucas dependem dele em seus conteúdos, e foi composto anteriormente ao ano 70, uma vez que não existem nele referências à destruição da cidade de Jerusalém.

Os destinatários do livro são cristãos procedentes do mundo gentil, tal como parecem confirmar os frequentes latinismos e a tradução de termos aramaicos. A comunidade à qual Marcos se dirige enfrentou indubitavelmente a violência e a perseguição, situada em um contexto de confronto e hostilidade ambiental.

O evangelho quer apresentar Jesus como o Cristo, Filho de Deus. Estruturado claramente em duas partes quase iguais, a primeira delas, que mostra em um clima secreto o messianismo de Jesus, culmina com a confissão de Pedro (Mc 8,29), a partir da qual o "Filho do homem" (Mc 14,62) aparecerá com toda glória e esplendor, quer dizer, como Filho de Deus (Mc 15,39).

Mateus é o autor do Evangelho que leva seu nome, segundo testemunhos múltiplos e unânimes da tradição. É o apóstolo chamado por Jesus quando estava sentado em seu posto de arrecadador (Mt 9,9) e muito bem pode ter sido um escriba judeu-cristão que, como diz o Evangelho, "extrai de suas provisões coisas novas e antigas" (Mt 13,52).

O evangelho foi escrito provavelmente depois da ruptura entre os cristãos judeus e o grupo dos fariseus, dominante no judaísmo, depois do impulso dado a sua religião em Yamnia, por volta do ano 80[17]. Os destinatários são claramente cristãos procedentes do judaísmo, como aparece nas contínuas expressões de sabor semítico, nas abundantes referências a costumes judaicos e nas múltiplas alusões ao Antigo Testamento.

O plano traçado no evangelho é um chamado de Jesus ao povo judeu, a repulsa deste povo escolhido e a abertura a todos os povos. Jesus é o novo Moisés, que ensina e confirma com suas obras o poder de sua palavra. A rejeição de Israel a Jesus conduz à fundação da Igreja, aberta a todos os povos. Jesus permanecerá em meio dela até o fim do mundo.

O terceiro evangelho se atribui a Lucas, médico, convertido ao judaísmo antes da conversão ao cristianismo. Parece que foi um cristão gentil, da tradição de Antioquia, cujos escritos evidenciam a simpatia pelos povos da gentilidade e a abertura a eles.

Não é fácil determinar com precisão a composição deste evangelho. É, indubitavelmente, posterior ao Evangelho de Marcos pela dependência que mostra em relação a ele. Lucas tinha familiaridade com a tradução dos LXX, com o resto dos evangelhos sinóticos e foi o que melhor utilizou a língua grega. A estrutura do

---

17. Em Yamnia, a atual Yabné ou Yavné, ao sul de Tel Aviv, foram tomadas medidas por parte do judaísmo fariseu para combater o cristianismo, com forte presença na Palestina, Ásia Menor, Grécia e Egito. No Novo Testamento não aparece Yamnia, porém certos detalhes dos evangelhos (especialmente do Evangelho de Mateus) não podem ser explicados sem a existência deste judaísmo renascente em Yamnia, em estreito contato com as tradições das comunidades cristãs que viviam na Síria-Palestina.

evangelho se ajusta à própria dos sinóticos, com a peculiaridade de que toda a atividade de Jesus está orientada para Jerusalém. Jesus, além de ser o profeta por excelência, é o Senhor e Salvador do universo. Entre os temas, esmeradamente tratados pelo evangelista, figuram a bondade de Deus, as exigências no seguimento de Jesus e à ação do Espírito que atua fundamentalmente na pessoa de Jesus de Nazaré. O Evangelho de João representa, teológica e simbolicamente, um mundo distinto do dos evangelhos sinóticos, mais rico e mais completo.

Este evangelho, ainda que comparta algumas tradições comuns com os sinóticos, se fundamenta principalmente na tradição do "discípulo amado", em um primeiro momento talvez discípulo de João Batista e posteriormente, seguidor de Jesus. O "discípulo amado" não pertenceu ao grupo dos Doze e em consequência não foi o filho do Zebedeu. O evangelho em si mesmo é obra de um discípulo da comunidade joanina e a conclusão do final pode ser atribuída a um redator que aportou novos materiais (Jo 20,30-31). A composição do quarto evangelho é, sem dúvidas, posterior à de todos os sinóticos e deveria ser situada até finais do século I, entre os anos de 90 e 100. Este evangelho se difere dos sinóticos nos dados cronológicos, nas referências de lugares e, sobretudo, no conteúdo teológico. O evangelho apresenta uma grande originalidade em seus discursos, desenvolvidos em forma de diálogo ou em compacta unidade temática, sendo o mais extenso e significativo o da última ceia. Jesus é a luz, acolhida por alguns e rejeitada por outros, e a revelação de seu messianismo e divindade exige uma resposta de fé e adesão a Ele, que conduzirá a uma participação de sua própria vida. Esta vida do novo povo de Deus começa com o nascimento do batismo (Jo 3,5) e se preserva mediante a eucaristia (Jo 6,35).

2.6. Reconhecer o Jesus histórico

As diversas tradições orais das comunidades primitivas sobre Jesus de Nazaré, o labor redacional dos evangelistas e a distância temporal entre esses atos e o mundo atual estão indicando a dificuldade de acesso às origens de Jesus.

É certo, como diz E. Schillebeeckx, que "a identificação absoluta do Jesus terreno com o Cristo proclamado pelas comunidades cristãs é um pressuposto fundamental em todas as tradições pré-canônicas e neotestamentárias do cristianismo primitivo"[18]. Porém não é menos indiscutível a legitimidade da busca do Jesus histórico, escondido entre a riqueza e variedade das primeiras tradições orais da comunidade eclesial e as manifestações de fé no Ressuscitado, presentes fielmente nos

---

18. E. SCHILLEBEECKX. *Jesus. La historia de un viviente* (Madri: Trotta, 2002), p. 71.

evangelhos canônicos. A teologia e a história não devem ser ciências excludentes, mas complementares.

A busca não é fácil. O teólogo se move entre um mundo de esperança e ilusão, ansiando ver a realidade de Jesus em todas as manifestações tradicionais sejam orais ou escritas, e entre normas rígidas, impostas por critérios científicos de historicidade. Para pesar de muitos, nem tudo que é razoável nos relatos evangélicos goza do caráter de historicidade, nem a certeza de que possamos alcançar com os métodos históricos modernos é sempre absoluta.

A busca do Jesus histórico está condicionada pela utilização de critérios de historicidade, alguns mais confiáveis do que outros. Porém, em qualquer caso, é necessário ter presente que a realidade histórica de Jesus se insere na religiosidade do judaísmo palestino do século I. São louváveis e meritórios os esforços de certos estudiosos da Escritura que se aproximam da figura histórica de Jesus utilizando critérios antropológicos e culturais, com um alto grau de desconsideração a sua dimensão religiosa. Porém é impossível ignorar que Jesus forma parte da história de Israel, que seu mundo pertence ao das Escrituras hebraicas e que toda sua vida, desde seu batismo por João até sua morte e ressurreição, está situada em um contexto de forte religiosidade. Os critérios dos biblistas para assegurar-nos o caminho até as palavras e as ações de Jesus de Nazaré foi-se configurando ao longo dos últimos anos. Variam quanto ao número e importância, segundo a opinião dos autores.

Conformando-me a um investigador bíblico de prestígio universal[19], enumero os critérios que podem ajudar-nos na busca do Jesus histórico. São os seguintes:

a) Critério da dificuldade

O critério da "dificuldade" ou da "contradição" supõe que os ditos ou ações de Jesus que tivessem causado estranhamento ou complicações às comunidades primitivas não teriam sido consignados nos evangelhos. Resultaria chocante que as comunidades cristãs dos começos tivessem criado um material que pudesse ser utilizado por seus adversários religiosos contrariamente a seus interesses. Assim sucederia, por exemplo, no relato do batismo de Jesus, submetido a um batismo destinado a pecadores (Mc 1,4-11), e na afirmação, segundo a qual apenas o Pai (e não o Filho) conhece a hora exata do juízo final (Mc 13,32).

Este critério que, como diz Meier, "tem para o historiador uma importância que vá muito além dos dados isolados que esse critério pode ajudar a verificar"[20],

---

19. J. P. MEIER. *Un judio marginal* I: *las raíces del problema y de la persona* (Estella: Verbo Divino, 2005), p. 184-199.
20. *Ibid.*, p. 186.

não está isento de limitações. É lógico supor, por uma parte, que os casos escabrosos para a comunidade cristã não abundem nos evangelhos e, por outra, que nem tudo que é "difícil" para nossa mentalidade corresponda às categorias dos começos do cristianismo.

b) Critério da descontinuidade

Este critério, chamado também de dessemelhança e de originalidade, se fixa nas palavras e ações de Jesus que não concordam com as práticas do judaísmo da época, nem correspondem à mentalidade das comunidades primitivas. Pressupõe-se aqui que qualquer expressão ou ação, contrária ao judaísmo e à Igreja primitiva, há de ser considerada autêntica com toda probabilidade. Costumam apresentar-se como exemplos a proibição de todo juramento por Jesus (Mt 5,34-37), a rejeição do jejum dos discípulos de Jesus (Mc 2,18-22 par.) e a proibição do divórcio (Mc 10,2-12 par.). Este critério, embora útil, implica também, segundo Meier, algumas limitações. O investigador deve ser consciente de sua modéstia em seu trabalho de redescobrir o ambiente religioso da Palestina no século I. Ademais, não se pode divorciar a pessoa de Jesus do judaísmo da época nem da comunidade cristã primitiva, sem colocar em risco a autêntica dimensão do ministério profético de Jesus. Finalmente, o conceito de "unicidade" (avaliado sempre sob o critério da descontinuidade) indica que Jesus não pôde deixar de sentir-se influenciado pela história de seu povo. Seria mais apropriado falar de "característico" ou "insólito" nas formas de atuação de Jesus[21].

c) Critério do testemunho múltiplo

Esse critério (chamado também de "referências cruzadas" ou de "seção transversal") se embasa nos ditos e ações de Jesus que estão testemunhados em diversas fontes literárias independentes e aparecem em diferentes formas ou gêneros literários. Considera-se que os testemunhos sobre Jesus que cumpram estas condições sejam autênticos com um alto grau de probabilidade.

Isto acontece com a pregação de Jesus acerca do reino de Deus (ou reino dos céus), formulada em diversos gêneros literários (parábolas, bem-aventuranças, relatos de milagres etc.) e presente em múltiplas fontes literárias independentes, como o documento Q, os evangelhos sinóticos e João. Isso se pode afirmar do discurso de Jesus sobre a destruição do templo de Jerusalém (Mc 13,2; 14,58; Jo 2,14-22), das palavras sobre o pão e o vinho na última ceia (Mc 14,22-35; Jo 6,51-58) e da proibição do divórcio (Mc 10,11-12; Lc 16,18). Este critério, ainda que seja alta-

---

21. *Ibid.*, p. 187-190.

mente confiável, não é, de modo algum, infalível. E, obviamente, não exclui que um só fato ou dito de Jesus, testemunhado em uma só fonte, possa ser considerado autêntico. Este é o caso da invocação aramaica por Jesus *abbâ'* (ou Pai), que aparece só uma vez em Marcos (Mc 14,36)[22] e a "*possibilidade* histórica de que Jesus fosse, no princípio, discípulo de João e, como tal, também tivesse batizado" (Jo 3,22)[23].

d) Critério da coerência

Este critério, chamado também critério de coerência ou de conformidade, somente pode aplicar-se uma vez que, mediante os critérios anteriormente citados, se tenha estabelecido um material histórico acerca de Jesus e, por coerência, outros fatos e ditos relativos à sua pessoa se encaixem de tal modo neles que possam ser considerados provavelmente históricos. Este seria o caso, por exemplo, dos ditos de Jesus acerca da chegada do reino de Deus ou das disputas com seus inimigos sobre a lei de Moisés. É um critério de caráter claramente complementar e não deve ser utilizado de forma negativa, declarando não autênticos fatos ou ditos de Jesus por não ser congruentes com outros provados como tais. Não se deve esquecer, neste sentido, as diferenças bastante radicais entre o pensamento semítico e a filosofia ocidental. Por isso, mostra-se um contrassenso contrapor o caráter escatológico da mensagem de Jesus de Nazaré e sua dimensão sapiencial[24].

e) Critério da rejeição e execução

Este critério, diferente dos anteriores, não pode aprovar ou desmentir por si mesmo a autenticidade de nenhum fato ou dito de Jesus. Enfoca-se, particularmente, o fato histórico inquestionável do final violento de Jesus e se pergunta acerca das razões que conduziram ao mesmo. J. P. Meier escreve assim a este respeito: "O Jesus histórico ameaçou, provocou, irritou a muita gente: desde os intérpretes da lei até a aristocracia sacerdotal, passando pelo prefeito romano, que finalmente o processou e crucificou. Esta ênfase no final violento de Jesus não é simplesmente uma perspectiva imposta aos dados pela teologia cristã. Para autores não cristãos, como Josefo, Tácito e Luciano de Samosata, uma das coisas mais chamativas em torno de Jesus foi sua crucifixão ou execução por Roma. Um Jesus, cujas palavras e ações não encontrassem rejeição, sobretudo entre os poderosos, não é o Jesus histórico"[25].

---

22. *Ibid.*, p. 191.
23. E. SCHILLEBEECKX. *Jesús, La historia de un viviente* (Madri: Trotta, 2002), p. 84.
24. J. P. MEIER. *Op. cit.*, p. 192; E. SCHILLEBEECKX. *Op. cit.*, p. 85.
25. J. P. MEIER. *Op. cit.*, p. 193.

Além dos critérios referidos, existem outros, chamados por Meier de "secundários" (ou duvidosos)[26] e por Schillebeeckx, de "utilizados, porém não válidos"[27], entre os que se incluem:

a) Critério de vestígios do aramaico

Este critério pretende aceitar como autênticas aquelas expressões de Jesus que possuam vestígios linguísticos do aramaico, seja em seu vocabulário, em sua gramática e sintaxe, ou em seu ritmo e rima. Quem popularizou este critério foi Joachim Jeremias, apoiado nos estudos filológicos aramaicos de destacados escrituristas do século XX. A propósito desta questão, escreve: "É preciso afirmar sem rodeios que a maneira em que hoje em dia se utiliza o 'critério de dessemelhança' como uma espécie de *shibboleth* ou 'santo e senha', contém uma grave fonte de erro. Mingua e deforma o fato histórico porque deixa de lado uma realidade: a continuidade entre Jesus e o judaísmo. Por isso, será muito importante que, além do método comparativo, tenhamos outra ajuda para investigar a tradição pré-pascal. E esta ajuda será um exame *da linguagem e do estilo*"[28]. A tal fim dedica este destacado exegeta alemão o estudo da base aramaica dos "logia" de Jesus nos sinóticos, as maneiras de falar preferidas por Jesus e as características da *ipsissima vox*[29].

A validade deste critério está seriamente questionada atualmente e não sem razões. Tudo faz supor que, se boa parte dos primeiros cristãos eram judeus palestinos de língua aramaica, eles mesmos poderiam ter recriado palavras nesta língua, sem que necessariamente possamos atribui-las ao próprio Jesus. Por outro, os semitismos que se acham nos textos gregos podem pertencer ao domínio das pessoas comuns ou à tentativa dos escritores cristãos de língua grega de imitar a língua dos LXX e não ao vocabulário utilizado por Jesus.

b) Critério do ambiente palestino

Este critério é semelhante e complementar ao anterior. Pretende afirmar que aqueles ditos e ações de Jesus, que correspondam a práticas religiosas, sociais e culturais da Palestina do século I, têm um alto grau de probabilidade de ser autênticos e inversamente. O critério é muito duvidoso, posto que as diferenças entre a Palestina da época de Jesus e a dos tempos dos primeiros judeus cristãos são difíceis de avaliar. Em todo caso, a aplicação negativa deste critério resulta mais segura, quer

---

26. *Ibid.*, p. 193.
27. E. SCHILLEBEECKX. *Jesús, La historia de un viviente* (Madri: Trotta, 2002), p. 87.
28. J. JEREMIAS. *Teología del Nuevo Testamento. La predicación de Jesús* (Salamanca: Sígueme, 2009), p. 15.
29. J. JEREMIAS. *Op. cit.*, p. 15-52.

dizer, qualquer dito que reflita situações existentes fora de Palestina ou sejam posteriores à morte de Jesus deve ser considerado com toda probabilidade criação pós-pascal.

c) Vários outros critérios

Além dos dois últimos critérios, existem outros de pouquíssima fiabilidade. Entre eles se encontram os relativos à tendência evolutiva da tradição sinótica, à vivacidade da narração, à presunção de historicidade e às expressões e fórmulas de caráter singular.

Torna-se impossível traçar leis que rejam a tradição sinóptica. Tampouco podem considerar-se históricas ações ou ditos de Jesus por estar relatados de forma viva e detalhada. A crítica atual pressupõe que a prova de historicidade recaia em quem pretenda provar algo e não aceitar a presunção de historicidade. Os ditos que empregam fórmulas como: "em verdade, em verdade vos digo" ou "eu, porém, vos digo" não gozam necessariamente de autenticidade. De fato, estas fórmulas são muito frequentes nos escritos apocalíticos judeu-helenísticos. Além disso, ainda que a palavra אבא *abbâ' tenha* saído da boca de Jesus, não se pode concluir que as expressões que contêm esta palavra sejam necessariamente autênticas.

Nenhum dos critérios examinados, inclusive os chamados primários, carece de limitações e dificuldades. Todos eles podem conduzir a um alto grau de probabilidade na busca do Jesus histórico, porém nunca proporcionarão a certeza absoluta. Nisto, como em outras questões da vida, nos guiamos mais por convicções morais que por verdades apodícticas, sem que isso destrua a realidade e a evidência de nossa existência.

Os escritos dos evangelhos sobre Jesus se fundamentam no Jesus da história. O mundo da modernidade e pós-modernidade deixou para trás concepções sobre a Bíblia que, além de prover a narrativa da fé cristã, se supunham a norma absoluta da visão do mundo. A ciência e o conhecimento crítico da história têm deixado desfasados certos modos de pensamento que se contrapunham à verdade da Bíblia e ao saber científico. Em nossos dias, está claro que a fé não se fará inteligível sem o reconhecimento da ciência, uma forma de expressar a clássica complementariedade da fé e a razão[30]. E, em consequência, só através da história podemos chegar a Jesus e o Cristo da fé não pode ser dissociado do Jesus da história.

---

30. JOÃO PAULO II. *Fides et Ratio* (1998) n. 48, se expressa assim: "Não é inoportuno, portanto, meu chamado forte e incisivo para que a fé e a filosofia recuperem a unidade profunda que as torna capazes de ser coerentes com sua natureza no respeito à recíproca autonomia. À *parrésia da* fé deve corresponder a audácia da razão".

2.7. A Igreja Católica e a pesquisa bíblica

A Bíblia sempre foi para o cristão a palavra de Deus, que contém um relato de salvação à humanidade, manifestada na pessoa de Jesus de Nazaré, singularmente em sua paixão, morte e ressurreição. Mais do que isso, este relato bíblico funcionou durante muitos séculos como arquétipo de interpretação na visão do mundo, tanto do ponto de vista espiritual como material. Os crentes se sentiram obrigados a seguir uma interpretação bíblica pré-científica, se desejassem continuar pertencendo à comunidade eclesial.

Se nos ativermos aos comentários sobre a crítica moderna do Novo Testamento no *Novo Comentário Bíblico São Jerônimo*[31], é necessário reconhecer que alguns escritores da Antiguidade se aproximaram da Bíblia com visão crítica. Assim, o herege Marcião (ca. 150), em consonância com sua concepção sobre Deus, rejeitou o judaísmo e o Antigo Testamento, ao mesmo tempo que reduziu o texto evangélico. Taciano (ca. 175) tentou harmonizar em seu famoso *Diatessaron* os quatro evangelhos, reconhecendo suas diferenças cronológicas e de conteúdos. Orígenes (ca. 185-254) se destacou por sua *Hexapla*, considerado a primeira tentativa de crítica textual do Antigo Testamento, e pela interpretação alegórica da Sagrada Escritura. Agostinho (354-430) reconheceu em *De consenso evangelistarum* que as narrações evangélicas e a ordem que mantêm não refletem um sentido estritamente histórico. Suas reflexões bíblicas foram o fundamento durante séculos na interpretação das diferenças sinópticas.

Apesar destas notáveis excepções, a orientação crítica não chegou aos estudos bíblicos até o século XVII. A revolução científica do século XVII e a Ilustração do século XVIII, quer dizer, a verificação empírica e o racionalismo, conduziram ao surgimento do método científico que, aplicado à história, concretamente à história bíblica, forneceu a ciência da crítica histórica da Bíblia.

Esta ciência crítica histórica foi introduzida no mundo bíblico pelo sacerdote francês Richard Simon (1638-1712), o primeiro a aplicar o método crítico aos estudos do Novo Testamento em sua obra *Histoire critique du texte du Nouveau Testament*. Anos mais tarde, apareceria uma figura fundamental nesta matéria, H. S. Reimarus (1694-1768), que distinguiu entre o Jesus histórico (um judeu que fracassou em sua intenção messiânica) e o Cristo da fé (invenção de seus discípulos, que roubaram o corpo e pregaram a ressurreição e a Parusia). O interesse pelo Jesus da história, de plena vigência na atualidade, se deve em grande medida a este historiador alemão. O desenvolvimento dos métodos históricos e literários para a investigação bíblica – crítica das fontes, crítica textual, crítica da redação etc.– se-

---

31. R. E. BROWN; J. A. FITZMYER & R. E. MURPHY (eds.). *Nuevo Comentario Bíblico San Jerónimo, Nuevo Testamento* (Estella: Verbo Divino, 2004), p. 804-807.

riam assumidos pela famosa escola de Tübingen, entre cujos mestres se encontram F. C. Baur (1792-1860) e D. Strauss (1808-1874).

A Igreja Católica, ao considerar perigosas as mudanças produzidas por conta da revolução científica e a Ilustração, se opôs vigorosamente a qualquer inovação no campo bíblico, considerando-a uma ameaça à essência do cristianismo. A teologia católica se afastou do Espírito dos tempos, acantonando-se cada vez mais, conforme se avizinhava a crise modernista no começo do século XX.

No começo do século XX, no ano de 1902, Leão XIII criou mediante a publicação da Carta apostólica *Vigilantiae, a* Pontifícia Comissão Bíblica, complemento prático da encíclica *Providentissimus Deus*.

A Comissão tinha um duplo objetivo: promover no mundo católico o estudo científico da Bíblia e incorporar à interpretação bíblica os avanços das ciências e suprimir e fechar assim a brecha aberta na ortodoxia. A partir desta data, a Pontifícia Comissão Bíblica promulgou uma série de decisões, manifestamente contrárias ao Espírito da investigação moderna nos temas bíblicos. Esta clara oposição às novas correntes na interpretação bíblica pode observar-se, para citar só dois casos, um sobre o Antigo e outro sobre o Novo Testamento, em questões como o caráter histórico dos três primeiros capítulos do Gênesis[32] e a ordem cronológica dos evangelhos[33].

Até a metade do século XX, a Igreja Católica modificou sua atitude reticente com relação às novas técnicas de investigação histórico-críticas sobre a Bíblia, com a publicação da encíclica *Divino Afflante Spiritu* do papa Pio XII. Na mesma linha seguiriam outros documentos magisteriais, que trato de explicar brevemente.

A encíclica *Divino Afflante Spiritu* abre as portas da investigação católica às técnicas modernas, existentes no campo dos estudos bíblicos. Reconhece a mudança produzida durante os últimos cinquenta anos nos estudos bíblicos e em outras disciplinas que lhes são úteis, assim como a importância das investigações nesta matéria que "cresce cada vez mais mediante as frequentes descobertas de documentos escritos, que contribuem muito ao conhecimento das línguas, literaturas,

---

32. *Sobre el carácter histórico de los tres primeros capítulos del Génesis. Respuestas de la PCB (30 de junio de 1909) I*: "Se os diversos sistemas exegéticos que têm sido elaborados sob uma aparência pretensamente científica para excluir o sentido literal histórico dos três primeiros capítulos do Livro do Gênesis se apoiam em um sólido fundamento". *Resposta*: Não.

33. *Cuestiones sobre los evangelios segun Marcos y segun Lucas. Respuestas de la PCB (26 de junio de 1912) V*: "Se, quanto ao que se refere à ordem cronológica dos evangelhos, é lícito rejeitar a opinião, confirmada com o antiquíssimo e constante testemunho da tradição, segundo a qual depois de Mateus, que foi o primeiro de todos a escrever seu evangelho em sua língua nativa, Marcos teria escrito em segundo lugar e Lucas em terceiro; ou se é preciso considerar contrária a esta sentença a opinião que afirma que o segundo e o terceiro evangelhos foram compostos antes da versão grega do primeiro evangelho". *Resposta: não a* ambas as partes.

costumes e cultos dos mais antigos. Não é de menor importância a descoberta e a investigação, tão frequente em nosso tempo, dos papiros que tão úteis têm sido para conhecer a literatura e as instituições públicas e privadas, principalmente do tempo de nosso Salvador"[34].

A encíclica recomenda ao exegeta católico a utilização das línguas bíblicas e a explicação do texto original, de maior autoridade e peso que qualquer versão: "Ponha, pois (o exegeta), diligentemente os meios para adquirir uma perícia cada dia maior nas línguas bíblicas e também nas demais línguas orientais, de modo que sua interpretação se apoie em todos os subsídios proporcionados pela filologia em seus diversos gêneros... De um modo semelhante, portanto, convém explicar o texto original que, enquanto escrito imediatamente pelo mesmo autor sagrado, tem maior autoridade e maior peso do que qualquer versão, seja antiga, seja moderna, por muito boa que seja"[35].

Também reconhece a importância da crítica textual para a interpretação da Bíblia: "Hoje esta arte, que se chama *crítica textual* e que se explica com mérito e proveito na edição dos textos profanos, se exerce também com toda legitimidade sobre os sagrados livros, precisamente em nome da reverência devida à palavra divina"[36]. Os temores a este tipo de crítica, carregados de preconceitos em épocas anteriores, tem dado lugar à utilização razoável dela, possibilitando assim a limpeza e correção dos textos bíblicos. Todos esses instrumentos hão de conduzir o exegeta a determinar claramente o sentido das palavras bíblicas: "Que descubram este significado *literal* das palavras com toda diligência pelo conhecimento das línguas, tendo em conta o contexto e a comparação com lugares semelhantes; pois de tudo isso costuma também servir-se a interpretação dos escritos profanos para que apareça mais clara a mente do autor"[37].

A encíclica deixa aberto o futuro da interpretação das Sagradas Escrituras, corrigindo a quem diz que: "ao exegeta católico de nossos dias não cabe acrescentar nada mais àquilo que a Antiguidade cristã produziu; ao contrário, são muitos os problemas colocados por nosso tempo que reclamam uma nova investigação e um novo exame, e estimulam suficientemente a dedicação ativa do intérprete moderno"[38]. Com toda nitidez se expressa, ademais, a importância do gênero literário para determinar o autêntico sentido dos escritos bíblicos. Aquilo que os escritores

---

34. *Divino Afflante Spiritu* (1943), C. GRANADOS & L. SÁNCHEZ NAVARRO. *Enchiridion bíblico. Documentos de la Iglesia sobre la Sagrada Escritura* (Madri: BAC, 2010), p. 546.
35. *Ibid.*, p. 547.
36. *Ibid.*, p. 548.
37. *Ibid.*, p. 550.
38. *Ibid.*, p. 555.

sagrados quiseram expressar com suas palavras "não se determina só pelas leis da gramática ou da filologia, nem só pelo contexto do discurso; é preciso que o intérprete retorne mentalmente àqueles remotos séculos do Oriente, e com o devido auxílio da história, da arqueologia, da etnologia e de outras disciplinas, discirna e considere o gênero literário, como o chamam, que quiseram empregar e de fato empregaram os escritores daquela vetusta idade"[39].

Finalmente, a encíclica não tem dificuldade alguma em admitir que ainda haja questões que agitam a mente dos exegetas católicos, ao mesmo tempo em que estimula a esperança. Mais expressamente, se expressa com valentia dizendo: "Entre o muito que propõem os livros sagrados, legais, históricos, sapienciais e proféticos, são muito poucas as coisas cujo sentido foi declarado pela autoridade da Igreja, e não são mais tampouco aquelas sobre as quais há uma sentença unânime dos Santos Padres. Permanecem, pois, muitas coisas, e muito importantes, em cujo exame e exposição pode e deve exercitar-se livremente o pensamento e a agudeza dos intérpretes católicos, a fim de que cada um por sua parte dê uma contribuição para a utilidade de todos, para um aprofundamento cada dia maior da doutrina sagrada, e para a defesa e honra da Igreja"[40].

A Instrução da Pontifícia Comissão Bíblica sobre a verdade histórica dos Evangelhos, *Sancta Mater Ecclesia*, é de capital importância nos estudos de cristologia[41]. A instrução anima o exegeta católico a empregar cuidadosamente "as normas da hermenêutica racional e católica, os novos meios da exegese, sobretudo os oferecidos pelo método histórico globalmente considerado. Este método (assegura) investiga com cuidado as fontes e delimita sua natureza e valor, servindo-se para isso da crítica textual, a crítica literária e o conhecimento das línguas"[42]. Ainda que com muita cautela e advertindo dos perigos do racionalismo, permite ao intérprete "investigar os elementos válidos que há no 'método da história das formas', elementos que poderá usar adequadamente para uma mais plena inteligência dos Evangelhos"[43].

Os evangelhos, argumenta a Instrução, são o produto do desenvolvimento de uma tradição que começa com o ministério do Jesus histórico, segue com a pregação dos apóstolos, que anunciavam antes de tudo a morte e ressurreição do Senhor

---

39. *Ibid.*, p. 558.
40. *Ibid.*, p. 565.
41. J. A. FITZMYER. *Catecismo cristológico respuestas del Nuevo Testamento* (Salamanca: Sígueme, 1998), p. 113-143.
42. *Sancta Mater Ecclesia* (1964), C. GRANADOS & L. SÁNCHEZ NAVARRO. *Enchiridion bíblico. Documentos de la Iglesia sobre la Sagrada Escritura* (Madri: BAC, 2010), p. 646.
43. *Ibid.*, p. 647.

e termina com os escritos dos evangelistas[44]. Por outra parte, as palavras e ações atribuídas a Jesus podem proceder das tradições das comunidades cristãs ou da elaboração dos evangelistas porque, segundo os termos da citada Instrução, os autores sagrados "selecionando algumas coisas dentre as muitas transmitidas, sintetizando outras e desenvolvendo outras em atenção à situação das Igrejas, por todos os meios se esforçaram para que os leitores conhecessem a solidez das palavras em que tinham sido instruídos (cf. Lc 1,4)"[45]. Compreende-se, portanto, a afirmação segundo a qual "em nada se opõe à verdade da narração o que os evangelistas referem em ordem diferente os ditos ou as ações do Senhor e expressem suas palavras – conservando seu sentido – de formas diversas, e não literalmente"[46].

Como se podia presumir, a Instrução deixa aberta a discussão em muitas questões bíblicas e motiva o exegeta católico a exercitar livremente, segundo suas palavras, a agudeza de seu pensamento. Um ano depois da publicação de *Sancta Mater Ecclesia*, aparecia a constituição dogmática sobre a Divina Revelação, *Dei Verbum*, do Concílio Vaticano II. É uma alegria renovada e um gozo reiterado aproximar-se do estudo dos documentos deste Concílio da Igreja, cheio de vitalidade, sabedoria inesgotável e atualidade. O Vaticano II começa a exposição sobre a divina revelação proclamando com valentia a palavra de Deus, escutada previamente com devoção, para que todo o mundo a "escute e creia, crendo espere, esperando ame"[47]. A revelação não se concebe como uma verdade abstrata, formulada em intrincados termos que albergam o núcleo da fé cristã, mas sim como a comunicação graciosa e bondosa de Deus à humanidade ao longo da história, culminada em plenitude na pessoa de Jesus de Nazaré, para que os homens possam chegar a participar da natureza divina mediante à ação do Espírito Santo[48]. Fica assim manifesta a dimensão pessoal da revelação, prevalecendo a qualquer expressão de fé, ainda que sua formulação possa ser considerada perfeita. Por outra parte, a revelação não é algo estático, mas continua dinamizando a história humana. Mesmo sendo Cristo, a plenitude, o Concílio afirma: "Esta tradição apostólica vai crescendo na Igreja com a ajuda do Espírito Santo; quer dizer, cresce a compreensão das palavras e instituições transmitidas quando os fiéis as contemplam e estudam repassando-as em seu coração, quando compreendem internamente os mistérios que vivem, quando as proclamam os bispos, sucessores dos apóstolos no carisma da verdade. A Igreja caminha através dos séculos até a plenitude da verdade, até que se cumpram nela

---

44. *Ibid.*, p. 648-651.
45. *Ibid.*, p. 651.
46. *Ibid.*, p. 651.
47. Concílio Vaticano II, *Dei Verbum*, p. 1.
48. *Ibid.*, p. 2.

plenamente as palavras de Deus"[49]. Realmente, estas palavras são um canto à atitude de humildade e serviço do cristão, que deve estar sempre à escuta da palavra de Deus, à esperança, assentada na força de Jesus e no otimismo que procede da ação do Espírito no mundo.

Segundo *Dei Verbum*, a Bíblia foi escrita sob a inspiração do Espírito Santo, porém insiste juntamente, que "Deus se valeu de homens escolhidos, que usavam de todas suas faculdades e talentos; deste modo, agindo Deus neles e por eles, como verdadeiros autores, puseram por escrito tudo e somente o que Deus queria"[50]. A autoria dos escritos bíblicos fica expressamente confirmada no sentido mais estrito do termo. Ao falar Deus na Escritura por meio de homens e em linguagem humana, continua a constituição, o intérprete "deve estudar com atenção o que os autores queriam dizer e o que Deus queria dar a conhecer com aquelas palavras". Para isto se reconhece a necessidade de utilizar os "gêneros literários". A tal efeito se diz pormenorizadamente: "Para descobrir a intenção do autor, deve-se ter em conta, entre outras coisas, 'os gêneros literários'. Pois a verdade se apresenta e se enuncia de modo diverso em obras de diversa índole histórica, em livros proféticos ou poéticos, ou em outros gêneros literários. O intérprete indagará o que o autor sagrado diz e tenta dizer, segundo seu tempo e cultura, por meio dos gêneros literários próprios de sua época"[51]. A mesma afirmação aparece em outro lugar, formulada em uma analogia de incrível beleza: "A palavra de Deus, expressa em línguas humanas, se faz semelhante à linguagem humana, assim como a palavra do eterno Pai, assumindo nossa débil condição humana, se fez semelhante aos homens"[52].

Outro documento da Pontifícia Comissão Bíblica realmente transcendental é a *interpretação da Bíblia na Igreja*, do ano de 1993. Nele se afirma que: "as questões de interpretação (da Bíblia) se tornaram mais complexas nos tempos modernos por causa dos progressos realizados pelas ciências humanas"[53].

A partir desta afirmação, o documento valoriza os distintos métodos contemporâneos para a interpretação da Escritura e as aproximações dos movimentos de libertação e do feminismo. Reafirma-se o valor do estudo histórico-crítico da Bíblia. "O método histórico-crítico é o método indispensável para o estudo científico do sentido dos textos antigos, visto que a Sagrada Escritura, enquanto 'palavra de Deus em linguagem humana', foi composta por autores humanos em todas as suas partes

---

49. *Ibid.*, p. 8.
50. *Ibid.*, p. 11.
51. *Ibid.*, p. 12.
52. *Ibid.*, p. 13.
53. *La interpretación da Biblia en la Iglesia* (1993), C. GRANADOS & L. SÁNCHEZ NAVARRO. *Enchiridion bíblico. Documentos de la Iglesia sobre la Sagrada Escritura* (Madri: BAC, 2010), p. 1.266.

e todas as suas fontes, sua justa compreensão não somente admite como legitima, como também requer a utilização deste método"[54]. Sem dúvida, se reconhecem suas inerentes limitações e por isso se diz: "Certamente, o uso clássico do método histórico-crítico manifesta limites, porque se restringe à busca do sentido do texto bíblico nas circunstâncias históricas de sua produção, e não se interessa pelas outras possibilidades de sentido que se manifestam no curso das épocas posteriores à revelação bíblica e à história da Igreja. Sem dúvida, este método tem contribuído à produção de obras de exegese e de teologia bíblica de grande valor"[55].

O documento da PCB é altamente crítico à leitura fundamentalista da Bíblia. Ainda que o fundamentalismo tenha razão ao insistir na inspiração divina das Escrituras, acentua indevidamente a inerrância dos detalhes nos textos bíblicos, ignora o crescimento da tradição nos escritos evangélicos, é antieclesial e o problema básico é "que, ao não querer levar em conta o caráter histórico da revelação bíblica, se torna incapaz de aceitar plenamente a verdade da própria Encarnação. O fundamentalismo evita a estreita relação do divino e o humano nas relações com Deus. Recusa admitir que a palavra de Deus inspirada se expressou em linguagem humana e que foi composta, sob a inspiração divina, por autores humanos cujas capacidades e possibilidades eram limitadas. Por esta razão, tende a tratar o texto bíblico como se tivesse sido ditado palavra por palavra pelo Espírito e não chega a reconhecer que a palavra de Deus foi formulada em uma linguagem e uma fraseologia condicionadas por essa ou aquela época. Não concede nenhuma atenção às formas literárias e aos modos humanos de pensar presentes nos textos bíblicos, muitos dos quais são o fruto de uma elaboração que se estendeu por longos períodos de tempo e leva a marca de situações históricas muito distintas"[56].

O caráter da exegese bíblica católica não pode reduzir-se a um método particular, mas deve ajustar-se, antes, à rica e sempre viva tradição da Igreja, com fidelidade inquebrável à revelação, empregando todos os métodos que lhe permitam captar melhor o sentido do texto bíblico. Neste sentido, se afirma: "Em consequência, ela (a exegese católica) utiliza, sem segundas intenções, todos os métodos e abordagens científicas que permitem captar melhor o sentido dos textos em seu contexto linguístico, literário, sociocultural, religioso e histórico, iluminando-os também pelo estudo de suas fontes e tendo em conta a personalidade de cada autor (cf. *Divino Afflante Spiritu*, Enchiridion bíblico, p. 557). Contribui, assim, ativamente para o desenvolvimento dos métodos e o progresso da investigação. O que a caracteriza é que se situa conscientemente na tradição viva da Igreja, cuja primeira preocupação

---

54. *Ibid.*, p. 1.275.
55. *Ibid.*, p. 1.287.
56. *Ibid.*, p. 1.384.

é a fidelidade à revelação testemunhada pela Bíblia. As hermenêuticas modernas têm trazido à luz, como recordamos, a impossibilidade de interpretar um texto sem partir de uma 'pré-compreensão' de um ou outro gênero. O exegeta católico aborda os escritos bíblicos com uma pré-compreensão que une estreitamente a cultura moderna científica e a tradição religiosa proveniente de Israel e da comunidade cristã primitiva. Sua interpretação se encontra assim em continuidade com o dinamismo de interpretação que se manifesta no interior mesmo da Bíblia, e que se prolonga depois na vida da Igreja"[57].

O documento da PCB conclui com algumas afirmações de incalculável valor. Por uma parte, estima que as investigações "diacrônicas" serão sempre indispensáveis para a exegese e que as abordagens "sincrônicas" são contribuições muito úteis a este fim; e por outra, que "na organização de conjunto da tarefa exegética, a orientação até o fim principal deve ser sempre efetiva e evitar dispersão de energia. A exegese católica não tem o direito de assemelhar-se a uma corrente de água que se perde na arena de uma análise hipercrítica. Há de cumprir, na Igreja e no mundo, uma função vital, a de contribuir a uma transmissão mais autêntica do conteúdo da Escritura inspirada"[58]. Sábios conteúdos bíblicos, envoltos em uma bela metáfora.

No ano de 2010, aparecia uma extensa e valiosa Exortação apostólica do papa Bento XVI, *Verbum Domini*, que recolhe as reflexões do Sínodo sobre a palavra de Deus, celebrado no ano de 2008. Em clara continuidade com os documentos anteriores nesta matéria, *Verbum Domini* inclui aspectos inovadores para as pessoas e a sociedade de nossos dias. Na primeira parte, se fala de Deus, que inicia e mantém um diálogo com o ser humano, revelando-se de diversas maneiras através da história e do homem, chamado a entrar em comunicação com Deus que escuta e responde suas perguntas. Também trata da hermenêutica da Sagrada Escritura na Igreja, sobre a qual comentarei mais adiante. A segunda parte sublinha a presença de Jesus Cristo no mundo graças à Palavra e à ação sacramental, insiste no vínculo entre a Escritura e os sacramentos, especialmente a Eucaristia, e ressalta a importância da Bíblia na vida da Igreja. A terceira parte indica que é missão da Igreja anunciar ao mundo a palavra de Deus, recorda o compromisso dos cristãos com a reconciliação e a paz entre os povos e trata o tema da enculturação da Escritura e a vital importância e atualidade da Bíblia no diálogo inter-religioso.

Voltando ao terceiro capítulo da primeira parte, dedicado ao tema da hermenêutica da Sagrada Escritura na Igreja, podemos ressaltar as seguintes considerações:

---

57. *Ibid.*, p. 1.423-1.424.
58. *Ibid.*, p. 1.559.

A exortação, em conformidade com o expresso na Constituição dogmática *Dei Verbum* do Concílio Vaticano II, afirma que a Sagrada Escritura deve ser "a alma da teologia"[59]. O lugar originário da interpretação escriturística não pode ser outro senão a Igreja. Assim se diz: "precisamente o vínculo intrínseco entre Palavra e fé mostra que a autêntica hermenêutica da Bíblia só é possível na fé eclesial"[60]. Expresso de outra forma: "a Bíblia foi escrita pelo povo de Deus e para o povo de Deus, sob a inspiração do Espírito Santo. Só nesta comunhão com o povo de Deus podemos entrar realmente, com o 'nós', no núcleo da verdade que Deus mesmo quer comunicar-nos"[61].

Reconhece-se a contribuição inegável da investigação histórico-crítica ao conhecimento da Bíblia, ao tempo em que se afirma que "somente onde se aplicam os dois níveis metodológicos, o histórico-crítico e o teológico, se pode falar de uma exegese teológica, de uma exegese adequada a este livro"[62]. Uma estéril separação entre esses dois níveis metodológicos conduziria ao grave risco do dualismo ao abordar as Sagradas Escrituras e a uma hermenêutica secularizada, positivista, que separa Deus da história humana[63].

A unidade de ambos os níveis na interpretação bíblica pressupõe uma harmonia entre a fé e a razão. Diz a exortação: "Por uma parte, se necessita uma fé que, mantendo uma relação adequada com a reta razão, nunca degenere em fideísmo, o qual, pelo que se refere à Escritura, levaria a leituras fundamentalistas. Por outra parte, se necessita uma razão que, investigando os elementos históricos presentes na Bíblia, se mostra aberta e não rejeita *a priori* tudo o que exceda sua própria medida"[64]. A perspectiva da unidade das Escrituras em Cristo ilumina a relação entre o Antigo e o Novo Testamento. A exortação faz sua a afirmação de Santo Agostinho, segundo a qual: "o Novo Testamento está escondido no Antigo e o Antigo se manifesta no Novo"[65]. Neste contexto têm de interpretar-se também as chamadas páginas "obscuras" e difíceis da Bíblia, pela violência e as imoralidades que, às vezes, contêm. É preciso perceber que "a revelação bíblica está enraizada profundamente na história", que o plano de Deus se manifesta "progressivamente" nela e que se realiza lentamente "por etapas sucessivas", não obstante a resistência dos homens[66].

---

59. BENTO XVI. Exhortação Apostólica Postsinodal *Verbum Domini*, n. 31.
60. *Ibid.*, n. 29.
61. *Ibid.*, n. 30.
62. *Ibid.*, n. 34.
63. *Ibid.*, n. 35.
64. *Ibid.*, n. 36.
65. *Ibid.*, n. 41.
66. *Ibid.*, n. 42.

Uma questão que preocupou aos padres sinodais foi a interpretação fundamentalista da Sagrada Escritura. A exortação aborda crítica e severamente nestes termos: "Com efeito, o 'literalismo' propugnado pela leitura fundamentalista, representa em realidade uma traição, tanto do sentido literal como espiritual, abrindo o caminho a instrumentalizações de diversa índole, como, por exemplo, a difusão de interpretações antieclesiais das mesmas Escrituras. O aspecto problemático desta leitura é que, rejeitando levar em conta o caráter histórico da revelação bíblica, se torna incapaz de aceitar plenamente a verdade da própria Encarnação"[67].

Verbum Domini, embora aborde um temário mais amplo do que os documentos analisados anteriormente, se pronuncia de forma muito parecida com eles no que se refere à questão da hermenêutica católica da Bíblia.

2.8. Conclusão

A manifestação de Deus à humanidade, sempre graciosa e generosa, visibilizada em um primeiro momento no povo de Israel, se converteu em "boa notícia" para todos na pessoa de Jesus de Nazaré.

A "boa notícia", manifestada na história através das palavras e ações de Jesus, se converteu em reflexão e vida das primeiras comunidades cristãs, prolongadas até nossos dias em forma de tradições orais e escritas, em primeiro lugar, e nos escritos que chamamos "evangelhos". O processo da tradição sobre Jesus – oral e escrita – foi longo e complexo. O ministério público de Jesus foi recolhido com fé e esmero pelas múltiplas tradições orais e escritas das primeiras comunidades cristãs e escrito sob as formas dos quatro evangelhos. No processo sobressaem especialmente a centralidade de Jesus de Nazaré, a fidelidade das comunidades cristãs e a ação do Espírito que vela por elas.

Os evangelhos contêm material histórico, porém não são documentos históricos ou simples biografias, no sentido científico moderno. São autênticos testemunhos de fé.

É legítima a busca do Jesus histórico. Mais ainda, a fé cristológica da comunidade eclesial deve fundar-se no Jesus da história, visto a partir da perspectiva da tradição religiosa de Israel, e cujo estudo deve ser abordado em conformidade com os métodos aprovados pela Igreja Católica. Em todo caso, há de preservar-se a absoluta identificação entre o Jesus terreno e o Cristo proclamado pela comunidade eclesial.

O contexto para a interpretação cristológica deve ser a fé da Igreja, expressa em seu credo e sua liturgia, quer dizer, em sua fé e em sua vida; de outra forma, o conhecimento de Jesus resultaria incompleto e desfigurado.

---

67. *Ibid.*, n. 44.

CAPÍTULO 3
A esperança messiânica no Antigo Testamento
Uma introdução à história de Israel

Ao falar do Antigo Testamento, nos espreita a impressão, às vezes revestida de temor, de nos aproximarmos de uma palavra velha, talvez antiquada, quase inservível para entender a inimaginável e inesgotável novidade da pessoa de Jesus de Nazaré. Não é assim, absolutamente. Talvez, tenhamos chegado a esta conclusão por havermos ignorado a distinção linguística (e teológica, ao mesmo tempo) entre testamento e aliança. A aliança, o pacto, entre Yahvé e o povo de Israel – histórica, real e transcendente– continua no tempo, com vigência e vigor, até culminar definitivamente em Jesus de Nazaré, prefigurado nos acontecimentos mais significativos e importantes que distinguiram o povo de Deus de outros povos. A Aliança de Deus com Israel é única, embora diferenciada no tempo e realizada de formas diversas ao longo da história da humanidade.

Desta perspectiva, é lógico prever as prefigurações de Jesus de Nazaré nos escritos do Antigo Testamento, vislumbrar sua importância e compreender sua utilidade para descobrir com maior nitidez a figura histórica do Messias de Deus, que haveria de preencher os anseios profundos de religiosidade de Israel e se anunciaria como Senhor e Salvador de todos os povos da terra.

Não resulta fácil, nem sequer de forma generalizada, traçar as características mais importantes da história do povo de Israel, onde possa revelar-se o pano de fundo messiânico, que orienta à pessoa de Jesus de Nazaré. Sabemos que os relatos bíblicos não podem ser interpretados em termos de métodos históricos, que correspondam a uma concepção moderna da história, baseada em fontes próprias desta ciência e de outras que, como a arqueologia e a antropologia, a sustentam e complementam. De fato, com o enfoque da ciência histórica moderna podem descobrir-se diferentes reconstruções históricas nos textos do Antigo Testamento, obviamente de caráter hipotético e, em certa medida, alijados da realidade científica. E isto, apesar da existência de tradições orais - mais antigas que os textos bíblicos – que, certamente, podem abrigar certos traços de credibilidade histórica. Esta tarefa eu pude realizar, apoiando-me em escritos e opiniões de excelentes exegetas e historiadores, que lançaram luz às minhas ânsias de conhecimento nesta matéria[1]. A eles, o reconhecimento e o mérito.

3.1. As origens de um povo: a terra e seus habitantes. Os Patriarcas

No começo da história de Israel, encontra-se, como símbolo por antonomásia, a figura de Abraão, chamado a formar um povo escolhido e seguir e adorar a Yahvé, o único Deus verdadeiro entre os muitos que eram venerados pelas pessoas que habitavam o mundo dos grandes impérios da época. Abraão, com efeito, representa e simboliza a Aliança de Yahvé com o povo de Israel, comprometido a obedecer a seus mandamentos.

Abraão, entroncado com os semitas, povos que emigraram da Arábia para as regiões vizinhas, é oriundo da cidade de Ur, a cerca de Uruk e Girsu, ao sul da Babilônia. Ur pertencia à Suméria, região de Oriente Médio, na parte sul da antiga Mesopotâmia, entre as planícies dos rios Eufrates e Tigre, considerada a primeira e mais antiga civilização do mundo. Pelo ano de 2800 a.C., começa o período sumério com o desenvolvimento de grandes cidades no Sul da Mesopotâmia, como Ur e Uruk, a que seguiriam outros povos como os amorreus, os babilônios, os hititas, os assírios, os caldeus e os persas.

A Ur, cidade próspera e tolerante, onde conviviam os nômades semitas, cultuando ao Deus Sin babilônico e explorando as riquezas da Mesopotâmia Central e Meridional, chegaram tempos funestos e calamitosos, sob o reinado de Sîn Muballit (a quem sucederia seu filho Hammurabi), que utilizou a força militar contra

---

1. S. HERMANN. *Historia de Israel en la época del Antiguo Testamento* (Salamanca: Sígueme, 2003). J. SOGGIN ALBERTO. *Nueva Historia de Israel* (Bilbao: Desclée de Brouwer, 1999). R. M. BOGAERT; M. DELCOR & E. LIPINSKI et al., *Diccionario enciclopédico de la Biblia* (Barcelona: Herder, 1993). F. KOGLER; R. EGGER-WENZEL & M. ERNST. *Diccionario de la Biblia* (Bilbao–Santander: Mensajero–Sal Terrae, 2012). A. G. WRIGHT; R. E. MURPHY & J. A. FITZMEYER. *Historia de Israel*, em (R. E. BROWN; J. A. FITZMEYER & R. E. MURPHY [eds.]) *Nuevo Comentario Bíblico San Jerónimo* (Estella: Verbo Divino, 2004), p. 946-973. E. POWER. "História de Israel (hasta 130 a.C.)", em B. ORCHARD; E. F. SUTCLIFFE; R. C. FULLER & R. RUSSELL. *Verbum Dei. Comentario a la Sagrada Escritura* I (Barcelona: Herder, 1956), p. 207-237. T. CORBISHLEY. "História de Israel (130 a.C.- 70 d.C.)", em B. ORCHARD; E. P. SUTCLIFFE; R. C. FULLER & R. RUSSELL. *Op. cit.*, p. 240-253. R. E. BROWN. *Introducción a la Cristología del Nuevo Testamento* (Salamanca: Sígueme, 2005), p. 173-180. G. BORNKAMM. *Jesús de Nazaret* (Salamanca: Sígueme, 2002), p. 27-35. T. P. RAUSCH. *¿Quién es Jesús? Introducción a la cristología* (Bilbao: Mensajero, 2006), p. 69-87. R. E. BROWN; J. A. FITZMYER & R. E. MURPHY (eds.). *Nuevo Comentario Bíblico San Jerónimo. Nuevo Testamento* (Estella: Verbo Divino, 2004), p. 1.070-1.077. J. L. SICRE. *Introducción al Antiguo Testamento* (Estella: Verbo Divino, 2000). R. KESSLER. *Historia social del Antiguo Israel* (Salamanca: Sígueme, 2013). J. BRIGHT. *La historia de Israel* (Bilbao: Desclée de Brouwer, 1970). L. MÁLEK; C. ZESATI; C. JUNCO & R. DUARTE. *El Mundo del Antiguo Testamento* (Estella: Verbo Divino, 2012). M. NOTH. *História de Israel* (Barcelona: Garriga, 1966). R. DE VAUX. *Historia Antigua de Israel* (Madri: Cristiandad, 1975).

esta cidade. Tais ações provocaram a emigração de Abraão e seu clã a outra cidade, chamada Haran, situada sobre o rio Balikh, afluente do Eufrates, uma importantíssima encruzilhada nas grandes rotas comerciais entre Babilônia e Síria, Egito e Ásia Menor, assim como sede de reconhecidas divindades, entre elas a deusa Lua.

Em Haran, precisamente, recebeu Abraão a ordem de Yahvé de abandonar sua terra, sua casa paterna, e dirigir-se a outro país, onde ele formaria uma grande nação, com as bênçãos de seu Deus (Gn 12,1-3). Quem havia vivido de forma quase nômade, entregue ao pastoreio transumante, ainda que tivesse residido de maneira mais permanente na zona de Mambré-Hebron, deparou-se com o chamado de Yahvé, iniciando com sua vocação uma relação singular entre Deus e seu povo. Daí em diante, seus feitos teriam valor paradigmático para todos os crentes, abrindo a esperança não só a Israel, mas a todos os povos. O Livro do Gênesis narra, com efeito, a promessa de uma terra e de um povo, assim como as bênçãos de Yahvé sobre Abraão e sua descendência (cf. Gn 12; 15; 17; 18). Confiante e obediente, Abraão partiu com Sara, sua mulher, com seu sobrinho Lot e com seus escravos e animais, rumo à terra de Canaã (Gn 12,4-5). Se confiarmos no testemunho do Gênesis (Gn 14,1), e identificamos o nome de Amrafo com o de Hammurabi, nos situamos, com bastante probabilidade, na segunda metade do século XVIII a.C. e, em todo caso, segundo o critério de muitos historiadores, a emigração de Abraão até Canaã se inseriria no quadro dos grandes êxodos de norte a sul daquela zona, no início do segundo milênio a.C.

A região de Canaã, uma denominação antiga de um território da Ásia Ocidental, está situada entre o mar Mediterrâneo e o rio Jordão e se estende desde o Sul do Líbano e do monte Hermon, ao Norte, até o deserto de Egito, ao Sul. Encravada, nos tempos antigos, entre os poderosos impérios da Mesopotâmia e do Egito, seu território é composto, na atualidade, por Síria, Líbano, Israel e Jordânia. Esta terra, ocupada já por pequenos grupos de população não semítica no começo do quarto milênio a.C., que habitavam em povoados protegidos por muros de barro, praticavam a agricultura e confeccionavam rudimentares instrumentos de pedra, foi invadida, no princípio do terceiro milênio a.C., por uma população semita que se estabeleceu a oriente e ocidente das montanhas, quer dizer, na costa do mar Mediterrâneo, no vale do rio Jordão e da Arabá, ao Sul do mar Morto. Esses invasores são os denominados cananeus no Antigo Testamento que, dentro da grande variedade de tribos existentes (hititas, perezeus, jebuzeus etc., cf. Gn 10,16; Ex 3,8.17; 13,5; 23,28; Js 3,10; 24,11; Dt 1,7; Nm 13,29), fala de dois grupos principais: os amorreus, que habitavam nas montanhas, e os cananeus, estabelecidos na costa do mar Grande, agora conhecido como mar Mediterrâneo, e no vale do rio Jordão.

Os testemunhos que aparecem na Bíblia sobre esses povos, confirmados pelas descobertas arqueológicas, nos falam, às vezes de forma exagerada e desmedida, de um povo maior e mais alto do que os hebreus, de gigantescas cidades, fortificadas até o céu (Dt 1,28), de carros de ferro (Js 17,16), de povos contaminados pela idolatria, escravos de seus deuses, como Baal, o "pai dos deuses", sua esposa Astarté e Moloc, a quem ofereciam sacrifícios em altares de pedra, manchados por formas abomináveis.

A estrutura política desta terra se configura em cidades-estados independentes, dominadas no segundo milênio a.c. pelo Egito, segundo consta nas "Cartas de El-Amarna", modificando-se progressivamente com a irrupção dos filisteus (que se assentaram na costa meridional), de grupos seminômades (moabitas e edomitas, entre outros), que povoaram a zona sudeste do interior e, finalmente, das tribos de Israel, estabelecidas na franja central (terra de colinas).

3.2. Sob o poder de Egito

Em um período que se estende, aproximadamente, entre os anos de 1600-1200 a.C., conhecido como o Bronze Recente, se desenvolvem acontecimentos de extraordinária importância para o povo hebraico – escravidão no Egito, êxodo, peregrinação pelo deserto – todos eles originados em território do império egípcio, ou no próprio Egito ou em países como Palestina e vizinhos, sob seu domínio. Alguns destes acontecimentos deixarão uma marca profunda na história do povo de Israel, ao mesmo tempo em que orientarão a uma intervenção generosa de salvação na história da humanidade.

Egito, país conquistado por alguns povos do Norte, chamados hicsos, fortes por seu armamento militar – sus carros e seus cavalos – e governado por eles até o ano de 1750-1580 a.C., começou seu esplendor depois da expulsão destes, no tempo de Tutmosis III (até 1485-1450 a.C.), que assentou as bases do império egípcio. Em seus 34 anos de reinado, invadiu a Síria, destronando os príncipes (sírios) que se tinham negado a pagar os tributos a Tutmosis I, avançou até o Líbano e conquistou a Palestina e a Nubia. Sua memória foi duradoura, conquistando um império que se estendia desde Napata, capital da Nubia, uma região situada ao Sul do Egito e ao Norte do Sudão, até o rio Eufrates. Em seus domínios se encontravam, portanto, Síria e Canaã. Em suas inúmeras campanhas militares, o faraó levou ao Egito muitos prisioneiros de territórios conquistados, que haveriam de prestar serviço em seus exércitos, servir de mão de obra em suas suntuosas construções, realizadas principalmente no Alto Egito, a zona sul do país, ou simplesmente engrossar o número de escravos e ser destinados a realizar trabalhos forçados. Sabe-se pelos textos egípcios da época que alguns destes prisioneiros eram chamados "aperu", relacionados provavelmente com os "habiru" dos textos babilônicos e emparentados talvez com os israelitas, chamados hebreus pelos estrangeiros. Em todo caso, ambos os grupos não devem ser identificados nem confundidos entre si, já que os israelitas eram livres e residentes estrangeiros, viviam no delta do Nilo, ao Norte do Egito, uma região fértil e apta para a agricultura, e dificilmente poderiam haver participado nas obras do Alto Egito, situado na zona sul do país.

No século XIV a.C., o Egito experimentou uma etapa de inquietude e turbulência, conhecida como período de Amarna, que esteve a ponto de produzir a divisão do país. Amenofis IV (conhecido como Akenaton) propiciou o culto ao Deus do sol, Aton, declarando-o deus único, e confrontando assim os sacerdotes de Amón, o deus supremo do Egito. As conhecidas cartas de Amarna relatam o fato e os conflitos provocados no império egípcio. Afortunadamente, a dinastia de Amenofis IV durou pouco tempo e seus sucessores restauraram o culto de Amón. O general Horemheb devolveu a paz ao país; a ele sucederam Ramsés I e o filho deste, Seti I, dando lugar à fundação da dinastia XIX.

O Egito conheceu sua época de maior esplendor com Ramsés II (até 1298-1232 a.C.), da dinastia XIX. Durante seu reinado, se ampliaram velhos templos e se construíram outros novos, destacando-se os situados na Nubia, especialmente os de Abu Simbel. E, sobretudo, se transladou a capital e residência real de Tebas, situada na atual população de Luxor, ao delta, recebendo o nome de Pi-Ramsés, edificada sobre Avaris, antiga cidade dos hicsos. Reagiu diante das ameaças dos hititas, que invadiram as fronteiras de seu reino, lutando na batalha de Qadesh, ao norte da Síria, contra os exércitos da aliança sírio-hitita do rei Muwatalli II. O tratado de Qadesh firmaria a paz entre Ramsés II e Hattusili III, sucessor de Muwatalli II.

Assentada a capital do império no delta e consequentemente em contato direto com os israelitas que habitavam ali, o faraó reparou na ameaça que supunha ser uma eventual multiplicação deste povo para seu império. Tal circunstância induziu a castigar e minar a moral dos israelitas, a quem forçou na construção de Ramassés e Piton (duas cidades-celeiro), convertidas em lugar de aprovisionamento para as duas rotas asiáticas e centro de operações militares em suas campanhas contra Assíria (cf. Ex 1,11).

A Ramsés II, sucedeu seu filho, Mernephtah (1232-1234 a.C.). O novo faraó levou a cabo inúmeras campanhas militares contra seus inimigos, especialmente os líbios que, com a ajuda dos povos do mar, hostilizaram o Egito pela zona oeste. O Egito não pôde sobreviver ao caos e à confusão, que acabaram com esta famosa dinastia, presidida em seus últimos anos por quatro reis de pouca importância. Porém, para nosso objetivo, é especialmente significativo o fato de que, com este faraó se recrudesceu a animosidade contra os israelitas, condenados a trabalhos forçados, ocorreram as conhecidas pragas e começou o êxodo do povo de Israel até a terra prometida.

No Livro do Êxodo se lê que o sinal de que Deus envia Moisés para falar com o faraó a favor de seu povo é que, uma vez tirados do Egito, darão culto a Elohim "sobre esta montanha", quer dizer, no Sinai (Ex 3,12). O objetivo imediato dos israelitas em sua saída do Egito não foi a terra de Canaã, mas o monte Sinai. Isso explica que não empreenderam a rota mais direta ao longo da costa arenosa do mar Grande ou caminho dos filisteus, mas sim a travessia do deserto que conduzia ao mar Vermelho e ao Sinai. Assim, partindo de Ramassés, acamparam em Sucot (o termo significa "tenda", "acampamento") e em Etam, de onde voltaram ao Egito, à margem do mar Vermelho, para acampar mais tarde em Migdol. Saindo de Pihahirot, se dirigiram ao deserto do Sinai, cruzando Marah, Elim, o deserto de Sin, Dofqá e Refidim. Do deserto do Sinai partiram até Quibrot-hataaváh, Hazerot, Rimmon-peres, até acampar no deserto de Sin, ou seja, Cades.

No monte Sinai, cuja localização exata se desconhece, sob a liderança de Moisés, os israelitas experimentaram a proteção de seu Deus. Ali se estabeleceu a aliança, se proclamou a lei e se organizou o culto. Em um relato complexo, repleto de elementos justapostos e tradições diversas, Yahvé se havia revelado a seu povo de forma majestosa, portentosa e aterradora, depois do que se escondia, apesar da benevolência e a clemência (cf. Ex 19-24; Nm 1–10). Depois da teofania, se produziu a ratificação da Aliança por parte do povo, recolhida em duas tradições no Livro do Êxodo (Ex 24,1-11; Ex 24,1.9-11).

A intenção dos israelitas era invadir Canaã pelo Sul, partindo de Cades, porém os relatos de seus exploradores os dissuadiram por completo, ao confirmar que os habitantes daquele país eram robustos, protegidos por grandes cidades fortificadas e descendentes de Anaq, quer dizer, gigantes (Nm 13,25-33). Encaminharam-se, pois, rodeando o coração de Edom, com seus animais e tendas, cruzando impressionantes desfiladeiros, até alcançar finalmente o monte Nebo. Aqui morreu Moisés, contemplando a terra desejada (Dt 32,48-52). Foi Josué o encarregado de introduzir o povo de Israel naquele lugar, cujas fronteiras se estendiam "desde o deserto e o Líbano até o rio Grande, o rio Eufrates, todo o país dos hititas, e até o mar Grande, a oeste" (Js 1,4). A travessia havia durado quarenta anos, cheios de dificuldades, porém, também, repletos de portentos e alianças de Yahvé com Israel. Os historiadores datam esses acontecimentos pelo ano de 1200 a.C. O caminho pelo deserto foi uma preparação lenta e penosa para a entrada na terra de Canaã, a pátria prometida e definitiva do povo de Israel. Este povo havia sido testemunha de inúmeros acontecimentos, todos eles portentosos e de extraordinária repercussão. Pôde comprovar como para sua própria sobrevivência, as pragas e penalidades que Yahvé infligiu aos egípcios, à parte fenômenos naturais que se explicavam pelas condições próprias daquele país, alcançaram um caráter milagroso por sua intensidade, seus efeitos devastadores, sua predeterminação temporal em seu princípio e final e, sobretudo, pela morte dos primogênitos egípcios, carente de qualquer explicação natural (Ex 7-12). Yahvé guiou o caminho à terra de promessa, marchando à frente dos israelitas, de dia em uma coluna de nuvem e de noite em uma coluna de fogo (Ex 13,21-22; 14,19-20). Nuvem e fogo são símbolos da presença de Deus. Yahvé ajudou também o povo a atravessar o mar até o deserto, ordenando a Moisés que erguesse seu cajado, estendesse sua mão sobre ele e o abrisse (Ex 14,16; Nm 33,8). Em Marah, as águas amargas se tornaram doces, graças à intercessão de Moisés perante Yahvé (Ex 15,23-25).

No deserto de Sin, entre Elim e o Sinai, ante as queixas dos israelitas contra Moisés e Aarão, a glória de Yahvé se manifestou na nuvem, com a promessa de que "ao entardecer comereis carne e pela manhã vos saciareis de pão" (Ex 16,12). E assim aconteceu, quando as codornizes cobriram o acampamento e apareceu o maná, o pão que haveria de servir-lhes de alimento (Ex 16,13-15). A força de Yahvé também se manifestou nas orientações e ordens, dadas aos israelitas para atravessar o território dos filhos de Esaú, que habitavam em Seir, a região dos moabitas, e o país dos amorreus (Dt 2,4-24).

À generosa proteção de Yahvé, o povo israelita respondeu com murmurações, rebeliões, motins, e inclusive, apostasia. Desconfiaram de seu Deus, ao julgar que tinham saído do Egito para sucumbir à espada de seus inimigos (Nm 14,1-4). Se amotinaram contra Moisés e Aarão desconfiando de sua autoridade divina (Nm 16,3-4). E apostataram de Yahvé em Sittim, oferecendo sacrifícios aos deuses, depois de prostituir-se com as filhas de Moab.

Sabemos que a cólera de Yahvé, de que permanecem fidedignos testemunhos bíblicos de extrema dureza, sobreveio com frequência ante o indigno comportamento de Israel. Porém o amor prevaleceu sobre a cólera. E assim, no monte Sinai, entre trovões e relâmpagos, depois de uma temerosa e seleta preparação do povo, falou Elohim: "Eu sou Yahvé, teu Deus, que te tirei do país do Egito, da casa de escravidão. Não terás outros deuses diante de mim (Ex 20,2-3). Yahvé estava disposto a usar de misericórdia infinita para quem guardasse seus mandamentos, que agora lhes entregava. Alguns destes mandamentos se encontram, como é lógico supor em um povo submetido a grandes civilizações, em textos egípcios e babilônicos; porém outros, como os referentes à proibição da idolatria e dos maus desejos, são próprios de um povo de religiosidade indiscutivelmente superior e única.

Havia-se produzido uma aliança singular entre Yahvé e o povo eleito. Deus entregou ao povo o decálogo e as leis do código da aliança sobre a vida e a liberdade, a propriedade e os costumes, e outras (Ex 20–23), e o povo respondeu: "todas as palavras que Yahvé pronunciou, nós executaremos" (Ex 24,3). Fabricou-se o Arca de madeira de acácia, revestida de ouro puro, a mesa dos pães, um candelabro de ouro puro, o Tabernáculo ou Morada, com dez tapetes de linho fino, o Altar dos holocaustos, quadrado e de madeira de acácia, e o átrio do Tabernáculo (Ex 25-27).

3.3. A conquista de Canaã

Nem Moisés nem Aarão conseguiram entrar em Canaã. Josué foi o eleito para levar seu povo à terra prometida[2]. Não é fácil extrair conclusões históricas convincentes das duas fontes diretas de que dispomos, o Livro de Josué e o dos Juízes. O primeiro fala de uma conquista, que não foi total (Js 13,1-6; 15,13; 16,10), e o segundo descreve algumas tribos, que lutam separadamente pelo controle das montanhas (sem assentar-se nas planícies), e que, com frequência, conviviam com os habitantes daquela região. Como já sabemos, a Bíblia faz referência, à parte outros povos – vários e diferentes entre si –, à população pré-israelita da Palestina, nomeando cananeus e amorreus. Os amorreus são semitas norocidentais que se estabeleceram nas montanhas do interior, enquanto os cananeus são o povo semita do noroeste, assentados ao longo da zona costeira, desde a fronteira egípcia até Ugarit.

Canaã, que se encontrava nesta época sob o império egípcio, vivia absorvida em sua religiosidade pelo culto à fertilidade, cujas principais divindades eram Baal e Anat, sua esposa, e se organizava politicamente em múltiplas cidades-estados independentes, fortemente construídas e concentradas na planície e com capacidade de aliança com grupos de menor importância e poder. Com o favor e o poder de Yahvé, o bem adestrado e treinado guerreiro Josué decidiu invadir e conquistar esta terra, a Oeste do Jordão, tendo em consideração todas estas circunstâncias. A tarefa era árdua e cruzar o rio Jordão implicava sérias dificuldades. Do outro lado do rio, se encontravam inúmeras cidades, bem muradas e dispostas a resistir. Por outro lado, os distintos povos que habitavam esta terra eram tremendamente independentes, receosos de si mesmos e pouco inclinados a unir suas forças contra o invasor. Com a ajuda de Yahvé e confiante em sua promessa, Josué, acompanhado por todas as tribos e partindo de Sittim, cruzou o rio Jordão e acampou em Gilgal, na fronteira oriental de Jericó.

A tomada de Jericó, uma das cidades-chave para a região transjordânica, bem fechada por medo dos israelitas, foi obtida seguindo as ordens de Yahvé: "Dai volta à cidade, vós todos, homens de guerra; contornai toda a cidade uma vez. Assim fa-

---

2. Cf. P.-M. BOGAERT; M. DELCOR & E. LIPINSKI *et al. Diccionario enciclopédico de la Biblia* (Barcelona: Herder, 1993), p. 267-268. Afirma-se que a conquista de Canaã é uma das questões históricas mais discutidas. Invocam-se diferentes teorias: a) a da infiltração pacífica, lenta e em um período longo; b) a de uma conquista propriamente dita; c) a que fala de uma revolta de camponeses contra a opressão das cidades-estados cananeias; e d) a que se inclina não por uma, mas por múltiplas entradas dos israelitas em Canaã.

rei durante seis dias. Sete sacerdotes, tocando sete trombetas, irão adiante da arca. No sétimo dia, dareis sete vezes volta à cidade, tocando os sacerdotes a trombeta. Quando o som da trombeta for mais forte e ouvirdes a sua voz, todo o povo soltará um grande clamor e a muralha da cidade desabará. Então, o povo tomará de assalto a cidade, cada um no lugar que lhe ficar defronte" (Js 6,3-5). A muralha desabou (Js 6,20), e, depois das vitórias sobre os reis do sul e a conquista do Norte de Canaã (Js 10–11), Josué se apoderou de todo o país, repartindo-o em herança a Israel, segundo as suas tribos (Js 11,23). E se diz categoricamente que "o país descansou da guerra" (Js 11,23).

Sabemos, sem dúvida, que muitas das grandes cidades, vales de cultivo e o litoral, se mantiveram por muito tempo em poder dos antigos habitantes de Canaã, cujo fim se completou no reino de Salomão[3]. A partilha da terra prometida entre as tribos de Israel é, também, resumida e claramente idealizada. Na Transjordânia assentam-se as tribos de Manassés, Gade e Rúben. Judá, Efraim e Manassés ocupam um território importante, demonstrando sua grandeza na história de Israel. O território do resto das tribos se encontra mais indefinido. Na tribo de Benjamim se acha Jerusalém, arrebatada pelo rei Davi dos jebuzeus. A tribo de Levi não possui território algum por tratar-se de uma tribo sacerdotal. A seus membros são assignadas algumas cidades nos territórios das outras tribos.

3.4. A época dos Juízes

A época dos Juízes – importante na história de Israel – se estende desde a morte de Josué até o nascimento de Samuel, o último dos Juízes, que proporcionou a Israel o primeiro rei. Coincide com a segunda fase da conquista de Canaã, até o ano de 1200-1050 a.C. O império hitita desapareceu e o Egito também se enfraqueceu, o único inimigo dos israelitas eram os pequenos povos vizinhos. O povo de Israel se dividiu em tribos, com interesses díspares e, às vezes, contrários. Assim, as tribos do norte – Aser, Neftali e Zabulom – viram-se imersas na luta com os cananeus rebeldes, que os separavam das tribos sulinas por suas fortalezas militares. Ao sul se encontravam as tribos de Judá, Simeão e Dã, combatendo os filisteus na planície e a os amorreus na montanha. No centro do país se assentavam as tribos de Efraim, Benjamin e Manassés, ocupadas na expulsão dos cananeus do vale de Esdrelom e na defesa do Norte da Samaria. O território que ocupava a tribo de Issacar continuou por longo tempo em poder dos cananeus.

---

3. O relato bíblico da conquista é esquemático e fortemente idealizado, centrado exclusivamente na figura de Josué. Mais do que história, parecem descrever-se fatos, percebidos pela fé na promessa da nova terra.

A dispersão e a diversidade de interesses das tribos não desfizeram totalmente sua unidade, reforçada pela consciência de ser o povo de Deus e pela intervenção dos juízes. O Livro dos Juízes relata a lenta e penosa instalação das tribos em Canaã com a infidelidade do povo de Israel que, atraído pelas formas e costumes pagãos dos povos vizinhos, renegam Yahvé. Adoraram deuses cananeus, construíram um santuário a Baal em Ofra, precisamente ali, em Silo, onde tinham sido instalados a Arca da Aliança e o Tabernáculo; em Siquém se misturaram com os cananeus, cultuando a divindade *El-berit*, o Deus da aliança. Algo parecido aconteceu com a tribo de Dã.

A depravação acha-se perfeitamente descrita no brutal comportamento de Abimelec e nos namoricos de Sansão. A misericórdia de Deus não abandona o seu povo, chamando-o à fidelidade e lhe enviando homens justos e libertadores, ou seja, os juízes. A função principal do juiz é, portanto, fazer justiça aos oprimidos, libertar o povo de seus opressores e pecados e salvar das escravidões terrenas, orientando Israel para Yahvé. O juiz exerce seu poder de forma limitada, circunscrita à região em que vive e ao povo que quer libertar. Seu poder nunca se estende a todo o povo de Israel. Assim conclui-se da história dos doze juízes de Israel, os seis "juízes menores", que merecem uma raríssima menção (Jz 3,31; 10,1-2.3-5; 12,8-10.11-12.13-15), e outros seis "juízes maiores": Otoniel (Jz 3,7-11), que conseguiu para o país quarenta anos de paz, depois do abandono de seu povo, adorando aos Baais; Ehúd (Jz 3,12-30), da tribo de Benjamim, que obteve o favor de Yahvé, derrotando o rei de Moab e estabilizando seu país durante oitenta anos; Débora (Jz 4–5); Gedeão (Jz 6–9), vencedor dos madianitas, que tinham atemorizado Israel, obrigando-o a refugiar-se nas cavernas da montanha e devastando suas colheitas até a entrada de Gaza; Jefté (Jz 10–12,7), juiz durante seis anos e guerreiro chefe contra os amonitas que atacaram Israel; e Sansão (Jz 13–16), famoso por suas proezas contra os filisteus, por seu enamoramento com Dalila e por sua legendária força, que dificulta uma correta valoração de suas façanhas.

Menção especial merece Débora, juíza e profetisa, ao mesmo tempo. O Livro dos Juízes nos diz que Débora, mulher de Lapidot, julgava em Israel, sentada sob a "palmeira de Débora", entre Ramá e Betel, e que os israelitas iam ter com ela para que julgasse suas questões (Jz 4,4-5). Débora, ante a ameaça de escravidão de seu povo pelos cananeus, profere um oráculo, dirigido a Barac, dizendo: "Vai e ocupa o monte Tabor. Toma contigo dez mil homens dos filhos de Neftali e Zabulon. Quando estiveres na torrente de Cison, conduzir-te-ei Sísara, chefe do exército de Jabin, com seus carros e suas tropas, e to entregarei" (Jz 4,6-7). O combate teve lugar junto ao monte Tabor. Os carros dos cananeus se atrancaram nas águas do Cison e Sísara, o geral inimigo, morreu em sua fuga, pelas mãos de uma mulher, Jael, que o matou em sua tenda. Tudo terminou com a humilhação e aniquilação de Jabin, rei de Canaã.

Débora entoa um cântico a Yahvé, Deus de Israel (Jz 5), um dos textos mais antigos e belos da Bíblia. Canta-se a ação de Yahvé na história do povo de Israel, de forma mística e sublime, louvam-se ou se repreendem as tribos, de acordo com seu comportamento bélico, e ela mesma se exalta de forma esplêndida como mãe de seu povo: "Cessaram as aldeias em Israel, cessaram; até que eu Débora, me levantei, até que eu me levantei por mãe em Israel" (Jz 5,7).

3.5. A instituição da monarquia

A mera instalação das tribos de Israel na nova terra prometida não constitui, por si mesma, a identidade de um povo, complexo, por outro lado, em suas realidades sociais, políticas e religiosas. De fato, as tribos de Israel necessitaram de tempo para alcançar a unidade nacional, ameaçada ainda por interesses internos e fortes inimigos do exterior, como eram as superpotências da época e outros povos vizinhos. Os traços fundamentais das potências daquele tempo – Egito, Assíria, Babilônia e Pérsia – são bastante conhecidos. Junto a elas, se encontravam vários reinos e países vizinhos, cujo conhecimento facilita a compreensão da história de Israel. Apontarei alguns dados simples sobre eles. Na Transjordânia, zona pela qual os hebreus penetraram na Palestina, se encontravam, partindo do sul até o norte e nesta ordem, os reinos de Edom, Moab e Amon. Edom perdeu sua independência nos reinados de Davi e Salomão, porém, uma vez dividido o reino, a recuperou por um curto espaço de tempo, terminando sob o poder assírio. Este reino foi submetido finalmente ao poder dos nabateus. Moab, recordado pelo oráculo de Balaão de maldição a Israel, foi também conquistado durante algum tempo pelo rei Davi. Foi vencido e ocupado pelo império assírio. Amon, cenário de inúmeras contendas bélicas, foi também incorporado temporariamente ao reino de Davi, uma vez conquistada sua capital, Rabat-Amon. Foi dominado pela Assíria e no século VI a.C., incorporado ao império persa. Na zona sul da Síria, se achavam as tribos aramaicas, onde se assentavam os pequenos reinos de Aram-Zobah, Tob e Maakah. As relações entre estas tribos aramaicas e Israel foram sempre conflitivas, especialmente depois da divisão do reino, quando Benadade de Aram-Damasco se apoderou da parte oriental do reino do Norte. No ano 732 a.C., Tiglatpiléser III submeteu definitivamente os arameus. A partir desta data, Aram se constituiu uma província assíria, como ocorreu com parte dos territórios de Israel – Galaad, a Galileia e o país de Neftali, entre outros – depois da vitoriosa operação militar da Assíria, no ano 733 a.C.

Na costa do mar Mediterrâneo se assentavam dois povos: os fenícios e os filisteus. Os fenícios ocupavam a região costeira do Mediterrâneo, que se estendia desde o monte Carmelo ao golfo de Alexandreta, também conhecido antigamente como golfo de Issos. São famosos por seus centros de Tiro, Sidon e Biblos, importantíssimos portos marítimos, pela influência de sua religião e por serem os criadores do alfabeto, apesar de terem permanecido apenas vestígios literários de importância, se excetuarmos os famosos documentos de Ugarit, do século XIV a.C., de extraordinária importância para o estudo das Escrituras. Os filisteus (a Palestina lhes deve seu nome) integravam aqueles povos do mar que tentavam invadir o Oriente Médio. Expulsos do Egito, se estabeleceram na famosa pentápole filisteia: Gaza, Ascalon, Asdod, Gat e Ecron, na costa sudeste da Palestina. Saul e Davi lutaram para conter seu poderio que chegou até Gelboé, porém não conseguiram integrá-los em seus reinos. Desapareceram do cenário político, depois das brutais invasões da Assíria e Babilônia.

A convivência com estas nações e povos vizinhos, as constantes ameaças militares e a crescente convicção de que seu sistema de tribos confederadas mostrava-se ineficaz para lutar contra seus inimigos e atrasado para uma forma de vida mais estável que se propunham a consolidar, impulsionaram o povo de Israel a buscar formas de governo mais apropriadas para seu entorno geográfico-político.

Governados nos últimos tempos por anciãos das respectivas tribos e por Yahvé através de seu profeta Samuel, quiseram ter um rei como as demais nações circundantes. E Deus atendeu seu pedido, segundo a versão de 1 Samuel, revelando a Samuel que ungira por chefe de seu povo um homem do país de Benjamin para salvá-lo do poder dos filisteus (1Sm 9,16-17). Saul, de uma tribo pequena e de pouca influência, aceita sem temores pelas demais, foi escolhido rei, o primeiro rei de Israel. Filho de Quis, pertencente a uma tribo pequena, embora vinculada à casa de José, destacou-se por sua simplicidade e qualidades de caudilho militar. Lutou contra o exército filisteu e os amonitas. O Primeiro Livro de Samuel descreve o levantamento do sítio de Jabes-Gilead por Saul, com a mobilização do povo de Israel e a ajuda de Yahvé, e diz assim: "No dia seguinte, Saul dividiu o povo em três partes; penetraram ao raiar do dia no acampamento inimigo e feriram os amonitas até que chegou o grande calor do dia. Os que escaparam foram dispersos de tal sorte, que não ficaram dois deles juntos". (1Sm 11,11). Refere o mesmo livro (e esta é uma de várias versões) que, uma vez vencidos esses inimigos do sul e diante do convite do próprio Saul, o povo de Israel marchou a Gilgal e ali proclamaram Saul rei, inaugurando deste modo a monarquia (1Sm 11,14-15).

Os relatos do texto bíblico se centram principalmente nos pecados de Saul, que levaram à inimizade com o profeta Samuel e à rejeição de Yahvé. Deus lhe havia marcado um caminho, dizendo-lhe que votasse ao anátema os amalecitas e os combatesse até aniquilá-los e ele se contentou com o botim. Por isso Samuel exclamou: "Por teres rejeitado a palavra de Yahvé, ele te rejeitou da dignidade real" (1Sm 15,22). Também se verifica o caráter invejoso e malicioso deste rei em relação a Davi, a quem odiou por ser aclamado pelas mulheres do povo, após dar morte ao filisteu, e a quem tentou matar com sua lança (1Sm 18,6-11). Morreu em uma batalha contra os filisteus, no monte de Gilboa, juntamente com "seus três filhos e seu escudeiro, como também toda sua gente" (1Sm 31,6). Foi enterrado sob o tamarisco de Jabes de Galaad. Seu reinado não conseguiu cercar a ameaça dos filisteus, assentados no vale de Esdrelom. E seu nome ficaria obscurecido pela figura de Davi.

Davi, filho mais novo de Jessé de Belém, foi o autêntico fundador da monarquia de Israel. Tradições paralelas, não isentas de discrepância nos sentimentos de seus redatores, ainda que com tom claramente apologético, apresentam a figura deste rei na corte de Saul, recreando o monarca com sua cítara, e matando o gigante filisteu Golias, e ao mesmo tempo conduzido por Abner, filho de Ner, da tribu de Benjamin, à presença de Saul (1Sm 17). A rápida amizade com Jonatan, depois do episódio de Golias, e o matrimônio com Mical precipitaram sua ascensão, que muito rapidamente despertaria os ciúmes de seu senhor. A dupla tradição ressalta a magnanimidade de Davi que, na cova de Engadi, perdooaria a vida de Saul, "pois é o ungido de Yahvé" (1Sm 24,7).

Morto o rei Saul, e depois da guerra civil nas tribos do norte, assassinados Isbaal e Abner, os governantes anciãos de Israel se aproximaram de Davi, em Hebron, suplicando-lhe que fosse o caudilho de seu povo. Pactuaram entre eles, diante de Yahvé, e ungiram Davi como monarca sobre Israel. Em Hebron reinou sobre Judá (2Sm 5,5). A vitória sobre as nações vizinhas – filisteus (2Sm 5,17), arameus, moabitas e edomitas (2Sm 8) e amonitas (2Sm 10) – à exceção dos fenícios, seus aliados, consolidou um grande reino, que se estendia desde o deserto de Egito até Jamat, na Síria, e desde o deserto arábico até o mar Grande ou Mediterrâneo.

Também se incorporaram ao reino amplos núcleos de povoadores cananeus que habitavam a Palestina. O rei Davi se beneficiava assim da decadência do império egípcio e antes que tomasse corpo o poderio da Assíria. Seu maior êxito, político e ao mesmo tempo religioso foi a conquista de Jerusalém, antiga cidade jebuzeia (não pertencia antes a nenhuma tribo), que converte em capital do reino e em herança das tradições religiosas do santuário de Silo, levando para ali a Arca da Aliança.

Do ponto de vista político, o reinado de Davi tende a parecer-se com o de outros grandes monarcas orientais da Antiguidade. Como eles, representantes de divindades protetoras, também ele se considerava delegado de Yahvé. Firmou compromissos políticos com reis pagãos, comprou para sua defesa e proteção mercenários estrangeiros e possuía seu próprio harém.

A partir da vertente religiosa, Davi, o escolhido de Deus, de religiosidade profunda, fiel servidor de seu Deus, modelo de reis, embora também carregado de pecados, levou a termo grandes projetos de reforma religiosa, concebendo a ideia – executada por Salomão – de levantar um santuário em Jerusalém, transladando a Arca da Aliança de Quiriat-Jearim até o monte Moriá e reorganizando os sacerdotes e levitas. Também se lhe atribui a composição de salmos e outras obras poéticas, reflexo de sua profunda espiritualidade, e se põe em evidência o claro e notável arrependimento de seus graves pecados.

O ressentimento dos seguidores de Saul em relação a Davi e a ameaça da sucessão no reino, disputada pelos filhos de suas distintas mulheres, pressagiavam o fim de uma etapa gloriosa. O adultério de Davi com Betsabé, a censura do profeta Natan, a rebelião de seu filho Absalão (2Sm 11-12; 15-18) nos mostram um rei prisioneiro de suas próprias debilidades. Dando instruções a Salomão para que caminhasse retamente e observasse as ordens de Yahvé, Davi morreu e foi enterrado na cidade de Davi.

Reinou sobre Israel quarenta anos; em Hebron sete e em Jerusalém trinta e três (1Rs 2,11). Salomão, filho de Davi e Betsabé, subiu ao trono de Israel por uma conjuração palaciana entre Betsabé e o profeta Natan, arrebatando o reino das mãos de Adonias (1Rs 1,11-27). Seu reino, segundo as Crônicas, estava destinado a ser pacífico e amistoso com os que tinham sido inimigos de Israel (1Cr 22,9). Dotado com grandes qualidades diplomáticas, estreitou relações com os países vizinhos, inclusive selando matrimônio com a filha do faraó do Egito (1Rs 3,1). São, também, lendárias sua atividade e relações diplomáticas com outras nações, destacando-se o acordo com Hiran, rei de Tiro, que lhe proporcionou madeiras de cedro e de cipreste para edificar uma "Casa ao Nome de Yahvé", além de trigo e azeite para a corte, assim como carpinteiros e canteiros que modelavam as madeiras e as pedras para a construção do Templo (1Rs 5,15-32). Sua proverbial sabedoria cativou a rainha de Sabá que, depois de bendizer ao Deus de Salomão, lhe deu ouro, aromas e pedras preciosas em grandíssima quantidade (1Rs 10,1-13). A administração real foi também ampliada e reorganizada, possibilitando a origem de uma nova classe de escribas e intelectuais.

À parte, fortificações em diversas cidades e instalações militares para carros e cavalos, as grandes construções salomônicas são o Milo (1Rs 9,24)[4], o palácio real e seus anexos (1Rs 7,1-12) e, a mais famosa, o Templo, em cuja direção, construção e materiais colaboraram os tírios (1Rs 5,15-26; 6,1-38; 7,13-51). O Templo, edi-

---

4. Uma magnificente fortificação na cidade de Jerusalém, situada provavelmente em seu extremo norte.

ficado no cume do monte Moriá, seria, doravante, lugar de referência da religiosidade do povo hebreu, em que a glória de Yahvé se manifestaria a seus adoradores.

Seu glorioso reinado terminou em desgraça e catástrofe. A benção de Yahvé, que o elevou ao trono, se converteu em castigo por suas inúmeras infidelidades, seu desmedido afã pelas riquezas, suas injustiças e especialmente por haver-se dado à adoração de falsos deuses. A unidade de seu reinado havia chegado ao seu fim. Desde então, temos que falar da monarquia dividida. Ao chegar aqui, devo deter-me naqueles textos bíblicos que, neste longo período da história de Israel, prefiguram algum tipo de esperança messiânica singular para o povo eleito. É obvio que, em muitas páginas da Bíblia, figuram personagens, enviados por Deus, que libertam e salvam o povo de Israel, afastando-o de constantes e graves perigos em sua fé no Deus verdadeiro e lhe indicando o caminho reto. Estas pessoas, reis, profetas, juízes e sacerdotes, são realmente "messias" como diz R. E. Brown. Porém o "messianismo", enquanto tal, como libertação singular e especialíssima de Yahvé a seu povo, que se insere no marco da instituição monárquica, aparece pela primeira vez nos tempos do rei Davi[5]. Neste sentido, e provavelmente como primeiro documento de caráter messiânico, encontramos o oráculo de Natã, apresentado em três formas ou versões, a saber, no Segundo Livro de Samuel (2Sm 7,1-16), no Salmo 89 (Sl 89,20-38) e no Primeiro Livro das Crônicas (1Cr 17,4-14). Vejamos detalhadamente cada um desses textos.

Os biblistas afirmam que os dois livros de Samuel, ainda que seu conteúdo não tenha um caráter unitário – neles se detectam concepções diferentes, repetições, e inclusive, contradições – formavam originariamente uma unidade, dividida em dois na Bíblia grega. Os livros tratam, como sabemos, do juiz Samuel e dos dois primeiros reis de Israel, Saul e Davi, e se calcula que sua composição se realiza entre o começo da monarquia de Israel e os períodos exílico e pós-exílico[6]. O texto de 2 Samuel (2Sm 7,1-16) pertence, segundo a opinião dos exegetas, ao estrato mais antigo do livro e diz assim: "Desde o tempo em que eu estabelecia juízes sobre o meu povo, a ti concedo-te uma vida tranquila, livrando-te de todos os teus inimigos. O Senhor anuncia-te que quer fazer-te uma casa. Quando chegar o fim de teus dias e repousares com os teus pais, então suscitarei depois de ti a tua posteridade, aquele que sairá de tuas entranhas, e firmarei o seu reino. Ele me construirá um templo, e firmarei para sempre o seu trono real. Eu serei para ele um pai e ele será para

---

5. R. E. BROWN. *Introducción a la Cristología del Nuevo Testamento* (Salamanca: Sígueme, 2005), p. 173.
6. A. F. CAMPBELL & J. W. FLANAGAN. Em *Nuevo Comentario Bíblico San Jerónimo. Antiguo Testamento* (Estella: Verbo Divino, 2005), p. 224-226.

mim um filho. Se ele cometer alguma falta, castigá-lo-ei com vara de homens, e com açoites de homens, mas não lhe tirarei a minha graça, como a retirei de Saul, a quem afastei de ti. A tua casa e teu reino estão estabelecidos para sempre diante de mim, e o teu trono está firme para sempre". (2Sm 7,11-16).

A versão do Primeiro Livro de Crônicas utiliza quase as mesmas palavras e diz assim: "Quando teus dias se acabarem e tiveres ido juntar-te a teus pais, levantarei tua posteridade após ti, em um de teus filhos, e firmarei seu reino. É ele que me construirá uma casa e firmarei seu trono para sempre. Serei para ele um pai, e ele será para mim um filho; e nunca retirarei dele o meu favor como retirei daquele que reinou antes de ti. Eu o estabelecerei na minha casa e no meu reino para sempre, e seu trono será firme por todos os séculos". (1Cr 17,11-14).

No capítulo sétimo do Segundo Livro de Samuel se juntam perfeitamente o oráculo do profeta Natan e a oração do rei Davi, algo que é essencial para a compreensão do messianismo real do povo de Israel e da fé cristã. No v. 5 se diz que Davi não construirá uma "casa", um templo, para morada de Yahvé, deixando entrever o sistema tribal pelo que se regia o povo de Israel, apesar de as palavras de consolo e fortaleza que lhe dirige seu Deus (v. 8-10). No v. 11, Yahvé assegura uma "casa", uma descendência a Davi. "Casa" e "Templo" são termos nos quais se pode observar, à parte a unidade do capítulo, a mudança radical entre o antigo governo de tribos separadas e o sistema monárquico hereditário, acolhido no pacto de amizade entre Yahvé e seu povo, sem excluir o castigo, em caso de perversão deste. No v. 13, "ele construirá uma casa ao meu nome e consolidarei o trono de sua realeza para sempre" (2Sm 7,13) e no 16, "e tua casa e tua realeza permanecerão firmes para sempre diante de mim; teu trono será estável para sempre" (2Sm 7,16), as tradições judaica e cristã veem um anúncio messiânico. Para além do contexto histórico imediato, segundo o qual Salomão construiria um Templo em Jerusalém, se introduz no texto uma nova ideia, a de um Messias da descendência de Davi, uma de cujas características é sua perpetuidade: "Estabelecestes solidamente o vosso povo de Israel, para ser eternamente o vosso povo, e vós vos tornastes o seu Deus, ó Senhor" (2Sm 7,24). O Salmo 89 é um hino pré-exílico, que exalta o poder de Yahvé, Deus de Israel, sobre outros poderes do mundo. É um salmo complexo, em que cabem o lamento e o louvor. Começa cantando as graças de Yahvé, concretamente, sua lealdade, bondade e generosidade. Daí passa à consideração da dinastia davídica, celebrando as maravilhas da criação e o louvor a Yahvé pelos poderes do céu. Este Deus, Senhor único de toda a criação, é quem pronuncia o nome de Davi e diz: "Encontrei Davi, meu servo, com meu óleo santo o ungi" (v. 21) e "ele me invocará: Tu és meu pai, meu Deus, e minha Rocha salvadora". Ademais, "eu o constituirei meu primogênito, o mais excelso dos reis da terra. Por todo o sempre lhe guardarei minha graça, e meu pacto com ele será indissolúvel. Dar-lhe-ei uma perpétua descendência, e seu trono terá a duração dos céus" (vv. 27-30). A dinastia perdurará e nem sequer as infidelidades humanas poderão destrui-la. Yahvé não violará seu pacto e o trono de Davi será duradouro, como o sol e a lua que permanecem para sempre (vv. 35-38).

Os salmos reais, aplicáveis a qualquer monarca da dinastia de Davi, ainda que não tenham sido compostos por este rei, como se costumava acreditar, se orientam no mesmo sentido[7]. Assim, o Salmo 2, pré-exílico com bastante probabilidade, no qual se descreve a trama de uma rebelião contra o rei e, por conseguinte, contra Yahvé, diz: "Porém, eu consagrei meu rei sobre Sião, minha santa montanha!" (v. 6). O rei responde com a fórmula típica de adoção divina, própria da linguagem da corte: 'Meu filho és tu, eu mesmo te gerei' (v. 7). O pré-exílico Salmo 72 canta o rei como representante de Yahvé em expressões tomadas das monarquias do antigo Oriente e anuncia o reino messiânico. O rei faz e executa justiça, defendendo a causa dos pobres, salvando os indigentes e aniquilando o opressor (vv. 1-4). O rei é também princípio da ordem cósmica e dominador de mar a mar, em referência ao mar Grande, a oeste, e ao golfo Pérsico, a leste. E, um desejo: "Sejam nele benditas as famílias todas da terra" (Sl 72,17).

A ideia de um rei "salvador" aparece muito clara, encarnada no sucessor de Davi, mesmo que não exista referência alguma a um futuro escatológico. O Salmo 110, pré-exílico, culmina uma série de hinos, dedicados à entronização de um rei. Consta de uma coleção de oráculos, cujas ideias são as seguintes: a) Yahvé honra o rei, fazendo-o sentar-se à sua direita; b) desde o dia de seu nascimento, ao rei lhe acompanha o *principado*, o esplendor sagrado, quer dizer, sua origem divina; c) diz-se que o rei é sacerdote para sempre, à maneira de Melquisedec; d) com Adonai à sua direita, o rei é capaz de derrocar outros reis e fazer justiça a todas as nações. Toda a linguagem do salmo descreve simbolicamente o rei como representante de Yahvé e como sacerdote eterno, à maneira de Melquisedec, segundo os costumes dos reis cananeus de Israel, porém não podemos atribui-lo literalmente a Jesus de Nazaré.

3.6. A monarquia dividida. O reino do Norte e o reino de Judá

Com a morte de Salomão terminou a unidade do reino de Israel, sobre o qual tinham governado Saul, Davi e o próprio Salomão. O castigo de Yahvé a Salomão por cultuar falsas divindades, a inimizade endêmica entre as tribos do norte e do

---

7. Os Salmos reais são aqueles que, em sua temática (lamentações, louvor etc.) têm o rei como sujeito ou como objeto. Continua sendo uma questão debatida tanto seu número como a data de sua composição. Em todo caso, são admitidos como tais os salmos 2; 18; 21; 45; 72; 101; 110; 144, 1-11.

sul pelo acordo favorável concedido a estas últimas – o Norte estava mais povoado e era mais rico e ativo política e culturalmente – o empobrecimento e o mal-estar social do reino pela suntuosidade do monarca e a negativa de Roboão a modificar a política de seu pai provocaram a divisão e a guerra do povo. A unidade se rompeu, territorial e politicamente falando, e o reino de Israel se dividiu no que se denomina reino do Norte (continuou chamando-se reino de Israel), que abarcava as regiões da Samaria e da Galileia, e reino do Sul o reino de Judá, que compreendia a região da Judeia.

O reino do Norte, iniciado por Jeroboão (931-910 a.C.) e concluído com Oseias (730-722 a.C.), estabeleceu a capital primeiro em Siquém e, mais tarde, na Samaria, que terminaria assediada e arrasada pelos assírios, sob os reinados de Salmanasar V (727-721 a.C.) e Sargão II (721-705 a.C.). Do ponto de vista político, viveu sob a ameaça do império assírio, opondo-se a ele militarmente, experimentou uma forte deterioração social e acusou uma profunda decomposição moral e religiosa, adorando a deuses estrangeiros. Frente a esses desvios, a voz de Yahvé se fez sempre presente em seu povo através dos profetas que, recordando as tradições anteriores de Israel, interpretaram as novas situações, criticando os abusos e injustiças e apontando o caminho reto. Os profetas mais destacados deste período são Elias e Eliseu, do século IX a.C., que desempenharam seu ministério nos tempos do rei Ajab (874-853 a.C.) e Amós e Oseias, do século VIII, durante o reinado de Jeroboão II (787-747 a.C.)[8].

A última fase do reino do Norte (841-721 a.C.), se excetuamos o longo e exitoso reinado de Jeroboão II, está marcada por lutas sucessórias, reinados curtos e sangrentos e guerras com países estrangeiros. Efetivamente, a queda do reino do Norte foi rápida e barulhenta. A isso contribuíram significativamente as campanhas militares de Tiglatpiléser III da Assíria, a anarquia política que se seguiu ao reinado de Jeroboão II e a represália do novo monarca assírio, Salmanasar VI, contra o rei Oseias, cercando primeiramente e, posteriormente, conquistando Samaria, no ano 722 a.C. em conformidade com a política tradicional, a população conquistada foi deportada e o resto – misturado com povos vindos do outro extremo do crescente fértil – passou a ser mais uma província do império assírio.

No reino de Judá, depois do breve reinado de Ocozias (845 a.C.), a rainha-mãe Atalia usurpou o trono e, para assegurá-lo e continuar com seus maléficos e ambiciosos planos, matou a todos os descendentes da família real. O domínio que

---

8. Estimo que não seja necessário um desenvolvimento mais pormenorizado da história do reino do Norte porque, segundo os historiadores e biblistas, não se percebem neste período sinais que orientem a uma esperança messiânica no povo de Israel, o tema que quero elucidar. Centrar-me-ei, portanto, no estudo do reino de Judá, sumamente rico e indicativo no que se refere aos conteúdos deste capítulo.

havia exercido durante o reinado de Jeorão, seu pai, e do mesmo Ocozias se incrementou, prejudicando seriamente os interesses religiosos de seu povo, até o ponto de estabelecer oficialmente o culto ao Deus Baal na cidade de Jerusalém. O único que se livrou de sua ira foi o menino Joás, que na idade de sete anos foi proclamado rei no Templo e Atalia, assassinada no exterior deste. Joás (836-797 a.C.) foi um rei que, tutelado pelo sumo sacerdote Joiadá, ocupou-se da restauração do Templo, administrando as contribuições trazidas pelo povo para esta causa, porém depois de morrer Joiadá e atendendo os desejos daqueles que tinham apoiado Atalia, restaurou o culto a deuses profanos. Ignorou as ameaças do profeta Zacarias, filho de Joiadá, por haver abandonado Yahvé e, por ordem do monarca, morreu apedrejado na Casa de Yahvé, como relata o Segundo Livro das Crônicas (2Cr 24,20-22). Derrotado por Jazael, rei de Damasco, a quem reparou com magnificentes tesouros do Templo e do palácio, e com o descontento de seu povo, Joás morreu assassinado em uma revolta.

Amasias (796-767 a.C.) começou seu reinado vingando os assassinos de seu pai, Joás. Levou a cabo uma expedição, reconquistando Edom, que se havia tornado independente no tempo do rei Jorão do reino do Norte, e restabelecendo o comércio pelo mar Vermelho. Encorajado pelo triunfo e o botim, entre o qual se encontravam ídolos do povo subjugado, fez frente a Joás, rei de Israel, sendo derrotado em Betsames e levado prisioneiro a Jerusalém. Tais atos desastrosos provocaram uma insurreição militar que o obrigou a fugir e se refugiar em Laquis, onde foi assassinado.

Azarias, chamado também Ozias (767-739 a.C.), seu filho e sucessor, foi um rei de grandes qualidades, afortunado, tanto em suas relações com o exterior como no desenvolvimento e prosperidade de sua terra. Reorganizou o exército, fortificou cidades, Jerusalém incluída, e favoreceu o campo, especialmente a agricultura e a vinicultura. Organizou e desenvolveu grandes campanhas militares contra os edomitas, os amonitas, os filisteus e algumas tribos árabes. Manteve excelentes relações com Jeroboão II, rei de Israel. Preservou o zelo pelo culto a Yahvé, alentado pelos conselhos do profeta Zacarias. Nos últimos anos de seu reinado, usurpou a função sacerdotal de oferecer incenso no Templo, a que se opuseram muitos sacerdotes, encabeçados por outro sacerdote, Azarias. Foi castigado com a lepra, obrigando-se a abandonar o governo. Até sua morte, foi substituído por seu filho Jotão, a quem fez regente. O novo rei (739-734 a.C.) se manteve fiel a Yahvé, edificou a porta superior do Templo, construiu algumas cidades e fortalezas e derrotou os amonitas. Durante seu reinado, começaram as hostilidades siro-israelitas contra o reino do Sul, que se tornariam mais duras nos tempos de seu filho e sucessor, Ajaz.

Também surgiu a atividade profética de Isaías, iniciada com a morte de Azarias, que se prolongaria durante os reinados de Ajaz, Ezequias e Manasés. Ajaz

(734-728 a.C.), conhecido como Joacaz nos documentos assírios que registravam os tributos, é considerado um dos piores reis de Judá. Sem fé no Deus de Israel, pôs sua confiança nos deuses de seus poderosos vizinhos, os reis de Damasco e da Assíria. De fato, o rei de Assíria, Tiglatpiléser III, atacou Judá e Ajaz se viu obrigado a entregar ao monarca assírio os tesouros do Templo e do palácio, deixando seu reino a mercê da Assíria. A deterioração cultural e religiosa do reino de Judá foi notável, evidenciando-se o culto a deuses estrangeiros. Os grandes profetas, Oseias, Isaías e Miqueas, alertaram dos graves problemas do reino, evitando sua catástrofe. O ímpio rei foi sepultado na cidade de Davi, porém não no panteão dos reis de Israel.

Ezequias (728-699 a.C.) sucedeu no trono a seu pai, Ajaz, e começou seu reinado em linha oposta a seu predecessor, tanto política como religiosamente falando. Obediente à palavra de Yahvé, expressada nos oráculos dos profetas, especialmente de Isaías, Ezequias começou uma profunda reforma religiosa. A Bíblia nos diz que "fez o que é reto aos olhos de Yahvé, inteiramente como havia feito seu antepassado Davi. Suprimiu o culto dos altares, quebrou os *massebás*, cortou as *aserás* e despedaçou a serpente de bronze que Moisés havia fabricado; porque até aquele tempo os israelitas lhe tinham queimado incenso, e a denominavam Nehustán" (2Rs 18,3-4)[9]. E assim foi, com efeito. Purificou o templo e restaurou os lugares de culto. Reuniu os sacerdotes e levitas para santificar a Casa de Yahvé, apagando as prevaricações e pecados que seu povo havia cometido. Eles retiraram ao átrio da Casa de Yahvé toda imundície que encontraram no Santuário (2Cr 29). Purificado o Templo e destruído todo vestígio de modelos assírios, Ezequias ofereceu um sacrifício expiatório pelos pecados de Israel. Tentou, ademais, atrair à pureza do culto de Yahvé aos sobreviventes do recém-destruído reino de Israel, enviando emissários por todo Israel e Judá para celebrar a Páscoa em Jerusalém. Pôs todo o empenho em recuperar as tradições do reino de Israel. O Livro dos Provérbios fala de una comissão, instituída por Ezequias, para recolher e elaborar as sentenças de Salomão (Pr 25). O esplendor religioso esteve acompanhado pela prosperidade econômica, como se pode apreciar na descrição que faz o Livro Segundo dos Reis dos tesouros de Ezequias ante os emissários do rei da Babilônia: "mostrou-lhes o palácio onde se encontravam os seus tesouros, a prata, o ouro, os bálsamos, o azeite aromático, seu arsenal e tudo que se achava em suas reservas" (2Rs 20,13). No terreno político, Ezequias enfrentou com êxito os filisteus, reforçando as defesas da capital e construindo um aqueduto subterrâneo, que conduzia as águas da fonte de Giom a Jerusalém. Como sabemos, o reino de Judá sofria a vassalagem do império assírio. Pois bem, aproveitando o ressurgimento do Egito e se unindo à insurreição dos

---

9. Nota: *Massebá* significa pedra comemorativa/sagrada, e *Aserá*, deusa da vegetação, venerada em todo o âmbito fenício-cananeu; o termo no plural faz referência à existência de certos lugares de culto desta deusa.

reinos da Filisteia, Moab e Edom, Ezequias se somou à rebelião contra a Assíria. Filisteia foi arrasada por Sargão (711 a.C.), e Judá se salvou momentaneamente por haver apresentado sua submissão. O papel de Judá na nova insurreição dos reinos citados, no ano 702 a.C., contra a Assíria foi mais importante e o castigo que sofreu foi duro quando Senaquerib invadiu a Palestina, no ano 701 a.C. Muitas de suas cidades foram capturadas e algumas delas, entregues aos partidários da Assíria na Filisteia. Muitos de seus habitantes foram deportados (calcula-se que seriam ao redor de 20.000). Jerusalém foi severamente assediada e, apesar de não termos testemunhos historicamente confiáveis da retirada de Senaquerib, a Bíblia nos fala da intervenção de Yahvé para sua libertação. E assim "Senaquerib, rei de Assíria, levantou o acampamento e partiu e, de volta, estabeleceu-se em Nínive" (2Rs 19,36).

Ao fiel e piedoso Ezequias sucedeu seu filho, Manassés (699-643 a.C.), em cujo longo reinado apareceram novamente as execrações do culto assírio, consequência, de certa forma, de sua submissão aos assírios. O contraste com a atitude de seu pai foi enorme. Introduziu, novamente, em Jerusalém o culto a deuses estrangeiros, particularmente assírios e cananeus, a quem o rei sacrificou seu próprio filho (2Rs 21,6). Diz-nos a Bíblia que "entregou-se ao nefelismo e aos encantamentos e instituiu necromantes e adivinhos e repetidamente fez o que é mal aos olhos de Yahvé, irritando-o" (2Rs 21,6). No ano 652 a.C., aliou-se em uma insurreição, organizada pelo rei da Babilônia; foi derrotado e levado prisioneiro a Nínive. Assurbanipal, o rei assírio, o pôs em liberdade, reintegrando-o em seu reino. Sucedeu-o seu filho Amón (641-640 a.C.), cujo curto reinado é considerado mais ímpio inclusive que o de seu pai. Reabriu o culto a deuses estrangeiros e cometeu numerosos crimes. Foi assassinado por seus súditos, condenados, por sua vez, pelo povo.

Josias (641-609 a.C.) subiu ao trono com apenas oito anos de idade. Teve influência enorme no aspecto político e religioso de seu reino, convertendo-se no último grande monarca do reino de Judá. No ano oitavo de seu reinado, começou a buscar o Deus de Davi, limpando Jerusalém e todos os seus domínios de toda sorte de culto que não estivesse conforme à lei de Yahvé (2Cr 34,3-8). Ordenou restaurar o edifício do Templo (2Rs 22,3-7), onde se deu a descoberta do Livro da Lei (2Rs 21,8). O Livro da Lei, lido ao povo, e a voz dos profetas Sofonias e Jeremias, exortando à conversão, propiciaram o clima para a renovação religiosa, que se visibilizou na solene celebração da Páscoa (2Rs 23,21-23). A Bíblia resume elogiosamente sua obra, dizendo: "Fez o que é reto aos olhos de Yahvé e seguiu os caminhos de Davi, seu antepassado, sem afastar-se nem à direita nem à esquerda" (2Cr 34,2). Na política interior, seus êxitos não se comparam à importância das reformas religiosas. O debilitamento do império assírio lhe permitiu ampliar o âmbito de influência até Meguido, no extremo sudoeste da planura de Yezrael, ponto importante da rota comercial que ia do Egito à Síria e Babilônia. Os assírios, depois da queda de Nínive, no ano 612 a.C., continuaram em Faran a resistência, sob a liderança de Ashur-uballit. Os egípcios, temerosos de que um novo inimigo – a Babilônia, neste caso – substituísse a assíria, constituíram um poderoso exército, sob as ordens do faraó Necao, dispostos a ajudar os assírios. Josias, ao passar, tentou fechar-lhe a passagem, e Necao morreu em Meguido. Foi sepultado em Jerusalém (2Rs 23,29-30)[10].

Josias foi sucedido por seu filho mais novo, que tomou o nome de Joajaz (609 a.C.), e que, durante seu breve reinado, continuou a política de seu pai. Reinou só alguns meses. Foi deposto do trono e levado prisioneiro ao Egito pelo faraó Necao, que se havia inclinado por seu irmão para governar Judá.

Joaquim (609-597 a.C.). Sabemos que a Babilônia alcançou seu esplendor sob Nabucodonosor, rei desde 605-562 a.C. No começo do reinado de Joaquim, Nabucodonosor derrotou os assírios e seus aliados nas margens do rio Eufrates, na cidade de Carquemis, ocupada pelo faraó Necao depois da queda e destruição de Nínive. Jerusalém também foi tomada e destruída no ano 607 a.C., ocorrendo-se a primeira deportação. Conta o Segundo Livro das Crônicas que "contra ele (Joaquim) subiu Nabucodonosor, rei de Babilônia, e prendeu com grilhões para conduzi-lo à Babilônia. Nabucodonosor levou para a Babilônia também parte dos objetos da Casa de Yahvé e os colocou em seu palácio na Babilônia" (2Cr 36,6-7). Nesta primeira deportação se encontravam Daniel e seus três companheiros. Uma segunda deportação se produziu no ano 597 a.C., já no reinado de Joaquim, filho do rei anterior, que governou Judá só por três meses. Foram levados à Babilônia o rei, sua corte e os tesouros do Templo.

Sedecias (597-586 a.C.). Este monarca, medíocre, fraco e vacilante, ignorando os sábios conselhos do profeta Jeremias, se lançou nos braços dos egípcios, rebelando-se contra o todo poderoso Nabucodonosor, que, no ano 587 a.C., tomou a cidade de Jerusalém, saqueou-a, destruiu suas muralhas e espoliou suas riquezas.

Numerosos habitantes de Judá foram deportados a várias localidades da Babilônia, ficando no país os campesinos e aqueles que não apresentavam nenhum perigo militar. Estes deportados, instruídos fundamentalmente por Ezequiel, continuariam a história do povo eleito, constituindo o chamado "resto de Israel", de que tinham falado Jeremias e outros profetas. Começava assim com a queda do reino de Judá e o exílio na Babilônia, uma nova etapa da história de Israel.

No período compreendido entre a morte do rei Salomão, no começo da monarquia dividida no reino de Israel, e a restauração ou regresso do exílio da Babilônia, os textos bíblicos experimentam um acentuado desenvolvimento no messia-

---

10. Uma versão diferente consta em 2Cr 35,20-25.

nismo ligado à realeza, que fica evidente na pregação dos grandes profetas do reino de Judá, durante os grandes poderes imperiais da Assíria e da Babilônia.

Isaías (735 a.C.) oferece uma passagem de extraordinária importância na expectativa messiânica da dinastia davídica (Is 7,14-17). O contexto histórico em que se situa a passagem é a chamada guerra siro-efraimita, quer dizer, o ataque da Síria (Aram) e Israel (Efraim) contra Judá, com a intenção de forçá-la a uma coalisão contra o império assírio. O rei Acaz, ignorando a recomendação do profeta Isaías e a ajuda oferecida por Yahvé, que lhe diz: "Toma cuidado, mas tranquiliza-te! Não temas nem se acovarde teu coração por causa desses dois tocos de tições fumegantes, sob o efeito do ardor da ira de Rasin de Aram e do filho de Romelias" (v. 4), presta vassalagem à Assíria e, com ela, combate contra a Síria e Israel. A Acaz se lhe pede fé para reinar perenemente, buscando a ajuda somente em Yahvé. Diante da contínua e indecisa atitude do monarca, o profeta intervém de novo e lhe suplica que peça um sinal de Yahvé. Ajaz se nega, indicando com isso que sua mente estava fechada para tomar a decisão aconselhada. Yahvé, através de Isaías, lhe diz: "Por isso, o Senhor mesmo vos dará um sinal: eis que a jovem mulher está grávida e vai dar à luz um filho, e lhe dará o nome Emanuel. Ele comerá coalhada e mel *até quando* souber rejeitar o mal e escolher o bem. Porque, antes que o menino saiba rejeitar o mal e escolher o bem, as terras dos dois reis, diante dos quais tu tremes de medo, ficarão abandonadas. O SENHOR fará vir contra ti, contra teu povo e contra a casa de teu pai, dias como nunca houve desde o dia em que Efraim separou-se de Judá: isto é, o rei da Assíria" (Is 7,14-17). O sinal é a confirmação do futuro, anunciado pelo profeta. A jovem mulher ou donzela, למההט *almah* termo entendido na tradição cristã como παρθενος ou *virgo e* aplicado a Maria, pode ser interpretado de várias formas, porém o mais provável é que aluda a uma esposa de Acaz, cujo filho prometido garantiria o futuro da dinastia de Davi[11]. Por esta razão se lhe chamará Emmanuel. O menino se nutrirá de leite e mel – o próprio de uma terra devastada – viverá em conformidade com Yahvé (a antítese do rei Acaz) e discernirá entre o bem e o mal. Síria e Israel seriam destruídos.

Emmanuel, signo da presença de Yahvé entre seu povo na pessoa do rei davídico, é-nos dito em outra passagem de Isaías que "se chamará Conselheiro maravilhoso, o Forte, Pai eterno, Príncipe da paz... E se sentará sobre o trono de Davi e sobre seu reino" (Is 9,5-6). Embora seja provável que a expressão "nasceu para nós um menino" (Is 9,5) faça referência ao futuro rei Ezequias, as expectativas do profeta são muito mais amplas e têm conotações de futuro, que anunciam a paz,

---

11. *Almah* (jovem, donzela) não se utiliza tecnicamente para designar uma "virgem" que, em hebraico, se diz *betûlâh*.

característica das qualidades do rei, das promessas de Yahvé à dinastia davídica e da justiça sobre a qual se assenta o trono de Davi.

Em outra passagem, o profeta Isaías eleva suas expectativas a um futuro mais claro e remoto (Is 11,1ss.). O monarca ideal está marcado por qualidades carismáticas que lhe vêm do Espírito de Yahvé: Sabedoria e inteligência, Espírito de conselho e de força, Espírito de conhecimento e de temor de Deus (Is 11,2). E, com estas qualidades, terá a paz universal, que implica a ausência de injustiça no reino e a vitória sobre o inimigo exterior. Tudo deriva do "conhecimento de Yahvé", que encherá todo o país. A passagem, considerada por muitos especialistas como acréscimo exílico, é belíssima, e diz assim: "Um broto sairá do tronco de Jessé, e um rebento *germinará* de suas raízes. Sobre ele repousará o espírito do Senhor, espírito de sabedoria e entendimento, espírito de conselho e fortaleza, espírito de conhecimento e temor do Senhor. Ele se inspirará no temor do Senhor. Não julgará pelas aparências nem decidirá só por ouvir dizer. Julgará os pobres com justiça e decidirá com retidão em favor dos humildes do país. Ferirá *o tirano* com a vara de sua boca, e com o sopro de seus lábios matará o perverso. A justiça será o cinturão que ele usa e a fidelidade, o seu cinto. Então o lobo morará com o cordeiro e o leopardo se deitará com o cabrito. O bezerro, o leãozinho e o animal estarão juntos no mesmo pasto, e um menino os conduzirá. A vaca e o urso pastarão lado a lado; juntas se deitarão as suas crias; e o leão comerá capim como o boi. A criança de peito brincará junto à toca da víbora, a criança desmamada porá a mão na cova da serpente. Não se fará mal nem destruição em todo o meu santo monte, porque a terra estará cheia do conhecimento do Senhor, como as águas que enchem o mar" (Is 11,1-9).

Estas afirmações dão base para R. E. Brown dizer que "estas duas ideias, a restauração da dinastia de Davi e o alcance religioso e universal da salvação de que a dinastia de Davi é instrumento, provavelmente aparecem aqui combinadas pela primeira vez no Antigo Testamento"[12].

O profeta Amós, cuja atividade profética se desenvolve nos reinados de Ozias de Judá e Jeroboão II de Israel (séc. VIII a.C.), pecuarista de profissão, profetizou em Betel, um centro de culto importante do reino do Norte. No capítulo nono de seu livro, faz referência à restauração de todo o povo de Israel. Fala em termos de salvação e libertação, utilizando expressões como haverá dias em que "quem semeia estará próximo de quem colhe", "quem pisa a uva, de quem planta" e "as montanhas destilarão vinho novo" (Am 9,13). O conteúdo do capítulo tem evidentes conotações históricas, porém deixa entrever um messianismo escatológico, que comporta a intervenção de Yahvé e, com ela, a salvação de todos os povos.

---

12. R. E. BROWN. *Introducción a la Cristología del Nuevo Testamento* (Salamanca: Sígueme, 2005), p. 176.

O profeta Miqueias procede, como Amós, do ambiente camponês e é contemporâneo de Isaías. Crítico e duro com as diferenças entre ricos e pobres, e inclinado à misericórdia para com os campesinos explorados, prediz um tempo novo, em que se garantem a dinastia e os valores davídicos. De Belém Éfrata, a cidade de Jessé e de seu filho Davi, sairá o que há de ser o "dominador em Israel" (Mq 5,1). Ele pastoreará o povo com a potestade de Yahvé, será grande até os confins da terra e ele mesmo será a Paz (Mq 5,4). O Messias que vem de Belém garantirá a vitória sobre o império assírio e então se consolidará com poder "o resto de Jacó em meio a povos numerosos, como orvalho procedente de Yahvé, qual chuva sobre a erba" (Mq 5,6).

O profeta Jeremias, que viveu um dos períodos mais conturbados da história do Oriente próximo antigo, com a queda do império assírio, o nascimento poderoso da Babilônia e o caos do reino de Judá, predisse um tempo em que, na boca de Yahvé, "farei brotar para Davi um rebento justo; um rei reinará e agirá com inteligência e administrará no país o direito e a justiça. Em seus dias, Judá será salvo e Israel habitará em segurança. Este é o nome com que o chamarão: "Senhor, nossa justiça" (Jr 23,5-6).

A menção de um Messias, que age sabiamente, exercita o direito e salva a todo o povo de Israel, é evidente. A disparidade de opinião começa ao determinar o tempo em que se exerce este messianismo. Alguns autores se inclinam por um messianismo régio, vinculado à história do povo judeu, e outros o entendem em sentido futuro escatológico.

O profeta Ezequiel, de família sacerdotal e um dos deportados à Babilônia, dirige uma mensagem aos exiliados, preocupado com a sorte de sua pátria e da cidade de Jerusalém. Sob a alegoria do bom pastor, anuncia a restauração de Judá com estas palavras: "Para apascentá-las estabelecerei sobre elas um único pastor, o meu servo Davi. Ele as apascentará e lhes servirá de pastor. Eu, o SENHOR, serei o seu Deus e o meu servo Davi será príncipe entre eles. Eu, o SENHOR, falei". (Ez 34,23-24). Davi permanecerá em um rei de sua dinastia, porém sua função real se plasma aqui, não em termos de poder e governo, nem de salvação, mas sob a forma de pastoreio e custódia (Ez 37,24).

3.7. O exílio na Babilônia

O reino do Norte (Israel) foi assediado por Salmanaser e seu sucessor, Sargão, levou em cativeiro seus habitantes para a Assíria. Os vestígios deixados na história são escassos, se excluímos seu culto à idolatria. Algo diametralmente oposto ocorre com o reino de Judá em seu cativeiro na Babilônia. Seu desterro durou meio século

(587-537 a.C.). Os judeus deportados pertenciam às classes altas da sociedade, que viviam nas cidades. Apesar de terem sido obrigados a trabalhos forçados na construção de canais e cidades, muitos deles viveram juntos em colônias e inclusive ocuparam terras em propriedade e exerceram cargos importantes na administração. Nesse sentido, a Bíblia – os Livros de Ester e Daniel – fala da prosperidade do povo judeu na Babilônia, o que explica, ao mesmo tempo, o fato de que alguns exiliados permanecessem ali para sempre, mesmo que se sentissem obrigados por seu patriotismo à reconstrução do Templo de Jerusalém. Eles continuaram praticando o culto a Yahvé, revigorado pelas reformas de Ezequias e de Josias, e impulsionado pela pregação de grandes profetas como Isaías, Miqueias e Jeremias. A presença no desterro de outro grande profeta, Ezequiel, os manteve firmes na fé de Yahvé e na esperança de seu poder. Suas profecias, com efeito, se orientaram para a fidelidade de Yahvé e a confiança de seu povo, aberto – quase por necessidade – a uma esperança futura.

Mais do que isso, os sofrimentos no exílio, considerados como castigo a suas infidelidades, foram a causa de um ressurgimento religioso, que traçava um futuro ideal, cimentado na estrita observância da Torá. Em sua preparação para regressar à sua pátria, exerceram um papel importante os escribas (aparecem pela primeira vez aqui), dedicados ao estudo e doutrina da lei e à observância de preceitos tão importantes como a circuncisão e o sábado.

3.8. A restauração na época persa

A hegemonia do império persa e a queda da Babilônia mudaram radicalmente o ambiente político em todo o Mediterrâneo oriental e especialmente a história do povo de Israel. Diferentemente dos assírios, que deportavam aos vencidos, e dos babilônios, que destruíam o sistema político e religioso de seus inimigos, os persas tentaram manter a unidade de seu vasto império respeitando as identidades nacionais de seus súditos, no caso de Israel, a religião de Yahvé.

No ano 538 a.C., o rei persa, Ciro o Grande, conquistou a Babilônia e destruiu seu império. Ele, fundador do império persa, o maior conhecido até esse momento, foi o executor dos desígnios misericordiosos de Yahvé sobre o povo de Israel. Em sintonia com sua política de respeito às religiões existentes em seu império, Ciro autorizou o regresso dos judeus exilados a Judá, permitindo-lhes reedificar o Templo e adorar a seu Deus (Esd 1,1-4). O mesmo fizeram Dario I, Artacherches I e Artacherches II, segundo consta nos Livros de Esdras e Neemias e no Rescrito de Dario II sobre a Páscoa (*Papiro de Elefantina*).

A volta da Babilônia aos territórios de Judá e Benjamin, inaugurada na primavera do ano 537 a.C., foi iniciada por milhares de judeus, de diversos clãs e famílias, com escravos, camelos, cavalos e asnos, e foi conduzida por Zorobabel, representante do monarca persa, e o sumo sacerdote Josué. O retorno não se mostrou fácil. Os novos habitantes do território tiveram que levantar suas casas e aposentos, arruinados ou ocupados por estranhos, começar a penosa reconstrução do Templo, iniciar seus ritos e defender sua fé em Yahvé, enfrentando a hostilidade de seus vizinhos, especialmente os samaritanos, que se converteriam em inimigos irreconciliáveis.

O zelo religioso dos exilados, exposto a dificuldades de todo tipo, viu-se impulsionado pelo profeta Ageu, no reinado de Dario I. Ele recriminou a suntuosidade das mansões de muitos jerosolimitanos, diferentemente do abandono das obras do Templo (Ag 1,4) e vislumbrou um segundo Templo, mais famoso que o primeiro, pela futura presença do Messias e os presentes que o embelezariam: "Sacudirei todas as nações, para que venham as riquezas de todas as nações, e eu encherei este Templo de glória – diz o SENHOR Todo-poderoso. A mim pertence a prata! A mim pertence o ouro! – oráculo do SENHOR Todo-poderoso. A glória futura deste Templo será maior do que a passada – diz o SENHOR Todo-poderoso. E neste lugar eu concederei a paz – oráculo do SENHOR Todo-poderoso" (Ag 2,7-9). A pregação de outro profeta, Zacarias, esteve orientada no mesmo sentido, quer dizer, da reconstrução do Templo, cujo esplendor não dependeria de forças e obras humanas, mas sim da intervenção do Espírito de Yahvé (Zc 4,6).

As obras de reconstrução do Templo, depois de não poucas dificuldades políticas e econômicas que as entorpeceram, inclusive paralisaram temporariamente, finalizaram na primavera do ano 515 a.C., data em que se celebrou a Páscoa pela primeira vez depois da volta de Babilônia.

Na cidade de Jerusalém se reedificaram os muros, no tempo dos monarcas persas Cherches e Artacherches I. Este último, interpretando a reedificação como uma ameaça militar, suspendeu as obras e ordenou demolir o que estava construído. Um judeu secular, Neemias, copeiro de Artacherches I na corte persa, nascido no exílio e temente ao Deus de Israel, informado do que estava acontecendo em Jerusalém, inclusive dos abusos religiosos e morais, e com a permissão das autoridades do governo, dirigiu-se a Judá, e ali, depois de haver conseguido a nomeação como governador de Judá e lutando contra a oposição de homens poderosos como Sambalate, governador da província da Samaria, e Tobias, governador da província de Amom, expôs seus planos para a edificação dos muros que, em menos de dois meses, estavam levantados. Neemias empreendeu, ademais, o repovoamento de Jerusalém, expandida pelo lado norte, lutou contra as desigualdades econômicas provocadas pela avareza dos poderosos, castigando a usura e condenando o endividamento das pessoas mais pobres e assim reduzindo a intensa desordem social e promoveu a reforma religiosa, expulsando do Templo ocupantes indignos, como Tobias, proibindo nele a atividade comercial no dia do sábado, recriminando o matrimônio de judeus com estrangeiros, restabelecendo os ministérios de sacerdotes e levitas, que implicava a renovação da Aliança com Yahvé (Ne 13,4-31).

A Aliança foi precedida pela leitura e explicação da Torá, encarregadas a Esdras, um jovem sacerdote e escriba. A Bíblia diz assim: "O escriba Esdras abriu o livro à vista de todo o povo, pois se achava em lugar mais elevado do que a multidão; e quando o abriu, todo o povo ficou de pé. Esdras bendisse o SENHOR, o grande Deus, e todo o povo respondeu de mãos levantadas: 'Amém! Amém!' Depois se inclinaram e se prostraram diante do SENHOR, com o rosto em terra" (Ne 8,5-6). Esta solene promulgação da lei, diante do povo que, "como um só homem", se havia congregado na praça, diante da Porta das Águas (Ne 8,1), se converteu em marco constitucional religioso e civil do povo judeu, aprovado pela autoridade soberana do império persa.

3.9. A época helenística

Filipo II, rei de Macedônia, aproveitando-se das debilidades e rivalidades internas dos pequenos estados de Grécia, conseguiu a unidade dos gregos e no ano 338 a.C. se proclamou soberano de toda a Grécia. Seu filho e sucessor, Alexandre Magno, assumiu o projeto de seu pai de conquistar o império persa.

No ano 334 a.C., Alexandre Magno derrotou o exército de Dario III em Isos. A partir dali se dirigiu até Damasco, Fenícia e Palestina, chegando até o Egito, onde, no ano 331 a.C., fundou a famosa cidade de Alexandria. Com esta conquista se inicia uma nova época, em que se misturam as culturas de Oriente e da Grécia, dando lugar ao fenômeno cultural que conhecemos com o nome de "helenismo". Este fenômeno se propagará através das cidades, tanto de nova fundação, como das existentes anteriormente.

No ano 331 a.C., Alexandre Magno derrotou o império persa, no qual estava incluído Israel. É provável que Jerusalém não tenha sido atacada pelo rei macedônio, seja pela benevolência e tolerância que lhe caracterizavam em relação aos povos dominados ou pelas notícias que lhe tinham chegado do povo judeu, sobre sua lealdade e fidelidade (cf. Dan 11,3-4).

No ano 323 a.C., morria Alexandre Magno, deixando um grave problema sucessório no império e uma luta aberta pelo poder. Depois das guerras dos Diádocos (em que intervieram forças dos sucessores de Alexandre, entre os anos 323-281 a.C.), na repartição de seu império a Palestina foi adjudicada ao Egito e obrigada a pagar tributos aos Ptolomeus, embora sem ser perturbada em suas formas de vida religiosas e sociais. De fato, o povo judeu contribuiu de forma extraordinária ao esplendor da nova capital de Alexandria, convertida no coração do helenismo judeu. Em meados do século III a.C., começou a tradução dos livros sagrados ao grego.

A situação mudou drasticamente quando Antíoco III o Grande, rei do império selêucida (223-187 a.C.), derrotou os egípcios na batalha de Bânias. Os selêucidas, que governaram a Síria desde o ano 312 a.C., se apoderaram da Palestina, com a renúncia de todo o povo judeu. Neste ambiente de desgosto e desespero, chegou ao trono Antíoco IV Epifanes (175-163 a.C.), helenizante fanático e hostil às tradições e práticas do judaísmo. Fascinado pelo esplendor de Roma, onde havia vivido, pretendeu impôr nos territórios de seu império a unidade e grandeza desta, impulsionando veementemente a helenização, inclusive na Judeia. Seus atos – nomeações de sumos sacerdotes entre seus amigos, saques e profanação do Templo, ereção de estátuas de deuses pagãos, abolição dos preceitos da circuncisão e do sábado e perseguição religiosa – demostraram fielmente sua ideia da incompatibilidade entre o helenismo e a religião judaica. Apesar de tudo, a população campesina manteve a fidelidade a seu Deus.

A insurreição contra esta execrável tirania foi iniciada pelos irmãos Macabeus, nome que recebem de Judas Macabeu, o primeiro chefe, filhos de Matatias, de estirpe sacerdotal (1Mc 2,1-5). A força de sua rebelião contra o império sírio vem de sua fé e sua paixão pela nobreza de sua causa. O pai da insurreição, Matatias, morreu pouco depois de havê-la começado. Seus filhos, Judas, Jonatan e Simão levariam a cabo tão justa e digna causa. Judas, depois de conseguir uma trégua com o exército sírio de Antíoco Epífanes, purificou o Templo e fortificou o recinto sagrado. Derrotado pelo exército de Lísias, regente de Antíoco Epifanes, foi assediado no recinto do Templo, livrando-se da morte por alguns distúrbios em Antioquia que reclamaram a presença urgente de Lísias e, consequentemente, se retornou à situação de trégua vivida anteriormente. Anos mais tarde (160 a.C.), Demétrio I, tendo dado morte a Lisias e a Antíoco, venceu o caudilho judeu e o matou.

O sucessor de Judas foi seu irmão Jonatan, encarregado de dirigir a luta dos Macabeus contra os inimigos de Israel. Em um primeiro momento, limitou-se a uma guerra feita de guerrilhas contra o inimigo sírio. Porém, quando, no ano 153 a.C., rivalizaram pelo poder Demétrio I, rei da Síria, e Alexandre Balas (que reclamava ser filho de Antíoco IV), Jonatan se colocou do lado de Balas, que o nomeou sumo sacerdote, atuando como tal na festa dos tabernáculos (1Mc 10,21), e no transcurso de suas bodas com Cleópatra, filha de Ptolomeu Filometor, o tornou "estratega", com posição ligeiramente inferior à do rei. Exerceu a função com grande habilidade e proveito durante o período de lutas pelo trono da Síria entre Demétrio II Nicátor, filho de Demétrio I Sóter, e Antíoco VI, filho de Balas, obtendo imensos benefícios territoriais – inclusive fora do território judeu – cidades fortificadas e importantes somas de dinheiro (1Mc 11,59; 12,31-38). Foi executado, no ano 143 a.C., depois de uma emboscada em Tolemaida. Apesar de seus numerosos êxitos políticos e econômicos, não conseguiu libertar a cidade de Jerusalém, tarefa que corresponderia a seu irmão e sucessor, Simão.

Simão, o último dos irmãos, se aliou com Demétrio II, ao proclamar-se rei Trifão. Com ele começou uma nova era de independência pelas numerosas concessões que lhe outorgou Demétrio II. Fortificou Jerusalém, bloqueou a ameaça síria de Acra, que acabou rendendo-se, constituiu-se sumo sacerdote, confirmado pelo povo, obteve o reconhecimento diplomático de Roma, e foi aceito por todos como geral e etnarca do povo judeu. Desde então, se manteve independente até sua morte, no ano 134 a.C., quando foi assassinado em um banquete. João Hircano, o terceiro e último filho de Simão, que foi avisado das intenções de seus inimigos, se constituiu em etnarca e sumo sacerdote da Judeia, da família dos asmoneus, governando desde o ano 134 a.C. até o 104 a.C.

A era dos Macabeus terminou no ano 63 a.C., quando o general romano Pompeu chegou à Síria. Jerusalém foi conquistada, saqueada e profanada. A partir deste momento, Roma dominou o território e o povo judeu deixou de ser completamente independente. A história posterior está recolhida no capítulo IV: "O contexto da vida de Jesus", e a Ele me remeto.

Desde o período do exílio até o final da era dos Macabeus, quando Roma começa o domínio sobre o povo judeu, produz-se uma diferença importante na concepção messiânica, tanto nos escritos tardios do Antigo Testamento como nos intertestamentários. Refiro-me à mudança entre um "messianismo davídico" e outro, mais orientado para um futuro indefinido, carente de instituição monárquica. Já se mostrava inconcebível a ideia de um "Messias" que se fundasse na reabilitação da linhagem de Davi. O povo de Israel orientava suas expectativas a um futuro indefinido, que esperaria a intervenção última e definitiva de Deus para sua libertação. Neste sentido, e apesar de nomes de "Messias" aparecerem tanto nos escritos do Novo Testamento como na literatura profana, somente nesta etapa podemos falar estritamente de "Messias", com caráter indefinido, mesmo que seus traços dificilmente possam ser identificados com o Jesus de Nazaré dos evangelhos canônicos.

O profeta Zacarias, contemporâneo de Ageu, regressando do exílio junto com Zorobabel, evoca a figura de um rei singular; "Festeja, filha de Sião! Grita de alegria, filha de Jerusalém! Aí vem o teu rei: ele é justo e vitorioso, humilde, montado sobre um jumento, sobre um jumentinho, filho da jumenta" (Zc 9,9). O rei descrito aqui é um rei terreno com projeção de futuro; justo porque cumpre a vontade de Deus, e que não salva, mas sim é salvo por Deus; montado em um asno, como sinal de paz (e não de humildade). E, também, seu governo pacífico se estenderá a todo o mundo (Zc 9,10). Junto a esta versão messiânica, aparece outra nos conhecidos

Salmos de Salomão, obra apócrifa do século I d.C., em que se incluem características espirituais e igualmente políticas na descrição do Messias.

Fixo-me em dois destes salmos. No intitulado "Salmo de Salomão, com canto. Para o Rei" se diz, entre outras coisas: "Tu, Senhor, escolheste Davi como rei sobre Israel; tu lhe fizeste juramento sobre sua posteridade, de que nunca deixaria de existir diante de ti sua casa real. Por nossas transgressões se levantaram contra nós os pecadores; aqueles a quem nada prometeste nos assaltaram e expulsaram, nos despojaram pela força e não glorificaram teu honrado Nome. Dispuseram sua casa real com fausto correspondente a sua excelência, deixaram deserto o trono de Davi com a soberba de mudá-lo. Porém tu, oh Deus, os derrubas e apagas sua posteridade da terra, suscitando contra eles um estranho a nossa raça" (SalSl 17,4-7). E, em outro lugar, se afirma: "Ele será sobre eles um rei justo, instruído por Deus; não existe injustiça durante seu reinado sobre eles, porque todos são santos e seu rei é o ungido do Senhor" (SalSl 17,32).

Em outro salmo, intitulado "Salmo de Salomão. De novo sobre o Ungido do Senhor", se diz: "Felizes os que nascerem naqueles dias, para contemplar os bens que o Senhor procurará à geração futura, sob a palmatória corretora do ungido do Senhor, na fidelidade ao seu Deus; com a sabedoria, a justiça e a força do Espírito" (SalSl 18,6-7)[13].

Sobre o messianismo da comunidade de Qumran existem muitos estudos especializados, com dificuldades ainda por serem resolvidas. Realmente, é uma questão complexa e aberta à interpretação. Como se sabe, esta comunidade, que vivia sua existência no contexto escatológico que lhe proporcionava a rica história de Israel em tal sentido, tinha um "Mestre de Justiça" que, sem ser qualificado como Messias, nem reivindicar nenhum título, era concebido como salvador de Israel. A morte do "Mestre" e a incorporação de inúmeros fariseus à seita facilitaram as ânsias messiânicas, abrindo na comunidade um tempo indefinido de espera. Esperava-se, como diz um manuscrito, "a vinda de um profeta e dois Messias de Aarão e Israel" (1QS 9-11). É altamente provável que a figura do "profeta" se refira a Moisés ou a Elias e os dois Messias, o Messias de Aarão ao sumo sacerdote ungido e o Messias de Israel ao rei davídico, ungido, obviamente. Teríamos, portanto, um Messias sacerdotal e um Messias do tronco de Davi. É lógico pensar que, como diz R. Brown, "pode ter havido um amálgama de Messias em uma só figura composta com outros personagens salvadores, por exemplo, com o Filho do homem"[14].

---

13. A. DÍEZ MACHO (ed.). *Apócrifos del Antiguo Testamento* III (Madri: Cristiandad, 1982), p. 49-57.
14. R. E. BROWN. *Introducción a la Cristología del Nuevo Testamento* (Salamanca: Sígueme, 2005), p. 179.

A figura messiânica, que pode ser percebida ao longo da história de Israel, esteve impregnada de tintas nacionalistas e espirituais. Assim o conceberam os contemporâneos de Jesus de Nazaré. Os escritos do Novo Testamento, iluminados pela ressurreição de Jesus, falarão do Ungido do Senhor, do Cristo, cujo reino não é deste mundo e, ademais, se orienta indefectivelmente a um futuro de salvação e libertação para todos os povos.

3.10. Conclusão

A história de Israel, cuja compreensão resulta extremamente difícil com critérios meramente críticos da ciência histórica moderna, é realmente singular e apaixonante. Desde seu começo até o fim se descobre nela a intervenção de Yahvé, manifestada em múltiplos e diversos acontecimentos, para libertar um povo – seu povo – dos inimigos e infundir nele a esperança, não exclusivamente pessoal e material, mas também coletiva e espiritual, através de alguém que seria considerado por todos o Messias de Deus.

A esperança messiânica se simboliza, embora com tonalidade e intensidade diferentes, na vocação de Abraão, no seguimento dos patriarcas, na promessa da terra de Canaã, na proteção do povo judeu contra os abusos dos faraós egípcios, na iluminadora e ao mesmo tempo penosa peregrinação pelo deserto e na ajuda divina para a conquista da terra prometida. Também os juízes de Israel foram libertadores e salvadores e a instituição monárquica marcou a linha da qual surgiria o futuro Messias; nela se enquadram também as grandes reformas religiosas, a purificação do templo e a celebração de importantes ritos sagrados. Os grandes profetas, com sua voz autorizada e seu exemplo inconteste, sempre infundem esperança e vislumbram bens futuros não só para Israel, mas para toda a humanidade.

Algo distinto da esperança são os seus conteúdos e o tempo e forma de sua realização. Neste campo o "messianismo" de Israel oferece múltiplas interpretações. Em todo caso, na história de Israel cabe sempre a figura de um Messias, que estabeleceria um reino espiritual, cujos valores transformariam os ideais do povo judeu e constituiria ademais, ainda que isto se afirme com menor insistência, a salvação para todos os povos da terra.

CAPÍTULO 4
O contexto da vida de Jesus

4.1. A figura de Jesus de Nazaré: uma breve biografia

Fazer uma breve biografia de Jesus de Nazaré não é uma tarefa fácil. As fontes são escassas, de índole muito diversa e, muitas vezes, aparentemente irreconciliáveis, tanto no campo da investigação histórica como no da exegese bíblica e na teologia. Apesar da seriedade destas dificuldades, é possível apontar alguns traços gerais que nos orientem, apenas sem entrar em nenhum tipo de discussões, no conhecimento de sua figura e atividade histórica.

Nasceu na Palestina, uma região distante, complexa e cheia de conflitos do poderoso império romano, que havia submetido essas terras no ano 63 a.C., uma vez que o general Pompeu conquistou a cidade de Jerusalém e pôs fim ao reinado da dinastia asmoneia[1].

O nascimento de Jesus se deu durante o reinado do imperador romano Augusto, pouco tempo antes (de um a três anos) da morte do rei Herodes, o Grande, que ocorrera no ano 4 a.C[2]. Seu nome, Jesus (ישוע [Yeshuá], em hebraico)[3], significa e realiza ao mesmo tempo a salvação de Deus, comprometida desde antigamente com o povo escolhido de Israel, e ampliada a partir de agora a todos os povos.

---

1. Este território, depois de inúmeros avatares políticos e religiosos, ficou sob o poder absoluto de Herodes, o Grande, confirmado rei dos judeus por Roma no ano 30 a.C. O reino fazia fronteira ao norte com a província romana da Síria; ao sul e sudeste, com o reino nabateu; a leste e noroeste se encontrava a Decápolis, uma liga de cidades autônomas. O reino foi repartido entre seus filhos: Arquelau (Judeia e Samaria), Herodes Antipas (Galileia e Pereia), e Filipo (Itureia e Traconítide). Judeia e Samaria, uma vez deposto Arquelau no ano 6 de nossa era, foram governadas por um funcionário de Roma, cuja autoridade dependia diretamente do imperador. Pôncio Pilatos exerceu esse cargo.

2. E. P. SANDERS. *La figura histórica de Jesús* (Estella: Verbo Divino, 2000), p. 28-29, fala da curiosidade e da estranheza que representa o fato de a sigla a.C. (antes de Cristo) ser utilizada para acontecimentos que tiveram lugar antes do começo da era que se inicia com seu nascimento. O autor emprega as siglas AEC (Antes da Era Comum) e EC (Era Comum). O calendário atual se deve a um monge cita, chamado Dionísio o Exíguo, cuja informação (limitada e defeituosa) obteve a aprovação geral, a partir do século VI.

3. Abreviação de *Yehoshúa*, Yahvé salva.

Apesar de evidentes complicações históricas e mantendo rigorosas exigências hermenêuticas e exegéticas, a figura de Jesus de Nazaré se vislumbra prefigurada no Antigo Testamento, anunciando libertação e salvação para o povo de Israel em tempos históricos e no futuro escatológico. Tal libertação se tornaria realidade feliz para todos os povos. A tradição messiânica, que finca suas raízes na monarquia do povo de Deus, uma vez que este deixa para trás sua vida nômade, faz referência não só a um rei temporal, mas alude também a uma aliança de Yahvé com Israel, realizada em plenitude em um futuro rei "ungido" (משיח [mâssiah, em hebraico]; χριστός [cristos], em grego; messias, em português). É o que o oráculo do profeta Natan deixa entrever no relato do livro de Samuel (2Sm 7,1-16), e é o que se confirma na teologia oficial do reino sulista de Judá (Sl 2,7; 89,20-38; 132,11-12; 1Cr 17,4-14). Os profetas falam de diferentes formas da salvação de Deus a seu povo no futuro, e isto desde o século VIII a.C. até depois do exílio no século VI a.C. As palavras dos profetas recolhem exemplarmente as imagens de uma tradição a que a pessoa de Jesus de Nazaré daria vida.

A imagem do "ungido", alguém que libertaria Israel de seus inimigos com plena justiça e equidade, aparece frequentemente no discurso dos profetas. Assim mostram Miqueas (Mq 5,1-5), Amós (Am 9,11ss.), Isaías (Is 11,1-9), Jeremias (Jr 23,5), Zacarias (Zc 9,9) e Ezequiel (Ez 37,24). A expressão "o dia de Yahvé", com conotações de juízo severíssimo sobre Israel e outras nações e com dimensões rigorosamente escatológicas, se encontra na tradição profética, tanto antes como depois do exílio. Assim se observa, por exemplo, em Isaías (Is 2,11) e em Joel (Jl 4,14). Também se esboça a misteriosa figura do "servo de Yahvé". Algumas vezes, tem caráter de coletividade, outras é uma figura individual que, carregando sobre si os pecados do povo e sofrendo por eles, libertará Israel e levará a salvação aos confins do mundo (Is 42,1-4; 50,4-9; 52,13-53,12).

Outra tradição, a sapiencial ou da sabedoria, surge em Israel no período pós--exílico. Faz referência à vida do indivíduo, centrada em Yahvé, ao mesmo tempo que supõe uma meditação sobre a sabedoria divina. A Sabedoria (σοφία, em grego) procede de Deus (Eclo 24,3), é imagem sua (Sb 7,25-26) e está presente na criação (Eclo 1,4; Sb 7,22). O justo em seu sofrimento, vítima das maquinações dos malvados (Sb 2,12-24), se considera "filho do Senhor" (Sb 2,13) que entende sua vida como algo que transcende a morte por considerar-se imagem de seu criador (Sb 2,23-24).

A tradição apocalíptica – significativamente envolta em uma linguagem simbólica ou alegórica – se mistura profusamente na vida de Jesus de Nazaré. O Livro de Daniel, recheado na segunda metade de escabrosas visões apocalípticas, apresenta entre elas uma figura humana, "o filho do homem", que o profeta descreve da seguinte maneira: "Eu vi aproximar-se, com as nuvens do céu, alguém como um filho de homem; ele avançou até junto do ancião e foi conduzido à sua presença. Foram-lhe dados domínio, glória e realeza, e todos os povos, nações e línguas o serviam. Seu domínio é eterno e não acabará, seu reino jamais será destruído" (Dn 7,13-14).

Algo semelhante acontece com escritos judaicos não canônicos de composição tardia (4 Esdras, chamado também 2 Esdras), ainda que a identificação de figuras "de filho do homem" com Jesus possa ser atribuída com grande probabilidade à comunidade cristã primitiva.

Voltando aos escritos do Novo Testamento, existem muitas coisas acerca da vida de Jesus que aglutinam um amplo consenso entre os historiadores, os biblistas e os teólogos. As diferenças mais significativas giram em torno da contextualização e da interpretação de sua vida e sua mensagem, especialmente aqueles temas que constituem o núcleo de seu discurso. Sempre, em todo caso, quando tentamos abordar a figura de Jesus, surgem incertezas, de acordo com a misteriosa profundidade de sua doutrina e a extraordinária singularidade de sua pessoa. Viveu os anos de sua infância e juventude – obscuros do ponto de vista histórico – em Nazaré, uma pequena aldeia nas montanhas da baixa Galileia, a 23 quilômetros a oeste do lago de Tiberíades, semipagã e pouco conhecida e, certamente, afastada das grandes rotas que marcavam a civilização daquele tempo. Os destinos desta região, durante a vida de Jesus, foram dirigidos por Herodes, o Grande (no começo) e Herodes Antipas, um de seus herdeiros.

Seus pais foram José e Maria, uma de tantas famílias judias, estreitamente vinculadas ao culto do templo de Jerusalém e à observância legal do judaísmo. Os evangelhos mencionam também seus irmãos (Mc 6,3, recorde-se que, segundo a tradição semítica, o termo "irmão" é um conceito amplo que abarca também primos irmãos/as) e outros familiares que, inicialmente impermeáveis a suas doutrinas (Mc 3,21), formaram parte da primitiva comunidade missionária (At 1,14). Viveu célebre, orientando sua genuína religiosidade ao ensinamento de homens e mulheres de aldeias desconhecidas e povos próximos ao mar da Galileia e excluindo de seu ministério público as grandes cidades da região, como Séforis ou Bet Shean (Escitópolis). Não é estranho, portanto, que seus primeiros seguidores tenham sido pescadores, gente simples, e que as belas imagens de sua doutrina tenham sido extraídas do mundo rural.

Sua língua materna foi o aramaico, na forma dialetal da Galileia, como parece desprender-se do episódio das negações de Pedro ante o sinédrio (Mt 26,73), embora compreendesse o hebraico, a língua culta, reservada para o estudo da Bíblia e a prática religiosa. Não se sabe com exatidão até que ponto conhecia a língua grega, bastante generalizada no mundo administrativo, mesmo que os indícios de influência do pensamento grego na vida de Jesus sejam mínimos.

O começo do ministério público de Jesus está estreitamente vinculado à pregação de João, o Batista. Abandonou Nazaré e escutou a mensagem de conversão do Batista, que batizava no deserto, junto ao rio Jordão. Ali foi batizado por João e esse batismo foi um acontecimento singular que transformou inteiramente sua vida. Assim o testemunham os evangelhos (Mt 3,13-17; Mc 1,9-11; Lc 3,21-22). Jesus, mesmo admitindo a autoridade de João e reconhecendo seu premente apelo ao arrependimento, não continuou a obra do Batista nem seguiu seu exemplo, mas iniciou sua própria missão na Galileia, como profeta itinerante do reino de Deus.

Não se pode determinar exatamente a duração de seu ministério profético, calculado entre um e três anos. Iniciou-o, aproximadamente, no ano décimo-quinto do imperador Tibério (ano 28 d.C.), sob a tetrarquia de Herodes Antipas na Galileia, a prefeitura de Pôncio Pilatos em Jerusalém e o sumo sacerdócio de Caifás. O cenário de sua atividade são as aldeias e povos da Galileia, especialmente os lugares junto ao belo e fascinante lago de Genesaré, onde Jesus prega e cura as pessoas simples, anunciando-lhes o reino de Deus. O reino é o tema central de sua doutrina, sem o qual a missão de Jesus seria inexplicável. Ele é o reino e se converteu na expressão do reino – a última – para a humanidade. É a gozosa e libertadora realidade que irrompeu definitivamente no mundo, doravante redimido de qualquer escravidão.

O reino expressa o amor de Deus ao mundo através de Jesus[4]. A pregação de sua mensagem esteve aberta a todo o povo de Israel. O povo se aglomerava ao seu redor, seguia com curiosidade sua pregação e buscava sua assistência nos momentos de dificuldade e de dor. Falava em uma linguagem clara e sugestiva, em forma de aforismos e, sobretudo, de belas parábolas, unificando na cativante força de sua pessoa as doutrinas das tradições passadas e futuras de seu povo. Ele era o centro e a plenitude das alianças do passado e das esperanças do futuro. Seu discurso, nascido da estreita experiência com Deus, a quem chama de Pai, não se dirigia a um grupo seleto, mas aos pobres, marginalizados social e religiosamente. Também teve importantes adversários, aferrados a ritos e leis tiranizantes e opostos a qualquer mensagem libertadora. Em todo caso, foram tamanhas a força e a grandeza de Jesus de Nazaré que sua presença humanizou tanto a justos como a pecadores. O ser humano sempre foi engrandecido com a presença de Jesus, que convidava constantemente a confiar na misericórdia acolhedora de Deus. A soberania de Je-

---

4. Quando Jesus prega o reino não se assemelha a um rabi qualquer que interpreta com autoridade a letra da Escritura; tampouco é um mero profeta que legitima seu relato com a autoridade de Yahvé. Sua autoridade se confunde com a vontade de Deus. "Ouvistes o que foi dito... Eu porém vos digo" (Mt 5,21-48). Todos ficavam admirados com seu ensinamento porque ensinava "como quem tem autoridade" (Mt 7,29; Mc 1,22).

sus, reconhecível em suas palavras e ações, e a imediatez de suas doutrinas – a "autoridade", dito em outras palavras – são impressionantes. Ele conhece as intenções de seus adversários, atende os pedidos dos enfermos, reprova as ambições de seus discípulos e destrói as barreiras das tradições vazias de religiosidade. Só Jesus pode invocar esta autoridade para falar do mundo de Deus.

Destacou, sobretudo, um grupo de seguidores ou discípulos, homens e mulheres, que acompanharam a Jesus ao longo de sua vida pública. Alguns o fizeram por motivos de curiosidade ou admiração para com o grande curador; outros professaram-lhe uma adesão incondicional, até o extremo de acolhê-lo e hospedá-lo em sua casa, convencidos de sua força e bondade; um grupo reduzido – escolhido por Ele mesmo – ao que chamamos "os Doze", seduzido pela grandeza de sua personalidade e a radicalidade de seu ensinamento, viveu e sofreu com Ele, impregnou-se de sua mensagem e a difundiu ao mundo depois da ressurreição do Mestre.

Nos últimos dias de sua vida, em uma enérgica e arriscada tentativa de confrontar o povo com sua mensagem do reino de Deus, Jesus subiu a Jerusalém para celebrar a Páscoa com seus amigos. Entrou na cidade montado sobre um asno e, apesar de o povo o ter aclamado como "Filho de Davi" (Mt 21,9), o sumo sacerdote e seu conselho determinaram que aquele que se confessava "Messias, o Filho do Bendito" (Mc 14,61-62) e "o rei dos judeus" (Mt 27,11) devia morrer. Para a aristocracia sacerdotal estavam suficientemente confirmadas a periculosidade da doutrina e a atitude hostil para com o Templo do profeta galileu. Celebrada a ceia pascal com seus discípulos, recitadas as amargas orações no sítio de Getsêmani, traído por um dos Doze e depois de um processo judicial envolto em farsa bruta, Jesus de Nazaré morreu crucificado fora da cidade de Jerusalém, junto com outros dois malfeitores, sob o sumo sacerdócio de Caifás e sendo prefeito daquela província romana Pôncio Pilatos. Alguns de seus discípulos deram-lhe sepultura.

A morte na cruz não terminou o movimento iniciado por Jesus. "Passado o sábado, à (hora) em que clareava o primeiro (dia) da semana, foram Maria Madalena e a outra Maria, observar o monumento" (Mt 28,1). E Jesus "havia ressuscitado como havia dito" (Mt 28,6). Seus seguidores o viram e experimentaram sua ressurreição, começaram a falar ao povo destas aparições do "ressuscitado" e acreditaram que Deus havia agido em Jesus para salvar a humanidade.

Os discípulos, inicialmente apegados ao seu restrito e excludente mundo judaico, estenderam pelo orbe inteiro a boa notícia, o Evangelho de Jesus, a quem consideraram o "Cristo" e "Senhor". Começou assim um movimento novo, que se separou gradualmente do judaísmo, ao qual hoje chamamos Igreja, humilde servidora do reino que Jesus pregou. A humanidade inteira, de uma forma ou de outra, encontra-se sob a novidade esplendorosa e salvífica do reino de Deus.

4.2. A terra de Jesus

Maneiras muito antigas e enraizadas de ler a vida e os acontecimentos de Jesus, muitas vezes associadas à enorme pujança do império de Roma daquele tempo, tem influído em nós de tal forma que mal conseguimos pensar na terra de Jesus fora da época da dominação romana. E por trás daquela região, dando-lhe forma e a configurando em boa medida, existiam muitos anos de história, associados geralmente a grandes impérios que deixaram atrás de si grandiosas civilizações que marcaram o rumo do mundo inteiro[5].

A memória dos primeiros e conhecidos personagens bíblicos, que costumamos associar com as origens do povo de Deus, remonta a cerca de 2.000 anos a.C., época em que os povos nômades se estabelecem com seus rebanhos de cabras e ovelhas nos pequenos reinos cananeus, em fases tumultuadas das poderosas civilizações de Egito e da Mesopotâmia. Ao delta do Nilo, no Egito, se dirigem clãs da região da Palestina em busca de pastos para seu gado. Após as severíssimas medidas de Ramsés II contra os emigrantes estrangeiros e a experiência espiritual de Moisés no monte Horeb, foi Josué quem teve o privilégio de conquistar e entrar em Canaã, a terra prometida. O povo nômade que seguiu Josué se mesclou com os cananeus da zona do interior e com os filisteus que ocupavam a costa. A convivência não se mostrou nem fácil nem pacífica e, desse ponto em diante, nos acostumaremos a ver o povo de Israel ser liderado por juízes, regido por monarcas e guiado por profetas.

Porém, acerquemo-nos de épocas mais próximas no tempo e mais afins com os propósitos específicos deste capítulo. Entre os séculos VI e II a.C., a Palestina era uma nação pequena, muito embora conectada com as grandes rotas do comércio[6] e protegida em seu território e em suas instituições pelos impérios da Pérsia e da Macedônia. Ciro II, o Grande, cujo reinado se estende entre os anos de 559 e 529 a.C., autorizou o retorno dos deportados a suas terras, reconstruiu a cidade de Jerusalém e seu Templo e dignificou o estamento clerical, encarregado do culto a Yahvé e da coesão religiosa do Templo. Com a morte de Alexandre Magno e desatada a luta por sua sucessão entre seus generais, os pto-

---

5. R. FABRIS. *Jesús de Nazaret. Historia e Interpretación* (Salamanca: Sígueme, 1985), p. 59-86, oferece dados interessantes sobre o ambiente de Jesus, sob os títulos de: a) História e geografia, b) A vida econômica, c) Sociedade e família, d) A vida religiosa, e e) Movimentos e grupos no ambiente de Jesus.

6. A Palestina era cruzada por grandes rotas que uniam as cidades mais importantes daqueles tempos. A mais importante delas, a *Via Maris*, partia do Egito e, costeando o Mediterrâneo através do Sinai, entrava na Palestina. A rota continuava para Damasco até chegar à baixa Mesopotâmia. A segunda em importância era o chamado "Caminho Real", uma rota alternativa à anterior, que sem ladear o Mediterrâneo, chegava ao golfo de Akaba. O tráfego do interior se comunicava através de caminhos existentes ao longo do vale do Jordão, em ambos os lados do rio.

lomeus do Egito governaram a Palestina (durante o século III a.C.), mostrando um especial respeito pelas instituições do povo de Israel, especialmente pelo sumo sacerdote e pelo sinédrio ou senado das famílias influentes de Jerusalém. O processo de helenização ou assimilação da língua e cultura gregas por parte das nações de Oriente através da convivência entre os povos e do comércio se realiza com perfeita normalidade. Em um prolongado período de aproximadamente quatro séculos houve poucos problemas importantes entre os poderes imperiais e a Palestina[7]. Esta situação de harmonia entre os povos começou a deteriorar-se com a subida ao trono de Antíoco IV Epifânio do império selêucida, até o ano 175 a.C.

No ano 201 a.C., Roma impôs a paz aos cartaginenses, implantando sua potência militar no Mediterrâneo ocidental e avançando até a Ásia Menor e a Síria. Aqui precisamente reinava Antíoco IV, ambicioso e sem escrúpulos, a ponto de transpassar as sagradas barreiras religiosas do povo judeu como nenhum soberano de épocas anteriores havia feito.[8]

As relações comerciais que ptolomeus e sírios tinham impulsionado começaram a declinar. Ele sucedeu no campo militar e da administração. A cultura e as formas de vida helenísticas foram impostas aos judeus, forçando sua helenização até o extremo de profanar o lugar sagrado do Templo, impor sacrifícios a deuses pagãos suprimindo o culto a Yahvé, permitir que se comessem alimentos impuros e transgredir a venerada Lei de Moisés. A resistência do povo não se fez esperar, encabeçada pelos Macabeus, dando passo à formação de diversos grupos e ideologias, que conformariam as bases da complexa estrutura do judaísmo no século I a.C., segundo o historiador S. Herrmann[9]. As devastadoras guerras dinásticas no império selêucida, travadas depois da morte de Antíoco IV, facilitaram a revolução dos asmoneus (ou hasmoneus), uma família sacerdotal conhecida como "macabeia", alcunha de Judas, um dos irmãos que acaudilhou a revolução.

Os asmoneus governaram a Palestina como uma casta sacerdotal, com sumos sacerdotes a quem designaram com o título de "reis". Estenderam as fronteiras do reino judeu fazendo chegar quase às dimensões dos tempos do rei Davi, um reino que durou desde o ano 134 a.C. até o ano 63 a.C. quando Jerusalém foi conquistada pelo general romano Pompeu.

---

7. Cf. S. HERRMANN. *Historia de Israel en la época del Antiguo Testamento* (Salamanca: Sígueme, 2003), p. 432.
8. Com relação a dificuldade de denominar exatamente as formações estatais de Israel e Judá nesta época, cf. S. HERRMANN. *Op. cit.*, p. 433, nota 1.
9. Cf. *Ibid.*, p. 452. Sobre a época de Antíoco IV temos uma excelente fonte de informação: o primeiro Livro dos Macabeus. E também Josefo e Políbio. Cf. S. HERRMANN. *Op. cit.*, p. 453, nota 4.

O general Pompeu, a quem tinham recorrido dois irmãos asmoneus, Hircano II e Aristóbulo II, em sua luta pelo poder, designou Hircano II como sumo sacerdote e etnarca e um idumeu, Antípatro, como governador militar. Um dos filhos de Antípatro, conhecido posteriormente como Herodes, o Grande, foi nomeado governador de Galileia.

A conquista de Jerusalém pelo general Pompeu alterou drasticamente o regime jurídico do povo judeu. Deixou de ser completamente independente. Hircano II foi governante "cliente", quer dizer, submetido a pagar tributos e a obedecer às diretrizes de Roma em troca de preservar a autonomia dentro de suas fronteiras e gozar da proteção do império.

Herodes foi declarado rei de Judeia no ano 40 a.C. pelo senado romano, recebendo ao mesmo tempo o apoio do exército imperial.

4.3. Sob o império de Roma

Todos estamos familiarizados com a narração do evangelista Lucas, segundo a qual o imperador César Augusto promulgou um edital pelo qual se deveria fazer o recenceamento πᾶσαν τὴν οἰκουμένην, de todo o orbe ou mundo habitado (Lc 2,1). Com a vitória de Áccio, no ano 31 a.C., Roma havia imposto a paz aos mundos romano e helenístico e *Caesar Octavianus* foi proclamado "*Augustus*", no ano 27 a.C. O império foi dirigido e conservado em relativa paz por seus sucessores: Tibério, Gayo (Calígula), Cláudio e Nero.

O domínio de Roma sobre o Oriente não mudaria essa realidade. De fato, o novo império não era senão mais um elo na cadeia dos impérios anteriores, como o persa ou o de Alexandro Magno e de todos os impérios helenísticos que sucederam a este. O sistema dos distintos impérios era muito semelhante. Os exércitos vitoriosos protegiam as nações submetidas dos povos invasores e estas pagavam tributo a seus defensores. Mais especificamente, no caso de Roma, os estados conquistados eram regidos, algumas vezes por governantes "independentes" de âmbito local e outras, por governadores imperiais que se utilizavam de hierarcas do lugar no exercício ordinário do poder. Em regiões afastadas e difíceis, ainda não aptas para ser consideradas províncias romanas, se estabeleciam os chamados reinos "clientes" – "protegidos"–, em definitiva regidos por monarcas nativos, nomeados e controlados por Roma.

A maquinaria do império se deslocava por um vasto território, controlado pelas eficientes e temíveis legiões romanas, levando a toda a população paz e cultura, desde as grandes cidades que, como Roma ou Alexandria, tornavam presente o poderio do império, até os lugares mais afastados e quase esquecidos.

Em um rincão desse poderoso mundo, alheio a toda concepção de poder político e militar, viveu Jesus, na aldeia de Nazaré, região da Galileia, não muito longe do belo lago de Genesaré e ao lado das grandes rotas comerciais que, partindo da região do Eufrates, atravessavam a Síria e Galileia até chegar ao Egito. Jesus conheceria estas rotas muito tardiamente, no começo de seu ministério profético, quando fez de Cafarnaum sua própria casa[10].

4.4. Herodes, o Grande

Como disse anteriormente, a conquista de Jerusalém pelo general Pompeu mudou o panorama político e religioso do povo judeu. Herodes, beneficiado pelas intrigas de dois irmãos asmoneus que lutavam pelo poder (Hircano II e Aristóbulo II), excelente e fiel soldado e conveniente para os interesses da política de Roma, foi nomeado, no ano 37 a.C., rei dos judeus.

Seu poder estendeu-se por um vasto território, Galileia, Samaria e Judeia, a região situada a leste do rio Jordão (Pereia) e algumas terras situadas a leste e nordeste da Galileia. Fora de sua jurisdição, ainda que de suma importância para os interesses estratégicos e econômicos de Roma, se encontrava ao Norte a província da Síria, sob a autoridade de um governador, e ao Sul o reino dos nabateus, tendo Petra como capital. O grupo de cidades autônomas, que conhecemos como a Decápolis, também ficavam fora de seu controle. Em todo caso, Herodes, mediante argúcias e astutas manobras alheias a qualquer escrúpulo, consolidou-se como senhor inquestionável da Palestina, sujeito unicamente ao imperador de Roma em questões relacionadas com a guerra e a política exterior. Em assuntos políticos e sociais disfrutou de autonomia absoluta, evitando inclusive o pagamento de tributos a César.

Não sei se é possível afirmar que Herodes "foi um bom rei"[11]. Tampouco creio que seja realista dizer que "foi, sem dúvida, o mais cruel"[12]. Tais categorias, talvez, não se coadunem muito com a ciência histórica atual. Em todo caso, durante seu longo reinado (trinta e quatro anos) teve momentos de descontentamento, de intrigas, de conspirações e de mortes, embora também períodos de paz e estabilidade. É bastante provável que a personalidade de Herodes estivesse tomada de complexos e manias que desembocassem em ódios, vinganças e fortes repressões com o

---

10. A maior informação sobre a Palestina dos tempos de Jesus foi-nos proporcionada pelo historiador Flávio Josefo, nascido no ano 37 de nossa era. Escreveu: *Autobiografía*. *Contra Apión* (Madri: Gredos, 1994), *Las Guerras de los Judíos* I e II (Terrassa: CLIE, 1990), e *Antiguidades Judaicas* I, II e III (Terrassa: CLIE, 1988). As passagens posteriores das obras de Josefo se referem a estas edições.
11. Cf. E. P. SANDERS. *La figura histórica de Jesús* (Estella: Verbo Divino, 2000), p. 38.
12. Cf. J. A. PAGOLA. *Jesús, Aproximación histórica* (Madri: PPC, 2007), p. 15.

objetivo de permanecer no trono. Descendente de família idumeia[13], tornou-se obcecado por eliminar seus opositores, inclusive sua mulher Mariane, uma princesa asmoneia, e três de seus filhos: Alexandre, Aristóbulo e Antípatro, ao crer que seu reinado corria perigo. Sua estratégia para chegar ao poder foi unicamente sua própria conveniência, manejando habilmente e sem escrúpulos suas relações com o império romano, evitando sempre o foco do conflito e traindo, chegado o momento, as altas instâncias do império. Foi o que ocorreu na luta entre Antônio e Otávio, após o assassinato do ditador Júlio César (44 a.C.), tendo-se inclinado, inicialmente, ao primeiro e submetido ao segundo depois da batalha de Áccio, no ano 31 a.C.

Fiel servidor de Roma e considerado pelo povo judeu como um estrangeiro invasor, castigou severamente os protestos populares, sobrecarregou o povo com duros impostos, ao mesmo tempo em que premiava com os cargos mais honrosos os seus amigos idumeus que, mesmo sendo, muitos deles, pagãos, controlavam o governo do reino. Nunca se interessou pelo judaísmo, nem o povo judeu o teve por amigo. Pelo contrário, cercou-se de conselheiros gregos, que trataram de helenizar culturalmente o reino. A seus devaneios pela permanência no poder se devem também as grandes construções e obras de defesa desse período, como a Torre Antonia em Jerusalém, que leva o nome de seu protetor, ou palácios como o Herodium, ao Sudeste de Belém, Massada, na margem ocidental do mar Morto, Maquerontes, onde morreu João Batista, e outros mais. Modernizou, ademais, a porta ocidental de Jerusalém, provendo-a de três torres, e ali construiu seu palácio. Restaurou a Samaria, a que deu o nome de Sebaste (Augusta) e mandou construir o porto de Cesareia. Jericó foi escolhida como cidade de residência preferida e enfeitada para este fim com obras de arte e lugares de recreação. Apesar de seu paganismo e de suas tendências helenizantes que o impulsionaram à construção de edifícios pagãos em que se celebravam atividades conflitantes com o Espírito do judaísmo, soube entender o valor da religião de seus súditos, ordenando reedificar o Templo de Jerusalém, ampliando-o consideravelmente.

A Palestina judaica gozou indubitavelmente de um prestígio jamais visto antes, e seus habitantes não foram molestados pelo exército de Roma. A estabilidade e fortaleza do reino hoje parecem inquestionáveis. Com a morte de Herodes, no ano 4 a.C., seu cadáver foi transladado de Jericó até o Herodium, onde recebeu sepultura com grande pompa e suntuosidade. Seus territórios foram repartidos entre três de seus filhos: Arquelau recebeu Judeia, Samaria e Idumeia, com título de rei; Antipas obteve a Galileia e a Pereia, com o título de tetrarca, e a Filipo foram con-

---

13. Idumeia, região ao Sul da Judeia, conquistada pelos judeus durante o período asmoneu.

cedidas, com o título de tetrarca, a Itureia e Traconítide (Lc 3,1). A vida de Jesus de Nazaré se enquadra plenamente no governo de Herodes Antipas[14].

4.5. Palestina

Os diversos nomes com que se designa a Palestina – Palestina, Israel, Terra de Canaã, Terra Santa – embora utilizados, muitas vezes, indistintamente, não correspondem com exatidão à realidade geográfica, cultural e histórica desta região. A vagueza e imprecisão da terminologia são determinadas pelas constantes mudanças políticas e culturais que se produziram nesta agitada parte do mundo. Não obstante, todas as citadas denominações podem ser utilizadas corretamente para designar a terra em que viveu Jesus.

A Palestina (o nome não é bíblico) se encontra no extremo ocidental do chamado crescente fértil, uma vasta extensão em forma de arco que se estende de Israel e da Jordânia até a fértil Mesopotamia, banhada pelos rios Eufrates e Tigre, atravessando oásis e montanhas da Síria e Líbano e o sul do planalto de Anatolia. Essa região é atravessada de cima a baixo pelas falhas do vale do Rift, originando a fossa tectônica do rio Jordão, e flanqueada pela costa do mar Mediterrâneo na parte ocidental e pelo Grande Deserto, na oriental.

O rio Jordão cruza a Palestina de norte a sul, dando vida e diferenciando as terras que compõem esta histórica região. Suas águas recolhem as neves e os córregos que nascem no monte Hermon (na fronteira entre a Palestina e o Líbano), as de Ain Leddan, e as do rio Hasbani. Penetra no paradisíaco lago de Genesaré, de água doce e rico em peixes, e desemboca no mar Morto, cuja superfície se encontra a mais de 400 metros abaixo do nível do mar Mediterrâneo, de águas muito salubres, sem peixes e sem rastros de vegetação em suas margens. A poucos quilômetros do mar Morto, se encontra um impressionante oásis, cheio de luz, de flores e de árvores frutíferas. É Jericó, conhecida no Antigo Testamento como "Cidade das Palmeiras", outrora propriedade de Cleópatra do Egito, e lugar de inverno de Herodes, o Grande.

Na margem ocidental do mar Morto se encontra o deserto de Judá, onde viveu e pregou João Batista e onde, com toda probabilidade, ocorreram as tentações de Jesus. É um local inóspito, sem vegetação e dominado por montículos de acesso áspero e perigoso e desfiladeiros estreitos, com altíssimas temperaturas no verão, apesar de exótica beleza pelos impressionantes barrancos ou *wadis* formados pelas

---

14. Os sucessores de Herodes foram chamados também de "Herodes". Esta é a razão por que, no Novo Testamento, diferentes pessoas tenham este nome. Cf., por exemplo, as passagens de Mt 2,1-22 e Lc 15, que fazem referência a Herodes, o Grande; ou as de Mt 14,1-6 e Mc 6,14-22, que falam de Antipas, filho de Herodes, o Grande, tetrarca de Galileia.

chuvas torrenciais que caem em alguns dias no inverno, e a cor esverdeada das montanhas, originada por tais circunstâncias. Ao sul do mar Morto se estende um grande vale, sulcado pelo rio Arabá, que também desemboca no mar Morto, traçando um curso em sentido contrário ao do rio Jordão.

O golfo de Akaba, onde hoje se assentam a cidade jordana deste nome e a israelense de Elat, servia de laço de união entre Israel e as costas do Índico, de onde se traziam produtos luxuosos à corte de Jerusalém.

O curso do Jordão divide as terras em duas partes nitidamente diferenciadas em todos os aspectos: Cisjordânia, na zona oeste do rio e com acesso ao mar, e Transjordânia, ao leste dele e orientada ao deserto.

Cisjordânia, continuação pelo extremo sul da cordilheira do Líbano, começa ao sul do rio Litani ou Leontes e termina no deserto de Negev. Na Transjordânia se distinguem basicamente três regiões: o território de El-Hauran, que termina no vale do rio Yarmuk; as terras compreendidas entre os rios Yarmuk e Yabok que outrora formaram parte do famoso bosque de Galaad (2Sm 18,8-18); e a região chamada El-Belqa, entre os rios Yabok e Arnón. Nela se encontram a cidade de Mádaba, o monte Nebo e Ammán, antiga capital do reino amonita e atualmente capital do reino da Jordânia[15].

4.6. Galileia

Galileia (em hebraico, גליל [gâlil], "círculo", "distrito") é uma região ao norte de Palestina limitada pela planície de Izreel, o rio Jordão e os territórios de Tiro e Sidônia. País de Zabulón e de Neftalí, seu nome aparece mencionado no profeta Isaías: "porém no último (tempo) honrará a rota do mar, a Transjordânia, "הגוים מיג־אה־ללג גליל" ou "Galileia dos gentios", evocando as invasões síria e caldeia, a mistura de civilizações que trouxeram consigo e a presença de elementos pagãos no judaísmo (Is 8,23). Conquistada na época dos asmoneus, formou parte dos territórios de Alexandre Janeu, filho mais novo de João Hircano, irmão de Aristóbulo I, e rei e sumo sacerdote dos judeus entre os anos de 103 a.C. e 76 a.C. Sucessivamente esteve sob a autoridade de João Hircano II, de Herodes, o Grande e finalmente de Antipas.

Antipas, que herdou a Galileia (e a Pereia), deteve o poder durante quarenta e três anos. Com pouquíssimas diferenças, seu governo seguiu as linhas traçadas por seu antecessor. Manteve a ordem pública, evitando assim problemas com Roma,

---

15. J. GONZÁLEZ ECHEGARAY. *O Creciente Fértil y la Biblia* (Estella: Verbo Divino, 2011), p. 13-38. No capítulo "Uma terra em que corre leite e mel" pode-se encontrar uma descrição mais detalhada desta região do mundo.

pagou tributos ao império em troca de segurança em seu reino, propiciou certa independência econômica a seu povo e guardou o respeito às instituições judaicas, como escolas e sinagogas, sem impor absolutamente as formas de vida greco-romanas à população galileia. Apesar desses êxitos políticos, econômicos e religiosos, sua política agrária enfrentou os interesses de diversos fazendeiros bem como os dos campesinos, forçados a cultivar a terra a preços exagerados pelo aumento dos arrendamentos. Esse enfrentamento entre a população urbana e a rural se manifestou também na construção de grandes cidades, como Séforis e Tiberíades, criando certos problemas religiosos devido ao início do processo de helenização do mundo judeu. Talvez, o acontecimento mais singular de seu governo seja o caso narrado pelo evangelista Marcos, relacionado com João Batista (Mc 6,17-29). O Batista foi executado por atrever-se a criticar abertamente o casamento de Antipas com Herodíades, a mulher de seu irmão Filipo, após repudiar a anterior[16]. Foi decapitado por ser um grande profeta e por medo de que ele incitasse o povo à rebelião. Os herodianos, casados com um grande número de esposas e com muitos descendentes e sem proibição expressa por parte da Bíblia hebraica de contrair matrimônios de semiparentesco de sangue, não encontraram motivos suficientes para desaprovar tal ação[17]. Porém, acontece que um rei árabe, Aretas, pai da esposa despedida, invadiu o território de Antipas, causando-lhe uma severíssima derrota. As tropas de Roma, estacionadas na Síria, intervieram mais tarde para vingar-se da invasão do rei Aretas contra seu "governante-cliente". Enquanto isso, a ambição de Herodíades, que buscava para seu marido o título de rei, não conformando-se com o de tetrarca, provocou a queda de Antipas, deposto pelo imperador romano. Marido e mulher, em desgraça com o império, viram-se obrigados a exilar-se.

A Galileia apresenta duas regiões nitidamente diferenciadas: a alta Galileia, uma região de espetacular e agreste beleza, com grandes picos montanhosos e borbotões de águas cristalinas que formam a nascente do rio Jordão, e a baixa Galileia, salpicada de pequenas aldeias e montanhas isoladas. Na zona montanhosa, se encontra Nazaré e, um pouco mais acima, Séforis, a capital; ao lado, fica o imenso vale de Izreel ou planície de Esdrelom (um importante cruzamento de caminhos e uma planície regada pelo rio Quisom), que faz limite ao sudeste com a cadeia do Carmelo e a Samaria, ao norte com as montanhas da Galileia e a leste com a colina de Moré, a poucos quilômetros do monte Tabor e o corredor de Bet San, que leva ao rio Jordão[18] e o fértil vale do rio Jordão, onde habitava uma população bastante numerosa e relativamente acomodada, além de exposta – não se sabe exatamente

---

16. Cf. FLAVIO JOSEFO. *Antiguidades dos Judeus* III, lib. XX, cap. V, p. 239-243.
17. Em Lv 18,6-18 consta uma lista de matrimônios pro*Ibid*os. Os essênios, em troca, permitiam o matrimônio entre parentes.
18. Esta planície de Izreel foi chamada "planura de Esdrelom" na época helenística.

até que ponto – às grandes rotas comerciais que atravessavam a região. Junto ao belíssimo e, aparentemente, sereno e tranquilo lago de Quinéret (Genesaré), extremamente sugestivo por suas águas e a acolhedora paz de sua paisagem e abundante em peixes, se encontram cidades importantes como Cafarnaum, Magdala e Tiberíades, cenários frequentes de momentos significativos da vida de Jesus.

As formas de vida da sociedade contemporânea de Jesus correspondem às de um povo simples, sujeito a uma disciplina de grupo familiar, obrigado a pagar tributos a Roma, ocupado com os assuntos do campo e da pesca e respeitoso para com suas próprias tradições legais. A Galileia era uma região de gentes simples[19]. É certo que nas grandes cidades de Séforis, antiga capital de Galileia, e Tiberíades ou Tibérias, a capital fundada por Antipas na década dos anos de 20 de nossa era junto ao lago de Genesaré, viviam as classes dirigentes do povo, militares, administradores, juízes e grandes fazendeiros, em edifícios cobertos de telhas e tapetes com requintados mosaicos e pintados com afrescos, tendo acesso a ruas ou avenidas, algumas vezes flanqueadas por colunas. Porém, o povo simples vivia em povoados pequenos e em casas humildes, feitas de barro, cobertas por frágeis telhados de ramagem, e amplos pátios comuns que facilitavam a administração de uma família, entendida no sentido extensivo do termo. As ruas não tinham elementos decorativos e eram de terra sem pavimentação.

O campo, e não a cidade – evidentemente havia, em diversas ocasiões, uma tensão entre as pessoas do campo e da cidade – era considerado o lugar básico da economia e manutenção da família e o espaço de formação dos valores religiosos e sociais. Assim se mantinha a coesão da família que caracterizava a disciplina do povo[20].

O povo simples pagava tributos a Roma. Tais tributos correspondiam, ou à terra, ou às pessoas (tanto homens como mulheres), e eram pagos em moeda ou em espécie, a forma preferida pelos administradores para evitar a escassez de alimentos que, ocasionalmente, atingia o império romano. O sistema de arrecadação se estendia também ao âmbito religioso, contribuindo, assim, para a manutenção do Templo de Jerusalém, muito embora se desconheçam as formas exatas em que se executava. Em todo caso, as cargas tributárias pesavam como pedra na precária

---

19. Cf. E. P. SANDERS. *La figura histórica de Jesús* (Estella: Verbo Divino, 2000), p. 125-131. I. CARBAJOSA; J. GONZÁLEZ-ECHEGARAY & F. VARO. *La Biblia en su entorno* (Estella: Verbo Divino, 2013), p. 67-73. São relatados com precisão e clareza: a) as divisões administrativas de Palestina; e b) a geografia dos Evangelhos.

20. J. A. PAGOLA. *Jesus. Aproximação histórica* (Petrópolis: Vozes, 7. ed. 2014), p. 41, nota 21: "Estudos comparativos levam à conclusão de que, no tempo de Jesus, a população que trabalhava nos campos da Galileia representava 80-90%, ao passo que 5-7% podia pertencer à elite (Lenski, Malina, Rohrbaugh, Hanson e Oakman)".

economia da Galileia; os camponeses observavam com preocupação seu próprio endividamento, em alguns casos, e sua ruína, em outros, vendo suas terras serem confiscadas e sendo forçados a prestar serviços como colaboradores dos grandes senhores. Em termos gerais, pode-se afirmar que na Galileia de Antipas, um tetrarca cliente "semi-independente" do império romano, os impostos eram seus, ele designava os governadores distritais e os magistrados locais, porém os tributos eram pagos a Roma[21].

A Galileia dos tempos de Jesus era uma região campesina, dedicada à lavoura e ao cultivo do campo e à pesca. Lavrar a terra era a ocupação do povo simples, uma tarefa tediosa e escassamente rentável cujos frutos eram destinados, em boa medida, à manutenção das elites das cidades. No lago de Genesaré, com apenas 21 quilômetros de longitude e 13 em seu ponto mais largo, alimentado pelas águas do Jordão, se desenvolvia a atividade da pesca, seja a partir das margens ou usando pequenas barcas, rudimentarmente equipadas[22]. Da terra, em que se semeava trigo e cevada e se plantavam vinhedos, e do lago, rico em peixes desconhecidos em outros lagos do mundo, vivia a duras penas a população campesina da Galileia, resignada a salários insuficientes e, às vezes, entregue à mendicância. Em casos extremos se advertiam também a desagregação familiar, a bandidagem, a prostituição e, inclusive, a escravidão.

É difícil conhecer a importância do comércio na vida do vizinho de Galileia. Parece certo que havia a exportação de azeite e outros produtos do campo para zonas da costa fenícia; também se pode supor o uso e venda particular de produtos de cerâmica de barro, frequentes nas moradias galileias. Mais complexa revela-se a tarefa de determinar a importância do comércio com o exterior, apesar de a Galileia constituir um centro de comunicações que facilitava o intercâmbio de mercadorias. Para alguns, a importância do comércio exterior na Galileia da época de Jesus é

---

21. J. A. PAGOLA. *Op. cit.*, p. 24, notas 27, 28, 29 e 30: "Los estudios de Lenski, Freyne, Hanson, Oakman, Horsley etc. estão contribuindo para se obter uma consciência mais precisa da organização econômica da Galileia. Não existe praticamente intercâmbio econômico de reciprocidade entre os camponeses e as elites, mas a imposição de uma política que se resume em três palavras: 'cobrança', 'tributos' e 'redistribuição a partir do poder' (Oakman)". "Pelo que parece, o *tributum soli* consistia em pagar um quarto da produção a cada dois anos; pelo *tributum capitis*, cada pessoa pagava um denário por ano: os varões, a partir dos catorze anos, e as mulheres, dos doze". "Flavio Josefo fala do 'trigo de César' que estava depositado nas aldeias da Alta Galileia (*Autobiografía*, 71). Segundo Tácito, até o ano 17, quando Jesus tinha vinte e um ou vinte e dois anos, a Judeia, exausta pelos tributos, pediu a Tibério que os reduzisse; não sabemos a resposta do imperador. Sem dúvida, Sanders está provavelmente certo ao observar que "a situação dos camponeses do Egito e do Norte da África, os dois grandes 'celeiros' de Roma, era ainda pior".

22. O lago é conhecido com os nomes de lago de Genesaré, por causa de uma cidade do mesmo nome assentada em suas margens; lago de Kinneret, por sua forma de cítara; lago de Tiberíades, por conta da cidade de Tiberíades, situada na margem ocidental, fundada por Herodes Antipas; e como mar da Galileia, por suas excepcionais dimensões.

xígua; outros, por sua vez, são da opinião de que esta região gerou muita riqueza no intercâmbio com o exterior. Uma coisa parece certa: a riqueza não ficava na Galileia e seus habitantes se beneficiavam muito pouco dela.

Os galileus se distinguiram pelo respeito a suas próprias tradições legais. O fato de considerar-se um povo do interior, afastado do estilo de vida das grandes cidades, marcara a forma de sua religiosidade, claramente diferenciada daquela que praticavam os seguidores do movimento dos fariseus, centrado no cumprimento escrupuloso da Torá e no respeito pelas instituições e a autoridade, seja religiosa ou civil. Sem ser desrespeitosos com a Torá, que eles interpretavam de maneira mais suave, distanciando-se do rigorismo rabínico, os galileus se ativeram a suas próprias tradições, à halaká (הלכה em hebraico), uma recopilação das principais leis judaicas (incluindo os 613 *mitzvot* (מצות), os mandamentos ou "preceitos" da Torá), às leis talmúdicas e rabínicas e às próprias tradições e costumes, menos helenizados e mais resistentes à influência do governo de Roma. Sua relação com o Templo de Jerusalém também é chocante. Respeitam o Templo, pagam os dízimos para sua manutenção, encabeçam protestos quando consideram que o santo lugar está sendo profanado, porém, ao mesmo tempo, percebem seu distanciamento e, ao considerarem-se, de algum modo, uma região "gentil"[23] se sentem incomodados por manchar, em certo sentido, a terra concedida por seu Deus. A distância do Templo de Jerusalém, que visitavam em raras ocasiões, era compensada por meio do respeito e a estima por outra instituição, a sinagoga. A sinagoga (uma estrutura física específica, uma casa particular ou algum espaço público) era uma assembleia onde os judeus liam e interpretavam a Escritura, oravam e comentavam os assuntos cotidianos, sempre relacionados com sua vida religiosa. Esta tensão da visão religiosa da Galileia com a de Jerusalém se torna evidente na vida de Jesus[24]. Nesta belíssima região, sob o poder soberano do império romano, entre complexos conglomerados sociais e religiosos, em uma aldeia perdida da zona montanhosa da baixa Galileia chamada Nazaré, sob a autoridade familiar de José e Maria, em um ambiente de honrado trabalho e forte religiosidade, viveu Jesus. E, mais importante do que isso, ali começou seu ministério público, segundo o testemunho dos sinóticos (Mt 10,5-15; Mc 6, 7-13; Lc 9,1-6)[25]. A região, conhecida por seu sotaque particular (Mt 26,73;

---

23. Cf. "Galilea", em F. KOGLER; R. EGGER-WENZEL & M. ERNST. *Diccionario de la Biblia* (Bilbao-Santander: Mensajero-Sal Terrae, 2012), p. 312-313. "A população judaica na Galileia foi diminuindo progressivamente, e o rei asmoneu Aristóbulo I (104-103 a.C.) levou a cabo um programa de judaização forçada após sua conquista".

24. Cf. R. AGUIRRE; C. BERNABÉ & C. GIL. *Qué se sabe de... Jesús de Nazaret* (Estella: Verbo Divino, 2009), p. 41-43.

25. O Evangelho de João narra o ministério de Jesus deslocando-se da Judeia para a Galileia (Jo 4, 43-47.54; 7,9).

Mc 14,70; Lc 22,59) e desprezada por não haver dado ao judaísmo nenhum profeta (Jo 7,52), se insere na história universal com um mestre e uma mensagem que tornarão antigo tudo o que sucedeu anteriormente.

4.7. Judeia

Em tempos antigos, na época do império persa, o termo יהודה (Yêhudah, em hebraico; Ιουδαία, em grego, designa o país ocupado pelo povo judeu depois do regresso da Babilônia (Tb 1,18). Era um pequeno território, reduzido a Jerusalém e seus arredores.

A partir das conquistas dos asmoneus, o vocábulo pode referir-se tanto ao país de Judá propriamente dito quanto ao reino judeu em um sentido muito mais amplo. Nos primeiros anos da era cristã a Judeia, que, como unidade política, constava das regiões da Idumeia, a Samaria e a própria Judeia (Jerusalém incluída), gozava de uma história própria e altamente significativa na vida de Jesus. Geograficamente, a Judeia é uma região árida, em grande medida desértica, com montanhas que ultrapassam os 1000 metros de altitude até descer aos 400 abaixo do nível do mar. Em suas regiões se encontram as colinas de Hebron, Jerusalém, as colinas de Betel e o deserto de Judá, que desce até o mar Morto. Do ponto de vista político, Arquelau, um dos filhos de Herodes, o Grande, obteve o título de rei da Judeia, o único que alcançou tão alta posição. Pouco lhe durou a honra e o cargo. Algumas decisões de seu pai ao final de seu reinado, relacionadas à execução de personagens populares judeus e à nomeação caprichosa de um sumo sacerdote, levantaram a ira do povo. A isso se somava o exercício despótico do poder, tanto civil como religioso. Arquelau, que exercia seu reinado em uma zona da Palestina altamente conflitiva, ainda que fosse apenas pelas rivalidades entre Samaria e Judeia e pelas frequentes concentrações públicas na cidade de Jerusalém, não soube apaziguar os protestos, em que muitas pessoas morreram, e foi deposto pelas autoridades de Roma.

O imperador Augusto abriu mão do "governante cliente" e nomeou um governador a quem designou esse território. O "prefeito" – é o título da época de Jesus – vivia em Cesareia, uma cidade helenizada da costa mediterrânea, bem comunicada com Roma; dispunha de suficiente número de tropas romanas para fazer frente a qualquer problema sério e respeitava a vida cotidiana do povo judeu. Somente em raras ocasiões, em momentos de graves revoltas e convulsões políticas ou religiosas, se justificava a intervenção do legado da Síria, província romana que concentrava grandes contingentes de força militar. Convém saber que, para evitar tais intervenções extraordinárias, o prefeito romano costumava comparecer às grandes festas religiosas de Jerusalém acompanhado de algum reforço militar que poderia dissuadir qualquer tipo de escaramuças.

Houve conflitos e, em certas ocasiões, foi necessária a intervenção do exército. O historiador Flávio Josefo nos informa de alguns importantes, como a de Quirino, governador de Síria, no ano 6 d.C. por causa do censo[26]; as de Pôncio Pilatos, entre os anos de 26-30 d.C., por uma tentativa de profanação do Templo com a introdução de estandartes de César de Roma e a utilização de dinheiro sagrado para a construção de um aqueduto[27], e a do imperador Calígula, no ano 39 d.C., por mandar erigir uma estátua sua no Templo judeu[28].

O prefeito romano tinha absoluto e exclusivo direito de condenar alguém à morte. Só se contemplava uma exceção, a violação de determinados lugares do Templo de Jerusalém, que implicava uma execução imediata, sem precisar do consentimento do prefeito. O prefeito costumava atuar com responsabilidade e cautela, pois os imperadores, tanto Augusto como Tibério, não queriam complicações que viessem do exterior.

Jerusalém merece uma menção especial no espaço da Judeia[29]. E, dentro de Jerusalém, o sumo sacerdote e seu conselho ou "sinédrio". O sacerdócio, de caráter hereditário, tinha suas funções fincadas na linhagem de Aarão, o primeiro dos sacerdotes de Yahvé, segundo narra o Livro do Êxodo (Ex 28,1). Assim se entendeu nos períodos persa e helenístico (herdeiros de Sadoq, 1Rs 1,34), no tempo dos asmoneus, ainda que não fossem sadoquitas, e nos anos que marcam o começo de nossa era (entre 6 e 66 d.C.). No tempo de Jesus, o sumo sacerdote e seu conselho controlavam as questões cotidianas de Jerusalém. Eram eles que organizavam o culto e os tributos, que dirigiam a escola e a vida religiosa, os intermediários responsáveis, em última instância, entre o povo e as autoridades romanas[30]. O povo judeu venerava a figura do sumo sacerdote, e o prefeito romano respeitava essa tradição secular. Por isso, não corresponde à realidade a estereotipada opinião de uma ocupação militar de Roma em Jerusalém. Nessa cidade não havia ocupação romana, como tampouco existia dominação de gentios. Roma nunca esteve interessada em impor a cultura e as instituições greco-romanas ao povo judeu. A Palestina nunca foi "anexada" ao império, ainda que a Judeia fosse uma de suas províncias. Tudo isso não pretende indicar que Roma e o povo judeu se encontrassem em perfeita paz e estabilidade. O poder sempre antevê ameaças, e os povos dominados, espe-

---

26. FLAVIO JOSEFO. *Antiguidades Judaicas* III, lib. XVII, cap. I, p. 175-178.
27. *ID. Guerra Judaica* I, lib. II, cap. VIII, p. 224-226.
28. *ID. Guerra Judaica* III, lib. XVIII, cap. II, p. 228-232.
29. I. CARBAJOSA; J. GONZÁLEZ-ECHEGARAY & F. VARO. *La Biblia en su entorno* (Estella: Verbo Divino, 2013), p. 79-88. Aqui se oferece uma visão sucinta e sumamente esclarecedora da cidade de Jerusalém desde suas origens até a primeira revolta judaica, em que teve lugar seu assédio e destruição, no ano 70 d.C.
30. FLAVIO JOSEFO. *Guerra Judaica* I, lib. II, cap. VIII, p. 224-226.

ranças de libertação. A religiosidade do povo judeu sintetizava esta esperança em Deus. A forma de tornar realidade essa esperança era tão variada que, enquanto alguns esperavam um Messias libertador, outros se conformavam com um sinal espetacular ou uma força que trouxesse amparo aos justos perante o temor e a adversidade daqueles tempos.

4.8. A família de Jesus

Pode dar a impressão de que o estudo da família de Jesus seja um tema pouco relevante ou, no máximo, de mera curiosidade ou erudição. Não é assim. Simplesmente, trata-se do que há de mais central para conhecer a dimensão humana de Jesus, para entender sua missão e nos aprofundarmos em nossa genuína humanização, que se realiza com a vinda de Jesus a este mundo. Para conhecer este processo de humanização, que leva à divinização, temos que remontar ao começo da vida de Jesus. Este é, também, um tema vital para conhecer a incumbência do cristão, dando seguimento às ondas do movimento iniciado por Jesus. No início da vida de Jesus são traçadas as linhas de nossa atitude diante da vida como seus seguidores. Porém, não convém criar-se excessivas ilusões, nem pretender estabelecer uma árvore genealógica acabada.

Sabemos muito pouco sobre a vida de Jesus de Nazaré antes de ser batizado por João. Nasceu até o ano 4 a.C. E, embora os evangelistas Mateus e Lucas relatem seu nascimento em Belém – segundo alguns exegetas, poderia tratar-se de uma construção teológica (*theologoumenon*), baseada em uma profecia do Antigo Testamento (Mq 5,1-3), que visava demonstrar seu messianismo davídico[31] – nasceu, provavelmente, em Nazaré, um lugar insignificante, desconhecido no Antigo Testamento. Os evangelistas, quando se referem a Jesus, chamam-no de "nazareno" (Mt 2,23; Lc 1,26) e situam sua "casa" ou sua "cidade" na Galileia (Mc 1,9; 3,20; 6,1-6).

As fontes tampouco nos ilustram muito sobre sua família, para além de algumas generalidades, próprias de um grupo familiar judeu daquela época. Ele se chamava Yeshuá' (ישוע em hebraico), e sua mãe Maryam (מרים,): Jesus e Maria. Além de sua mãe, aparecem em fontes canônicas e extracanônicas, os nomes do pai (escassamente mencionado) e de seus irmãos e irmãs[32]. A concepção virginal de Jesus é afirmada pelos evangelhos de Mateus e de Lucas (Mt 1,18-25; Lc 1,26-38). Por

---

31. J. P. MEIER. *Un judio marginal. Nueva visión del Jesus histórico* I: *Las raíces del problema y la persona* (Estella: Verbo Divino, 2005), p. 230-231.

32. Convém recordar que, segundo a tradição semítica, os termos "irmão/irmã" correspondem a conceitos mais amplos do que se entende atualmente. Os primos-irmãos também são chamados de irmãos.

outro lado, a concepção virginal é testemunhada no texto de Isaías, que diz: "Eis que a *donzela* conceberá e dará à luz um filho, a quem denominará com o nome de Emmanuel" (Is 7,14). O termo hebraico בתולה (*betulah*) o confirma. E, apesar de alguns exegetas considerarem o termo hebraico mencionado pouco definido e genérico, a tradição eclesial afirma contundentemente a interpretação do mesmo referido à virgindade de Maria.

Amparados no costume judaico que entendia a instituição matrimonial como criação de uma nova família, alguns autores – com pouquíssima consistência histórica nas fontes utilizadas – falam de um possível matrimônio de Jesus. Por sua vez, a tradição eclesial é unânime em afirmar o celibato na vida de Jesus.

Em relação à existência de irmãos e irmãs na família de Jesus, e remetendo-me à tradição semítica que refleti anteriormente, uma vez que a virgindade de Maria começa a ser afirmada e elaborada nos séculos II e III de nossa era por Ireneu de Lyon, Clemente de Alexandria e Orígenes, os termos ἀδελφός / ἀδελφή são traduzidos não por "irmão/ã", apenas, mas sim também por "primo/a".

Determinar qual era a educação de Jesus mostra-se uma questão enigmática, a que podemos ter acesso unicamente a partir de certas considerações gerais. Na Palestina do século I da era cristã abundam restos arqueológicos onde se encontram gravuras em aramaico de objetos utilizados na vida cotidiana. Também se conservam inscrições e documentos em aramaico, hebraico, latim e grego, mesmo que saibamos que nem todos os judeus conheciam estas línguas, e tampouco elas eram empregadas todas para um mesmo fim. Algumas, como o latim e o grego, eram utilizadas pelas elites para assuntos políticos e econômicos; o hebraico era usado principalmente na liturgia do Templo e no estudo da Escritura e o aramaico era o meio de comunicação do povo simples. Outra evidência da época é a alta consideração do povo judeu pela Sagrada Escritura e seu estudo no Templo, nas sinagogas ou nas casas, e sua religiosidade, vinculada às exigências da mesma. Destas considerações se pode concluir que Jesus tivesse como língua materna o aramaico, conhecesse o hebraico para poder discutir e interpretar a Bíblia hebraica e possuísse algum conhecimento de grego que lhe permitia algum trato com o mundo dos gentios.

O Evangelho de Marcos (Mc 6,3), que oferece em relação a Mateus (Mt 13,55) a versão mais antiga, afirma indiretamente que Jesus tinha o ofício de τέκτων, um termo genérico que pode tanto significar carpinteiro, ebanista, canteiro ou qualquer ofício relacionado com um trabalho de artesania, exercido com destreza. Jesus saiu de Nazaré quando João apresentou-se "batizando no deserto e pregando um batismo de arrependimento para o perdão dos pecados" (Mc 1,4). Naqueles dias, foi batizado por João no Jordão (Mc 1,9).

4.9. Jesus e João Batista

A vida e a atividade de João Batista estão estreitamente vinculadas à história de Jesus. O evangelista Marcos apresenta João no começo do Evangelho de Jesus, salvação para o mundo inteiro, em que se insere e inclui a pessoa de João Batista (Mc 1,1ss.). Esta maneira de ver é também a da própria tradição cristã, que o considera precursor do Messias e porta-voz dos profetas que antes tinham anunciado a vinda do Messias. Sua figura, portanto, não é uma mera lembrança ou ambientação da pessoa de Jesus, mas sim parte da história da salvação que Ele traz ao mundo.

João é um personagem histórico, referido com singular presença nos quatro evangelhos e mencionado pelo historiador judeu Flávio Josefo[33]. Em Mateus, Marcos e João a figura do Batista aparece repentinamente, sem precedentes de vocação alguma e sem detalhes biográficos que pudessem ilustrar sua vida. Lucas, por outro lado, nos oferece um marco histórico singular e alguns detalhes extremamente significativos. Seguindo o esquema bíblico traçado para os grandes personagens do povo de Israel (cf. Gn 18; Jz 6,13; 1Sm 1,3), Lucas relata que João é um dos grandes profetas que anunciam o reino de Deus que virá (Lc 1,5ss.). Filho de um sacerdote de nome Zacarias, no tempo de Herodes, rei da Judeia, João tem uma evidente origem de uma família sacerdotal, que pode explicar mais facilmente alguns traços característicos de sua missão. Não é um agitador a mais entre os que pulavam naqueles tempos, anunciando um messianismo político. Sua vestimenta rude – peles de camelo e um cinturão de couro – e sua sóbria alimentação – gafanhotos e mel silvestre – recordam, antes, os grandes profetas de Israel. Apresenta-se batizando no deserto da Judeia, às margens do rio Jordão, no ano 27-28, o décimo quinto do reinado de Tibério, batizando e pregando um batismo de arrependimento para o perdão dos pecados (Mc 1,4). Ao deserto precisamente se vinculavam as esperanças escatológicas do povo de Deus e João, com sua pregação e seu batismo de arrependimento, renovava fortemente essas tradições sagradas de Israel.

Alguns dados da vida de João são extremamente difíceis de verificar. E assim, apesar das dúvidas que possam ser colocadas pela tradição lucana, em que aparece um parentesco entre João e Jesus, autores muito autorizados como Meier e Senén Vidal, veem como admissível a ideia de que João fosse filho de um sacerdote rural que oficiava no templo de Jerusalém e que tenha passado um tempo de sua vida em contato com o movimento essênio, mais concretamente na comunidade de Qumran, a pouca distância das estepes do Jordão, onde João desempenhou

---

33. FLAVIO JOSEFO. *Antiguidades judías*, p. 93-94.

seu ministério profético[34]. Em contraposição à incerteza que ronda esses dados, a mensagem de João aparece com toda nitidez. É verdade que a tradição evangélica não registra nenhum relato de sua vocação; porém, sua voz profética exorta à conversão, no estilo dos grandes profetas de Israel. Em um ambiente de solidão, afastado de seu povo e dos lugares sagrados, João chama à conversão, não só de Israel, mergulhado em uma profunda crise material e de identidade religiosa, mas de todo o mundo, porque, diante daquele que julga não se pode invocar a pertença ao povo escolhido de Deus: "Raça de víboras, quem vos ensinou a fugir da ira que vem? Produzi, pois, frutos de verdadeira conversão. E não vos façais ilusões, dizendo a vós mesmos: Temos Abraão por pai. Pois eu vos digo: Deus pode fazer nascer destas pedras filhos de Abraão. O machado já está posto sobre a raiz das árvores; toda árvore que não der bons frutos, será cortada e lançada ao fogo" (Mt 3,7-10).

Como diz E. Schillebeeckx, o chamado de João à conversão está alinhado com as mensagens de outros profetas de Israel; é "um profeta de juízo, um mensageiro que anuncia a calamidade que há de sobrevir ao que não é justo". Sem dúvida, aporta algo novo, a saber, "a necessidade do batismo, concretamente do batismo de João"[35]. Porém é chocante a iminente irrupção do reino de Deus e o inquietante chamado ao arrependimento (Mt 3,2). A conversão consiste fundamentalmente em uma mudança de orientação rumo a essa imensa realidade do reino de Deus. A conversão não é um mero rito, nem sequer uma mudança de mentalidade pessoal, mas sim a abertura total ao mundo novo que nos vem de Deus. O cenário onde começava esta conversão eram as águas do Jordão. No vale oriental deste rio se realizava o rito do batismo intimamente unido à conversão, e a travessia das águas até a ribeira ocidental recordava a passagem do deserto para a terra prometida, que a libertação supunha. Neste sentido, Wright afirma que o batismo de João incorporava o batizado ao verdadeiro Israel, a quem Yahvé traria a salvação[36].

Na pregação de João ressoa de forma especial outro anúncio: "Depois de mim, vem um mais forte do que eu. Diante dele nem sou digno de abaixar-me e desatar a correia de suas sandálias. Eu vos batizei em água, Ele vos batizará no Espírito santo" (Mc 1,7-8). Ele anuncia não um personagem político, mas o juiz do mundo, que batizará não só com água, mas com "Espírito Santo e fogo" (Mt 3,11; Lc 3,16) ou

---

34. J. P. MEIER. *Un judio marginal. Nueva visión del Jesus histórico* II/1: *Juan e Jesús. El reino de Dios* (Estella: Verbo Divino, 2004), p. 51-57. S. VIDAL. *Jesus el Galileo* (Santander: Sal Terrae, 2006), p. 22ss.

35. E. SCHILLEBEECKX. *Jesús. La historia de un viviente* (Madri: Trotta, 2002), 117, enxerga João com traços de zelota, messiânico e apocalítico. J. P. MEIER. *Op. cit.*, p. 61, o descreve como profeta escatológico, com traços apocalíticos.

36. N. T. WRIGHT. *Jesus and the Victory of God* (Minneapolis: Fortress Press, 1996), p. 160.

simplesmente "com Espírito santo" (Mc 1,8; Jo 1,33). João não pode obscurecer o autêntico Messias; por isso se mostra em atitude de serviço e de humildade, com o único empenho de anunciar aquele que há de vir.

A voz que clamava potente no deserto foi escutada somente no interior de alguns corações retos e sinceros. Eles seguiram as práticas ascéticas e piedosas do mestre nas atividades diárias da vida do povo judeu (Mc 2,18). Porém, não impulsionou nenhum movimento que fizesse escola no futuro. As autoridades do tempo, religiosas e civis, ignoraram sua mensagem, embora fossem objeto de suas duras críticas por violarem as sagradas tradições do povo judeu. Assim aconteceu com o rei Antipas, por construir Tiberíades sobre um antigo cemitério ou se casar com Herodíades, e também com os grupos religiosos de sacerdotes, saduceus, fariseus e herodianos.

Sua mensagem, centrada na iminente condenação dos ímpios que não se converteram e foram batizados, não pode qualificar-se como "boa notícia". O εὐαγγέλιον, a boa notícia, pertence ao que ele anunciava como "mais forte do que eu" (Mc 1,7). Ele era apenas o precursor.

A tradição cristã foi sumamente respeitosa com a figura de João, na medida em que seu anúncio profético reconheceu o messianismo de Jesus. Os dados históricos, no entanto, convidam a uma reflexão mais crítica e menos firme. É muito provável que João tivesse dúvidas acerca do ministério de Jesus, tal como relata o documento Q, ao enviar seus discípulos a averiguar se era ele aquele que havia de vir: "João, (ao ouvir falar de todas estas coisas), enviou alguns de seus discípulos para perguntar (lhe): És tu aquele que há de vir, ou devemos esperar outro?"[37] (Lc 7,20; Mt 11,3). Por outro lado, a evocação de João de um juiz do mundo com poder destruidor não se aplica muito bem à figura e à mensagem de Jesus, cujo ensinamento transmite ao mundo o formoso significado da palavra "pai". É muito provável que João tenha morrido com suas dúvidas acerca da missão de Jesus; porém, em todo caso, sua figura singular brilhou na estepe do Jordão, influindo não só em seus próprios discípulos, mas também nos de Jesus e, possivelmente, no próprio Jesus.

A admiração de Jesus pelo Batista é evidente, ainda que os testemunhos de Jesus sobre ele tenham sido submetidos à elaboração da comunidade cristã primitiva. Entre a multidão de pessoas que se aproximaram do Jordão para receber o batismo de penitência, estava Jesus. Quem o batizou era mais do que um profeta. Assim é que o plasmou depois Mateus, dizendo: "O que fostes ver no deserto? Um homem vestido com roupas finas?... Porém, então, o que fostes ver? Um profeta? Sim, eu vos digo, e mais que um profeta" (Mt 11,7-10). É possível – sem que possamos

---

37. Q 7,18-19. Cf. J. M. ROBINSON; P. HOFFMANN; J. S. KLOPPENBORG (eds.) & S. GUIJARRO (ed. esp.). O *Documento Q en Griego e en Espanol* (Salamanca: Sígueme, 2004), p. 125.

chegar a uma demonstração – que alguns discípulos de João tenham entrado no grupo de Jesus; é certo que a pregação de João chegou ao coração dos judeus piedosos, entre os quais se encontrava Jesus, conhecedores de sua tradição religiosa. E é quase impossível explicar completamente o fato do batismo de Jesus sem estabelecer uma relação muito estreita entre ambos. É certo que Jesus não começou sua missão como discípulo de João e que em nenhum momento pode ser considerado seu sucessor, porém defende e aprova seu ministério. De forma muito enigmática e desconcertante para os sumos sacerdotes e os escribas e os anciãos, Jesus afirma a autenticidade do batismo de João e seu sentido quando, passeando no templo, lhes pergunta: "O batismo de João era do céu ou dos homens? E eles respondem assim a Jesus: "Não sabemos". E Jesus lhes diz: "Tampouco eu vos digo com que autoridade faço essas coisas" (Mc 11,30-33). E em outra ocasião, mais explicitamente, reconhece que "todo o povo que o escutou, até mesmo os cobradores de impostos, reconheceram a justiça de Deus, recebendo o batismo de João" (Lc 7,29). João, segundo a tradição do documento Q, é o maior entre os nascidos de mulher: "Eu vos garanto que dentre os nascidos de mulher ninguém é maior do que João Batista. Mas o menor no reino dos céus é maior do que ele"[38] (Mt 11,11; Lc 7,28).

A vida pública de Jesus começa imediatamente depois de ser batizado por João, um fato histórico inquestionável. O galileu deixou seu pacífico lugar de Nazaré, abandonou seu ofício e viajou da Galileia para a Judeia para escutar o novo profeta de Israel. Ali, às margens do Jordão, Jesus foi batizado por João. O batismo é um fato de tal transcendência na vida de Jesus que as fontes que o narram são muito abundantes. Joachim Jeremias informa que tudo se encontra recolhido na "quíntupla tradição"[39].

Vejamos, no entanto, com calma os textos evangélicos. O relato mais antigo é o de Marcos, e diz assim: "Naqueles dias, Jesus veio de Nazaré da Galileia e foi batizado por João no Jordão. E logo que Jesus saiu da água, viu os céus rasgarem-se e o Espírito descer sobre ele como uma pomba. E do céu uma voz dizia: "Tu és o meu Filho amado, de ti eu me agrado" (Mc 1,9-11).

O texto latino descreve o batismo desta forma: "Et factum est in diebus illis, venit Iesus a Nazaréh Galilae et baptizatus est in Iordane ab Ioanne. Et statim ascendens de aqua vidit apertos caelos et Spiritum tamquam columbam descendentem in ipsum; et vox facta est de coelis: "Tu é Filius meus dilectus; in te complacui"[40].

---

38. Q 7, 28. *Ibid.*, p. 127.
39. J. JEREMIAS. *Teologia do Nuevo Testamento. La predicación de Jesus* (Salamanca: Sígueme, 2009), p. 67.
40. NESTLE-ALAND. *Novum Testamentum Graece et Latine* (Stuttgart: Deutsche Bibelgesellschaft, 1993).

E o grego o faz assim: "καὶ ἐγένετο ἐν ἐκείναις ταῖς ἡμέραις ἦλθεμ. Ιησοῦς ἀπὸ Ναζαρὲτ τῆς Γαλιλαίας καὶ ἐβαπτίσθη εἰς τὸν Ιορδάνην ὑπὸ Ἰωάννου. Καὶ εὐθὺς ἀναβαίνων ἐκ τοῦ ὕδατος εἶδεν σχιζομένος τοὺς οὐρανοὺς καὶ τὸ πνεῦμα ὡς περιστερὰν καταβαῖνον εἰς αὐτόν. Καὶ φωνή ἐγένετο ἐκ τῶν οὐρανῶν σὺ εἶ ὁ υἱός μου ὁ ἀγαπετός, ἐν σοί εὐδόκησα"[41].

Os evangelistas Mateus, Lucas e João nos apresentam algumas variações que poderiam ser resumidas da seguinte forma: segundo Mateus, Jesus chega de Galileia ao Jordão, havendo reconhecido a João, para se fazer batizar por ele. Dá a impressão de que quem deveria batizar era Jesus, e não João, consciente plenamente da superioridade daquele que humildemente se aproximava do rito penitencial entre os judeus piedosos de Israel (Mt 3,14). Lucas introduz no batismo do povo e no de Jesus tempos de particípio passado e sublinha o fato de que a visão de Jesus se produz "estando em oração" (Lc 3,21). O Evangelho de João não faz referência expressa ao batismo de Jesus. Somente se diz que João testemunhou dizendo: "Eu vi o Espírito descer do céu em forma de pomba e permanecer sobre ele (Jo 1,32)". Talvez escritos posteriores, como este evangelho, tenham tido certo pudor em colocar Jesus entre a multidão de pecadores que buscavam lavar suas culpas. Jesus, não obstante, fosse absolutamente inocente, misturou-se entre os filhos do povo de Israel, entre aqueles que se abriam autenticamente ao juízo compassivo de Deus.

À vista desses relatos evangélicos, permito-me fazer algumas considerações. No que diz respeito ao rito batismal, é preciso observar que o verbo grego usado em voz pasiva, βαπτισθῆναι e que corresponde ao aramaico לִאְפ (*qal*) ativo intransitivo עמד (*'amad*), significa "imergir-se", "receber um banho de imersão", e não simplesmente "ser batizado". Deveríamos modificar a imagem que temos do Batista, com a mão levantada derramando água sobre a cabeça de Jesus. Os que iam para ser batizados imergiam, enquanto João atuava como testemunha. E Jesus, em meio à multidão, participou de um batismo coletivo, longe de qualquer tipo de atividade a sós entre Ele e João. Isto é o que esclarece estupendamente Lucas quando diz: "Ao ser batizado todo o povo ἄπαντα τὸν λαόν, quando batizou-se também Jesus..." (Lc 3,21). O batismo teve lugar no Jordão, quer dizer, dentro do rio. E, em seguida (καὶ εὐθὺς 'ἀναβαίνων) ao sair da água, como nos diz Marcos com um termo favorito que outros evangelistas omitem, dando a entender a rapidez com que iam suceder-se os grandiosos acontecimentos de Deus com seu povo, os céus se rasgaram (σχιζομένους) – não somente se abriram, como escrevem os paralelos de outros evangelhos – para dar passagem ao Espírito de Deus, de tal forma que permaneça sempre com Jesus e seus seguidores.

---

41. *Ibid.*

E o Espírito descia sobre ele como uma pomba. Com uma linguagem simbólica, típica dos textos apocalípticos e com claras evocações à narração dos inícios do mundo no primeiro capítulo do Gênesis, aponta-se o começo da nova criação, centrada na pessoa de Jesus. E soou uma voz dos céus. É a voz que, do céu, ratifica a condição de filiação de Jesus: "Tu és meu Filho" (Mc 1,11), uma frase que reproduz quase com exatidão o Salmo 2,7, ainda que invertendo a ordem do primeiro versículo e omitindo o segundo. Para Marcos, que neste momento cita um salmo real, a palavra "filho" que, em princípio, pode ser atribuída a reis ou a anjos de Yahvé, se concebe de um modo messiânico. Ademais, é um filho "querido" (ἀγαπητός), palavra que poderia inclusive ser interpretada como título de Jesus, ainda que talvez o mais correto seja traduzi-la como "amado". "Em ti me agradei" (ἐν σοὶ εὐδόκησα), uma clara alusão a Isaías (Is 2,1) e que, embora gramaticalmente permita um uso de presente (em quem eu me deleito), tem um claro e real sentido de passado. Jesus, segundo Marcos, seria o escolhido antes de todos os tempos, antes da criação do mundo, e agora ratificado no batismo do Jordão. O batismo é uma teofania clara e ao mesmo tempo única. A voz de Deus é escutada somente por Jesus, embora seja certo que todos os seus seguidores também somos chamados a escutá-la[42].

Todos os autores estão de acordo em admitir que o batismo foi uma experiência determinante na vida de Jesus e que com ela se distanciou radicalmente da missão de João Batista. Se analisarmos Marcos (Mc 11,27-33 par.), descobriremos que a autoridade que Jesus reclama para si se sustenta na experiência de seu batismo. Ali ele descobre (lhe é revelado) que é o Filho amado de Deus, a quem se atribui a missão de comunicar a salvação do Pai a todas as pessoas. Ele tem consciência de ser possuído pelo Espírito para infundir o alento da vida a toda a nova criação. Ele inaugura um tempo novo e definitivo, no qual não só o povo de Israel, senão todos os povos irão presenciar a chegada do reino de Deus, que se traduz em amor compassivo de Deus pela humanidade inteira. É uma experiência original e única, diferente da que tiveram todos os demais profetas de Israel, porque ele não só escutou a voz de Yahvé para anunciá-la a seu povo, como também foi proclamado Filho amado de Deus. Foi-lhe incumbida uma missão singular, de anunciar e fazer sua a bondade de Deus para com a humanidade até o extremo de encarnar em sua pessoa esta mesma bondade. Tudo isso transcende os limites de qualquer ser humano, de qualquer projeto, por nobre que pudesse ser, mesmo que realizado pelo maior dos

---

42. Cf. J. MARCUS. *El Evangelio segun Marcos* (Salamanca: Sígueme, 2010), p. 169-179. J. JEREMIAS. *Teología del Nuevo Testamento. La predicación de Jesus* (Salamanca: Sígueme, 2009), p. 67-74. J. GNILKA. *El Evangelio segun san Marcos* I (Salamanca: Sígueme, 2005), p. 56-64. S. VIDAL. *Jesus el Galileo* (Santander: Sal Terrae, 2006), p. 61-67. T. P. RAUSCH. *¿Quién es Jesús? Introducción a la cristología* (Bilbao: Mensajero, 2006), p. 101-104.

profetas. Porém, ele tinha a força do Espírito que guiaria toda sua vida, desde os momentos mais duros e precários até o mais esplêndido e sublime da ressurreição.

Revelam-se evidentes as diferenças entre a missão de João e a de Jesus. A visão que João tinha de Deus e de sua salvação era mais a de ameaça e admoestação. Seu Deus estava longe do ser humano. Nunca falou do reino de Deus. Tampouco curou enfermos, nem comeu com pecadores. Por sua vez, Jesus encarnou um Deus presente entre nós e pregou a boa notícia (εὐαγγέλιον) da salvação para todos.

Depois da experiência vocacional do batismo, Jesus regressou à Galileia, passando perto de alguns pequenos povoados da margem norte e ocidental do belo lago de Genesaré, como Magdala, Tabgha, Tiberíades e, especialmente, Cafarnaum, que hoje chamamos de sua casa. Ali começou seu breve e árduo ministério.

4.10. O ministério de Jesus

A experiência do batismo transformou a vida de Jesus. Ainda que seja impossível reconstruir a sequência dos fatos, é muito provável que, uma vez abandonado o deserto do Jordão, Jesus tenha regressado para Nazaré com sua família. O desconcerto e o estranhamento de seu povo, incapaz de ver em Jesus um novo profeta, comprometido com o reino de Deus, – libertação para todos, especialmente os pobres e os oprimidos da terra – ocasionaram a partida para as cidades do lago de Genesaré, onde Jesus criaria a grande família dos filhos de Deus, que o ajudou a conformar sua própria personalidade e experiência vital e que, mais tarde, difundiria sua mensagem a todos os povos (cf. Mc 6,1-6).

Nos arredores do mar de Galileia, separado de sua família natural e aberto a outras pessoas, inclusive às mais distanciadas das crenças judaicas, Jesus anuncia a chegada do reino de Deus e, para comunicá-la ao povo, reúne ao seu redor seguidores que percorrem com ele as aldeias da Galileia e da Judeia, partilhando sua forma de vida, iniciando assim o movimento que seria o gérmen do cristianismo.

A atividade de Jesus e seus seguidores e seguidoras se desenvolverá com autêntica paixão e profunda humildade, com firmeza e convicção, com estreita fidelidade ao Pai e com o refrescante contágio do Espírito que anuncia às consciências a proximidade libertadora de Deus, especialmente dos pobres da terra.

Jesus começou seu ministério proclamando a vinda do reino de Deus. Isto é evidente. Também é evidente que o anúncio do reino de Deus deve ser entendido como "boa notícia", não só para Israel, mas para o mundo inteiro. O ministério de Jesus, aparentemente reduzido ao povo de Israel, tinha vocação de universalidade, ancorado nas próprias raízes do Antigo Testamento e no amor de Deus a todo o universo. Outra questão muito diferente é explicar em que consiste esse reino ou reinado, qual é sua relação com as estruturas religiosas do povo judeu, qual a compreensão do mesmo por parte da primitiva comunidade cristã e em que sentido a Igreja se relaciona com a realidade suprema do reino de Deus. Todas estas questões estão abertas à interpretação teológica.

Certamente, o anúncio do reino de Deus originou aquele que se passou a conhecer como o "movimento de Jesus". Essa expressão popular se interpreta também de formas diferentes. Na raiz da criação do *Jesus Seminar no* ano de 1985, projeto do *Westar Institute*, com sede em Sonoma, Califórnia; biblistas e teólogos de distintas confissões cristãs debruçaram-se sobre o tema, com enorme alcance e resultados de extraordinária importância. Todos partilham de pressupostos metodológicos semelhantes, conhecem perfeitamente as línguas bíblicas, estão a par das descobertas arqueológicas relacionadas com o mundo de Israel e são especialistas no conhecimento histórico do judaísmo do século I de nossa era cristã. As semelhanças descritas não impedem que, em muitas ocasiões, suas conclusões sejam muito diferentes, mostrando uma ampla gama de imagens referidas a Jesus.

J. D. Crossan, biblista estado-unidense de origem irlandesa, concebe o "movimento do reino de Deus" de Jesus como um grupo de "itinerantes", como o próprio Jesus, principalmente proprietários ou camponeses despossuídos, que aceitariam a perda de tudo como juízo sobre o sistema que os havia arruinado. As doutrinas e comportamentos de Jesus, submetido a um processo tenso de helenização de sua terra, transmitiam um mensagem social inovadora e libertadora, em oposição às estruturas patriarcais que alimentavam as desigualdades daquela época. Jesus, ao estilo dos inúmeros filósofos cínicos que percorriam, então, o império romano, não tinha outro sentido senão transformar a ordem estabelecida. Advogava por um igualitarismo radical, sem consideração de normas sociais nem religiosas, como provam suas práticas de comensalidade, abertas a deserdados e pecadores. Sua enorme engenhosidade, sua absoluta liberdade em seu modo de agir e suas curas se orientavam claramente a transformar a ordem estabelecida. Suas doutrinas se encontravam muito distantes das expectativas apocalípticas judaicas, baseando-se, antes, em normas universais da experiência humana. No sentido estrito do termo, Jesus não realizou exorcismos por considerar que as convulsões de certos enfermos não correspondiam a uma possessão diabólica. Mais do que milagres, as ações de Jesus podem ser consideradas elementos mágicos, fora dos modos habituais da religião. Nos últimos dias de sua vida subiu a Jerusalém, onde morreu, sem mediar processo algum, executado pelos romanos, abandonado por todos, para ser enterrado com toda probabilidade em uma fossa comum. Ao longo de seu ministério, nunca chamou אבא *abbâ'* a Deus, nem teve intenção de formar discípulos que continuassem sua obra. Sem dúvida, uma vez morto na cruz, seus seguidores interpretaram sua morte à luz das profecias do Antigo Testamento, criando o mito de sua paixão e ressurreição[43].

Burton L. Mack, especialista nas origens do cristianismo, trabalha sobre hipóteses altamente arriscadas e com enfoques muito céticos acerca dos escritos sobre Jesus. Tais escritos, segundo este autor, embora não possam ser tachados de falsidade, têm realmente um caráter mítico, oposto à história, e, mais do que outra coisa, refletem as situações sociais, políticas e culturais de seus autores. São autênticos documentos do movimento cristão primitivo, mais do que versões confiáveis da vida de Jesus.

Centrado desmedidamente na fonte Q, Mack considera o evangelista Marcos o verdadeiro fundador do cristianismo, inventor da história do conflito entre Jesus e os líderes religiosos de Israel, e o construtor da figura de Jesus como mestre de sabedoria e fundador de um experimento social. Mais tarde (entre os anos de 70 e de 100 de nossa era), Mateus e Lucas fizeram uso dos escritos de Marcos e da fonte Q, convertendo Jesus em Filho de Deus[44].

Elisabeth Schüssler, teóloga feminista, descreve o movimento de Jesus como um "discipulado de iguais", alternativa às estruturas patriarcais do judaísmo, sem que isso suponha rejeitar suas normas e suas práticas[45].

Para E. P. Sanders, Jesus foi um profeta escatológico (não um reformador social), plenamente consciente de ser o último enviado de Deus para anunciar a restauração de Israel, quer dizer, profundamente inserido nas tradições do povo judeu. Teve plena consciência de ser o último profeta enviado de Deus e de viver um momento decisivo na história. Ali se radica sua personalidade única e a originalidade de sua atuação. Sua pregação esteve orientada a preparar o povo para a vinda definitiva do reino (ou reinado) de Deus e, tanto seus milagres como sua morte, devem ser explicados neste contexto. Aceita os milagres realizados por Jesus (não podem ser considerados pura magia), porém os atribui a causas naturais e não sobrenaturais. O mais excêntrico e ofensivo deste profeta para o ambiente judeu do tempo foi oferecer aos pecadores um lugar no reino de Deus, sem necessidade de

---

43. J. D. CROSSAN. *El nacimiento del cristianismo: Qué sucedió en los años inmediatamente posteriores a la ejecución de Jesús* (Santander: Sal Terrae, 2002), p. 281-282. ID. El *Jesus de la historia: vida de un campesino judio* (Barcelona: Crítica, 1994). ID. *The Essential Jesus: Original Sayings and Earliest Images* (São Francisco: Harper, 1994). ID. *Jesús: biografía revolucionaria* (Barcelona: Grijalbo Mondadori, 1996). J. P. MEIER. *Un judio marginal. Nueva visión del Jesus histórico* I: las *raíces del problema y la persona* (Estella: Verbo Divino, 2005), p. 131-182, oferece uma crítica a estas opiniões.
44. B. L. MACK. *A Myth of Innocence: Mark and Christian Origins* (Philadelphia, Fortress, 1988), 322-323. ID. *The Christian Myth: Origins, Logic and Legacy* (Nova York-Londres: Continuum, 2001).
45. E. SCHÜSSLER-FIORENZA. *En memoria de ella. Una reconstrucción Teologico-feminista de los orígenes del cristianismo* (Bilbao: Desclée de Brouwer, 1989), p. 147-148.

arrependimento nem de penitência ritual. Seus discípulos continuaram depois de sua morte a pregação escatológica, embora, gradualmente, a tenham orientado até a figura de Jesus, convertendo assim sua pessoa no eixo central de seu anúncio. Na opinião deste biblista de Texas, o importante não é a situação política da Palestina, mas a estreita relação de Jesus com os movimentos judaicos daquele tempo[46].

R. A. Horsley, entendendo que Jesus foi um militante da transformação social, política e econômica, opina que o movimento de Jesus estava orientado para a renovação social da Galileia daquela época, fortemente marcada pela exploração das classes dominantes. As comunidades campesinas das aldeias e cidades da Galileia estavam chamadas a promover uma nova ética, cimentada no amor aos inimigos e na supressão das estruturas patriarcais, geradoras de desigualdades e de rancor entre seus membros. Toda a atividade ministerial de Jesus deve ser entendida no marco da situação política, social e econômica da Galileia, apartada da aparente tranquilidade do reinado de Tibério[47]. Jesus foi, efetivamente, um revolucionário social contrário às elites poderosas de seu tempo, mais do que um pregador ou um carismático que percorria as aldeias da Galileia. Foi um profeta de Israel a mais, e não um Messias. O movimento libertador de Jesus foi, de fato, mais um dos muitos movimentos de renovação que surgiram na Palestina da época, esperando que os governantes políticos, judeus e romanos fossem expulsos por Deus daquela terra.

Marcus J. Borg, influenciado pelas obras de G. Vermes e de J. Dunn, apresenta a figura de Jesus como a de um carismático espiritual, enraizado na mais genuína tradição do povo de Israel – povo santo de Deus – e cheio do Espírito de Yahvé. Jesus é um sábio cheio de carisma e um mediador do sagrado, porém não pode apropriar-se do título de Messias. Sua doutrina e seus atos, longe de conter tons escatológicos, estão cheios da experiência de Deus, que Ele manifesta especialmente em seus milagres. Nesses milagres se percebe a relação de Jesus com outros mestres carismáticos do judaísmo e a autenticidade de sua mensagem. Sua postura a respeito da vida futura, da ressurreição de Jesus, está imersa no agnosticismo, embora reconheça que a convicção de que "Deus o ressuscitou (a Jesus) dentre os mortos" (Rm 10,9; Gl 1,1; Cl 2,12; 1Pd 1,21) está amplamente difundida nos escritos do Novo Testamento[48].

---

46. E. P. SANDERS. *Jesus e o judaísmo* (Madri: Trotta, 2004). ID. *La figura histórica de Jesús* (Estella: Verbo Divino, 2000).

47. R. A. HORSLEY. *Sociology and the Jesus Movement* (Nova York: Crossroad, 1989), p. 115ss.

48. M. J. BORG. *Jesus, a New Vision: Spirit, Culture, and the Life of Discipleship* (San Francisco: Harper, 1991). ID. *Meeting Jesus Again for the First Time: The Historical Jesus and the Heart of Contemporary Faith* (San Francisco: Harper Collins, 1994). ID. *Jesus in Contemporary Scholarship* (Harrisburg: Trinity Press International, 1994). ID. *The God We Never Knew: Beyond Dogmatic Religion to a More Authentic Contemporary Faith* (New York: HarperCollins, 1997).

Estas opiniões parecem prescindir do caráter teológico do movimento de Jesus, tão específico de sua missão. Por outra parte, é extremadamente simplista situar a pessoa de Jesus em um grupo de pregadores itinerantes, sem propósito específico e à margem da forte religiosidade do povo de Israel. É praticamente impossível conceber o movimento de Jesus sem vinculá-lo fortemente com o povo de Israel, ao qual Jesus pertencia.

De fato, segundo Meier, os fariseus e Jesus representavam os dois principais movimentos *religiosos* de Palestina naquela época[49]. Nos evangelhos existem suficientes evidências que provam a relação dos seguidores de Jesus com os movimentos proféticos de etapas anteriores, ao tempo que determinam a identidade deles. Os relatos da grande família de Jesus são muito minuciosos ao distinguir "muita gente" (Mc 6,34), "seus discípulos" (Mc 14,13), "algumas mulheres" (Lc 8,2) e o grupo mais íntimo, "os Doze" (Lc 8,1; Mc 3,14). Estamos falando já de uma família nova de Jesus, de homens e mulheres que se sentem chamados por Ele, que o seguem e que pretendem continuar sua missão, uma vez ressuscitado dentre os mortos. Já não importam os laços de sangue, nem a pertença a um clã; tampouco o vínculo com instituições muito significativas na cultura semítica oriental, nem sequer a eleição de um povo, Israel, ao que pertencem os judeus, para quem tanto contava o amor de Yahvé. São simplesmente seus seguidores, os continuadores de seu ministério no tempo e por todos os lugares da terra.

4.11. A nova família de Jesus

Jesus é o grande fascinador. Uma nova família não se faz com apatia e inatividade. Os laços naturais funcionam por si mesmos, espontaneamente, ao passo que as novas conquistas de família respondem à inovação e ao anúncio de novos desafios e ideais. E assim fez Jesus[50]. A atração que exerce Jesus sobre as pessoas simples é realmente espantosa. Ele está sempre aberto às necessidades dos mais pobres, a quem atentamente escuta com sincera compaixão. E consequentemente muitas pessoas caminham atrás do mestre, contentes por partilhar a alegria presente e a esperança de um mundo melhor. Seu chamado é radical; chama a todos, ainda que de diferentes maneiras, e convida a deixar tudo – inclusive terras e a própria família natural – para lançar-se à aventura da falta de segurança, plasmada em suas duras e gráficas palavras: "as raposas têm tocas, e os pássaros do céu, ninhos; por sua vez, o Filho do homem não tem onde repousar a cabeça" (Mt 8,20).

---

49. J. P. MEIER. *Un judío marginal. Nueva visión del Jesus histórico* III: *Compañeros y competidores* (Estella: Verbo Divino, 2005), p. 644-645.
50. R. A. HORSLEY. *Sociology and the Jesus Movement* (Nova York: Crossroad, 1989), p. 122-124.

O chamado de Jesus leva consigo uma vida partilhada. As pessoas seguem Jesus e vivem como Ele, atrás dos passos do novo profeta itinerante. Não seguem um sábio mestre, ao estilo dos grandes pensadores do mundo grego; tampouco são doutrinados por um famoso *rabí* que os instrua nas Escrituras hebraicas; Ele transmite a sabedoria da vida, centrada absolutamente no reino de Deus, quer dizer, curando e perdoando com amor as pessoas e ensinando-as a ver a Deus como Pai. Tudo está, pois, ao serviço do reino de Deus. E reino significa libertação e salvação. Por isso, Jesus afasta de seus seguidores a servidão aos poderes de Roma, como também liberta o povo das amarras escravizantes da lei mosaica, ao tempo que ensina a seus seguidores o amor aos demais, mesmo que ao custo de serem rejeitados por sua causa. Na própria insegurança os discípulos encontrarão a autêntica alegria, partilhando com toda a humanidade o amor de Deus a este mundo. Esta é a missão do discípulo: anunciar com alegria o reino de Deus, não com imposições, mas como serviço, curando as doenças e sofrimentos das pessoas e lhes dizendo que Deus está com elas. Jesus expressa estas belas realidades em peculiares metáforas que falam de seguidores que se converterão em "pescadores de homens" (Mc 1,17), que não devem levar "alforge no caminho" (Mt 10,10), que "sacudam a poeira de seus pés" quando não forem bem recebidos em uma casa (Mt 10,14), que não se preocupem com "o que vão falar" quando forem entregues aos sinédrios e às sinagogas (Mt 10,19), e outras semelhantes. Assim aparece no mundo o reino de Deus, suscitando uma comunidade viva, que recebe a boa notícia da salvação e que oferece hospitalidade aos mais necessitados[51].

Inegavelmente, Jesus desperta o interesse da multidão quando percorre as aldeias e cidades da Galileia e da Judeia. Não é o primeiro profeta a quem o povo, oprimido política e religiosamente na Palestina daquele tempo, segue ansiando sua libertação, esperando tantas promessas messiânicas ainda não cumpridas. Porém agora, tudo é distinto e novo[52]. Pobres camponeses, atormentados por sua miséria e o peso das leis religiosas, seguem Jesus, que anuncia a chegada do reino de Deus. Saem ao encontro do mestre, escutando-o e levando-lhe os enfermos, às vezes, com entusiasmo e autêntica entrega; outras, de forma menos comprometida, porém sempre confiando em sua especial autoridade. No grupo de seguidores há homens, perfeitamente identificados por seus nomes e sua atividade, porém também figuram mulheres que, embora não apareçam nos chamados relatos de vocação, nos

---

51. Cf. J. A. PAGOLA. *Jesus. Aproximação histórica* (Petrópolis: Vozes, 2010), p. 269-300, no capítulo X, "Criador de um movimento renovador". Além de uma descrição detalhada deste movimento de Jesus, encontram-se opiniões interessantes de diversos autores sobre este tema.

52. B. CHILTON & J. I. H. MCDONALD. *Jesus and the Ethics of the Kingdom* (Londres: SPCK, 1987), p. 96, afirmam que a dinâmica do reino de Deus rompe com os esquemas de valores religiosos da época.

quais constam unicamente varões, seguem Jesus e servem como autênticas seguidoras (ἀκολουθέιν e διακονέιν). Essas mulheres, seguidoras de Jesus na Galileia (Mt 27,41; Mc 15,40-41; Lc 23,49), foram testemunhas do fato excepcional da paixão de Jesus –relato que contém tradições muito antigas da comunidade de Jerusalém – junto com alguns homens, tal como aparecem consignadas em vários escritos evangélicos (Mt 27,56.61; 28,1; Mc 15,40.47; Lc 8,2-3; Jo 19,25; 20,1). Nunca são chamadas μαθητής (discípulas) de Jesus, porém, ainda que nominalmente não apareçam como tais nos evangelhos, assim podem ser consideradas na realidade[53].

Essas pessoas fascinadas pela notícia do reino de Deus são a nova família de Jesus. O que eu antes disse acerca do seguimento de Jesus, o expressam os evangelhos de forma muito mais contundente e exigente. O Evangelho de Marcos nos confronta com uma passagem em que aprendemos que ser "família" de Jesus não equivale a estar com Ele. Os que estão ao seu lado não pertencem ao seu círculo messiânico. Os familiares de Jesus que tratam de afastá-lo de sua missão, que disseram que "estava fora de si", se encontram realmente fora de seu âmbito familiar. Por isso, quando anunciam a Jesus que "tua mãe e teus irmãos estão aí fora e te procuram", ele "dirige seu olhar aos que estavam sentados ao seu redor", περὶ αὐτόν (evocando uma imagem patriarcal), e lhes diz: "Eis aqui minha mãe e meus irmãos. Pois aquele que faz a vontade de Deus, esse é meu irmão, e irmã, e mãe" (Mc 3,32-35). Claramente, seus irmãos, irmãs e mãe são aqueles que cumprem a vontade de Deus. Jesus, em termos semelhantes aos do profeta Isaías (Is 49,18-21; 60,4), expressa a esperança da chegada da família escatológica, em perfeita consonância com o reino de Deus que está anunciando. Lucas expressa energicamente a mesma ideia: "Se alguém vem a mim e não deixa seu pai e sua mãe, (sua) mulher e (seus) filhos, a (seus) irmãos e irmãs, e mais ainda, inclusive a sua vida, não pode ser meu discípulo" (Lc 14,26).

Jesus propõe uma forma de seguimento, certamente chocante e peculiar. O mesmo pode ser dito da palavra de Jesus: "pois eu vim para desunir: o homem contra seu pai, a filha contra sua mãe, a nora contra sua sogra" (Mt 10,35). E o quarto evangelho enfatiza que, pela cruz e a partir desse mesmo momento nasce a nova família de Jesus.

4.12. Os discípulos

À exceção de Lucas, que apresenta um Jesus solitário e ambulante, que pregou na sinagoga de Nazaré e realizou diversas curas em Cafarnaum (Lc 4,16-44), os

---

53. J. P. MEIER. *Un judio marginal. Nueva visión del Jesús histórico* III: *Compañeros e competidores* (Estella: Verbo Divino, 2005), p. 105-108, oferece a explicação neste ponto afirmando que as palavras hebraicas e aramaicas (תלמיד [*talmid* em hebraico] e תלמידא [*talmidâ* em aramaico]) não tinham formas femininas e que os evangelhos gregos seguiram o uso judaico nesta questão.

evangelhos nos dizem que Jesus começou seu ministério reunindo discípulos ao seu redor (Mt 4,18-22; Mc 1,16-20; Jo 1,35-51). Não se pode descartar a possibilidade de que Jesus, ainda que por apenas um curto espaço de tempo, tenha começado sua atividade sem a companhia de discípulos[54]; porém o mais relevante neste caso é a escolha de pessoas que o acompanhariam durante todo seu ministério[55].

Sempre me pareceu que os relatos vocacionais dos evangelhos – encontro de Jesus com pessoas que são convidadas a segui-lo – são genuínos modelos de narrativa. Inserida em um ambiente natural de intensa beleza e refletindo um profundo conhecimento da psicologia humana, a palavra de Jesus se dirige às pessoas com uma simplicidade estremecedora, uma ternura e delicadeza profundas e uma efusiva projeção amorosa. É certo que, como diz R. Aguirre, "o fenômeno do seguimento de Jesus foi complexo", produzindo-se provavelmente de diferentes formas, umas mais pessoais e outras que fazem clara referência à família ou à sociedade em geral (cf. Mc 1,16-20; Mc 10,46-52; Jo 1,40-42)[56], porém o pano de fundo é idêntico.

Vejamos como expressa estas realidades o evangelista Marcos, no cenário de Galileia, uma região de vital importância para ele na atividade ministerial de Jesus. Diz assim: "Enquanto caminhava ao longo do mar da Galileia, Jesus viu Simão e André, seu irmão, lançando a rede ao mar, pois eram pescadores. E Jesus lhes disse: "Vinde comigo, e eu farei de vós pescadores de gente". Deixando imediatamente as redes, eles o seguiram. Indo um pouco mais adiante, viu Tiago, filho de Zebedeu e João, seu irmão, consertando as redes no barco. Ele os chamou. E eles deixaram o pai, Zebedeu, no barco com os empregados e partiram, seguindo Jesus" (Mc 1,16-20).

O chamado de Jesus sempre é absoluto, radical, soberano, inapelável; nunca é brusco, nem violento nem ameaçador. E, em todas as ocasiões, mostra uma grande generosidade, orientada claramente ao serviço dos pobres, que têm a Deus como única esperança. Ainda que nestas histórias de vocação se invoquem frequentemente as coincidências e semelhanças com a de Eliseu pelo profeta Elias, é evidente que os elementos que configuram umas e as outras são completamente diferentes. No

---

54. J. GNILKA. *Jesus de Nazaret. Mensaje e historia* (Barcelona: Herder, 1995), p. 205-206.
55. E. P. SANDERS. *La figura histórica de Jesus* (Estella: Verbo Divino, 2000). "Apéndice II: los discípulos de Jesús", enumera a lista total de nomes, que são os seguintes: Simão (apelidado por Jesus אהפכ כפא, Cefas que, em aramaico significa "rocha"; πέτρος [Pedro] é a versão grega de seu apelido); André, seu irmão, Tiago, João, Felipe, Tomás, Judas Iscariote (aparecem nos quatro evangelhos e nos Atos), Bartolomeu, Mateus, Tiago, o filho de Alfeu, Simão, o cananeu ou o zelota (aparecem em Mateus, Marcos, Lucas e Atos), Tadeu (aparece em Mateus e em Marcos), Judas, o filho de Tiago (assim em Lucas e Atos; João o chama "Judas, não o Iscariote"), aparece em Lucas, Atos e João; e Natanael (aparece em João). A esses catorze nomes, Marcos e Lucas acrescentam Levi, um arrecadador de impostos, seguidor de Jesus.
56. R. AGUIRRE; C. BERNABÉ & C. GIL. *Qué se sabe de... Jesus de Nazaret* (Estella: Verbo Divino, 2009).

Antigo Testamento aparece raramente a relação entre mestre e discípulo, estabelecida no Novo Testamento, e o termo μαθητής não se encontra na tradução dos LXX. Este termo grego, embora se utilize para designar os discípulos de João Batista (Mt 11,1) e, em alguma ocasião, os dos fariseus (Mt 22,16), é específico dos seguidores de Jesus e o converte realmente em único[57]. Em pouco se parecem, ademais, as ações de Jesus com as de outros profetas e rabinos judeus. No mundo da Torá, eram os discípulos – somente varões – quem escolhiam o mestre, de quem aprendiam e a quem serviam. Os discípulos dos mestres da lei e os que aderiam a algum movimento profético se diferenciam substancialmente dos seguidores de Jesus.

O mencionado texto de Marcos (Mc 1,16-20) começa com uma palavra: παράγων (*praeteriens*), "passando" o "enquanto ia" pela margem do mar de Galileia. Marcos recorda com este termo a manifestação de Deus a Moisés (Ex 33,18-23) e a passagem do profeta Elias antes de confiar sua missão a Eliseu (1Rs 19,11), realçando assim a ação de Jesus ao chamar seus discípulos. E isto ocorre em um lugar singular, não simplesmente "no mar", como diz em outros lugares (Mc 2,13; 3,7; 4,1; 5,1.13.21), mas sim "no mar da Galileia", para demonstrar o interesse do evangelista por esta região na missão de Jesus[58]. Este mar é o lugar de trabalho daqueles que serão seus discípulos.

Jesus, movendo-se pela margem do mar, inquieto pelo amor à humanidade, *vê* Simão e André. Ele toma a iniciativa, interpretando-se sua ação não como a de um mero observador, mas como a de alguém interessado na vida dos seres humanos. Neste caso, os discípulos não escolhem o mestre, como no judaísmo rabínico, mas sim o contrário. O seguimento a Jesus supõe um chamado pessoal, dirigido a um grupo reduzido, sem que isso se contraponha ao chamado universal ao arrependimento e ao amor, quer dizer, aos valores do reino de Deus. Sempre o convite ao reino é superior e mais amplo que o chamado ao discipulado. O discípulo está a serviço do reino de Deus e não o contrário. Um é o servidor do outro; o discípulo, em definitiva, é servidor de Jesus, que personifica e realiza esse reino. Não importa que os chamados a ser discípulos gozem de qualidades especiais; o importante é a força de Jesus que os converte em seus seguidores e a missão que ele irá confiar-lhes. Jesus não restringe seu chamado. Dirige-se a todos, homens e mulheres, pu-

---

[57]. J. P. MEIER. *Un judio marginal. Nueva visión del Jesus histórico* III: *Compañeros e competidores* (Estella: Verbo Divino, 2005), p. 67, comenta que o uso judaico do termo μαθητής, próximo aos escritos evangélicos, se encontra muito mais tarde no historiador Flávio Josefo.

[58]. Este mar (mais exatamente, um lago) é conhecido nas fontes judaicas por mar de Kinneret, mar de Genesaret ou mar de Tiberíades. No Novo Testamento aparece comumente como "o mar"; somente Marcos, na passagem citada e em Mc 7,31, com os paralelos de Mateus e João (Jo 6,1), utiliza a expressão completa "mar da Galileia".

ros e impuros, observantes da lei e pessoas distanciadas de Yahvé. Assim viu e chamou Simão (a quem posteriormente impõe o apelido de Pedro), que tem a honra de ocupar o primeiro posto nos acontecimentos mais transcendentes da vida de Jesus, e André, seu irmão. Estavam lançando a rede no mar, provavelmente utilizando uma rede circular, lançada ao mar a partir da costa ou a poucos metros dela, pois eram pescadores[59]. Também chamou Tiago e seu irmão João, filhos de Zebedeu, para distingui-los claramente de Tiago, o irmão do Senhor, e João Batista. Nos sinóticos, os filhos de Zebedeu aparecem sempre juntos e, com Pedro, formam um grupo estreitamente relacionado com os acontecimentos mais significativos da vida do mestre (Mc 5,7; 9,2; 14,33; Lc 9,51-56).

Vinde após mim (δεῦτε᾽ ὀπίσω μου), disse Jesus. Na literatura rabínica, o discípulo vai atrás do mestre, acompanhando-o e aprendendo com suas doutrinas, porém, sempre a uma distância prudencial, que marca diferenças. O seguimento do discípulo de Jesus é entrega total, viver sua vida na rota do caminho traçado pelo mestre. Os primeiros discípulos deixaram as redes, quer dizer, seu trabalho e seu negócio, talvez próspero e em todo caso seguro, para seguir a Jesus (ἠκολούθησαν αὐτῷ).O chamado de Jesus (ἐκάλεσεν αὐτούς, *os chamou*), com o pano de fundo do chamado de Deus aos profetas e ao povo de Israel, se traduz no seguimento dos discípulos, ἀκολουθέιν, um termo empregado com muitíssima frequência nos sinóticos e em João; e ainda que às vezes faça referência à multidão que seguia Jesus, se aplica de forma característica e diferenciada aos discípulos[60]. Se o chamado de Jesus é pessoal, o seguimento é total e radical. Elias permitiu a Eliseu despedir-se de seus pais e cuidar deles (1Rs 19,20). Jesus exige do discípulo uma ruptura fundamental, no pessoal e no cultural. E os evangelhos o descrevem claramente desta maneira. O discípulo deve deixar seu trabalho (Mc 1,18), inclusive a sua família, rompendo assim os esquemas de valores do Antigo Testamento (Mc 1,20; 10,29-30), deixar tudo (Lc 5,11), para partilhar a vida itinerante, pobre e dolorosa do mestre.

As exigências que acompanham o seguimento de Jesus culminam no serviço autêntico e completo aos demais e em um amor desinteressado, inclusive aos inimigos. Em lugar de aspirar aos primeiros lugares, o discípulo deve estar atento às necessidades dos outros e inclusive suportar injúrias por Jesus (Mc 9,35; Mt 5,38-42). Em resumo, tudo se reduz a seguir os passos de Jesus, a amar os demais como Ele

---

59. D. J. HARRINGTON, en (R. E. BROWN; J. A. FITZMYER & R. E. MURPHY [eds.]). *Nuevo Comentario Bíblico San Jerónimo. Nuevo Testamento* (Estella: Verbo Divino, 2004), 21, afirma que "os primeiros discípulos trabalhavam como pescadores, uma indústria importante na Galileia. Possuiam redes (1,16) e tinham empregados (1, 20)... Há suficientes razões para pensar que sabiam ler e escrever e que, talvez, estivessem familiarizados com os textos bíblicos".

60. FLAVIO JOSEFO utiliza também este verbo em *Antiguidades judaicas* XX, p. 188.

nos amou, entregando sua vida de forma tão radical, até à morte por seus amigos (Jo 15,12-13). Tudo poderia ser compendiado nos dois ditos de Marcos: "Se alguém quiser seguir-me, negue-se a si mesmo, tome sua cruz e me siga. Pois quem quiser salvar sua vida, vai perdê-la; porém aquele que perder sua vida por causa de mim e do Evangelho, este a salvará" (Mc 8,34-35).

A renúncia a tudo por parte do discípulo – não levar "nem pão nem sacola, nem dinheiro no cinto; mas apenas calçados de sandálias; e não levar duas túnicas" (Mc 6,8-9) – não é simplesmente um desapego em relação aos bens do mundo, marcando diferenças com o estilo de vida dos demais que habitam a mesma terra, mas sim um sinal e uma proclamação do reino de Deus anunciado por Jesus. A partir do anúncio do reino de Deus se entende perfeitamente a pobreza e desnudez do discípulo, a insegurança material que o orienta a confiar na providência e mesmo o distanciamento da família e do mundo. É que o reino de Deus chegou e chegou aos pobres (se abençoam os pobres, não a pobreza!), aos enfermos e possuídos pelo mal – pessoas que só confiam em Deus para sua realização e felicidade – a quem Deus chama "felizes" porque lhes prometeu sua salvação, sua *basileia*.

O discípulo de Jesus assume voluntariamente a condição de marginalizado, de preterido daqueles valores que o afastam da nova realidade do reino de Deus; recebe dessa maneira a missão de anunciar o reino com o poder de curar conferido pelo carisma de Jesus para poder levá-la a termo e obtém a promessa de desempenhar um lugar privilegiado no novo Israel escatológico, tal como diz o Evangelho de Mateus: "Quando todas as coisas forem renovadas e o Filho do homem se assentar no trono de sua glória, vós que me seguistes também vos assentareis em Doze tronos para governar as Doze tribos de Israel" (Mt 19,28). Mostra-se evidente que a função do discípulo gira em torno da missão do anúncio do reino de Deus, repleto de realidades presentes e signo de sucessos futuros e, sem esta singular e libertadora realidade, a figura careceria de sentido. O discípulo é, simplesmente, a pessoa que continua anunciando o reino, fato presente em Jesus de Nazaré.

4.13. Os Doze

Os Doze constituem o grupo mais conhecido e mais íntimo dos seguidores de Jesus. Os relatos evangélicos se referem a eles como os Doze (Mc 3,14; 6,7; 9,35; 10,32; 11,11; 14,17), os Doze discípulos (Mt 10,1), ou os Doze apóstolos, uma terminologia muito própria de Lucas (Lc 6,13; 9,10; 17,5; 22,4; 24,10), que leva a uma nítida distinção entre o conceito dos Doze e o dos Apóstolos, um grupo mais amplo e com conotações especificamente pós-pascais.

Embora continue sendo uma questão aberta à discussão teológica, a maioria dos exegetas opinam que o círculo dos Doze remonta ao Jesus histórico, apesar da ausência de menções na fonte dos *logia e do* rápido desaparecimento na consciência das primeiras comunidades cristãs[61]. O grupo se acha muito estabelecido e afiançado na memória dos seguidores de Jesus, segundo consta nos evangelhos, e dificilmente se explicaria a menção a Judas Iscariote como "um dos Doze" (Mc 14,10.20.43; Mt 26,14) ou as aparições do ressuscitado a este grupo na tradição mais antiga, citada por Paulo na carta aos Coríntios (1Cor 15,3-5), aporte que o seu significado se ajusta perfeitamente à atuação profética de Jesus de Nazaré. Seria pouco verossímil que os Doze fossem uma criação da primitiva comunidade cristã e que desaparecessem pouco depois das aparições do Ressuscitado, sem apenas deixar marca significativa nela.

O Novo Testamento apresenta quatro listas com os nomes dos Doce, três delas nos evangelhos sinóticos e uma nos Atos dos Apóstolos (Mc 3,16-19; Mt 10,2-4; Lc 6,14-16 e At 1,13). No Evangelho de João não aparece lista alguma, muito embora haja referências aos Doze em geral (Jo 6,67), a Judas (o) de Simão Iscariote, como "um dos Doze" (Jo 6,71), e de igual maneira, a Tomé, que se chamava Dídimo (Jo 20,24).

Passo a considerar a narração de Marcos que, além de apresentar uma evidente coincidência com as restantes listas dos Doze, faz um aporte consistente à perícope, segundo diz J. Gnilka, "em que uniu a uma lista de nomes um relato que narra a constituição dos Doze e a assignação de nome a três. Além disso, introduz no relato a ideia do envio e do poder. Talvez por causa da preferência dos três, se produziu o deslocamento de André do segundo ao quarto lugar e a caracterização de Judas Iscariote como o traidor"[62].

Este é o texto: "Depois subiu ao monte e chamou os que ele quis. E foram ter com ele. Escolheu Doze entre eles para ficarem em sua companhia e para enviá-los a pregar, com o poder de expulsar os demônios. Escolheu estes Doze: Simão, a quem deu o nome de Pedro, Tiago filho de Zebedeu, e João, seu irmão, aos quais deu o nome de Boanerges, que quer dizer filhos do trovão; André, Filipe, Bartolomeu, Mateus, Tomé, Tiago filho de Alfeu, Tadeu, Simão o Zelotes e Judas Iscariotes, que o traiu". (Mc 3,13-19).

A região do mar de Galileia, o cenário habitual onde o mestre ensinava seus discípulos, abre caminho agora à montanha, um lugar isolado e solitário, ao que

---

61. R. BULTMANN. *Historia de la tradición sinóptica* (Salamanca: Sígueme, 2000), p. 345-351, considera que o grupo dos Doze não se constituiu durante a vida de Jesus, mas que surgiu na Igreja primitiva, assumindo as estruturas do judaísmo.

62. J. GNILKA. *El Evangelio segun San Marcos* I (Salamanca: Sígueme, 2005), p. 162.

acedem Jesus e um pequeno grupo de seguidores, atraído pela força esmagadora de sua pessoa. O acontecimento narrado se desenvolve na intimidade, longe das aglomerações do mar e sob o signo da ternura e da confiança, inspiradas pela relação entre o Pai e o Filho. Como diz J. Ratzinger, é "um lugar no alto, acima da agitação e das atividades cotidianas", um lugar de oração, de intimidade com Deus, indicando claramente que "O chamado dos Doze tem, muito acima de qualquer outro aspecto funcional, um profundo sentido teológico: sua escolha nasce do diálogo do Filho com o Pai e está ancorada nele"[63].

Jesus subiu a montanha. É muito provável que, por trás desta expressão, ἀναβαίνει εἰς τό ὄρος, Marcos tenha presentes as significativas alusões do Antigo Testamento à presença de Deus na montanha, como sucede no monte Sinai (Ex 19,3; 19,24; 24,1-4; Nm 27; Dt 9,10.32). Mais importante ainda é a eleição que se produz. O texto nos diz que Jesus προσκαλεῖται (chamou a si: o verbo em voz média, composto de καλέω e a partícula πρός) aqueles que Ele mesmo quis, pondo claramente a soberania da escolha (refletida também no Antigo Testamento, Dt 7,6-8; Is 41,8-10; 45,4), e que os eleitos seguem indefectivelmente o chamado de Jesus, apartando-se de seus afazeres cotidianos para estar com Ele, καὶ ἀπῆλθον πρός αὐτόν. A força do verbo utilizado (se separaram) recorda o profeta Isaías quando afirma que "assim acontece com a palavra que sai de minha boca: não volta para mim vazia, sem ter realizado a minha vontade, sem ter cumprido a sua missão." (Is 55,11).

Instituiu Doze, καὶ ἐποίησεν δώδεκα. O verbo grego utilizado (ποιέιν), que não aparece na língua clássica e significa literalmente "fazer", é reflexo de um semitismo utilizado nos LXX (1Rs 12,6) e evoca a criação do mundo no Livro do Gênesis, dando a entender a ação de Jesus como uma nova criação, um signo de caráter escatológico, confirmado ademais pela proclamação da boa notícia aos pobres e a expulsão dos demônios quando se aproxima o reino de Deus. Os Doze são chamados a estar com Jesus e a ser enviados, sem que uma coisa exclua a outra. Primeiro, os Doze têm de estar com Jesus, quer dizer, *agora, e mais tarde,* serão enviados a pregar e a expulsar os demônios. De uma forma clarividente, J. Ratzinger, afirma: "Estar com Jesus e ser enviados parecem, à primeira vista, excluir-se reciprocamente, porém, ambos os aspectos estão intimamente unidos. Os Doze têm de aprender a viver com Ele de tal modo que possam estar com Ele inclusive quando vão até os confins da terra. O estar com Jesus implica por si mesmo a dinâmica da missão, pois, com efeito, todo o ser de Jesus é missão"[64].

---

63. J. RATZINGER (Bento XVI). *Jesús de Nazaret (Primeira parte). Desde el Bautismo a la Transfiguración* (Madri: La Esfera dos Libros, 2007), p. 208.
64. *Ibid.*, p. 211.

Ao chamado dos discípulos e à "criação" dos Doze, realidades altamente simbólicas, Marcos acrescenta o nome deles. São os seguintes:

Simão (שמעון: *Simeón*), nome muito comum no mundo judeu, chamado Pedro (πέτρος), forma grega do aramaico כפא, *Kêpha, Rocha*. No Novo Testamento aparece em forma aramaica e traduzida ao grego. É nomeado o primeiro na lista (o primeiro a ser chamado por Jesus), é um do grupo mais íntimo de Jesus (Mc 5,37; 9,2; 14,33), porta-voz do grupo de discípulos, primeira testemunha do ressuscitado, associado à tarefa fundacional da Igreja pela primitiva comunidade cristã (Mt 16,18), concebido como um dos "pilares" da Igreja de Jerusalém (Gl 2,9), e com um claro significado escatológico.

Tiago e João, filhos de Zebedeu, que formam com Pedro o círculo mais íntimo de discípulos, segundo Marcos. São apodados "Boanergés" ou "filhos do trovão". André, o irmão de Pedro, separado dele e colocado em quarto lugar nesta lista.

Felipe.

Bartolomeu.

Mateus.

Tomé.

Tiago, o filho de Alfeu, possivelmente irmão de "Levi", que aparece também como discípulo de Jesus em Marcos (Mc 2,14).

Tadeu, substituído por Judas de Tiago (Lc 6,16).

Simão o Cananeu, epíteto que parece estar relacionado com uma transliteração da voz aramaica כְּנַעַן (*kana'an*), com o significado de "zelota".

Judas Iscariotes, cujo epíteto deu lugar a múltiplas interpretações, ainda que talvez a mais provável delas tenha que ver com os "sicários", um dos partidos rebeldes na Palestina dos tempos de Jesus. Judas foi quem traiu Jesus, παρέδωκεν, um termo carregado de sentido negativo, porém que deixa aberta a interpretação da "entrega ou traição" para além da responsabilidade humana.

Em suma, todas as listas de discípulos começam com Simão Pedro e terminam com Judas Iscariotes. Os quatro primeiros, entendida a posição como uma valoração, correspondem aos dois pares de irmãos que foram chamados em primeiro lugar. Simão Pedro e André, a quem chamou nas margens do mar de Galileia, eram procedentes de Betsaida, ao Leste do rio Jordão, pertencente a Gaulanítide e não à Galileia, apesar da referência de João (Jo 12,21), que a situa neste lugar. Entre os Doze, Pedro ocupa um lugar único e singular.

Se a instituição dos Doze remonta certamente ao tempo do Jesus histórico, é óbvio supor que o número doze tenha um caráter simbólico, em harmonia com a vida e a pregação do mestre, para além da mera precisão numérica. Os Doze representam de forma nova o antigo povo de Deus, Israel, integrado por doze tribos. A esperança dos tempos messiânicos visibiliza a restauração do povo de Israel. E tudo isso se cumpre em Jesus, em seus gestos proféticos, em suas palavras, em seus atos e na própria instituição dos Doze, porque se anunciam os últimos tempos, a salvação de Deus a todos os povos, em definitiva, o reino de Deus. Assim o resume magistralmente K. Berger quando afirma: "Na medida em que, no Novo Testamento, Jesus reúne novamente em torno a si uma dúzia de apóstolos, insere sua ação na continuidade de Israel e sua grande tradição dos Doze e, ao mesmo tempo, remete à consumação que acontecerá ao final dos tempos, que já começou com Ele"[65]. Os Doze são chamados a proclamar a boa-nova do reino de Deus e mais do que um corpo constituído com autoridade, devem ser um símbolo da chegada dos tempos escatológicos[66].

4.14. Inimigos de Jesus

À primeira vista, parece difícil entender que Jesus poderia ter tido inimigos. Suas intenções foram sempre sinceras e comprometidas, sem nenhum momento de falsidade. Suas palavras em todo momento estiveram revestidas de ternura e de esperança e suas ações se encaminharam com entrega absoluta a fazer o bem a todos que se encontravam ao seu redor e, mais concretamente, aos pobres e deserdados da Palestina daquele tempo. Por outro lado, não é preciso ter muita imaginação para pensar que o anúncio da mensagem de Jesus poderia provocar reações violentas em quem o escutava. Ele era um profeta e, por isso, era incômodo para muitos que se tinham afastado dos autênticos caminhos de Yahvé. A pregação do amor aos inimigos, central em sua mensagem, sua atitude de acolhida aos mais pobres, sua amizade com publicanos e pecadores, sua denúncia e enfrentamento com as autoridades religiosas e políticas da época, abriram o caminho para a inimizade de todos aqueles que perceberam na mensagem do reino de Deus um ataque frontal às instituições mais sagradas do judaísmo – o templo e a lei de Moisés – e inclusive, ao próprio Yahvé. O gesto simbólico no templo (Mt 21,12-13.17; Mc 11,15-19; Lc 19,45-48; Jo 2,14-16) ameaçava a coluna vertebral da fé do povo judeu. Seus inimigos planejaram e, afinal, acabaram com sua vida.

Um grande inimigo de Jesus foi a aristocracia sacerdotal de Jerusalém que, formada em grande medida pelo partido *saduceu*, além dos *anciãos* do povo, sob a presidência do grande sacerdote, constituía a suprema autoridade jurídica e religio-

---

65. K. BERGER. *Jesus* (Santander: Sal Terrae, 2009), p. 452.
66. Cf. R. AGUIRRE; C. BERNABÉ & C. GIL. *Qué se sabe de... Jesus de Nazaret* (Estella: Verbo Divino, 2009), p. 133.

sa, com poder até a destruição de Jerusalém no ano 70 de nossa era. Os saduceus, cujo nome, mais do que "justo", צדיק (*saddiq*), parece estar relacionado com Sadoc, rival de Ebiatar (Ez 40,46; Eclo 51,12) e cuja presença está constatada nos evangelhos, exerciam seu ministério sacerdotal no Templo de Jerusalém. Têm sua origem como partido no ano 153 a.C., quando Jônatas Macabeu (sem pertencer a uma família sadiquita, embora sim, sacerdotal) reuniu em sua pessoa o poder do pontificado supremo e o político. A partir destas datas, saduceus e fariseus se revezam no poder, aliando-se com as autoridades civis segundo as conveniências. Comprometidos seriamente com o poder político, se adaptaram tanto ao helenismo dos selêucidas quanto à dinastia asmoneia e ao império romano. O tradicionalismo rançoso de sua fé não foi obstáculo para fazer concessões, tanto políticas como religiosas, às crenças e costumes pagãos dos governantes poderosos da época. Um exemplo evidente desta disponibilidade saduceia se encontra nas estreitas relações de colaboração com o prefeito romano Pôncio Pilatos, no processo de Jesus, apesar de suas evidentes diferenças e oposição. Constituem uma autêntica casta, preocupada com a posição social, em nada relacionada com o povo. Em relação a sua doutrina, pertenciam à ortodoxia judaica. Aceitavam o Pentateuco como livro normativo, rejeitavam praticamente tudo aquilo que não estivesse documentado na Bíblia hebraica, eram partidários de uma exegese literal, estavam estreitamente vinculados ao Templo e suas tradições e negavam a ressurreição dos mortos (Mt 12,28; 22,23; Mc 12,18; Lc 20,27), além de discussões sobre anjos e demônios. Embora apareçam raramente nos evangelhos, mostram seu rancor para com Jesus ao final de sua vida (Mt 22,22-23 par.; Lc 20,22-23) e é Caifás, um saduceu, quem desempenha um papel decisivo no processo de Jesus (Jo 11,49ss.). A destruição do Templo de Jerusalém no ano 70 d.C., trouxe consigo a perda da função religiosa e social – também a econômica – deste partido e praticamente seu desaparecimento enquanto grupo de poder e de influência.

Parece lógico supor que o poder civil, representado em Pôncio Pilatos e o exército romano, fora outro inimigo de Jesus. O prefeito romano, governador de Judeia do ano 26 ao 36, sob o império de Tibério, já havia reprimido tumultos em Jerusalém, onde subia para a festa da Páscoa, e matado samaritanos que buscavam utensílios sagrados no monte Garizim. Não é de estranhar, pois, que a proclamação da chegada do reino por parte de Jesus turbasse sua mente e constituísse uma ameaça para todo o império romano. Os símbolos políticos e religiosos utilizados por Jesus podiam ser interpretados em chave de dura e incômoda advertência para o poder civil. O reino que anunciava Jesus se contrapunha ao deste mundo, porque nele Yahvé era o único soberano e sua paz não se impunha pela força e a espada, mas sim pelo amor, oferecido a todos, especialmente aos mais pobres e necessitados. O título escrito na cruz – rei dos judeus – põe às claras a carga política como causa da morte de Jesus.

Os *fariseus* aparecem nos evangelhos como o grupo de adversários mais conflitivo com a pessoa e doutrinas de Jesus[67]. Suas origens são bastante problemáticas, ainda que, em parte ao menos, se possa dizer que descendem do movimento hassídico, do qual se dissociaram nos tempos de João Hircano. Seu nome aparece pela primeira vez na época dos Macabeus, por volta da primeira metade do século II a.C., sob o termo חֲסִידִים, *hassidim*, ou "piedosos". Os *fariseus* (do hebraico פרש הסאראפ, separar), procedentes das classes humildes da sociedade, comerciantes e artesãos fundamentalmente, ostentavam distinguir-se tanto dos grupos helenizantes como dos ignorantes da lei de Yahvé, quer dizer, do povo comum de Israel. Entre eles se encontravam inúmeros escribas e doutores, empenhados em preservar a lei e interpretá-la rigorosamente como fonte de inspiração para seu comportamento moral. Com muita frequência, aparecem nos evangelhos junto com os escribas, ensinando a Torá, intercalada com sutis e raras interpretações que conduziram a uma variadíssima e onerosa casuística. Assim sucede em duas passagens de Marcos (Mc 2,16 e 7,1.5), onde escribas e fariseus questionam as companhias de Jesus à mesa e o fato de que seus discípulos comam com mãos impuras. Disputam com Jesus sobre o jejum (Mc 2,18), sobre a observância do sábado (Mc 2,24; 3,2) e sobre o divórcio (Mc 10,2). Como afirma J. Jeremias, impunham a seus membros principalmente duas obrigações: o cumprimento de pagar o dízimo e a escrupulosa observância das leis de pureza. Apesar de serem leigos, se consideravam a si mesmos pertencentes ao povo sacerdotal dos últimos tempos, concebendo-se como os santos, os justos, o autêntico povo de Israel[68]. Do ponto de vista doutrinal, se caracterizavam pela estrita observância da Torá, que os obrigava a rejeitar taxativamente qualquer contato com o mundo pagão, a não ser para conseguir sua conversão à verdadeira fé de Yahvé. A Torá constituía o fundamento de sua doutrina, tanto nos tempos presentes como nos futuros e, a partir de sua interpretação, entravam ou não em diálogo com as novas doutrinas dos apocalíticos, como a ressurreição na vida futura, o juízo universal ou as teorias sobre anjos e demônios. Se constituíram como guias espirituais e civis do povo e lançaram as bases para a sobrevivência da essência específica de Israel depois da destruição do Templo de Jerusalém. Sua imagem intolerante e hipócrita, refletida nos escritos

---

67. Sobre fariseus e saduceus, cf. J. WELLHAUSEN. *Pharisäer und Sadducäer: Eine Untersuchung zur inneren jüdischen Geschichte* (Göttingen: Vandenhoeck & Ruprecht, 1967). J. NEUSNER. *The Rabbinic Traditions about the Pharisees before 70*, 3 vols. (Leiden: E. J. Brill, 1971). P. CULBERTSON. "Changing Christian Images of the Pharisees": *Anglican Theological Review* 64 (1982), p. 539-561. J. ALBERTO SOGGIN, *Nueva Historia de Israel* (Bilbao: Desclée de Brouwer, 1999), p. 381-390.

68. J. JEREMIAS. *Teología del Nuevo Testamento. La predicación de Jesús* (Salamanca: Sígueme, 2009), p. 172-173.

do Novo Testamento e em sentenças dos monges de Qumran (e na própria Igreja primitiva) deve ser interpretada no marco da polêmica entre distintos grupos religiosos da época, nem sempre concordante com a verdade histórica.

Os *escribas*, por sua vez, γραμματεῖς, eram intérpretes da lei e, muito embora identificados com os fariseus por força do capítulo vinte e três de Mateus (Mt 23,1ss.), em que aparecem as invectivas contra ambos os grupos, só alguns deles pertenciam a esse partido. Surgiram como classe depois do desterro e se os considerava teólogos eruditos, uma vez realizado o rito da imposição das mãos (סמך, *samakh*), pelo qual se conferia a esses sábios mestres o direito de interpretar questões teológicas e judiciais[69]. Marcos situa os fariseus quase sempre na Galileia (Mc 2,16.18.24; 3,6; 7,1.5; 8,11.15; 10,2), e os escribas em Jerusalém (Mc 8,31; 10,33; 11,18.27; 12,28.32.35.38; 14,1.43.53; 15,1.31). Os fariseus eram tidos em consideração pelo povo devido ao rigor com que viviam, ainda que, talvez, tenham sido exageradas sua autoridade e sua influência. As críticas dos evangelhos sobre eles recaem não tanto na observância dos preceitos morais, mas sim em suas exigências e imposições como mestres de conduta que, além de colocarem travas aos outros, antepõem sua sabedoria ao Espírito da fé do povo de Israel (Mt 12,11; 16,16; 22,36-39; 23,1-12; Mc 8,1; 12,28-33; Lc 12,1; 18,18; Jo 7,22)[70]. No fundo desta questão está o fato que, depois da destruição de Jerusalém e do Templo, os fariseus, como entende R. Aguirre, "começaram a recomposição do judaísmo configurando-o a partir de um modelo diferente que tinha como centro a lei em lugar do Templo"[71]. Os seguidores de Jesus, por sua vez, centraram sua fé no próprio Jesus, confessado como Messias e Senhor.

---

69. *Ibid.*, p. 172.

70. K. BERGER. *Jesús* (Santander: Sal Terrae, 2009), p. 443, afirma que "Jesus critica a divergência entre palavras e obras (dos fariseus). O que, ademais, se chama fingimento, não hipocrisia". Utiliza a palavra alemã *scheinheilig*.

71. R. AGUIRRE; C. BERNABÉ & C. GIL. *Qué se sabe de... Jesús de Nazaret* (Estella: Verbo Divino, 2009), p. 142.

CAPÍTULO 5
O anúncio do reino de Deus

5.1. O reino de Deus

O anúncio do reino de Deus na pregação de Jesus de Nazaré é uma mensagem insondável e perene que envolve a soberania do Deus de Jesus – feita amor e salvação para o ser humano – e o estilo de vida de Jesus, comprometido totalmente com a causa de Deus. Na conhecida e ambígua expressão "reino de Deus" ou "reino dos céus", se ocultam o eterno e supremo amor de Deus à humanidade, expresso na antiga Aliança, a obediência absoluta de Jesus a Deus e a estreita relação entre o ser humano e Deus, em quem se encontra a autêntica felicidade e salvação.

Refere o evangelista Marcos (Mc 1,14) que, depois de João Batista ter sido entregue – em clara alusão à ação de Deus que submete seus escolhidos ao sofrimento e à morte – Jesus dirigiu-se à Galileia, pregando o Evangelho de Deus e dizendo: "Cumpriu-se o tempo, e chegou o reino de Deus. Arrependei-vos e crede no Evangelho" (Mc 1,15). Efetivamente, se cumpriu uma "época" o "lapso" de tempo (καιρός) e o reino de Deus ou domínio de Deus chegou, pelo qual Ele manifesta sua soberania ou domínio, de acordo com o sentido elementar da expressão hebraica e aramaica מַלְכוּת שָׁמַיִם *malkut shamayim* / מלכותא דשמיא *malkuta′ d'shamayya*, "reino do céu". E o evangelista, em perfeita sintonia com os profetas do Antigo Testamento, que pedem ao povo de Israel que retorne a Deus, chama ao arrependimento, à mudança de pensamento, na orientação espiritual e a crer na "boa-nova", no εὐαγγέλιον, em um sentido absoluto, sem qualificação alguma, algo que não se encontra nos outros evangelistas. Com estas palavras tão diretas e cheias de sentido apresenta-se diante de Israel a missão de Jesus. Mateus e Lucas consignam também a pregação que dá início ao ministério público de Jesus e o fazem em termos semelhantes, ainda que com contornos próprios. Mateus escreve: "Desde então Jesus começou a pregar e a dizer: 'Convertei-vos, pois o reino dos céus está próximo'" (Mt 4,17). O evangelista utiliza a linguagem da primeira comunidade judeu-cristã que recorre à perífrase para evitar o nome de Deus, porém o sentido é o mesmo. Lucas não emprega a expressão "reino de Deus" ao introduzir o ministério profético de Jesus na Galileia, porém cita a profecia de Isaías acerca da vinda do reino, realizada na sinagoga de Nazaré: "Hoje se cumpriu esta passagem da Escritura que acabais de ouvir" (Lc 4,21). Parece evidente que o tema central da pregação de Jesus é o reino de Deus. E assim o interpretam todos os biblistas e teólogos[72].

Esta ideia, que aparece ao longo dos escritos evangélicos (sobretudo no Documento Q, na tradição marcana, no Evangelho de Mateus, em textos exclusivos e Lucas, e escassamente no Evangelho de João) e se expressa de múltiplas e variadas formas, aparece em algumas sentenças que interpretam a atividade de Jesus, manifestando sua relação com o reino de Deus (Mt 12,28; Lc 11,20), ao mesmo tempo que resume a mensagem central da missão dos Doze (Mt 10,7) e dos setenta e dois discípulos (Lc 10,9). Se a isto se acrescenta que a expressão "reino de Deus" ou "reino dos céus" aparece em contextos muito diversos e em distintos gêneros literários, poderemos dar-nos conta da importância e da riqueza do tema.

5.2. Poder e soberania de Deus no Antigo Testamento

Poder e soberania, ainda que sejam realidades perfeitamente diferenciadas – nem sempre quando há poder, há soberania – têm sido exercidos ao longo da história da humanidade. Nos tempos atuais, esses conceitos soam a autoritarismo, abuso e despotismo, dificilmente explicáveis para quem vive na liberdade, conquistada com esforço durante séculos. Quando pretendemos explicar a forma com que Deus atua na existência humana, nos encontramos na necessidade de superar os preconceitos que derivam tanto da linguagem como dos conceitos que, às vezes, por ser antigos e estar em discordância com os esquemas do mundo atual, obscurecem a própria realidade. Inegavelmente, Deus é soberano pela criação que se estende a todo o universo. À primeira vista, esta afirmação soa a prepotência e superioridade, alijando a débil criatura de seu criador. Jesus demonstra que esta soberania de Deus se traduz em benevolência e amor supremo à humanidade, embora sua mensagem e sua vida deixem patente o sentido absoluto de tal soberania.

Em termos gerais, podemos dizer que a realeza de Deus é uma ideia abundantemente expressa no Antigo Testamento, muito embora quase nunca apareça

---

72. É impossível enumerar todos os exegetas e teólogos que têm investigado sobre o tema do reino de Deus. Citarei somente alguns autores que, além de ensinar-me, podem ser úteis para quem tiver interesse por esta matéria, tão rica e complexa. São os seguintes: J. Jeremias, J. Gnilka, W. Kasper, J. Ratzinger/Bento XVI, J. P. Meier, G. Bornkamm, T. Rausch, E. P. Sanders, R. Aguirre, R. Fabris, J. A. Pagola, C. H. Dodd, M. Karrer, G. Eldon Ladd, R. E. Brown, S. Vidal, J. I. González Faus, K. Berger, E. Schillebeeckx, G. Lohfink, J. D. G. Dunn.

a conhecida expressão "reino de Deus"[73]. Yahvé reina sobre a humanidade e sobre qualquer realidade da criação. Seu direito a ser reconhecido pelas criaturas é absoluto, a ponto de a vida de todas elas depender de sua onipotente vontade. Esta absoluta influência de Yahvé na vida dos seres humanos, ainda que exercida em todos os âmbitos – humano, social, econômico e cultural – se reflete sobremaneira na dimensão religiosa, mostrando seus atributos de retidão, de sabedoria e de fidelidade e, de maneira especial, de misericórdia e de perdão. Uma vez que o povo de Israel volta do exílio, quer dizer, do ano 539 a.C. em diante, a soberania de Yahvé adquire um caráter escatológico, em que fica comprometida uma intervenção especial de Deus nos assuntos do povo eleito, com promessas de restabelecimento total da abundância material e da paz para aqueles que se submetam a sua vontade.

Estas afirmações genéricas se tornam realidade viva na história do povo de Israel. Vejamos alguns detalhes desta realização:

A soberania e a realeza de Deus, em que repousará a ideia do "reino de Deus" pregado por Jesus, fincam suas raízes já no começo da história de Israel. O Senhor de todos os povos é Deus de Israel de uma forma especial: Ele os livrou da escravidão do Egito e os conduziu à terra de Canaã. Ainda que não o chamassem "rei", o povo sentia seu poder e proteção.

Muito antes do estabelecimento da monarquia (séc. 1030 a.C.), Moisés e os filhos de Israel cantaram a Yahvé, dizendo: "O SENHOR reina por todo o sempre" (Ex 15,18). No Livro dos Números, nos oráculos de Balaão, se afirma: "Não se preveem males contra Jacó, nem sofrimentos contra Israel. O SENHOR seu Deus está com ele, no meio dele ressoa a aclamação de um rei" (Nm 23,21). No Deuteronômio se celebra Yahvé como rei vitorioso em Israel, dizendo: "Moisés deu-nos uma lei, uma herança à comunidade de Jacó. Houve em Jesurun um rei, quando se reuniram os chefes do povo, as tribos de Israel todas juntas" (Dt 33,4-5). E em 1Samuel se diz: "Yahvé disse a Samuel: 'Mostra-te condescendente com o povo em tudo o que te dizem! Pois não rejeitaram a ti, mas a mim, já não me querendo para rei'" (1Sm 8,7). O período da monarquia ajudou a entender a soberania de Yahvé e, pouco a pouco, o povo de Israel foi compreendendo o poder real de Deus, refletindo sobre a inutilidade dos ídolos dos países vizinhos, sobre seus próprios erros e, sobretudo, sobre a ação poderosa de seu próprio Deus.

Os profetas proclamam Yahvé rei de Israel. Isaías diz: "Eu sou Yahvé, vosso Santo, o criador de Israel, vosso rei" (Is 43,15). E, em outra ocasião, imprime ao reino

---

73. O único exemplo em que aparece "reino de Deus" (βασιλείαν τοῦ Θεοῦ) se encontra no livro deuterocanônico/apócrifo da Sabedoria (Sb 10,10). Nos escritos protocanônicos aparece a expressão "o reino de Yahvé" (מלכות יהו‎ *malkut Yahvé*; leia-se *malkut Adonai*). No Livro Primeiro das Crônicas se lê: "Dentre todos os meus filhos – pois Yahvé me concedeu muitos filhos – escolheu meu filho Salomão para que se sente sobre o trono do reino de Yahvé sobre Israel" (1Cr 28,5).

de Yahvé uma dimensão escatológica que aportará ao povo escolhido a salvação plena: "A lua ficará vermelha, o sol terá vergonha, porque o SENHOR Todo-poderoso é rei no monte Sião e em Jerusalém, e diante dos anciãos está a sua glória!" (Is 24,23). No mesmo sentido, profetizam Zacarias (Zc 14,16-21), Sofonias (Sf 3,15-20) e Abdias (Ab 21). Deus, portanto, é o rei não só de Israel, mas do mundo e manifestará sua realeza a todas as nações.

Os especialistas discutem sobre a forma que este reinado futuro de Deus adotará no mundo. Segundo G. Eldon Ladd, apesar de a descrição de reino ser consideravelmente diversa no Antigo Testamento, sempre envolve a irrupção de Deus na história uma vez realizado em plenitude seu plano redentor. Seja qual for a esperança profética, uma que surja na história e se encarne em um descendente de Davi em um ambiente terreno ou uma que renuncie a esse cenário, como sucederia depois do exílio de Babilônia, o reino é sempre uma esperança terrena, embora a terra seja redimida da maldição do mal. Sem dúvida, a esperança do Antigo Testamento é de caráter ético e o tempo presente se vê envolto pela luz do futuro. Desta forma, o tempo presente e o futuro se fundem. Deus atuará no futuro próximo para salvar ou julgar Israel, da mesma forma que no futuro indeterminado para levar a cabo o cumprimento da esperança escatológica. Segundo este autor, os profetas perceberam a ação de Deus a favor de seu povo, muito embora não tenham distinguido com clarividência entre o futuro próximo e o distante[74].

Na tradição primitiva de Israel aparece (ainda que escassamente) a referência ao reinado de Deus. Os chamados salmos de entronização (Sl 47; 93; 96-99) proclamam o triunfo de Yahvé sobre os povos, o louvam como criador e Senhor do universo e exaltam sua grandeza e misericórdia. Nos Salmos se fala também da soberania de Yahvé "em todo Senhorio" (Sl 103,19) e as pessoas a dar a conhecer "a esplêndida glória de *seu* reino" (Sl 145,12). No período mais tardio do Antigo Testamento se menciona mais frequentemente a noção de reino ou reinado de Deus. Assim aparece no Livro de Tobias (Tb 13,1), da Sabedoria (Sb 10,10) e especialmente no profeta Daniel. Sabemos que, a partir do século VI a.C., ante o cenário desastroso da história de Israel, surge com força no povo a esperança apocalíptica, reafirmando a soberania presente de Deus e aguardando um futuro promissor. O Livro de Daniel, escrito durante o bárbaro reinado de Antíoco IV Epífanes, rei da Síria na dinastia selêucida, que saqueou Jerusalém e tentou abolir o culto a Yahvé (175-164 a.C.), plasma diafanamente essas esperanças, nas quais ressalta a figura do "Filho do homem", encarregado de estabelecer a soberania de Deus.

---

74. G. ELDON LADD. *A Theology of the New Testament* (Grand Rapids: William B. Eerdmans Publishing Company, 1993), p. 58.

As opiniões referentes ao reinado de Deus no judaísmo apocalíptico não são concordantes, nem em sua importância nem em seu significado. Fala-se da pouquíssima transcendência que a apocalíptica concede ao reino de Deus como futuro esperado ou desejado. Em relação aos conteúdos desse reino se enfatizam, às vezes, os aspectos históricos ou terrenos deles e outros os mais transcendentes e espirituais. Em todo caso, parece evidente supor que o acento da apocalíptica seja de caráter escatológico e revista tonalidades pessimistas. Assumido o fato do abandono de Deus na história do povo judeu, entregue às forças do mal, o sofrimento era incontestável e só poderia erradicar-se com a ação de Deus, estabelecendo seu reino numa era futura[75].

Na comunidade de Qumrã se observa um conceito análogo sobre o reinado de Deus. Sua esperança se centra na consumação escatológica, em que a comunidade de seguidores aguarda a vitória de seus filhos – os filhos da luz – sobre os filhos da escuridão, ajudada pelos anjos do céu que vêm em seu auxílio[76]. O mesmo sucede com a literatura rabínica. O reino de Deus se coaduna com a observância da Lei. Desta forma, só mediante a submissão a ela se pode perceber a soberania de Deus, que, obviamente, ficaria restrita ao povo de Israel e concretamente àqueles que observassem a Lei. No tempo presente, a livre-decisão humana pode recusar a soberania de Deus, porém ao final dos tempos, Deus manifestará sua soberania em todo o mundo, a toda a criação, exercendo seu poder. Segundo as palavras de J. Jeremias, o judaísmo antigo entende que o reinado de Deus no éon presente (se fala de um reino *duradouro neste* éon) se estende apenas sobre Israel e ao final dos tempos (no éon futuro) se estenderá a todas as nações (reino *futuro*)[77].

O movimento dos zelotas esteve sempre preocupado com a instauração do reino de Deus. No cenário das primeiras décadas do século I de nossa era se encontram insurreições e protestos de zelotas que, arrastados por sua impaciência e radicalidade, não se contentavam em esperar pacientemente o reino de Deus, mas procuravam adiantá-lo, inclusive mediante o uso da espada.

Em todo caso, o judaísmo entendia que o senhorio de Deus, que transcende a história e se faz presente, ao mesmo tempo, na liturgia do Templo e na oração da sinagoga, é realmente um ato único de Deus, que reuniria o povo de Israel,

---

75. E. SCHILLEBEECKX. *Jesús. La historia de un viviente* (Madri: Trotta, 2002), p. 135. G. ELDON LADD. *Op. cit.*, p. 59.

76. O documento de Qumrã mais importante neste sentido é a *Regra da Guerra ou Rolo da Guerra* (1QM), porém nem mesmo aqui a ideia do "reino de Deus" cumpre um papel predominante. Segue-lhe em importância o *Manual de Disciplina ou Regra da Comunidade* (1QS), onde se encontra a única referência ao domínio absoluto de Deus.

77. J. JEREMIAS. *Teología del Nuevo Testamento. La predicación de Jesús* (Salamanca: Sígueme, 2009), p. 123.

liberando-o de todos os seus inimigos e lhe entregando a terra prometida, sob o pastoreio do único rei verdadeiro[78].

5.3. O reino de Deus, centro da mensagem de Jesus

A soberania de Deus, que muitos judeus do tempo de Jesus interpretaram em termos de libertação do poder de Roma ou de esperança messiânica do povo eleito, encontra seu autêntico sentido na pregação de Jesus de Nazaré. O reino de Deus ou reino dos céus constitui o núcleo da pregação pública de Jesus. O tema central de sua mensagem é a proclamação do poder de Deus com sua palavra e com seus atos. O tema do reino aparece frequentemente nos evangelhos sinóticos, em claro contraste com as escassas vezes que se encontra no judaísmo contemporâneo e nos demais escritos do Novo Testamento. Encontra-se no começo do Evangelho de Marcos (Mc 1,15) e em Mateus (Mt 4,23; 9,35) e em Lucas (Lc 4,43; 8,1), ainda que com sentidos diferentes. Também aparece no documento Q e, em poucas ocasiões, em João[79]. As expressões que falam deste reino e os contextos em que aparecem são extremamente diversos. Assim, fala-se da proximidade do reino, que está "perto", "chegando" ou "aproximando-se" (Mc 1,15; Mt 10,7; Lc 10,11), mais ainda, está "entre vós" (Lc 17,21); e somos convidados a "entrar nele" (Mc 9,47; Mt 5,20; Jn 3,5); alguns, se diz, "não estão longe" dele (Mc 12,34), enquanto a outros se lhes proíbe entrar (Mc 10,15; Mt 7,21); também há palavras acerca do mistério do reino (Mc 4,11) etc.

---

78. J. P. MEIER. *Un judio marginal. Nueva visión del Jesús histórico* II/1: *Juan y Jesús. El reino de Dios* (Estella: Verbo Divino, 2004), p. 332, chega à seguinte conclusão neste ponto: "Parece, portanto, que Jesus lançou mão de imagens e de uma linguagem presentes, porém, não centrais, no Antigo Testamento e nas tradições intertestamentárias do judaísmo e conscientemente decidiu converter o símbolo do reino de Deus em um dos temas fundamentais de sua própria mensagem".

79. Pode-se consultar N. T. WRIGHT. *Jesus and the Victory of God* II (Minneapolis: Fortress Press, 1996), p. 663-670. J. JEREMIAS. *Teología del Nuevo Testamento* (Salamanca: Sígueme, 2009), p. 46, diz que "o termo βασιλεία, para designar o reino de Deus (τοῦ Θεοῦ / τῶν οὐρανῶν) aparece nos lábios de Jesus distribuído do seguinte modo: em Marcos (13 vezes), nos *logia* comuns a Mateus e Lucas (9 vezes), exemplos adicionais em Mateus apenas (27 vezes), exemplos adicionais em Lucas apenas (12 vezes), no Evangelho de João (2 vezes)". Afirma também que na época pré-cristã, a expressão "reino de Deus" aparece unicamente no *qaddish* e em algumas orações relacionadas com ele. Na literatura rabínica aumentam as expressões que falam de "acolher em si o reino do céu". Transcrevo aqui a bela oração do *qaddish* ou "Santo", que encerrava o culto da sinagoga. Encontra-se na p. 233 da citada obra de J. Jeremias, e diz assim: "Glorificado e santificado seja seu grande nome / no mundo criado por ele segundo sua vontade. / Faça reinar seu senhorio / pelo tempo de vossa vida e por vossos dias e durante a vida / de toda a casa de Israel, logo e para sempre / Louvado seja seu grande nome, de eternidade em eternidade. / E a isto dizei: Amém!"

5.4. Significado de βασιλεία τοῦ Θεοῦ ou reino de Deus

É surpreendente constatar que o tema central da pregação de Jesus se revele em uma expressão complexa e ambígua, a saber, "reino de Deus" ou "reino dos céus". Todos os autores coincidem em afirmar tanto que o reino de Deus constitua o núcleo da doutrina de Jesus como que sua interpretação seja uma das questões mais discutidas na investigação do Novo Testamento. É preciso reconhecer que a noção do reino de Deus mostra-se diáfana e precisa em alguns aspectos. É evidente que, ao falar de reino de Deus, manifesta-se a soberania de Deus, que atua de forma distinta da dos reis da terra, e os valores de seu reino se distanciam dos valores deste mundo a ponto de reclamar uma reestruturação radical do poder. Efetivamente, o reino que pregava Jesus se distanciava substancialmente do conceito que puderam ter os judeus da Palestina do século I em relação a seus reis e governantes. Deus reina no céu e no futuro agirá definitivamente na terra. Porém, as dificuldades que cercam o tema são muitas e de índole diversa. A expressão "reino de Deus" tem significado e conotações claramente políticas, que contribuem para entorpecer a clareza dos conteúdos, levando, em inúmeras ocasiões, à identificação entre o reino de Deus e os regimes políticos humanos, inclusive àqueles que legitimam a privação dos direitos fundamentais da pessoa. Por outro lado, como sabemos, a expressão "reino de Deus" aparece em contextos diversos e com significados distintos: algumas vezes, fala-se de forma abstrata sobre o reino ou reinado; outras, se faz referência à ordem apocalítica futura e, ocasionalmente, se acentua a dimensão presente dele. A forma de entender e explicar o reino por parte de Jesus, a relação que este tem com sua morte, o papel que desempenha Jesus no reino futuro e a ideia de seus discípulos e inimigos a respeito disso contribuem para obscurecer essa sublime realidade. Jesus não se preocupou em definir com termos exatos em que consistia o reino de Deus. Talvez, esta indefinição por parte de Jesus corresponda, como opina J. P. Meier, à própria natureza da expressão, que encerra uma realidade multifacetada, todo um acontecimento dinâmico do poder de Deus sobre Israel no tempo final[80]. Jesus partilhava com seus seguidores as doutrinas bíblicas que falavam da soberania de Deus em todo o universo (Sb 10,10), a quem cultuava na sinagoga, proclamando-o rei de toda a terra, entoando-lhe cânticos, e anunciando sua grandeza e misericórdia (Sl 97-99). Porém, pouco mais do que isso. Apenas anunciou que estava próximo. Inclusive, esta proximidade foi captada de forma distinta por aqueles judeus que aguardavam veementemente essa vinda. Assim, os fariseus continuavam pensando na plena observância da lei; os zelotas, na força das armas de seu reino peculiar; os apocalíticos, no éon futuro; e seus discípulos mais

---

80. J. P. MEIER. *Un judío marginal. Nueva visión del Jesus histórico II/1: Juan y Jesús. El reino de Dios* (Estella: Verbo Divino, 2004), p. 536.

íntimos, talvez, em um reino reservado a Israel. Em meio a tantas dificuldades e ambiguidades, vejamos o que nos esclarece a filologia.

"Reino de Deus" é a tradução tradicional da expressão grega βασιλεία τοῦ Θεοῦ, consagrada nos estudos bíblicos e teológicos, assim como em ambientes mais populares. Porém, nem todos os exegetas têm um sentir unânime nessa questão. Alguns pensam que o conceito de βασιλεία pode traduzir-se indiferentemente por "reino" ou por "reinado", embora considerem que "reino" seja uma tradução mais fiel do que "reinado", por expressar melhor a soberania do rei sem evocar fronteiras definidas[81]. Outros, por sua vez, opinam que "reinado" é um conceito mais exato, sem deixar de admitir a conveniência de "reino" por diversas razões[82].

A expressão hebraica ou aramaica empregada para designar o conceito de reino em grego se traduz por βασιλεία. A palavra מלכות (*malkut*) aparece em pouquíssimas ocasiões no Antigo Testamento e quase sempre designa o poder ou a autoridade de governo de um rei. Entende-se sempre em sentido concreto e dinâmico e nunca se expressa como um conceito espacial, puramente interno, referido à vida futura ou de forma abstrata. מלכותא *malkutâ* significa primordialmente "autoridade real" ou "reinado"; só secundariamente, um território onde se exerce a autoridade do rei. Como escreve G. Lohfink, "reinado real" (em hebraico, *malkuth*) é uma expressão relativamente tardia. Originalmente, se empregava um verbo, evitando o nome abstrato. Se dizia: "Deus reina como rei". A partir do exílio, essa expressão derivou até uma dinâmica histórica[83].

5.5. A pregação de João Batista

A ninguém pode causar estranheza a estreita relação que existe entre o precursor e Jesus. Se Jesus abandonou Nazaré para escutar João, que pregava no deserto da Judeia, inclusive aceitando sua mensagem e recebendo seu batismo, é obvio deduzir seu interesse e proximidade. Com isso, não pretendo estabelecer uma relação de mestre e discípulo, diante da qual os exegetas se pronunciam de formas mui-

---

81. G. BORNKAMM. *Jesus de Nazaret* (Salamanca: Sígueme, 2002), p. 67, nota 2.
82. J. P. MEIER. *Op. cit.*, p. 296-297. J. RATZINGER (Bento XVI). *Jesus de Nazaret (Primeira parte). Desde el Bautismo a la Transfiguración* (Madri: La Esfera de los Libros, 2007), p. 83. É o que também pensa G. Lohfink, que opina que, sem fazer desta questão um princípio rígido, a expressão *reign of God* ou *rule of God* ("reinado de Deus") é preferível à de *kingdom of God* (*Gottesreich*), a tradução, por outro lado, mais comum nas traduções da Bíblia. G. LOHFINK. *Jesus of Nazaret. What He wanted, Who He Was* (Cochegeville: Liturgical Press, 2012), p. 88 (Ed. brasileira: "*Jesus de nazaré - o que queria? Quem ele era?*", Petrópolis: Vozes, 2013).
83. G. LOHFINK. *Ibid.*, p. 89.

to diferentes[84]. Pretendo apenas sugerir que João e Jesus partilhariam, de algum modo, alguns aspectos doutrinais e formas de vida, concretamente no que se refere ao reino de Deus e que, portanto, o conhecimento da pregação de João serve para entender melhor os conteúdos da mensagem de Jesus. Compreendendo, portanto, a pregação do Batista, especialmente sua escatologia, nos aproximaremos com maior certeza da mensagem de Jesus sobre o reino de Deus. A imagem do reino de Deus, a mais significativa e dominante na pregação de Jesus, aparece nos ditos de Jesus sobre o Batista, sinal inequívoco da estreita relação entre ambos. Assim se expressa o evangelista Mateus: João é o maior entre os nascidos de mulher, porém é o menor no reino dos céus (Mt 11,11); desde seu nascimento, o reino dos céus está irrompendo com violência e são os violentos que o arrebatam (Mt 11,12); e publicanos e prostitutas irão preceder os sumos sacerdotes e anciãos no reino de Deus por haver acreditado na justiça de João (Mt 21,31).

João é um profeta escatológico, que traz ante nossos olhos a imediatez do anúncio final de Jesus de Nazaré. Nesse sentido, sua pregação é altamente significativa para entender o ministério profético de Jesus, preocupado também com a sorte de Israel, confrontado com o juízo de Deus, e com sua resposta ao urgente chamado ao arrependimento. É certo que, embora a voz do Batista se dirija às pessoas que acorriam a ouvi-lo no deserto de Judeia, sua mensagem se destinava ao povo de Israel, ao povo de Deus, que dizia ter como pai a Abraão. A um povo rebelde, que se esqueceu das promessas de Deus, porém que acorre de toda a Judeia à região do Jordão à convocação do profeta, João diz enfurecido: "Raça de víboras, quem vos ensinou a fugir da ira que vem? Produzi, pois, frutos de verdadeira conversão e não vos façais ilusões, dizendo a vós mesmos: Temos Abraão por pai. Pois eu vos digo: Deus pode fazer nascer destas pedras filhos de Abraão. O machado já está posto sobre a raiz das árvores; toda árvore, que não der bons frutos, será cortada e lançada ao fogo. Eu vos batizo com água em sinal de conversão. Depois de mim, porém, virá outro mais forte do que eu, de quem não sou digno de carregar as sandálias. Ele vos batizará no Espírito Santo e no fogo. Com a peneira na mão limpará seu terreiro e recolherá o trigo ao celeiro, mas queimará a palha num fogo que não se apaga" (Mt 3,7-12).

Não é suficiente, portanto, pertencer a Israel, nem ter Abraão por pai para evitar o duro e iminente juízo de Deus, apesar de a história deste povo parecer indicar que suas raízes divinas não podem erradicar-se para sempre. Já não vale escudar-se na salvação coletiva e Israel se confronta agora, como povo, com o juízo de Deus. O machado está prestes a cortar a raiz da árvore, e a que se não se arrepende e dá fruto, será cortada e lançada ao fogo. O critério que se utilizará no juízo são as obras

---

84. Sobre a imprecisão nesta questão, podem ver-se os argumentos que oferece J. P. MEIER. *Un judío marginal. Nueva visión del Jesus histórico* II/1: *Juan y Jesús. El reino de Dios* (Estella: Verbo Divino, 2004), p. 160s.

humanas, o "fruto", a que Mateus dá tanta importância (Mt 7,21-23; 12,50). Situado no rio Jordão, João prega e batiza, anunciando a Israel o caminho da conversão para entrar, de novo, na terra prometida. O compromisso de Deus com seu povo chega ao seu fim e o juízo é iminente.

As imagens que João utiliza para descrever o juízo de Deus sobre Israel são realmente aterradoras. O machado, que recorda os vaticínios de Isaías contra a Assíria (Is 10,33-34) e os de Jeremias contra o Egito (Jr 46,22), em que se manifesta o poder absoluto de Yahvé, está a ponto de cair sobre a árvore. O forcado separa o grão da palha, levando o grão ao celeiro e queimando a palha com fogo inextinguível, em clara alusão ao dia do juízo (Is 48,10; Jr 7,20). O fogo destrói e consome, mas a sorte de Israel não está traçada definitivamente, pois há a esperança, sempre, de que se arrependa e dê frutos. Porém, o tempo está acabando e fariseus e saduceus (chefes judeus opostos a João, e também a Jesus, diferentes do povo simples), como refere Mateus, devem entrar na renovação escatológica, dirigindo-se ao Jordão, confessando seus pecados e se fazendo batizar por João.

Toda a missão de João tem um simbolismo especial. Ele é o profeta que se apresenta ao povo como o novo Elias, que será enviado "antes que chegue o dia de Yahvé, grande e terrível" (Ml 3,23). Sua veste e alimentos, frutos espontâneos de uma região pobre e inculta, indicam não somente a austeridade de sua vida como também a penúria do povo de Deus antes de entrar na terra de promessa. O rio Jordão marca a linha fronteiriça entre a aridez do deserto e a abundância da terra prometida e o batismo em suas águas conduz o povo de Israel à herança de uma terra rica em leite e mel, rememorando cenas bíblicas de Moisés e Josué (Dt 34,1-12; Js 1,1-5). O rito batismal do profeta se orienta à purificação e ao perdão dos pecados, uma vez que as instituições mais sagradas tinham sido adulteradas e corrompidas. Tudo, portanto, simboliza a existência de Israel antes de entrar na terra da grande promessa. A grandeza profética de João é realmente excelsa; de fato, é o maior dos nascidos de mulher, como reconheceu Jesus. Contudo, entre os dois personagens se interpõe um abismo. João anuncia o juízo de Deus e nele confia para a transformação de Israel. Jesus prega o reino, que traz a salvação, já presente no mundo. Suas palavras e milagres dão início ao tempo novo, aberto à irmandade entre os seres humanos e à esperança da salvação para todas as gentes. Inaugura-se a Nova Aliança de Deus com a humanidade, caracterizada pela paternidade de Deus e o Espírito transformador das bem-aventuranças.

5.6. O reino de Deus na pregação de Jesus: o reino está próximo

À margem das dificuldades decorrentes das múltiplas questões abertas na investigação bíblica, as palavras de Jesus de Nazaré e seus atos – especialmente os milagres e as curas – simbolizam a profunda e vigorosa realidade do reino de Deus. Sobre essa realidade, podem elaborar-se pronunciamentos unanimemente incontestes, que põem em claro a centralidade deles na pregação de Jesus sobre este assunto. Passo a enumerar alguns, sobre os quais existe conformidade entre exegetas e teólogos e a que, de algum modo, me referi anteriormente.

Inequivocamente, o anúncio do reino de Deus como Senhor que atua no tempo presente, se encontra no centro da mensagem de Jesus de Nazaré. De fato, ainda que a expressão "reino de Deus" ou "reino dos céus" finque suas raízes na teologia do Antigo Testamento, ressoa como própria de Jesus na tradição Q, em Marcos, nos materiais próprios de Mateus e de Lucas, inclusive no Evangelho de João, e em algumas sentenças evangélicas que interpretam a atividade e a relação de Jesus com o reino. O anúncio se sintetiza nas palavras de Marcos: "Cumpriu-se o tempo, e chegou o reino de Deus. Arrependei-vos e crede no Evangelho" (Mc 1,15). O anúncio do reino de Deus, força de salvação para o mundo – isso significa "evangelho" – é um fato absolutamente novo e universal, apartado das doutrinas do judaísmo e da mentalidade do Antigo Testamento. Somente Jesus proclamou que o reino de Deus havia chegado, que estava presente entre nós, que a salvação já havia iniciado, apesar de a plenitude dela reservar-se para o tempo futuro.

Os valores que Jesus prega são também novos e revolucionários. Deus entra na história de forma nova e definitiva, oferecendo generosamente ao ser humano a libertação e a salvação, consumação de todos os seus anseios de perfeição. Desaparece o valor mítico dos bens materiais e imperam o serviço e a humildade. O reino de Deus é anunciado em todas as partes e a todas as pessoas, tipificadas nos pobres e marginalizados, pecadores, aleijados e pagãos. Todo mundo cabe na bondade e misericórdia de Deus.

Estabelecidas estas opiniões, universalmente admitidas, passo a examinar aspectos mais complexos e submetidos a interpretações diversas deste tema.

5.7. Presente e futuro do reino de Deus

O reino de Deus, um acontecimento dinâmico pelo qual, de forma nova, se manifesta a ação salvadora de Deus na história da humanidade, se expressa em termos, ao mesmo, de presente e de futuro. De fato, Jesus proclamou que a salvação generosa de Deus estava atuando já na vida das pessoas, corroborada por sua atividade de perdão, de cura e de acolhida: "Cumpriu-se o tempo, e chegou o reino de Deus" (καὶ ἤγγικεν ἡ βασιλεία τοῦ Θεοῦ), diz o evangelista Marcos (Mc 1,15); e outro tanto afirma o evangelista Mateus: "Arrependei-vos, pois chegou o reino dos céus" (Mt 4,17). Da mesma forma, é necessário constatar a dimensão de futuro do reino de Deus, confirmada por inúmeros ditos sobre o reino (Mc 14,25; Mt 6,10; Lc 11,2 etc.).

Presente e futuro se unem assim, conformando a ação salvadora de Deus no mundo, quer dizer, dando expressão temporal ao reinado interminável de Deus sobre a criação. Na opinião de G. Lohfink, nenhuma cena evangélica ilustra tão diafanamente a tensão entre o "já" e o "ainda não" como a que tem lugar na sinagoga de Nazaré. Jesus, comentando ali o texto profético de Isaías sobre o restabelecimento escatológico de Israel, diz: "Hoje cumpriu-se esta escritura que acabais de ouvir" (Lc 4,21). A pregação e as obras de Jesus dão cumprimento a toda a Escritura e, concretamente, à profecia de Isaías (Is 61,1-2). Com Jesus de Nazaré começado o futuro, o tempo da plenitude. Ele mesmo é a plenitude[85]. Não é fácil explicar a relação que existe entre o reinado presente e futuro de Deus. Na realidade, as opiniões entre os exegetas se encontram divididas, inclinando-se quase em partes iguais pela realidade presente (C. H. Dodd, N. A. Dahl, J. D. Crossan etc.) e pela realidade futura do reino (A. Schweitzer, J. Weiss etc.), defendendo razões de todo tipo, desde as estritamente psicológicas – em que se pretendem encontrar distintos estados na consciência messiânica de Jesus – até as que pertencem à história da tradição, diferenciando as palavras de Jesus e as manifestações da comunidade cristã. Em todo caso, as afirmações de Jesus sobre o reino de Deus relacionadas com o futuro não devem ser separadas daquelas que se orientam ao presente. Como afirma clarividentemente J. Gnilka, o reino de Deus não é uma qualidade que se possa captar totalmente, relacionando-o com os tempos do presente e do futuro. Antes, "o reinado de Deus é que qualifica o tempo; não se acha unicamente em relação com o futuro, mas é o futuro. E isto não pode deixar de ter consequências para a definição do presente"[86]. O mesmo pensamento subjaz nas palavras de G. Bornkamm: "O porvir de Deus é o chamado que Deus dirige ao presente e este presente é o tempo da decisão à luz do porvir de Deus"[87]. Presente e futuro constituem, pois, a formosa realidade do reino de Deus. Examinarei essas dimensões e seu significado a seguir, porém, antes convém ter presentes algumas considerações elementares acerca do contexto em que se produz o anúncio do reino de Deus.

---

85. G. LOHFINK. *Jesus of Nazaret. What He Wanted, Who He Was* (Cochegeville: Liturgical Press, 2012), p. 103.
86. J. GNILKA. *Jesus de Nazaret. Mensagem e historia* (Barcelona: Herder, 1995), p. 173.
87. G. BORNKAMM. *Jesus de Nazaret* (Salamanca : Sígueme, 2002), p. 98.

5.8. O contexto da pregação de Jesus sobre o reino de Deus

O anúncio do reino de Deus irrompe na história da salvação da humanidade de forma clara, contundente, determinante e nova. Frente aos ritualismos e práticas de conversão, aos quais se condicionava o cumprimento das promessas de Yahvé, Jesus proclama abertamente a chegada do reino, que exige conversão: "Cumpriu-se o tempo, e chegou o reino de Deus. Arrependei-vos e crede no Evangelho", diz o evangelista Marcos (Mc 1,15), e Mateus o afirma desta maneira: "Arrependei-vos, pois chegou o reino dos céus" (Mt 4,17). No primeiro plano, aparece o anúncio da chegada do reino para todos, justos e injustos, ao qual se segue a conversão, plasmando assim a importância decisiva da ação salvadora de Deus e rejeitando falsas formas de penitência, externas e farisaicas. A mensagem de Jesus revela-se luminosa e reconfortante para todos que o ouvem com simplicidade e humildade. Suas palavras não se dirigem aos poderosos e satisfeitos, mas sim aos pobres e necessitados (Mt 11,5). Tampouco suas ações se orientam aos fortes e autossuficientes. Seguem-no alguns pescadores do mar de Galileia, afanados em seu trabalho e com Espírito de pobres, e multidões fascinadas pela autoridade de sua palavra e ansiosas de uma mudança radical em sua vida. A mensagem do Galileu é universal, embora ambientada nas circunstâncias sociorreligiosas de seu povo, e, como diz R. Aguirre, com traços de indignação (Mc 3,5; 8,11-12; Mt 23,4 etc.) e de misericórdia (Mc 1,41; 6,34; Mt 9,36; 20,34), que ocultam a própria realidade[88]. Tudo se centra no restabelecimento da dignidade da pessoa.

A pregação do reino de Deus deu uma reviravolta nas coisas. Jesus falou da ação de Deus que haveria de transformar tudo radicalmente, apresentando um cenário de absoluta alegria e esperança.

Não se tratava de uma pura revolução política. Sua ideia de Deus como pai orientava sua pregação não ao poder e à honra, mas ao amor e ao serviço, até o extremo de expressá-los sublimemente em uma morte em cruz. O reino de Deus chega assim, servindo aos pobres e necessitados e aceitando o sacrifício, inclusive a morte. A mensagem do reino conforta e anima os pobres e marginalizados apresentando-lhes um horizonte de realização e de esperanças ilimitadas. Os pobres e necessitados são chamados de "bem-aventurados" e se lhes oferece não um atraente programa moral que elimine a injustiça e a escravidão, mas uma mensagem de libertação e de salvação, inspirada na generosa e misericordiosa paternidade de Deus. A pobreza não é uma virtude idealizada a que, muitas vezes, nos aferramos para eludir nosso compromisso evangélico ou justificar a desordem social e econômica.

---

88. R. AGUIRRE; C. BERNABÉ & C. GIL. *Qué se sabe de... Jesús de Nazaret* (Estella: Verbo Divino, 2009), p. 80.

A pobreza, o sofrimento e a marginalização são maus em si, e Jesus os enfrenta anunciando a libertação total. Com o anúncio do reino de Deus orientam-se as necessidades reais e as ânsias mais nobres do ser humano, aos quais a ação de Deus, já presente na história, dará cumprimento.

Olhando para nossa história, sentimentos, teologia e ação cristã se tocam diante da presença de tanta marginalização e barbárie coexistindo em nosso civilizado mundo ocidental. Dá a impressão de que pretendemos relegar a mensagem principal da atividade profética de Jesus à esfera do marginal ou, quem sabe, mais sutilmente, ao âmbito do puramente religioso e do moral. Se algo distingue e especifica a mensagem do reino de Deus é o respeito e a acolhida aos pobres e simples, para devolver-lhes a dignidade de seres humanos em paz consigo mesmos e com os demais, o amparo da ação misericordiosa de Deus. A libertação anunciada pelo reino é atual e absoluta (também futura), e ninguém nem nada pode subtrair-se a ela em nenhum tempo. O fato de o reino de Deus irromper na história de forma nova e definitiva exige do ser humano uma atitude, também, nova e decisiva. A conversão exigida não é um mero jogo, em que importe a presunçosa justiça dos perfeitos, mas a atitude humilde daqueles que confiam plenamente na salvação que vem de Deus. Não é simplesmente um "arrependimento" ou uma "dor" pelos pecados; nem sequer, me atreveria a dizer, uma mudança de mentalidade e de coração, que expressamos frequentemente com o termo grego μετανοεῖτε. A conversão aos valores do reino de Deus é pura alegria e confiança, sem comparação.

O reino dos céus, como diz o evangelista Mateus, "é parecido com um tesouro oculto no campo, que um homem encontrou e ocultou; e pela alegria de tê-lo encontrado vai e vende tudo o que tem para comprar aquele campo" (Mt 13,44). Também se parece "com um mercador que buscava pérolas preciosas; e quando encontrou uma de grande valor, foi, vendeu tudo o que tinha e a comprou" (Mt 13,45). Já não há escusas para recusar o convite de Deus. A renúncia encoberta se transforma em salvação para a vida. Só se pede humildade para acolher a salvação, algo que, de outra forma, diz Jesus a Nicodemos: "Em verdade, eu te asseguro: se alguém não nasce de novo, não pode ver o reino de Deus" (Jo 3,3).

5.9. Chegou o reino de Deus

Quantas vezes mencionamos a feliz e libertadora expressão: "Cumpriu-se o tempo, e chegou o reino de Deus" (Mc 1,15). Essa expressão, com que Marcos sintetiza a pregação de Jesus na Galileia, é, na opinião de C. H. Dodd, a característica mais distintiva da mensagem do reino em relação às profecias e às crenças do judaísmo[89].

---

89. C. H. DODD. *Las Parábolas del reino* (Madri: Cristiandad, 1974), p. 50-51.

O reino "chegou" καὶ ἤγγικεν ἡ βασιλεία τοῦ Θεοῦ, como diz o Evangelho de Marcos (Mc 1,15), expressando, como diz J. Gnilka, "as intenções essenciais de Jesus... A respeito da proximidade do reino de Deus"[90]. A mesma coisa afirma o evangelista Mateus: "Porém, se eu expulso os demônios graças ao Espírito de Deus, quer dizer que o reino de Deus chegou até vós" (ἄρα ἔφθασεν ἐφ᾽ ὑμᾶς ἡ βασιλεία τοῦ Θεοῦ: Mt 12,28). Os exorcismos de Jesus, como veremos depois, significam a vinda do reino a todos os seres humanos, inclusive aos fariseus. O tempo cumpriu-se e aproximou-se a boa notícia do reino de Deus. Ele é anunciado com alvoroço e alegria. O reino se anuncia, se proclama, se faz público, se revela aos homens (embora não se diga nada dele), deixando claro que é pura ação de Deus, sem intervenção humana alguma, e que precede, inclusive, o arrependimento. Primeiro é a salvação, já presente; o arrependimento é a consequência, o acolhimento da resposta pessoal. Voltando ao pensamento de C. H. Dodd, fundamental o comentário que faz, interpretando as afirmações de Mt 12,28 e Lc 11,20, que expressa desta forma: "Aqui o reino de Deus é um fato de experiência atual, porém não no sentido que temos visto no uso judeu". Qualquer mestre judeu poderia ter dito: "Se vos arrependerdes e vos comprometerdes a observar a *Torá*, tereis aceitado o reino de Deus". Jesus, por sua vez, diz: "Se eu expulso demônios pelo dedo de Deus é porque o reino de Deus chegou até vós". Algo aconteceu, que o poder soberano de Deus começou a operar efetivamente. Não se trata de ter Deus por rei no sentido de obedecer a seus mandamentos, mas de ser confrontados com o poder de Deus que atua no mundo. Em outras palavras: "o reino 'escatológico' de Deus se apresenta como um fato presente que os seres humanos devem reconhecer, tanto se o aceitam como se o rechaçam com suas ações"[91].

Mateus e Marcos situam no começo da atividade profética de Jesus na Galileia a pregação do reino de Deus (Mt 4,17; Mc 1,15). O evangelista Mateus, uma vez mencionado o elogio de Jesus acerca de João Batista, se pronuncia sobre a realidade do reino de Deus nestes termos: "Desde os dias de João Batista até agora, o reino dos céus sofre violência e os violentos são os que o conquistam" (Mt 11,12). A tradição comum de Mateus e de Lucas recolhe o mesmo pensamento. Lucas, em um contexto diferente de Mateus, fazendo referência ao valor da lei, se pronuncia dizendo: "A Lei e os profetas chegaram até João. Desde então se anuncia o reino de Deus, e cada um se esforça para entrar nele" (Lc 16,16). Uma afirmação exclusiva de Lucas, em que se descreve o diálogo entre Jesus e os fariseus acerca da vinda do reino de Deus, diz: "O reino de Deus não vem ostensivamente. Nem se poderá dizer 'está aqui' ou 'está ali', porque o reino de Deus está no meio de vós" (Lc 17,20-21). Em todas estas sentenças, por mais que se discuta o sentido de alguns de seus conteú-

---

90. J. GNILKA. *Jesús de Nazaret. Mensaje e historia* (Barcelona: Herder, 1995), p. 187.
91. C. H. DODD. *Op. cit.*, p. 50-51.

dos e os contextos em que possam ser interpretados, aparece claro que o reino de Deus se apresenta como uma realidade próxima, deixando para trás a etapa da lei e os profetas, que atualiza o reinado de Deus, como Senhor da história, apresentado por Jesus de Nazaré. Os *logia* de Marcos (Mc 9,1; 13,30) e de Mateus (Mt 10,23) falam também da proximidade do reino, que vem com poder, antes que passe a geração dos ouvintes de Jesus.

Porém, o que significa "estar próximo"? Que quer dizer "cumpriu-se o tempo? Qual é o sentido de "chegou até vós o reino de Deus"? Os vocábulos gregos ἤγγικεν e ἔφθασεν têm provocado um intenso debate entre os exegetas. Alguns autores traduzem esses termos por proximidade; outros, por presença real. Algo parecido acontece com a expressão ἐντός ὑμῶν, traduzida, algumas vezes, como "em vós" (dentro de vós), "à disposição de" e, outras, como "entre vós"[92]. A meu ver, a terminologia da mensagem de Jesus sobre o reino fala da presença de Deus na história humana, não só de uma proximidade no tempo. De outra forma, estaríamos discutindo a novidade radical do anúncio de Jesus. O "tempo chegou" se funde com o "tempo se cumpriu". É uma realidade presente que está "entre nós", "no meio de nós", mesmo que de forma inesperada e ainda por realizar-se de forma plena[93].

A presença do reino de Deus é apresentada de maneira evidente nas parábolas. A tradição sinótica oferece provas indubitáveis de que Jesus de Nazaré foi um autêntico mestre em utilizá-las para explicar os mistérios mais profundos da vida de Deus e sua relação com o homem. Inclusive, como afirma E. Schillebeeckx, Jesus mesmo – sua pessoa, seus relatos e suas ações – é uma parábola... uma parábola viva de Deus na solicitude pelo ser humano e sua história de dor[94]. Enraizado no ambiente da Palestina do século I e conhecedor da cultura narrativa de seu povo, empregou a linguagem do povo, com a qual interpelava a ações mais profundas e nobres, tanto de seus seguidores como de seus adversários e inimigos. Suas pala-

---

92. C. H. DODD. *Op. cit.*, p. 50-51.

93. J. A. PAGOLA. *Jesus. Aproximação histórica* (Petrópolis, Vozes, 2010), p. 122, nota 25, afirma: "Embora a expressão grega *entos hymôn* possa significar também 'dentro de vós', os investigadores modernos traduzem hoje de forma geral: 'O reino de Deus está *entre vós*', porque, para Jesus, esse reino não é uma realidade íntima e espiritual, e sim uma transformação que abarca a totalidade da vida e das pessoas". C. H. DODD. *Las Parábolas do reino* (Madri: Cristiandad, 1974), p. 50, nota 15, diz: "O verbo φθανειν em grego clássico tem o sentido de 'antecipar-se' a alguém, chegar antes que ele e, portanto, estar em um lugar antes que ele o saiba. Porém, em grego helenístico se emprega, especialmente no aoristo, para indicar o fato de uma pessoa ter chegado já aonde se propunha ir. Esse uso se conserva no grego moderno". U. LUZ. *El Evangelio según San Mateus* II (Salamanca: Sígueme, 2006), p. 348, nota 65, assim se expressa: "O verbo (φθάνω) é sinônimo do clássico ἀφικνέισθαι, não de ἐγγίζειν. Sua nota própria é alcançar a meta, não apenas aproximar-se dela. Se o sujeito é um conceito espacial que não pode mover-se, φθάνειν significa 'estender-se até'... Este significado poderia estar implícito em Mt 12, 28 para a βασιλεία, que em Mateus oferece também uma dimensão espacial".

94. E. SCHILLEBEECKX. *Jesús. La historia de un viviente* (Madri: Trotta, 2002), p. 142-143.

vras não se disfarçam de grandes proposições filosóficas. Seu ponto de partida é, antes, um episódio da vida cotidiana, fictício quase sempre, um relato oportuno e sugestivo, simples e sutil ao mesmo tempo, chocante e paradoxal, diante do qual o interlocutor se sente levado a reconhecer sua realidade mais íntima e a pronunciar-se nas questões mais vitais de sua existência. Ao final deste recurso didático se encontra uma verdade, aquela que Jesus quer ensinar de parte de Deus, embora os símbolos que a envolvem sejam, em geral, puramente humanos.

Várias dessas parábolas falam do reino de Deus. O capítulo 13 do Evangelho de Mateus diz que Jesus expôs muitas coisas valendo-se de parábolas, explicando a preciosa realidade do reino. Alí se fala da semente, cujos grãos caíram, alguns, junto ao caminho, outros nos pedregulhos, outros nos espinhos, e outros em terra boa. A mesma parábola é narrada no Evangelho de Marcos (Mc 4,1-20), advertindo o caráter capital e a sua importância para entender as demais (Mc 4,3; 4,13). A terra ruim, símbolo da esterilidade da era antiga, ainda persiste e, de fato, produz más colheitas, porém a nova era irrompe e coexiste com ela constituindo o grande mistério do reino de Deus. Apesar da existência do mal e das realidades opostas a Deus, a parábola da semente tem um caráter positivo e esperançoso. A semente sempre nasce, mesmo que venha sendo perdida ao longo de sua etapa de crescimento. Os frutos, ao final, são abundantes, apontando para a generosidade do poder de Deus e se desviando dos cálculos puramente humanos: a colheita pode ser de trinta, sessenta, ou de cem por uma.

O Evangelho de Marcos registra outras duas parábolas sobre a semente, uma que compara o reino de Deus com a semente lançada na terra, que germina e cresce, mesmo sem que o homem se inteire, e outra que fala do grão de mostarda, a menor de todas as sementes, porém que, uma vez germinado, se torna tão grande que à sua sombra podem fazer ninhos os pássaros do céu (Mc 4,26-29; 4,30-32). Na primeira destas parábolas se acentua o contraste entre os insignificantes e tímidos começos do reino de Deus e a sua plena manifestação ao final dos tempos. O reino já está presente e atua, é obra exclusiva de Deus e seu final será esplendoroso. A parábola da semente de mostarda significa a invisibilidade inicial do reino de Deus (provavelmente também a autopercepção da comunidade de Marcos), que se transformará em importância e grandeza no *éschaton*.

Voltando ao capítulo 13 do Evangelho de Mateus, nos encontramos com as belas e esperançosas parábolas do tesouro oculto no campo e da pérola preciosa (Mt 13,44-46). Lendas ou histórias sobre descobrimentos de tesouros no campo eram muito frequentes na Antiguidade, porém a formosura e riqueza do reino dos céus descritas pelas parábolas narradas pelo evangelista Mateus superam a imaginação e a felicidade de quem experimenta a descoberta de um tesouro. Não se realça o valor do tesouro, nem sequer a alegria de quem o descobre, ainda que ambas realidades sejam incomensuráveis. O substancial é a decisão tomada pelo homem que o encontra. Em vez de subtraí-lo secretamente ou cumprir com a justiça tornando pública a descoberta, o descobridor o oculta, vai vender tudo o que tem e compra aquele campo. É a aposta firme do homem que vende tudo o que possui para adquirir o reino dos céus. O mesmo acontece com a parábola da pérola. Um mercador de pérolas encontra uma (indicando a sua importância); não se interessa por outras circunstâncias. O fundamental é que o comerciante "vendeu tudo o que tinha e a comprou" (Mt 13,46). O caminho até o reino de Deus se traça com absoluta nitidez: exige a renúncia real e metafórica aos bens, modelada sempre pelo amor.

Os milagres e exorcismos de Jesus também falam do reino de Deus. Diante da cura de um endemoniado, cego e mudo, os fariseus acusaram Jesus de expulsar os demônios graças a Belzebu, e Jesus lhes responde: "Porém, se eu expulso os demônios graças ao Espírito de Deus, quer dizer que o reino de Deus chegou até vós" (Mt 12,28). A mesma afirmação se encontra em Lucas, mas com a nova locução "com o dedo de Deus" (ἐν δακτύλῳ Θεοῦ): "Porém, se expulso os demônios graças ao dedo de Deus, quer dizer que o reino de Deus chegou até vós" (Lc 11,20)[95]. O evangelista Marcos fala de possuídos por espíritos impuros (Mc 1,21-28), do adversário que se levanta contra si mesmo e que está perto de seu fim (Mc 3,26) e da autoridade concedida aos Doze para expulsar os demônios (Mc 3,15; 6,7). O reino de Deus chegou e a dignidade do ser humano foi restabelecida em sua totalidade – corpo e espírito – desterrando o poder do mal. O poder libertador de Deus prevalece assim sobre as forças do maligno e os atos de Jesus são sinais do novo tempo, que aponta para a consumação final. Não é estranho que J. P. Meier afirme que "os exorcismos (de Jesus) são manifestações e realizações, ao menos parciais, da vinda de Deus com poder para reinar sobre seu povo no tempo final"[96].

Com o perdão dos pecados, Jesus também anunciou a presença do reino de Deus entre os homens. O profeta de Galileia não se apegava a nenhum rito vazio, nem praticava coisas estranhas à dignidade humana. Seu poder, traduzido em perdão, se distanciava de toda magia e fascinação. Ele proclamou o perdão, perdoou e mandou perdoar, reconciliando o ser humano com Deus e restabelecendo as relações entre os membros da comunidade. Ensinou seus discípulos a pedirem o

---

95. A expressão "com o dedo de Deus" aparece somente neste dito Q de Lc 11,20 par., em todo o Novo Testamento. Parece haver uma clara referência ao texto de Ex 8,15: "Então, disseram os adivinhos ao Faraó: É o dedo de Elohim!; porém, o coração do Faraó se endureceu, e não os escutou, conforme Yahvé havia predito". Os exegetas coincidem em afirmar que, por sua linguagem e seu pensamento descontínuo, ela tem sua origem no Jesus histórico.

96. J. P. MEIER. *Un judío marginal. Nueva visión del Jesus histórico II/1: Juan y Jesús. El reino de Dios* (Estella: Verbo Divino, 2004), p. 534.

perdão dos pecados a Deus Pai (Lc 11,4), condicionando o perdão de Deus ao perdão humano (Mt 6,14-15; 18,35; Mc 11,25; Lc 11,4). Com generosidade ilimitada e imensa ternura Jesus perdoa os mais marginalizados e excluídos da sociedade de seu tempo. A um paralítico, diz: "Coragem, filho. Os teus pecados estão perdoados" (Mt 9,2; Mc 2,5; Lc 5,20). O perdão é visto como blasfêmia pelos fariseus, pouco convencidos da ação de Deus em Jesus e muito versados nas restrições da Misná sobre a blasfêmia. É que, no judaísmo, ninguém senão Deus podia perdoar os pecados. O mais alto poder dos homens, reservado ao sumo sacerdote, se limitava a uma simples "declaração" (declarar livre de pecado), que não ia além de uma reconciliação do indivíduo com o Templo, com a Torá e com a comunidade. Apesar da dúvida e da maldade dos escribas e fariseus, os textos evangélicos deixam patente que o Filho do homem, quer dizer, Jesus, tem autoridade, para perdoar já agora pecados na terra que serão absolvidos no juízo final. O perdão e a salvação não ficavam confinados a justos e israelitas, pertencentes ao mundo privilegiado do Templo e da Torá, mas eram oferecidos também a quantos se consideravam seguidores de Jesus e aceitavam os valores do reino que ele pregava. Como o mestre, também os discípulos devem perdoar até setenta e sete vezes (Mt 18,22), quer dizer, de forma ilimitada, sem restrições, e perfeita. Deste modo se perdoa em dois momentos excepcionais da vida de Jesus: na instituição da eucaristia e na morte em cruz. Na instituição da eucaristia, o sangue da Aliança se derrama "em favor de muitos para o perdão dos pecados (Mt 26,28) e na cruz Jesus exclama: "Pai, perdoa-os, pois não sabem que estão fazendo" (Lc 23,34). Aqui, mais do que em qualquer outra situação, o reino de Deus se faz presente no mundo.

As refeições de Jesus expressam com imensa plasticidade a realidade do reino de Deus. Nas tradições de Marcos, documento Q, as fontes próprias de Mateus e de Lucas e inclusive na de João, aparecem relatos de refeições de Jesus com pecadores e excluídos da sociedade judaica. Várias parábolas falam da experiência de Jesus com publicanos e prostitutas, a quem se oferece a alegre notícia do reino de Deus. É um fato incontestável que Jesus compartilha mesa e comida com pessoas de má-reputação na sociedade de seu tempo (publicanos, pecadores, prostitutas, cobradores de impostos, possuídos de espíritos imundos etc.), acolhendo-as com especial predileção, derrubando barreiras de incomunicação, revalorizando sua dignidade perdida e lhes ensinando o caminho do reino de Deus (cf. Mc 2,15-17; 6,8-10; Lc 7,36-50; 11,37-54; 19,9; Mt 9,35; 21,31 etc.).

Examinemos dois textos significativos, um de Marcos e outro de Lucas. A passagem de Marcos diz assim: "Certa vez, Jesus estava à mesa em casa de Levi. Muitos cobradores de impostos e pecadores estavam sentados junto com Jesus e seus discípulos, pois eram muitos os que o seguiam. Os escribas, que eram fariseus, viram que ele comia com os pecadores e cobradores de impostos e disseram aos discípulos: 'Por que ele come e bebe com cobradores de impostos e pecadores?' Ouvindo isso, Jesus lhes disse: 'Não são os que têm saúde que precisam de médico, e sim os enfermos. Não vim chamar os justos, mas os pecadores'" (Mc 2,15-17). A cena, que remonta a um fato histórico, continua com a discussão mantida entre Jesus e os escribas sobre a escolha de seus discípulos. Na casa de Levi, filho de Alfeu, se celebra uma refeição com a presença de Jesus, seus discípulos, e também alguns comensais incômodos, os escribas dos fariseus, que colocam uma séria objeção sobre a conduta de Jesus: Por que come com os publicanos e pecadores[97]? Os publicanos eram considerados impuros perante da Lei e, portanto, aqueles que participavam em seus atos, corriam o risco de impureza ritual. Os pecadores, por outro lado, não só eram pouco cuidadosos com as questões rituais, como também transgrediam leis humanas e divinas rompendo a harmonia da eleição divina do povo de Israel. À crítica dos fariseus, Jesus responde com um duplo provérbio: "Os fortes e os são não têm necessidade de médico, mas sim os que se encontram mal" e "não vim chamar a justos, mas os pecadores". Doravante, "justos e pecadores" não irão mais contrapor-se, recordando a tradição e a prática judaicas, mas ambos estarão incluídos no convite a integrar o reino de Deus. Não é que os "justos" fiquem excluídos, mas que os "pecadores" ficam integrados. Os pecadores passam também a estar convidados à mesa, podem comer com Jesus e os ritos de purificação nunca mais poderão romper a dignidade da pessoa.

A santidade de Jesus e sua presença salvadora são mais poderosas do que o pecado humano e contagiam mais do que este nas ceias de alegria entre irmãos. O evangelista Lucas refere uma formosa cena de banquete (Lc 7,36-50). O relato, com claras tintas eclesiais, conta que um dos fariseus havia convidado Jesus para comer em sua casa, talvez impressionado por sua fama de profeta. Já recostado à mesa, quer dizer, em atitude de celebrar uma festa, como era costume em ocasiões especiais no mundo greco-romano e no judeu, uma mulher (que passava por prostituta na cidade) entra na casa com um pomo de alabastro, cheio de perfume, banha os pés de Jesus com suas lágrimas e o unge com o perfume. O anfitrião, que observa escandalizado a situação, pensa consigo mesmo que se Jesus fosse realmente um profeta teria que se dar conta de que classe de mulher tinha diante de si. Jesus, que lê o interior dos corações, conta ao fariseu uma parábola de um credor que perdoa duas pessoas que lhe devem. Ao serem-lhes perdoadas suas dívidas, ambos agradecem a generosidade de seu senhor; e mais ainda aquele a quem se lhe perdoou mais. A mulher pecadora cumpriu com os deveres de que Simão, por sua vez, se

---

97. Escribas e fariseus aparecem estreitamente vinculados em duas passagens de Marcos: em Mc 2,16, revoltados porque Jesus divide a mesa com pecadores e publicanos, e em Mc 7,1.5, onde questionam a prática dos discípulos de Jesus de comer sem lavar as mãos. Os escribas aparecem geralmente em Jerusalém, enquanto os fariseus se situam na Galileia.

descuidou. Ela amou mais e, por isso, será perdoada mais. O pecado da mulher é perdoado não por normas escritas na Lei, mas por um encontro com Jesus em uma refeição. A graça e a salvação vêm de Deus, proclamadas por Jesus em um convite em que participam justos e pecadores.

Jesus, além de aparecer como convidado em refeições compartilhadas por publicanos e pecadores, é apresentado nos evangelhos como anfitrião nas mesmas. Um caso paradigmático se apresenta no milagre da multiplicação dos pães, narrado pelos quatro evangelistas e repetido em Marcos e Mateus (Mc 6,34-44; 8,1-9; Mt 14,14-21; 15,32-38; Lc 9,11-17; 16,5-12; Jo 6,1-15). Depois do parêntese do martírio de João Batista, Marcos retoma o argumento da missão dos Doze, que acodem a Jesus para contar-lhe o que tinham feito e ensinado, buscando um lugar despovoado para descansar. A multidão busca Jesus incessantemente e ele exercita sua compaixão, atendendo as necessidades materiais. Não é o momento de enter-me nos traços que este relato possa oferecer para uma reelaboração eucarística. Seja qual for a relação que se estabeleça entre o relato de Marcos e a eucaristia, não há dúvida que na comunidade cristã existiam inúmeras recordações de refeições que se cristalizaram nos relatos da multiplicação. O ponto central do relato, como observa E. Schillebeeckx, é a "comunidade de mesa", a "oferta de comunhão por parte de Jesus" durante sua vida terrena[98]. Nos dois relatos oferecidos pelo evangelista Marcos se encontram coincidências e diferenças. A estrutura de ambos é basicamente idêntica: o cenário, que corresponde a um lugar desabitado, a conversação de Jesus com seus discípulos, em que se põem em evidência a compaixão de Jesus e o desconcerto dos discípulos, a preparação para a refeição, oferecida por Jesus, a oração da bênção, a comida, o recolhimento dos pedaços que sobram e a caminhada até o distrito de Dalmanuta. No primeiro destes relatos (Mc 6,34-44), alude-se de forma implícita ao Antigo Testamento, descrevendo a solicitude de Jesus, como pastor que cuida de suas ovelhas, proporcionando-lhes alimento. No segundo, (Mc 8,1-10), diferentemente do anterior, se acentua a esgotamento do povo que segue Jesus, simplesmente sem alimento para subsistir e acolhida no deserto. As diferenças, chamativas apesar de intranscendentes, se observam no número dos pães, nos peixes, nos cestos e na multidão presente. Em todo caso, neste relato de "milagre presente", como o qualifica J. Gnilka[99], a bênção de Jesus sobre a comida, ajustada à tradição judaica, reparte entre seus seguidores não só o pão de trigo, o de cevada (o alimento principal dos judeus) e o peixe (o complemento habitual

---

98. E. SCHILLEBEECKX. *Jesús. La historia de un viviente* (Madri: Trotta, 2002), p. 194.
99. J. GNILKA. *El Evangelio según San Marcos* I (Salamanca: Sígueme, 2005), p. 300.

no mar), mas a abundância de bens materiais e espirituais, sinal da plenitude dos últimos tempos. Mais uma vez, o alimento de Jesus torna presente o reino de Deus.

A comunidade de mesa também se dá com o Senhor ressuscitado. Assim, contam Lucas (Lc 24,28-31) e João (Jo 21,12-13). O relato de Emaús é muito familiar para nós. Dois discípulos de Jesus se dirigem a esse lugar, conversando sobre o que havia acontecido em Jerusalém. E aconteceu (uma expressão muito típica de Lucas) que Jesus se aproximou e caminhou com eles, e lhe contaram as coisas terríveis que tinham acontecido ao profeta de Nazaré. Eles esperavam que fosse ele o libertador de Israel, porém já se tinham passado três dias e, muito embora algumas mulheres lhes tivessem dito que vivia, a ele mesmo não o tinham visto. Depois de um amplo repasse das passagens das Escrituras, feito pelo acompanhante, e já aproximando-se o final do caminho, deu-se o caso de que (aparece de novo esta expressão), "quando estava à mesa com eles, tomou o pão, rezou a bênção, (o) partiu e lhos deu" (Lc 24,30). Os caminhantes reconheceram o Senhor e contaram sua experiência aos Onze como se lhes deu a conhecer na fração do pão. Depois do caminho, ao entardecer, hora de sentar-se para partilhar o alimento segundo o costume judaico, Jesus, desempenhando a função de anfitrião, "parte o pão" e "o dá". A expressão "λαβὼν τόν ἄρτον εὐλόγησεν καί κλάσας ἐπεδίδου αὐτοῖς" se ajusta e recorda o acontecido na última ceia, momentos antes da paixão: "λαβὼν ἄρτον εὐχαριστήσας ἔκλασεν καί ἔδωκεν αὐτοῖς" (Lc 22,19). É uma refeição singular, marcada pelo acontecimento da ressurreição de Jesus, porém uma refeição autêntica, em que se renovam os vínculos de amizade entre as pessoas e resplandece de forma excelsa o reino de Deus.

No apêndice do Evangelho de João aparece de novo a refeição como elemento de coesão entre a comunidade de discípulos e Jesus (Jo 21,1-14). De forma hábil, se produz a união entre um milagre, o da pesca milagrosa, e uma ceia pascal. Assistimos a uma profunda transformação dos discípulos, que, partindo do desconhecimento mais absoluto, terminam reconhecendo o Senhor, guiados pela fé do discípulo amado e a atuação de Pedro. O Senhor ressuscitado dirige as ações de seus discípulos, ordena-lhes trazer os peixes que acabam de pescar, os convida a almoçar e "toma o pão e lhos dá, e o mesmo com o peixe" (Jo 21,13). É o quadro perfeito de uma comunidade reunida em nome do Senhor ressuscitado, que vive a fé e recorda as refeições de Jesus de Nazaré nas margens do mar de Galileia, sinal da presença e dos valores do reino de Deus na terra.

Recapitulando o que foi dito sobre as refeições de Jesus, podemos chegar à seguinte conclusão: no ministério profético de Jesus de Nazaré, elas tiveram um papel importante na comunidade comensal, tanto de discípulos como de pecadores e excluídos da sociedade, a ponto de diferenciar desse modo sua missão da de João Batista (Mt 11,18-19). As normas do judaísmo, que falavam de pureza dos filhos de Deus e de impureza dos que não respeitassem a lei de Moisés, que cuidavam da escolha dos convidados e reservavam os lugares em função da honra das pessoas, ficavam obsoletas e davam passagem à salvação escatológica com uma mensagem nova e inclusiva, iniciada por Jesus. Esta salvação se celebrava alegremente nas refeições entre amigos e com gente marginalizada da sociedade, que suscitavam o arrependimento e a conversão, o caminho correto até o reino de Deus.

5.10. O reino de Deus é para os pobres e excluídos do mundo

A declaração de felicidade e bem-aventurança que Jesus dirige aos pobres e excluídos deste mundo – obviamente em contexto e sentido muito diferentes – se encontra na literatura grega, aplicada aos deuses e aos seres humanos. Em ambos os casos, os macarismos fazem referência a valores internos e externos, frequentemente associados à riqueza e ao bem-estar[100]. Também aparece nos escritos do Antigo Testamento, onde Yahvé se revela como libertador dos pobres e oprimidos, que sofrem a escravidão do Egito, e consolador do povo de Israel, submetido à tirania e despotismo de outros povos infiéis. O mundo bíblico está repleto de promessas de esperança e de libertação, anunciadas especialmente pelos profetas e nos salmos (Is 11,1-5; 52,7; 61,1-2; Jr 23,5; Sl 72; 113,5-8), destinadas aos pobres e oprimidos, como sinal da soberania de Deus no mundo, e realizadas na pessoa de Jesus de Nazaré[101].

As bem-aventuranças dos evangelhos plenificam a história de esperança dos pobres e marginalizados e à ação soberana de Deus no mundo. O Evangelho de Mateus, no começo da pregação de Jesus na Galileia, proclama solenemente a felicidade dos pobres: "Felizes os que têm Espírito de pobres, porque deles é o reino dos céus!" (Mt 5,3). E atrás desta bem-aventurança, que compendia as restantes, seguem, em estrutura análoga, as que fazem referência aos aflitos, os mansos, os famintos e sedentos de justiça, os misericordiosos, os de coração puro, os pacificadores e os perseguidos por causa da justiça (Mt 5,4-10). A versão de Lucas reduz a quatro as oito bem-aventuranças de Mateus: os pobres, os famintos, os aflitos, e os perseguidos (Lc 6,20-23). A essência é a mesma, ainda que, além do número, se detecte uma ligeira diferença, a saber, um matiz mais ético em Mateus, explicável por sua adaptação à tradição primitiva e pela tarefa redacional do autor.

---

100. H. BALZ & G. SCHNEIDER (eds.). *Diccionario Exegético del Nuevo Testamento* II (Salamanca: Sígueme, 1998), em μακάριος, p. 127-128.
101. No judaísmo tardio, o significado de "pobre" implica uma situação de indigência real, que, com o tempo e a mudança das circunstâncias econômicas e sociais, que levam a maior bem-estar e a um progressivo afastamento de Deus, se associou a uma interpretação religiosa, confundindo-se, às vezes, pobreza com piedade.

O reino é para os pobres, que encontram nas palavras de Jesus o sentido mais genuíno. Porém, quem são os pobres? Quem pode ser contado entre eles? São gente que não encontra espaço nem abrigo em grupos religiosos protegidos pela Lei, tampouco têm uma consideração social reconhecida. Antes, são aqueles que, não podendo apoiar-se em si mesmos – em suas capacidades ou habilidades humanas – nem confiar nos poderes do mundo, se amparam exclusivamente na misericórdia de Deus. Pobres são aqueles que se esvaziam de todo tipo de autossuficiência e reconhecem a Deus como o Senhor de sua vida, superando as adversidades ambientais que os dominam e escravizam. Deus é poderoso, justo, e liberta. O pobre só confia em Deus, em quem encontra o sentido de sua humanidade. A pobreza não se confunde com uma virtude moral; tampouco se idealiza, pois o ideal que Jesus apresenta não se centra nela, senão na libertação da mesma pela esperança no reino de Deus, que Ele anuncia.

Por esta razão, a pobreza é um mal, como o sofrimento e a marginalização que derivam dela, assim como o desprezo e as doenças que, no tempo de Jesus, afetavam os enfermos, os possuídos por espíritos imundos e os excluídos do povo de Israel.

Aos pobres pertence o reino de Deus. Esta é a revelação central da mensagem de Jesus. Deus se apresenta ao mundo com uma imagem nova, carregada de liberdade e de misericórdia, acolhendo os marginalizados e lhes anunciando o reino. Tem razão G. Bornkamm ao afirmar que "a palavra de Jesus não é o consolo de um além melhor, como tampouco a pobreza presente é por si mesma uma bem-aventurança". "Bem-aventurados sois vós" não significa: "porque vós ireis para o céu", nem: "já estais no céu se compreendeis bem o vosso sofrimento". A expressão significa: "o reino de Deus vem para vós"[102]. Efetivamente, o reino de Deus é mais imenso que o céu que nós imaginamos. É um acontecimento que marca a história humana sobre a terra, em que Deus se aproxima graciosamente daqueles que, vazios de si mesmos se entregam confiantemente a Ele. A partir da perspectiva desta soberania graciosa de Deus, se rompem para sempre todos os privilégios – morais, sociais e religiosos – que discriminam e escravizam. Sobressai unicamente a misericórdia de Deus, na qual encontram a paz todas as pessoas, independentemente de sua raça, sexo, condição social e religião.

O reino é também para todos aqueles que se conformam a este sentido original, imersos em suas próprias limitações humanas e abertos à proteção misericordiosa de Deus. Sendo as bem-aventuranças uma mensagem teológica, mais do que um projeto moral, são felizes também todos aqueles que, privados dos recursos mais elementares da vida, gozam do beneplácito de Deus. Neste bloco engloba R. Fabris

---

102. G. BORNKAMM. *Jesús de Nazaret* (Salamanca: Sígueme, 2002), p. 82.

as crianças (privadas da dignidade humana no contexto cultural da época de Jesus), os pecadores e os pagãos[103].

Poderíamos nos perguntar: Que sentido tem, hoje, o anúncio do reino aos pobres e excluídos de um mundo egoísta e afastado de Deus? Que força moral temos, os seguidores de Jesus de Nazaré, para pregar liberdade e anseios renovadores diante da dúvida e do desfalecimento de tantos cristãos, a quem a mensagem das bem-aventuranças soa como obsoleta e utópica? O teólogo fica emudecido perante o trágico desequilíbrio entre a bondade de Deus e o egoísmo humano. Nos movemos entre o anúncio perene de Jesus (válido para todos os tempos) e nossa missão profética, que deve contemplar a natureza de nosso mundo, ao qual deve chegar nitidamente a força do Evangelho, a Boa-nova que o transforma e liberta. Entre o anúncio de Jesus e nossa missão de comunicá-lo a todas as pessoas deve prevalecer sempre a atitude graciosa (libertadora e generosa) de Deus, que há de traduzir-se em especial respeito e acolhida (nunca condenação) aos mais necessitados.

Abrindo o Espírito da tradição evangélica à situação atual, poderíamos proclamar bem-aventurados a todos aqueles que se sentem e são realmente excluídos pelos poderes deste mundo soberbo e egoísta. São bem-aventurados e felizes. São felizes as crianças, objeto de abusos e exploração; os anciãos, desvalidos frente à altivez juvenil e a indiferença dos poderes públicos; os jovens, incapazes de realizar suas legítimas aspirações em seu ambiente natural e familiar; os desempregados e expropriados de suas humildes habitações, condenados a levar uma vida indigna por causa da especulação impiedosa do capitalismo selvagem; os emigrantes, cujas culturas e vivências pessoais são ignoradas pelos países do primeiro mundo; as famílias, em geral vítimas do crescente e doloroso empobrecimento de uma sociedade fraturada; os marginalizados por sua condição religiosa e orientação sexual. E tantos outros que, perdidos no complexo mundo da globalização em que se diluem suas legítimas esperanças de realização, perdem a esperança de alcançar o horizonte da igualdade. A todos, é preciso dizer-lhes que o reino de Deus chegou, e que a liberdade e a paz devem ser o fruto da aceitação da graça misericordiosa de Deus e da fraternidade entre todos que povoamos este mundo.

A sorte dos pobres e desamparados deste mundo mudou radicalmente. Sua situação se transformou substancialmente, não em atenção a suas carências e sofrimentos, senão porque o poder e a justiça de Deus, que nunca abandonam o fraco, se fizeram presentes neles. Sua desventura já se encontra amparada por Deus e começa a ser ouvida. Deus já está atuando e não só em Israel, mas em todos os povos. A mensagem de Jesus proclama essa boa notícia. Ele disse à mulher cananeia que havia sido enviado, em princípio, às ovelhas perdidas da casa de Israel (Mt 15,24),

---

103. R. FABRIS. *Jesús de Nazaret. Historia e interpretación* (Salamanca: Sígueme, 1985), p. 110-113.

porém, no relato da cura do criado do centurião em Cafarnaum, também afirmou que viriam muitos do Oriente e do Ocidente e se poriam à mesa "com Abraão, Isaac e Jacob no reino dos céus" (Mt 8,11). Esta é a grandiosa novidade do reino de Deus: o poder e a justiça de Deus se oferecem a todos, especialmente aos pobres e marginalizados.

5.11. A dimensão futura do reino de Deus

Ao afirmar a presença do reino na pregação da mensagem de Jesus, pudemos comprovar a novidade da soberania de Deus em relação à antiga esperança do povo de Israel e ao mesmo tempo descobrir a dimensão futura de tal soberania. O reino de Deus se faz presente no povo escolhido e simultaneamente se orienta à sua plenitude no tempo futuro. Com outras palavras, o reino de Deus é uma realidade em que o presente e o futuro interagem entre si.

Não existe contradição alguma entre a missão profética de Jesus na Galileia, que proclama a proximidade do reino de Deus, e os anúncios que fazem referência à esperança escatológica, segundo a qual Deus restaurará o povo de Israel. Como escreve J. A Pagola, já está "germinando um mundo novo, porém só no futuro alcançará sua plena realização"[104]. Ou, como expressa J. Jeremias, o reinado de Deus, que no judaísmo antigo se estendia apenas sobre Israel, há de ser reconhecido "por todas as nações" ao final dos tempos[105].

Categoricamente, se há de afirmar que teólogos e exegetas confirmam unanimemente a dimensão futura do reino de Deus[106]. A tradição sinótica é muito rica referindo-se ao futuro do reino de Deus. Para detectar esta dimensão futura do rei-

---

[104]. J. A. PAGOLA. *Jesús. Aproximación histórica* (Madri: PPC, 2007), p. 109.

[105]. J. JEREMIAS. *Teología del Nuevo Testamento* (Salamanca: Sígueme, 2009), p. 123.

[106]. E. P. SANDERS. *La figura histórica de Jesús* (Estella: Verbo Divino, 2010), p. 193-197. Ao examinar os ditos sobre o reino, este autor os divide em seis categorias, três das quais são simples subdivisões do significado futuro de "reino de Deus". Menciono-as por serem ilustrativas: 1) O reino de Deus está no céu: está *ali, agora* e no *futuro*. 2) O reino de Deus é agora uma esfera transcendente no céu, porém, no futuro virá à terra. O reino está *alí agora* e no futuro estará também *aqui*. 3) Uma subcategoria especial de ditos considera de antemão uma esfera futura que será introduzida por um acontecimento cósmico. As passagens que descrevem esta subcategoria indicam como virá o reino à terra, acompanhado geralmente de sinais cósmicos. 4) Em muitas passagens, o reino é futuro, porém, não se define de outro modo. São, portanto, menos específicas que as categorias 2 e 3. 5) Em algumas passagens é possível que o reino seja uma "esfera" especial na terra, constituída por pessoas dedicadas a viver segundo a vontade de Deus, e que existe dentro e ao lado da sociedade humana normal. Não há nos evangelhos nenhuma passagem que tenha exatamente esse significado, porém, alguns o abordam: o reino é como a levedura, que não se pode ver, porém, que fermenta toda a massa (Mt 13,13; Lc 13,20s.). 6) Muitos estudiosos encontraram em duas passagens razões para pensar que Jesus considerava o reino de algum modo presente em suas próprias palavras e obras: presente *aqui e agora*, porém, apenas em seu próprio ministério. Estas duas passagens correspondem a Mt 11,2-6 e Mt 12,28.

no nos centraremos em três capítulos que tratam das Parábolas do reino de Deus, das expressões chamadas "sentenças de admissão" que possibilitam a entrada na βασιλεία e nas petições do Pai-nosso. Examinemo-las uma a uma.

a) Ao falar da chegada do reino de Deus ou de sua realidade presente, dizia que esta dimensão se manifestava claramente nas Parábolas de Jesus. Da mesma forma deve-se afirmar que nelas se percebe o caráter futuro desse reino. Não podia ser de outro modo, visto que a intervenção graciosa de Deus na história da humanidade não é nem parcial, nem pontual, nem inconclusa, mas tende à realização plena, total e definitiva dos últimos tempos. De fato, embora a mensagem das parábolas esteja submetida a múltiplas interpretações, ou mesmo que seu conteúdo original seja praticamente indecifrável – embora, como diz G. Bornkamm, "as Parábolas dos evangelhos não estão somente a serviço de uma doutrina, mas são elas mesmas, seu anúncio"[107]–, o reino de Deus, que começou no tempo e no mundo e que já está operando, não se limita às concepções humanas de tempo e espaço, mas interpela o ser humano de forma constante até seu destino final.

Não existe interrupção entre presente e futuro na concepção cristã da existência. Ou, dito de outra forma, o ser humano se inicia no caminho do reino com o olhar fixo na misericórdia final de Deus. O capítulo 13 do Evangelho de Mateus perfila uma série de parábolas que nos servem de reflexão neste aspecto. Fala-nos da cizânia, do grão de mostarda e do fermento, do tesouro oculto no campo, da pérola preciosa, e da rede que é lançada ao mar e que recolhe peixes de todas as classes. Marcos, por sua vez, narra as Parábolas do semeador, a da semente que germina e vai crescendo e a do grão de mostarda (Mc 4,1-32). Lucas resenha a Parábola do banquete, as da ovelha perdida e da dracma perdida, a do pai que perdoa, a do administrador infiel e a do rico e de Lázaro (Lc 14,15; 15; 16,1-31). Todas elas nos brindam elementos que revelam a dimensão futura do reino de Deus, e que agora brevemente assinalamos.

A Parábola do semeador, talvez a mais familiar de todas (Mc 4,3-8 par.), sem oferecer indicações precisas acerca do modo e o tempo em que se realiza a semeadura, sem dar importância ao esforço e às dificuldades do agricultor que cultiva o terreno, fala de um semeador e de uma semente, cujo rendimento está exposto seriamente às forças do mal, e de que se ocupa profusamente: parte da semente caiu junto ao caminho, sendo devorada pelos pássaros; parte caiu no pedregulho, sem poder lançar raízes, ao ser queimada pelo sol; outra parte caiu entre espinhos, que a sufocaram, e não deu fruto. Os grãos que caíram na terra boa deram fruto e produziram, um trinta, outro sessenta, e outro cem. A parábola deixa patente que o reino de

---

107. G. BORNKAMM. *Jesús de Nazaret* (Salamanca: Sígueme, 2002), p. 73.

Deus já começou, que as dificuldades para sua realização persistem, e que o futuro parece esperançoso e feliz[108]. Todo começo (de Deus), por insignificante que pareça, tem um futuro glorioso. G. Bornkamm, fazendo referência à eficácia da palavra que sai da boca de Yahvé (Is 55,11), expressa profundamente esta ideia, em consonância com o mistério do reino de Deus. Diz assim: "porém a certeza tem também a primeira palavra; com efeito, um semeador sai para semear – nada mais – e isso significa o novo mundo de Deus"[109].

Outras parábolas se orientam na mesma direção. Nas Parábolas do grão de mostarda (Mc 4,30-32; Mt 13,31-32; Lc 13,18-19) e do fermento (Mt 13,33; Lc 13,20-21) a contraposição entre os inícios do reino de Deus e a realização final aparece com extrema nitidez. O reino de Deus manterá seu caráter misterioso e oculto até que apareça o ἔσχατον. Como o grão de mostarda, uma semente insignificante na região da Palestina e que a comunidade de Marcos, confrontada com o poder e hostilidade dos poderes inimigos, a percebe como a menor de todas as sementes da terra, assim o reino[110]. O reino de Deus se introduziu no mundo de forma insignificante e imperceptível, porém, no futuro, se converterá em uma realidade enorme e grandiosa, como acontece com o crescimento do grão de mostarda, em cujos ramos poderão fazer ninhos os pássaros do céu. Não é improvável que a comunidade de Marcos associasse sua sorte futura com o crescimento do reino de Deus, e que sua pequena e difícil situação inicial dessa passagem a uma visão otimista, que sonhasse com a incorporação dos gentios em seu meio, porém é conveniente advertir que não existe razão eclesiológica alguma que permita identificar ambas as realidades.

Reino de Deus e Igreja não são realidades intercambiáveis. É uma parábola que os exegetas chamam "de contraste", que ressalta um acontecimento misterioso, diminuto no princípio e sublime ao final. O mesmo acontece com a Parábola do fermento, utilizado por judeus e gregos para preparar o pão. O fermento, em pequenas porções, é capaz de fermentar grande quantidade de farinha. No pequeno se oculta

---

108. U. LUZ. *El Evangelio según San Mateus* II (Salamanca: Sígueme, 2006), p. 411, interpreta que "A denominada parábola do semeador" não é narrada a partir da perspectiva do semeador, que depois do v. 3 desaparece dela; a parábola trata da semente e do campo. Só isto interessa a Mateus, Marcos e, antes deles, ao intérprete alegórico da parábola".

109. G. BORNKAMM. *Jesús de Nazaret* (Salamanca: Sígueme, 2002), p. 76. Cita J. SCHNIEWIND. *Das Evangelium nach Markus* (Göttingen: Vandenhoeck & Ruprecht, 1949), p. 75.

110. A semente da chamada *brassica nigra ou* mostarda negra alcança pouco mais de 1 mm de diâmetro e pode converter-se em uma das maiores hortaliças, com dois ou três metros de altura. Mesmo sendo considerada pela Misná como planta silvestre, na Palestina era cultivada nas hortas. Por outro lado, a utilização desta imagem por Jesus para falar do reino de Deus despertaria em seus ouvintes sentimentos que se chocariam fortemente com suas ideias e concepções, orientadas, em boa medida, ao triunfo de Yahvé sobre seus inimigos e à libertação de Israel.

o grande, que um dia aflorará diante dos olhos de todos, como ocorre com o reino de Deus. O mesmo sentido podemos atribuir à Parábola da semente, narrada unicamente pelo evangelista Marcos (Mc 4,26-29). O grão, espalhado pelo ser humano na terra, germina e cresce, tanto de noite como de dia, esteja o semeador dormindo ou vigiando. A terra frutifica "automaticamente", como acontece com o reino de Deus, que atua por si mesmo milagrosamente, sem que sua realização precise (ou dependa) absolutamente do esforço e da colaboração humana.

b) A soberania futura de Deus se anuncia também de forma solene na ceia de despedida com seus discípulos, em que Jesus lhes assegura: "Em verdade vos digo: já não beberei mais do fruto da videira até o dia em que o beba novamente no reino de Deus" (Mc 14,25). Esta renúncia de Jesus, que recorda o voto solene de nazireu para consagrar-se a Yahvé (Nm 6,1-4) e a vida santa dos rekabitas (Jr 35), situa-se claramente no futuro escatológico: prediz a paixão e morte do Messias e não beberá nem comerá até que o faça no reino de Deus. A afirmação se move no contexto do acontecimento da Páscoa, que não só contempla a libertação do povo de Israel no passado, como também a redenção futura. O mesmo Espírito respira a tradição que Paulo transmite à comunidade de Corinto: "Pois todas as vezes que comeis desse pão e bebeis desse cálice anunciais a morte do Senhor até que Ele venha" (1Cor 11,26)[111]. Este sentido escatológico do reino, que aparece em Marcos referido à pessoa de Jesus, se acha presente também nos textos que falam da inclusão no reino de Deus de Abraão, de Isaac e de Jacó e de todos os profetas, assim como dos pagãos que virão de todas as partes do mundo (Lc 13,28-29). O mesmo acontece nas sentenças recolhidas pela tríplice tradição sinótica em que, apesar de sua iminência, se esboça o futuro do reino de Deus. Marcos afirma: "Eu vos asseguro: alguns dos que aqui se encontram não morrerão antes de verem chegar com poder o reino de Deus" (Mc 9,1). Comentando esta passagem, escreve J. Gnilka: "O ver em 9,1 adquire um significado ambivalente. Se originariamente significava a participação existencial na chegada do reino definitivo de Deus, o evangelista permite uma participação antecipada que não elimina a definitiva. Ela é concedida a Pedro, Tiago e João sobre o monte"[112]. Lucas, sem falar da vinda gloriosa do reino, só anuncia que alguns dos ali presentes não morrerão sem vê-lo antes (Lc 9,29). E Mateus põe a ênfase na figura do Filho do homem, que chega como rei (Mt 16,28).

---

111. O evangelista Mateus oferece uma pequena variante com relação à edição de Marcos, assegurando que beberá o fruto da videira "com seus discípulos" no reino de seu Pai (Mt 26,29). Lucas emprega duas afirmações, uma inspirada na ceia pascal (Lc 22,16), e outra no cálice da Eucaristia (Lc 22,18).

112. J. GNILKA. *El Evangelio según San Marcos* II (Salamanca: Sígueme, 2005), p. 30.

O caráter futuro do reino de Deus é evidenciado igualmente nas denominadas "sentenças de admissão", formas que possibilitam a entrada na βασιλεία. Em consonância com as advertências de Jesus sobre o perigo das riquezas, e com uma expressividade desconcertante, o evangelista Marcos refere estas palavras: "Meus filhos, como é difícil entrar no reino de Deus! É mais fácil um camelo passar pelo buraco de uma agulha do que um rico entrar no reino de Deus" (Mc 10,24-25). Mateus, em sua insistente luta contra os escândalos, escreve: "Se tua mão ou teu pé forem para ti ocasião de pecado, corta-os e joga longe de ti. Pois é melhor entrares na vida mutilado ou coxo do que, tendo duas mãos e dois pés, seres jogado no fogo eterno" (Mt 18,8). Entrar no reino de Deus (como diz Marcos) ou entrar na vida (na expressão de Mateus) indicam a mesma realidade, concebida em termos de futuro e de felicidade, ainda que para isso se exijam compromissos presentes frente às palavras de Jesus.

c) J. Jeremias, ao perguntar-se como Jesus entendia a expressão "reino de Deus", e se referindo às petições do Pai-nosso, responde de forma categórica: "As duas petições do Pai-nosso relacionadas com o *qaddish* (Mt 6,10; Lc 11,2), mostram com segurança que Jesus utilizou o conceito de *malkuta* em seu sentido escatológico"[113]. O desejo de Jesus pela vinda do reino, que afaste a injustiça e o abatimento de seu povo, é tão veemente que ensina a seus discípulos a orar assim: "Que teu reino venha" (Mt 6,10). A soberania de seu Pai mostra-se nítida, imperiosa e independente da ação humana; e mais ainda, atua não só no povo de Israel, mas sua força libertadora também abarca e transforma o mundo inteiro. Da mesma forma deve-se interpretar a petição: "Que teu nome seja santificado" (Mt 6,9; Lc 11,2), quer dizer, que seja revelado, significando-se, uma vez mais, como dom de Deus. O "nome" – constitutivo da essência divina, na concepção bíblica – é um conceito equivalente ao "reino de Deus". J. P. Meier expressa esta ideia, afirmando: "O sentido da primeira parte do Pai-nosso é: "Pai, revela-te com todo teu poder e glória [= santificado seja o teu nome] vindo reinar [= venha o teu reino]"[114].

Como conclusão deste capítulo, me parece acertada a opinião de J. P. Meier, que diz assim: "Em nosso percurso por estas correntes e formas da tradição de e sobre Jesus vimos um ponto constantemente confirmado: para Jesus, o símbolo do reino representava a vinda definitiva de Deus em um futuro próximo para pôr fim ao presente estado de coisas e reinar plenamente sobre o mundo em geral e Israel em

---

113. J. JEREMIAS. *Teología do Nuevo Testamento* (Salamanca: Sígueme, 2009), p. 123.
114. J. P. MEIER. *Un judío marginal. Nueva visión del Jesús histórico II/1: Juan y Jesús. El reino de Dios* (Estella: Verbo Divino, 2004), p. 364.

particular"[115]. O reino de Deus aparece com toda nitidez nas diferentes imagens e afirmações utilizadas por Jesus, na dupla dimensão de presente e de futuro[116]. Não é tarefa fácil explicar teologicamente ambas as dimensões, integradas na mensagem de Jesus, quer dizer, esclarecer como o reino de Deus pode ser futuro e presente ao mesmo tempo. G. E. Ladd oferece uma solução a este problema, argumentando que, "tanto no Antigo Testamento como no judaísmo rabínico, o reino de Deus – seu reinado – pode ter mais de um sentido. Deus é agora o rei, porém tem também que chegar a ser (*become*) rei"[117]. Em todo caso, não é necessário recorrer a teorias estranhas acerca da evolução na consciência de Jesus e no desenvolvimento histórico de sua missão profética para explicar esta realidade. Simplesmente, é preciso falar da tensão entre presente e futuro, excluindo toda contraposição entre esses tempos.

É certo que em algumas passagens evangélicas se acentua mais um do que outro, porém o reino é uma realidade em que se incluem igualmente presente e futuro. A explicação correta, como propõe W. Kasper, não deve partir de uma concepção filosófica, mas bíblica do tempo, segundo a qual, este não representa uma realidade puramente quantitativa (mera sucessão uniforme de fases temporais), mas sim qualitativa[118].

5.12. Reinterpretando o reino de Deus. Opiniões de exegetas e teólogos

Se a pregação do reino de Deus constitui o núcleo da mensagem de Jesus de Nazaré, é lógico inferir que a tarefa fundamental da comunidade cristã seja expressar e viver essa Boa Notícia em todos os tempos. E não só por esta razão elementar, mas, ademais, porque a ideia de reino – central nas ciências bíblicas – estende sua influência a todas as disciplinas teológicas, especialmente à eclesiologia.

Exceto por uma literatura católica, antiga e abundante, que concebia a Igreja como a realização histórica do reino de Deus, pode-se afirmar que até o final do século XIX e começo do XX se inicia uma etapa teológica que redescobre a importância dos conceitos escatológicos e apocalípticos na mensagem de Jesus de Nazaré. A teologia liberal protestante, inspirada na Ilustração (se exalta a razão e o progresso) e nutrida de fontes kantianas, reduziu o elemento apocalíptico na doutrina de Jesus a uma mera roupagem do núcleo de sua mensagem, entendida esta como espaço do

---

115. *Ibid.*, p. 424.
116. G. E. LADD. *The Presence of the Future. The Eschatology of Biblical Realism* (Grand Rapids: William B. Eerdmans Publishing Company, 2002), p. 133, diz que na mensagem de Jesus se encontram como elementos centrais: *present fulfillment and future eschatological consummation*. Desenvolve esta afirmação no capítulo "The Abstract Usage of the Gospels", p. 135-138.
117. G. E. LADD. *A Theology of the New Testament* (Grand Rapids: Donald A. Hagner, 1993), p. 61.
118. W. KASPER. *Jesús, el Cristo* (Salamanca: Sígueme, 2006), p. 132.

Espírito e da liberdade[119]. O exponente desta visão liberal da teologia é a obra *What Is Christianity?* De A. von Harnack. O teólogo protestante concebe o reino de Deus, pregado por Jesus, como a expressão mais autêntica da "paternidade de Deus" e a "irmandade do homem", que supera os aspectos marcadamente exclusivistas e cultuais do judaísmo da época e realça o valor da pessoa e a ética do amor.

No ano de 1892, em aberta oposição a A. Ritschl[120], que defendia uma concepção de reino não escatológica, marcada por uma clara tonalidade ética, que parte mais de uma perspectiva kantiana do que de pressupostos evangélicos, J. Weiss advoga por um conceito de reino de Deus como realidade puramente futura e de caráter religioso, desqualificando todo tipo de atividade humana como apta para a realização de tal reino. Sua famosa obra sobre a proclamação do reino de Deus[121] defendia uma visão do reino – em conformidade com a apocalíptica judaica – futura e escatológica. Por outro lado, o reino que Jesus proclama é um ato sobrenatural de Deus, fora do alcance de toda atividade humana. Na mesma direção se orientam as primeiras investigações bíblicas de A. Schweitzer, reconhecido exegeta, médico e defensor dos direitos humanos[122]. Segundo este autor, a pessoa de Jesus não pode perceber-se corretamente se se nega a modalidade escatológica de sua vida. Jesus anunciou a chegada da época final, a consumação dos últimos dias. Evidentemente se equivocou e suas predições não se cumpriram. Perante essa situação desesperada, a única saída digna de Jesus era forçar (com seu testemunho e em Jerusalém) a chegada do reino, dos sinais dos últimos tempos. Sua atitude o conduziu à cruz. Segundo A. Schweitzer, o caráter escatológico da mensagem do reino, e a descrença do homem moderno nessa faceta do mesmo, convertem Jesus de Nazaré em um personagem "desconhecido", em alguém que apareceu publicamente como Messias e que pregou alguns valores do reino de Deus, porém que nunca teve existência real. É, antes, uma figura criada pelo racionalismo, reavivada pelo liberalismo e revestida de historicidade pela teologia moderna[123]. O essencial do cristianismo não é a comprovação da historicidade da pessoa de Jesus, e sim "o Espírito de Jesus" e, portanto, sua mensagem de amor pode ser válida para todos os tempos[124]. A

---

119. A. VON HARNACK. *Das Wesen des Christentums* (Leipzig: J. C. Hinrichs, 1900) [Trad. esp.: *La esencia del cristianismo* I (Barcelona: Heinrich e Compañía, 1904)].

120. A. RITSCHL. *Unterricht in der christlichen Religion* (Tübingen: Mohr Siebeck GmbH & Co. KG, 2002).

121. J. WEISS. *Die Predigt Jesu von Reiche Gottes* (Göttingen: Vandenhoeck & Ruprecht, 1964).

122. A. SCHWEITZER. *The Quest of the historical Jesus. A Critical Study of its Progress from Reimarus to Wrede* (New York: Macmillan, 1965).

123. *Ibid.*, p. 398.

124. *Ibid.*, p. 399-401.

interpretação do reino, segundo A. Schweitzer, é rigorosamente escatológica – ele a chama *konsequente Eschatologie* – *uma* escatologia "consequente" (na realidade, não muito consequente), cujos valores éticos não estavam destinados à vida cotidiana das pessoas.

R. Bultmann – um dos exegetas mais influentes na interpretação escatológica do reino de Deus – aplicando os conceitos de desmitologização e de vivência existencial a esta realidade, afirma que Jesus não foi mais do que um profeta apocalíptico judeu, preocupado pela vinda iminente do reino. Um reino com categorias de presente é contraditório. Contudo, diante da certeza de Jesus acerca da imediatez do final, o reino pode considerar-se como "gérmen", como "incipiente", podendo ser entendida esta imediatez como central em sua mensagem. A expectativa mitológico-escatológica de Jesus é absolutamente acidental; o essencial é o caráter transcendente do reino que interpela o ser humano a uma decisão radical, um poder que, mesmo sendo completamente futuro, determina o presente da humanidade[125]. É a chamada escatologia existencial.

M. Goguel concebe Jesus como um mestre preocupado com uma escatologia de futuro, pois sua visão do reino de Deus foi exclusivamente futurista e catastrófica.[126]

C. H. Dodd é o representante de outro tipo de escatologia que considera unilaterais as interpretações acerca do reino de Deus resenhadas anteriormente. Esse teólogo afirma que o reino de Deus é atemporal, eterno, transcendente e, consequentemente, sempre presente, e entrou na história com a pessoa de Jesus de Nazaré. Em Jesus, o *wholly other* entrou na história. O reino de Deus se "realizou" – daí, o nome de escatologia realizada – plenamente em Jesus de Nazaré e o tempo futuro, o *éschaton,* não pode acrescentar nada às inquietudes e tensões da existência cristã atual[127]. É evidente que o presente é um elemento essencial do reino de Deus, porém é impossível negar a virtualidade intrínseca dele, orientado ao além. Os tempos da história de salvação não respondem a concepções lineares excludentes, mas a modos de manifestação divina que em sua contingência e limitação dão passagem a outras realidades, ao tempo que nos revelam aquilo que anunciam. O mesmo C. H. Dodd modificou, mas sem abandonar, sua rígida postura diante da escatologia[128].

---

125. R. BULTMANN. *Theology of the New Testament* I (Nova York: Scribner, 1951), p. 22-23. [*Teología del Nuevo Testamento* (Salamanca: Sígueme, 1987)]. ID. *Jesus Christ and Mithology* (Londres: SCM Press, 1960). ID. "History and Eschatology in the New Testament": *New Testament Studies* I (1954-1955). ID. *Jesus and the Word* (Nova York: Scribner, 1934), p. 51.

126. M. GOGUEL, *Jésus* (Paris: Payot, 1950).

127. C. H. DODD. *The Coming of Christ* (Cambridge: University Press, 1954). ID. *Las Parábolas del reino* (Madri: Cristiandad, 1974). ID. *The Interpretation of the Fourth Gospel* (Cambridge: Cambridge University Press, 1963).

128. C. H. DODD. *The Interpretation of the Fourth Gospel* (Cambridge: Cambridge University Press, 1963), p. 447. [Trad. esp.: *Interpretación do Cuarto Evangelio* (Madri: Cristiandad, 1978)].

T. W. Manson figura entre os intérpretes mais autênticos e autorizados da concepção não escatológica do reino de Deus[129]. Segundo este teólogo, o reino consiste essencialmente na soberania de Deus no âmbito da alma humana. Jesus é a personificação mais evidente da presença de Deus no mundo ao submeter-se inteiramente em seu ministério à vontade do Pai; antes do episódio de Cesareia de Filipo, falou da chegada do reino; depois de Cesareia, da presença do mesmo e do ingresso humano nele. O reino de Deus consiste, portanto, na relação pessoal entre Deus e o homem, de quem Jesus é a manifestação mais perfeita, ao ter consciência de sua missão de conduzir a humanidade a Deus.

Posteriormente ao livro mencionado acima, em um comentário sobre os relatos de Jesus, T. W. Manson oferece uma interpretação do reino em que se combinam os aspectos de presente e de futuro, ao conceber como seu núcleo mais a intervenção de Deus do que a experiência humana. O reino se interpreta ainda em categorias de realização da vontade de Deus no mundo, porém essa vontade se concebe em termos de uma ação divina orientada para a humanidade, quer dizer, algo cuja iniciativa corresponde a Deus e não ao ser humano. Desta forma, o reino penetra na história, sucedendo ao período da Lei e dos profetas, e abarcando as dimensões do presente e do futuro, ao mesmo tempo em que tende à sua consumação, prevista por Jesus como iminente e total[130].

A iniciativa de Deus no reino é rechaçada por C. J. Cadoux. Para este autor, a iniciativa procede do homem, já que o reino não consiste na vitória do poder de Deus, mas sim na aceitação voluntária e pessoal da soberania divina por parte do ser humano. Jesus, ao admitir em sua vida obediente a autoridade do Pai, se constituiu a encarnação mais autêntica do reino e sua missão consistiu em proporcionar à humanidade o caminho rumo ao reconhecimento da soberania de Deus. Os aspectos apocalípticos que circundam a realidade do reino são, segundo J. Cadoux, produto da imaginação oriental, incapaz de compreendê-los literalmente. O valor permanente da escatologia consiste na perenidade e urgência daqueles grandes valores pelos que Jesus comprometeu sua existência terrena[131].

J. W. Bowmam defende a interpretação não escatológica, chamada "realismo profético", que interpreta o reino em categorias de relação entre Deus e o ser humano, de experiência do indivíduo da soberania divina em todo o âmbito de sua vida. Neste sentido, se opõe a toda concepção apocalíptica do reino de Deus por

---

129. T. W. MANSON. *The Teaching of Jesus: Studies of its form and content* (Cambridge: University Press, 1963).

130. T. W. MANSON. *The Sayings of Jesus: As recorded in the gospels according to St. Matthew and St. Luke arranged with introduction and commentary* (Londres: SCM Press, 1949), p. 134, 148, 304-305.

131. C. J. CADOUX. *The Historic Mission of Jesus: A constructive re-exam of the eschatological teaching in the synoptic Gospels* (Cambridge: James Clarke & Co., 2002).

considerá-la insuficiente para explicar a atividade do reino no plano da história. Qualquer tipo de explicação sobre a natureza do reino que não deixe a salvo o caráter de sua intervenção na história é considerado por este autor como "pessimismo apocalíptico"[132].

Como síntese das posturas extremas que resenhei na concepção do reino de Deus, encontra-se a opinião de prestigiosos teólogos que reconhecem a dimensão de presente e de futuro como elementos integrantes desse reino. Segundo R. Otto, o reino é o âmbito supra-histórico onde se exerce a soberania divina. Jesus, com sua mensagem, é a ponte de união entre o céu e a terra. O acontecimento da vinda do reino é exclusivamente divino e significa a união do sobrenatural e meta-histórico com a história e o ser humano produzindo-se uma transformação surpreendente no mundo. Jesus acreditou que o reino se encontrava em processo de realização; Ele conheceu a vitória de Deus sobre satanás. O reino não é só domínio escatológico, mas também poder vitorioso e coercitivo. O mundo se converte assim em cenário da *dynamis* divina e Jesus no agente dela[133].

Para J. Jeremias, Jesus é o Messias, o rei da *Gottesherrschaft*, encarregado da consumação do mundo, levada a cabo tanto na humilhação quanto na glória. Jesus proclamou em sua humilhação, com palavras e atos, a presença da ação salvadora de Deus na humanidade. O anúncio do reino, sob a forma de humildade, era exequível unicamente aos olhos da fé; posteriormente, na Parusia, se manifestará gloriosamente, e então terão lugar a destruição total dos poderes do mal e a celebração da festa messiânica na comunidade cristã[134]. Este teólogo sugere uma *Sich realisierende Eschatologie*, uma escatologia em processo de realização[135].

W. G. Kümmo entende que o reino de Deus é a realidade escatológica futura, que Jesus esperou em um futuro próximo e que, de alguma maneira, encarnou em sua própria pessoa. Ao mesmo tempo, afirma que a presença do reino vindouro se limita à pessoa de Jesus, já que nem em suas ações nem em suas palavras se podem encontrar provas de que se previsse uma comunidade que, entre sua morte e sua Parusia, realizasse a consumação escatológica; ou seja, Jesus não concebeu que a presença do reino se manifestasse na comunidade de seus discípulos no intervalo entre sua morte e a segunda vinda em majestade; mais ainda, W. G. Kümmel chega a dizer

---

132. J. W. BOWMAN. *Prophetic Realism and the Gospel. A Preface to Biblical Theology* (Philadelphia: Westminster Press, 1955), p. 34-37.

133. R. OTTO. *The Kingdom of God and the Son of Man: A study in the history of religion* (Londres: Starr King Press, 1943), p. 55, 98, 105 etc.

134. J. JEREMIAS. *Jesus als Weltvollender (Beiträge zur Forderung christlicher Theologie, XXVII)* (Gütersloh: Chr. Kaiser / Gütersloher Verlagshaus, 1930). ID. *The parables of Jesus* (Nova York: Charles Scribner's Son, 1963).

135. J. JEREMIAS. *The Parables of Jesus*, p. 21, 230. [*Las parábolas de Jesus* (Estella: Verbo Divino, 2008)].

que Jesus não percebeu a relação entre a Igreja e o reino, descartando a possibilidade da presença do reino de Deus na comunidade durante sua existência terrena[136].

G. Bornkamm, um dos discípulos mais famosos de R. Bultmann, apresenta uma imagem de Jesus alheia a todo ceticismo histórico radical de influência bultmanniana. Se, para Bultmann, a motivação final da visão escatológica de Jesus foi o sentido contundente da presença de Deus, para Bornkamm a consciência desta presença imediata – *unmittelbare Gegenwart* – se identifica com o reino de Deus enquanto realidade presente. E, visto que βασιλεία pode empregar-se como sinônimo de Deus, o sentido da presença de Deus é o reino de Deus mesmo. Jesus anunciou que a mudança estava presente. O reino se fez "acontecimento" em sua pessoa e o ser humano se vê obrigado a optar a favor ou contra ele. Seguindo seu mestre, Bornkamm interpreta, não obstante, os conteúdos do reino em termos existenciais. O final do mundo não significa um drama escatológico, mas um acontecimento, diante do qual o homem se sente interpelado pela presença imediata de Deus, cujo resultado é esse final. Desta maneira, o tempo chegou ao seu fim, e o ser humano se vê afetado por este novo presente, devido à presença de Deus. O reino, em seu começo, é uma realidade invisível, que acontece no tempo e no mundo presentes para transformá-los em finais. Assim, o mundo novo já está em operação[137].

Para R. Schnackenburg, os termos mais apropriados para descrever os conteúdos bíblicos sobre o reino de Deus são os de "promessa", "cumprimento" e "consumação" (*Verheissung, Erfüllung* y *Vollendung*). A *Gottesherrschaft* é fundamentalmente escatológica e salvadora, apesar de fazer-se presente na pessoa e no ministério de Jesus de Nazaré. Este autor considera conveniente uma distinção entre a expressão "reino de Cristo" e a de "reino de Deus". A primeira faria referência ao período entre a ressurreição e a Parusia, durante o qual Cristo exerceria sua soberania sobre os poderes mundanos, inclusive a morte, enquanto a segunda indicaria a entrega, o resultado desta soberania, ao Pai, em que Deus seria tudo em todas as coisas e o reino se converteria em uma realidade[138].

Outras expressões contemporâneas sobre o reino de Deus podem ser descobertas no grupo do *Jesus Seminar*, em certos círculos evangélicos dos Estados Unidos e Grã-Bretanha e em alguns teólogos católicos modernos, para citar alguns exemplos.

---

136. W. G. KÜMMEL. *Promise and Fulfilment: The Eschatological Message of Jesus* (Londres: SCM Press, 1957), p. 105, 107, 139-140.

137. G. BORNKAMM. *Jesús de Nazaret* (Salamanca: Sígueme, 2002), p. 67s.,151s.

138. J. J. HERNÁNDEZ ALONSO. *La Nueva Creación. Teología da Iglesia del Señor* (Salamanca: Sígueme, 1976), p. 133-166. Nesta obra, da qual selecionei estas interpretações sobre o reino de Deus, pode ser encontrada uma exposição mais ampla sobre este assunto, no capítulo intitulado "O reino e a Igreja".

O movimento estado-unidense do *Jesus Seminar*, em uma tentativa de apresentar uma figura de Jesus de Nazaré mais acessível e familiar ao homem moderno e utilizando métodos de investigação histórico-críticos pouco acadêmicos, que violentam o texto bíblico e desvinculam Jesus do contexto judeu, nega o caráter futurista do reino, rechaçando a historicidade daqueles textos que contenham alguma referência neste sentido.

Em certos círculos evangélicos dos Estados Unidos e Grã-Bretanha têm ganhado força a contundente distinção entre o reino de Deus e o reino dos céus. Este último se referiria à soberania de Deus na terra, prometida a Israel no Antigo Testamento. Ao rechaçar Israel a oferta do reino, Jesus propôs uma nova mensagem de salvação, iniciando uma nova comunidade de fé, que refunda todas as categorias raciais. O princípio reitor deste pensamento teológico é o reconhecimento de dois povos de Deus – Israel e a Igreja – com dois destinos distintos, sob dois planos de Deus[139].

Alguns teólogos católicos entendem o reino de Deus em categorias de serviço e amor, de compaixão e libertação. Ali onde há serviço à humanidade, onde se ama os desfavorecidos, se exerce a compaixão com os fracos e se liberta as pessoas das forças que as oprimem, realiza-se o reino de Deus[140].

5.13. Os valores permanentes do reino de Deus

Em toda a exposição sobre o anúncio do reino de Deus transparece a novidade da mensagem de Jesus, impregnada de valores que devem perdurar na vida de seus discípulos ao serviço de toda a humanidade. É certo que as palavras de Jesus se inserem na história do povo de Israel, porém seu caráter é universal, abarcando não somente este povo – marcado por sérias discriminações sociais e religiosas – mas também estendendo seus valores a todos os rincões da terra. Agora podemos perguntar-nos: Quais são esses valores?

Muitos falam de "revolução de valores" na doutrina de Jesus de Nazaré. E é verdade, sempre que não se reduza essa revolução a aspectos políticos, sociais ou, inclusive, religiosos. A "revolução" de Jesus é absoluta e transcendente, evidenciando que a ação de Deus não se restringe ao âmbito do pessoal, mas que abarca o acontecer da história em geral.

---

139. J. D. PENTECOST. *Things to Come: A Study in Biblical Eschatology* (Grand Rapids: Zondervan, 1958). C. C. RYRIE. *Dispensationalism Today* (Chicago: The Moody Bible Institute, 1965).

140. M. L. COOK. *The Jesus of Faith: A Study in Christology* (Nova York: Paulist Press, 1981), p. 56-57. A. NOLAN. *¿Quién es este hombre? Jesús, antes del cristianismo* (Santander: Sal Terrae, 1981), p. 86. E. SCHÜSSLER-FIORENZA. *In Memory of Her: A Feminist Theological Reconstruction of Christian Origins* (Nova York: Crossroads, 1992).

O reino de Deus se identifica com a ação de Deus na história da humanidade, transformando-a e dirigindo-a ao único e definitivo fim traçado por Deus. Apesar das múltiplas e sérias dificuldades entranhadas pela conciliação entre a natureza da história (esta ciência trata de atos contingentes, submetidos a uma interpretação crítica) e a ação de Deus na mesma (Deus é sujeito e não objeto), estimo que Deus se faz presente e atua na história em conformidade com a ideia bíblica do reino, a não ser que convertamos a teologia em uma ciência do estranho, do distante e alheio aos interesses e anseios humanos.

A Deus nunca poderemos entender como um frio e distante espectador diante da atividade humana. E se Deus atua na história humana, toda ela está submetida e orientada aos valores do reino, em que, definitivamente, se produzirá a salvação e libertação de toda a criação, uma vez aniquilados os poderes do mal. Não é que nós construamos o reino ou o implantemos – expressões frequentemente utilizadas na teologia moderna –, mas sim que a vitória do reino de Deus se consumará realmente pela ação generosa de Deus em Jesus de Nazaré, que comparte sua vida com o ser humano, sofre, morre e ressuscita, e, ao final, virá em glória e majestade. A ação de Deus na vida terrena de Jesus e o que realizará ao final dos tempos, na Parusia, não são senão duas formas distintas da única soberania redentora de Deus. Os cristãos somos conscientes de nossa missão como testemunhas, conscientes de que formamos a comunidade de seguidores de Jesus, da vitória definitiva do reino de Deus. Proclamamos neste mundo a esperança no triunfo definitivo do reino de Deus, já cumprido na pessoa de Jesus de Nazaré. Aparece claro, assim, que o reino continua atuando no mundo através da Igreja, que a Igreja é um instrumento do reino, que está submetida ao juízo do reino e que sua passagem por este mundo deve estar sujeita à tensão entre a história e a escatologia, evitando as tentações mundanas e mantendo vivos os anseios de futuro. Mais concretamente, podemos apontar alguns valores do reino de Deus que são duráveis e que temos que assimilar. São os seguintes:

– A alegria de sentir Deus próximo em nossa vida, até o extremo de poder chamá-lo de "Pai".

– O apreço da dignidade da pessoa "por si mesma", não condicionada por nenhum código cultural e social, como a família, a honra ou as riquezas.

– A atitude de serviço, que supõe a renuncia aos bens materiais e a entrega total aos irmãos, especialmente os mais pobres e necessitados.

– A esperança de uma realização completa, tanto individual como coletiva, na qual, como diz são Paulo, Deus estará "totalmente em todas as coisas" (1Cor 15,28).

Os valores do reino de Deus são, em definitiva, uma antecipação da vida divina neste mundo. Nos ensinam a estimar e a viver as realidades da terra de forma completamente diferente. É preciso desterrar as injustiças, os egoísmos, as invejas, as guerras, a intolerância, inclusive a religiosa e tudo o que signifique desvio e oblívio da vontade de Deus. Em seu lugar, é preciso promover a liberdade, a justiça e a paz, fomentando o amor, especialmente aos marginalizados e esquecidos. A doutrina fundamental de Jesus é que Deus é "Pai" de todos e que todos somos irmãos, no amor.

CAPÍTULO 6
Ações e milagres de Jesus de Nazaré

Entrar no estudo dos milagres de Jesus de Nazaré é mergulhar em um mundo misterioso e complexo, perante o qual cabem tanto atitudes de admiração e assombro como de profundo cepticismo.

Na Palestina do tempo de Jesus, as pessoas estavam familiarizadas com o mundo – amplo e variado – do demônio, com seu extraordinário poder, e com as enfermidades mentais, derivadas deste domínio do maligno. Era um mundo fechado e hostil, submetido às forças do mal, presente em todos os âmbitos do povo judeu. Jesus viveu nesse mundo e os evangelhos narram com a linguagem da época as curas destas enfermidades, anunciando os novos tempos da aniquilação do poder de satanás e a vitória do reino de Deus.

As crenças e práticas religiosas do povo judeu no século I refletem claramente a influência da religiosidade popular greco-romana, em que se entreteciam crenças em deuses curadores, em homens taumaturgos, adivinhação e magia, e inclusive em heróis e mortos.

Já em tempos muito remotos, até o ano de 1600 a.C., foram descobertos no monte de Petsofas, na Creta Oriental, representações humanas dedicadas a uma divindade curadora. Em época mais recente, menciona-se um santuário no monte Jukta, e outros, vinculados a pequenas localidades, distantes dos grandes santuários religiosos. Ao final do século V a.C., brilha com luz própria a divindade salutífera de Asclépio, designado em muitas ocasiões com o nome de σωτήρ, ao qual se rendeu culto de forma singular na pequena localidade de Epidauro, no Peloponeso, proliferando santuários em sua honra pelas zonas próximas, até penetrar em Atenas, no ano 420 a.C., onde se lhe dedicou um santuário na parte sul da acrópole, e em Roma, no ano 293 a.C., guardando sua memória a ilha Tiberina, um ilhote no curso do rio Tibre, próximo à colina Capitolina. A atividade curadora de Asclépio ficou demonstrada em inúmeros relatos de curas inscritos em grandes lápides por seus sacerdotes no templo. O Deus curador curava doenças e enfermidades de todo tipo: cegueira, surdo-mudez, hidropisia, dores de parto etc. O procedimento curativo mais comum e eficaz era dormir no templo do Deus – a incubação – muito embora também se recorresse à água e à serpente, além de práticas de caráter mágico e sincretista. Do enfermo se exigia fé na divindade e gratidão pela cura obtida, traduzida em oferendas ao templo, como reproduções da parte curada do corpo, frutos, animais e, em ocasiões, ouro.

Eis aqui alguns exemplos de curas deste deus:

"*Cleo esteve cinco anos grávida.* Esta, quando já estava com cinco anos grávida, chegou suplicante ao deus e dormiu no recinto sagrado. E assim que saiu dele e ficou fora do santuário, pariu a um menino que, logo após nascer, se lavou a si mesmo, tomando água da fonte, e caminhou com sua mãe. Havendo obtido este favor, escreveu no ex-voto: 'Não se deve admirar a magnitude da placa, mas sim o divino, pois Cleo carregou por cinco anos um peso no ventre até que dormiu no templo e o deus a curou'"[1].

"*Eufanes de Epidauro, menino.* Este dormiu no templo, reclamando de mal de pedra. Pareceu-lhe que o deus, colocando-se a seu lado, lhe disse: 'Que me darás se te curar?', e que ele lhe respondeu: 'dez tabas'*, e que o deus, caindo em gargalhadas, lhe disse que poria fim ao seu mal. Quando o dia amanheceu, estava são"[2].

"*Arata de Lacedemônia, hidropesia.* Por ela, que estava em Lacedemônia, dormiu no templo sua mãe e teve um sonho. Pareceu-lhe que o deus cortava a cabeça de sua filha e virava o corpo com o pescoço para baixo e que, depois que derramou muito líquido, desvirou o corpo e lhe pôs de novo a cabeça no pescoço. E depois de ter esse sonho, com seu regresso a Lacedemônia descobre que sua filha se havia curado e tido o mesmo sonho"[3].

Além de Asclépio, merecem menção os deuses curadores Ísis e Sarapis. A deusa Ísis curava os enfermos mediante admoestações oníricas, sendo famoso o oráculo desta divindade em Menuthis. Sarapis tinha seu santuário em Canopos. Nos templos, encontravam-se também intérpretes de sonhos. De igual modo, tinham poder de cura as imagens e estátuas da divindade, assim como as dos heróis e personagens famosos. A presença do divino se achava em todas as suas representações e em qualquer ser ou objeto, abençoado por seu ilimitado domínio e poder. No mundo religioso da Antiguidade, além dos deuses salutíferos, existiam grandes persona-

---

1. J. LEIPOLDT & W. GRUNDMANN. *El Mundo del Nuevo Testamento* II: *Textos y Documentos* (Madri: Cristiandad, 1973), p. 73.
* Taba, tába ou tava: provável referência ao osso, ou ao instrumento como que se praticava o *jogo do osso* (NT).
2. *Ibid.*
3. *Ibid.*

gens que excediam em poder e fama ao comum dos mortais e mediavam entre a divindade e a humanidade. Eram taumaturgos, adivinhos, profetas, reis e filósofos, que ostentavam a grandiosa categoria de Θεῖος ἀνήρ. Entre eles, figuram Héracles, filho de Zeus, e os sábios – ilustres filósofos – que, por seus conhecimentos, caminham pelas trilhas dos deuses. A fama destes taumaturgos se adornava com vestimentas sagradas, dietas severas e curas milagrosas.

O taumaturgo mais próximo e conhecido pelo cristianismo primitivo é Apolônio de Tiana, do século I e contemporâneo de Paulo de Tarso. Qualificado por alguns de "mago e feiticeiro", ganhou fama de "divindade" com sua exigente autodisciplina, suas predições proféticas e suas obras de curas de enfermos e, inclusive, de ressuscitar mortos. Entre suas curas se narram um exorcismo em Atenas e uma ressurreição em Roma. O relato da ressurreição, narrado por Filóstrato soa assim: "Uma donzela parecia ter morrido na hora de suas núpcias, e o noivo seguia o féretro fazendo aos gritos os lamentos naturais de um matrimônio não consumado. Roma lamentava-se com ele, pois a jovem pertencia a uma família consular. Apolônio, que se encontrava casualmente presente no luto, disse: "Depositai o féretro no chão, pois eu porei fim a vossas lágrimas pela menina". No momento próprio perguntou qual era o nome dela. As pessoas achavam que ia pronunciar um discurso ao modo das orações fúnebres que despertam os lamentos, porém ele, sem fazer mais que tocá-la e pronunciar algo em segredo, despertou a donzela de sua morte aparente. A jovem deu um grito e regressou à casa de seu pai, de volta à vida como Alcestis por Héracles. E pretendendo dar-lhe, os parentes da jovem, 150.000 sestércios, disse que os somassem ao dote da jovem. E se Apolônio encontrou nela uma chispa de vida que havia passado inadvertida aos médicos – pois se diz que estava chovendo e saía vapor de seu rosto – ou se devolveu o calor apagado da vida recuperando-o, é algo cuja compreensão foi misteriosa não só para mim, senão para todos os que estavam presentes[4].

Figura mais controversa é a do pseudoprofeta Alexandre de Abonútico, que, no século II d.C., defendeu o culto de Glicão, a quem chamava "o novo Asclépio". Este taumaturgo intercedia perante os deuses e pronunciava oráculos, interpretados por exegetas mediante pagamento. Seu prestígio como curador chegou a Roma, onde o nome de sua cidade natal foi substituído pelo de Ionópolis. Em suas práticas salutíferas não se incluía a incubação.

No mundo judeu, sobressaem os taumaturgos Honi (seu nome é Onias), do século I a.C., a quem Josefo descreve como "homem honesto" e "amado de Deus" e Hanina ben Dosa, rabino que viveu no século I na baixa Galileia e uma das personalidades do Talmud conhecidas como חסדים (hasidim).

---

4. *Ibid.*, p. 74.

O mundo dos taumaturgos conduz inexoravelmente ao encantamento e a magia. A magia é um fenômeno de caráter sincretista, originário da cultura assírio-babilônica, que penetrou na Grécia clássica e teve seu apogeu em Roma, nos dois primeiros séculos da Era Cristã. O mago se caracteriza pelo conhecimento dos daimones que operam no universo e na aplicação correta do meio apropriado em cada caso para destruir sua ação maléfica. Na aplicação do meio correto – chamada simpatia – o mago executava todo tipo de meios, alguns materiais, como unguentos e misturas obtidas do corpo de animais, plantas etc., e outros imateriais, como a palavra, empregada para a súplica à divindade ou aos daimones e a invocação em inúmeras línguas. Uma vez efetuado o ritual mágico, a religiosidade popular abundava em imagens, estatuetas mágicas e amuletos que, além de representar o mundo dos seres superiores, protegiam contra qualquer adversidade. Os judeus utilizavam seus próprios amuletos, os תפילים (*tephillim*), talismãs que levavam presos na frente e no braço esquerdo. É óbvio supor que o mago estivesse sujeito a certas normas de honradez pessoal, que desenvolvesse seus ritos em lugar e tempo indicados e que seu saber de mediação entre as forças divinas e o mundo dos seres humanos se mantivesse secreto, pelo fato de estar reservado aos sábios e escolhidos.

Outro fenômeno importante e amplamente presente na religiosidade popular é a mântica ou adivinhação que, mediante dotes ou poderes naturais (*divinatio naturalis*, segundo a divisão clássica de Cícero), ou a observação e arrazoamentos sobre ela (*divinatio artificiosa*) interpreta os acontecimentos futuros. Os oráculos se produziam em determinados dias e lugares e o dom da adivinhação pertencia a certas castas de videntes, obrigados ao cumprimento de rituais precisos de pureza interior e exterior. Além do oráculo, pronunciado nas famosas sedes dos deuses e adivinhos e cujo âmbito abarcava toda a dimensão humana, apareceram coleções escritas deles, que constituíram uma fonte de inspiração, tanto para a religiosidade popular como para a vida política. A mântica onírica, na qual participavam os deuses e as almas dos mortos, gozou de grande estima e divulgação, aplicando os sonhos para fins curativos. Ao mundo da mântica não artificiosa deve-se acrescentar a adivinhação, baseada na interpretação racional dos fenômenos naturais, centrada especialmente no campo da astrologia, das plantas e do mundo animal[5].

Em definitiva, do ponto de vista religioso, encontramo-nos em todo o Mediterrâneo Oriental, ante "um mundo heterogêneo e complexo", como diz R. Aguirre[6].

---

5. J. LEOPOLDT & W. GRUNDMANN. *El Mundo del Nuevo Testamento* II: *Estudio histórico-cultural* (Madri: cristiandad, 1973), p. 75-109. Nesta obra se pode encontrar uma exposição detalhada deste capítulo.
6. R. AGUIRRE; C. BERNABÉ & C. GIL. *Qué se sabe de... Jesús de Nazaret* (Estella: Verbo Divino, 2009), p. 106.

6.1. As ações de Jesus narradas nos evangelhos

Nos evangelhos, afora a mensagem de Jesus propriamente dita, se consignam atos de caráter milagroso, que se revestem de um caráter singular e extraordinário e cujo significado permanece enigmático, inclusive duvidoso, para a compreensão de nossos dias.

Os discípulos de Jesus recordaram as ações do mestre – em boa medida, exorcismos, curas e milagres da natureza – para oferecer-nos com elas uma faceta a mais de sua pessoa. Entenderam-nas no contexto do complexo mundo da religiosidade imperante no Mediterrâneo Oriental do século I, que falava de espíritos, taumaturgos e deuses curadores com absoluta espontaneidade e simplicidade.

O ser humano moderno carece de paradigmas culturais para interpretar esses atos do passado, envoltos em magia e alheios às necessidades sociais. Por esta razão, os milagres relatados nos evangelhos colocam problemas de índole múltipla e diversa. Assim, um deles se refere à confiabilidade histórica dos relatos evangélicos. Até que ponto o acontecimento extraordinário narrado nos evangelhos é obra de Deus que atua na salvação humana? Trata-se de um acontecimento singular ou é, antes, um fato ainda sem explicação por falta de conhecimentos? É claro que depois de uma séria investigação histórico-crítica pode-se concluir que existe uma tendência nos relatos evangélicos à multiplicação dos milagres, à exageração dos mesmos e à adição dos chamados milagres da natureza. Muitos relatos milagrosos dos evangelhos são lendários, têm conotações folclóricas (como o endemoniado geraseno, Mc 5,1-20) e encerram um pensamento protológico (tentam explicar algo de forma primitiva), recorrendo ao demônio para esclarecer uma enfermidade, sem possibilidade de diagnóstico científico naquele momento.

Os milagres da natureza são os mais complexos e, para alguns exegetas, ficam relegados ao mundo da lenda, sendo qualificados de "criações pós-pascais para transmitir uma ideia teológica"[7], ou de "um acréscimo secundário à tradição primitiva"[8], ainda que, como diz Meier, nos orientem e conduzam a algum acontecimento do ministério profético de Jesus[9].

Outro problema deriva da disposição que se adote frente aos acontecimentos prodigiosos. Abordamos os milagres com ceticismo ou com acolhida religiosa? Neste ponto, é preciso evitar tanto a visão pré-crítica ou sobrenaturalista, que concebe o milagre como uma intervenção surpreendente de Deus na natureza, violan-

---

7. *Ibid.*, p. 102.
8. W. KASPER. *Jesús, el Cristo* (Salamanca: Sígueme, 2006), p. 151.
9. J. P. MEIER. *Un judío marginal. Nueva visión del Jesus histórico* II/2: "Los Milagros" (Estella: Verbo Divino, 2005), p. 1.113.

do a causalidade da ordem criada e inclusive impondo a fé, violando com isso a liberdade humana; quanto à interpretação (crítica) que rechaça qualquer novidade real no fato milagroso, reduzindo-o a mera transformação no plano da interpretação. A meu juízo, a solução mais apropriada a este problema é a proposta por W. Kasper que, contradizendo as visões deísta (um Deus alheio à história humana) e determinista (sem espaço para o novo e o extraordinário), se inclina por uma visão bíblica, segundo a qual Deus é o Deus da história, quer dizer, "aquele que mostra aos homens seu amor sempre de modo totalmente novo 'no' e 'pelo' acontecer humano, ou seja, Deus é aquele que se serve da regularidade das leis naturais que Ele criou e, portanto, a quer, para demonstrar ao homem, 'em' e 'por' ela, sua proximidade, sua ajuda e sua benevolência mediante signos e de maneira efetiva"[10].

À margem destas questões interpretativas, a maioria dos biblistas está de acordo em afirmar a existência de um núcleo histórico na tradição dos milagres dos evangelhos sinóticos, em que se testemunha a atividade taumatúrgica de Jesus na forma de exorcismos e de curas. Evidentemente, Jesus expulsou os demônios, curou aos enfermos de diferentes doenças, deu de comer aos famintos e realizou diante de seus discípulos sinais portentosos. O critério do testemunho múltiplo e independente das fontes confirma a realização de atos milagrosos por Jesus[11]. Ninguém põe em dúvida que Jesus fosse conhecido como curador e exorcista. Neste sentido, Meier afirma que "a afirmação de que Jesus atuou e foi considerado como exorcista e curador durante seu ministério público conta com tanto respaldo como quase qualquer outra declaração que possamos fazer sobre o Jesus da história... Qualquer historiador que tente traçar o perfil do Jesus histórico sem dar a devida importância à sua fama de taumaturgo não descreverá este estranho e complicado judeu, mas sim a um Jesus 'domesticado' e reminiscente do moralista adocicado criado por Thomas Jefferson"[12].

6.2. O conceito de milagre

Constatada a existência de um núcleo histórico de uma tradição de milagres, convém perguntar-se sobre a natureza desses atos extraordinários, recolhidos nos escritos dos evangelhos.

---

10. W. KASPER. *Jesús, el Cristo* (Salamanca: Sígueme, 2006), p. 158-159.

11. Nota: os milagres estão recolhidos, em grande medida, nos evangelhos sinóticos e, alguns, no Evangelho de João. À parte as alusões nos Atos dos Apóstolos (uma fonte não independente dos evangelhos, já que reproduz os relatos de Lucas), a tradição extraevangélica, tanto em Paulo como nas fontes judaicas (de autenticidade discutível), silencia sobre a atividade milagrosa de Jesus.

12. J. P. MEIER. *Un judío marginal. Nueva visión del Jesus histórico* II/2: "Los Milagros" (Estella: Verbo Divino, 2005), p. 1.113.

O conceito de milagre (do latim *miraculum*), quer dizer, aquilo que assombra e produz admiração, assim como os termos gregos (θαῦμα, θαυμάσιον), procedentes do tema θέα, contemplar, aparecem já em alguns escritos da Antiguidade, antes e durante a Era Cristã. O sentido de rompimento das leis da natureza fica relegado a um segundo plano[13]. Os evangelhos sinóticos que relatam milagres de curas (quinze no total), exorcismos (cinco), milagres da natureza (cinco, mais outro duvidoso – que o Evangelho de Mateus traz a propósito do pagamento de tributos aos reis da terra, Mt 17,24-27), e duas ressurreições, utilizam frequentemente o termo δυνάμεις, que pode ser traduzido por *virtutes* (latim), *mighty works* (inglês), ou "prodígios" (português), quer dizer, atos de força e poder.

A forma passiva, em que aparece esta terminologia bíblica, alude à ação de Deus, cujo contexto corresponde ao plano de salvação da humanidade em Cristo Jesus. A referência a Jesus e ao reino que anuncia parece evidente. Somente em uma ocasião (Mt 21,15), os atos extraordinários realizados por Jesus são designados como milagres – τά θαυμάσια, ou atos admiráveis – que, embora suscitem uma forte admiração em seus seguidores, não se reduzem a mero sensacionalismo que satisfaça as ânsias por assombro do ser humano. A surpresa que o povo demonstrava ante o poder de Jesus com os espíritos imundos transcende a anedota e a simples curiosidade. Os atos milagrosos ou admiráveis mostravam o caminho da salvação e do reino de Deus.

No Evangelho de João se consignam sete milagres no livro dos sinais (cap. 1–12) e um no apêndice (cap. 21). Deles, quatro são milagres da natureza (dois dos quais têm paralelos nos sinóticos), três são curas e um fala de uma ressurreição. Os termos que se utilizam são ἔργα: *opera* (latim), *works* (inglês), "obras" (português) e σημεῖα: *signa* (latim), *signs* (inglês), e "sinais" (português), manifestando a singularidade de Jesus, cujas obras superam as de qualquer profeta de Israel, e cujos signos somente podem ser interpretados e realizados nele mesmo.

Parece claro que os evangelistas sinóticos desenvolvem seu esquema literário sobre os milagres de Jesus em função da tradição comunitária que recolhem, da estrutura própria do evangelho que anunciam e em conformidade com sua específica e característica perspectiva cristológica e eclesial. Marcos concede uma importância excepcional aos milagres, colocando-os, de fato, quase em sua totalidade, na primeira parte de seu evangelho. Eles constituem realmente uma manifestação admirável do surpreendente poder salvífico que atua na pessoa de Jesus de Nazaré, Filho de Deus, cuja potestade foi revelada em plenitude no contexto de sua morte e de sua ressurreição. O Senhorio de Jesus de Nazaré se descobre precisamente na morte que anuncia a ressurreição e, por isso, o verdadeiro compromisso do discí-

---

13. Cf. M. KARRER. *Jesús Cristo en el Nuevo Testamento* (Salamanca: Sígueme, 2002), p. 356s.

pulo é aceitar Jesus na fé, não como Θεῖος ἀνήρ (homem divino), mas como Filho do homem, submetido ao sofrimento e à morte. Mateus elimina os aspectos mágicos, os detalhes pitorescos e as descrições minuciosas dos milagres que adornam o Evangelho de Marcos. Os milagres indicam que Jesus é o Messias dos últimos tempos que traz a salvação, não só para o povo de Israel, mas para todas as gentes. A comunidade eclesial deve orientar suas experiências de fé em conformidade com os critérios de Jesus, sempre presente e misericordioso.

Lucas relata os milagres de Jesus como sinais de libertação contra o poder de satanás, em continuidade com os grandes profetas de Israel, ainda que, nesta ocasião, a libertação seja definitiva. Jesus atua pelo poder do Senhor e os milagres enaltecem a Deus ao mesmo tempo que orientam para Jesus. Nos Atos dos Apóstolos, Lucas diz explicitamente que Jesus de Nazaré, ungido por Deus com Espírito santo e poder "passou fazendo o bem e curando a todos os que estavam dominados pelo diabo, porque Deus estava com ele" (At 10,38). Os sinais milagrosos de Jesus, ainda que possam parecer ambíguos algumas vezes, continuam na comunidade dos discípulos, que atua em nome dele realizando curas, sinais e presságios (At 4,30). Lucas, por outro lado, é o único dos evangelistas que narra milagres de punição, como a mudez de Zacarias por não haver acreditado nas palavras do anjo Gabriel (Lc 1,20) e a morte esmagadora de Ananias e Safira (At 5,1-11).

O Evangelho de João utiliza uma terminologia diferente da dos sinóticos (σημεῖα e ἔργα) para designar os milagres de Jesus. Porém, a terminologia não é a única diferença entre os evangelistas, nem sequer a principal. A diferença essencial está na concepção que tem da fé. Nos sinóticos, a fé é uma condição para que se realize o milagre. Em repetidas ocasiões afirma Jesus: "Tua fé te salvou". Assim acontece nas curas do paralítico, do criado do centurião, da mulher sirofenícia, ou do cego de Jericó. Também se comprova que entre os habitantes de Nazaré não puderam realizar-se milagres devido à sua falta de fé. Em João, pelo contrário, a fé é uma consequência do milagre, que interpela ao homem à fé em todos os casos, exceto nas curas. Os discípulos creram em Jesus após o sinal realizado em Caná de Galileia e o reconheceram como profeta que ia vir ao mundo. A fé se fundamenta em Jesus, o Cristo, o Filho de Deus, para gozar da plenitude da vida de Deus, a quem ele revelou com suas palavras e atos e consumou na cruz e na ressurreição. Como diz M. Karrer, "esses milagres são σημεῖα, sinais que remetem à pessoa de quem os realiza e em seu lugar"[14].

Sem entrar na árdua e inexequível tarefa da reconstrução histórica dos relatos milagrosos que se encontram nos evangelhos, convém sinalizar que tais relatos apresentam certos traços característicos que os diferenciam tanto dos atos prodi-

---

14. *Ibid.*, p. 371.

giosos ocorridos nos ambientes judeu-helenistas como dos interesses da primitiva comunidade cristã. Nem a imagem de um Messias taumaturgo corresponde às esperanças do messianismo oficial de Israel, nem a fé pós-pascal em Jesus da comunidade eclesial coincide com a que se exige nos milagres. O marco de interpretação destes relatos não é outro senão o projeto universal de salvação de Jesus de Nazaré, resumido no anúncio do reino de Deus. O milagre evangélico está sempre e intimamente vinculado à pessoa de Jesus de Nazaré, ao seu projeto, à sua mensagem e ao seu estilo de vida, de forma que nele se estabelece uma estreita relação entre Jesus e o destinatário, a ponto de qualificá-la como "fé". Os gestos milagrosos de Jesus não são algo distinto ou marginal à sua mensagem, mas são inerentes e inseparáveis dele; do contrário, poderíamos qualificá-los como atos mágicos e fortuitos. Por outro lado, as intervenções portentosas de Jesus se dirigem à libertação da pessoa humana em todos os âmbitos de sua existência, tanto material como espiritual. Assim, os discípulos mais íntimos são resgatados de seu egoísmo e de suas falsas expectativas messiânicas, abrindo-os à generosidade e à confiança em seu Mestre, e os excluídos e marginalizados da sociedade, atormentados pelas enfermidades mentais e a severa e injusta pobreza, são restabelecidos em sua dignidade humana e orientados a um futuro de esperança. Finalmente, o efeito libertador dos milagres de Jesus se acentua entre as pessoas mais necessitadas, a quem se oferece a salvação, contravindo inclusive às normas mais escrupulosas de pureza ritual do povo judeu.

Somente a partir desta perspectiva se pode explicar a tensão entre Jesus e os escribas e fariseus, que se preocupavam em preservar a ordem do sagrado, simbolizado na observância do sábado e na veneração do Templo. O caráter portentoso e libertador dos milagres deve associar-se, em todo caso, com a liberdade humana, capaz de aceitar ou rejeitar a iniciativa salvadora de Jesus.

6.3. As curas (exorcismos e terapias) de Jesus

Os textos evangélicos narram profusamente intervenções curativas prodigiosas de Jesus de Nazaré em favor de toda a classe de enfermos. Esta afirmação genérica é corroborada pela lista que o evangelista Mateus enumera, em resposta à pergunta dos discípulos de João Batista sobre a identidade de Jesus (Mt 11,3-6). João, já encarcerado antes de começar a pregação de Jesus na Galileia (Mt 4,12), ouve falar das "obras" de Cristo (palavras e ações), e por meio de seus discípulos quer saber se Jesus é o Filho do homem que há de vir e que ele mesmo havia anunciado: "És tu aquele que há de vir, ou devemos esperar outro?" (Mt 11,3). A resposta de Jesus remete à experiência dos enviados: "Ide anunciar a João o que ouvis e vedes: os cegos veem e os coxos andam, os leprosos ficam limpos e os surdos ouvem, os mortos ressuscitam e os pobres são evangelizados. Feliz é aquele que não se escandalizar de mim" (Mt 11,4-6). Na resposta se aponta o novo tempo da salvação – em que se inserem não só os milagres, mas também (e principalmente) o anúncio da boa notícia aos pobres – formulado em passagens proféticas do Antigo Testamento, especialmente em Isaías (Is 29,18s.; 42,18; 61,1)[15].

As curas, como observa S. Vidal, "configuram o núcleo histórico fundamental da tradição evangélica dos milagres"[16]. E argumenta nesse sentido dizendo que as curas constituem o núcleo mais numeroso do abundante material de milagres: vinte e cinco relatos de curas (exorcismos e terapias) em comparação com oito relatos de outro tipo de milagres. Além da abundância dos relatos de curas, convém saber que só se fala deles (e não de outros milagres) no resto dos textos evangélicos fora dos relatos de milagres, nos sumários ou compêndios dos evangelhos e nos portentos realizados pelos discípulos de Jesus[17].

O contexto geral em que se deve interpretar os milagres de Jesus (exorcismos e terapias) é a realidade libertadora do reino de Deus. As curas, assim como qualquer outra atividade taumatúrgica de Jesus, se inserem no acontecimento central de sua pregação, quer dizer, o reino de Deus, presente em sua pessoa. Em continuidade com a libertação do povo de Israel, anunciada pelos profetas ao longo de toda a história, e que afetava sua dimensão material e espiritual, Jesus proclama a libertação integral da pessoa. A saúde que Jesus concede aos enfermos e necessitados na Palestina do século I – onde vive uma sociedade profundamente desestabilizada social e religiosamente – não se reduz à cura de uma disfunção física, mas ao restabelecimento físico, social e religioso (total) da pessoa curada, orientando-a ao acontecimento libertador por excelência, o reino de Deus. Para a libertação da pessoa só se exige a fé, que reconhece e aceita confiantemente a força salvadora de Deus presente em Jesus de Nazaré.

Examinemos o caso da cura da hemorroísa para ilustrar o processo das curas, como se narra no Evangelho de Marcos (Mc 5,25-34).

---

15. Nota: É cabível interpretar que o texto de Mateus reflete a concepção da comunidade cristã, que entendia a missão de Jesus sob a perspectiva dos escritos do Antigo Testamento. Em todo caso, permanece firme e claro o sentido dessa missão, que vincula toda a atividade sanadora de Jesus ao anúncio do reino de Deus aos pobres, segundo observaremos mais adiante.

16. S. VIDAL. *Jesús el galileo* (Santander: Sal Terrae, 2006), p. 168.

17. No apêndice dos relatos de milagres da obra citada anteriormente, S. Vidal escreve: "Os relatos de milagres nos evangelhos, sem contar os paralelos nem os sumários ou compêndios, somam no total 33: 18 em Marcos; 2 na fonte Q; 3 nos textos próprios de Mateus; 6 nos textos próprios de Lucas; 4 em João (sem contar os 3 paralelos à tradição sinótica). Neles se distinguem: exorcismos (6 casos), terapias (19 casos), epifanias (1 caso), libertações (1 caso), doações (4 casos) e demonstrações (2 casos)". S. VIDAL. *Op. cit.*, p. 177-180.

Na margem galileia do lago de Tiberíades, depois de ter relatado o milagre do endemoniado geraseno e haver referido o assombro dos habitantes da Decápole diante do poder de Jesus, o evangelista Marcos narra a cura da hemorroísa. Trata-se de uma mulher, afetada por uma enfermidade corporal crônica – uma hemorragia vaginal – que, à parte ter sofrido muito com o tratamento de muitos médicos (uma clara ironia) e ter gastado sua fortuna inutilmente, se encontra excluída socialmente e depreciada religiosamente. Sua enfermidade abarca, portanto, todas as dimensões da pessoa. Uma pessoa com certas enfermidades corporais – segundo se declara nas leis do Levítico e nos tratados da Misná – é impura e fica excluída no âmbito social e no religioso (Lv 12,7; 15,19-33; 20,18). A hemorroísa é, em termos judaicos, uma mulher זבה, *zabâ*, cuja enfermidade de sangue (o sangue contém vida) pode causar a morte e, evidentemente, aniquilar o poder curativo de uma pessoa carismática (Dt 12,23).

Esta mulher – o contraste com o relato entrecruzado de Jairo é altamente significativo – se encontra no extremo mais distante do espectro econômico, social e religioso. É uma mulher desconhecida, impura segundo as leis judaicas, arruinada economicamente e excluída social e religiosamente. Sua única esperança é Jesus de Nazaré, de quem só havia ouvido falar. Porém seu dilema é profundo: para ser curada, precisa entrar em contato físico com o curador; porém, ao saber-se impura, teme que sua presença anule o poder do curador. A mulher opta por tocar o manto de Jesus por detrás, pois sabia que com o tocar apenas sua veste se curaria. Do ponto de vista gramatical, a palavra "tocar" se destaca, em contraste com a série de particípios que a precedem, constituindo uma parte importante do relato. Efetivamente, depois desta atitude audaz e ilícita, secou-se lhe a fonte de sangue e sentiu em seu corpo que estava curada. O poder curador de uma pessoa santa, já contemplado no Antigo Testamento (2Rs 13,20-21), reside agora em Jesus de Nazaré, que, diante de uma mulher assustada e temerosa, olha a multidão, perguntando quem havia tocado sua roupa. A mulher reage com temor e tremor ante esta teofania e se prosta diante de Jesus, dizendo-lhe toda a verdade. Jesus a chama "filha" (forma parte de uma nova família), salva por sua adesão e confiança nele (fé), e convidada a compartilhar a paz, associada à nova era. A fé em Jesus curou o padecimento físico da mulher com fortes hemorragias e devolveu a normalidade ao seu distorcido mundo social e religioso.

A fama de Jesus como exorcista é indiscutível. Os exorcismos são, de fato, um dos traços mais aceitos por seus contemporâneos e, mais importante ainda, estão intimamente relacionados com a mensagem central de sua pregação, o reino de Deus: "Porém, se expulso os demônios graças ao dedo de Deus, quer dizer que o reino de Deus chegou até vós" (Lc 11,20). Quando falamos de exorcismos, a questão importante, como afirma R. Aguirre, não é "sua historicidade, mas seu significado"[18]. E este se explica no contexto cultural e religioso da época, como ocorre com as curas.

Na tradição evangélica, os exorcismos aparecem como sinais da vitória de Deus sobre o mal, representado no domínio de satanás sobre o ser humano (Mc 3,22-27; Lc 10,17-20; Q 11,15-18; Q 11,20[19]). Em um mundo com uma visão dualista e apocalíptica da história, em que o ser humano sofria a interferência dos espíritos em sua relação com Deus, o autoritarismo religioso e a opressão política e social, se entende perfeitamente o significado dos exorcismos: a cura completa da vida de um povo oprimido, eliminando o poder do mal, simbolizado nas possessões demoníacas. Nos exorcismos, Jesus acolhe solicitamente o possuído (Mc 3,20-30; 5,1-20; 9,14-29) e o liberta de seu mal, que é pessoal, social e religioso. Uma vez libertado, o possesso fica totalmente restabelecido em sua dignidade pessoal e aberto à nova dimensão do reino de Deus. O único requisito exigido por Jesus para que o reino bondoso de Deus se instaure no ser humano é a fé nele. Sem fé, o exorcismo se torna impossível.

O evangelista Marcos narra como Jesus foi rejeitado em Nazaré, já que o milagre carece de sentido quando o ser humano se fecha à ação prodigiosa de Deus (Mc 6,5-6). O milagre requer reconhecimento e adesão à autoridade de Jesus, em quem se personificam os valores do reino de Deus. É verdade, como escreve J. Jeremias, que "tudo isto (a aniquilação de satanás) se enuncia de maneira paradoxal. E que é algo que só está visível para quem crê. Todavia, satanás continua exercendo seu poder. Por isso, os ἔργα não legitimam; podem ser entendidos também como obra do diabo (Mc 3,22). Porém, ali onde se crê em Jesus, ressoa o clamor de júbilo que percorre todo o Novo Testamento: O poder de satanás ficou quebrado! *Satana maior Christus!* [Trad.: *Maior do que Satanás é Cristo*] (Lutero)"[20].

6.4. O estilo de vida de Jesus: família e refeições

Indagar sobre o estilo de vida de Jesus de Nazaré é uma tarefa fascinante e insondável e, ao mesmo tempo, sempre gratificante e instrutiva. Supõe, em última instância, aprofundar-se em suas doutrinas e seus comportamentos, reconhecendo a inesgotável riqueza de sua personalidade. É impossível catalogar Jesus nos rígidos

---

18. R. AGUIRRE; C. BERNABÉ & C. GIL. *Qué se sabe de... Jesus de Nazaret* (Estella: Verbo Divino, 2009), p. 112.
19. Cf. J. M. ROBINSON; P. HOFFMANN; J. S. KLOPPENBORG (eds.) & S. GUIJARRO (ed. esp.). *El Documento Q en Griego y en Espanol* (Salamanca: Sígueme, 2004), p. 141-142 e 143.
20. J. JEREMIAS. *Teología del Nuevo Testamento. La predicación de Jesus* (Salamanca: Sígueme, 2009), p. 119.

esquemas sociorreligiosos da sociedade judaica da época. Ele é um grande profeta de Deus na história do povo de Israel, e reconhecido como tal por seus contemporâneos, como ocorre no momento de sua entrada triunfal em Jerusalém (Mt 21,11), ou quando ressuscita o filho de uma viúva em Naim (Lc 7,16), porém sua mensagem é totalmente nova, porque anuncia a presença do reino de Deus e ultrapassa a linguagem própria dos profetas e a relação entre estes e Yahvé.

Jesus não é um rabino dedicado ao estudo e à interpretação da Torá, nem um fariseu de classe média, empenhado na estrita observância da Lei, mas alguém que ensinava o povo "como quem tem autoridade" (Mc 1,22), constituindo-se a si mesmo como norma da Lei, e não se incomodava em misturar-se livremente com gente pecadora. Tampouco é um sacerdote judeu, mas alguém que critica a atuação dos sacerdotes (Mc 11,15-19); nem um saduceu, partidário das autoridades romanas, nem um monge de uma comunidade religiosa, como a de Qumrã às margens do mar Morto, mas alguém que convive com publicanos e gente de má-reputação e chama a todos, especialmente os mais necessitados e pecadores (Mt 9,9-13).

Ao amparo destas formulações, pode afirmar-se que os evangelhos indicam abertamente que o lugar de Jesus (como algo característico e exclusivo de sua pessoa) se situa à margem e na fronteira em todos os aspectos de sua vida. E, precisamente, este traço de marginalidade de sua pessoa orienta e ajuda a entender sua vida e sua mensagem.

Os ditos de Jesus se explicam a partir dessa categoria de marginalidade e de fronteira que, assumida e vivida consciente e plenamente, busca a inversão dos valores dominantes da época, em vista de um sentido novo, digno e integral da vida humana. Assim ocorre, principalmente, com os ditos referentes ao convite de seguimento à sua mensagem, com os relativos aos valores familiares e sociais e com os que conformam o autêntico projeto do reino de Deus.

No Evangelho de Mateus se narra a vocação de quatro pescadores, dois pares de irmãos, às margens do mar da Galileia (Mt 4,18-22). Jesus se dirige a Simão, chamado Pedro, e seu irmão André, que estavam lançando a tarrafa, e os convida a segui-lo para fazê-los pescadores de homens. No mesmo instante, esses homens deixam sua rede e seguem Jesus. Aparecem aqui o verbo ἀκολουθέω (este pela primeira vez) e o advérbio εὐθέως, que indicam a radicalidade do seguimento e a prontidão obediente para abandonar seu trabalho. A radicalidade é idêntica no caso dos filhos de Zebedeu, Tiago e João. O seguimento e a radicalidade são próprios de toda a comunidade mateana e supõem o abandono "instantâneo" das coisas materiais, da família carnal e inclusive a ruptura dolorosa com a sinagoga, e a problemática vivência em situação de diáspora, que comprometeria não só valores religiosos, mas também familiares.

O convite ao seguimento radical do discípulo aparece nitidamente em outra passagem do Evangelho de Mateus (Mt 16,21s.). Ante o anúncio de Jesus de que devia ir a Jerusalém e padecer muito, inclusive ser executado, Pedro se rebela e o repreende. Atua com critérios humanos e, possivelmente, de forma terna e carinhosa. Porém, a mensagem de Jesus é contundente e clara: "Se alguém quiser vir após mim, renuncie a si mesmo, tome a sua cruz e me siga (Mt 16,24). O convite ao seguimento radical é evidente e, no versículo, assim como nos paralelos de Marcos (Mc 8,34) e de Lucas (Lc 14,27) se diz em que consiste tal seguimento. A exigência moral do discípulo de Jesus deve concordar com a radicalidade do seguimento. Neste aspecto, o evangelista Mateus, ao considerar as três formas de religiosidade judaica – a esmola, a oração e o jejum – deixa muito claro qual deve ser a atitude do cristão. A esmola deve ser feita não por amor a si mesmo, mas por amor ao próximo ou por Deus, sem alarde e hipocrisia, sem exibi-la aos outros e, desta forma, o Pai a recompensará. A oração que no judaísmo era praticada preferentemente na sinagoga e, como os momentos de oração não eram exatamente fixos, também nas esquinas das ruas, convertendo-se em um ato de autoexibição, o discípulo de Jesus deve fazê-la em um lugar não visível a partir da rua, sem ostentação religiosa alguma e dirigi-la ao Pai, o Deus de Jesus.

Quanto ao jejum, deve-se fugir da hipocrisia, considerando-se como expressão de arrependimento e de humildade, que nada tem a ver com a aparência corporal (Mt 6,2-18). Neste mesmo capítulo, Mateus fala da acumulação de riquezas na terra, criticando o afã humano pelas mesmas e convidando a armazenar tesouros no céu, onde não há traça e ferrugem que possam destruí-lo nem ladrões para roubá-lo. O tesouro do homem (o que mais lhe importa) deve encontrar-se no coração (καρδία), o centro de seu ser (Mt 6,19-21).

No capítulo oitavo, o citado evangelista põe na boca de Jesus a dificuldade do seguimento do discípulo: o Filho do homem, que há de vir como juiz universal, viveu em pobreza e abandono, carecendo inclusive daquilo que não falta nem mesmo às raposas e às aves (Mt 8,18-20). Jesus é o itinerante perene, o apátrida perseguido, o pobre real. Por outro lado, a exigência do seguimento do discípulo de Jesus é tão radical que, inclusive, deve antepor-se às obrigações familiares. O dever de enterrar um pai falecido era primordial no judaísmo, porém o seguidor de Jesus deve viver os valores do reino de Deus acima de tudo: "Porém Jesus lhe diz: 'Segue-me; e deixa aos mortos enterrarem seus mortos'" (Mt 8,22).

As palavras de Jesus, referidas no Evangelho de Lucas a propósito da missão dos setenta e dois discípulos, se orientam na mesma direção e são extraordinariamente significativas. Neste Evangelho, contrastam as notas de confiança e de ausência de medo: "ide" com as referências aterradoras da vivência cristã como sendo a de "cordeiros no meio de lobos" (Lc 10,3). Tudo indica uma situação perigosa no entorno dos primeiros cristãos, embora reste a esperança da reconciliação escatológica (Is 11,6). No que diz respeito à viagem, o equipamento do discípulo se limita ao extremo, proibindo, inclusive, de levar bolsa, alforje ou sandálias (Nada: nem bastão, nem alforje, nem pão, nem dinheiro; e não ter duas túnicas cada um, se diz em Lc 9,3). Tais prescrições, que parecem afastar-se dos costumes dos peregrinos judeus e dos filósofos itinerantes, ressaltam principalmente a fragilidade do discípulo e sua dependência absoluta do Senhor e, em menor medida, da hospitalidade dos habitantes do lugar evangelizado[21]. Todos esses ditos provocam uma crise de valores, rompendo vínculos tradicionais e orientando a uma autêntica concepção e realização da pessoa humana, devolvendo-lhe sua inalienável dignidade.

O mesmo acontece com os ditos que fazem referência à família. No Evangelho de Mateus, diante da pergunta retórica de "Quem é minha mãe e quem são meus irmãos?", Jesus, estendendo sua mão a seus discípulos, indicando proteção e amparo, responde: "Eis aqui minha mãe e meus irmãos; pois todo aquele que faz a vontade de meu Pai (que está) nos céus, este é meu irmão, e irmã, e mãe" (Mt 12,50). A verdadeira família de Jesus é a comunidade de discípulos que estão sob seu cuidado e abrigo. Em outra ocasião, o evangelista Lucas menciona a ordem de Jesus de abandonar o Pai, inclusive no acompanhamento até sua última morada, diante da obrigação de anunciar o reino de Deus. O radicalismo evangélico exige o abandono de certas leis – mesmo sendo conhecidas e sagradas no mundo judaico e grego – para cumprir com o dever primordial, o anúncio do reino de Deus: "Deixa os mortos enterrarem seus mortos, e tu vai anunciar o reino de Deus" (Lc 9,60).

E, em outra ocasião, o mesmo evangelista escreve: "Se alguém vem a mim e tem mais amor ao pai, à mãe, à mulher, aos filhos, aos irmãos, às irmãs e mesmo à própria vida do que a mim, não pode ser meu discípulo" (Lc 14,26). O texto é desconcertante e chocante. Diferentemente do paralelo de Mateus, que argumenta pela comparação (é preciso preferir Cristo à família), Lucas recorre ao contraste e à oposição. Não se trata de um rechaço, nem de uma condenação dos laços familiares, senão de evitar que esses se convertam em um obstáculo para o anúncio do reino. No discípulo, o coração não pode estar dividido porque ninguém pode servir a dois Senhores.

Os pronunciamentos de Jesus sobre os valores e comportamentos sociais da época são surpreendentes. A grande novidade da ética cristã é o amor aos inimigos. O judaísmo proibia alegrar-se com a desgraça do próximo e exigia generosidade e nobreza frente ao necessitado. Também o helenismo se preocupava pela situação

---

21. O Documento Q é radical ao falar dessas prescrições. Diz assim: "Não leveis (bolsa), nem alforje, nem sandálias, nem bastão; e não saudeis ninguém pelo caminho" (Q 10,4). Este radicalismo parece haver perdido vigência no tempo de Lucas (embora o cite), como se depreende da leitura de Lc 22,35-38.

do fraco. Porém, nem um nem outro defendiam o princípio moral do amor aos inimigos. Os imperativos que ressoam no Evangelho de Lucas são contundentes: "Amai os vossos inimigos, fazei bem aos que vos odeiam. Falai bem dos que vos maldizem e orai por quem vos calunia. A quem te bater numa face, oferece também a outra; e a quem tomar o teu manto, não impeças de levar também a túnica. Dá a todo aquele que te pedir e não reclames de quem tirar o que é teu. O que desejais que os outros vos façam, fazei-o também a eles" (Lc 6,27-31)[22]. A mensagem é radical, oposta à tendência natural à autoproteção – apresentar a face a quem ofende ou permitir ser despojado das vestes é contrário à inclinação humana de proteger-se – e contrário aos valores sociais dominantes da época. Caracteriza os valores do reino e assim se pode chegar a ser "filhos de vosso Pai (que está) nos céus, que faz sair seu sol sobre maus e bons e chover sobre justos e injustos" (Mt 5,45). A escala de valores se reconfigura em conformidade com o projeto do reino de Deus, centro da mensagem de Jesus, a consumar-se no futuro. Nesse projeto, diferentemente de algumas tradições do Antigo Testamento que enaltecem a abundância e a alegria (Dt 28,47-48; Is 3,26), se inserem as bem-aventuranças do sermão da montanha (Mt 5,3-12; Lc 6,20-22). A inversão de valores é ostensiva, provoca uma crise de princípios morais e obriga a uma vivência imediata daquelas realidades que se farão plenamente efetivas no futuro.

Esses ditos de Jesus, assim como suas vivências e toda sua mensagem, não são algo acidental em sua vida, mas constituem a essência de sua inabarcável personalidade. Jesus vive e fala desse modo porque experimenta em si mesmo a presença de Deus, e Ele e o Pai são um (Jo 14,11; 16,32; 17,21). Os valores que prega são inovadores e subversivos, com força suficiente para abalar os códigos éticos da Palestina do século I e para infundir nos mais necessitados e marginalizados da sociedade a esperança que se inicia nesta terra e se completará no além.

A libertação implicada na chegada do reino de Deus adquire significado e se representa, simbolicamente, de maneira portentosa nas refeições de Jesus. Em todas as sociedades se põe em evidência o surpreendente valor simbólico das refeições. Elas, de alguma maneira, compendiam a estrutura econômica, social e religiosa de um povo. Na mesa da comida há alguns convidados, que reafirmam um grupo diferenciando-o dos demais, uma ordem hierarquicamente estabelecida na ocupação dos postos e alguns alimentos que, inclusive, podem ser catalogados como puros ou impuros. Todos estes elementos aparecem no judaísmo do tempo de Jesus. A participação nas refeições era determinada por rígidos esquemas sociorreligiosos,

---

22. A regra de ouro se expressa desta maneira: Q 6,31: "Tratai os demais como quereis que eles vos tratem a vós". Cf. J. M. ROBINSON; P. HOFFMANN; J. S. KLOPPENBORG (eds.) & S. GUIJARRO (ed. esp.). *El Documento Q en Griego y en Espanol* (Salamanca: Sígueme, 2004). EvTom 6,3: "(e) não fazei (o que) odiais". Cf. A. PIÑERO (ed.). *Todos los Evangelios* (Madri: Edaf, 2009).

estabelecendo diferenças incontornáveis entre os pertencentes ao povo de Israel e os gentios, entre os fiéis a Yahvé e os publicanos e pecadores e os excluídos por sua condição social, como cegos, coxos e estropiados em geral. A tradição evangélica sobre as refeições de Jesus é tão abundante e variada que seria difícil entender a vida de Jesus sem relacioná-la com as pessoas catalogadas como pecadores, e compartindo com elas a mesa e a comida. De fato, o reino de Deus é como uma mesa farta, repleta de bênçãos materiais e espirituais, à qual são convidados todos os seres humanos da terra, especialmente os mais pobres e marginalizados. Tanto se identifica Jesus com esta atividade – em que sobressai seu poder de curar e de compartir – que seus adversários encontram nela razões para a indignação e o insulto: "Veio o Filho do homem, que come e bebe, e dizem: 'Olhem! Um comilão e um beberrão de vinho, amigo de cobradores de impostos e pecadores'" (Mt 11,19). Os sábios, os filhos da sabedoria, reconhecem, por sua vez, o plano salvador de Deus (Mt 11,19; Lc 7,35). Jesus é o amigo, a quem Marta deu hospedagem (Lc 10,38), e é convidado com seus discípulos a uma festa de núpcias em Caná da Galileia (Jo 2,2). Jesus frequenta refeições públicas e se senta à mesa sem escrúpulos com publicanos e pecadores, como acontece na casa de Mateus (Mt 9,10), ou com o chefe dos publicanos, Zaqueu (Lc 19,2-10). Isso foi confirmado pelo evangelista Marcos (Mc 2,15-17.18-22; 6,8-10; 7,1-2) e, sobretudo, pela tradição lucana (Lc 7,36-50; 10,7; 11,37-54; 14,1-6.12-14.15-24; 19,1-10 etc.).

Essas refeições realizam os anúncios messiânicos do Antigo Testamento, derramando sobre a humanidade os dons de Deus. A ceia ritual na presença de Yahvé é um sinal de alegria e regozijo, segundo afirma o Deuteronômio (Dt 14,26), e a expressão "comer e beber" parece designar a conclusão da Aliança (Gn 26,30; 31,46.54; Ex 24,11; Js 9,14s.)[23]. Jesus, em suas refeições, anuncia também o gozo e a salvação (Mt 9,15; Lc 19,9). Com elas mostra e expressa, ainda, a hospitalidade e a acolhida do estrangeiro, indicando a Boa-nova de sua chegada e elogiando aqueles que praticam a solidariedade com o forasteiro, como sinal da proteção de Deus a toda a humanidade (Mc 14,3-9; Lc 7,36-50; Jo 12,1-8).

As refeições descrevem, ainda, a felicidade em termos de jubiloso banquete e orientam para a escatologia: "Digo-vos que já não beberei deste fruto da videira até o dia em que o beberei de novo convosco no reino de meu Pai" (Mt 26,29)[24]. São, em definitiva, uma forma simples e bela de apresentar aos fracos e excluídos

---

23. E. JENNI & C. WESTERMANN (eds.). *Diccionario Teológico Manual del Antiguo Testamento* I (Madri: Cristiandad, 1978), p. 226.

24. E. P. SANDERS. *La figura histórica de Jesús* (Estella: Verbo Divino, 2010), p. 207, no capítulo dedicado à "chegada do reino", se pergunta se os judeus em geral esperavam ou não que a nova era fosse como um banquete. Ele pensa que não. E afirma que "a importância da última ceia no pensamento e na prática cristã levou a excessiva valoração das refeições no judaísmo".

a chegada do reino de Deus, já anunciada nos escritos proféticos do Antigo Testamento (Is 2).

Se Jesus partilhava a mesa com pessoas marginalizadas, se declarava que todos os alimentos eram puros e punha em juízo o rígido sistema sociorreligioso, promovendo a igualdade e a solidariedade dos seres humanos, é lógico pensar que sua forma de agir suscitasse duras críticas. Ele mesmo se fez eco de tais críticas (Lc 7,34), dando a entender que suas refeições com publicanos e pecadores estavam intimamente relacionadas com sua missão de cura e liberação: "Não são os que têm saúde que precisam de médico, e sim os enfermos. Não vim chamar os justos, mas os pecadores" (Mc 2,17). Poderíamos dizer que Jesus é coerente em seu estilo de vida: ensina e pratica os valores do reino de Deus, em absoluta conformidade com a vontade de seu Pai.

6.5. Significado teológico dos milagres de Jesus

O significado teológico dos atos prodigiosos de Jesus de Nazaré enquadra-se na fortíssima e viva tradição bíblica, que fala da intervenção libertadora de Deus na história da humanidade e, mais concretamente, do povo de Israel.

É difícil entender os gestos milagrosos de Jesus sem recordar os prodígios realizados por Deus através de seu profeta Moisés. O Messias repetirá e dará sentido aos atos do primeiro libertador. Os milagres de Jesus são o cumprimento e a síntese da ação libertadora de Deus no Antigo Testamento. Prova evidente disso é a passagem evangélica de Mateus (e seus paralelos), que reúne citações do profeta Isaías (Is 29,18-21; 35,5-6; 61,1), e que implicam promessas de libertação e salvação para Israel nos tempos messiânicos: "Os cegos recobram a vista, os coxos andam, os leprosos ficam limpos, os surdos ouvem, os mortos ressuscitam, aos pobres é anunciado o Evangelho" (Mt 11,5). Os milagres, como diz W. Kasper, são "ato de obediência à vontade de Deus, tal e como está revelada no Antigo Testamento"[25].

A ação taumatúrgica de Jesus se desenvolve, como sabemos, na região da Galileia e mais concretamente na zona do lago de Genesaré, com centro em Cafarnaum. Os evangelhos sinóticos só falam da cura de um (ou dois, em Mateus) cego em Jericó e o quarto evangelho relata alguns episódios milagrosos no entorno de Jerusalém. Nesses lugares, as pessoas do povo recebem com entusiasmo e paixão os gestos prodigiosos de Jesus, enquanto os representantes do judaísmo institucional – para quem o milagre não tem valor em si mesmo, mas só serve para exigir a observância da lei – mostram sua desconfiança e oposição. Em todo caso, Jesus

---

25. W. KASPER. *Jesús, el Cristo* (Salamanca: Sígueme, 2006), p. 163.

realiza esses milagres com o poder de Deus (Lc 11,20), que testifica sua própria autoridade (Mt 7,29), traduzida em palavras e obras, evitando toda exibição e reafirmando sua missão profética escatológica.

Surpreende extraordinariamente a atitude de Jesus, que, por um lado, se subtrai energicamente aos desejos populares de reduzir sua função taumatúrgica a uma mera cura dos enfermos e, por outro, está firmemente comprometido em encaixá-la no projeto libertador do reino de Deus, que Ele anuncia. Apesar da ambivalência que os gestos taumatúrgicos de Jesus parecem mostrar – em que cabe o chamado (impropriamente) "secreto messiânico"– os milagres do profeta da Galileia são sinais inequívocos da chegada do reino de Deus aos seres humanos e correspondem fielmente ao anúncio de libertação dos pobres.

Os milagres são sinais para a fé, produzindo-se uma estreita relação entre ambos os conceitos. No milagre de cura, a iniciativa não parte ordinariamente de Jesus, mas atende ao pedido de um enfermo ou de seus familiares. Na maioria dos relatos evangélicos aparecem os termos πίστις e πιστεύω: "Tua fé te salvou", diz Jesus à hemorroísa (Mc 5,34) e ao cego Bartimeu (Mc 10,52). A fé leva ao milagre de tal forma que é condição necessária para sua realização. Por esta razão, Jesus não pode realizar milagres onde não encontra fé, como ocorre em sua terra, Nazaré (Mt 13,58). Por outra parte, o milagre não só suscita admiração no crente, como também orienta a descobrir a pessoa de Jesus, a aproximar-se das obras de Deus, afastando-se das forças do mal, ainda que não constitua propriamente uma prova sólida para crer. Como resume acertadamente W. Kasper: "a fé dos milagres não é uma fé nos milagres, mas uma confiança na onipotência e providência de Deus"[26].

Os gestos poderosos de Jesus se integram harmonicamente em seu projeto profético de anúncio do reino de Deus. Não são atos de mais um profeta na história do povo de Israel, por muito espetaculares que pareçam. Jesus não é simplesmente um pregador religioso ou um narrador de belas parábolas. Se assim fosse não teria sido considerado perigoso pelas autoridades de Roma, nem suspeito de heterodoxia religiosa pelos dirigentes judeus, o que o levava inexoravelmente à condenação à morte. Seus gestos, também os milagres, se inserem em seu projeto de vida, na pregação do reino, que anuncia a aniquilação do poder de satanás (Mt 12,28), assume a bondade inicial da criação e antecipa a vitória definitiva sobre a morte. Só na ressurreição de Jesus se revela plenamente o autêntico significado dos milagres.

---

26. *Ibid.*, p. 165.

CAPÍTULO 7
Sobre os títulos de Jesus

7.1. Questão introdutória

A fé em Jesus de Nazaré tem-se expressado de múltiplas e variadas maneiras ao longo da história, evidenciando, por um lado, a riqueza da revelação de Deus em Jesus Cristo e, por outra, a capacidade do homem para aprofundar a compreensão da mensagem de Jesus e sua correspondente adaptação às novas formas de pensamento das diferentes culturas da humanidade. É o que demonstra a abundância de títulos sobre Jesus mencionados nos escritos do Novo Testamento e a adoção e transformação, por parte da primitiva comunidade cristã, de figuras pertencentes ao mundo judeu e helenístico para expressar o acontecimento singular de Cristo – que a todas transcende e supera – representado sempre em categorias de salvação e libertação do ser humano.

A fé em Jesus, última e definitiva revelação de Deus ao mundo, se expressa em inúmeros títulos cristológicos ao longo dos escritos do Novo Testamento[1]. Nos evangelhos, Jesus é chamado e reconhecido como autêntico "Mestre", cheio de autoridade, tanto em suas palavras como na força de suas ações. Este título aparece repetidamente nos quatro evangelistas: 20 vezes em Lucas, concretamente em Lc 3,12 e ao longo dos capítulos 5 ao 12, reaparecendo do capítulo 17 ao 22; Mateus e Marcos coincidem no número de vezes (12): Mateus o menciona nos capítulos 8-9-10-12-17-22-23 e 26 e Marcos, nos capítulos 4-9-10-12-13 e 14; em João se faz referência a este título só em oito ocasiões, nos capítulos 1-3-8-11-13 e 20. Jesus de Nazaré é o "Santo de Deus", cujo poder é reconhecido pelas forças do mal (Mc 1,24; Lc 4,34). É também o "Profeta"; de fato, todos o tinham por "Profeta", o "Profeta do Altíssimo", o verdadeiro "Profeta" que há de vir ao mundo. Assim o repetem constantemente Mateus (umas 18 vezes), Lucas (12 vezes), João (em 10 ocasiões) e Marcos (outras 5). É reconhecido também como "Rei". Ele é o "Rei" que, como

---

[1]. Em *Sagrada Escritura e cristología*, PCB (1984), C. GRANADOS & L. SÁNCHEZ NAVARRO. *Enchiridion bíblico. Documentos de la Iglesia sobre la Sagrada Escritura* (Madri: BAC, 2010), p. 1.005-1.009, se pode ver a "Relação de Jesus com a tradição do Primeiro Testamento".

anunciou o profeta Isaías (Is 62,11), vem à filha de Sião, manso e montado em um jumentinho (Mt 21,4), ou que vem em nome do Senhor (Lc 19,38) e que é apresentado aos seus como rei dos judeus (Mc 15,2s.; Mt 2,1; Jn 19,14). Jesus é assim mesmo o "Salvador", enviado pelo Pai para a salvação do mundo (Jo 4,42), nascido na cidade de Davi, que é Cristo Senhor (Lc 2,11). Ele é a "Palavra" por excelência, que existia com Deus e era Deus (Jo 1,1) e o "Servo", anunciado por Isaías, amado por Deus, sobre o qual reinará seu espírito, e anunciará justiça às nações (Mt 12,18). E todos os evangelistas (especialmente os sinóticos) fazem unanimemente referência a Jesus como "Filho do homem", ὁ υἱός τοῦ ἀνθρώπου. Esta famosa expressão aparece somente nos evangelhos e em inúmeras ocasiões: 69 vezes nos sinóticos, e 13 em João. Mateus a utiliza 30 vezes; Lucas, 25, e Marcos, 14. Em outros escritos do Novo Testamento, fora dos evangelhos, a fé em Jesus é expressada de diversas formas. A Jesus é chamado, no discurso de Pedro aos Israelitas, "Justo" e "Santo", entregue e negado na presença de Pilatos (At 3,14), e "Autor da vida", a quem Deus ressuscitou dentre os mortos (At 3,15).

Na Primeira Carta aos Coríntios, Jesus é denominado "o segundo Adão", em contraposição ao primeiro homem, convertido em Espírito que dá vida (1Cor 15,45), e "o segundo Homem", celeste, ao contrário do primeiro (1Cor 15,47). Na carta aos Romanos se enaltece a graça de Deus e o dom (que se dá) pela graça de "um Homem", Jesus Cristo (Rm 5,15). A Carta aos Hebreus afirma que Jesus Cristo devia assemelhar-se aos irmãos em tudo, para chegar a ser "misericordioso" e "sumo sacerdote" com o fim de expiar os pecados do povo (Hb 2,17). E, por fim, o Apocalipse, ao descrever o juízo contra a Babilônia, enaltece o poder e autoridade de Jesus, a quem designa "Senhor dos Senhores" e "Rei dos reis" (Ap 17,14)[2].

Não é necessário lembrar que a fé da comunidade eclesial em Jesus (como pode comprovar-se no capítulo sobre "a fé da Igreja em Jesus de Nazaré") goza de tal dinamismo que, ao longo da história, descobriu formas genuínas de expressão que combinam a essência de sua crença e a novidade do pensamento atual. Na realida-

---

2. A estudar os títulos de Jesus – definitivamente, eles são uma reflexão dos primeiros cristãos sobre a identidade de Jesus –, é sumamente conveniente levar em conta, como diz R. E. Brown, algumas "cautelas" ao abordar este tema. Assim, entre outras questões, é preciso saber que, embora se tenha estabelecido que Jesus não teria utilizado nenhum desses títulos, não se pode, por isso, concluir que a aplicação dos mesmos pelos cristãos a Jesus não estivesse suficientemente motivada e, consequentemente, não expressasse corretamente a identidade de Jesus. Por outro lado, a aplicação dos títulos a Jesus não comporta necessariamente uma relação direta com a consciência que o próprio Jesus dizia ter com Deus, manifestada nesses títulos. Uma coisa é a consciência de si mesmo, a compreensão da autêntica realidade, e outra a expressão ou comunicação dela. E, finalmente, a consciência de Jesus sobre sua identidade (basicamente, a de sua relação singular com Deus Pai), diferentemente das expressões utilizadas para expressá-la, aparece claramente na proclamação cristã, constituindo parte importante de seu núcleo fundamental. Cf. R. E. BROWN. *Introducción a la Cristología del Nuevo Testamento* (Salamanca: Sígueme, 2005), p. 85-86.

de, é este processo que a evangelização requer. E assim se deu, começando com a cristianização do mundo helênico e continuando no tempo presente. O resultado, diferentemente do que vieram afirmando comumente autores autorizados, desde a Reforma até a teologia liberal dos séculos XIX e XX, não foi nem a helenização do cristianismo nem a perversão da fé, substituída por vagos e espúrios conceitos religiosos do mundo pagão. É lógico pensar que se Deus entregou seu Filho ao mundo, e também sabendo que esta revelação é definitiva, o ser humano mergulha nessa história de salvação, definitiva, porém inconclusa, preservando a inegável tradição, e, ao mesmo tempo, trazendo à luz a igualmente inquestionável novidade do grande mistério da comunicação de Deus, convertida em autêntica e imperiosa história humana.

A partir de outra perspectiva, o compromisso cristão se realiza na busca constante do mistério de Deus em Jesus Cristo, revelado na intimidade do próprio ser e, ao mesmo tempo formulado e vivido no credo da comunidade eclesial.

Ao final destas breves notas introdutórias sobre os títulos de Jesus, convém ter presentes no estudo desta questão as observações da Pontifícia Comissão Bíblica sobre o assunto.

No documento "Sagrada Escritura e Cristologia" afirma-se que, no tocante aos títulos de Cristo, não basta distinguir entre os títulos que Ele mesmo se atribuiu em sua existência terrena e os aplicados pelos teólogos de época apostólica. Convém antes, continua o documento, distinguir entre "títulos funcionais" (que definem a função de Cristo na salvação da humanidade) e "títulos relacionais" (referidos à relação de Cristo com Deus, de quem é Verbo e Filho). Junto aos títulos, deve examinar-se, ademais, "o comportamento e as ações de Cristo", que revelam o mais escondido de sua pessoa[3]. Com estas simples considerações, procedo ao estudo específico e detalhado dos títulos de Jesus.

---

3. *Sagrada Escritura y cristología*, PCB (1984), C. GRANADOS & L. SÁNCHEZ NAVARRO. *Enchiridion bíblico. Documentos de la Iglesia sobre la Sagrada Escritura* (Madri: BAC, 2010), p. 969.

CAPÍTULO 8
O Filho do homem

8.1. Jesus, o Filho do homem

Aprofundar a expressão "o Filho do homem" supõe para o teólogo adentrar-se em uma miragem inquietante que, ao tempo em que parece aproximar-nos da autêntica realidade histórica de Jesus, deixa abertos inúmeros questionamentos acerca do verdadeiro sentido desta expressão e do alcance de suas conclusões no campo bíblico e teológico. Porém, o interesse pelo conhecimento da pessoa de Jesus sobrepassa qualquer incerteza – por difícil que seja – que possa ser colocada por esta expressão bíblica, tão conhecida por um lado, e tão enigmática por outro[1].

A enigmática expressão "Filho do homem" é o título utilizado mais frequentemente por Jesus para designar a si mesmo. Não é, ao contrário do que se poderia suspeitar, nem o título de "Cristo" nem o do "Filho de Deus". É verdade que o Evangelho de João fala constantemente de Jesus como "Filho de Deus", porém todos os evangelistas (os sinóticos especialmente) fazem referência unanimemente a Jesus como "Filho do homem", ὁ υἱός τοῦ ἀνθρώπου. Esta famosa expressão aparece somente nos evangelhos e em inúmeras ocasiões: 69 vezes nos sinóticos e 13 em João. Mateus a utiliza 30 vezes; Lucas, 25 e Marcos, 14. Em nenhum caso o título traz consigo uma explicação, dando por suposto que os ouvintes de Jesus captam perfeitamente o sentido da expressão. Em todo o Novo Testamento só é mencionado nos Atos dos Apóstolos, quando Estêvão, antes de morrer, pondo os olhos fixamente no céu, vê Jesus de pé à direita de Deus, a quem descreve como "o Filho do homem" (At 7,56)[2].

---

1. O. CULLMANN. *Cristología del Nuevo Testamento* (Salamanca: Sígueme, 1998), p. 199-260, oferece uma visão interessante deste tema, sob os seguintes tópicos: 1) O Filho do homem no judaísmo; 2) Jesus e a ideia de Filho de homem; 3) A cristologia do Filho do homem no cristianismo primitivo; 4) A noção de Filho de homem segundo o apóstolo Paulo; 5) O Filho do homem nos outros escritos do Novo Testamento; 6) O Filho do homem no judeu-cristianismo e em Ireneu. R. FABRIS. *Jesús de Nazaret. Historia e Interpretación* (Salamanca: Sígueme, 1992), p. 193, 202.

2. No Apocalipse, na visão inaugural, se diz que João se voltou para ver a grande voz que falava com ele e viu sete candelabros de ouro e, em meio aos candelabros, alguém "semelhante a um filho de homem" (Ap 1,13). Nos sinóticos, Jesus aplica a si mesmo este apelativo, ao passo que aqui se apresenta

A pergunta das pessoas do Evangelho de João – "Quem é esse Filho do homem?" (Jo 12,34) –, cheia de curiosidade e assombro diante das palavras de Jesus acerca de sua "hora", representa o estado de ânimo do teólogo ao abordar esta questão. Por um lado, pensava-se que esta expressão bíblica poderia conduzir facilmente a um conhecimento mais direto e exaustivo da realidade terrena de Jesus, enquanto, por outro, as conclusões a que se chegou do ponto de vista teológico e bíblico são tão complexas e díspares que mal podemos estabelecer uma verdade sólida onde apoiar a investigação. Hoje em dia, apesar do valor dos dados evangélicos, é complicado conceder a esta questão uma função primordial na busca da pessoa de Jesus, precisamente por sua complexidade e obscuridade. Não obstante, o conhecimento deste tema mostra-se fascinante, e para este propósito, expomos os dados que se enunciam a seguir.

8.2. Origem da expressão "Filho do homem"

A expressão "Filho do homem" (ὁ υἱός τοῦ ἀνθρώπου) não utilizada na língua grega, é uma tradução literal de um estado construto determinado do aramaico בר אנשא (bar 'nâshâ). Ainda que diante de substantivos este termo aramaico e o correspondente hebraico בן/בת (ben/bat) e בר/ברת (bar/berat) têm diversas acepções, neste caso designa o indivíduo pertencente ao conceito coletivo. בר אנשא (bar 'nâshâ) significaria, portanto, "o homem" ou, simplesmente, "um homem". Esta acepção cotidiana haveria dado passagem a uma versão desta expressão, utilizada na linguagem apocalíptica, com tintas messiânicas[3]. Do ponto de vista filológico, trata-se de um semitismo, sem correspondência na língua grega, e que os autores do Novo Testamento traduziram literalmente "Filho do homem", conscientes de que o nome comum "homem" não expressava o sentido pleno da realidade que pretendiam comunicar. Continuando com o sentido filológico da expressão, disputa-se entre os arameístas se podia servir como perífrase para designar o sujeito falante (quer dizer, "eu"). As opiniões entre autores de reconhecido prestígio estão muito divididas, pronunciando-se a favor e contra quase por igual[4].

A expressão "Filho do homem", que, como mencionei, aparece em inúmeras ocasiões nos evangelhos, nunca se encontra explicada nem esclarecida; antes, supõe-se perfeitamente conhecida de todos os que escutavam Jesus falar. Se Jesus não é o autor dela, podemos nos perguntar: qual é sua origem? De onde procede?

---

exclusivamente o caráter misterioso dos escritos apocalípticos, que anunciam a realização do plano de Deus a favor dos seus.

3. Cf. J. JEREMIAS. *Teología del Nuevo Testamento. La predicación de Jesus* (Salamanca: Sígueme, 2009), p. 302-304.
4. Cf. R. AGUIRRE; C. BERNABÉ & C. GIL. *Qué se sabe de... Jesús de Nazaret* (Estella: Verbo Divino, 2009), p. 206.

A história das religiões pretendeu derivar a expressão "Filho do homem" dos antigos mitos que fazem referência ao homem primitivo (*Urmensch*), tal como eram concebidos na Mesopotâmia, na Pérsia ou na Índia. Essas pretensões carecem de base científica. As origens desta misteriosa expressão, tal como se encontra nos evangelhos, deve ser buscada na tradição apocalíptica judaica.

A primeira vez em que aparece a expressão בר אנשא (*bar 'nâshâ*) se encontra em uma obscura passagem do Livro de Daniel, descrevendo uma visão do profeta[5]. Esta figura apocalíptica reaparecerá de forma importante nos apocalipses não inspirados, especialmente no Livro de Henoc (ou Enoc), na seção conhecida como "Livro das Parábolas" (o livro de Henoc é um livro intertestamentário que forma parte do cânon da Bíblia da Igreja ortodoxa etíope, não reconhecido pelas demais Igrejas cristãs), e no Livro de Esdras (posterior à Era Cristã). O capítulo 7 do Livro de Daniel (na descrição de uma visão do profeta) relata que, depois que os quatro ventos do céu agitaram o grande mar (pode interpretar-se como o caos de Gn 1,1 ou, simplesmente, como metáfora para a história da humanidade), apareceram quatro enormes bestas, diversas e diferentes umas de outras, que saiam do mar, quer dizer, do abismo, do caos primitivo. As quatro bestas simbolizavam quatro reinos. Morta a quarta besta, a mais espantosa de todas elas, Daniel viu aparecer sobre as nuvens do céu um ser, que não tinha forma de animal, mas que se assemelhava a um homem: "Continuei a prestar atenção às visões noturnas e vi aproximar-se, com as nuvens do céu, alguém como um filho de homem; ele avançou até junto do ancião e foi conduzido à sua presença. Foram-lhe dados domínio, glória e realeza, e todos os povos, nações e línguas o serviam. Seu domínio é eterno e não acabará, seu reino jamais será destruído" (Dn 7,13-14).

A sobriedade do texto, que não desvela a identidade desse "homem", põe em evidência algumas qualidades que indicam sua função. O ser "como um filho de homem" tem uma aparência humana, ainda que não se identifique com a humanidade, como tampouco se identificam com a animalidade os reinos simbolizados como animais. Não é um anjo (o profeta contempla apenas um estado animal e outro humano), não sobe da terra ou do abismo, mas vem acompanhado de nuvens,

---

5. J. MARCUS. *El Evangelio según Marcos 1,1–8,21* (Salamanca: Sígueme, 2010), p. 619-620, afirma o seguinte: "O Livro de Daniel, que deve ser datado pouco depois do começo da rebelião dos Macabeus (no ano 167 a.C.), toma esse uso do Antigo Testamento e o transforma de um modo radical, definitivo, talvez sob a influência de mitos do antigo Oriente Próximo". [Cita aqui a J. J. COLLINS. *The Apocalyptic Imagination* (Nova York: Crossroad, 1984), p. 78-80]. E continua: "G. W. E. Nickelsburg resumiu assim essa transformação 'Paradoxalmente, um termo genérico, que significava 'um ser humano', veio liberar uma aura teológica e eventualmente recebeu um halo de significados técnicos mais elevados'" [G. W. E. NICKELSBURG. *Son of Man*, em D. N. Freedman, *Anchor Bible Dictionary* (Nova York: Doubleday, 1992) vol. 6, p. 137].

quer dizer, tem sua origem no céu, sem que isso implique conotações de divindade nem de pré-existência. É entendido como um quinto reino, último e definitivo, que será entregue "ao povo dos santos de עליונין ('*Elyonin*); seu império é eterno, e todos os domínios o hão de venerar e prestar-lhe obediência" (Dn 7,27). Claramente, significa que esta figura humana é símbolo do povo dos justos, que prevalecerá sobre os impérios opressores do mundo, afastados do reino de Deus.

Em Daniel, o "Filho do homem" não é um título messiânico. Sem dúvida, em textos apocalípticos judeus mais tardios, a figura de "homem" não se interpreta mais em termos de coletividade, mas, em torno a este personagem misterioso vão se cristalizando qualidades e prerrogativas que se orientam à divindade e à pré-existência, uma vez produzida a crise do final dos tempos.

Os textos apocalípticos judeus falam do "Filho do homem", personagem escatológico que se manifesta nas nuvens do céu, que instaura seu reino uma vez desaparecidos os impérios da terra, que convoca um exército pacífico, que reúne em torno de si os eleitos depois do extermínio dos pecadores, que será a luz e esperança dos povos, e em cuja mesa se sentarão e terão parte os justos e eleitos. O Filho do homem, segundo estes textos apocalípticos, é um personagem escatológico, objeto de uma espera desejada, alguém que há de vir, cuja atuação começará quando o poder de Deus houver expulsado a maldade deste mundo.

Porém, quem é este homem? O "Filho do homem" é um personagem paradoxal. Ele nunca é apresentado como um anjo, entretanto é uma figura de outro mundo, de tempos antigos, que ocupa o trono de glória em virtude da força do Senhor dos espíritos. É um ser humano, mas goza de privilégios divinos. Senta-se no trono de Deus, goza de sua glória, porém sua missão está no mundo, como revelador e salvador, garantidor da justiça e da paz até que triunfem definitivamente ao final dos tempos. Pertence, portanto, ao mundo de Deus e ao mundo dos homens. Nesta reflexão é oportuno recordar que para entender corretamente os textos apocalípticos judaicos é necessário ter em conta que a expectativa messiânica dominante no judaísmo não corresponde aos testemunhos destes escritos. O Messias esperado pelo povo judeu se apresentava em forma de grande soberano, com tons bélicos e nacionalistas, que viria para libertar o povo judeu do domínio do povo romano. Os textos apocalípticos mencionados refletem uma expectativa messiânica que, embora centrada também no sentido nacionalista e em aspectos terrenos, apresenta, sem dúvida, traços de caráter transcendente e alcance universal. Só estes escritos testemunham profusamente essa expectativa messiânica.

Os escritos apocalípticos sobre o "Filho do homem" ganham um realce singular quando nos aproximamos e interpretamos certas passagens do Novo Testamento.

Nos livros apocalípticos mencionados fala-se do "homem" em várias ocasiões. A ele se referem como presente antes da criação no Senhor dos espíritos, em consonância com a afirmação de Isaías, segundo a qual "Yahvé me chamou desde o ventre materno, desde as entranhas de minha mãe mencionou meu nome" (Is 49,1); como "luz dos povos", em clara referência ao servo de Yahvé, como se afirma no Livro de Isaías (Is 42,6); como poderoso entre os reis da terra, ao estilo do que diz o profeta Isaías: "Ao vê-lo, reis se levantarão, príncipes se prostrarão, porque o Senhor se mostrou fiel, porque o Santo de Israel te escolheu" (Is 49,7); como servo, que Isaías esboça: "Tu és meu servo, Israel, em ti manifestarei minha glória" (Is 49,3). A vinculação do "Filho do homem" com os enunciados anteriores, especialmente com o de servo de Yahvé, por mais estreita que pareça, não permite intercambiar conceitos, ainda que sempre possa ser útil para examinar o mistério da pessoa de Jesus.

8.3. Palavras de Jesus que evocam o Filho do homem

Como exposto anteriormente, a expressão "Filho do homem" aparece em inúmeras ocasiões, tanto nas tradições sinóticas como no Evangelho de João. À parte esses lugares, o papel cristológico desta expressão nos escritos do Novo Testamento fica reduzido ao Livro dos Atos dos Apóstolos (At 7,56) e ao do Apocalipse (Ap 1,14 e 14,14). As palavras de Jesus, transmitidas nos evangelhos, nas quais se evoca o Filho do homem, podem agrupar-se nos seguintes tópicos, embora não se possa estabelecer uma conexão real entre eles:

1) Há um grupo de palavras que falam do Filho do homem em sua condição terrena. A Ele pertencem as referências de Lucas que descrevem Jesus como "o Filho do homem", que come e bebe, (conforme dizem seus compatriotas) "Olhem! Um comilão e beberrão, amigo de cobradores de impostos e pecadores" (Lc 7,34). As mesmas expressões são recolhidas pelo Evangelho de Mateus (Mt 11,19). Lucas relata também a forma de vida do Mestre, de quem diz: "as raposas tem tocas, e os pássaros do céu ninhos; mas, o Filho do homem não tem onde reclinar a cabeça" (Lc 9,58). Em um sentido mais nobre fala de Jesus o evangelista Marcos, reconhecendo seu poder, autoridade e senhorio. O povo, diz, ficava admirado com a doutrina de Jesus, pois lhes ensinava "como quem tem autoridade, e não como os escribas" (Mc 1,21).

A atuação de Jesus se reveste de autoridade, transpassando os limites da doutrina aprendida nas sinagogas e situando-se na esfera do legislador. Este poder e autoridade ficam ainda mais patentes na cena que nos refere Marcos da cura de um paralítico. Levam a Jesus um paralítico, transportado por amigos, e o apresentam em uma cama, depois de abrir o telhado e criar uma passagem. As primeiras palavras que saíram da boca de Jesus não foram de consolo para os acompanhantes, nem de cura para o paralítico, mas sim de perdão: "Filho, teus pecados te são perdoados" (Mc 2,5). Os escribas ali presentes disseram indignados: "Quem pode perdoar pecados senão Deus somente?" (Mc 2,7). Efetivamente, perdoar pecados corresponde unicamente a Deus, e Jesus, ao atribuir este poder ao "Filho do homem" dá a entender que tem a dignidade e o poder de Deus. Perfeitamente esclarecida esta questão, e perdoados os pecados do paralítico, chega a desejada cura: "Pois, para que saibais que o Filho do homem tem na terra autoridade para perdoar pecados, (diz ao paralítico), eu te digo: levanta-te, toma o teu leito e vai para casa" (Mc 2,10-11). O paralítico se levantou e todos, assombrados, glorificavam a Deus. Nunca tinham visto coisa igual.

Marcos fala também de Jesus como Senhor do sábado. No episódio das espigas, arrancadas em um sábado pelos discípulos de Jesus, se afirma que: "o sábado foi feito para o homem, e não o homem para o sábado. De modo que o Filho do homem é senhor inclusive do sábado" (Mc 2,28). A fórmula "o Filho do homem" que, em princípio, faz referência ao homem, genericamente falando, se atribui aqui a Jesus. Essa fórmula não implicaria a relação essencial de Jesus, por natureza, com o Pai, porém fica evidente que Jesus não só tem poder sobre o pecado, a enfermidade e a morte, mas que também é o único intérprete da Lei. Ele está acima de Moisés e sua interpretação do dia do sábado supera o preceito meramente positivo da lei mosaica. Na expressão "o Filho do homem é Senhor do sábado", diz J. Ratzinger, se aprecia toda a grandeza da reivindicação de Jesus, que interpreta a Lei com plena autoridade porque ele mesmo é a Palavra originária de Deus. E se verifica, consequentemente, que tipo de nova liberdade corresponde ao homem em geral: uma liberdade que nada tem a ver com a simples arbitrariedade"[6].

2) Um segundo grupo de sentenças sobre Jesus faz referência aos sofrimentos, à morte e à ressurreição do Filho do homem, segundo o plano traçado por Deus. Estas sentenças pertencem exclusivamente à tradição de Marcos e não constam no documento Q. Marcos começa a segunda parte de seu evangelho com pouquíssimas referências às curas milagrosas e centrando-se mais nas doutrinas de Jesus. Essas doutrinas estão orientadas preferentemente a um aspecto novo de Jesus, a saber, que o Messias cumprirá sua missão através do sofrimento e da morte; só assim Deus o ressuscitará. Aparece com força a revelação do "Filho do homem" sofredor, muito pouco entendida e, em algumas ocasiões, rechaçada pelos discípulos. No primeiro anúncio da paixão, diz Marcos, Jesus "começou a

---

6. J. RATZINGER (Bento XVI). *Jesús de Nazaret (Primera parte). Desde el Bautismo a la Transfiguración* (Madri: La Esfera dos Libros, 2007), p. 378.

ensinar-lhes que o Filho do homem tinha que sofrer muito, e ser rejeitado pelos anciãos e os sumos sacerdotes e os escribas, e sofrer a morte, e depois de três dias ressuscitar" (Mc 8,31). No segundo anúncio da paixão, caminhando através de Galileia, Jesus instrui seus discípulos e lhes diz: "O Filho do homem será entregue nas mãos dos homens; e o matarão; e morto, depois de três dias ressuscitará" (Mc 9,31). E no terceiro anúncio da paixão, subindo a Jerusalém, voltando-se aos Doze, lhes disse: "Vede, subimos a Jerusalém, e o Filho do homem será entregue aos sumos sacerdotes e aos escribas, o condenarão a morte, o entregarão aos gentios, zombarão dele, lhe cuspirão no rosto, o açoitarão e o matarão; porém depois de três dias ressuscitará" (Mc 10,33-34).

Estes anúncios de paixão, realistas e crus, que traçam a vida dolorosa de Jesus, encontram perfeita clareza em outra passagem de Marcos, em que, sob pretexto da ambição dos filhos do Zebedeu, Jesus ensina a autêntica grandeza a seus servidores, dizendo: "O Filho do homem não veio para ser servido, mas para servir e a dar sua vida em resgate por muitos" (Mc 10,45). Jesus recorda aqui o servo que padece e morre, descrito no profeta Isaías (Is 53), e indica que o serviço é a única forma de reinado, que o reinado que ele traz ao mundo (reinado de Deus) é puro serviço, que seu serviço (em forma de paixão e de morte) se converte em libertação e salvação não só para o povo judeu, mas para toda a humanidade ("muitos" é um semitismo que indica a totalidade, numerosa ou não), e que, como veremos no terceiro grupo de palavras sobre o Filho do homem, o abaixamento e a humilhação conduzem ao triunfo e a exaltação.

3) O terceiro grupo de palavras acerca do Filho do homem faz referência à sua vinda gloriosa e à sua função de juiz escatológico e salvador. Essas passagens pertencem quase em sua totalidade a Marcos e os *logia* falam do Filho do homem em terceira pessoa, e não se diz nada da identidade entre esse Filho do homem e Jesus.

Marcos reprova com extrema crueza o comportamento daquela geração adúltera e pecadora, que se envergonha de Jesus e de suas palavras, afirmando que "o Filho do homem se envergonhará dela (daquela geração) quando vier com o esplendor de seu Pai junto com os santos anjos" (Mc 8,38). Deixa-se bem claro que o Filho do homem – no contexto significativo do anúncio de sua paixão – virá em esplendor, quer dizer, na glória e magnificência próprias do Pai, para pagar a cada um segundo suas obras. Em uma ocasião de majestosidade, por um lado, e de tribulação, por outro, quando se profetiza a destruição do templo de Jerusalém e se descreve a grande tribulação, Marcos avisa do engano daqueles tempos e apela à atenção de todos porque, passada aquela tribulação, com a escuridão e o tremor do universo inteiro, precisamente então, "verão ao Filho do homem vir sobre as nuvens do céu com grande poder e esplendor" (Mc 13,26). Repetem-se as mesmas palavras e se reconhece o esplendor e a glória do Filho do homem, que vem triunfante nos últimos tempos, como juiz de todos. Surpreendentemente, essas passagens marcam uma clara distinção entre o Jesus terreno e o Filho do homem que há de vir.

Mateus aponta o Filho do homem que há de vir "com o esplendor de seu Pai, com seus anjos, e então pagará a cada um conforme suas obras" (Mt 16,27). Em outro lugar diz que "aparecerá no céu o sinal do Filho do homem; e então todos os povos da terra se lamentarão, e verão ao Filho do homem vir sobre as nuvens do céu com grande poder e glória" (Mt 24,30).

A parábola do juízo final, referida pelo evangelista Mateus, nos situa diante da relação peculiar entre o Jesus que sofre em sua paixão e em seus irmãos, os pobres e desatendidos, e a futura glória e o esplendor do Filho do homem, juiz e salvador da humanidade. Mateus afirma: "Quando vier o Filho do homem com (todo) seu esplendor e todos os anjos com Ele, então se sentará em seu trono glorioso, e se reunirão perante Ele todas as nações; e Ele separará uns dos outros, como o pastor separa as ovelhas das cabras, e porá as ovelhas à sua direita e as cabras à esquerda" (Mt 25,31-33). O esplendor do Filho do homem sobressai com extrema nitidez, refletindo sua soberania, ao vir acompanhado dos anjos do céu, e seu imenso poder, capaz de ter o domínio do mundo, separando o bom do mau. Esse esplendor e poder se contemplam no rosto da natureza humana, assumida por Jesus desde seu nascimento, débil e sofredor nos momentos de sua paixão e partilhada com os marginalizados deste mundo. O Filho do homem se identifica com os famintos, sedentos e enfermos da terra, e estes receberão o reino de Deus. A enfermidade e a pobreza humanas – o fraco e o pequeno no homem – ficam assumidas e enaltecidas no esplendor da glória futura do Filho do homem e no poder para reunir no reino de Deus os justos e os escolhidos.

8.4. Opiniões acerca da expressão "Filho do homem"

Se formos em busca da origem da expressão "Filho do homem" encontraremos muitas discrepâncias entre os biblistas. Vejamos a opinião de alguns deles: J. Jeremias, ao perguntar-se se as palavras do "Filho do homem" podem derivar de Jesus diretamente ou devem atribuir-se à comunidade, chega às seguintes conclusões:

a) Achamo-nos em um momento inicial do cristianismo, concretamente, na comunidade primitiva que falava aramaico. Jesus empregou este título e, segundo este autor, "nas demais palavras de Jesus que podem reclamar para si uma grande antiguidade, se faz referência a Dn 7".

b) Jesus falou do Filho do homem em terceira pessoa, distinguindo entre Ele mesmo e o Filho do homem.

c) Segundo os quatro evangelhos, o título "Filho do homem" aparece "exclusivamente" nos lábios de Jesus. Curiosamente, em nenhuma parte dos evangelhos se designa a Jesus como o Filho do homem, nem aparece esta expressão em nenhuma fórmula de confissão de fé. Sempre aparece nas palavras de Jesus.

d) Como se explica que a comunidade primitiva acrescente inclusive os exemplos nos quais aparece o título do Filho do homem e, ao mesmo tempo, limite rigorosamente seu uso às palavras de Jesus? A esta pergunta, diz J. Jeremias, só há uma resposta: "O título esteve desde o princípio ligado à tradição das palavras de Jesus; com isso se tornou sacrossanto, ninguém se atreveria a eliminá-lo".

e) "As palavras apocalípticas sobre o Filho do homem – afirma categoricamente este autor – essas palavras que temos reconhecido como o estrato mais antigo, têm que derivar (em seu núcleo) do próprio Jesus".

f) Diante da observação, iniciada por H. B. Sharmam e H. A. Guy, segundo a qual, nos evangelhos sinóticos, os conceitos de "reino de Deus" e "Filho do homem" aparecem justapostos e sem nenhuma conexão entre eles e, por conseguinte, se teria que considerar inautênticos todos os *logia* do Filho do homem, J. Jeremias argumenta dizendo: "a justaposição desconexa do reino de Deus e do Filho do homem é algo que encontra já previamente seu modelo no ambiente em que viveu Jesus. E assim não constitui objeção alguma contra o fato de que Jesus empregará o título de 'Filho do homem'"[7].

Já a partir da perspectiva da história da tradição, este autor opina: "Independentemente da forma em que tenha sido transmitida essa expressão (se na forma de ὁ υἱός τοῦ ἀνθρώπου, ou na simples versão de ἐγώ), e sem que tentemos determinar qual delas pertence à tradição mais antiga, o resultado da comprovação crítica nos leva à conclusão de que sobra um resto de palavras do "Filho do homem" que estão transmitidas unicamente na versão com o título do "Filho do homem", que não têm ao lado tradições competitivas, e nas quais está excluída, ademais, a possibilidade de uma tradução errônea, porque seu conteúdo mostra que o υιος του ανθρωπου foi entendido desde o princípio em sentido titular"[8].

R. Aguirre apresenta a seguinte visão sumária: Durante muito tempo, a opinião dominante atribuiu a Jesus os ditos que fazem referência à vinda futura do Filho do homem e à sua função de juiz escatológico, embora com importantes diferenças.

---

7. J. JEREMIAS. *Teología del Nuevo Testamento. La predicación de Jesus* (Salamanca: Sígueme, 2009), p. 307-311.
8. *Ibid.*, p. 306. Estas palavras se encontram em: Mc 13,26 par.; 14,62 par. Mt 24,27.37b par.; Lc 17,24-26; Mt 10,23; 25,31; Lc 17,22.30; 18,8; 21,36; Jo 1,51.

Para alguns, (citam-se, entre outros, Bultmann, Conzelmann e A. Y. Collins) Jesus falou do Filho do homem nos termos referidos, porém sem identificar-se com Ele. Outros autores identificam Jesus com o Filho do homem nessas expressões, dizendo inclusive que Jesus escolheu esta designação modesta para corrigir as desviações messiânicas da época. É o caso de Theissen. Houve autores, entre eles Vielhauer, que negaram que Jesus utilizasse a expressão Filho do homem por considerá-la incompatível com o anúncio do reino de Deus, núcleo de sua pregação. Um grupo reduzido de autores tem defendido que os ditos que predizem os sofrimentos do Filho do homem remontam a Jesus (é o caso de E. Schweitzer), porém sua formulação atual é um produto de reelaboração da teologia da Igreja. Atualmente, continua este autor, a apresentação apocalítica de Jesus – ditos sobre o Filho do homem futuro, glorioso e juiz escatológico – é pouco aceita (relativamente), e não remonta a Jesus. Esta posição – assegura este autor – "pode ser fundamentalmente acertada". Uma opinião insustentável é a que afirma que Jesus esperou um Filho do homem diferente dele. Sua pregação do reino de Deus e a função de sua pessoa nele não deixam lugar a outro personagem escatológico[9].

J. Ratzinger, ao tratar o título "Filho do homem", afirma que esta expressão "é característica das palavras do próprio Jesus; depois, na pregação apostólica, seu conteúdo se translada a outros títulos, entretanto não se adota mais o título como tal. Trata-se de uma questão bem atestada, porém na exegese moderna tem-se desenvolvido um debate amplo em torno dela; quem tenta entrar em tal debate se encontra em um cemitério de hipóteses contraditórias"[10].

G. Bornkamm considera que a concepção (muito extensa) segundo a qual o título de "Filho do homem" teria sido reivindicado por Jesus como sinal de sua dignidade messiânica coloca problemas de difícil solução. De fato, em nenhum lugar dos evangelhos se explicita a relação entre a existência terrestre de Jesus e sua figura de juiz celeste. Este autor é da opinião de que: "parece provável que o Jesus histórico nem mesmo tenha aplicado a si o título de 'filho do homem'. E, diante da pergunta sobre por que esse título se encontra tão frequentemente nas afirmações de Jesus sobre si mesmo, responde: "para a comunidade palestina mais antiga, a quem devemos a transmissão das palavras do Senhor, esse título expressava melhor do que todos o essencial da fé e devia ser garantido pela autoridade do próprio Jesus"[11].

---

9. R. AGUIRRE; C. BERNABÉ & C. GIL. *Qué se sabe de... Jesus de Nazaret* (Estella: Verbo Divino, 2009), p. 207-208.
10. J. RATZINGER (Bento XVI). *Jesus de Nazaret (Primera parte). Desde el Bautismo a la Transfiguración* (Madri: La Esfera dos Libros, 2007), p. 374.
11. G. BORNKAMM. *Jesus de Nazaret* (Salamanca: Sígueme, 2002), p. 224.

Segundo J. A. Fitzmyer, "a melhor forma de explicar o uso desta expressão (Filho do homem) como se fosse um título aplicado a Jesus no Novo Testamento é como um desenvolvimento, feito na primitiva comunidade cristã, a partir dos ditos em que ele utilizou a expressão "Filho de homem" aplicada a si mesmo, em sentido que não correspondia a um título nem tinha caráter substitutivo, significando nada mais do que 'um ser humano'. Na tradição evangélica anterior à sua formulação por escrito, assumiu o sentido de um título, e esta é a razão por que foi conservada em sua bárbara forma grega. Sem dúvida, as conotações que têm a expressão nos diversos contextos do Novo Testamento devem ser analisadas de forma individual"[12].

As conclusões a que chega J. D. G. Dunn neste tema, são as seguintes:

a) em virtude dos conhecimentos disponíveis na atualidade, não é possível falar com certeza de um conceito pré-cristão do Filho do homem;

b) a interpretação datada mais remota do "Filho do homem" de Daniel como um indivíduo particular é a identificação cristã do "Filho do homem" com Jesus, feita, ou pelas comunidades pós-pascais ou pelo próprio Jesus;

c) o pensamento do Filho do homem como uma figura celestial preexistente não parece ter surgido em círculos judeus ou cristãos antes das últimas décadas do século I de nossa era[13].

8.5. Significado da expressão "Filho do homem"

Expostas as teorias acerca da origem da expressão "Filho do homem", o significado dela, em conformidade com a antiga apocalíptica do judaísmo, deve entender-se em termos de glória, de poder e de senhorio. O título "Filho do homem", segundo reconhecem os apocalipses, tem uma origem celestial e suas funções são quase divinas; indica, indubitavelmente, não uma humilhação, mas sim uma transcendência. Jesus, como Filho do homem, cumpre neste mundo o desígnio de Deus no céu. O Filho do homem, uma vez culminada a perseguição contra a comunidade que se seguiu à sua mensagem, aparecerá de forma inesperada e repentina, cercado de glória e de poder, acompanhado de anjos, e sentado no trono, à direita de Deus, para julgar as tribos de Israel. É um poder que procede de cima, do alto, diferentemente do "homem" da visão de Daniel que, embora vindo do céu, "chegou até junto do ancião e foi levado à presença dele" (Dn 7,13), quer dizer, de baixo até o alto.

---

12. J. A. FITZMYER. *Catecismo Cristológico Respuestas do Nuevo Testamento* (Salamanca: Sígueme, 1998), p. 103.
13. J. D. G. DUNN. *Christology in the Making. A New Testament Inquiry into the Origins of the Doctrine of the Incarnation* (Chatham: Mackays of Chatham PLC, 1992), p. 95-96.

A manifestação do Filho do homem em poder e majestade abre as portas ao reinado e senhorio de Deus, reino ao qual haverão de servir todos os povos e cujo destino será eterno. Porém, o poder do Filho do homem se distancia radicalmente das expectativas do judaísmo que ansiava por um caudilho da linhagem de Davi que libertasse Israel do Império Romano, satisfazendo às perpétuas ânsias nacionalistas do povo eleito. O poder do Filho do homem tem a ver mais com a luz e a esperança do que com o domínio político e terreno. Esse poder é universal e consequentemente diz respeito a toda a comunidade cristã que em meio às dificuldades da peregrinação por este mundo deve olhar com esperança e alegria para o final glorioso da libertação completa e definitiva traçada desde o começo por Deus.

O poder do Filho do homem é o poder de Jesus. Não importa que Jesus fale sempre do Filho do homem em terceira pessoa. Não existe distinção entre ambas as realidades. Não é possível que a expressão "Filho do homem" faça referência a uma figura de salvação distinta de sua pessoa. Ele não prefigura ninguém. Ele, e nenhum outro, é o que há de vir em glória, pois só Ele deu cumprimento à vontade do Pai. Então, por que esta distinção entre Jesus e o Filho do homem? Em minha opinião, a resposta de J. Jeremias é convincente. Se expressa assim: "Jesus, quando fala em terceira pessoa, não distingue entre duas pessoas distintas, mas entre o presente em que ele está e o *status exaltationis*. A terceira pessoa expressa a 'relação misteriosa' que existe entre Jesus e o Filho do homem: Ele não é ainda o Filho do homem, porém, Ele será exaltado como Filho do homem"[14].

O "Filho do homem" é, inegavelmente, um *terminus gloriae*. O sentido teológico do mesmo não se esgota em si mesmo; antes, reclama outro conceito, que o complementa e esclarece: o descrito em Isaías, quando relata a humilhação do Servo até a morte e a exaltação e glorificação por Yahvé (Is 53).

O desencarnado "Filho do homem" do Apocalipse, transformado quase em uma ideia, toma forma real no Jesus da história. A ressurreição e a Parusia realizam em plenitude a dimensão histórica do Filho do homem. Nesse cumprimento e manifestação final, unificados o plano de Deus e o acontecimento histórico, o Filho do homem – Jesus – se identifica com todos os homens. As palavras do Evangelho de Mateus, muito embora que curtas e sem esclarecimentos, apresentadas com a solenidade que corresponde ao poder de Jesus, assim o confirmam: "Em verdade eu vos digo: tudo o que fizestes a um destes meus irmãos menores, foi a mim que o fizestes" (Mt 25,40).

---

14. J. JEREMIAS. *Teología del Nuevo Testamento. La predicación de Jesús* (Salamanca: Sígueme, 2009), p. 320.

CAPÍTULO 9
O Messias

9.1. Jesus, o Messias

Os títulos cristológicos, em geral, indicam o caminho de fé da comunidade em Jesus Cristo, um caminho sempre enigmático e sedutor, ao mesmo tempo que escabroso e alentador. Significativamente, o título de "Messias", aplicado a Jesus de Nazaré, é, talvez, o que melhor representa a esperança da comunidade eclesial em seu Senhor e, juntamente, o que oculta maior grau de desorientação entre os cristãos. Nele estão incluídas as promessas salvíficas de Deus ao povo de Israel – e a toda a humanidade – que têm sido anunciadas no Antigo Testamento, assim como o cumprimento das mesmas durante todo o processo da salvação e onde se aprecia o autêntico sentido e a dimensão do amor de Deus por todos[1].

9.2. Significado do termo "Messias"

Os planos de Deus sobre a história da salvação do povo de Israel são inexplicáveis sem a figura do "Messias". Isto implica que é preciso conhecer o significado deste termo nos escritos do Antigo Testamento para poder explicar corretamente seu sentido nas referências a Ele no Novo Testamento.

Mais uma vez se comprova que o Primeiro Testamento prefigura e anuncia aquilo que o Novo realiza e leva à plenitude. O termo "Messias" procede do aramaico משיחא (m'siha), relacionado com o hebraico משיח (masiah), que significa "Ungido". A tradução ao grego é χριστός, cuja versão em português é "Cristo".

A simplicidade do termo não corresponde à complexidade do conceito expressado. O judaísmo reconheceu como "ungidos" muitos personagens – reis, sacerdotes e profetas – associados à intervenção definitiva de Deus a favor do povo

---

[1]. O. CULLMANN. *Cristología do Nuevo Testamento* (Salamanca: Sígueme, 1998), p. 170-197, oferece uma visão importante sobre este tema, no qual trata de: 1) o Messias no judaísmo; 2) Jesus e o Messias (Filho de Davi); 3) A comunidade primitiva e o Messias. R. FABRIS. *Jesus de Nazaret. Historia e Interpretación* (Salamanca: Sígueme, 1985), p. 183, 188.

de Israel. Estes personagens messiânicos não apareciam em todas as concepções escatológicas de Israel, no sentido de que, em tese, a chegada do reino de Deus poderia acontecer sem que estivesse vinculada a um "Messias". Por outro lado, as ideias do povo sobre o "Messias" eram muito variadas, ainda que a predominante vislumbrasse um futuro glorioso do povo de Israel, uma vez que fossem derrotados e aniquilados seus inimigos. Neste contexto, é extremamente fácil e útil a distinção feita pelos exegetas entre "personagens messiânicos", com funções de "libertadores" do povo de Israel e "o Messias", o ungido da dinastia de Davi, em quem se encontrava a esperança da libertação definitiva do povo escolhido. As reflexões expostas ao longo deste capítulo se limitam ao messianismo no âmbito da instituição monárquica do povo judeu.

Antes de começar o estudo específico do título de "Messias", convém ressaltar a importância que adquiriu na vida de Jesus. Uma vez ressuscitado Jesus dentre os mortos, os discípulos alcançaram logo a consciência do profundo significado do termo, estreitamente vinculado à vida de seu Mestre e, significativamente, associado indissoluvelmente à morte de seu Senhor. Por outra parte, o reconhecimento de Jesus como "Messias" modifica essencialmente o sentido primitivo do termo, muito distante da forma de vida de Jesus de Nazaré. A importância do termo "Messias" o converteu, no cristianismo primitivo, no nome próprio de Jesus. Os cristãos – sob a influência de Paulo, especialmente – começaram a falar de Jesus como "Cristo" ou "Jesus Cristo", sempre com o sentido de libertação e salvação nas categorias do reino de Deus que Ele mesmo anunciava e personificava (cf. 1Cor 1,1; 1,2; 1,12; 8,5; 9,22; 18,28; Cl 2,20; 3,24; Ef 1,1; 1,20; 2,7; Gl 1,6; 2,4; 4,4; Fp 1,1; 1,20; 3,8; Rm 1,1; 5,6; 8,11; 16,16). Vejamos agora em amplitude o sentido do termo "Messias".

9.3. "Messias" no Antigo Testamento

De forma genérica, pode-se afirmar que o título de "Messias" aplicado a Jesus Cristo já se encontra prefigurado nos escritos do Antigo Testamento. A novidade implicada no acontecimento "Cristo" não rompe a continuidade entre o Antigo Testamento e o Novo, ficando suposta sempre a superioridade do segundo em relação ao primeiro. Apesar de tudo, os ecos do messianismo do Antigo Testamento, percebidos pelo judaísmo do tempo de Jesus de Nazaré, têm, em princípio, tons de vagueza e, inclusive, de ambiguidade. O personagem representado correspondia tanto a um descendente de Davi como a um profeta ou um familiar da classe sacerdotal. Em qualquer caso, não obstante, o "Messias" traria consigo o fim da dominação romana e a paz definitiva – política e religiosa – do povo de Israel.

O Deus de Israel manifesta seu poder a toda a criação mediante a soberania que exerce através de seu povo, escolhido entre todas as nações. Yahvé é rei, seu domínio é universal, e o mundo será governado em seu nome por um "Messias" do povo de Israel, com conotações de presente, e também com esperanças escatológicas. Todo rei "ungido", nos primeiros tempos da monarquia davídica (séc. X a.C.), era considerado um enviado por Deus ao povo para sua liberação e realização. Sua missão era excelsa, ainda que sua natureza se apresente com formas imprecisas e indeterminadas.

O oráculo do profeta Natã, provavelmente, como afirma R. E. Brown[2], "o primeiro documento literário do caráter messiânico da dinastia de Davi", combina um oráculo com uma impressionante prece do rei Davi em que se afirma contundentemente a intervenção da divindade na eleição de Davi e de sua casa, além de garantir sua perpetuidade. O profeta comunica a Davi: "Ele construirá uma casa ao meu nome, e consolidarei o trono de sua realeza para sempre" (2Sm 7,13). E a oração confiante do rei suplica a Yahvé: "Digna-te, pois, abençoar a casa de teu servo, para que permaneça sempre na tua presença! Pois és tu, Senhor Deus, que falaste, e por tua bênção será abençoada a casa de teu servo para sempre" (2Sm 7,29). O complexo Salmo 89 (Sl 89,1-38), uma lamentação real pronunciada depois de uma derrota militar, compartilha o vocabulário e os conteúdos do texto comentado anteriormente. Os favores de Yahvé a Israel são imensos, começando com a criação até chegar ao estabelecimento da dinastia davídica (Sl 89,1-5); Yahvé é realmente o autêntico rei de Israel, que triunfa com seu braço poderoso sobre as forças da natureza e o poder humano (Sl 89,20-38); as transgressões legais e as adversidades terrenas não afetarão a dinastia que exercerá um domínio supremo (Sl 89,39-44); ainda que cessem o esplendor e o brilho próprios de reis e templos, a promessa de Yahvé de uma dinastia eterna e de uma aliança com Davi é inquebrável. E assim, ao final, o Salmo conclui com uma benção: "Bendito Yahvé para sempre! Amém, amém", que sela o Livro III do Saltério.

Os "salmos reais" constituem uma referência obrigatória no messianismo da etapa anterior ao século VIII a.C. Chamam-se assim porque neles o centro de atenção é o rei. Desconhece-se o número exato destes salmos, e se discute sua data de composição. Estudos recentes da poesia de Ugarit e a descoberta dos hinos de Qumrã parecem indicar que, ao menos alguns deles, datam do período monárquico (séc. 1000-600 a.C.). Um deles, o Salmo 2 (Sl 2,4), fala da conspiração dos governantes contra Yahvé e contra "seu Ungido", sem que a expressão faça referência literal a Jesus – como se pensou em outro tempo –, mas sim, antes, descreve simbolicamente a relação entre Deus e seu representante, o rei. Interpretação similar há de atribuir-se ao Salmo 110, quando diz: "Teu povo será generoso no dia de tua campanha. Nos montes santos, mais numerosas do que as gotas de orvalho na aurora, tu terás tuas tropas de jovens. O SENHOR jurou e não se arrependerá:

---

2. R. E. BROWN. *Introducción a la Cristología del Nuevo Testamento* (Salamanca: Sígueme), p. 174.

'Tu és sacerdote para sempre, à maneira de Melquisedec'" (Sl 110,3-4). Não se trata de uma filiação divina, nem de um sacerdócio específico, mas antes de qualidades que adornam a vida de um rei, coroado de vitória e esplendor, imagem da grandeza prometida à descendência de Davi. Ainda que o sentido do texto esteja sujeito a debate, o comentário bíblico de São Jerônimo afirma que: "O fundamental parece ser que o monarca davídico era herdeiro da posição (que incluía o sacerdócio) dos antigos reis jebuzeus de Sião (Gn 14,18-24)"[3].

O Salmo 72, com cabeçalho "de Salomão", como corresponde a uma oração dinástica pela família real, e de datação claramente antiga (séc. X a.C.), expressa uma ideia nítida do reino messiânico. O salmo, utilizando expressões cortesãs dos impérios vizinhos de Israel, delineia um soberano ideal que triunfa sobre seus inimigos, exerce a justiça com o pobre e o desvalido e liberta seu povo do perigo estrangeiro. A justiça outorgada por Deus ao rei deve traduzir-se na ação do soberano pela defesa do pobre e do indigente (Sl 72,1-4). O rei, fonte da ordem natural e da fertilidade da natureza, "durará tanto quanto o sol e como a lua de geração em geração" (Sl 72,5) e "dominará de um mar a outro (provável referência ao mar Mediterrâneo e ao golfo Pérsico) e do Rio (o Eufrates) aos confins da terra" (Sl 72,8). Os adversários se prostrarão diante dele (Sl 72,9) e inclusive os reis e as nações da terra lhe servirão (Sl 72,11). O rei, mesmo sendo poderoso, tem piedade do pobre e do fraco, cuja vida salvará (Sl 72,12-14). O salmo termina com uma oração pelo rei; nele "serão benditas as famílias todas da terra" (Sl 72,17), um eco das bençãos de Deus a Abraão, em sua partida rumo à Palestina e ao Egito (Gn 12,3), no sacrifício de seu filho Isaac (Gn 22,18), a Isaac em Gerara (Gn 26,4), a Jacob (Gn 28,14), e aos filhos de José (Gn 48,20). O salmo traça minuciosamente a excelsa figura do rei, porém, como observa R. E. Brown, "em nenhum lugar (do salmo) se apresenta o rei como um libertador escatológico futuro. Ele é o idealizado sucessor do rei Davi e o herdeiro das promessas da aliança feitas a Davi"[4].

O messianismo régio, eclipsado e pervertido pela corrupção de monarcas e governantes afastados de Yahvé, aparece com sinais de esplendor e de esperança nos escritos do Antigo Testamento a partir do século VIII a.C. Assim pode comprovar-se na mensagem de grandes profetas de Israel, como Isaías, Miqueias, Jeremias e Ezequiel. As esperanças do messianismo régio – com a intervenção de Deus e a garantia de permanência do reino – encontram-se refletidas esplendidamente na profecia de Isaías (Is 7,14-17). As circunstâncias históricas da profecia se encontram no segundo Livro dos Reis (2Rs 15-16) e o segundo das Crônicas (2Cr 28).

---

3. R. E. BROWN; J. A. FITZMYER & R. E. MURPHY (eds.). *Nuevo Comentario Bíblico San Jerónimo. Antiguo Testamento* (Estella: Verbo Divino, 2005), p. 829.
4. R. E. BROWN. *Op. cit.*, p. 175.

Até as primeiras décadas do século VIII a.C o império assírio, conduzido por Tiglatpiléser (745-727 a.C., considerado o fundador do Império Neo-Assírio), tenta dominar o território de seu inimigo mais poderoso, o Império Egípcio, antes da invasão dos reinos da Síria, Israel e Judá. O rei da Síria, Razín, busca aliados em Israel, cujo rei é Peca, e em Judá, onde reina Ajaz. Um desacordo de Razín e Peca com Ajaz, conduz a Síria e Israel a atacar Jerusalém, exterminar a família real de Ajaz e pretender estabelecer como rei de Judá o filho de Tabeel, pagão e idólatra (Is 7,6). Ameaçada assim a dinastia davídica, e perante o perigo de extinção do povo de Israel, o profeta Isaías repreende duramente a desconfiança de Ajaz nas palavras de Yahvé e reafirma com uma promessa o futuro da dinastia davídica. Diz assim: "Heis que a donzela conceberá e dará à luz um filho, a quem denominará com o nome de Emanuel" (Is 7,14). A mente fechada de Ajaz se nega a reconhecer o sinal (em hebraico, אות [*ot*]), que será a confirmação no futuro da verdade que o profeta comunica ao rei. A interpretação da palavra העלמה (*ha almah*), e não בתולה (*betulah*), o termo técnico para referir-se a uma virgem, que pode entender-se como παρθένος ou *virgo*, foi atribuído tradicionalmente a Maria; hoje em dia, a opinião mais provável aplica o termo a uma esposa do rei Ajaz. De qualquer modo (e este é o conteúdo fundamental da promessa), o "filho" garantirá o futuro da casa de Davi. Ele é o Emanuel, de quem se diz que: "sobre cujos ombros repousa o principado e cujo nome será 'Conselheiro maravilhoso, o forte, Pai eterno, Príncipe da paz' (Is 9,5). No trono de Davi se estabelecerá de novo a fortaleza, a justiça e a paz. Certamente, Ezequias – sucessor de Ajaz – encarnará, em boa medida, os valores de Yahvé no reino de Judá, porém as expectativas do messianismo davídico se prolongariam durante muitas gerações, que esperariam esperançosas a realização definitiva das promessas de Deus.

O capítulo 11 de Isaías (Is 11,1s.) projeta a ideia do rei ideal em um período futuro, mais remoto ainda do que indicam as passagens examinadas anteriormente. Deixando em segundo plano a diversidade de opiniões acerca da data de composição deste belo e poético fragmento, carregado de imagens do mundo oriental e mediterrâneo, fica claramente afirmado o caráter carismático do monarca esperado, continuamente presente nos ideais do povo de Israel. Sairá um broto "do tronco de Jessé" (pai de Davi) e sobre o rebento, germinado de suas raízes, "repousará o Espírito de Yahvé" (Is 11,1-2), quer dizer, a força divina estará com ele para cumprir missões que superem suas próprias forças. Os dons que menciona o profeta Isaías representam as qualidades de um soberano ideal que, em resumo, descrevem a justiça interna do reino e a paz com os poderes políticos do exterior. O monarca futuro gozará do "Espírito de Sabedoria e inteligência, Espírito de conselho e de força, Espírito de conhecimento e de temor de Yahvé" (assim aparece no texto massorético), ao qual se soma na Bíblia dos LXX o v. 3 "Ele será inspirado pelo temor de Yahvé", de onde surgirá a formulação dos conhecidos "sete dons do Espírito Santo" da tradição católica.

O reino do soberano ideal, guiado pelo conhecimento e o temor de Yahvé, sinal inequívoco de garantia e eficácia, se firmará na dinastia de Davi e estenderá sua paz a todos os povos. A justiça ideal e perfeita conduz à paz completa, descrita neste capítulo de Isaías como retorno ao paraíso (Is 11,6-8). Como afirma R. E. Brown, "Estas duas ideias, a restauração da dinastia de Davi e o alcance religioso e universal da salvação de que a dinastia de Davi é instrumento, provavelmente aparecem aqui combinadas pela primeira vez no antigo testamento"[5].

O profeta Miqueias, cuja atividade se estende aproximadamente do ano 725 ao ano 712 a.C., contemporâneo, portanto, do profeta Isaías, que influi em algum de seus escritos (Is 10,27-32, Is 5,8-10), anuncia também a esperança do rei messiânico e o destino glorioso de Israel entre as nações da terra. O descendente de Davi, que há de reinar em Israel, sairá da cidade de Éfrata, identificada no texto hebraico com Belém, a cidade de Jessé e de Davi, rei das Doze tribos de Israel. O "Messias", nascido em Belém, será um soberano que "pastoreará revestido da potestade de Yahvé" (Mq 5,3), reinará "até os confins da terra" (Mq 5,3) e Ele mesmo "será a paz" (Mq 5,4) contra a temível invasão do povo assírio. A idealização do "Messias", rei pacífico, é absoluta.

Jeremias, cuja vocação profética tem lugar no reinado de Josias (626 a.C.), dá testemunho de uma época turbulenta em que contempla a vassalagem de Judá em relação à Assíria e a queda da Assíria sob os ataques do novo Império babilônico, vislumbra também a esperança messiânica. Em vivo contraste com a situação da monarquia de seu tempo – Sedecias havia sido imposto pela Babilônia – Jeremias anuncia um herdeiro de Davi que "reinará como rei e agirá sabiamente, e exercitará o direito e a justiça na terra" (Jr 23,5). Este rebento de Davi, que exercerá a justiça, quer dizer, constatará a presença e a vontade salvífica de Deus em Israel, será "a salvação de Judá, e Israel habitará em segurança" (Jr 23,6). Israel e Judá compartirão a salvação do futuro Messias. O nome que receberá será "Yahvé nossa justiça" (Jr 23,6). O oráculo proclamado pressagia uma nova era. Qual seja esta nova era, depende, em grande medida, da ideia de messianismo e da relação que se estabelece entre ele e a escatologia. No *Comentário bíblico São Jerônimo* se diz: "Nós cremos que Jeremias se referia a um messianismo régio vinculado estreitamente com a história. A felicidade vindoura não se fixa no final dos tempos, mas no final de um período concreto que foi negativo. Ademais, o messianismo que Jeremias propõe não é outra coisa senão o cumprimento absoluto do reino sagrado

---

5. *Ibid.*, p. 176.

como meio escolhido por Deus para levar a cabo as bênçãos da aliança: a paz e a justiça para seu povo na terra prometida"[6].

A mesma ideia reaparece no capítulo 30 (Jr 30,9). Se no comentado capítulo 23 (Jr 23,5) se fala de um rei descendente de Davi, aqui se faz referência exclusivamente a Davi, indicando a forma como o povo de Israel viverá nos tempos messiânicos, uma vez superadas as angústias e sofrimentos de mais de cem anos de exílio: "Naquele dia – oráculo do SENHOR Todo-poderoso – quebrarei o jugo que pesa sobre seu pescoço e romperei seus laços. Não mais servirão a estrangeiros, mas servirão ao SENHOR seu Deus e a Davi, o rei que estabelecerei sobre eles" (Jr 30,8-9).

O capítulo 17 do profeta Ezequiel (que inicia, ao que parece, seu ministério profético no ano 593 a.C.), começa com uma fábula ou narração sobre animais que atuam como seres humanos, e culmina com os versículos 22 e 23, em que se plasma a promessa de restauração da dinastia de Davi. Neles se lê: "Assim diz o Senhor DEUS: Eu mesmo pegarei da copa do cedro, do mais alto de seus ramos arrancarei um rebento e o plantarei sobre um alto e escarpado monte. Eu o plantarei no alto monte de Israel. Ele produzirá folhagem, dará frutos e se tornará um majestoso cedro. Debaixo dele pousarão todos os pássaros, à sombra de seus galhos as aves farão ninhos." (Ez 17,22-23). As imagens utilizadas estão cheias de referências bíblicas. O "ramo", colhido da copa do cedro, representa o rei futuro da casa de Davi. Se o cedro simboliza ao rei de Judá, as árvores são as nações vizinhas de Israel e os povos que pertencerão ao reino messiânico. À sua sombra se abrigará toda classe de pássaros, em clara referência ao relato do diluvio e à grandeza do rei (Ez 31,6). O esplendor e a glória retornarão a Israel com o novo rei, que devolverá ao olvido a humilhação e o castigo nos quais se havia abatido. Este relato, assim como outros de Ezequiel (Ez 34,23), não revela a função salvadora do rei. As calamitosas circunstâncias nacionais da época de Ezequiel impedem provavelmente uma visão mais plena e cheia de esperança da qual estava plasmado o profeta.

O messianismo pós-exílico (587-539 a.C.) mostra-se complexo e altamente diferenciado, se se compara com o de épocas precedentes. As escassas provas que invocamos para sua definição correspondem às encontradas nos últimos livros do Antigo Testamento, aos escritos apócrifos judaicos e aos manuscritos do mar Morto. Sem o governo da dinastia davídica a partir de Zorobabel (príncipe judeu, neto do penúltimo rei de Judá, levado em cativeiro no ano 597 a.C.), desfez-se a ideia de um rei que instauraria a linhagem de Davi, e se orientaram as expectativas messiânicas a um futuro mais indefinido e impreciso, no qual, obviamente, caberia a intervenção de Deus para salvar o povo de Israel.

---

6. R. E. BROWN; J. A. FITZMYER & R. E. MURPHY (eds.). *Nuevo Comentario Bíblico San Jerónimo. Antiguo Testamento* (Estella: Verbo Divino, 2005), p. 436.

Neste sentido, embora seja referido em ocasiões limitadas fora dos escritos do Novo Testamento, podemos começar a falar do "Messias" no sentido estrito do termo. O "Messias" se conceberia em termos de um personagem transcendente, que manifestaria definitivamente o poder de Deus sobre a salvação de Israel, e cuja intervenção se produziria em circunstâncias históricas determinadas, ainda que, às vezes, a expectativa sobre ele encobrisse certos elementos apocalípticos. No profeta Zacarias aparece uma concepção nova da figura do rei-salvador. O rei que vem à filha de Sião ou a Jerusalém (que reinará no futuro) "é justo e vitorioso, humilde e montado sobre um asno, sobre um jumentinho filho de jumenta" (Zc 9,9). É "justo", quer dizer, cumpre a vontade de Deus, e "pacífico", desprovido de conotações guerreiras. "Montado sobre um asno" transmite não a humildade, mas sim a paz, uma vez que para as guerras se utilizavam os cavalos.

Esta visão de Zacarias sobre o "Messias" contrasta com outras, que lhe atribuem elementos espirituais e políticos, como sucede nos *Salmos de Salomão*, obra apócrifa do século I d.C. Os escritos do mar Morto mencionam diferentes tipos de "Messias" ou "ungidos", entre os que se incluem personagens pertencentes à linhagem sacerdotal. Na comunidade de Qumrã se fala de um "Messias de Aarão" (o Messias sacerdotal) e um "Messias de Israel" (ou Messias-rei) – o primeiro superior ao segundo – e, às vezes, se aplica o termo aos profetas do povo de Deus (1QS 9,11). Em nenhum caso aparece a figura do "Messias", nem termos que possam fazer referência a Ele, como "Filho do homem" ou "Servo de Yahvé". Em sua volumosa história sobre os judeus e o povo de Israel, Flávio Josefo utiliza o vocábulo χριστός em duas ocasiões, e em ambos os casos referido a Jesus[7]. E os historiadores estão de acordo em admitir que, em toda a história do povo judeu anterior ao começo do século II d.C., só Jesus de Nazaré foi considerado "Messias".

O desaparecimento da dinastia de Davi, sem governo durante quinhentos anos, provocou uma mudança radical nas expectativas messiânicas do povo judeu. É inegável, dados os testemunhos dos evangelhos e de outros escritos judeus da época, que os judeus do período intertestamentário estiveram sempre conscientes da esperança messiânica, porém, ao mesmo tempo, a figura do "Messias" se viu desfocada e misturada com outros personagens salvadores – escatológicos ou não – como o "Filho do homem" ou o "Servo de Yahvé". A idealização da figura messiânica por parte do povo de Israel, com matizes nacionalistas e de salvação, não se desbaratou com a vinda de Jesus de Nazaré ao mundo. Com outras palavras, não é rigoroso interpretar o "messianismo" do povo de Israel à luz do acontecimento salvador de Cristo que, para os cristãos, constitui o esplendoroso e absoluto cumprimento das

---

7. FLAVIO JOSEFO. *Antiguidades Judaicas* (Tarrasa, Barcelona: CLIE, 1988), T. III, lib. XVIII, c. III, n. 3, 233 e T. III, lib. XVIII, c. IX, n. 1, p. 342.

promessas de Deus ao povo de sua eleição. Jesus significou uma mudança na concepção do "messianismo" do povo judeu, e também, sua realização mais completa.

9.4. "Messias" no Novo Testamento

Os evangelhos são testemunhos inquestionáveis da fé da Igreja primitiva em Jesus de Nazaré, o "Messias", χριστός, o "Ungido", o descendente da casa de Davi esperado pelo povo de Israel. De fato, o cristianismo torna-se inconcebível sem a aceitação de Jesus como "Messias". Algo muito diferente é escudrinhar o próprio pensamento de Jesus sobre o significado e o sentido desta realidade messiânica e a aplicação a sua missão salvadora. A esclarecer este conhecimento se orientam as reflexões sobre as passagens evangélicas que fazem referência a esta questão. Refiro-me exatamente aos episódios da profissão de fé de Pedro, à pergunta do sumo sacerdote a Jesus ante o sinédrio sobre seu messianismo, à interrogação de Pilatos acerca do rei dos judeus, à espera do "Messias" da mulher samaritana e às constantes afirmações de seu messianismo por parte de seus seguidores depois de sua ressurreição. Expliquemos caso por caso.

a) A confissão de Pedro

A confissão de Pedro, recolhida pelo evangelista Marcos (Mc 8,27-33; Mt 16,15-23; Lc 9,20-22), constitui um episódio singular para estabelecer a peculiar relação dos discípulos com seu Mestre e determinar a identidade messiânica de Jesus de Nazaré. O texto diz assim: "Jesus ia com os discípulos para os povoados de Cesareia de Filipe e no caminho lhes perguntou: "Quem as pessoas dizem que eu sou?" Eles lhe responderam: "Alguns dizem que és João Batista; outros, Elias; outros, ainda, um dos profetas". Então Jesus perguntou-lhes: "E vós, quem dizeis que eu sou?" Pedro respondeu: "Tu és o Cristo". E proibiu-lhes severamente falar sobre Ele a quem quer que fosse. Então começou a ensinar-lhes que o Filho do homem devia sofrer muito, ser rejeitado pelos anciãos, pelos sumos sacerdotes e pelos escribas, que devia ser morto e ressuscitar depois de três dias. E falava disso abertamente. Pedro levou-o para um lado e se pôs a repreendê-lo. Mas Jesus voltou-se e, olhando para os discípulos, repreendeu Pedro e disse: "Afasta-te de mim, satanás, porque não tens senso para as coisas de Deus, mas para as dos homens" (Mc 8,27-33).

O cenário do relato (uma vez que Jesus e seus discípulos partem de Betsaida para o norte) se situa na parte alta da região da Galileia, nas colinas do Golã, onde inicia seu curso no rio Jordão, nas aldeias de uma cidade chamada Panias na Antiguidade, e conhecida nos tempos de Jesus como Cesareia de Filipo, em honra de César Augusto e de seu padrinho, Filipo, um filho de Herodes, o Grande. A cidade, mencionada somente por Marcos nesta ocasião, vinculada à gentilidade, lugar de contínuas atividades visionárias, e submetida ao poder do Império Romano, constitui o marco perfeito para o desenvolvimento da história, narrada pelo evangelista Marcos. Diante da pergunta de Jesus acerca de sua identidade, seus discípulos respondem com absoluta normalidade, invocando personagens importantes do Antigo Testamento, vivos para eles, em conformidade com as crenças enraizadas no judaísmo antigo. Quando a pergunta se dirige diretamente a eles mesmos, Pedro responde: "Tu és o Messias", σύ εἶ ὁ χριστός. A reação de Jesus foi desconcertante: ordenou-lhes, proibiu-os, de falarem sobre isso com alguém.

A confissão de Pedro, afirmando que Jesus era "o Messias", não foi incorreta, muito embora, sim, insuficiente. O silêncio que Jesus impõe a seus discípulos permite adivinhar que a identificação de Jesus como Messias só será perfeita e assumível uma vez que Jesus passe pelo sofrimento, a morte e a ressurreição. Pedro, ao que parece, não compreendeu a associação entre o Messias e o sofrimento. Jesus "começou a ensinar-lhes" muito claramente que era necessário (assim estava escrito) que o Filho do homem sofresse, morresse e, ao final, ressuscitasse. Pedro, ignorando a doutrina de Jesus, repreende seu Mestre, e Jesus o chamará de satanás porque entende as coisas divinas a partir de uma perspectiva meramente humana.

O evangelho de Mateus reproduz este episódio, com ligeiras variantes (Mt 16,20-23). A grande novidade deste evangelista é a formulação da profissão de fé e a felicitação de Jesus a Pedro: Simão Pedro respondeu assim: "Tu és o Cristo, o Filho de Deus vivo" σύ εἶ ὁ χριστός ὁ υἱός τοῦ Θεοῦ τοῦ ζῶντος. Em resposta, Jesus disse: "Feliz és tu, Simão filho de Jonas, porque não foi a carne nem o sangue quem te revelou isso, mas o Pai que está nos céus. E eu te digo: Tu és Pedro e sobre esta pedra construirei a minha Igreja e as portas do inferno nunca levarão vantagem sobre ela" (Mt 16,16-18). Mateus chama a atenção de seus leitores utilizando o nome completo de Pedro (Simão Pedro), porta-voz do grupo de discípulos, que expressa plenamente e solenemente a confissão de fé: Ὁ χριστός, acrescentando a expressão bíblica Θεός ζῶν. Jesus é o representante de Deus que, diferentemente dos ídolos do mundo pagão, atua na história do povo de Israel e felicita a Pedro, filho de Jonas, conforme o estilo semítico (convertido aqui em centro da atenção) porque confessou Jesus como o Messias. A felicitação de Jesus a Pedro se vincula, por outra parte, à promessa de que a Igreja será edificada sobre Pedro, a quem se concederão as chaves do reino de Deus e o poder de atar e desatar na terra e nos céus (Mt 16,18-19).

Alguns exegetas estimam que os acréscimos de Mateus ao material obtido de Marcos são uma elaboração do próprio Mateus; outros, por outro lado, apoiando-se no tom semítico do acréscimo, consideram que este evangelista reúne duas tradições: uma, recebida de Marcos, em que se identifica Jesus com o Messias, porém sem mostrar uma compreensão precisa deste título, e outra, em que se confessa Jesus como Filho de Deus, feita por Pedro depois da ressurreição[8].

Lucas, antes de chegar à confissão de Pedro, apresentou cuidadosamente a vocação de alguns pescadores (Lc 5,1-11), a escolha dos Doze apóstolos (Lc 6,12-14) e o envio dos Doze a pregar o reino de Deus e curar os enfermos (Lc 9,1-2). E, ante a perplexidade e os temores de Herodes, e depois da multiplicação dos pães, estando Jesus rezando a sós – um contexto completamente distinto do de Marcos –, Pedro confessará que Jesus é "o Messias de Deus", τόν χριστόν τοῦ Θεοῦ (Lc 9,20). Depois da confissão de Pedro, Lucas refere a proibição terminante de contar o sucedido e menciona os sofrimentos, morte e ressurreição do Filho do homem. Em conformidade com seu estilo, o texto omite tanto a censura como o elogio que Jesus dirige a Pedro.

b) A pergunta do sumo sacerdote ante o sinédrio

Sem entrar na questão do momento da formulação da pergunta sobre o messianismo de Jesus por parte de seus inimigos religiosos e políticos (as discrepâncias entre os sinóticos e João são evidentes), tudo parece indicar que esta questão se colocou durante o ministério profético de Jesus. Diante da pergunta do sumo sacerdote: "És tu o Messias, o Filho do Bendito?", σύ εἶ ὁ χριστός ὁ υἱός τοῦ εὐλογητοῦ, Marcos põe nos lábios de Jesus esta resposta direta: "Eu sou", ἐγώ εἰμι (Mc 14,61-62).

Atendo-me ao comentário de J. Marcus sobre esta questão, exponho as seguintes considerações para uma melhor compreensão[9]:

- as palavras que introduzem a pergunta do sumo sacerdote: "de novo" e "lhe perguntou e lhe disse", frequentes na linguagem de Marcos, têm aqui uma significação especial porque "sugerem que as palavras do sumo sacerdote podem ser interpretadas tanto como uma pergunta quanto uma declaração, que é o que Jesus se dispõe a fazer de imediato. Este é, assim, um dos vários casos irônicos no relato marcano da Paixão nos quais os inimigos de Jesus proclamam involuntariamente autênticas verdades cristológicas que a eles mesmos incomodam".

- o tom cético ou inclusive sarcástico da pergunta do sumo sacerdote se transforma em uma asseveração de Jesus: "Tu o dizes, eu sou" ou, simplesmente, "Eu sou".

- Entre os exegetas, alguns se pronunciam pela versão mais longa ("Tu disseste que..."), ainda que pouco testemunhada, porque concorda com as versões de

---

8. R. E. BROWN. *Op. cit.*, p. 89.
9. J. MARCUS. *El Evangelio según Marcos 8,22-16,8* (Salamanca: Sígueme, 2011), p. 1.157s.

Mateus (Mt 26,64) e de Lucas (Lc 22,70), e sobretudo, porque se acopla perfeitamente à teoria de Marcos sobre o segredo messiânico, cuja realidade permanecerá oculta até a morte de Jesus. Outros, por sua vez, optam pela explicação alternativa, segundo a qual Marcos escreveu originalmente: "Eu sou".

– em qualquer caso, Jesus é "o Messias, o Filho do Bendito"; e como "o Bendito" é um circunlóquio judeu para designar a Deus, é aqui equivalente a "Cristo, o Filho de Deus", tal como testemunham alguns manuscritos que combinam os dois termos.

O Evangelho de Mateus, diante da pergunta do sumo sacerdote, que o conjura pelo Deus vivo a dizer se Jesus é "o Messias, o Filho de Deus" (Mt 26,63), oferece esta resposta: "Tu (o) disseste" (Mt 26,64). Comentando esta passagem, R. E. Brown escreve que, apesar de a resposta ser afirmativa, "responsabiliza pela interpretação a quem faz a pergunta, interpretação pela qual Jesus não mostra nenhum entusiasmo"[10], diferentemente da apaixonada confissão de Pedro, fruto da revelação divina. U. Luz explica isso da seguinte maneira: "O sumo sacerdote pensa com relação ao dito de Jesus sobre o templo: este poderia ser o Messias, o Filho de Deus; e convida Jesus a dizer a verdade sob juramento. Sua pergunta é plausível para os leitores cristãos: no Evangelho de Mateus precisamente, o título de Filho de Deus sempre está unido, e especialmente diante dos estranhos, à ideia do poder sobrenatural de Jesus. Não lhes causa estranhamento que o sumo sacerdote, diante do poder de Jesus para destruir o templo e reedificá-lo, tenha a mesma reação que o diabo (4,3-6), o demônio (8,29), os discípulos na barca sobre o lago agitado (14,33) ou os que zombam sob a cruz (27,40-43). Porém sabem também que Jesus não aceitou nunca tal requerimento a falar com clareza, a agir diretamente"[11].

Lucas responde de maneira diferente do sinédrio às perguntas de se Jesus é "o Messias" ou "o Filho de Deus". À primeira pergunta, contesta de forma muito ambígua, dizendo: "Se eu vos disser, não me acreditareis; e se vos perguntar, não me respondereis" (Lc 22,67), enquanto, à segunda, o faz de forma conclusiva: "Vós o estais dizendo: eu sou" (Lc 22,70). F. Bovon faz a esse respeito um comentário interessante ao dizer: "Se Lucas repete a pergunta, é porque quer evitar absolutamente os mal-entendidos: Jesus é o Messias, porém é preciso pôr-se de acordo sobre o significado do termo. Trata-se do "Filho de Deus" para além da morte. Não se trata de estar sentado no palácio que estava à direita do Templo, mas sim da exaltação celeste à direita do Pai"[12].

---

10. R. E. BROWN. *Op. cit.*, p. 90-91.
11. U. LUZ. *El Evangelio segundo san Mateus* IV (Salamanca: Sígueme, 2005), p. 250-251.
12. F. BOVON. *El Evangelio segundo San Lucas* IV (Salamanca: Sígueme, 2010), p. 422.

c) Jesus e uma mulher de Sicar

João narra o diálogo que se trava entre Jesus e uma mulher da Samaria que vem a Sicar para buscar água da fonte de Jacó. A mulher, surpresa tanto pelo caritativo comportamento de Jesus como por suas qualidades de profeta, lhe diz: "Sei que vai chegar um Messias (que se chama "Cristo"); e quando Ele chegar nos anunciará tudo" (Jo 4,25). Jesus lhe disse: "Eu sou, o que fala contigo" (Jo 4,26).

A passagem de João se presta a múltiplas interpretações. R. E. Brown considera lógica a resposta da samaritana, do ponto de vista narrativo, posto que os primeiros discípulos de Jesus (ela estava preparada para crer nele) o consideravam "o Messias" (Jo 1,41). Sem dúvida, na opinião deste autor, poucos estudiosos de João creem na historicidade do diálogo entre Jesus e a samaritana. Este episódio não prova que, "durante sua vida, Jesus tivesse admitido, sem alguma reserva, que Ele era o Messias"[13]. F. J. Moloney, em seu comentário ao Evangelho de João, oferece a seguinte explicação: "A maioria dos especialistas e as traduções interpretam a resposta de Jesus como uma aceitação da sugestão que lhe faz a mulher de que poderia ser o Messias (citam-se os nomes de Westcott, Lagrange, Barrett, Segalla, Leidig e Hänchen). Alguns sugerem que se trata tanto de uma aceitação da sugestão da mulher como da utilização de um termo "mediante o qual Jesus revela seu ser divino" (citam-se Schnackenburg, Brown e Freed)". E continua: "É difícil que a utilização absoluta de ἐγώ εἰμι seja uma expressão da divindade ou uma revelação 'de seu ser divino' (como escreve Schnackenburg). Como ocorre com sua utilização contra os ídolos dos deuses estrangeiros no Deuteroisaías (por exemplo, Is 43,10; 45,18), anuncia que em Jesus acontece a revelação da divindade. A diferença é sutil, porém importante, posto que, na primeira, Jesus se relacionaria metafisicamente com a divindade, enquanto na última é a sua união com Deus que o converte em sua revelação consumada"[14].

d) Jesus, o rei dos judeus

Todos os evangelistas reproduzem a pergunta de Pilatos a Jesus, a saber, "Tu és o rei dos judeus?" (Mc 15,2; Mt 27,11; Lc 23,2; Jo 18,33). E a resposta de Jesus é inequívoca: "Tu o dizes". Além disso, a inscrição sobre a cruz, que figura como justificativa da condenação contra Jesus, se expressa desta forma perturbadora: "O rei dos Judeus" (Mc 15,26; Mt 27,37; Lc 23,38; Jo 19,19). Marcos, uma vez relatada a negação de Pedro, centra novamente a atenção em Jesus – o sumo sacerdote já havia perguntado se Ele era o Messias – que é trazido pelos dirigentes judeus a

---

13. R. E. BROWN. *Op. cit.*, p. 92.
14. F. J. MOLONEY. *El Evangelio de Juan* (Estella: Verbo Divino, 2005), p. 155.

Pôncio Pilatos, o governador de Roma. A acusação contra Jesus de ser "o rei dos judeus" (título que quase sempre aparece nos escritos do Novo Testamento na boca de não judeus) poderia ser entendida como uma ameaça séria para as autoridades romanas, apesar de as circunstâncias que cercam Jesus deixarem clara a impotência e a humilhação, impróprias de um rei. Mesmo nesta situação de abatimento, Jesus responde (no presente): "Tu o dizes", indicando com isso a atitude do governador, que aparece sempre a favor do acusado, a quem se refere constantemente como "o rei dos judeus" (Mc 15,9-14).

Mateus narra com suma concisão o interrogatório a que Jesus é submetido por parte de Pilatos. Somente ele, como pagão, podia interrogar sobre um delito tão grave de lesa-majestade contra o imperador romano. A resposta de Jesus, afirma U. Luz, deve ser entendida em sentido afirmativo, ainda que "se possa conjecturar também aqui uma certa atitude de ambivalência ou, ao menos, de reserva por parte de Jesus: não se confia em Pilatos"[15]. R. E. Brown considera que a probabilidade alcança quase níveis de certeza, pois Pilatos se refere em duas ocasiões a Jesus como Messias (Mt 27,17.22)[16].

Lucas põe na boca da multidão que Jesus esteja revolucionando a nação e proibindo de pagar tributos ao imperador, e diz que "Ele é Cristo rei" (Lc 23,2). Ante sua pergunta "Tu és o rei dos judeus?", Jesus responde: "Tu (o) dizes" (Lc 23,3). F. Bovon, analisando as possíveis interpretações desta resposta, diz que, "de qualquer modo, Jesus parece duvidar: a hostilidade que pressente o desanima a estabelecer um diálogo que se revela cheio de armadilhas; ademais, o que Pilatos diz é ambíguo: a afirmação é falsa por um lado (Jesus não é um rei político), e justa por outro (Jesus é investido por Deus: a ressurreição [At 2,36] o estabelecerá como Messias e Senhor)"[17]. R. E. Brown é mais conclusivo e encontra aqui "uma sólida prova da historicidade do título da cruz: 'O rei dos judeus'. Isto faz com que seja ainda mais provável que o título 'Messias' se aplicasse a Jesus durante sua vida"[18].

9.5. Conclusões

O estudo sobre o título de Messias, aplicado a Jesus de Nazaré, revela-se complexo e espinhoso. As dificuldades do tema decorrem singularmente da diversidade das concepções judaicas sobre a figura messiânica, do problema para estabelecer o valor histórico dos textos do Novo Testamento e da variedade de interpretações dos

---

15. U. LUZ. *Op. cit.*, p. 358-359.
16. R. E. BROWN. *Op. cit.*, p. 92.
17. F. BOVON. *Op. cit.*, p. 439-440.
18. R. E. BROWN. *Op.cit.*, p. 93.

exegetas nesta matéria. No começo desta seção, expus a complexidade do conceito de Messias, em que o judaísmo reconheceu muitos personagens –reis, sacerdotes e profetas – associados à intervenção de Deus a favor de Israel. Estes personagens "ungidos" não estavam necessariamente vinculados à chegada definitiva do reino de Deus. Por outro lado, as ideias do povo sobre o Messias eram muito variadas, frequentemente desfocadas e envoltas em sofrida ambiguidade. A maioria esperava um descendente de Davi; outros, um personagem sacerdotal ou um profeta. Todos pensavam em um rei libertador, que salvasse Israel do poder romano e restabelecesse a paz em Israel. As dificuldades que afetam a historicidade dos textos ficam patentes no episódio da confissão de Pedro, narrada por Marcos (Mc 8,29-33), utilizado tanto por Mateus como por Lucas. As interpretações sobre os textos evangélicos foram suficientemente expostas nos comentários precedentes.

À margem destas afirmações genéricas, permito-me fazer as seguintes observações:

– Pode-se afirmar, com toda probabilidade, que durante a vida de Jesus de Nazaré houve discípulos ou seguidores que confessaram que ele era o Messias. Se não fosse assim, seria extremamente difícil explicar o alto grau de consciência que alcançaram os próprios discípulos sobre o sentido profundo deste título, após a ressurreição de Jesus. Nesse sentido, as vivências dos discípulos durante a presença terrena do Mestre são determinantes na fé em Jesus como "Messias", após a ressurreição.

– Quem fossem seus adversários – judeus ou gentios – atribuíram a Jesus de Nazaré ou a seus seguidores o dito, segundo o qual, ele era o Messias. No que diz respeito a Jesus mesmo, mantenho as seguintes afirmações:

– Não aparece "expressamente" em nenhum texto dos evangelhos que Jesus "negasse" ser o Messias. Caso contrário, seus inimigos teriam ficado sem argumentos sólidos para justificar as acusações que formularam contra Ele ante as autoridades religiosas e civis do povo de Israel. Sem dúvida, alguns biblistas, baseando-se na crítica literária dos textos sobre a confissão de Jesus como Messias por Pedro (Mc 8,29), na interpretação de Jesus à Escritura sobre o messianismo davídico (Mc 12,35-37), e invocando a doutrina e os atos do ministério de Jesus, afirmam como o mais provável que "Jesus tenha rechaçado redondamente assumir o papel de um Messias davídico"[19].

– É muito provável que Jesus não aceitasse de bom grado o sentido que tanto discípulos como detratores atribuíram ao termo "Messias", simplesmente por

---

19. R. AGUIRRE; C. BERNABÉ & C. GIL. *Qué se sabe de... Jesus de Nazaret* (Estella: Verbo Divino, 2009), p. 204.

desviar-se das autênticas conotações da figura que Ele realizava como enviado de Deus. De fato, segundo a opinião da maioria dos exegetas, Jesus resistiu a aceitar o título de Messias, pois as conotações que se lhe adjuntavam estavam distantes demais do genuíno e autêntico projeto do reino de Deus, que Ele anunciava e personificava.

– Tudo parece indicar que no transcurso de seu ministério profético Jesus aceitou sua condição de Messias, desprovido de todo aparato de ostentação e de poder e orientado à humilhação e ao serviço. É o que se pode depreender de sua entrada triunfal em Jerusalém, em consonância com a apresentação de um Messias pacífico, não guerreiro, recompensa para Israel, tal como se aponta nos profetas Zacarias e Isaías (Zc 9,9; Is 62,11).

– O ministério de Jesus de Nazaré, tanto suas palavras como suas ações, deixou tal marca entre seus contemporâneos, e especialmente entre seus seguidores, que logo começou a entender-se e a estender-se a importância do título de "Messias", percebido como libertação e salvação através da cruz.

– A confissão de Jesus de Nazaré como "Messias" não só desborda o conceito primitivo do messianismo davídico como também muda completamente seu sentido, à luz de sua vida e, especialmente, da forma de sua morte na cruz. As deformadas expectativas do povo judeu em Jesus como "Messias" libertador da dominação romana e restaurador da paz de Israel logo ficariam frustradas com a crucifixão. Doravante, o "Messias" seria o crucificado, através do qual chega o reino de Deus e a salvação para a humanidade.

Para finalizar, e ainda que não pertença diretamente ao tema estudado, direi, como indiquei no começo deste capítulo, que o termo "Messias" se converteu rapidamente entre os primeiros cristãos no nome de Jesus, referindo-se a Ele como "Cristo" ou "Jesus Cristo". Os escritos de Paulo dão fé disso, sempre que falam de liberação e salvação em categorias do reino de Deus, anunciado e manifestado em Jesus de Nazaré.

CAPÍTULO 10
O "Filho de Deus"

10.1. Jesus, o "Filho de Deus"

Com o estudo do título "Filho de Deus", o teólogo se depara com a essência da fé cristã e nela encontra a razão última do seguimento a Jesus de Nazaré, salvador e libertador da humanidade. Não é necessário, neste momento, discutir as defasadas e radicais afirmações de Bultmann que, segundo sua opinião, e como consequência da helenização do cristianismo primitivo, traduzem a linguagem bíblica com conceitos metafísicos e míticos, atribuindo, desta forma, a Jesus uma relação com Deus, semelhante à de qualquer homem[1]. Afirmar Jesus como Filho de Deus é confessar a realidade mais bíblica e sublime de sua pessoa. Negá-la é distorcer a missão salvadora de sua mensagem de salvação. Tal afirmação se conforma com o testemunho da Primeira Carta de João: "E nós vimos e testemunhamos que o Pai enviou seu Filho como Salvador do mundo. Aquele que confessar que Jesus é o Filho de Deus, Deus permanece nele e ele em Deus" (1Jo 4,14-15)[2].

Antes de refletir sobre esse tema tão atrativo e fundamental, convém ter em consideração algumas observações prévias, que contribuem para centrar a perspectiva e os conteúdos deles. São as seguintes:

Em vão tentaríamos buscar no Antigo Testamento uma linguagem que correspondesse exatamente ao conceito que os cristãos têm de Jesus como "Filho de Deus", que implica, segundo vimos na tradição da Igreja, do ponto de vista metafísico, identidade de natureza com o Pai. O Antigo Testamento fala profusamente de Yahvé e seu povo e de múltiplas formas. No capítulo 6 do Deuteronômio, Yahvé

---

[1]. R. BULTMANN. *Theologie des Neuen Testaments* (Tübingen: JCB Mohr, 1968), "Kyrios" und "Gottessohn", p. 123-135. [Trad. esp., *Teología del Nuevo Testamento* (Salamanca: Sígueme, 1981), "Kyrios" e "Hijo de Dios", p. 170-183.]

[2]. O. CULLMANN. *Cristología del Nuevo Testamento* (Salamanca: Sígueme, 1998), p. 351-400, aborda este tema tratando os seguintes pontos: 1) O Filho de Deus no oriente e no helenismo. 2) O "Filho de Deus" no judaísmo. 3) Jesus e o título "Filho de Deus. 4) A fé do cristianismo primitivo em Jesus, Filho de Deus. R. FABRIS. *Jesús de Nazaret. Historia e interpretación* (Salamanca: Sígueme, 1985), p. 189-193.

se proclama Deus de Israel, que há de observar suas leis e preceitos, e não ir atrás de outros deuses de povos vizinhos (Dt 6,1-25); Israel reconhece, por sua vez, que Yahvé é seu Deus (Dt 6,20; 8,5). Na boca de Débora, a profetisa, Yahvé é o Deus de Israel (Jz 4,6), Yahvé é o Deus de Israel que consolidou Salomão em sua realeza (2Cr 1;11), Saul reconhece Yahvé "Deus de Israel" (1Sm 14,41), Yahvé, diz Davi a Salomão: "está contigo: não te deixará nem te desamparará até acabar toda a obra para o culto da Casa de Yahvé (1Cr 28,20). No Livro da Sabedoria, os ímpios perseguem o justo, entre outras razões, porque "se chama a si mesmo filho do Senhor" (Sb 2,13), e inclusive "filho de Deus" (Sb 2,18); também aqueles "que não acreditavam em nada por causa das artes mágicas reconheceram, diante da morte dos primogênitos, que o povo era filho de Deus" (Sb 18,13). Pormenorizando ainda mais estas afirmações, podemos dizer que a filiação divina se atribui, de alguma maneira, ao futuro filho de Davi (2Sm 7,14), aos anjos, descritos como "filhos de 'Elohim', (Jó 1,6), ao justo da tradição sapiencial (Eclo 4,10) e ao povo de Israel, "filho primogênito de Yahvé", segundo o relato do Êxodo (Ex 4,22). Apesar destas abundantes referências, que evidenciam a conexão entre Deus e o povo eleito, em nenhum caso existem argumentos que possam ser utilizados para provar a estreita relação entre Jesus de Nazaré e o Deus de Israel. Todos os evangelhos, escritos à luz da ressurreição, reconhecem Jesus, segundo palavras de R. E. Brown, como o "Filho de Deus", manifestado durante seu ministério público, além de apresentá-lo como Messias, Filho do homem e, às vezes, Senhor[3]. Os quatro evangelistas centram sua atenção em Jesus como Filho de Deus, embora as perspectivas, orientação e argumentação deles possam mostrar notáveis diferenças. Às vezes, os evangelistas – especialmente Mateus e Lucas – se distanciam do uso de títulos cristológicos, ainda que sua linguagem denote uma clara confissão de fé em Jesus, Filho de Deus. É óbvio que a interpretação bíblica não pode reduzir-se à análise de alguns textos específicos, desdenhando a perspectiva completa da obra.

Na análise que pretendo efetuar, convém distinguir nitidamente entre o título "Filho de Deus" e o de "Filho". J. Ratzinger entende que ambos os títulos "se diferenciam em sua origem e em seu significado", ainda que se mesclem na configuração da fé cristã[4]. No desenvolvimento desta matéria, J. Ratzinger conclui que "a expressão 'filho de Deus' procede da teologia real do Antigo Testamento", enquanto a denominação de Jesus como "o Filho" tem uma história linguística própria e "pertence ao mundo misterioso da linguagem das parábolas de Jesus, em linha com os profetas e os mestres da Sabedoria de Israel.

---

3. R. E. BROWN. *Introducción a la Cristología del Nuevo Testamento* (Salamanca: Sígueme, 2005), p. 133.
4. J. RATZINGER (Bento XVI). *Jesús de Nazaret (Primeira parte). Desde el Bautismo a la Transfiguración* (Madri: La Esfera dos Libros, 2007), p. 388.

A palavra se assenta não na pregação para fora, senão no círculo íntimo dos discípulos de Jesus. A vida de oração de Jesus é a fonte verdadeira de onde flui a palavra; corresponde profundamente à nova invocação de Deus: *Abbâ*"[5].

Inequivocamente, e apesar do desenvolvimento desigual nos escritos do Novo Testamento, a expressão "Filho de Deus" é a mais nuclear, profunda e decisiva das atribuídas a Jesus de Nazaré. Ela, somente, expressa a íntima relação de Jesus com o Pai, ao mesmo tempo que ensina ao mundo quem é o enviado de Deus e a forma com que os seres humanos devem dirigir-se a ele.

Nos evangelhos sinóticos, Jesus nunca se declara a si mesmo "Filho de Deus", porém entende e expressa sua relação com Deus utilizando o sentido de filiação. Ele é "o Filho", ao qual tudo foi entregue pelo Pai, a quem ninguém conhece senão Ele (Mt 11,27). Este conhecimento mútuo entre Pai e Filho, como afirma W. Kasper, "não se pode reduzir, à luz do pensamento bíblico, a algo meramente externo. Esse mútuo conhecimento não é um fenômeno meramente intelectual, mas sim algo muito mais complexo, um mútuo afetar-se, determinar-se, intercâmbio e união no amor"[6]. Não é surpreendente, pois, que os primeiros cristãos tenham expressado sua fé em Jesus, chamando-o "Filho de Deus".

10.2. O mundo dos deuses pagãos e o conceito de "Filho de Deus"

No mundo mítico da Antiguidade, o humano e o divino eram facilmente intercambiáveis. Mais ainda, advertiam-se com frequência intervenções da esfera do divino no devir das realidades humanas, tocadas assim pelo halo do enigmático e mistérioso. As sombras e debilidades da realidade mais ordinária e vulgar ficavam desta forma sublimadas pelo nome da divindade. Em qualquer momento o acontecimento mais trivial podia ser iluminado pela fortaleza da divindade. Esta força misteriosa, que transcendia a estrita capacidade humana, convertia em "divinos" os acontecimentos e sujeitos que excediam os limites das propriedades específicas da natureza humana. Com outras palavras, o humano e o divino formavam parte do pensamento mítico, com o qual se explicava a realidade existente.

No mundo semita, entendia-se a filiação divina em termos de adoção, indicando com ela a especial relação e confiança com o Deus que invocavam. Os nomes que utilizavam, de forma corrente e natural, orientam nesta direção. Era normal

---

5. J. RATZINGER. *Introducción al Cristianismo* (Salamanca: Sígueme, 2009), p. 183 e 188. Cf. J. RATZINGER (Bento XVI). *Jesús de Nazaret...* (cit.), p. 388-399.
6. W. KASPER. *Jesús, el Cristo* (Salamanca: Sígueme, 2006), p. 186.

que alguém usasse associado ao nome de um Deus, significando a relação singular com esta divindade. Assim acontece, por exemplo, no caso de Benhadade (filho de Hadad), sendo Hada a denominação mais comum do Deus das tormentas e cruel inimigo de Israel.

Neste mundo inesgotável de deuses e de pensamento mítico, os perigos de idolatria que ameaçavam o povo de Israel eram múltiplos e evidentes. O Deus de Israel, que guiava e cuidava de seu povo em sua identidade, mostrando-lhe o caminho da terra de promessa mediante pactos e alianças de amor, se sentia ameaçado pela presença e influência na vida dos israelitas de deuses e deusas que, com sua atratividade, os desviavam de Yahvé. Não era um perigo distante, mas sim próximo e extremamente real. Já em tempos remotos, Babilônia e Egito – algumas vezes em sentido real e outras, de forma figurada – tinham enaltecido seus reis com o título de "filho de Deus". Na época romana, a popularidade dos deuses foi tal que invadiu literalmente o povo e as instituições de Israel, até penetrar no lugar mais sagrado, o Templo. Os imperadores de Roma tinham ocupado grande parte do espaço religioso judeu, custodiado diligentemente pelas autoridades do povo.

Os judeus, continuando a tradição bíblica de Israel, descobriram a beleza e o sentido profundo do termo "filho de Deus". Tinham-no aplicado ao rei, como representante do povo, e aos que permaneceram fiéis a Yahvé em meio às adversidades. Agora também o atribuíam a Jesus, por ser o Filho, enviado pelo Pai, a quem chamava deste modo, por sua obediência e fidelidade absolutas a sua vontade, por ter sido enviado ao mundo como luz de Deus e trazer a salvação a todos os povos. Porém, se não era insólito nos tempos de Jesus declarar um homem "filho de Deus", é verdade que causava estranhamento apresentar um condenado à morte e executado na cruz pelas autoridades romanas como "Filho de Deus", a quem a primitiva comunidade cristã reconheceria, desde o primeiro momento, e, posteriormente, confessaria como "verdadeiro Deus" e "verdadeiro homem". Jesus nada tem a ver com os deuses greco-romanos, nem sua figura se reveste de poder imperial. Antes, se concebe e encarna na fragilidade que, convertida em amor e serviço, nos aproxima do mistério insondável de Deus, do reino de Deus, que é libertação e salvação para todos os povos. Parece evidente, segundo afirma J. A. Fitzmyer, que o título "filho de Deus", aplicado a Jesus, é claramente confessional, de origem judeu-palestina, e que apareceu após a ressurreição, estendendo-se imediatamente desde a Palestina até o mundo greco-romano do Mediterrâneo oriental[7].

---

7. J. A. FITZMYER. *Catecismo Cristológico. Respuestas del Nuevo Testamento* (Salamanca: Sígueme, 1998), p. 101.

Com estas imprecisas observações de fundo, admitidas por todos os biblistas[8], passo a referir aos conteúdos, tanto do Antigo como do Novo Testamento.

10.3. "Filho de Deus" no Antigo Testamento e no judaísmo

O amor de Yahvé por seu povo de Israel se manifesta e descreve de diversas maneiras no Antigo Testamento. Israel é chamado "filho de Yahvé", seu Deus (Dt 14,1); em ocasiões, se fala de Efraim como de seu primogênito, de que Deus é Pai (Jr 31,9) e inclusive, o profeta Oseias prediz que os filhos de Israel serão chamados "filhos do Deus vivo" (Os 2,1). Estas expressões, em princípio aplicadas de forma genérica ao povo de Israel, se estenderão posteriormente a todos os justos que vivem a justiça e a praticam como sinal da presença de Yahvé entre eles. Assim aparece, por exemplo, nos textos da Sabedoria (Sb 2,18; 18,13), e no Eclesiástico (Eclo 4,1-10). Em consonância com a importância que tem para o povo de Israel a instituição monárquica, os escritos veterotestamentários respondem com afirmações que revelam a estreita relação entre Yahvé e o rei. O Salmo 2 põe na boca de Yahvé as palavras, dirigidas ao rei: "Meu filho és tu, eu mesmo, hoje, te gerei" (Sl 2,7). O rei era considerado representante de Yahvé na terra, por amor de Deus a Israel, para administrar o direito e a justiça (2Cr 9,8) e, às vezes, dotado de uma Sabedoria similar à de um anjo de Deus para compreender tudo que acontece na terra (2Sm 14,20).

Todos os designados como "filhos de Deus" no Antigo Testamento – seja o povo de Israel, o rei como representante do povo ou qualquer israelita justo, como é o caso no judaísmo tardio – ostentam uma relação especial com Yahvé. Esta relação – de caráter estritamente pessoal e entroncada na história religiosa do povo de Israel – nada tem a ver com as crenças míticas e politeístas de outras culturas orientais, envoltas sempre em uma filosofia panteísta da vida. Como afirma W. Kasper, "o título 'filho' ou 'filho de Deus' no Antigo Testamento deve ser interpretado à luz da fé na eleição de Israel e nas concepções teocráticas que se baseiam nisso. A filiação divina não se fundamenta, portanto, na descendência física, mas na eleição livre e gratuita de Deus"[9]. Obviamente, a relação do ser humano com Deus não é substancial, senão funcional, salvaguardado sempre o caráter pessoal dela. É apropriado pensar que os pressupostos do Antigo Testamento façam refe-

---

8. W. KASPER. *Jesús, el Cristo* (cit.), p. 267s. J. A. PAGOLA. *Jesús. Aproximación histórica* (Madri: PPC, 2007), p. 459-461. J. RATZINGER (Bento XVI). *Jesús de Nazaret...* (cit.), p. 389-399. *Diccionario Enciclopédico de la Biblia* (Barcelona: Herder, 1993), p. 714-717. F. KOGLER; R. EGGERWENZEL & M. ERNST. *Diccionario de la Biblia* (Bilbao–Santander: Mensajero–Sal Terrae, 2012), 354-355. H. BALZ & G. SCHNEIDER (eds.). *Diccionario Exegético del Nuevo Testamento* II (Salamanca: Sígueme, 1998), p. 1.829s.

9. W. KASPER. *Jesús, o Cristo* (cit.), p. 268.

rência especial à tradição messiânica de Jesus, referida à filiação divina a partir de uma perspectiva de tarefa encomendada por Deus. À parte isso, cabe a admissão de outras influências histórico-religiosas, provenientes da gnose ou da própria tradição helenística. O judaísmo primitivo aplica os salmos reais (Sl 2, e outros, como o 45 e o 110) ao Messias, que levará a cabo, nos últimos tempos, o ideal da dinastia de Davi, porém nunca lhe atribui o nome de filho de Deus. No capítulo 6 do Gênesis, ao falar da corrupção da humanidade, se faz referência a seres sobrenaturais e a "filhos de Deus" que se aproximaram das filhas do homem e lhes geraram filhos (Gn 6,1-4). Em alguns textos, como no *Livro de Enoque (etíope) e o Quarto livro de Esdras* parece entender-se que o Messias é chamado "Filho de Yahvé"[10]. No entanto, as dúvidas sobre a validade desta afirmação permanecem, tendo em conta as datas de composição dos textos e as elevadas probabilidades de interpolações neles.

Em geral convém recordar que os targuns que interpretavam as expressões que, de algum modo, estabeleciam relações entre o homem e a divindade eram utilizados com extrema cautela. Revela-se, portanto, difícil sustentar que a expressão "filho de Deus" pudesse ser considerada como um título messiânico nos tempos de Jesus, apesar de sua reiterada aparição nos escritos do Novo Testamento. A doutrina rabínica sobre o Messias testemunhava sua existência junto a Deus desde a eternidade, porém tal afirmação não implicava mais do que o conhecimento que Deus tinha sobre Ele, sem entrar em questões acerca de sua preexistência ou de sua natureza, próprias de reflexões cristológicas de épocas posteriores.

10.4. "Filho" e "Filho de Deus" nos escritos dos evangelhos

Antes de refletir detalhadamente sobre o significado de Jesus "Filho de Deus" nos escritos evangélicos, convém recordar que o vocabulário utilizado pelos sinóticos nesta questão não corresponde ao usado pelo evangelista João. Enquanto os evangelhos sinóticos não utilizam a expressão "Filho de Deus" (υἱός τοῦ θεοῦ) atribuída a Jesus, João a emprega em várias ocasiões, quase sempre referindo-se ao próprio Jesus como "o Filho" (ὁ υἱός). Por outro lado, o significado atribuído à expressão "Filho de Deus" se presta a múltiplas interpretações que vão desde a simples e honesta afirmação da bondade de Jesus, enquanto "homem de Deus", "homem justo", "o santo de Deus", que livra os homens dos poderes do mal (Mc 1,24; 3,11; Mt 8,29s.; 14,33; Lc 4,41) até alcançar a relação mais íntima e

---

10. No *Livro de Enoque (etíope)*, segundo o manuscrito da Bodleian Library, Oxford, séc. LXVIII, n. 40, 35, se diz: "Segundo o grau de sua corrupção, serão entregues a distintos suplícios; quanto a suas obras, estas desaparecerão da face da terra, e a partir de então já não haverá mais sedutores, porque o Filho do homem apareceu sentado em seu trono de glória. Toda imoralidade cessará, todo mal desaparecerá diante sua face, e só a palavra do Filho do homem subsistirá na presença do Senhor dos espíritos".

pessoal que se possa conceber entre Ele e o Pai, como confirmam os relatos do batismo e da transfiguração de Jesus, nos quais se escuta uma voz vinda dos céus dizendo: "Este é meu filho querido, nele me agradei", ὁ υἱός μου ὁ ἀγαπητός ἐν ᾧ εὐδόκησα (Mt 3,17 par.; 17,5 par.). Não é de estranhar, portanto, que tanto o vocabulário como os amplos e profundos significados da expressão "Filho de Deus" fizessem com que os primeiros cristãos, uma vez transformados pela ressurreição de Jesus e pela vinda do Espírito, começassem a expressar sua fé em Jesus, confessando como "Filho de Deus". E, agora, vejamos o que nos dizem os evangelhos:

a) Marcos

Marcos começa sua obra com um título solene e cheio de "boa notícia", que não somente serve de introdução ao evangelho, como também aponta e explica todo o seu conteúdo. Escreve que o evangelho é de Jesus de Nazaré, Cristo, quer dizer, um ungido da linhagem de Davi, o "Filho de Deus" (Mc 1,1)[11]. O final do evangelho corroborará a notícia inicial, declarando a forma em que aquela se realizará, quer dizer, a morte (Lc 15,39). Como afirma J. Gnilka, "Jesus Cristo não é só o recordado historicamente, mas também o definido pela cruz e pela ressurreição"[12]. Esta boa notícia do princípio, que refere a vida terrena de Jesus, termina com o acontecimento pascal, quando tem lugar a origem da vida da Igreja. O título "Filho de Deus", embora se combine com outros, como "Messias" o "Filho do homem", que evidenciam também a presença e o anúncio da boa notícia, ressalta sobre eles, convertendo-se no que mais caracteriza o trabalho de Marcos.

O título "Filho de Deus" aparece de forma implícita e, algumas vezes, difícil de compreender, em toda a exposição do Evangelho de Marcos. Seguindo o relato evangélico, se afirma com naturalidade absoluta que Jesus, atuando em conformidade com a vontade do Pai, fala das normas e práticas religiosas do povo judeu, com autoridade (ἐζουσία), declarando-se acima da lei e da própria superioridade dos intérpretes oficiais dela, e invocando sua relação com o Pai do céu. Na realidade,

---

11. J. MARCUS. *El Evangelio según San Marcos* I (Salamanca: Sígueme, 2010), p. 148, diz o seguinte: "A maioria dos manuscritos, incluindo alguns muito bons e muito antigos, acrescentam a 'Jesus Cristo' 'o Filho de Deus', porém esse acréscimo está ausente do Sinaítico e de outros importantes testemunhos textuais. É mais provável que um escriba antigo tenha acrescentado o título 'Filho de Deus' e não que o tenha omitido. Uma omissão intencional desse epíteto, tão ubíquo e importante, seria improvável, e também é pouco provável que um escriba, mesmo no começo da transcrição de um manuscrito, fosse tão pouco cuidadoso ou estivesse tão cansado a ponto de omitir estas importantes palavras no princípio de seu texto'. J. GNILKA. *El Evangelio según San Marcos* I (Salamanca: Sígueme, 2005) escreve a este respeito: "A supressão de υἱοῦ Θεοῦ em alguns testemunhos textuais se explica pela inusual caracterização do evangelho. E precisamente isto é uma prova a favor de sua originalidade".

12. J. GNILKA. *Op. cit.*, p. 50.

Ele mesmo se apresenta como a personificação e realização do grande mistério de Deus, escondido desde a eternidade, quer dizer, do reino, cuja aprovação implica a aceitação de Jesus e a salvação da humanidade. Em conformidade com os valores do reino, alguns o seguirão, formando a grande família dos filhos de Deus, e outros, como é o caso dos dirigentes religiosos do povo de Israel, pretenderão rechaçá-lo e conduzi-lo até a morte. Em qualquer caso, Jesus, manifestando em todo momento uma relação especialmente íntima com o Pai, profetiza a destruição do Templo de Jerusalém – símbolo sagrado da velha religião – e anuncia sua Parusia, que chegará com grande poder e esplendor, chegando a partilhar do senhorio e da glória do Pai. A obediência fiel ao Pai e a morte terminaram em ressurreição e glória.

O Evangelho de Marcos apresenta, ademais, alguns textos que fazem uma referência mais clara e explícita a Jesus como "Filho de Deus". No capítulo primeiro se relata o batismo de Jesus, que se revela ao mundo como "Filho de Deus". Segundo J. Marcus, "Mc 1,9-11 constitui o momento mais dramático de todo o prólogo, fazendo com que o leitor tenha acesso a uma série de acontecimentos apocalípticos de transcendental importância, que constituem uma verdadeira teofania"[13]. No rio Jordão, com uma narrativa vivaz, que simboliza o dinâmico desenvolvimento dos acontecimentos traçados por Deus, os céus se rasgam (para que céus e terra nunca mais voltem a deixar de se comunicar), aparece o Espírito sobre Jesus, e dos céus se escuta uma voz que diz: "Tu és meu Filho querido, em ti me agradei" (Mc 1,11). O texto referido consta de duas partes: o batismo propriamente dito e a visão de Jesus, que inclui os céus rasgados, a presença do Espírito e a voz que vem do alto, sendo a segunda a mais significativa e transcendental delas. A voz que soa, expressão da vontade de Deus, diz: "Tu és meu Filho (σύ εἶ ὁ υἱός μου)", uma citação quase literal do Salmo 2, na versão dos LXX; "querido (ἀγαπητός)", termo que não se encontra no salmo citado, que recorda o sacrifício de Isaac em Gn 22 e cuja tradução neste contexto deve ser "amado" ou "querido" mais do que "único"; "em ti me agradei (ἐν σοί εὐδόκησα)", um aoristo que pode traduzir-se gramaticalmente por presente, porém que convém interpretar como passado, no qual se reflete a eleição divina de Jesus, ratificada no momento do batismo. A complacência de Deus em Jesus, em clara alusão ao Servo de Yahvé, em Is 42,1, apresenta um caráter escatológico, tornando visível e real a bondade do começo da criação.

No relato da transfiguração, Marcos afirma de novo a filiação divina de Jesus, embora o faça com conotações diferentes (Mc 9,2-13). Uma vez anunciada a alguns de seus seguidores a vinda do reino de Deus com poder, Jesus levou em privado Pedro, Tiago e João a uma alta montanha. Ali se transfigurou diante deles (καί μετεμορφώθη ἔμπροσθεν αὐτῶν) e sua roupa se tornou extremamente branca,

---

13. J. MARCUS. *Op. cit.*, p. 179.

brilhante e resplandecente, recordando o novo Adão e o Messias a caminho de sua glória. Em presença de Elias e de Moisés, representantes da Lei e dos profetas e relacionados com a presença de Deus na montanha e com as expectativas escatológicas, se formou uma nuvem – signo da presença divina e vinculada frequentemente a acontecimentos escatológicos – da qual saiu uma voz que dizia: "Este é meu Filho querido; escutai-o", οὗτός ἐστιν ὁ υἱός μου ὁ ἀγαπητός ἀκούετε αὐτοῦ (Mc 9,7). Jesus aparece como mais importante do que Moisés e Elias; somente a Ele é preciso escutar, como Filho amado de Deus. No acontecimento da transfiguração muitos exegetas vaticinaram a ressurreição de Jesus e perceberam a relação singular com Deus (escatológica) como filho que incorpora a humanidade ao reino do Pai[14].

Durante o processo de Jesus perante o sinédrio, o sumo sacerdote preguntou e disse: "És tu o Messias, o Filho do Bendito?", σύ εἶ ὁ χριστός ὁ υἱός τοῦ εὐλογητοῦ (Mc 14,61). E Jesus disse: "Eu sou", ἐγώ εἰμι, (Mc 14,62), acrescentando uma referência ao profeta Daniel (Dn 7,14), segundo a qual "vereis o Filho do homem sentado à direita do Poder, chegando entre as nuvens do céu". Segundo os exegetas, em consonância com as tradições rabínicas que fazem referência à divindade com as expressões "o Santo" ou "o Bendito", "o Bendito" é um circunlóquio judeu para Deus e, portanto, a frase "Cristo, o Filho do Bendito" equivale a dizer "Cristo, o Filho de Deus". J. Marcus afirma: "Em Marcos mesmo, ainda que o evangelista possa abrigar alguma ambivalência em relação ao termo "Cristo" = "Messias", quando se combina com "Filho de Deus" se converte em um título apropriado para Jesus, já que esta é uma designação que Deus mesmo utilizou em duas ocasiões em relação a Jesus (1,11; 9,7)"[15]. Independentemente dos diversos manuscritos, alguns (poucos) que trazem a variante mais longa ("Tu disseste que...") e outros, a mais simples ("eu sou"), a resposta de Jesus foi clara e contundente; também, insultante e blasfema e, portanto, merecedora da pena de morte.

Em Marcos existem outros textos acerca da filiação divina de Jesus, de escassa e duvidosa força probatória. Entre eles se encontra o que faz referência ao jovem rico (Mc 10,17-22), o que fala do conhecimento de Jesus acerca do dia ou da hora final (Mc 13,32) e o que descreve o grito de desamparo de Jesus a Deus ao chegar a hora de sua morte (Mc 15,33-34). O jovem que se aproxima do Mestre, captando sua benevolência com o tratamento de "bom Mestre", e perguntando o que fazer para herdar a vida eterna, recebe uma resposta desconcertante da parte de Jesus: "Por que me chamas de bom? Ninguém (é) bom senão Deus somente", οὐδείς ἀγαθός

---

14. W. KASPER. *Jesús, el Cristo* (cit.), p. 271-272, afirma que, enquanto a expressão "Tu és meu Filho amado" no batismo de Jesus (Mc 1,11) se situa na tradição messiânico-teocrática, "a perícope da transfiguração fala já da figura de Jesus (μεταμορφωθή: Mc 9,2), o que implica uma concepção essencialista do título de 'Filho de Deus'".

15. J. MARCUS. *El Evangelio según Marcos* II (Salamanca: Sígueme, 2011), p. 1.159.

εἰ μὴ εἷς ὁ Θεός (Mc 10,18). Deixando à parte o transfundo bíblico do texto – provavelmente o *Shemá* do Deuteronômio (Dt 6,4), que afirma que Yahvé é uno (e não bom) – e as óbvias preocupações apologéticas, que tratam de interpretar a passagem como uma aproximação do jovem rico ao conhecimento da divindade de Jesus, parece evidente a distinção que se estabelece entre Jesus e Deus e que, em consequência, o evangelista não se refira a ele como Deus.

O texto de Marcos acerca do conhecimento da chegada do tempo final, além de enigmático, coloca problemas bíblico-teológicos de difícil solução. Diz-se que "acerca daquele dia ou daquela hora, ninguém sabe, nem os anjos no céu nem o Filho, mas somente o Pai" (Mc 13,32). Os teólogos se têm centrado nos delicados problemas cristológicos colocados pelo texto. Alguns exegetas interpretam as palavras de Jesus como freio à iminência dos acontecimentos, descrita nos versículos anteriores. Outros, por sua vez, aceitando a ideia de que muitos textos apocalípticos judeus atribuem só a Deus o conhecimento da hora final, defendem a harmonização, própria dos escritores apocalípticos, entre o anúncio da consumação dos sofrimentos do tempo presente e a impossibilidade do conhecimento exato da "hora" final que comprometeria a soberania de Deus[16]. Como afirma J. Gnilka, "para a comunidade de Marcos uma coisa é verdadeiramente importante: assegurar a confiança na consciência do fiel de que Deus continua sendo o Senhor da história e que ordena as coisas também em sua fase final"[17].

Ao chegar a hora da morte de Jesus, Marcos refere que clamou com grande voz, dizendo: "Deus meu, Deus meu, por que me desamparaste?" (Mc 15,34). Reconhecidas as múltiplas variantes nas distintas versões do texto, e a citação procedente do versículo que inicia o Salmo 22 (Sl 22,1), que Marcos apresenta em aramaico e traduz em seguida ao grego dos LXX, além de aceitar a importância vital da morte de Jesus na história da salvação, quero ressaltar duas ideias fundamentais e complementares, que provêm de dois prestigiosos exegetas. A primeira delas é de J. Marcus e diz assim: "ainda que alguns cristãos se tenham preocupado com este grito de abandono, outros o veem como uma amostra da identificação de Jesus com a humanidade, e como uma fonte de consolo e fortaleza. Ao final de sua existência, Jesus experimenta a mesma sensação de abandono divino que caracteriza tantas vezes a nossa vida; como afirma Agostinho, Jesus 'empregou o discurso de nossa debilidade'"[18]. O autor da segunda ideia é J. Gnilka, que afirma: "Jesus, abandonado por todos os homens, teve que experimentar também este se sentir abandonado por Deus para poder aferrar-se a Deus. Apesar de se sentir abandonado por

---

16. *Ibid.*, p. 1.056-1.057.
17. J. GNILKA. *El Evangelio según San Marcos* II (Salamanca: Sígueme, 2005), p. 241-242.
18. *Ibid.*, p. 1.228.

Deus, dirige a Ele sua oração de lamento. Com isso dá a entender que não se aliena de Deus"[19]. J. D. G. Dunn se atreve a dizer que Marcos "põe a ênfase no 'Filho de Deus', como o ungido pelo Espírito, com vistas ao seu sofrimento e sua morte e que será reconhecido como tal precisamente em sua morte, e não simplesmente em sua posterior ressurreição e exaltação"[20]. O texto de Marcos, transcendental e contundente, apresenta inegavelmente traços de profunda humanidade e de estreita relação com Deus. Contudo, não parece implicar que o título "Deus" possa aplicar-se a Jesus.

b) Mateus

Em uma florescente comunidade judeu-cristã – frequentemente localizada na cidade de Antioquia – e com uma mentalidade aberta em relação aos gentios, que enfrentava ora a sinagoga, ora a Igreja, Mateus apresenta Jesus como o profeta em quem se cumpriram as promessas de Deus e o novo Mestre com autoridade para interpretar a Lei. Jesus é apresentado como a plenitude da Lei e dos profetas, o novo Messias de Israel. Porém, sobretudo, ns opinião de grandes exegetas, Jesus é o "Filho de Deus". Neste sentido se pronunciam autores, como J. D. G. Dunn, para quem "Filho de Deus" pode ser a afirmação cristológica mais importante de Mateus[21], M. De Jonge, segundo o qual Jesus "é descrito sobretudo como o Filho que atua em união com o Pai"[22] ou R. Aguirre e A. R. Carmona que consideram que no Evangelho de Mateus "Filho de Deus" "é o título mais importante de Jesus, porém, principalmente, é o mistério íntimo de sua pessoa"[23]. F. Hahn resume de forma absoluta esta questão ao concluir que: "a promessa do Antigo Testamento culmina em Mateus com uma compreensão cristã pronunciada acerca de Jesus como o Filho de Deus"[24].

---

19. *Ibid.*, p. 377.
20. J. D. G. DUNN. *Christology in the Making. A New Testament Inquiry into the Origins of the Doctrine of the Incarnation* (Chatham: Mackays of Chatham PLC, 1992), p. 48.
21. *Ibid.*, p. 48
22. M. DE JONGE. *Christology in Context: The Earliest Christian Response to Jesus* (Westminster: John Knox Press, 1988), p. 95.
23. R. AGUIRRE & A. R. CARMONA. *Evangelios Sinóticos e Hechos de los Apóstolos* (Estella: Verbo Divino, 2012), p. 312. Esses autores corroboram a importância do título "Filho de Deus" aplicado a Jesus no Evangelho de Mateus, por ser este o evangelista sinótico que fala mais frequentemente de Deus como Pai e, sobretudo, em quem mais vezes fala Jesus de "meu Pai", dando a entender sua relação única com Deus (18 vezes). Consequentemente, também os discípulos, que se definem por sua relação com Jesus, são filhos de Deus, filhos do Pai, e Deus é seu Pai.
24. H. BALZ & G. SCHNEIDER (eds.). *Diccionario Exegético del Nuevo Testamento* II (Salamanca: Sígueme, 1998), p. 1.834.

Já desde o primeiro momento do evangelho, Mateus indica que Jesus é o Filho de Deus. Na genealogia de Jesus Cristo se diz que é "filho de Davi, filho de Abraão" (Mt 1,1), o que, ao mesmo tempo, antecipa a humanidade futura e torna real o reino de Deus. Com autêntica perspicácia opina J. Ratzinger que para este evangelista "há dois nomes decisivos para entender o 'a partir de onde' de Jesus: Abraão e Davi"[25]. Imediatamente depois, a concepção virginal de Jesus – obra do Espírito Santo – se integra na tipologia de Moisés para introduzir posteriormente o predicado de Filho de Deus (Mt 2,15). Mateus apresenta a Jesus como "o Filho", em uma tradição comum com os demais evangelhos sinóticos. No capítulo 11 se diz: "Tudo me foi entregue por meu pai, e ninguém conhece o Filho senão o Pai, nem o Pai senão o Filho, e aquele a quem o Filho quiser revelar" (Mt 11,27). Todo conhecimento, argumenta J. Ratzinger interpretando este texto, comporta algum modo de igualdade e "conhecer realmente a Deus exige como condição prévia a comunhão com Deus, mais ainda, a unidade ontológica com Deus"[26]. Efetivamente, a retórica da linguagem põe em evidência a extraordinária e singular relação que existe entre pai e filho. Não é uma relação acidental ou figurada, mas especial e própria, como se conclui ademais da utilização do artigo definido que acompanha esses nomes: "o Pai" e "o Filho".

O mesmo sentido se há de atribuir aos textos que fazem referência a "meu filho" na parábola dos vinhateiros perversos que matam o filho do dono da vinha (Mt 21,37) e à ignorância "do Filho" acerca do dia e da hora do juízo final (Mt 24,36). No distrito de Cesareia de Filipo, diante da pergunta de Jesus acerca da opinião dos homens sobre o Filho do homem, Simão Pedro, porta-voz da confissão da comunidade, responde por revelação divina: "Tu és o Messias, o Filho do Deus vivo" (σύ εἶ ὁ χριστός ὁ υἱός τοῦ Θεοῦ τοῦ ζῶντος). Solenemente se proclama – com a menção própria deste evangelista ao "Deus vivo" – que o Cristo, o Messias de Israel, é verdadeiro Filho de Deus, desse Deus real que atuou na história de Israel e que intervém constantemente em nós. Ressalta aqui a filiação divina de Jesus, ainda que claramente vinculada ao messianismo. Cristo e Filho de Deus neste contexto, opina P. Bonnard, "são dois termos de valor equivalente e designam o enviado escatológico de Deus para a salvação de todos os homens"[27].

No relato da paixão segundo Mateus, aparece uma passagem de extraordinária importância e sumamente clarificadora sobre a filiação divina de Jesus. Diz assim: "os que passavam blasfemavam contra Ele, movendo a cabeça e dizendo:

---

25. J. RATZINGER (Bento XVI). *La infancia de Jesús* (Barcelona: Planeta, 2012), p. 12.
26. J. RATZINGER (Bento XVI). *Jesús de Nazaret (Primeira parte). Desde el Bautismo a la Transfiguración* (Madri: La Esfera dos Libros, 2007), p. 394.
27. P. BONNARD. *Evangelio según San Mateus* (Madri: Cristiandad, 1983), p. 365.

'Tu, que destróis o santuário e o edificas em três dias, salva-te a ti mesmo; se és Filho de Deus, desce da cruz'. De um modo parecido, também os sumos sacerdotes, com os escribas e anciãos, diziam zombando: 'Salvou a outros (e) não pode salvar-se a si mesmo'. É o rei de Israel: desça agora da cruz e creremos nele. Colocou sua confiança em Deus: que (o) livre agora, se o ama, pois disse: 'Sou Filho de Deus'". "Também os bandidos que acabavam de ser crucificados com Ele o insultavam da mesma maneira" (Mt 27,39-44). As pessoas do povo, a classe dirigente de Israel e os malfeitores tentavam a Jesus, invocando sua condição de "Filho de Deus". Seu sarcasmo burlesco e cínico não obscurece a autêntica verdade sobre Jesus, a saber, que é rei de Israel e que Deus, em quem Ele confia, o salvará. O texto, quem sabe, não permite extrair uma conclusão precisa sobre a filiação divina de Jesus; antes, pretende levar a seu ponto crítico, como opina U. Luz, a história do Filho de Deus paciente e obediente até a morte: "logo acontecerá a grande virada. Deus irá intervir e porá em evidência quem é realmente este crucificado"[28]. Em todo caso, é ostensível que o "Filho de Deus" mostra seu poder sob o signo da cruz, em sua obediência e fidelidade ao plano de Deus, e não sucumbindo às tentações de exibição e de domínio. O Pai responderá aos desafios incrédulos e sarcásticos da multidão com fenômenos prodigiosos que afetarão o santuário do Templo, a natureza e, inclusive, os domínios da morte. À vista destes fatos, os soldados pagãos reconheceram que Jesus era verdadeiramente "Filho de Deus" (Mt 27,54). Somente Deus pode revelar a Jesus como seu Filho, e o faz na obediência do Filho à sua vontade. A confissão dos soldados é autêntica e plena, réplica perfeita aos gracejos do povo judeu e em consonância com as manifestadas pelos discípulos de Jesus.

O Evangelho de Mateus se conclui com um texto glorioso, em que convergem as linhas mestras de sua exposição e se proclama Jesus como Filho de Deus: "Então Jesus se aproximou e lhes disse: 'Toda a autoridade me foi dada no céu e na terra. Ide, pois, fazei discípulos meus todos os povos, batizando-os em nome do Pai e do Filho e do Espírito Santo, ensinando-os a observar tudo quanto vos mandei. Eis que eu estou convosco, todos os dias, até o fim do mundo'" (Mt 28,18-20). A autoridade exercida por Jesus em sua doutrina e em seus milagres até o extremo de perdoar pecados, e da qual participam seus discípulos para expulsar demônios e curar enfermos, se revela agora ilimitada e absoluta porque todo o poder – o poder do próprio Deus – reside em Jesus ressuscitado, Senhor do universo inteiro. Ele é realmente "o Filho de Deus".

---

28. U. LUZ. *El Evangelio según San Mateus* IV (Salamanca: Sígueme, 2005), p. 429.

c) Lucas

Exegetas e teólogos coincidem na dificuldade de classificar a cristologia da obra de Lucas (o evangelho e os Atos dos Apóstolos) e em advertir que a filiação divina de Jesus não ocupa um lugar proeminente no pensamento deste evangelista[29]. Lucas se refere a Jesus de Nazaré como Messias ou Ungido do Senhor (Lc 2,11.26; 9,20), como Profeta (Lc 7,16.39; 9,19; 24,19), e como Salvador (Lc 2,11), porém seu título favorito é "Senhor", termo que utiliza ao longo do evangelho e dos Atos (Lc 7,13.19; 10,1; 13,15 etc.). Lucas narra a concepção virginal de Jesus, entendendo que Ele é o "Filho de Deus", de forma única, pela ação do Espírito. A resposta do anjo à Maria durante a anunciação o esclarece perfeitamente: "O Espírito Santo virá sobre ti e o poder do Altíssimo te cobrirá com sua sombra; é por isso que o menino santo que vai nascer será chamado Filho de Deus" (Lc 1,35).

Em seu batismo, Jesus é chamado "Filho de Deus" (Lc 3,21-22). O relato de Lucas deixa claro que o evangelista está atraído por uma cristologia do Espírito. As passagens de Lucas que tratam do nascimento virginal de Jesus pelo Espírito e a efusão do mesmo Espírito no batismo mantêm uma estreita relação entre si.

O Espírito, que se faz presente no evangelho da infância, atua ainda no batismo de Jesus, deixando patente a intervenção de Deus nesse acontecimento de salvação, histórico e ao mesmo tempo escatológico. Este interesse de Lucas pela cristologia do Espírito aparece de novo no relato das tentações de Jesus e no reconhecimento de sua autoridade por parte do diabo (Lc 4,1-13). Este relato, em que Lucas evoca a memória dos benefícios de Yahvé ao povo de Israel (Dt 8,2-5), ressalta a vitória de Jesus sobre as provações, diferentemente do povo israelita que sente falta do pão de Egito. É que Jesus não é somente um símbolo do novo povo de Deus, mas é realmente "Filho de Deus", apesar de que υἱός (filho) careça de artigo. Jesus não é simplesmente um símbolo, ou um filho de Deus, mas "o Filho de Deus" escatológico. Novamente, aparece neste texto um estreito vínculo com o relato do batismo de Jesus.

Na transfiguração (Lc 9,35), Lucas diz: "E da nuvem uma voz se fez ouvir, que dizia: "Este é o meu Filho, o Eleito, escutai-o" (καί φωνή ἐγένετο ἐκ τῆς νεφέλης λέγουσα οὗτός ἐστιν ὁ υἱός μου ὁ ἐκλελεγμένος, αὐτοῦ ἀκούετε). No relato da transfiguração, Lucas apresenta Jesus como a revelação definitiva de Deus. Ele é aqui "o (filho) eleito", diferentemente de Marcos e Mateus que o chamam "o amado", vinculando assim, de forma inequívoca e inexorável, Jesus com Deus, seu Pai, e descrevendo sua missão de revelador no mundo. Por esta razão, Jesus deve ser

---

29. T. P. RAUSCH. *¿Quién es Jesús? Introducción a la Cristología* (Bilbao: Mensajero, 2006), p. 198. H. BALZ & G. SCHNEIDER (eds.). *Diccionario Exegético del Nuevo Testamento* II (Salamanca: Sígueme, 1998), p. 1.833.

escutado não como mais um profeta, que transmite a lei, mas como quem revela a salvação. A voz que proclama a filiação divina de Jesus se dirige a seus discípulos manifestando a dimensão eclesiológica desta passagem. Lucas narra também o *logion* Q, compartilhado com Mateus, acerca do conhecimento recíproco entre o Pai e o Filho, já comentado anteriormente. No capítulo 10 escreve: "Tudo me foi entregue por meu pai, e ninguém conhece quem é o Filho senão o Pai, e quem é o Pai senão o Filho e aquele a quem o Filho o quiser revelar" (Lc 10,22). Na narração do processo de Jesus perante o sinédrio, Lucas introduz uma novidade: a pergunta que aparece em Marcos ("És tu o Messias, o Filho do Bendito?", Mc 14,61) se converte em duas. À pergunta sobre se Ele é o Messias (o Cristo), Jesus responde: "Se eu vos disser, não me acreditareis, e se vos perguntar, não me respondereis. Mas, de agora em diante, *o Filho do homem estará sentado à direita do poder de Deus*" (Lc 22,68-69); A respeito de ser Ele o Filho de Deus, diz: "Vós é que estais dizendo que eu sou" (Lc 22,70). À parte o valor didático que possa ter a dupla pergunta, tratando de evitar as ambiguidades do termo "Messias", a referência cristológica do texto é evidente. A este respeito, escreve F. Bovon: "Se Lucas repete a pergunta, é porque quer evitar absolutamente os mal-entendidos: Jesus é o Messias, porém é preciso pôr-se de acordo sobre o significado do termo. Se trata do 'Filho de Deus' para além da morte. Não se trata de estar sentado no palácio que estava à direita do Templo, mas sim da exaltação celeste à direita do Pai"[30].

d) João

O começo do Evangelho de João é considerado por exegetas e teólogos como o exponente mais excelso e poético da cristologia e da teologia que o autor desenvolverá ao longo de sua exposição[31]. O famoso e conhecido prólogo (Jo 1,1-14) – um hino primitivo da comunidade cristã, enormemente influenciado pela teologia sapiencial do Antigo Testamento – esboça de forma sublime uma cristologia, a saber, o Verbo (Palavra) que existia no princípio com Deus, era Deus. Por meio dele se fizeram todas as coisas; nele estava a Vida e a Vida era a Luz dos homens. Essa luz veio ao mundo e nós vimos seu esplendor (glória) que procede do Pai.

As primeiras palavras do prólogo "no princípio" (ἐν ἀρχῇ) recordam o começo do Livro do Gênesis (Gn 1,1), que relata os princípios da história da humanidade. Este paralelismo entre ambos os livros se mantém nos versículos seguintes que

---

30. F. BOVON. *El Evangelio según San Lucas* IV (Salamanca: Sígueme, 2010), p. 422.
31. J. D. G. DUNN. *Christology in the Making An Inquiry into the Origins of the Doctrine of the Incarnation* (Chatham: Mackays of Chatham PLC, 1992), p. 56, afirma que não existe documento algum no Novo Testamento com relação à confissão do Filho de Deus tão alto como os escritos de João. A meta de seu evangelho, diz, é manter ou atrair os leitores à fé em Jesus como o "Filho de Deus" (20,31).

reúnem os temas da criação, da luz e das trevas. Sem dúvida, o "princípio" a que se refere João, mais do que material e temporal, é qualitativo e espiritual, designando não o tempo anterior à criação, mas sim o âmbito próprio de Deus. "No princípio", portanto, já "existia a Palavra" (ἦν ὁ λόγος), situando-a fora das coordenadas espaçotemporais, já que preexistia à história humana e sua preexistência, em que não cabe especulação alguma, se dá em relação com Deus (πρός τόν θεόν), uma relação que pode ser bem interpretada em um sentido de movimento (com Deus) ou de relação (para com Deus). Esta Palavra era "Deus" (καί Θεός ἦν ὁ λόγος). A frase foi objeto de amplo debate, pois se trata de um texto fundamental no reconhecimento da divindade de Jesus. Reconhecendo as dificuldades inerentes ao texto[32], estimo oportuno citar duas opiniões de autores autorizados: R. E. Brown e F. J. Maloney. R. E. Brown entende da seguinte forma: "No caso de um moderno leitor cristão, a quem o transfundo trinitário tem acostumado a pensar em 'Deus' como em um conceito mais amplo do que o de 'Deus Pai', a tradução 'a Palavra era Deus' se revela completamente correta. Esta leitura se reforça se recordamos que no evangelho, tal como nós o conhecemos, a afirmação de 1,1 tem quase com certeza a intenção de formar uma inclusão com 20,28, onde, ao final do evangelho, Tomé confessa Jesus como 'Meu Deus'" (ὁ Θεός μου)[33]. E F. J. Maloney escreve o seguinte: "Ainda que tradicionalmente se tenha traduzido como 'e a Palavra era Deus', há um perigo de que o leitor contemporâneo entenda como uma só entidade a Palavra e Deus: ambos são Deus. A frase grega (καί Θεός ἦν ὁ λόγος) coloca o complemento Θεός antes do verbo "ser", sem aplicar-lhe um artigo. É extremamente difícil captar este matiz em nossa língua, porém o autor evita dizer que a Palavra e Deus eram uma só e a mesma coisa"[34]. Jesus é claramente o "Filho de Deus". Ele é o Unigênito, com íntima relação pessoal com Deus Pai e, ao mesmo tempo, o "único Deus" (Jo 1,18). Jesus, como afirma J. D. G. Dunn, é "a Palavra, o discurso criador de Deus, a ação reveladora e redentora de Deus feita carne"[35]. No prólogo se identifica o *Logos* com o homem Jesus, o Cristo, manifestando a ideia da encarnação.

O prólogo, mais do que marco de interpretação da cristologia de João, é resumo do evangelho, ao qual foi integrado como compêndio sobressalente. Já desde o princípio, Natanael reconhece Jesus como "Filho de Deus" (Jo 1,49) e, ao longo do

---

32. Basicamente, as complexidades na interpretação derivam do significado dos termos utilizados, de sua posição no texto e do uso do artigo. Assim, segundo a ordem no texto grego, na segunda linha do capítulo 1, "Deus" (o Pai) aparece com o artigo definido (ὁ Θεός), ao passo que, na terceira linha, "Deus" (predicado) não leva artigo.

33. R. E. BROWN. *El Evangelio según Juan* I (Madri: Cristiandad, 1979), p. 176.

34. F. J. MALONEY. *El Evangelio de Juan* (Estella, Verbo Divino, 2005), p. 59.

35. J. D. G. DUNN. *¿Dieron culto a Jesús los primeros cristianos? Los testimonios del Nuevo Testamento* (Estella: Verbo Divino, 2011), p. 53.

evangelho, o próprio Jesus se refere a si mesmo como "o Filho" (Jo 3,16.17; 5,20.21; 10,30; 14,9; 20,31), afirma a unidade com o Pai (Jo 10,30.38; 14,9) e, de forma absoluta, utilizando-se da fórmula da revelação hebraica, diz "Eu sou" (ἐγώ εἰμι) (Jo 8,24.28; 13,19).

Vejamos seletivamente alguns textos significativos. Segundo R. E. Brown, há alguns textos do Evangelho de João que parecem implicar que o título de "Deus" não foi aplicado a Jesus, como acontece quando Jesus em seu discurso diz que vai ao Pai "porque o Pai é maior do que eu" (Jo 14,28) ou, em sua oração, afirma que a vida eterna é "conhecer a Ti, o único verdadeiro Deus, e àquele que enviaste, Jesus Cristo" (Jo 17,3). Outros apresentam variantes que complicam a leitura do texto, como acontece com a expressão: "Ninguém jamais viu a Deus. O Filho único de Deus, que está junto ao Pai, foi quem no-lo deu a conhecer" (Jo 1,18). As palavras "*Deus Filho Unigênito são* interpretadas, com efeito, de forma diversa pelos exegetas[36].

Dois textos de João afirmam categoricamente a divindade de Jesus: Jo 1,1 (já comentado anteriormente) e Jo 20,28. Neste texto se diz: "Tomé lhe respondeu assim: 'Meu Senhor e meu Deus!' (Jo 20,28). Oito dias depois da ressurreição, com um cenário semelhante ao de outras aparições, na presença de Tomé – ausente na aparição anterior de Jesus a seus discípulos – Jesus cede às condições do discípulo e, ao mesmo tempo, exorta-o a não ser incrédulo, mas crente. Diante do aventurado desafio da fé, Tomé responde: "Meu Senhor e meu Deus!" (ὁ κύριός μου καί ὁ Θεός μου), a tradução mais fiel da linguagem do Antigo Testamento ("Senhor" por Yahvé e "Deus" por Elohim). O Jesus ressuscitado e confessado é o mesmo que o Jesus crucificado. Os exegetas não são unânimes na avaliação do ato de fé de Tomé. Alguns acham – atendo-se a Jo 20,29 – que uma fé sem visão, como a que ocorrerá em tempos posteriores, é superior à manifestada por este discípulo; outros, por sua vez, não duvidam em qualificá-la como "o exemplo mais claro do uso do título 'Deus' aplicado a Jesus"[37]. Em todo caso, a confissão reconhece Jesus como Senhor e Deus e se converte na culminação de uma cristologia que está presente desde o início no Evangelho de João.

10.5. Conclusão

Pode-se afirmar com absoluta coerência que todos os títulos aplicados a Jesus serviram de ajuda a seus discípulos para aprofundar a estreita relação de seu Mestre com Deus. O título "Filho de Deus" foi, inegavelmente, o mais significativo e

---

36. R. E. BROWN. *Introducción a la Cristología del Nuevo Testamento* (Salamanca: Sígueme, 2005), p. 196-199.
37. *Ibid.*, p. 211.

mais distinto nas primeiras comunidades cristãs. Popularizado e sugestivo entre os habitantes do mundo greco-romano e fascinante na tradição do povo judeu, o título foi aplicando-se justamente a Jesus, que se denominava a si mesmo "o Filho", professava uma obediência e fidelidade absolutas ao seu אבא *abbâ*', e atuava em sua vida com especial relação com Deus. Este título – melhor que qualquer outro – esclarecia o infinito mistério de Deus, desvelado à humanidade na pessoa de Jesus.

Os escritos do Novo Testamento mostram uma abundante diversidade de cristologias, expressadas de maneira diferente, com simbolismos e tipologias distintas, às quais aderiram as primitivas comunidades cristãs. Todos os evangelhos afirmam redondamente a divindade de Jesus, admitindo a unidade essencial entre o Filho e o Pai. E a filiação divina de Jesus não permanece no plano intelectual ou metafísico, nem se limita exclusivamente à relação do Filho com o Pai, mas expressa simultaneamente a obediência ilimitada de Jesus ao Pai e sua entrega total à humanidade.

CAPÍTULO 11
O conflito final de Jesus

11.1. A morte de Jesus

Nós, cristãos, Jesus crucificado sempre presente. Com muita frequência, sua imagem está em nossa mesa de trabalho, na cabeceira de nossa cama, no lugar mais privilegiado de nossa casa, e o levamos em alguma parte de nosso corpo, e sempre em nossos lábios e no coração. É uma imagem, fixa na terra e voltada para o céu, às vezes majestosa e senhorial, outras, desnuda e vulnerável, em que encontramos sempre a esperança mais excelsa e mais sólida que envolve a humanidade inteira. Por trás desta imagem está Jesus de Nazaré. Porém, o que se esconde, realmente, por trás desta imagem? Que sentido tem o crucifixo em nossa vida? Quem é esse Jesus crucificado? Que aconteceu para que o homem que, com tanta paixão, pregou a boa notícia do reino de Deus na Galileia e enfrentou com valentia as autoridades políticas e religiosas de seu povo em Jerusalém se encontre agora, coberto de dor, em uma cruz, desprezado pela multidão e, inclusive, abandonado por Deus? Jesus crucificado é o grande mistério em que se insere o cenário completo de nossa própria vida, que assistimos aturdidos e no qual encontramos o sentido e a esperança de nossa existência.

O ministério público de Jesus foi muito breve, segundo os sinóticos, e um pouco mais extenso, segundo João. Ungido pelo Espírito, seu ministério profético começou na Galileia, na sinagoga de Nazaré, anunciando a evangelização dos pobres, a libertação dos cativos e a liberdade dos oprimidos. A imprevista surpresa e admiração de seus conterrâneos diante da sabedoria de Jesus deram passagem repentinamente ao desprezo e ao ódio, até expulsá-lo da cidade. Algo que marcaria a vida de Jesus havia ficado totalmente claro: seu profetismo – em continuidade com os profetas do povo de Israel – sua mensagem de libertação e de salvação para todos os povos, e não só para Israel, e a sua firme decisão de obedecer a vontade do seu Pai (Lc 4,16-30). Na Galileia, pregou a notícia do reino de Deus e cuidou da vida dos pobres, enfermos, e marginalizados da sociedade.

Até o ano 30 de nossa era, Jesus, acompanhado de seus discípulos, se dirigiu a Jerusalém para celebrar a festa mais importante do povo judeu. Era uma festa de oito dias, em que se celebravam a Páscoa propriamente dita (que durava um dia) e a festa dos pães ázimos. A Páscoa transcorria do dia 14 até o dia 21 do mês de Nissan e a ela acudiam judeus da diáspora, homens, mulheres e crianças. Era uma autêntica peregrinação, organizada de forma consciente, em que os caminhantes esperavam vários dias perto do Templo de Jerusalém, preparando seu corpo e seu Espírito para serem libertos de toda impureza e assim cumprir a lei de Yahvé, dada a Moisés no deserto de Sinai (Nm 9,1ss.). Na tarde do dia 14, o representante dos distintos grupos levava um cordeiro (cabritos e terneiros podiam ser sacrificados também) ao Templo, onde era sacrificado. À noite, uma vez retirado o cordeiro do Templo e assado, se celebrava a ceia pascal. Jerusalém era a capital, símbolo do poder político, e o Templo o centro e símbolo da liderança religiosa do povo judeu. Ali chegou Jesus, consciente da rejeição que sua pessoa causava nas autoridades civis e religiosas e, provavelmente, com a suspeita de que sua viagem à capital o conduziria a um destino fatal. Ele guardava em sua memória o destino dos profetas de Israel e a morte de João, o Batista.

Nesta atmosfera de incerteza e inquietude, Jesus entra em Jerusalém. Os evangelhos não informam se Jesus e seus discípulos cumpriram os rituais religiosos de preparação da Páscoa – receber a aspersão, banhar-se e levar um cordeiro ao Templo – embora refiram uma curiosa história, em que os discípulos perguntam a Jesus onde quer que façam os preparativos para comer o cordeiro pascal e Jesus envia dois deles a Jerusalém, onde lhes virá ao encontro um homem com um cântaro de água, que lhes preparará uma estância na qual o Mestre poderá comer o cordeiro pascal com seus discípulos.

Ali, em uma grande sala mobiliada, no piso de cima, se farão os preparativos (Mc 14,12-15 par.). Podemos imaginar que na palavra "preparativos" se incluem os atos religiosos que dispunham à celebração da Páscoa; porém, em realidade, isto tem pouca importância. O silêncio sobre este tema não ofusca em absoluto as cenas centrais que se narram na última semana da vida de Jesus: a entrada em Jerusalém, a predição e ameaça da destruição do Templo, a última ceia com seus discípulos, a acusação ante os representantes do sinédrio e a condenação à morte e crucifixão[1].

---

1. J. I. GONZÁLEZ FAUS. *La Humanidade Nueva. Ensayo de Cristología*. 4. ed. (Santander: Sal Terrae, 1984), p. 115, afirma que, embora se possam encontrar elementos de teologização nos relatos da Paixão "não se deve esquecer que os relatos da Paixão são o estrato mais antigo dos Evangelhos e que, se obedecem a uma intenção teológica, obedecem também a um afã de conservar lembranças históricas, devido precisamente ao caráter estranho dessa Paixão. Por isso, embora à primeira vista pareçam vagos ou insignificantes os dados que podem ser garantidos, talvez essa impressão não seja totalmente exata". Nota: o autor cita a H. KESSLER, *Die theologische Bedeutung des Todes Jesu* (Düsseldorf: Patmos, 1971), p. 241s., para afirmar a teologização dos primeiríssimos fragmentos transmitidos da narração do Calvário.

Diante desses atos da semana última de Jesus, cabem inúmeras perguntas, que podem aclarar o sentido de sua função profética e a repercussão em nossa vida cristã. Por que Jesus morreu? Como se explica sua morte? Qual foi a causa última dela? Que responsabilidade se pode atribuir às autoridades civis e religiosas? Como Jesus concebeu sua própria morte? Até que ponto Jesus foi obediente aos planos de seu Pai? Sentiu-se, em algum momento, abandonado por Deus? São perguntas, como se pode perceber, de caráter histórico, religioso e pessoal, às que tentarei aceder a partir dos dados evangélicos e da interpretação cristã, baseada na fé na ressurreição de Jesus.

11.2. O conflito na vida de Jesus

Qualquer leitor dos evangelhos pode dar-se conta de que o enfrentamento e a tensão estiveram presentes, de uma forma ou de outra, e de maneira constante, na vida de Jesus de Nazaré.

A afirmação parece óbvia se tivermos em conta que muitos fatos e ditos de Jesus se chocaram frontalmente com as tradições culturais e religiosas do povo de Israel, contrariando os preceitos das autoridades civis e religiosas. O conflito começou na Galileia e terminou em Jerusalém.

Entre os inimigos que aparecem na atividade pública de Jesus se encontram, de forma muito indiferenciada, fariseus e escribas, doutores da lei, herodianos, saduceus e os zelotas, a facção mais radical dos fariseus. O motivo básico do enfrentamento entre Jesus e seus adversários é a pregação do reino de Deus, o anúncio de uma ordem nova em que ficavam desqualificados os pilares da religiosidade do povo de Israel. A Lei seria substituída pelo amor, o que se manifestava nas refeições de Jesus com publicanos e pecadores, relegando a segundo plano as normas de pureza da sociedade judaica (Lc 18,9-14). O conflito iniciado no ministério público de Jesus na Galileia foi agravando-se até suscitar o rechaço das autoridades de Jerusalém. Jesus chega à cidade santa com a fama de pregar doutrinas revolucionárias, comportamento desrespeitoso em relação à tradição de Moisés e vínculo com gente que não respeitava a sinagoga. A subida de Jesus a Jerusalém será cenário para a representação dramática desses atos.

O primeiro ato do grande profeta de Israel, quer dizer, a entrada de Jesus em Jerusalém, ainda que só gozasse de um caráter simbólico, suscitou aclamação entre seus seguidores, porém também despertou suspeitas e receios nas autoridades religiosas e civis.

É muito provável que Jesus não fosse reconhecido pessoalmente pelos habitantes de Jerusalém, porém no Evangelho de Marcos se diz que o aclamavam peregrinos que tinham partido com ele desde Jericó (Mc 11,9) e João parece supor que pessoas da cidade (poderiam ser também peregrinos) haveriam saído ao seu encontro. Em definitiva, em Jerusalém entrava alguém que, segundo relata Mateus, cumpriria o anúncio do profeta Zacarias (Zc 9,9), que diz: *"Dizei à filha de Sião: eis que teu rei vem a ti, humilde e montado num jumento, num jumentinho, filho de jumenta"* (Mt 21,5). Os discípulos e seguidores, "um gentio", "uma multidão", narram os evangelhos, bendiziam o "reino que vem, o reino de nosso Pai Davi" (Mc 11,10), ao mesmo tempo em que identificavam esse reino com Jesus: "Bendito o que vem em nome do Senhor" (Mt 21,9). O júbilo está representado na pessoa de Jesus, e a alegria de seus seguidores está vinculada à esperança depositada no reino de Deus que Ele anunciava. Que Jesus fosse proclamado "Rei" representava um perigo e criava um compromisso para as autoridades religiosas e o prefeito de Roma, atentos sempre aos perturbadores sociais e falsos profetas que se manifestavam em Jerusalém nessas datas.

O perigo e o conflito também se elevavam sobre a pessoa de Jesus, porque, ainda que permaneçam obscuros muitos detalhes históricos, pode afirmar-se com o teólogo J. Gnilka que "Ele (Jesus) iniciou por si mesmo esta cena messiânica". A doutrina de Jesus foi também motivo de alarme e confronto entre Ele e as autoridades de Israel. O Evangelho de João, ao narrar a morte e a ressurreição de Lázaro, põe na boca do sumo sacerdote Caifás uma sentença enormemente significativa: "Vós não entendeis nada! Não compreendeis que é melhor para nós que morra um só homem pelo povo para que não pereça a nação toda?" (Jo 11,49-50). Muitos dos judeus, ao ver a ressurreição de Lázaro, creram em Jesus e ante esse fato o sinédrio se pronunciou dizendo: "Se o deixarmos assim, todos vão acreditar nele; depois virão os romanos e destruirão nosso lugar santo e nossa nação" (Jo 11,48). Na decisão do sinédrio, como opina F. J. Moloney, "subjaz o delicado equilíbrio do poder entre Roma e as autoridades políticas e religiosas locais dos tempos de Jesus: deixar em liberdade os fazedores de milagres messiânicos e populistas provocaria um grande estrago"[2]. Caifás desvela uma interpretação interessante da morte de Jesus. Profetizou que, em consonância com a tradição judaica, segundo a qual uma pessoa justa poderia morrer pela nação obtendo a bênção de Deus, Jesus morrerá por Israel e não somente por este povo, senão por todos, a saber, "para reunir na unidade os filhos de Deus que estavam dispersos" (Jo 11,52).

De alguma forma, também se observa em toda esta narração de João a relação do Templo com a morte de Jesus. O gesto simbólico de Jesus no Templo de Jerusalém representa um ponto capital na compreensão do conflito em sua vida profética. É facilmente compreensível que os cristãos do século XXI não captem a importância e a profundidade deste tema. O leitor moderno, como afirma E. P. Sanders,

---

2. F. J. MOLONEY. *El Evangelio de Juan* (Estella: Verbo Divino, 2005), p. 348.

concebe perfeitamente uma religião sem sacrifícios e deixa de ver a novidade do cristianismo que entendeu a morte de Jesus como a substituição absoluta do culto do Templo do povo de Deus[3]. Como afirma R. Aguirre, "o Templo e o culto eram, naquele momento, a coluna vertebral da religião política judaica e um dos maiores símbolos da identidade nacional"[4]. Era a inspiração do povo de Israel, onde se guardava zelosamente a presença de Yahvé e se esperava sua vinda escatológica. Era, portanto, o lugar indicado do culto, onde se apaziguava o Deus que tinha conduzido o povo até a terra de promessa com sacrifícios expiatórios, dízimos e festas. Era também o lugar que mantinha Israel politicamente unido frente a seus inimigos e a base econômica do poder político das famílias dos sumos sacerdotes. Era a lembrança nostálgica do passado e a esperança do futuro de um povo que se chamava povo de Deus. Sua magnificência e suntuosidade, que evocavam os sonhos de Davi (1Sm 7,1-2; Cr 17,1) e a glória de Salomão (2Sm 7,12-13; 1Cr 17,11-12), eram símbolo de unidade política e religiosa do povo, custodiada com esmero em todo o território, especialmente na Judeia, sobretudo a partir do exílio.

As reflexões que faço sobre o Templo se embasam nos relatos dos quatro evangelistas. Um assunto de tanta importância devia estar recolhido por todos eles, ainda que com as variantes que os caracterizam. João, que situa este acontecimento no começo do ministério público de Jesus, descreve o zelo de Jesus que com um açoite de cordas expulsa os mercadores da zona do templo em que se vendiam pombas, bois e ovelhas e se cambiava moeda romana por moeda tíria para pagar o imposto do Templo. As palavras de Jesus se dirigiram contra os abusos no Templo. É que o Templo (ἱερόν) não deveria ser uma praça de mercado, mas sim "a casa de meu pai", μὴ ποιεῖτε τόν οἶκον τοῦ πατρός μου οἶκον ἐμπορίου, (Jo 2,16). O enviado de Deus reclama a pertença do templo, por ser a casa de seu Pai. Não é somente um lugar de culto e de comércio, mas principalmente a morada de Deus. Diante da dura provocação de Jesus, os judeus reagiram exigindo um sinal que demostrasse sua autoridade.

A resposta de Jesus é conclusiva: "Destruí este santuário, e em três dias o levantarei" (Jo 2,19). As desconcertantes palavras de Jesus não correspondem à destruição do Templo de Jerusalém nem à edificação de um templo de pedra, mas a um acontecimento que se produzirá em breve, a saber, a destruição e ressurreição do corpo de Jesus. Os judeus rechaçaram o sinal de Jesus; insolentemente, zombam dele. Os discípulos, por sua vez, quando Ele ressuscitou dentre os mortos "recordaram que tinha dito aquilo e creram na Escritura e na palavra que tinha dito Jesus"

---

3. E. P. SANDERS. *La figura histórica de Jesús* (Estella: Verbo Divino, 2010), p. 286.
4. R. AGUIRRE; C. BERNABÉ & CARLOS GIL. *Qué se sabe de... Jesús de Nazaret* (Estella: Verbo Divino, 2009), p. 160.

(Jo 2,22). O Evangelho de Lucas narra objetivamente a expulsão dos mercadores do Templo, sem fazer referência à destruição e edificação dele (Lc 19,45); sem dúvida, os Atos dos Apóstolos recolhem esta cena no relato da prisão e do julgamento de Estêvão (At 6,14). Mateus, que segue Marcos, põe na boca de duas testemunhas falsas as palavras de Jesus: "Este disse: Posso destruir o santuário de Deus e edificá-lo em três dias" (Mt 26,61) e na crucifixão os transeuntes blasfemos dizem: "Tu, que destróis o santuário e o edificas em três dias, salva-te a ti mesmo; se és Filho de Deus, desce da cruz" (Mt 27,40).

Marcos goza de uma especial importância no estudo deste tema. Os especialistas estão de acordo em afirmar que o primeiro relato da paixão e morte de Jesus aparece em seu evangelho e que tal relato constitui a parte narrativa mais antiga dele. As acusações contra Jesus referidas no Evangelho de Marcos são muitas, tanto religiosas como políticas, e narradas com especial precisão. Assim, se fala de inculpações do povo contraditórias e falsas contra Jesus, que fazem referência, de forma especial, à destruição do Templo de Jerusalém; de imputações de blasfêmia e de promessas vãs às pessoas de Israel, sob aparências de profetismo messiânico de Jesus; de zombarias e piadas contra o chamado "Rei dos Judeus" e de sua condenação à morte. Porém, vejamos detalhadamente a narração de Marcos.

É impressionante o relato de Jesus ante o sinédrio, escrito por Marcos. Diz assim: "Conduziram Jesus à casa do Sumo Sacerdote, onde se reuniram todos os sumos sacerdotes, escribas e anciãos. Pedro seguiu Jesus de longe, até dentro do pátio do sumo sacerdote. Sentou-se com os guardas junto ao fogo e se aquecia. Os sumos sacerdotes e todo o sinédrio procuravam um testemunho contra Jesus, para condená-lo à morte, mas não o achavam. Muitos apresentavam falsos testemunhos contra Jesus, mas os depoimentos não concordavam". Levantaram-se, então, alguns que deram o seguinte falso testemunho: "Ouvimos Jesus dizer: 'Eu destruirei este Santuário feito por mãos humanas e em três dias edificarei outro que será feito não por mãos humanas'" (Mc 14,53-58). Parece que Marcos entendeu como verdadeira esta afirmação, ao repeti-la no momento da crucifixão de Jesus (Mc 15,29). É importantíssimo observar, como indica J. Gnilka, que nesta passagem se menciona pela primeira vez os sumos sacerdotes (οἱ ἀρχιερεῖς)[5]. A ação de Jesus, de protesto e purificação do templo – um chamado à conversão do povo de Israel – pôs em pé de guerra os principais dirigentes religiosos da nação, que esperavam uma atuação rápida e mais adequada para matar o Galileu[6]. Jesus é conduzido à casa do sumo

---

5. J. GNILKA. *Jesús de Nazaret. Mensaje e historia* (Barcelona: Herder, 1995), p. 340.
6. J. D. G. DUNN. *El Cristianismo en sus comienzos* I: *Jesús recordado* (Estella: Verbo Divino, 2009), p. 886-887, ante a pergunta a respeito de quando Jesus começou a ser percebido como incômodo?, responde: "Foi a partir de sua viagem (final) a Jerusalém? Ou já havia contra Ele um ressentimento que se exacerbou depois de sua chegada à cidade santa? Parece antes a primeira, porquanto nos evan-

sacerdote – neste caso, Caifás, embora Marcos não o mencione – e ali enfrentará representantes das três facções que compunham o sinédrio: os sumos sacerdotes, os anciãos e os escribas. Ante eles, e em um interrogatório caótico, reaparece a notícia de que Jesus pretenda destruir o Templo de Jerusalém e edificar outro. O texto se presta a diversas interpretações. E. P. Sanders entende que Jesus foi "um escatologista radical" que esperava a atuação decisiva de Deus para mudar radicalmente o rumo das coisas, almejando a nova era, "quando se reuniriam de novo as doze tribos de Israel em um Templo novo e perfeito, construído por Deus mesmo"[7]. A menção a "outro" templo, não feito por mãos humanas, "aos três dias" sugere, antes, que se está pensando na ressurreição de Jesus. Como diz outra vez J. Gnilka, "o Senhor exaltado substituirá o templo ou o inutilizará"[8]. Teólogos e exegetas têm voltado a colocar no centro da investigação religiosa esta passagem evangélica. Não se trata somente de referências, por muito importantes que sejam, à ira de Jesus contra os avaros comerciantes nos recintos sagrados do Templo de Jerusalém ou a sua enérgica repulsa pelas normas religiosas de pureza do povo judeu, mas sim de interpretar esta ação de Jesus como uma das principais razões para sua sentença de morte. Assim entendem, entre outros autores, W. Kasper, N. T. Wright e R. E. Brown[9].

W. Kasper, falando do marco histórico da morte de Jesus, considera que a execução na cruz era especialmente cruel, humilhante e infamante, reservada especialmente para escravos. Se entre pessoas de bem não se podia falar de uma morte tão ignominiosa, a desconfiança dos romanos em relação aos judeus em uma Palestina politicamente instável e a explicável ignorância dos poderes públicos acerca da religião de Israel permitiram aos inimigos de Jesus apresentar a querela ante Pilatos. Jesus, portanto, foi executado como rebelde político, ainda que sua rebeldia mostre traços muito singulares, alijados de qualquer movimento da época com estas conotações. O título da cruz "Rei dos judeus" (Mc 15,26 par.) prova nitidamente esta

---

gelhos (incluindo João) os chefes dos sacerdotes mal apareçam antes da entrada de Jesus em Jerusalém; até então, Jesus tem como principais antagonistas regularmente escribas e fariseus. Por outro lado, há indícios de que palavras e ações de Jesus possam ter sido entendidas como uma reprovação (ou algo pior) das prerrogativas sacerdotais". Em nota de pé de página se diz que. "À parte as predições da paixão (Mc 8,31 par.; Mc 10,33; Mt 20,18), apenas requer consideração Jo 7,32.45; todas as outras referências joaninas seguem o acontecimento desencadeante em João: a ressurreição de Lázaro (Jo 11,47.49.51.57; 12,10)".

7. E. P. SANDERS. *La figura histórica de Jesús* (Estella: Verbo Divino, 2010), p. 285-286.
8. J. GNILKA. *El Evangelio según San Marcos* II (Salamanca: Sígueme, 2005), p. 329.
9. W. KASPER. *Jesús, el Cristo* (Salamanca: Sígueme, 2006), p. 192; N. T. WRIGHT. *Jesus and the Victory of God* II (Minneapolis: Fortress Press, 1996), p. 405, 370; R. E. BROWN. *La muerte del Messias* I: *Desde Getsemaní hasta el Sepulcro* (Estella, Verbo Divino, 2005), p. 555, afirma: "É quase certo que os sacerdotes foram o motor, na parte judaica, dos procedimentos finais contra Jesus; e se fosse preciso indicar em que Jesus incomodava a classe sacerdotal, o elemento mais provável seria algo que pudesse ser interpretado como um perigo para o templo/ santuário".

afirmação. Mais difícil do que a cena de Pilatos, continua analisando W. Kasper, é o processo de Jesus ante o sinédrio, em que duas coisas intervieram: a questão messiânica e as palavras de Jesus sobre a destruição do Templo. Com isso se devia provar que Jesus era um falso profeta e blasfemo, sobre o qual era preciso pronunciar a sentença de morte. Tudo isto se converteu em provas dos poderosos e Jesus foi assassinado por conta de mal-entendido, da covardia, do ódio, da mentira, das intrigas e das emoções. A morte de Jesus, e assim termina a reflexão deste teólogo neste ponto, tem, sem dúvida, uma dimensão mais profunda. Para o Novo Testamento, "a morte de Jesus não é somente ação dos judeus e romanos, senão obra salvadora de Deus e livre-autoentrega de Jesus"[10].

Seguindo a exposição de T. P. Rausch[11], N. T. Wright entende que, embora a questão de Jesus e o Templo seja central na atualidade da investigação teológica, a ação de Jesus deva ser interpretada, mais do que como uma simples ameaça à religiosidade do povo judeu e à casta sacerdotal, como um juízo simbólico e profético contra o Templo. Com isso, sem recorrer à violência armada contra a ocupação romana, e agindo como autêntico profeta de Israel, anunciava o final da era presente, a falta de sentido do Templo em um tempo futuro, e a chegada do reino de Deus[12]. R. E. Brown, ainda que de forma mais débil, admite a enorme probabilidade histórica de que o acontecimento da destruição do Templo tenha contribuído à execução de Jesus[13].

11.3. Jesus enfrenta a morte e deixa entrever seu alcance

Inegavelmente, a morte de Jesus foi um acontecimento singular para seus discípulos e para o grupo de seguidores que permaneceram fiéis à trajetória de vida do Galileu. E o foi, especialmente, porque a vida de Jesus havia terminado aparentemente no fracasso mais retumbante e no abandono de Deus; mais ainda, no escárnio da maldição, como se afirma no Livro do Deuteronômio: "Quando alguém tiver cometido um crime de pena capital e for executado e suspenso numa árvore, o cadáver não poderá ficar ali durante a noite, mas deverás sepultá-lo no mesmo dia, pois o que foi suspenso é maldição de Deus, e não deverás manchar a terra que o SENHOR teu Deus te dá em herança" (Dt 21,22-23). Diante da magnitude do acontecimento, os seguidores de Jesus voltaram o olhar para as Escrituras hebraicas, recorrendo a metáforas e simbolismos da tradição judaica que permitissem

---

10. W. KASPER. *Op. cit.*, p. 193.
11. T. P. RAUSCH. *¿Quién es Jesús? Introducción a la cristología* (Bilbao: Mensajero, 2006), p. 144-146.
12. N. T. WRIGHT. *Op. cit.*, p. 593-595.
13. R. E. BROWN. *Op. cit.*, p. 556.

uma explicação satisfatória à morte ignominiosa de Jesus. A tarefa não apresentava excessiva dificuldade. Recordavam perfeitamente a figura dos profetas de Israel, enviados de Yahvé para proclamar sua palavra ao povo eleito, e também rechaçados e até executados pelos poderes públicos. Não estava muito distante o destino de João Batista. Estavam também familiarizados com a tradição sapiencial, em que o símbolo do justo sofredor se assemelhava em alto grau ao sofrimento e morte de Jesus. O mesmo acontecia com o Servo de Yahvé. Por trás desta explicação, estava a intenção de entender o pensamento de Jesus sobre sua própria morte e sobre o sentido que ele lhe atribuía.

Os escritos das primeiras comunidades cristãs apareceram sem grande demora, trazendo um significado à morte de Jesus e servindo, ao mesmo tempo, de base para que os cristãos pudessem averiguar algo da forma como Jesus entendeu sua morte e o alcance que lhe deu. A tarefa é sumamente difícil. No pensamento de Jesus sobre sua morte não podemos nos adentrar senão com inúmeras limitações de índole diversa e, em todo caso, de forma indireta. Os evangelhos devem ser interpretados sempre à luz da ressurreição de Jesus e nem sempre temos certeza se as histórias que relatam gozam de caráter histórico ou pertencem à visão crente da comunidade cristã. Em qualquer caso, as figuras bíblicas da tradição religiosa de Israel podem nos ajudar a encontrar a perspectiva e o sentido da morte de Jesus. A elas passo a me referir.

11.4. A morte do profeta

Nos escritos do Novo Testamento aparece frequentemente o tema de Israel matando a seus profetas, ainda que, ordinariamente, de forma simbólica. O profeta perseguido estava nas entranhas do povo de Israel. O povo judeu conhecia à perfeição a missão comprometida e o destino final do profeta. Jerusalém, que simboliza a religiosidade do povo de Israel (e, de alguma forma, do mundo inteiro), será descrita como a cidade que mata os profetas e apedreja os que lhe são enviados (Mt 23,37). E Jesus foi, inegavelmente, um profeta. Assim se manifesta, direta ou indiretamente, ao longo de seu ministério público. Jesus foi desprestigiado e rejeitado em sua terra e em sua casa, Nazaré (Mt 13,57).

O rei Herodes associa Jesus à missão profética de João Batista e o povo considerava-o um profeta (Mc 6,14; Mt 21,26.46). Nas invectivas contra os escribas e fariseus, Jesus compara sua perseguição e a de seus seguidores com o rechaço dos profetas de Israel (Lc 11,49-51). O mesmo acontece no relato das bem-aventuranças (Lc 6,22-23). Mais referências indiretas podem ser observadas na Parábola da vinha e os rendeiros homicidas (Mc 12,1-9) e nas duras alusões ao rei Herodes (Lc 13,32-33).

Um profeta é reconhecido por sua relação especial com Yahvé, sua reta, incisiva e acusadora palavra contra a perversão do povo de Israel, e seu destino desacertado e fatal, associado estreitamente a sua arriscada missão. Jesus é o protótipo destas qualidades proféticas. Com naturalidade surpreendente, fala às pessoas sobre Deus, chamando-o de Pai (*abbâ*': Mt 7,21; 10,32; 11,27; Lc 2,49), e assim se dirige a Ele nos momentos mais cruciais de sua vida (Mc 14,36). Sua autoridade (ἐξουσία) reside na missão encomendada por Deus, seu Pai, que desenvolve em absoluta confiança e liberdade, curando os enfermos, expulsando os demônios e anunciando a boa notícia do reino (Mt 21,23-27; Mc 11,28-33; Lc 20,2-8). Sua relação singular com Deus, a autoridade de sua palavra e a ação a favor dos marginalizados da sociedade marcaram o final de sua existência terrena, que se distinguiu em conflitos e ignomínia entre os demais profetas do povo de Israel. Sua vida profética se orienta à morte e à ressurreição e, assim, o reivindica o evangelista Lucas quando, nos Atos dos Apóstolos, Pedro proclama que "toda a casa de Israel saiba certamente que Deus fez Senhor e Messias, a esse Jesus a quem vós crucificastes" (At 2,36).

Jesus não foi um profeta qualquer. Ele foi um profeta singular, já que sua mensagem não se confinou ao povo de Israel, mas abarcou toda a humanidade. Pela mesma razão, sua morte teve caráter universal, abrindo a esperança de salvação a todo o gênero humano.

11.5. A morte do justo

Na tradição bíblica de Israel, as figuras do justo e do profeta se assemelham na esperança que põem em Yahvé; um, buscando a justificação do sentido de sua vida, constantemente ameaçada pelos ímpios, e o outro, a validez de sua palavra e de sua luta, questionada, ademais, pela dureza de coração dos destinatários. O Antigo Testamento concede uma posição privilegiada à justiça de Yahvé. Em sentido próprio, somente Ele é justo. E o homem que age retamente e se aproxima desta justiça de Deus se vê livre do fracasso e das injustiças humanas, ainda que esteja submetido ao sofrimento. A história deste sofrimento do justo se aplicou originariamente ao rei de Israel que, muito embora perseguido por seus inimigos, sempre sai vitorioso com a ajuda de Yahvé, traduzida na derrota dos inimigos e na confirmação da justiça de quem implora sua misericórdia. A justiça de Yahvé, em definitiva, não somente manifesta uma de suas propriedades essenciais, senão que, pela confiança posta nele, converte em justo a quem lhe suplica. Os profetas são os que personificam de forma mais específica e clara a figura do justo, que padece e é desprezado. Só nos salmos, especialmente na tradição sapiencial, a figura do justo sofredor e também exaltado se converte em tema popular no judaísmo tardio. Os malvados conspiram contra o justo, ofendem-no com suas reprovações e zombarias, enquanto ele clama a Yahvé para que o defenda, implorando que acabe com a maldade dos ímpios e confirme sua conduta (Sl 7,2-10; 22; 25; 31; 34; 37). O Livro da Sabedoria ocupa uma importância decisiva neste tema. O pensamento dos ímpios se opõe à forma de vida do justo, provando-o com torturas e ultrajes, inclusive condenando-o a uma morte vergonhosa. Os sofrimentos do justo nesta vida não são considerados castigos, senão provas com que Deus reconhece aqueles que são dignos dele. Por isso, enquanto os ímpios sofrem o castigo nesta vida e carecem de toda esperança, o justo, que goza da proteção de Yahvé, espera a imortalidade e o gozo no reino de Deus (Sb 2,10-22; 5,1-5).

O tema do justo se encontra também no Livro de Daniel. Nele se lê sobre a ordem do rei Nabucodonosor de atirar ao forno de fogo abrasador os três jovens que se negaram a venerar os deuses do rei e a estátua de ouro que ele havia erigido, o envio do anjo de Yahvé que livrou seus servos por confiarem nele (Dn 3), as ordens do rei Dario de lançar Daniel à fossa dos leões, e a conseguinte libertação do profeta e o reconhecimento de Yahvé como Deus vivo e eterno (Dn 6), e o relato, exposto no deuterocanônico Daniel, da bela Susana, caluniada pelos anciãos apaixonados, e libertada por haver posto sua esperança em Yahvé, seu Deus (Dn 13).

Os escritos do Novo Testamento não podiam estar alheios ao tema do "justo que sofre, e que é salvo por Deus". A vida de Jesus se insere perfeitamente neste esquema, embora com claras e significativas diferenças. O melhor exemplo para iluminar a teologia do justo sofredor se encontra na segunda predição da paixão do Evangelho de Marcos. Diz assim: "o Filho do homem será entregue nas mãos dos homens; e o matarão; e morto, depois de três dias ressuscitará" (Mc 9,31). O vaticínio afirma expressamente o sofrimento de Jesus, porém com uma novidade radical, a saber, neste caso, o justo não é um homem qualquer, mas sim o Filho do homem, entregue por Deus (sujeito escondido no circunlóquio da forma passiva παραδίδοται), cuja esperança fica absolutamente realizada com a ressurreição. E. Schillebeeckx encontra vestígios do tema do sofrimento do justo no material pré-marcano da paixão com alusões ao terceiro canto do Servo de Yahvé (Is 50,4-9), e ao Salmo 2, ao mesmo tempo que afirma que Marcos quer demonstrar que Jesus não sofreu como "justo", mas como "Filho do homem" e "Filho de Deus" (Mc 8,31; 9,31; 10,33; 15,39). Pode-se dizer, segundo este teólogo, que "a forma primitiva do relato da paixão foi concebida segundo o modelo do 'justo dolente', porém que já na redação de Marcos, e ainda com maior clareza em Mateus e Lucas, este modelo passa ao segundo plano"[14]. Afirma, ademais, que "o fato de, na fase mais antiga do relato da paixão, não se aludir a Is 53 indica, inicialmente, que

---

14. E. SCHILLEBEECKX. *Jesús. La historia de un viviente* (Madri: Trotta, 2002), p. 265.

a 'meditação da paixão' não reconhecia ainda o significado salvífico da paixão e morte de Jesus"[15].

Com Jesus culmina uma tradição e começa uma etapa nova na história do "justo dolente" da história do povo judeu. O justo que agora sofre é o Filho do homem, o inocente por excelência entre todos, que experimenta a injustiça mais radical e absoluta do mundo, porém que, ao mesmo tempo, assume em si a esperança de todos os tempos e de todos os justos da Antiguidade.

Ele não terminará no oblívio, mas será ressuscitado por Deus. A ressurreição será também o destino final de todos os que, sem fugir da realidade deste mundo, nos identificarmos com Ele no sofrimento.

11.6. A morte do servo sofredor

O tema do servo sofredor é de capital importância para determinar o sentido que Jesus deu a sua morte. Até que ponto e em que sentido podemos entender que Jesus fez alusão ao servo de Yahvé no canto de Isaías (Is 52,13-53,12), ao falar do trágico final de sua missão? É verossímil que Jesus contemplasse sua morte como um sofrimento vicário, levado a cabo a favor de outros? A resposta a estas perguntas variou com o passar do tempo.

Tradicionalmente, os estudiosos têm visto na figura do servo do profeta Isaías a representação de Jesus de Nazaré. A partir da segunda metade do século XX, e este é o pensamento predominante na atualidade, os exegetas consideram sumamente difícil que Jesus tenha utilizado esta figura para dar sentido à sua morte, atribuindo-a, antes, à interpretação que fizeram dela algumas comunidades após a Páscoa.

Apresento o belo texto, conhecido como o quarto canto (ou poema) do servo do dêutero Isaías (Is 52,13-53,12):

Olhai! O meu servo será bem-sucedido, subirá, será exaltado e levado bem alto. Assim como muitos se sentiram horrorizados à vista dele, – tão desfigurado Ele estava que já não parecia homem, e seu aspecto já não era o de um ser humano do mesmo modo muitos povos se admiram, diante dele os reis ficam mudos; pois veem o que jamais lhes foi contado, e contemplam algo inaudito.

Quem deu crédito ao que nos era anunciado, e a quem foi revelado o braço do SENHOR? Ele crescia na sua presença como um broto, como raiz em terra seca: Não tinha beleza nem formosura que atraísse os nossos olhares, não tinha boa aparência para que desejássemos vê-lo. Era desprezado, era o refugo da hu-

---

15. *Ibid.*, p. 265.

manidade, homem das dores e habituado à enfermidade; era como pessoa de quem se desvia o rosto, tão desprezível que não fizemos caso dele. No entanto, foi Ele que carregou as nossas enfermidades e tomou sobre si as nossas dores. E nós o considerávamos como alguém castigado, ferido por Deus e humilhado. Mas Ele foi traspassado por causa das nossas rebeldias, esmagado por causa de nossos crimes; caiu sobre Ele o castigo que nos salva, e suas feridas nos curaram. Todos nós andávamos extraviados como ovelhas, cada um seguia o seu próprio caminho, mas o SENHOR fez cair sobre Ele os crimes de todos nós. Maltratado, Ele se humilhava e não abria a boca; como cordeiro conduzido ao matadouro e como ovelha muda diante dos tosquiadores não abria a boca. Foi eliminado por um julgamento violento, e quem se preocupou com sua sorte? De fato foi exterminado da terra dos vivos, por causa da rebeldia de seu povo é que foi ferido.

Deram-lhe sepultura em meio aos ímpios, e seu túmulo está com os ricos, embora não tivesse praticado violência nem houvesse falsidade em sua boca. Mas o SENHOR quis esmagá-lo com a doença: Se fizeres de sua vida um sacrifício expiatório, Ele verá sua descendência, prolongará seus dias, e a causa do SENHOR triunfará graças a Ele. Depois dos profundos sofrimentos, Ele verá a luz, ficará satisfeito; por seu conhecimento, o justo, meu servo, justificará a muitos e tomará sobre si as suas iniquidades. Por isso lhe darei uma parte entre os grandes, e com os poderosos Ele partilhará os despojos; é que entregou sua vida à morte e se deixou contar entre os rebeldes, quando na realidade carregava o pecado de muitos e intercedia em favor dos rebeldes.

A conveniência deste texto em relação à morte de Jesus é evidente. Vejamos algumas ideias predominantes:

– no cântico, o servo se situa na tradição do povo sofredor, embora se diferencie dele por sua inocência e confiança em Yahvé.

– Faz referência a um servo que, desprezado e abandonado pelos homens, sofrerá por causa de nossos pecados, subjugado por conta de nossas iniquidades. O castigo recaiu sobre Ele.

– Ele é quem levou nossos sofrimentos, quem carregou sobre si nossas dores. Sobre ele recaiu a culpa. Ele padecerá vicariamente pelos outros.

– Ele foi ferido de morte, morrerá.

– seu sofrimento vicário agradará a Yahvé e justificará a muitos porque carregará sobre si as iniquidades deles.

Este impressionante canto do dêutero Isaías põe em evidência o valor da dor de um homem justo e permite interpretar essa dor não como um escândalo, mas como instrumento de uma missão, que não somente serve de purificação pessoal para a outra vida, mas para a salvação de outros. É inegável a importância desta passagem de Isaías na interpretação da morte de Jesus nas primeiras comunidades cristãs. Coisa muito diferente é se Jesus teve presente as palavras do profeta e se lhe serviram para entender sua própria experiência mortal. J. D. G. Dunn examina várias passagens do Novo Testamento relacionadas com este tema, negando ou ao menos pondo em questão, a relação entre eles e o canto de Isaías no que se refere à influência que possam ter tido em Jesus[16].

Em todo caso, e deixando de lado essa questão, mostra-se evidente que os ecos do canto de Isaías ressoam nos escritos do Novo Testamento, mais insistente e nitidamente que nos evangelhos nos Atos dos Apóstolos (At 3,13.26; 4,27.30; 8,32), nas Cartas de Paulo, que se aplica, às vezes, as palavras a si mesmo (Rm 4,25; 15,21; Gl 1,15), e especialmente em 1Pd 2,21-25). Os exegetas observam os traços do servo sofredor de Isaías na atividade do ministério profético de Jesus. Assim, Mateus, ao falar de várias curas de Jesus, confirma o cumprimento do anúncio de Isaías, que diz: "Ele tomou sobre si nossas fraquezas e carregou nossos pecados" (Mt 8,17). No mesmo evangelho (Mt 12,16-21), se dá cumprimento à profecia do "servo de Yahvé". É certo que os exegetas destacam distintas facetas de Jesus ao explicar o interesse de Mateus pela passagem do profeta Isaías (Is 42,1-4) e que é difícil conhecer as associações que o evangelista pretendeu suscitar nos leitores, porém, como diz U. Luz, "o importante é a orientação *cristológica* que o texto oferece com ajuda destas imagens: elas mostram a πραΰτης de Cristo, sua paciência, não violência, pacifismo, bondade e amor"[17]. Segundo esta passagem, o futuro do Filho de Deus não é violento, mas justo, em cuja justiça se encontra também a esperança das nações, do anúncio de Isaías, que diz: "Ele assumiu nossas fraquezas e carregou nossos pecados" (Mt 8,17). Lucas,

---

16. J. D. G. DUNN. *El Cristianismo en sus comienzos* I: *Jesús recordado* (Estella: Verbo Divino, 2009), p. 912-921, ao falar do servo doloroso, examina os textos de Lc 22, 38 – onde aparece a misteriosa frase das duas espadas – que falam do serviço e de dar a vida em resgate por muitos (καί δοΰναι τήν ψυχήν αύτοΰ λύτρον άντίπολλών) (Mc 10,45; Mt 20,28; Lc 22,27), do lava-pés a seus discípulos (Jo 13,3-17) e os que fazem referência à instituição da Eucaristia na última ceia (Mc 14,24; Mt 26,28; Lc 22,20). Examinados esses textos, afirma este exegeta, não existem razões sólidas para ver neles uma alusão clara ao servo de Isaías. Suas próprias palavras o resumem da seguinte maneira: "O interesse por parte dos comentaristas em servir-se deste poderoso ícone do sofrimento vicário para dilucidar a ideia que Jesus tinha de si mesmo pode ter desviado a atenção das outras imagens que podem relacionar-se melhor com Ele, chegando inclusive a ofuscá-las". Então, se pergunta este autor, Que sentido deu Jesus à morte que evidentemente Ele previu com crescente certeza e angústia? Segundo sua opinião, a tradição indica várias respostas prováveis: 1) Ele ia sofrer em obediência à vontade de Deus. 2) Em sua condição de eleito para levar seu povo à conversão, provavelmente esperava sofrer como os santos do Altíssimo tinham sofrido no tempo dos Macabeus. 3) Cedo ou tarde chegou, provavelmente, à conclusão de que a tribulação escatológica, predita na pregação do Batista, ele próprio teria que suportá-la. 4) Se Deus ia estabelecer uma aliança com seu povo, então, presumivelmente, seria necessário também um sacrifício de aliança: a morte de Jesus podia constituir esse sacrifício.

17. U. LUZ. *El Evangelio según San Mateo* II (Salamanca: Sígueme, 2006), p. 334.

ao narrar a contenda entre os apóstolos acerca de quem deles era o maior, põe na boca de Jesus estas palavras: "Os reis das nações as dominam, e os que têm autoridade sobre elas se chamam 'benfeitores'. Porém, não seja assim entre vós; ao contrário, o maior entre vós seja como o menor, e o que manda como o que serve" (Lc 22,25-26). Embora se mantenha a ambiguidade do texto: ὑμεῖς δέ οὐχ οὕτως – vós não sois assim / vós não sejais assim – (trata-se de um imperativo ou de um indicativo); se impõem à comunidade cristã alguns critérios que devem afastar-se dos modelos de poder do mundo. No versículo seguinte, no marco de uma refeição, se distingue entre o que está sentado à mesa e o que serve, e se diz, referindo-se a Jesus: "eu estou no meio de vós como aquele que serve" (Lc 22,27). O evangelista recorreu em alguma outra ocasião de forma implícita à imagem do "servo" (Lc 12,35-40.46.47-48; 17,7-10), porém aqui estabelece o fundamento cristológico do ministério eclesial, inspirado em tal imagem. Referindo-se a esta paisagem, F. Bovon afirma que Lucas, mesmo conhecendo o paralelo de Marcos (Mc 10,45), "prefere manter-se em sua tradição própria, embora a cristologia do serviço testemunhada por ela esteja mais desenvolvida do que a cristologia da redenção de Mc 10,45. Não há em Lucas nenhuma alergia à ideia da expiação. Há somente uma atenção contínua a Cristo, que se oferece como modelo à sua Igreja e, sobretudo, aos responsáveis por ela"[18]. No Evangelho de João se encontra uma frase muito significativa para o tema que estou considerando. No conhecido como segundo dia, em que João Batista continua dando testemunho de Deus, se diz que viu Jesus se aproximando dele e disse: "Eis o Cordeiro de Deus, que tira o pecado do mundo!" (Jo 1,29). Esta é uma frase polêmica e aberta a múltiplas interpretações[19]. Inclino-me a aceitar, e considero isto suficiente para meu propósito, a opinião de R. E. Brown, que afirma: "Há inúmeros argumentos a favor de que o evangelista (João) interpretasse o Cordeiro de Deus sobre o pano de fundo da descrição isaiana do servo"[20]. As expressões "Yahvé fez recair nele a culpa de todos nós", "foi maltratado" e "foi conduzido como cordeiro ao matadouro e qual ovelha emudecida perante seus tosquiadores, e não abriu a boca" resultam completamente familiares para a comunidade cristã quando aplicadas a Jesus.

As passagens evangélicas que expus me conduzem a formar uma imagem de Jesus que resumo da seguinte maneira: se entendemos que o canto de Isaías se aplica a Jesus, Ele é realmente aquele que carrega sobre si os pecados do mundo e nisso está a razão de sua morte[21]. O pecado, entendido pelo judeu como algo inerente ao

---

18. F. BOVON. *El Evangelio según San Lucas* IV (Salamanca: Sígueme, 2010), p. 307.
19. R. E. BROWN. *El Evangelio según Juan I-XII* (Madri: Cristiandad, 1979), p. 238-244, trata este tema expondo as diversas interpretações.
20. *Ibid.*, p. 241.
21. R. E. BROWN. *Op. cit.*, p. 241-242, se expressa sobre este ponto da seguinte maneira: "Diz-se que o Cordeiro de Deus tira (αἴρειν) o pecado do mundo. Esta não é a mesma imagem que achamos

castigo, recai sobre Jesus. Nele, o sofrimento e a condenação – mais dolorosos do que os de qualquer justo – não são consequência de seu pecado, mas dos pecados do mundo inteiro. Jesus, efetivamente, tomou sobre si o pecado dos homens ou a maldição humana; inclusive como diz Paulo, a Ele, que não conheceu pecado, Deus o "fez pecado por nós" (2Cor 5,21). O pecado do mundo o levou à morte; o Messias "deve morrer", segundo a lei judaica (Jo 19,7), e tinha que sofrer esta morte "para entrar em sua glória" (Lc 24,26).

A morte de Jesus é a morte do servo sofredor, quer dizer, é um serviço a todos os homens, e com ela se abre a porta da glória, também para todo o mundo.

11.7. A paixão de Jesus

Quando um cristão olha para a cruz sente com o crucificado o sofrimento e a esperança da glória. A cruz, símbolo da paixão e da dor, não é o fim do ministério profético de Jesus, mas sim a culminação de sua atividade, orientada de forma inexorável à glorificação do Filho do homem, e um sinal que marca nossa peregrinação neste mundo. Assim, no-lo indicam os conteúdos dos evangelhos, onde se cimenta a fé da Igreja.

11.8. Referências evangélicas ao sofrimento de Jesus

De um ponto de vista genérico, podemos afirmar que o ministério público de Jesus esteve vinculado a uma morte violenta. Ele arriscou tanto sua vida, mesclando-se com pecadores, desafiando as autoridades religiosas e civis, e se considerando, na tradição dos profetas de Israel, como um enviado de Deus, que não era previsível que sua morte fosse marcada por algo muito diferente disso. Creio que isso fica suficientemente claro ao longo das seções anteriores, especialmente na consideração do gesto simbólico da purificação e destruição do templo de Jerusalém. Porém, vejamos algumas referências dos evangelhos ao sofrimento de Jesus.

Sob formas diferentes, os evangelhos se referem, implícita ou explicitamente, aos sofrimentos de Jesus ao longo de sua vida terrena. Ele mesmo ensina a seus discípulos que o seguimento ao Mestre exige a negação de si mesmo e carregar sua cruz (Mc 8,34), que ao discípulo basta ser como seu Mestre (Mt 10,25), e lhes

---

em Is 53,4.12, onde se diz que o servo leva ou carrega (φέρειν / ἀναφέρειν) os pecados de muitos. Porém, esta distinção não se reveste de maior importância, já que os primeiros cristãos não veriam grande diferença entre dizer que Jesus tivesse tirado o pecado ou o tivesse carregado sobre si em sua morte. Os LXX usam indistintamente αἴρειν e φέρειν para traduzir o hebraico *nâsâh*. Sem dúvida, a expressão 'carregar o pecado', que aparece em Is 53,12, não pode ser usada para identificar o Cordeiro com o Servo sofredor, como às vezes se tem dito".

ensina que nele se há de cumprir a Escritura: "que foi contado entre (os) malfeitores" (Lc 22,37). Jesus se sente traído por Judas, e nele se cumpre a Escritura, segundo a qual o Filho do homem vai morrer, porém "ai daquele por quem o Filho do homem é entregue!" (Mc 14,21). Como profeta, é objeto da ação cruel de escribas e fariseus que, como Ele diz, açoitam, crucificam e matam, e da própria cidade de Jerusalém, que mata os profetas e apedreja os que lhe são enviados (Mt 23,34-39).

Na realidade, toda a vida de Jesus se move em torno da dor e do sofrimento, desde a austeridade e simplicidade de sua vida (Mt 8,20) até o retorno à vida, depois da morte (Lc 11,30), passando pelos tempos difíceis, que abrem a porta aos relatos da paixão.

No que diz respeito a esse ponto, J. D. G. Dunn analisa algumas metáforas que aludem, também, aos sofrimentos de Jesus. São as seguintes: as metáforas do cálice, do batismo e do fogo, que figuram em Mt 20,22-23; Mc 10,38-39; Lc,12,49-50.

Mateus escreve: "Jesus respondeu assim: 'Não sabeis o que pedis. Podeis beber o cálice que eu vou beber?'" Disseram-lhe de: "Podemos". Eles lhes respodeu: "Meu cálice o bebereis; porém, sentar-se à minha direita e à minha esquerda não é coisa minha concedê-lo, mas cabe àqueles aos quais meu Pai o reservou" (Mt 20,22-23).

As palavras de Marcos são estas: "Porém Jesus lhes disse: 'Não sabeis o que pedis. Podeis beber o cálice que eu bebo, ou receber o batismo com que eu sou batizado?'" Eles lhe disseram: "Podemos". Porém Jesus lhes disse: "Bebereis o cálice que eu bebo e recebereis o batismo com que eu sou batizado; porém, sentar-se à minha direita ou à minha esquerda não é coisa minha concedê-lo, mas é para aqueles a quem está reservado" (Mc 10,38-40).

E Lucas escreve: "Vim trazer fogo sobre a terra, e como gostaria que já estivesse queimando! Porém tenho que ser batizado com um batismo, e que angustiado estou até que se cumpra!" (Lc 12,49-50). Acerca da metáfora do batismo, reconhece como provável que a versão de Mateus poderia ter sido tomada da de Marcos, embora nela se omita o dito do "batismo", que apareceria em uma forma distinta em Lc 12,50, fora do contexto em que o escreveu Marcos. Em todo caso, Marcos e Lucas descrevem com a imagem do batismo os sofrimentos que Jesus ia suportar. O dito sobre o "cálice" de Marcos e de Mateus também parece aludir aos sofrimentos futuros de Jesus e provavelmente procede do próprio Jesus. A imagem do "cálice" se encontra também nas formas da tradição de Getsêmani (Mc 14,36 par.). No horto que leva este nome, Jesus, com grande angústia e desconcerto, acode ao poder de seu אבא *abbâ'* para que afaste para longe dele o cálice da dor; tem consciência da iminência de sua morte, porém a vontade de seu Pai triunfará sobre sua sensibilidade e sua turbação.

O duplo dito sobre o fogo/batismo de Lucas (Lc 12,49-50) é ainda mais obscuro e misterioso. Embora seja difícil precisar o acontecimento em que esses ditos se inspiraram, o paralelismo entre eles ("vim trazer fogo sobre a terra" e "tenho que ser batizado com um batismo") se mostra perceptível sem muito esforço, o que põe em evidência sua estrutura semítica. Acrescentando ainda mais complexidade a este dito, recorda este autor, encontramos conteúdos similares na boca de Jesus, quando disse: "Não penseis que vim trazer paz à terra; não vim trazer a paz, senão a espada" (Mt 10,34). Lucas o refere do seguinte modo: "Pensais que vim trazer paz à terra? Não, eu vos (lo) digo, mas sim a divisão" (Lc 12,51). Trata-se provavelmente, de anúncios que fazem referência à tribulação dos últimos tempos.

Nas palavras de Mateus e de Lucas: "Eu vos batizo com água... Ele vos batizará com Espírito Santo e fogo" (Mt 3,11 e Lc 3,16) se reproduzem as imagens da pregação de João Batista e, ao mesmo tempo, se deixa entrever a probabilidade de que Jesus pudesse aplicá-las à sua própria missão, intuindo a profunda e dolorosa experiência de sua paixão próxima e de sua morte violenta[22].

11.9. Os anúncios dos sofrimentos e da paixão de Jesus

Nenhum ser humano tem poder para predizer seu próprio sofrimento e sua morte. Somente Jesus de Nazaré teve o conhecimento prévio de seu sofrimento e de sua morte, conforme o confirmam os ditos recolhidos pela comunidade cristã e refletidos nos escritos evangélicos. Os três evangelhos sinóticos consignam essa tradição e o fazem em três ocasiões (Mc 8,31; 9,31; 10,33- 34; Mt 16,21; 17,22-23; 20,18-19; Lc 9,22; 9,43-44; 18,31-33). Marcos refere esses acontecimentos da seguinte maneira: "E começou a ensinar-lhes que o Filho do homem tinha que sofrer muito, e ser rejeitado pelos anciãos e os sumos sacerdotes e os escribas, e sofrer a morte, e depois de três dias ressuscitar'" (Mc 8,31). No capítulo 9, continua afirmando: "E lhes dizia: 'O Filho do homem será entregue nas mãos dos homens; e o matarão; e uma vez morto, depois de três dias ressuscitará" (Mc 9,31). A terceira predição diz assim: "Vede, subimos a Jerusalém, e o Filho do homem será entregue aos sumos sacerdotes e aos escribas, o condenarão à morte, o entregarão aos gentios, zombarão dele, cuspirão nele, o açoitarão e o matarão; porém, depois de três dias ressuscitará" (Mc 10,33-34).

Os exegetas estão de acordo em afirmar que a segunda predição de Marcos (Mc 9,31) corresponde à versão mais antiga e menos desenvolvida de todas as predições da paixão de Jesus, baseando-se em suas características linguísticas, em sua

---

22. J. D. G. DUNN. o *Cristianismo en sus comienzos* I: *Jesús recordado* (Estella: Verbo Divino, 2009), p. 904-907.

brevidade e em sua imprecisão. A predição troca o tempo do presente ao futuro, emprega o presente παραδίδοται, um "passivo divino", que remete a um particípio aramaico; e o mesmo acontece com υἱός τοῦ ἀντρώπου, que evoca a forma aramaica בר אנשא (*bar 'anâshâ'*), que pode ser entendida como título aplicado a Jesus ou como significação ordinária e se vale da construção semítica "entregue aos homens". Com estes argumentos, J. Jeremias afirma que " משל (*mashal*) 'Deus, entregará (logo) o homem aos homens' (Mc 9,31) é o núcleo antigo que está por trás das predições da paixão"[23].

As variações dos evangelistas sinóticos são múltiplas. Marcos repete nas três predições da paixão a expressão "depois de três dias" (μετὰ τρεῖς ἡμέρας), que implica certa imprecisão, enquanto Mateus e Lucas falam de "ao terceiro dia" (τῇ τρίτῃ ἡμέρᾳ), uma expressão mais concreta e familiar à luz da tradição cristã sobre a ressurreição de Jesus. Ao referir-se à ressurreição, Marcos utiliza sempre o verbo na voz ativa: "ressuscitar ou ressuscitará" (ἀνάστηναί / ἀναστήσεται), ao passo que Mateus emprega somente a passiva: "ser ressuscitado ou será ressuscitado" (ἐγερθῆναι / ἐγερθήσεται), e Lucas faz uso de ambas as vozes.

As três versões de Marcos começam com a expressão "o Filho do homem", e a segunda delas (Mc 9,31), a mais antiga, utiliza o jogo de palavras "Filho do homem" que vai ser entregue "nas mãos dos homens", formulação e construção que remetem a formas hebraicas ou aramaicas. A segunda predição de Lucas é muito breve, a única onde se menciona que "o Filho do homem vai ser entregue nas mãos dos homens" (Lc 9,44). Enquanto a terceira contém múltiplos detalhes, como o cumprimento das profecias sobre o Filho do homem, a entrega aos gentios, as zombarias e insultos, os açoitamentos, e a execução (Lc 18,31-33). Mateus refere os pormenores indicados nesta versão de Lucas, aos quais acrescenta a forma da morte, quer dizer, a crucifixão (Mt 20,18-19). Cabe dizer ainda que as três predições de Mateus, ao falar da ressurreição, utilizam a forma passiva: "será ressuscitado", uma afirmação com um enfoque teológico claro, indicando que Jesus haveria de ser ressuscitado por Deus[24].

O estudo destas predições oferece uma base sólida para afirmar que Jesus previu a rejeição que encontraria sua missão profética em Jerusalém, ocasionando-lhe a condenação das autoridades religiosas e civis de Israel e, consequentemente, a morte na cruz. A aceitação desses sofrimentos e da morte parece que foi entendida por Jesus como desígnio inevitável de Deus[25].

---

23. J. JEREMIAS. *Teología del Nuevo Testamento. La predicación de Jesus* (Salamanca: Sígueme, 2009), p. 327.
24. J. D. G. DUNN. *The Theology of Paul, the Apostle* (Grand Rapids: W. B. Eerdmans, 1998), p. 175.
25. J. JEREMIAS. Op. cit., p. 321, 331; J. D. G. DUNN. *El Cristianismo en sus comienzos* I: *Jesús recordado* (Estella: Verbo Divino, 2009), p. 900-904.

11.10. Os relatos da paixão de Jesus

11.10.1. A oração no horto do Getsêmani

No Museu do Prado de Madri se encontra um quadro de Ticiano, "A oração no horto" (1562), que ilustra maravilhosamente este episódio da vida de Jesus. Em óleo, com tonalidades de claro-escuro, aparecem as figuras de Jesus, iluminado pela luz sobrenatural e vestido com as cores azul e roxo, e dos soldados, quase imperceptíveis e com aparência grotesca. As cores, a sensação de movimento e a estranha aparência dos soldados – um deles ilumina a cena portando um farol – sugerem o tenebrismo que se aproxima na vida de Jesus.

O evangelista Marcos refere que uma vez comido o pão e bebido o vinho do סדר (*sêder*) da Páscoa (Mc 14,22-25), Jesus e seus discípulos saem do cenáculo entoando os hinos e se dirigem ao monte das Oliveiras. Tudo concorda com os costumes da Páscoa, uma vez que muito provavelmente já no tempo do segundo Templo, os judeus finalizavam o סדר (*sêder*) com a recitação do הלל (*hallêl*) (Sl 113–118). Estes salmos falam do sofrimento do justo e de sua invocação a Yahvé para que o salve (Sl 116,3-4), referem que Deus livra os simples da morte (Sl 116,8), proclamam a ação de graças coletiva pela vida (Sl 118,17-18) e profetizam que "a pedra que os construtores tinham rejeitado se converteu em pedra angular" (Sl 118,22-23). Todos eles prefiguram a história próxima de Jesus, seu sofrimento iminente e o triunfo sobre a morte.

A recitação do hino encerra a última cena e, com o episódio do Getsêmani (Mc 14,32-42), começa o relato de Marcos sobre a Paixão, ao qual se orienta todo o evangelho. O evangelista nos fala de uma fazenda, de nome Getsêmani, aonde chegam Jesus e seus discípulos. Ali, Jesus, deixando na entrada do horto o grupo principal de seus discípulos e levando consigo Pedro, Tiago e João, pressente um acontecimento aterrador e se angustia de tal maneira que exclama: "Minha alma está cheia de uma tristeza mortal" (Mc 14,34), quer dizer, a ponto de morrer, uma imagem que encerra a dor mais intensa que um homem possa experimentar nesta vida. O texto está cheio de termos apocalípticos, indicando que Jesus enfrenta não somente a sua própria morte, mas as forças cósmicas do mal para levar a cabo a salvação do mundo. A intensa dor não causou em Jesus o esquecimento de seu Pai. Prostrado por terra, como sinal de submissão à vontade de Deus, reza para que, se for possível, passe dele aquela "hora" e se aparte "aquele cálice", metáforas com uma clara dimensão escatológica, assim como de morte próxima.

Jesus quer evitar o terror do sofrimento, porém, como em outros momentos-chave de sua doutrina e de sua vida, obedece ao plano de Deus, aceitando "não o que eu quero, mas sim o que (queres) tu" (Mc 14,36).

Os discípulos, por sua vez, dormem, dominados pela obscuridade do acontecido e sem forças para acompanhar Jesus, nem sequer durante uma hora. "Simão" Pedro é questionado pergunta se dorme e por que não pôde velar uma hora com o Mestre, esclarecendo-se de algum modo sua posição no seguimento de Jesus. A "hora da prova" escatológica chegou. Chegou a hora!, diz Marcos (Mc 14,41), e esta está associada à entrega do Filho do homem nas mãos dos pecadores.

11.10.2. A prisão de Jesus

No citado lugar do horto do Getsêmani se levou a cabo a detenção de Jesus. Conta-nos Marcos que quando Jesus ainda falava com seus discípulos se apresentou Judas e com ele gente com espadas e paus, da parte dos sumos sacerdotes, dos escribas e dos anciãos. Judas, cumprindo a palavra e a senha dadas às autoridades do povo, se aproximou de Jesus, o chamou "Rabi" e o beijou (Mc 14,43-45). Eles o agarraram e o prenderam. A figura de Judas Iscariotes, além de dar verossimilhança à cena, é o agente principal do grupo dos que detiveram Jesus e, ainda que os evangelhos não deem razões acerca de sua ação, indica claramente sua oposição ao restante dos discípulos e sua aliança com os adversários de Jesus. Sua atuação foi opaca e turva, com pactos secretos, utilização de informação privilegiada pela estreita relação com o grupo do Galileu e mentiras encobertas. As autoridades religiosas acertaram na escolha de uma pessoa que conhecia bem a Jesus – desconhecido praticamente em Jerusalém – e que sabia os lugares que frequentava.

A prisão teve lugar à meia-noite, provavelmente para agilizar o processo judicial e evitar os protestos dos simpatizantes de Jesus que tinham acudido à celebração da Páscoa em Jerusalém. Porém, de quem saiu a ordem de detenção? Os relatos evangélicos diferem bastante entre si. Marcos menciona "os sumos sacerdotes, os escribas e os anciãos", que equivale a dizer "o sinédrio" (Mc 14,43). Mateus menciona unicamente "os sumos sacerdotes e anciãos do povo" (Mt 26,47). Lucas fala dos "sumos sacerdotes, oficiais do templo e anciãos" (Lc 22,52). E João introduz em seu relato "um pelotão de soldados e alguns guardas da parte dos sumos sacerdotes e dos fariseus" (Jo 18,3). Como novidade em relação aos sinóticos, João introduz uma menção ao pelotão de soldados, ao comandante e aos guardas (σπεῖρα καὶ ὁ χιλίαρχος) (Jo 18,12), responsabilizando os romanos pela detenção de Jesus.

E. P. Sanders defende que, no que diz respeito à ação sobre a prisão e morte de Jesus, "há uma considerável variação nas descrições dos principais atores do drama"[26]. Em tal sentido, compara os dados dos evangelistas e observa que, em Mateus (Mt 26,57; 26,59) e em Marcos (Mc 14,53; 14,55), o "sinédrio" parece es-

---

26. E. P. SANDERS. *Jesús y el judaísmo* (Madri: Trotta, 2004), p. 445.

tar formado pelos anciãos e os escribas, deixando fora os sumos sacerdotes. Na entrega de Jesus a Pilatos, Marcos parece distinguir entre os sumos sacerdotes, os anciãos e escribas e o sinédrio (Mc 15,1). E Lucas fala do senado do povo (sumos sacerdotes e escribas), reunido ao despertar do dia para julgar a Jesus, e levá-lo ao seu sinédrio (Lc 22,66). Com esses dados, E. P. Sanders conclui que: "é correto deduzir que os evangelistas não sabiam quem era quem, o que ao menos não o sabiam com precisão. Destacam o sumo sacerdote e os dirigentes da classe sacerdotal, porém não estão claras as relações entre os sacerdotes dirigentes, os anciãos, os escribas e o sinédrio"[27].

No grupo da detenção de Jesus sobressai um homem, descrito por Marcos como "o escravo do sumo sacerdote" (Mc 14,47). E ao sumo sacerdote em funções estava reservada a autoridade de deter a Jesus por ser o presidente do sinédrio e não ter sido proibida pela autoridade romana sua faculdade nestes casos de juízo contra malfeitores da lei. Foi ele quem deu a ordem de detenção de Jesus. Jesus não opôs resistência alguma. Os discípulos mostraram um compromisso escasso com o projeto de Jesus. Pedro o negou três vezes (Mc 14,66-72; Jo 18,17-18.25-27). Somente algumas mulheres que o seguiam e o assistiam na Galileia observavam os acontecimentos, porém à distância (Mc 15,40-41). Os demais o abandonaram e fugiram para a Galileia.

O sumo sacerdote foi quem deu a ordem de prender Jesus. Sabemos que no tempo dos prefeitos na Palestina o governo local de Jerusalém estava nas mãos do sumo sacerdote e seu conselho. Eles desempenhavam funções policiais e executavam procedimentos judiciais, além de ocupar-se dos assuntos cotidianos, pagar os tributos, manter a ordem no Templo e impedir distúrbios na cidade. Determinando a ordem de prisão de Jesus, o sumo sacerdote estava cumprindo um dever imposto por Roma. E Jesus foi detido, como sabemos também, por sua doutrina e sua conduta ao longo de seu ministério profético, especialmente pela aclamação como "rei" em sua entrada em Jerusalém, por seu anúncio de destruição do Templo e por proclamar-se "o Messias, o Filho do Bendito", como refere Marcos (Mc 14,61)[28].

---

27. *Ibid.*, p. 446. O autor afirma, ademais, que "Não são apenas os evangelhos que apresentam certa confusão neste ponto. Os testemunhos de Josefo sobre o autogoverno judeu são também confusos. Existe certamente um consenso entre os investigadores: havia um corpo de dirigentes judeus que constituíam o sanedrim, que por sua vez desempenhava um papel considerável no governo e se encarregava da administração da lei judaica".

28. E. P. SANDERS. *La figura histórica de Jesus* (Estella: Verbo Divino, 2010), p. 292-293. Esse prestigioso biblista menciona outras duas teorias que explicariam o motivo da detenção de Jesus. Segundo a primeira delas, Caifás e Pilatos teriam entendido mal Jesus, uma vez que "pensavam que Ele tinha em mente um reino deste mundo e que seus seguidores estavam a ponto de atacar o exército romano; o executaram erroneamente como rebelde". É muito improvável, diz este autor, "que Caifás e Pilatos pensassem que Jesus capitaneasse uma força armada e planejasse um golpe militar". A segunda opinião afirma que Jesus foi detido e executado por causa de diferenças teológicas –Jesus pregava o amor

11.10.3. Jesus ante o sinédrio

Os evangelistas sinóticos nos oferecem uma versão detalhada de Jesus diante do sinédrio (Mc 14,53-65 par.). João, por sua vez, refere que Anás enviou Jesus atado a Caifás, o sumo sacerdote (Jo 18,24), porém não diz nada com relação ao juízo oral que se tivesse celebrado ali. Marcos começa dizendo que: "Levaram-no ao sumo sacerdote, e se reuniram todos os sumos sacerdotes, os anciãos e os escribas". Foi conduzido, portanto, à casa do sumo sacerdote, segundo interpreta o evangelista Lucas (Lc 22,54), cujo nome é Caifás, embora aqui não apareça identificado, tal como o consignam Mateus (Mt 26,3) e João (Jo 11,49; 18,13.24).

Apesar de Lucas determinar a hora da reunião do sinédrio ao despontar do dia (Lc 22,66), é muito provável que esta tenha acontecido durante a noite, como se pode deduzir da cena de Pedro, que estava sentado entre os guardas, aquecendo-se perto do fogo (Mc 14,54), e da observação de Marcos, que a situa na madrugada (Mc 15,1). Dentro do palácio do sumo sacerdote, Jesus enfrenta representantes das três facções do sinédrio: os sumos sacerdotes, os anciãos e os escribas. O sinédrio, que para alguns exegetas designa genericamente um corpo consultivo ou judicial formado para uma ocasião especial sem membros fixos nem tempos determinados para reunir-se, parece entender-se neste lugar como um tribunal, composto por setenta membros, aos quais se somava o sumo sacerdote no cargo. Os sumos sacerdotes representam o grupo mais influente. Tanto esses como os anciãos tinham sentimentos saduceus e, muito embora suas divergências com os escribas fossem notórias, em algumas ocasiões uniam-se para fazer frente a certos acontecimentos.

O objetivo da reunião do sinédrio era muito claro: encontrar testemunhos contra Jesus para poder executá-lo. Jesus se encontra só e indefeso ante os poderes religiosos e uma multidão de testemunhas que levantam acusações falsas contra Ele. Nem sequer o testemunho mais arriscado, com clara alusão à sua ressurreição, a saber, o anúncio da destruição do santuário feito por mãos humanas e a edificação de outro em três dias, não feito por mãos humanas, era idêntico. Segundo a lei judaica, Jesus não podia ser condenado a morte por um único testemunho (Nm 35,30). Depois dos falsos testemunhos das testemunhas, o sumo sacerdote procede ao interrogatório. As duas primeiras perguntas do presidente da assembleia ficam sem resposta. O silêncio de Jesus corresponde ao silêncio do justo sofredor e perseguido (Sl 38,14-16). A terceira pergunta faz referência à dignidade messiânica de Jesus: "És tu o Messias, o Filho do Bendito"? (Mc 14,61).

---

e a compaixão perante o legalismo e o ritualismo – com a maioria dos judeus, encabeçados pelos fariseus. E este autor precisa que "os estudiosos que defendem esta opinião não explicam o mecanismo pelo qual os fariseus conseguiram fazer prender Jesus, mas se contentam em afirmar que a oposição farisaica desempenhou um papel".

A resposta de Jesus é humilde, porém contundente, e depois dela, anuncia ao tribunal a sua confirmação, ao afirmar o poder do Filho do homem, quando chegar entre as nuvens do céu. Ante estas palavras, a reação do sumo sacerdote, mais ritual que apaixonada – rasgou suas vestes – foi declarar Jesus blasfemo. Efetivamente, as palavras de Jesus, que correspondem a uma confissão de fé cristã, eram pura blasfêmia para um judeu. Não eram necessários mais interrogatórios nem mais testemunhas. Jesus era réu de morte. Somente Marcos informa a respeito desta sentença de morte contra Jesus. Segundo J. Gnilka, o processo judeu "não foi mais do que uma investigação preliminar, na qual se reuniram acusações que mereciam a pena capital e não uma condenação oficial à morte que tivesse deixado ao governador da Judeia a função de simples executante do veredito do sinédrio"[29].

O processo termina com o escárnio a Jesus, perpetrados por alguns membros do tribunal e os guardas. Cospem em Jesus, dão-lhe tapas no rosto, socos e o provocam a profetizar. Nessas afrontas se visibilizam o desprezo mais profundo, os castigos mais cruéis e a zombaria mais sarcástica. Os guardas se limitam a dar bofetadas em Jesus. Jesus aguenta indefeso esta terrível humilhação, consciente de ser o servo de Yahvé (Is 50,6; 53,5)[30].

11.10.4. Jesus ante o tribunal romano

Depois das negações e do pranto de Pedro, o evangelista Marcos narra detalhadamente a entrega de Jesus a Pilatos. Diz assim: "Logo ao amanhecer, os sumos sacerdotes com os anciãos e escribas, bem como os demais membros do Sinédrio, reuniram-se em conselho. Depois levaram Jesus amarrado e o entregaram a Pilatos" (Mc 15,1). Começava assim o segundo dos dois julgamentos de Jesus que, desta vez, enfrentava um poderoso representante do imperador de Roma. Pôncio Pilatos era o prefeito ou governador (não o procurador, como às vezes se diz erroneamente) da Judeia, cargo que desempenhou do ano 26 ao 36 d.C. No tempo de Jesus, um procurador representava o imperador em assuntos fiscais, enquanto um prefeito tinha plenas competências em assuntos civis e criminais. Sua autoridade era praticamente ilimitada em questões de ordem e justiça. A ele correspondia a manutenção da ordem e da paz, tendo em seu poder todas as medidas coercitivas ao seu alcance, especialmente com os peregrinos que se aproximavam da cidade de Jerusalém, como era o caso de Jesus, não amparados pela condição de cidadãos ro-

---

29. J. GNILKA. *Jesus de Nazaret. Mensaje e historia* (Barcelona: Herder, 1995), p. 363.
30. J. MARCUS. *El Evangelio según Marcos, 8,16* (Salamanca: Sígueme, 2011), p. 1.152-1.173; J. GNILKA. *El Evangelio según San Marcos* II (Salamanca: Sígueme, 2005), p. 321-333; J. GNILKA. *Jesus de Nazaret. Mensaje e historia* (Barcelona: Herder, 1995), p. 358-364; E. P. SANDERS. *La figura histórica de Jesús* (Estella: Verbo Divino, 2010), p. 293-298.

manos. O historiador Flávio Josefo e outras fontes extrabíblicas apresentam Pilatos como um personagem autoritário, caprichoso, impiedoso e violento, e tão corrupto quanto a maioria dos funcionários provinciais. Os evangelhos, por sua vez, especialmente Mateus e João, o mostram como homem pouco disposto a exercer seu poder contra Jesus e até admirado com sua conduta, procurando desviar a culpa para o povo judeu e apresentando o cristianismo como atrativo aos leitores greco-romanos. Pretendem que a condenação de Jesus seja atribuída ao povo judeu, após um julgamento de Pilatos preocupado, que atende à recomendação de sua mulher de não intervir no caso, que escuta o clamor da multidão, porém cuja covardia o leva a executar Jesus (Mc 15,5; Mt 27,19.24; Lc 23,4.13-16; Jo 18,29-31).

Jesus comparece diante do prefeito, único juiz. O objetivo do julgamento, elucidar a culpabilidade do réu atendo-se às acusações dos sumos sacerdotes. Abre-se o interrogatório. A primeira pergunta de Pilatos, ante um Jesus amarrado e em situação de extrema impotência, tem uma tônica marcadamente sarcástica: Tu és o rei dos judeus? (Mc 15,2). Pela primeira vez aparece, e de forma insistente, o título "rei dos judeus" (Mc 15,2.9.12.18.26), que agora enfrenta o poder de Roma. Jesus responde com tranquilidade e ironia: "Tu (o) dizes" (Mc 15,2). Essa resposta teria sido suficiente para levar à cruz uma pessoa por seu alto potencial revolucionário e o nervosismo que provocava nas autoridades de Roma. Pilatos não manifesta vingança alguma, coisa que caberia esperar. Os sumos sacerdotes, por sua vez, se surpreendem com a atitude do prefeito romano e o acusam constantemente. Chega a segunda pergunta de Pilatos: "Não respondes nada? Olha de quantas coisas te acusam" (Mc 15,4). Jesus já não respondeu e Pilatos, diz-se, ficou admirado (Mc 15,5). O poder soberano de Jesus se manifesta no momento em que sua vida está em jogo, negando-se a dar explicações de sua doutrina e de suas ações. Ele sabe que caminha inexoravelmente para a morte, porém com a esperança da vida e a ressurreição.

A morte de Jesus é vontade de Deus e nem o governador romano com todo seu poder pôde interromper o caminho de tal vontade. Os evangelhos, não obstante, dão mostras abundantes da boa vontade do prefeito da Judeia que tenta "soltar" Jesus. A cena de Barrabás é um exemplo claro disso. Marcos, Mateus e João (Mc15,6; Mt 27,15; Jo 18,39) associam esta cena ao costume de soltar um preso por ocasião da Páscoa; Lucas, sem dúvida, não menciona a anistia pascal e associa a libertação de Barrabás aos gritos do povo que pede por aclamação a liberdade deste malfeitor. Os exegetas estimam que a versão de Lucas é a mais verossímil, visto que a anistia é um conceito jurídico grego (embora o direito romano contemplasse também outras formas de conceder graça, como a *abolitio* ou a *venia*) e é discutível que o governador romano anistiasse habitualmente um preso na festividade da Páscoa. O povo rechaçou Jesus e simpatizou com Barrabás, um homem descrito pelos evangelistas como líder de motins pelas ruas, preso famoso, bandido e assassino. Os gritos da multidão são realmente estremecedores, e aqueles que alguns dias antes aclamavam "àquele que vem em nome do Senhor, o sucessor de Davi", agora pedem que seja crucificado. Jesus não havia cometido delito algum; mais ainda, havia feito sempre o bem. Porém, o vocábulo terrível da "crucifixão" encheu as bocas do populacho. A libertação de Barrabás coincidiu com a condenação de Jesus, na mesma manhã. A Jesus caberia ser revestido de púrpura, ser coroado com espinhos e ser aclamado, em tom de zombaria, pelos soldados como "rei dos judeus".

No interrogatório de Jesus perante Pilatos, o evangelista Lucas introduz, em exclusiva, um chocante episódio que, reconduzindo o leitor ao começo da história que se narra, mistura sentimentos e situações, para além dos atos duros e injustos do processo judicial contra Jesus de Nazaré. Refiro-me ao comparecimento de Jesus diante de Herodes Antipas, tetrarca da Galileia e da Pereia (Lc 23,6-12). No terceiro evangelho aparece em várias ocasiões o nome de Herodes. É mencionado, junto a outros governantes do império de Roma, com especial rigor histórico na preparação do ministério profético de Jesus (Lc 3,1); se detectam a perplexidade do tetrarca diante das coisas que ouvia de Jesus e sua intenção de vê-lo (Lc 9,9) e são referidas as sérias ameaças de morte contra Jesus por parte do governante galileu e as duras palavras de Jesus contra ele (Lc 13,31-33). Nos Atos dos Apóstolos, diz-se que na Igreja de Antioquia havia profetas e mestres, entre os quais se encontrava Manaém, "companheiro de infância do tetrarca Herodes" (At 13,1) e, na oração da comunidade, com o prazer de sentir a presença e as palavras de Pedro e João, após serem libertados no sinédrio, se diz claramente que "Herodes e Pôncio Pilatos aliaram-se com [os] gentios e as tribos de Israel nesta cidade contra seu santo Filho Jesus, a quem ungiste, para fazer o que tua mão e teu plano haviam determinado previamente que acontecesse" (At 4,27-28).

Com dúvidas acerca da historicidade do relato e opiniões distintas acerca de suas fontes de inspiração, o evangelista Lucas narra o comparecimento de Jesus ante Herodes Antipas[31]. Na narração se destacam Pilatos, Herodes, os sumos sacerdotes e os escribas e Jesus, cumprindo todos eles um desígnio divino.

---

31. Cf. F. BOVON, *El Evangelio según san Lucas* IV (Salamanca: Sígueme, 2010), 448-457. Para compreender o texto de Lucas é interessante a comparação com outros semelhantes, examinar as correspondências e diferenças com os outros evangelhos sinóticos e indagar as fontes de inspiração do evangelista. F. Bovon é da opinião de que, no episódio de Jesus com Herodes, Lucas utiliza um material próprio, fortemente influenciado pelo Salmo 2, que diz: "Insurgem-se os reis da terra, e os príncipes, em conjunto, tramam contra o SENHOR e contra seu Ungido" (Sl 2,2). O trabalho exegético, continua este autor, nasce em uma tradição que pode ser observada nos Atos dos Apóstolos, em Ignácio de Antioquia e outros escritores da primitiva comunidade cristã e, especialmente, no Evangelho de Pedro. Na conclusão, este biblista afirma: "A história não admite mais do que dois comparecimentos de Jesus, um ante as autoridades judaicas (22,66-71 par.; cf. também 1Ts 2,15); outra, perante o poder romano (23,1-5; cf. também 1Tm 6,13). A reflexão cristã, apoiada na Escritura (Sl 2,1-2), muito cedo

O episódio começa com a menção à Galileia, símbolo da resistência judaica ao poder de Roma e lugar onde começa a atividade messiânica de Jesus. Jesus é galileu e Herodes tetrarca desta região. Este se encontra por aqueles dias em Jerusalém, celebrando a festa da Páscoa como peregrino, e alojado, provavelmente, em seu palácio. E ali é enviado Jesus com o propósito de ser interrogado, conformando-se ao processo judicial aberto contra Ele. Herodes, que havia ouvido falar de Jesus durante seu ministério na Galileia, se alegrou muito ao vê-lo, esperando um sinal – σημεῖον – que o eximisse de sua responsabilidade política e de seu compromisso de fé. Porém, os milagres não correspondem ao capricho ou à avidez do ser humano de ver ou experimentar coisas maravilhosas, mas à fé e à misericórdia de Deus para com os seres humanos. De fato, Jesus havia deixado claro às pessoas que não haveria outro sinal além do sinal de Jonas (Lc 11,29).

A decepção do tetrarca galileu foi tão estrepitosa quanto impressionante e sereno foi o silêncio de Jesus ante tantas perguntas triviais e inúteis. A reação se traduziu em zombaria e desprezo por Jesus, ridicularizando-o e colocando-lhe uma ἐσθής λαμπρά – uma vestidura brilhante –, como corresponde a alguém que se dizia rei ante os demais. Os sumos sacerdotes e os escribas, diz o Evangelho de Lucas, acusavam Jesus com veemência e intensidade. Pilatos recebeu, de novo, a Jesus, transformado em chacota e escárnio dos poderosos.

Jesus morreu pregado em uma cruz. Podemos tratar de averiguar a causa de sua execução, porém a crucifixão é o fato mais incontestável. Marcos, que nos oferece a versão original, quando fala da inscrição da causa da condenação de Jesus, diz simplesmente: "O rei dos judeus" (Mc 15,26). Mateus escreve: "Este é Jesus, o rei dos judeus" (Mt 27,37). Lucas formula: "Este (é) o rei dos judeus" (Lc 23,38) e João o enuncia assim: "Jesus de Nazaré, rei dos judeus" (Jo 19,19). As execuções do tempo de Jesus se davam a conhecer desta forma, evidenciando publicamente a causa da condenação do réu. O relato de Marcos dá a entender que a tábua com a inscrição não estava fixada sobre a cabeça do executado. Mateus e Lucas indicam que a causa da condenação havia sido escrita e colocada por cima da cabeça de Jesus e João especifica que Pilatos mandou escrever um letreiro e o pôs na cruz. A *causa mortis* de Jesus fica fielmente proclamada no título da cruz.

No processo de Jesus cooperaram as instâncias judaica e romana, complementando-se entre si as atuações de Caifás e de Pilatos. As manobras contra Jesus dos sumos sacerdotes e de Caifás, iniciadas tempos antes por causa das doutrinas e atos

---

acrescentou uma digressão redundante, o envio de Jesus a Herodes (23,6-12; cf. At 4,25-28 e também EvPe 1,3). Lucas integra este episódio no processo de Jesus ante Pilatos (23,1-25 par.)".

de Jesus, culminaram com a profecia sobre o Templo de Jerusalém e sua declaração de ser Filho de Deus. Eram estas puras questões religiosas examinadas criticamente pelo sinédrio. Porém, embora a religião e a política estivessem estreitamente entrelaçadas, o processo de Pilatos se centra em acusações de caráter meramente político. Por esta razão, a condenação de Jesus se justifica por chamar-se "rei dos judeus". Jesus não era cidadão romano e, pelo simples fato de declarar-se rei, o prefeito romano – invocando o fato do *perduellio* ou do *crimem maiestatis* – podia condená-lo à morte. E, assim foi.

11.10.5. O caminho da cruz e a crucifixão

Os esforços do prefeito da Judeia por salvar Jesus foram infrutíferos. Só restava entregá-lo nas mãos dos verdugos para ser atormentado e levado à cruz, onde novamente Ele será submetido a zombarias e injúrias. E assim aconteceu. Jesus, depois de ser açoitado, foi entregue para que o crucificassem. Falando da flagelação, o relato de Marcos o menciona claramente, em uma oração subordinada, evitando provavelmente o escárnio que supunha este castigo (Mc 15,15). A flagelação era o pórtico temível da execução. O direito romano não permitia a aplicação deste tormento àqueles que gozassem da cidadania romana, mas ela se reservava aos "peregrinos", quer dizer, a quem não possuía tal cidadania, como os escravos e delinquentes comuns. A flagelação como tampouco estava contemplada no Antigo Testamento, embora se permitissem os açoites de varas como castigo imposto ao culpado, com um número de golpes proporcional à culpabilidade do réu, e não mais de quarenta, em processos civis (Dt 25,1-3). No castigo da flagelação, os soldados utilizavam o flagelo, um instrumento horrível de tortura, elaborado com cordas simples ou em forma de vergalho, provido de pontas e bolas de chumbo, que golpeava sem piedade o réu, despojado de suas vestes e esticado no solo ou atado a uma coluna. Os verdugos calibravam o número de golpes, conforme critérios de discricionariedade e resistência corporal daquele que ia ser executado.

Uma vez sofrida a flagelação, Marcos refere que os soldados conduziram Jesus para dentro do palácio, convocaram toda a corte, e começaram a zombar dele. Parece que o lugar onde se deram esses acontecimentos foi o pátio, e não o interior do palácio, com capacidade para reunir um grupo numeroso de soldados, como aponta o próprio relato. A corte (deve-se entender mais como uma generalização da culpabilidade e sinal da realeza de Jesus do que como conotação real), como indica R. E. Brown, era formada em sua maior parte por soldados não judeus da zona siro-palestina – os judeus não prestavam o serviço militar – que, com toda probabilidade, albergariam sentimentos antijudeus e descarregariam toda sua raiva e sua sanha contra Jesus[32]. A zombaria contra Jesus pode comparar-se a um ritual de entronização de um monarca, com claros tons de paródia sarcástica.

Jesus é vestido de púrpura, uma vestimenta cara e relacionada com a realeza, tanto no Antigo Testamento como nos escritos extrabíblicos da época, e cingido com uma coroa de espinhos, golpeado na cabeça com uma cana ou bastão (alusão a Is 42,3) e o saúdam como a um rei: Salve, rei dos judeus! (Mc 15,16-19).

Depois de assim fazer, os soldados despojaram a Jesus da púrpura e o vestiram com sua própria roupa, evitando sua nudez, não tanto em atenção à sua dignidade como homem quanto em consideração à sensibilidade do povo nesta matéria. Desta forma, o levaram para ser crucificado. Uma vez fora do palácio, Jesus e outros dois réus, condenados à mesma pena da crucifixão, percorreram as ruas da cidade de Jerusalém, vigiados pelos soldados do pelotão de execução e observados curiosamente pelos peregrinos que, naqueles dias, se tinham reunido por conta da celebração da Páscoa. Os condenados à morte eram objeto da curiosidade dos peregrinos e também exemplo de dissuasão e lição para os malfeitores. O desfile até o lugar da execução e a execução em si se convertiam em um vergonhoso espetáculo, no qual figuravam a tábua com a inscrição do delito do réu, o patíbulo – ou travessa horizontal da cruz – e o sentenciado à morte, desonrado diante de todos os espectadores.

No caminho até a crucifixão aparece a figura de Simão de Cirene, que segundo refere Marcos de forma chocante, "passava por ali, era pai de Alexandre e Rufo, e chegava da lavoura" (Mc 15,21). Este homem não ajudou a levar a cruz, mas carregou em seus ombros o patíbulo de Jesus, exausto em suas forças pelos duros castigos a que havia sido submetido. Simão de Cirene era um judeu da diáspora. Cirene era a capital da província da Cirenaica, no Norte de África, correspondente na atualidade à zona da Líbia, em que se havia estabelecido uma numerosa população judaica até finais do século IV ou começos do século III a.C., da qual alguns tinham emigrado a Jerusalém, chegando a formar sua própria sinagoga. Tudo parece indicar, segundo a tradição de Marcos, que Simão de Cirene era uma pessoa conhecida na comunidade judaica, assim como seus filhos, Alexandre e Rufo, a quem alguns identificam com a pessoa que Paulo menciona na Carta aos Romanos (Rm 16,13). Simão de Cirene cumpria assim com uma missão de forte tradição entre o povo judeu.

---

32. R. E. BROWN. *La muerte del Messias* I: *Desde Getsemaní hasta el Sepulcro* (Estella: Verbo Divino, 2005), p. 829, nota 604. Em conformidade com estes documentos históricos da Antiguidade, este teólogo afirma na página citada: "Obviamente, Pilatos não poderia calcular a brutalidade de seus soldados; porém não se pode acusá-lo de haver desejado cometer uma selvageria contra pessoas inocentes".

Esgotado e desprezado por todos, Jesus foi levado ao sítio do Gólgota. Os evangelistas chamam este lugar "sítio da Caveira", um termo derivado do hebraico גלגולתא (*golgolta* [o segundo "l" ficou elidido]), que corresponde ao vocábulo latino *calvaria*, do que tomamos "calvário". Sobre o termo existem várias versões e muitas variantes: desde a que faz derivar o nome da crença de que ali foi enterrado o crânio de Adão – invocando a tipologia Adão/Cristo – ou de sua fama como lugar em que podiam encontrar-se muitos ossos de pessoas executadas, ou, a mais verossímil, pela forma da colina, que se assemelha a uma caveira. O lugar está situado ao Norte de Jerusalém, e sua localização corresponde à da atual Igreja do Santo Sepulcro, em consonância com uma tradição oral sobre a qual se apoiou Constantino, em princípios do século IV, para construir uma Igreja sobre o lugar da crucifixão de Jesus. Essa tradição local pode remontar à fé da Igreja primitiva, que recordava vivamente a morte e a ressurreição de Jesus.

No Gólgota, segundo referido por Marcos, os soldados deram a Jesus "vinho mirrado", porém Ele não o tomou (Mc 15,23). Este curioso fato tem um fundamento histórico, pois se sabe que, como ato de misericórdia, se costumava ministrar aos condenados à morte uma bebida embriagante para mitigar a dor da execução. R. E. Brown indica que quem proporcionava esta bebida eram familiares do condenado ou gente piedosa[33]. Aqui, são os verdugos que proporcionam a Jesus esta bebida. Talvez Marcos se incline a escusar os romanos. Mateus, por sua vez, refere que os soldados deram a Jesus "vinho misturado com fel" (uma bebida de castigo); Ele provou, porém não quis bebê-lo (Mt 27,34).

No Gólgota, à *hora tertia*, às nove da manhã, uma hora bastante cedo (o dia romano começava às seis da manhã), Jesus foi crucificado. Assim o narra Marcos (Mc 5,25), refletindo provavelmente a concepção teológica da progressão rigorosa dos acontecimentos da salvação. Mateus e Lucas silenciam sobre a hora da crucifixão. João, por sua vez, fala da entrega de Jesus por Pilatos para ser crucificado "por volta da hora sexta" (Jo 19,14). O acontecimento da crucifixão – tão espantoso e transcendental, ao mesmo tempo – é descrito com uma simplicidade assombrosa. Simplesmente se diz: "o crucificaram" (Mc 15,25), evitando os detalhes sangrentos e fugindo de todo sentimentalismo. Contudo, a crucifixão está intensamente acentuada: o verbo "crucificar" (σταυρῶ) e seu composto "crucificar com" (ἐσταυρωσαν) aparecem cinco vezes em poucos versículos, 15,20,32 e o substantivo "cruz" (σταυρός), três vezes.

---

33. R. E. BROWN. *La muerte del Messias* II: *Desde Getsemaní hasta el Sepulcro* (Estella: Verbo Divino, 2006), p. 1.120-1.121. A interpretação deste fato, o autor explica da seguinte forma: "A meu juízo, esta análise do propósito teológico de Marcos em que a recusa da bebida serve para sublinhar a determinação de Jesus de dar-se por completo é mais provável do que qualquer das outras hipóteses elaboradas a esse respeito".

A dor intensa e última de Jesus, acompanhada das zombarias a um rei impotente e louco, culmina na crucifixão, o trono do Senhor do universo. Jesus foi levantado, com os braços amarrados ao *patibulum* (madeiro transversal, cujo peso podia oscilar entre 30 e 60 quilos), ajustando-o ao madeiro longitudinal da cruz, em forma de *crux commissa* (forma de T) ou *crux immissa* (forma de †), e seus pés pregados à cruz. A cruz tinha no madeiro vertical um assento ou *sedile* para evitar o desprendimento do corpo do crucificado. Além de sofrer esta tortura inumana, Jesus foi objeto de vexações morais. Os soldados dividiram suas roupas e tiraram a sorte sobre elas (Sl 22,18), o deixaram desnudo perante o mundo e lançaram sobre Ele o sadismo mais inconcebível. Também os curiosos viandantes blasfemavam contra Ele e o ridicularizavam, recordando-lhe a destruição e reconstrução do Templo e convidando-o a descer da cruz. Inclusive os sumos sacerdotes e os escribas riam de seu poder e de sua missão. Um dos bandidos revolucionários, crucificado com Ele, renegava de sua companhia, embora o evangelista Lucas diga que o outro o recriminava e pedia a Jesus que se lembrasse dele quando entrasse em seu reino (Lc 23,39-43).

Sua solidão e desamparo foram tão cruéis quanto seu castigo de cruz. Os últimos momentos e palavras da vida de Jesus ficaram registrados nos evangelhos, com a tônica e peculiaridade próprias de cada evangelista. Marcos escreve que "a chegar a hora sexta fez-se escuridão em todo o país até a hora nona. E à hora nona Jesus clamou com grande voz "'Elohi, 'Elohi, lema´ sebaqtani" (que, traduzido, significa: "Meu Deus, meu Deus, por que me desamparaste?") (Mc 15,33-34). O clamor de Jesus, o abandono de Deus e a escuridão (Sl 22) foram percebidos não só na região da Judeia, mas em todo o mundo (σκότος ἐγένετο ἐφ' ὅλην τὴν γῆν), permitindo entrever as descrições do "dia do Senhor" do Antigo Testamento (Jl 2,1-2.10; Am 8,9-10).

Mateus repete as mesmas palavras que Marcos. Lucas põe na boca de Jesus palavras de perdão aos seus verdugos: "Pai, perdoa-os, pois não sabem que estão fazendo" (Lc 23,34), em consonância com sua doutrina sobre o amor aos inimigos (Lc 6,28), e recita uma oração judaica: "Pai, em tuas mãos encomendo meu espírito" (Lc 23,46), reconhecendo a íntima relação com o Pai, e entregando o sopro de vida (πνεῦμα), o constitutivo essencial de sua personalidade. João reconhece que Jesus cumpriu a missão que o Pai lhe confiou, dizendo: "cumpriu-se" e, desta forma, "inclinando a cabeça entregou o Espírito (Jo 19,30), quer dizer, confia o Espírito à nova comunidade, reunida em torno à cruz. Na morte de Jesus aparecem palavras ao Pai, algumas de perdão por seus inimigos e outras de desconcerto e abandono, um grito comovente e escuridade em toda a terra. Tudo contribui para a cena do drama da crucifixão. Sem dúvida, a palavra que sobressai é a de Pai, אבא¡ (*abbâ*!), presente em todo o ministério profético de Jesus.

11.10.6. A morte de Jesus

A morte de Jesus é narrada com extrema simplicidade e intenso estremecimento: "Depois de dar um grande grito, expirou" (Mc 15,37). Em referência ao grito de abandono, Jesus, ἀφεὶς φωνὴν μεγάλην ἐξέπνευσεν, quer dizer, no respiro ofegante final exala seu último sopro de vida, e morre[34].

Segundo Marcos: "A cortina do santuário se rasgou em duas partes, de cima a baixo" (Mc 15,38). O termo καταπέτασμα, segundo os especialistas, pode significar tanto o véu que separava o *sancta sanctorum* do resto do Templo como a cortina externa que isolava o Templo propriamente dito do pátio dianteiro. Do ponto de vista teológico, a referência ao primeiro véu tem um significado mais rico, já que revela que a presença misteriosa e inacessível de Deus se rompeu para ser desvelada e conhecida pela humanidade. De forma similar ao que aconteceu no batismo de Jesus, onde os céus se abriram, o Espírito desceu e Jesus foi proclamado o Filho querido (Mc 1,10-11), agora se rasga o véu do Templo e Jesus se faz presente a toda a humanidade. De fato, um pagão, um centurião romano, submetido à hierarquia militar, que até então não tinha outro Deus senão o imperador romano, de pé diante do criminoso que morre na cruz, o proclama "Filho de Deus (Mc 15,39).

Marcos relata que na crucifixão de Jesus "estavam também algumas mulheres que observavam de longe, entre elas Maria Madalena, Maria a mãe de Tiago Menor e de José, e Salomé, que quando Jesus estava na Galileia o seguiam e o assistiam; e outras muitas que tinham subido com Ele a Jerusalém" (Mc 15,40-41). O grupo de mulheres que acompanha Jesus nos episódios da crucifixão, da sepultura e da tumba vazia varia ligeiramente. Mateus, no episódio da crucifixão não menciona

---

34. Sobre a data da morte de Jesus se tem especulado incessantemente, sem que tenha sido determinada com exatidão do ponto de vista histórico. Os cálculos utilizados para sua fixação estão sujeitos às limitações inerentes do cômputo do tempo pelos judeus, à duração do ministério profético de Jesus, e ao relato que nos oferecem os evangelhos canônicos. Como prova desta dificuldade ofereço duas opiniões de prestigiosos teólogos. J. GNILKA diz o seguinte: "Discute-se se Jesus morreu no dia da festa da Páscoa ou no dia anterior, quer dizer, se morreu em 14 ou 15 de Nissan (ou mês da primavera). Nós preferimos o dia da festa. Com certeza era uma sexta-feira... Assim, teremos que nos contentar com a informação de que Jesus foi executado até o ano 30. O ano 30 foi o ano 783 depois da fundação de Roma. Com relação à idade de Jesus, cremos como provável que Ele acabara de passar da metade de seus trinta anos" (*Jesús de Nazaret. Mensaje e historia* [Barcelona: Herder, 1995], p. 385). W. KASPER escreve assim: "Discute-se se foi (a morte de Jesus) no dia 14 ou 15 de *Nissan* (março-abril). Para os sinóticos, a última ceia de Jesus parece que foi pascal, em cujo caso Jesus teria morrido na cruz no dia 15 de *Nissan*. Não aparece assim em João; para ele Jesus morreu no dia da preparação da festa da Páscoa (Jo 19,14), quando se sacrificavam os cordeiros no templo, ou seja, no dia 14 de *Nissan*. Em grande conformidade com isso, João não apresenta a última ceia de Jesus com seus discípulos como pascal, mas como de despedida... Decidir a questão histórica não é, pois, fácil. Porém, há algo que se inclina a favor da exposição joanina, pois é improvável que o sinédrio tivesse se reunido no dia mais solene dos judeus... Mediante cálculos astronômicos se conclui que o dia 7 de abril do ano 30 d.C. foi provavelmente o dia em que morreu Jesus" (*Jesús, el Cristo* [Salamanca: Sígueme, 2006], p. 191).

Salomé e a substitui pela mãe dos filhos de Zebedeu (Mt 27,55); na sepultura e na tumba vazia fala de Maria Madalena e a outra Maria (Mt 27,61-28,1). Lucas fala das mulheres que tinham seguido a Jesus, e tinham chegado com Ele da Galileia, tanto nos acontecimentos da crucifixão como da sepultura (Lc 23,49; 23,55); na ressurreição nomeia Madalena (Maria), Joana e Maria mãe de Tiago e as demais que iam com elas (Lc 24,10). João diz que, junto à cruz de Jesus, estavam sua mãe, a irmã de sua madre, Maria de Cleófas, e Maria Madalena (Jo 19,25). De Maria Madalena fala na cena do sepulcro vazio e na primeira das aparições de Jesus (Jo 20,1; 20,11-18).

Entre estas mulheres sobressai Maria Madalena, citada pelos quatro evangelistas. A tradição popular associou seu nome à mulher pecadora descrita no Evangelho de Lucas (Lc 8,2), e a Maria de Betânia, irmã de Lázaro e de Marta (Jo 12,1-8). A lenda e a imaginação a têm convertido no símbolo da mulher pecadora, frívola e prostituta, até identificá-la com a "pecadora". Os evangelhos apócrifos tem contribuído de forma decisiva para esta visão[35]. Segundo os evangelhos sinóticos, sabemos com certeza que seu lugar de origem se chama Mágdala, identificado com a cidade chamada *Migdal Nûnnaya*, correspondente ao povoado grego de Tarequeia. É uma cidade da Galileia, situada na margem ocidental do lago de Genesaré, ao norte de Tiberíades, e que, em seus dias, como refere Josefo na *Guerra Judaica*[36], foi o foco da grande rebelião do povo judeu contra Roma, que começou no ano 66 d.C. e culminou, no ano 70 d.C., com a destruição do Templo e a conquista de Jerusalém. Esta mulher, como o resto de acompanhantes de Jesus, segundo Marcos, segue Jesus de longe, incapaz de acompanhar seu caminho até a morte. Porém, é testemunha de sua crucifixão, da tumba vazia, e proclamará aos discípulos e a Pedro a ressurreição. Sua condição de testemunha da ressurreição de Jesus (Jo 20,18) coloca Maria de Mágdala em situação única e inigualável entre os discípulos que seguiram Jesus durante seu ministério na Galileia e sua subida a Jerusalém.

O cadáver de Jesus foi entregue por Pilatos a José de Arimateia, um membro distinto do conselho, que, na mesma tarde da execução, o depositou em um sepulcro talhado na rocha (Mc 15,42-47). Os costumes jurídicos de Roma não permitiam a sepultura de um crucificado, mas sim, uma vez comprovada a morte e

---

35. A. PIÑERO (ed.). *Todos los Evangelios* (Madri: Edaf, 2009), p. 492 e 496, no chamado *Evangelho de Felipe*, da segunda metade do século II/ primeira metade do século III, se diz: "Três (mulheres) caminhavam sempre com o Senhor: Maria, sua mãe; a irmã de sua mãe, e Madalena, que é denominada 'sua companheira'. Assim, pois, Maria é (chamada) sua irmã, e sua mãe, e sua companheira" (32). Em outro lugar, se afirma: "E a companheira do (Salvador é) Maria Madalena. O (Salvador) a amava mais do que a todos os discípulos, e a beijava frequentemente na (boca). Os demais (discípulos) (se aproximaram dele para perguntar). Eles lhe disseram: 'Por que a amas mais que a todos nós?'. O Salvador respondeu e lhes disse: 'Por que não vos amo a vós como a ela?'" (55b).
36. *Guerra Judaica* I. Lib. II, cap. VIII, p. 224-226 e cap. XI, p. 233-237.

tendo impedido que fosse roubado da cruz, deixavam apodrecer seu cadáver ou o atiravam na água. Dar sepultura a um crucificado implicava um ato especial de clemência por parte da autoridade judicial romana. Com estes pressupostos, alguns autores negam a historicidade do relato da sepultura de Jesus, supondo que os discípulos do crucificado não teriam tido acesso ao seu cadáver nem teriam conhecido o lugar onde aconteceu seu sepultamento. Não era assim no mundo judaico. O Deuteronômio se pronuncia claramente sobre esta questão quando diz: "Quando alguém tiver cometido um crime de pena capital e for executado e suspenso numa árvore, o cadáver não poderá ficar ali durante a noite, mas deverás sepultá-lo no mesmo dia, pois o que foi suspenso é maldição de Deus, e não deverás manchar a terra que o SENHOR teu Deus te dá em herança" (Dt 21,22-23). A razão para enterrar um justiçado se expressa nitidamente: evitar a impureza cultual do povo judeu, e não por ser um ato de piedade e misericórdia com o defunto. Com esses pressupostos não é inverossímil a entrega do cadáver de um crucificado a José de Arimateia, ainda que alguns autores vejam neste fato uma tentativa de encobrir a desonra da morte de Jesus.

José de Arimateia, segundo refere Marcos, era "membro ilustre do sinédrio, que também esperava o reino de Deus" (Mc 15,43). Mateus diz dele que "também havia sido discípulo de Jesus" (Mt 27,57), ao que João acrescenta: "embora dissimuladamente, por medo dos judeus" (Jo 19,38). Em qualquer caso, e não obstante a diferente apresentação deste personagem, não há razão para negar que os discípulos de Jesus tenham podido conhecer o lugar onde foi enterrado seu Mestre. José solicitou o "corpo" de Jesus, e Pilatos lhe concedeu o "cadáver"; José, então, comprou um sudário, retirou Jesus da cruz, o envolveu no sudário e o pôs em um sepulcro. Em relação ao sepulcro, escreve J. Marcus: "Nas tumbas tipicamente judaicas da Palestina romana, um pequeno corredor conduzia a uma ou várias câmaras funerárias, que eram de teto baixo (aproximadamente 1 metro de altura) porém relativamente espaçosas em suas dimensões horizontais... o modo usual de sepultamento nas épocas helenística e romana era em *loculi* ou *kôkîm*, que Brown chama 'columbários profundos'. Neste sistema havia nichos estreitos e largos, de um tamanho aproximado de 60 x 60 x 180 centímetros em geral, talhados horizontalmente nas paredes da câmara funerária; os corpos eram colocados neles com a cabeça voltada para dentro. É este provavelmente o modo de sepultura que devemos imaginar no caso de Jesus, especialmente porque as tumbas antigas judaicas encontradas em um raio de uns 18 metros do Santo Sepulcro são do tipo *loculus*. Depois de um ano, quando a carne se havia decomposto e desaparecido, os ossos eram recolhidos e colocados em ossuários"[37]. Sobre a tumba se fez rodar uma pedra, descrita pelo

---

37. J. MARCUS. *El Evangelio según Marcos* II (Salamanca: Sígueme, 2011), p. 1.236-1.237.

mesmo autor desta forma: "A maioria das tumbas em covas da época do segundo Templo nos arredores de Jerusalém estavam seladas com pedras quadradas ou retangulares; somente quatro das novecentas ou mais tumbas descobertas até agora estavam seladas com pedras circulares, e estas tumbas pertenceram, parece, a gente rica e destacada... As pedras retangulares, que pesavam aproximadamente 250 quilos, eram talhadas de forma a se encaixarem como tampões nas aberturas das tumbas e a manobra para colocá-las em seu lugar era difícil"[38].

Maria Madalena e Maria de José observaram onde foi posto Jesus. Esta observação parece abrigar um quase imperceptível resquício de esperança. De fato, as mulheres voltarão à tumba no domingo pela manhã, pensando em como remover a pedra. Estas mulheres e os discípulos de Jesus em geral, ainda que seu pensamento esteja profundamente matizado pelas reflexões pascais, evocariam as experiências vividas junto ao Mestre, que os alentariam a esperar o triunfo final de Jesus sobre a morte. Recordariam a convicção do judaísmo do segundo Templo que punha nas mãos de Deus o sofrimento dos justos, anunciando seu triunfo definitivo no além (Sb 3,1-9; 5,1-5) e a confiança em Yahvé depois da morte, gozando de uma felicidade completa (Sl 16,8-11). Pensariam com certeza e confiança nas palavras de Jesus, pronunciadas por todos os rincões de Israel, anunciando o iminente reino de Deus do qual se participava através do sofrimento (Mc 10,38), e cuja plena realização se obteria com a morte de Jesus. O sofrimento e morte de Jesus não podiam ser interpretados como catástrofe, mas como acontecimento que leva à glória definitiva do reino. Se Jesus havia confiado plenamente em seu Pai e havia morrido perdoando, em sinal de amor à humanidade, seus seguidores guardavam a esperança de que a missão e obra de seu Mestre não terminassem no fracasso mais retumbante, mas sim que continuassem através dos tempos, dando razão a ela, como comunidade, ao mundo inteiro. A esperança logo superará qualquer dificuldade e a ressurreição se esclarecerá com as aparições de Jesus ressuscitado.

---

38. *Ibid.*, p. 1.237.

CAPÍTULO 12
A última ceia de Jesus

Sempre imaginei que o esplêndido (pelo que carrega de generosidade) acontecimento da última ceia de Jesus tem um pano de fundo múltiplo, extremamente variado e abundante. Sua extraordinária riqueza se insere no grandioso relato da paixão e morte do Senhor, com que se consuma o grandioso projeto do anúncio do reino de Deus. A ceia é, em primeiro lugar, uma refeição solene, contextualizada na festividade por excelência do povo judeu – a ceia Pascal o סדר (*sêder*) – com claras tintas de despedida, e promessas definitivas de uma consumação final, que dá plenitude às refeições que Jesus realizou com seus seguidores – partidários e adversários – ao longo de seu ministério pelas terras da Palestina. Por trás dos extraordinários relatos dos últimos momentos da vida de Jesus, a despedida de seus amigos, sua paixão e sua morte, se percebe o grande projeto do reino de Deus, em que não somente aparece a proclamação de uma mensagem de salvação e libertação para a humanidade por um profeta singular na história de Israel, como também a realização e consumação dele na pessoa, também única e singular, de Jesus de Nazaré. A solenidade desta ceia está envolta também pelos acontecimentos de entrega e traição de Judas Iscariotes e a terna e atrevida unção de Maria em Betânia. Todos esses acontecimentos envolvem o grande mistério da paixão e ressurreição de Jesus.

Não deixa de ser enigmático que o único judeu do grupo dos Doze – os demais eram galileus – Judas, da aldeia de Kriyoth, um discípulo que, com os avatares próprios da natureza humana, havia seguido fielmente o Mestre como os outros, que havia escutado suas palavras e presenciado seus milagres, sido enviado a pregar o reino de Deus, se deixasse envolver pela dúvida sobre o messianismo de Jesus e, em lugar de acolher em seu coração a esperança do autêntico reino de Deus, esperasse ainda o esplendor religioso de Jerusalém e a destruição do odioso poder de Roma[1]. Por outro lado, tudo fica suficientemente enraizado no contexto do Antigo Testamento. Nele, a refeição se reparte e se celebra, ao mesmo tempo em que se vincula frequentemente à palavra (Dt 8,3). A refeição, ademais, implica libertação, canto

---

1. Cf. J. KLAUSNER. *Jesus of Nazaret. His Life, Times and Teaching* (Nova York – Boston – Chicago: The MacMillan Company, 2009), p. 324s.

e oração, como acontecia quando o povo de Israel comia um cordeiro assado, com pães ázimos, alternando relatos do Êxodo com orações e taças de vinho, em memória da saída do Egito e da escravidão, amargamente vivida naquelas terras[2]. Alguns textos bíblicos do Novo Testamento (Mc 10,45; Lc 12,37; 22,27; Jo 13,1-20), que falam de humildade e de serviço, estreitamente vinculados à última cena, trazem à memória inúmeras passagens do Antigo Testamento, relacionadas com reis e profetas, com o próprio povo de Israel e inclusive com o "misterioso servo de Yahvé", esboçado nos "cantos" ou "poemas" de Isaías (Ex 14,31; Nm 12,7s.; Dt 34,5; Js 24,29; 2Sm 7,5.8; 1Rs 8,24s.; Jr 7,25; Is 41,8s.; 43,10; 44,1s.; 42,1-9; 49,1-9; 50,4-11; 52,13–53,12).

Apesar da continuidade entre a última ceia e as refeições habituais de Jesus, esta tem características excepcionais. Segundo o relato de Marcos, no quarto dia da semana, quer dizer, dois dias antes da celebração da Páscoa e dos Ázimos, se reuniram os sumos sacerdotes e os escribas para apoderar-se astutamente de Jesus e matá-lo (Mc 14,1-2). A proximidade da festa poderia implicar forte tumulto entre o povo. A decisão dos sábios e poderosos foi, então, pela prisão de Jesus até que se celebrasse a festa, porém as circunstâncias precipitaram os acontecimentos, como sabemos. A ceia se celebra na cidade de Jerusalém, símbolo da santidade do povo de Israel. O clima da celebração, ainda que suavizado pela presença dos Doze e outros seguidores íntimos, é obscuro e incerto diante da proximidade da morte de Jesus. Mais do que nunca, se simboliza o banquete definitivo do reino de Deus. Já não se bebe vinho, como se faz nas grandes ocasiões, nem se come pão, porém o pão é agora o "corpo" de Jesus e o cálice, a "Nova Aliança" em seu sangue. Realizou-se o sacramento mais sublime, envolto nos signos mais ordinários, que deve recordar sempre a entrega e morte de Jesus e a grande esperança do reino de Deus. A recordação é a grata obrigação do cristão: "Fazei isto em memória de mim" (1Cor 11,25), uma recordação que deve ser interminável: "até que retorne" (1Cor 11,26). Há também outro gesto de Jesus, que esclarece sua entrega aos discípulos. Ele, o "Mestre" e o "Senhor", em um gesto insólito de serviço extremo, "lavou-lhes os pés" (Jo 13,12), e Ele deve fazer seus seguidores. O serviço – o amor – é a autêntica atitude daqueles que, na ceia, celebramos e anunciamos ao mundo a presença de Jesus entre nós e a definitiva e absoluta libertação humana no reino de Deus.

12.1. Os relatos da ceia

J. Jeremias afirma que "não há maneira de *compreender a última ceia de Jesus* se tomarmos como ponto de partida imediatamente as palavras interpretativas, porque

---

2. Cf. J. BONNET; J. CHESSERON; P. GRUSON; J. DE MAIGNAS & J. SILVESTRE. *50 palabras de la Biblia* (Estella: Verbo Divino, 2005), p. 13.

assim o que fazemos é isolar a chamada ceia institucional e, precisamente, é necessário afirmar que este isolamento da última ceia através dos séculos é o que tem dificultado a compreensão de seu sentido escatológico"[3]. Efetivamente. A última ceia deve ser interpretada necessariamente no contexto das refeições de Jesus de Nazaré, de que tomavam parte justos e pecadores, sinal inequívoco de sua amizade com os homens e as mulheres deste mundo e que anunciavam o cumprimento definitivo do reino de Deus. As refeições de Jesus com os pecadores e marginalizados da sociedade, abertas a todos os "malditos" que não conhecem a Lei (Jo 7,49), não são somente gestos ou atos de solidariedade humana, mas apresentam uma carga profética e simbólica tão profunda que proclamam generosamente a chegada da salvação de Deus à humanidade (Mc 2,15-17; Lc 7,36-50; 15,22-24). Esta salvação de Deus toma "carne" em Jesus de Nazaré e como "carne", embora transfigurada pela ressurreição, se perpetua na Eucaristia ao longo da história, colocando em evidência o estreito vínculo entre as refeições de Jesus, a encarnação e a salvação do mundo[4].

Na ceia, ademais, torna-se impossível prescindir do simbolismo profético que nela se verifica. Na linguagem semítica, ainda que utilizada em circunstâncias especiais, Jesus realiza várias ações na ceia, estreitamente vinculadas entre si, orientadas neste sentido. Assim, podemos considerar o lava-pés dos discípulos que, mesmo carecendo da dimensão sacramental eucarística, alude claramente à morte de Jesus, à partilha do pão, à entrega do vinho e ao compromisso de Jesus de não beber mais do fruto da videira até o dia em que o beba de novo no reino de Deus. No lava-pés dos discípulos, que se produz em um contexto de morte iminente de Jesus, as palavras do Mestre são extremamente esclarecedoras de sua missão: Jesus que, na realidade, é "o Mestre" e "o Senhor" lavou os pés de seus discípulos, exercendo um serviço que culmina em sua morte. Quem quiser segui-lo, deve fazer o mesmo, a saber, servir uns aos outros e a toda a comunidade (Jo 13,1-20). A ação profética e as palavras explicativas sobre o pão, transmitidas com especial sobriedade, estão carregadas de um forte simbolismo profético. Os teólogos persistem em suas discussões para averiguar se Jesus disse "corpo" ou "carne" nas palavras do pão – manejando os termos גוף (*guf*) / σῶμα – acerca da importância do ato de "partir" o pão e da relação entre o simbolismo da separação do pão e do vinho e a morte de Jesus e seu sacrifício. O importante é saber que a entrega do corpo é a entrega da pessoa (à morte), que o relevante não é a divisão (o corpo de Jesus não é despedaçado), mas a doação ou a entrega (de Jesus) e que a entrega faz referência à totalidade, ainda que separemos o corpo do sangue na celebração eucarística[5].

---

3. J. JEREMIAS. *Teología del Nuevo Testamento* (Salamanca: Sígueme, 2009), p. 335.
4. F. FERNÁNDEZ RAMOS. *Eucaristía y fe cristiana* (León: F. F. Ramos, 2011), p. 10-23.
5. J. L. ESPINEL. *La Eucaristía en el Nuevo Testamento* (Salamanca: San Esteban, 1980), p. 92-95.

O simbolismo é mais explícito sobre o vinho, ainda que variem as duas tradições (Marcos e Mateus, por um lado e Paulo e Lucas pelo outro). A primeira delas diz: "Isto é o meu sangue da Aliança, derramada em favor de muitos" (para perdão dos pecados, acrescenta Mateus, Mc 14,24; Mt 26,28). Paulo a transmite com estas palavras: "Este cálice é a Nova Aliança (ratificada) com meu sangue; fazei isto, sempre que (o) bebais, em memória de mim" (1Cor 11,25). E Lucas, assim: "Este cálice, derramado em favor de vós, (é) a Nova Aliança (ratificada) com meu sangue" (Lc 22,20). Jesus convida a beber seu sangue, pensando na ação redentora de sua morte e se distanciando de toda interpretação materialista. Do mesmo modo que Moisés verteu o sangue sobre o povo de Israel, significando a aliança de Yahvé, segundo suas promessas (Ex 24,8), assim Jesus estabeleceu a Aliança (διαθήκη, melhor do que o termo "testamento", utilizado muitas vezes), ratificada com a simplicidade e humildade de seu serviço até terminar na cruz, uma aliança diferente das do Antigo Testamento, completamente "nova", estabelecendo uma nova relação entre Deus e a humanidade, e orientada à escatologia[6].

Em todo caso, o pão partido e distribuído àqueles que estavam em torno da mesa simboliza o próprio Jesus; e o mesmo acontece com o vinho derramado no cálice comum. O simbolismo da morte é evidente nos textos do relato e nas variadas interpretações que, após a execução de Jesus, foram produzidas por parte de seus discípulos que continuaram recordando a ação do Mestre. Jesus continuou assim o caminho do sofrimento e da morte dos grandes profetas de Israel. A ceia foi, sem dúvida, um gesto simbólico que apontava para o reinado futuro de Deus (Mc 14,25; Mt 26,29; Lc 22,16-18). Desconsiderando o elemento escatológico, se põe em risco a "singularidade" da ceia, que é anúncio da paixão e ao mesmo tempo de consumação final (Mc 14,25; Lc 22,16-18). As palavras pronunciadas nela se situam, portanto, neste contexto. Segundo J. Jeremias, "as palavras da ceia são as mais importantes alusões de Jesus ao seu próprio sofrimento"[7]. E J. D. G. Dunn diz que "a tradição é firme sobre Jesus ter pronunciado palavras reveladoras de que Ele sentia a iminência de sua morte"[8].

---

6. Cf. G. D. KILPATRIK. "Diatheke in Hebrews": *Zeitschrift für die Neutestamentliche Wissenschaft* 68 (1977), p. 263-265. Tem-se utilizado frequentemente, e ocasionalmente dando-lhe um sentido incompleto, o termo "testamento" para o de διαθήκη, que corresponde ao hebraico ברית (*berit*). O mesmo acontece ao falar de Antigo e Novo Testamento. Qualquer termo que utilizemos deve estar aberto à novidade e ao sentido escatológico que a Nova Aliança realiza no sangue de Jesus (a partícula "em", em hebrico ב [*be*], e em grego ἐν, significam "ao preço de" ou "pelo preço"). Esta é a Nova Aliança de Jesus, em seu sangue, derramada por todos nós. Cf. "Sentido dos gestos e palavras de Jesús", em EQUIPO FACULTADE TEOLÓGICA DE TOULOUSE. *La Eucaristía en la Biblia* (Estella: Verbo Divino, 1982), p. 36.

7. J. JEREMIAS. *Teología del Nuevo Testamento* (Salamanca: Sígueme, 2009), p. 334.

8. J. D. G. DUNN. *El Cristianismo en sus comienzos* I: *Jesus recordado* (Estella: Verbo Divino, 2009), p. 907.

As versões que chegaram até nós, procedentes de duas fontes ligeiramente independentes, a saber, a tradição dos evangelhos sinóticos e a das Cartas de Paulo, narram praticamente o mesmo, embora possam ser observadas certas peculiaridades que evidenciam a riqueza do acontecimento. Encontram-se em Marcos (Mc 14,22-25), Mateus (Mt 26,26-29), Lucas (Lc 22,15-20) e em Paulo (1Cor 11,23-26). João narra a ceia, apresentando o gesto excepcional do lava-pés aos discípulos (Jo 13). A *Didaché* também menciona o acontecimento[9].

As versões da ceia do Senhor apresentadas são absolutamente confiáveis. Grandes teólogos e exegetas se têm pronunciado abertamente neste sentido, qualificando-as de "rocha primitiva da tradição" ou como "os melhores relatos da vida de Cristo"[10]. O relato da Primeira Carta aos Coríntios é inegavelmente, o primeiro escrito que chegou à comunidade cristã, porém, como Paulo recebe uma tradição, não se pode excluir definitivamente que outro texto, concretamente o escrito por Marcos, tenha sido fixado com anterioridade. De fato, alguns teólogos, entre eles R. Pesch, se inclinam a esta opinião, estabelecendo como protótipo o relato de Marcos, do qual dependeriam tanto Mateus quanto Lucas, e relegando a um segundo plano o escrito por Paulo aos Coríntios[11]. Todas as tradições, com as variantes lógicas de estilo e concepção teológica de cada autor, se cimentam em atos históricos que, de forma mais ou menos explícita, nos conduzem à vida de Jesus. Não são, portanto, variações ou desenvolvimentos de meras reflexões teológicas. Fincam suas raízes, antes, nos ritos e bênçãos do povo judeu do Antigo Testamen-

---

9. *Didaqué. A doutrina dos apóstolos. B: Avisos Litúrgicos*. Encontra-se em D. RUIZ BUENO. *Padres Apostólicos* (Madri: BAC, 1965), p. 77-98. Eis aqui o texto:
   1. Em relação à Eucaristia, dai graças da seguinte maneira:
   2. Primeiramente sobre o cálice:
   Nós te damos graças, Pai-nosso,
   pela santa vinha de Davi, teu servo,
   que nos deste a conhecer por meio de Jesus, teu servo.
   A ti seja a glória pelos séculos.
   3. Em seguida, sobre o pão partido:
   Nós te damos graças, Pai-nosso,
   pela vida e o conhecimento
   que nos manifestaste por meio de Jesus, teu servo.
   A ti seja a glória pelos séculos.
   Assim como este pão partido, semeado sobre os montes, foi reunido e
   se fez um,
   assim seja reunida tua Igreja dos confins da terra em teu reino,
   porque tua é a glória e o poder, por Jesus Cristo, eternamente.
10. Cf. J. JEREMIAS. "This is my Body": *Expository Times* 83 (1972), p. 201. C. H. DODD. *El Fundador del Cristianismo* (Barcelona: Herder, 1974), p. 131. F. CHENDERLIN. "Distributed Observance of the Passover. A Preliminary Test of the Hypothesis": *Biblica* 57 (1976), p. 19.
11. Cf. R. PESCH. *Das Abendmahl und Jesu Todesverständnis* (Freiburg – Baso – Wien: Herder, 1978), p. 24-51.

to, nos gestos e ações do ministério profético de Jesus, especialmente nas refeições, nas experiências pascais da presença do Senhor na comunidade e, sobretudo, na ressurreição, que deu sentido e plenitude a toda a vida de Jesus.

Transcrevo a seguir as narrações: "E enquanto comiam tomou o pão, rezou a bênção, (o) partiu e (lhos) deu, e disse: "Tomai; isto é o meu corpo". E tomou um cálice, rezou à ação de graças, (lhos) deu, e beberam todos dele. E lhes disse: "Isto é o meu sangue da Aliança, que é derramada a favor de muitos. Digo-vos de verdade: Já não beberei mais do fruto da videira até o dia em que o beberei de novo no reino de Deus" (Mc 14,22-25).

"Enquanto comiam, Jesus tomou pão, rezou a bênção, (o) partiu, (o) deu aos discípulos e disse: 'Tomai, comei; isto é meu corpo'. E tomou um cálice, rezou a ação de graças e (o) deu dizendo: 'Bebei dele todos, pois isto é meu sangue da Aliança, derramado a favor de muitos para perdão de (dos) pecados. E vos digo que a partir de agora não beberei deste fruto da videira até o dia em que o beba convosco de novo no reino de meu Pai' (Mt 26,26-29).

"E lhes disse: 'Desejei ardentemente comer este cordeiro pascal convosco antes de padecer. Pois vos digo que já não o comerei até que se cumpra no reino de Deus'. E tomando um cálice, rezou a ação de graças e disse: "Tomai-o e reparti-o entre vós. Pois vos digo que de agora em diante não beberei do fruto da videira até que chegue o reino de Deus". E tomou pão, rezou a ação de graças, (o) partiu e (o) deu, dizendo: "Isto é meu corpo, que será entregue em favor de vós; fazei isto em memória de mim". E da mesma maneira o cálice depois de cear, dizendo: "Este cálice, que é derramado a favor de vós, (é) a Nova Aliança (ratificada) com meu sangue" (Lc 22,15-20).

"Pois eu recebi do Senhor o que por minha vez vos transmiti: que o Senhor Jesus, na noite em que seria entregue tomou pão, rezou à ação de graças, (o) partiu e disse: 'Isto é meu corpo, (entregue) em favor de vós; fazei isto em memória de mim'". Da mesma maneira também o cálice, depois de cear, dizendo: "Este cálice é a Nova Aliança (ratificada) com meu sangue; fazei isto, sempre que (o) beberdes, em memória de mim". "Pois sempre que comeis esse pão e bebeis esse cálice anunciais a morte do Senhor até que Ele volte" (1Cor 11,23-26).

Um estudo comparativo destas narrações permite algumas considerações de especial interesse e importância. As versões citadas permitem identificar duas tradições diferentes em relação aos gestos e palavras: uma, apresentada por Marcos e Mateus, cujo lugar de origem costuma ser situado na Palestina, e outra, a de Paulo e Lucas, situada na Antioquia. Ambas são muito antigas e contêm elementos de elaboração teológica, próprios de cada redator. Como afirma J. Jeremias, na versão de Marcos (e Mateus) se encontra o giro de ὑπέρ somente no cálice, e está redigida em grego semitizante, enquanto na de Paulo e Lucas se põe tal giro no pão e é uma versão helenizada. Substancialmente, sem dúvida, os textos mantêm uma concordância perfeita[12].

A tradição sinótica detalha escrupulosamente as cenas que devem realizar-se na celebração da última ceia. No primeiro dia dos Ázimos, quando sacrificava o cordeiro Pascal, Jesus envia dois de seus discípulos a preparar a Páscoa (Mc 14,12-16). Na primeira parte da ceia, se anuncia que o Filho do homem vai ser entregue traiçoeiramente por um dos Doze (Mc 14,17-21). Durante a refeição, se produzem gestos e palavras (a oração da bênção, a partilha do pão e do cálice), que interpretam a iminente morte de Jesus (Mc 14,22-25). Ao final da ceia, uma vez cantados os hinos e no caminho do monte das Oliveiras, se anuncia a negação de Pedro (Mc 14,26-31). Esta tradição pressupõe a celebração de uma ceia pascal (Mc 14,12-16 par.; Lc 22,15s.).

A narração de João que, com toda probabilidade, sofreu uma considerável evolução, anuncia a traição de Judas (Jo 13,21-30) e a negação de Pedro (Jo 13,36-38), porém não reúne os gestos e palavras sobre o pão e o vinho. Sobressai neste evangelista o amplo discurso de despedida de Jesus (Jo 13–17). Diferentemente dos sinóticos, João não fala de uma ceia pascal, mas situa a celebração na véspera da Páscoa e o convite se celebraria na noite em que segue a morte de Jesus (Jo 13,1; 18,24; 19,14).

É óbvio supor que, prescindindo momentaneamente do caráter pascal da última ceia, Jesus se reunira com seus discípulos, participando do Espírito festivo da celebração em recordação da libertação do povo de Israel (Ex 12,3) e sendo plenamente consciente da seriedade da mesma (Nm 9,13). Jesus recordaria a libertação de Israel da escravidão de Egito, recostado sobre esteiras comeria o cordeiro e beberia do vinho, e rezaria a ação de graças. Porém, como diz J. Ratzinger (Bento XVI), "a essência desta ceia de despedida não era a antiga Páscoa, e sim a novidade que Jesus realizou neste contexto. Ainda que este convite de Jesus com os Doze não tenha sido uma ceia pascal segundo as prescrições rituais do judaísmo, se colocou em relevo claramente em retrospectiva sua conexão interna com a morte e ressurreição de Jesus: era a Páscoa de Jesus. E, neste sentido, Ele celebrou a Páscoa e não a celebrou: não se podiam praticar os ritos antigos; quando chegou o momento para isso Jesus já tinha morrido. Porém, Ele havia entregado a si mesmo, e assim

---

12. J. JEREMIAS. *Teología del Nuevo Testamento* (Salamanca: Sígueme, 2009), p. 334. S. VIDAL. *Jesus el Galileo* (Santander: Sal Terrae, 2006), p. 217, escreve a respeito dos textos básicos da tradição eucarística antiga: "Em todo caso, penso que o significativo não são as diferenças entre ambas as tradições, mas sim precisamente as coincidências, que são muitas e fundamentais". E, em seguida acrescenta: "E sem dúvida se trata de um dado histórico: na origem das tradições e de seu núcleo original comum está certamente o fato histórico da última ceia de Jesus".

havia celebrado verdadeiramente a Páscoa com aqueles ritos. Desta maneira não se negava o antigo, e sim o antigo adquiria seu sentido pleno"[13].

A novidade da Páscoa de Jesus se assenta substancialmente nas palavras interpretativas que acompanharam as ações realizadas na ceia. As palavras pronunciadas ao partir o pão e beber do cálice.

As palavras sobre o pão (*mazzot* [מצות] pão ázimo e da aflição), cuja partilha estava associada com uma oração de louvor no começo da refeição, não apresentam dificuldades especiais. As distintas tradições as formulam como segue. Mateus nos transmite as palavras da instituição desta forma: "Enquanto comiam, Jesus tomou pão, rezou a bênção, (o) partiu, (o) deu aos discípulos e disse: 'Tomai, comei, isto é meu corpo, λάβετε φάγετε, τοῦτό ἐστιν τό σῶμά μου'" (Mt 26,26). Marcos as reproduz desta maneira: "E enquanto comiam tomou pão, rezou a bênção, (o) partiu e (lhos) deu, e disse: 'Isto é meu corpo, τοῦτό ἐστιν τό σῶμά μου'" (Mc 14,24). Lucas refere: "E tomou pão, rezou a ação de graças, (o) partiu e (lhos) deu dizendo: 'Isto é meu corpo, entregue a favor de vós; fazei isto em memória de mim, τοῦτό ἐστιν τό σῶμά μου τό ὑπέρ ὑμῶν διδόμενον τοῦτο ποιεῖτε εἰς τήν ἐμήν ἀνάμνησιν'" (Lc 22,19). Finalmente, Paulo escreve: "Que o Senhor Jesus, na noite em que foi entregue, tomou pão, rezou a ação de graças, (o) partiu e disse: 'Isto é meu corpo, (entregue) a favor de vós; fazei isto em memória de mim, τοῦτο μού ἐστιν τό σῶμα τό ὑπέρ ὑμῶν, τοῦτο ποιεῖτε εἰς τήν ἐμήν ἀνάμνησιν'" (1Cor 1,23-24).

As palavras sobre o pão, como disse, apresentam poucas dificuldades, e coincidem em todas as versões, se excetuamos as de Lucas e Paulo que acrescentam a dimensão salvífica da ceia e a ordem de repeti-la em memória de Jesus. O pão, associado à vida, tanto material como espiritual, e símbolo da amizade de Yahvé com o povo de Israel, que o conduz a um país rico em produtos do campo, onde comerá pão até à saciedade (Dt 8,7-10), era partido no começo da refeição principal e a ação se associava com uma oração de louvor. No momento da última ceia, o pão tem um significado especial. É o próprio Jesus, que comeu com discípulos e pecadores no transcurso de sua vida pública. É o símbolo do corpo de Jesus, de sua pessoa e de toda sua vida, colocada a serviço da humanidade desde o preciso instante em que tomou carne humana e que se realizou plenamente no anúncio do reino de Deus. É o mesmo Jesus que, nestes momentos, enfrenta uma morte violenta e ignominiosa. É um corpo que, em paralelo com o sangue derramado, se torna sacrifício pela humanidade. Aqueles que comem dele participam da morte de Jesus, ao mesmo tempo em que recebem a libertação que ele anuncia e outorga.

---

13. J. RATZINGER (Bento XVI). *Jesus de Nazaret, Desde la entrada en Jerusalén hasta la Resurrección* (Madri: Encuentro, 2011), p. 137-138.

J. Ratzinger (Bento XVI) o expressa da seguinte forma: "Este gesto humano primordial de dar, de compartir e unir, adquire na última ceia de Jesus uma profundidade totalmente nova: ele se entrega a si mesmo. A bondade de Deus, que se manifesta na partilha, se transforma de maneira totalmente radical no momento em que o Filho se comunica e se reparte a si mesmo no pão"[14]. J. Gnilka formula este pensamento deste modo: Jesus refere o pão imediatamente a si mesmo ou ao seu corpo. Posto que σῶμα é um circunlóquio que designa a pessoa, o termo poderia ser traduzido também como "isto sou eu mesmo". Os comensais adquirem na refeição uma nova comunhão com Ele. A partir da perspectiva da palavra sobre o cálice se torna claramente manifesto que se trata de uma comunhão com aquele que vai para a morte. Assim, a última ceia está vinculada às outras refeições que Jesus celebrou com o povo, com os discípulos, com os pecadores, durante sua vida pública. Se ali Ele estava corporalmente presente, agora está representado no pão que partilham os comensais[15]. O corpo significa a totalidade da pessoa, seu ser e seu agir, suas vivências mais íntimas e suas relações com os demais; neste caso, a pessoa de Jesus e sua entrega à humanidade. O termo σῶμα, em grego, como sucede com o hebraico גוף (*guf*), faz referência à pessoa e não ao corpo material.

Alguns setores relevantes da investigação teológica apontam também um claro caráter cultual no amplo quadro da celebração da última ceia. O termo "corpo" (e mais ainda, o vocábulo "sangue") aparece com relativa frequência na linguagem sacrificial. Neste sentido, como escreve M. Karrer, se nas palavras interpretativas de Jesus, "meu" poderia ser traduzido por "oferecido por mim", seria permitido dizer, de algum modo, que "isto (o pão que Jesus distribui na ceia) é o corpo oferecido por mim em sacrifício"[16]. A referência do pão a uma oferenda de um sacrifício é evidente e, ao tratar-se de uma Aliança nova, se contraporia a todos os sacrifícios anteriores do povo de Israel.

As palavras pronunciadas sobre o cálice mostram-se mais complexas, por sua divergência, suas alusões a passagens do Antigo Testamento (nem sempre fáceis de determinar) e a provável influência da comunidade cristã primitiva. Até data muito recente, se tem colocado em questionamento as palavras de Jesus pronunciadas sobre o cálice, recorrendo à concepção judaica do simbolismo do sangue como maldição para a vida ou mesmo à proibição legal de sua utilização (2Sm 23,17). Reproduzo a seguir as versões. Mateus diz: "E tomou um cálice, rezou a ação de graças e (o) deu, dizendo: 'Bebei dele todos, pois isto é meu sangue da Aliança, derramada em favor de muitos para perdão de (dos) pecados. E vos digo que desde agora não

---

14. *Ibid.*, p. 155.
15. J. GNILKA. *Jesus de Nazaret. Mensaje y historia* (Barcelona: Herder, 1995), p. 351
16. M. KARRER. *Jesus Cristo en el Nuevo Testamento* (Salamanca: Sígueme, 2002), p. 412.

beberei deste fruto da videira até o dia em que o beba convosco novamente no reino de meu pai, πίετε ἐξ αὐτοῦ πάντες, τοῦτο γάρ ἐστιν τό αἷμά μου τῆς διαθήκες τό περί πολλῶν ἐκχυννόμενον εἰς ἄφεσιν ἁμαρτιῶν'" (Mt 26,27-29). Marcos se expressa assim: "E tomou um cálice, rezou a ação de graças, (o) deu, e beberam todos dele. E lhes disse: 'Isto é meu sangue da Aliança, derramada em favor de muitos. Vos digo em verdade: Já não beberei mais do fruto da videira até o dia em que o beba de novo no reino de Deus, καί ἔπιον ἐξ αὐτοῦ πάντες, καί εἶπεμ αὐτοῖς τοῦτό ἐστιν τό αἷμά μου τῆς διαθήκης τό ἐκχυννόμενον ὑπέρ πολλῶν'" (Mc 14,23-24). Lucas refere o seguinte: "E da mesma maneira o cálice, derramado em favor de vós, (é) a Nova Aliança (ratificada) com meu sangue, τοῦτο τό ποτήριον ἡ καινή διαθήκη ἐν τῷ αἵματί μου τό ὑπέρ ὑμῶν ἐκχυννόμενον" (Lc 22,20). Paulo escreve: "Este cálice é a Nova Aliança (ratificada) com meu sangue; fazei isto, sempre que (o) beberdes, em memória de mim. Pois sempre que comerdes desse pão e beberdes desse cálice anunciais a morte do Senhor até que Ele volte, τοῦτο τό ποτήριον ἡ καινή διαθήκη ἐστίν ἐν τῷ ἐμῷ αἵματι τοῦτο ποιεῖτε, ὁσάκις ἐάν πίνητε, εἰς τήν ἐμήν ἀνάμνησιν" (1Cor 11,25-26).

Segundo afirma R. Aguirre, admite-se geralmente o fato de que "o *logion* do banquete escatológico (Mc 14,23-25) procede de Jesus e dá o sentido do vinho que se bebia"[17]. A certeza em torno desta afirmação é seguida por questões muito mais abertas à interpretação teológica, derivadas fundamentalmente da exegese dos textos que fazem referência ao Antigo Testamento, da influência litúrgica das comunidades cristãs primitivas sobre as tradições e escritos bíblicos (sempre propensa ao esquematismo), da elaboração de elementos especificamente teológicos e da própria dinâmica evolutiva de toda ação eclesial.

Em qualquer caso, e já me aproximando do estudo do significado da ação de Jesus sobre o cálice, uma vez partido o pão, algo que se realizava no começo da refeição principal, associado sempre a uma ação de louvor, ao final se pronunciavam as palavras sobre o cálice de vinho, incorporadas à ação de graças. Os três evangelistas reproduzem palavras idênticas quando dizem "tomou um cálice" e "rezou a ação de graças", com a única diferença de que Lucas remete ao que fora expressado na ação sobre o pão (Mt 26,27; Mc 14,23; Lc 22,20). Paulo, ao dizer: "Da mesma maneira também o cálice", faz igualmente referência à oração de ação de graças, pronunciada depois de tomar o pão (1Cor 11,25). É facilmente imaginável que, no transcurso da ceia, Jesus recordasse com seus discípulos a ação libertadora de Yahvé sobre o povo de Israel, que trouxesse à memória deles os castigos sofridos no Egito, que lhes explicasse o significado do gesto de comer o cordeiro pascal.

---

17. R. AGUIRRE; C. BERNABÉ & C. GIL. *Qué se sabe de... Jesus de Nazaret* (Estella: Verbo Divino, 2009), p. 176.

Sem dúvida, as versões que recebemos são muito concisas. Os textos indicam que Jesus pronunciou a ação de graças, porém não traz refletidas suas palavras; o ritual litúrgico prevaleceu sobre a narração detalhada dos gestos e ações. Não conhecemos com segurança como era o rito detalhado de uma ceia pascal judaica ou de um convite nos tempos de Jesus. Discute-se se nestas refeições especiais os comensais bebiam de um cálice comum ou se utilizavam cálices individuais, embora pareça provável a primeira opção como sinal da comunhão entre os membros da comunidade (1Cor 10,16). Apesar da concisão dos enunciados, fica a reflexão e a vivência da comunidade eclesial.

As palavras de interpretação sobre o cálice fazem referência clara ao sangue de Jesus. Mateus e Marcos dizem: "Isto é meu sangue da Aliança" (Mt 26,28; Mc 14,24), enquanto Lucas e Paulo afirmam: "(este cálice) é a Nova Aliança (ratificada com meu sangue)" (Lc 22,20; 1Cor 11,25). A Nova Aliança, em contraposição à antiga, o sangue da Aliança que Yahvé pactuou com seu povo de acordo com suas palavras (Ex 24,8), e em virtude da morte de Jesus, confere salvação universal porque o sangue derramado (ser morto), segundo a concepção bíblica, significa vida, vida libertadora em plenitude. Jesus representa uma Nova Aliança mediante sua morte, prevista e aceita como Messias enviado de Deus.

A interpretação teológica encontrou na tradição sinótica e em Paulo conceitos que expressou como "expiação" ou "representação vicária" ("morte por") e "pacto". E, efetivamente, tais ideias, tipicamente judaicas e de grande peso no Antigo Testamento, se acham expressamente nas palavras do cálice, segundo Marcos e Mateus (meu sangue da Aliança, derramado em favor de muitos), e nas do pão, segundo Lucas e Paulo (isto é meu corpo, entregue em favor de vós). O sangue da Aliança é derramado em favor de muitos. As fórmulas utilizadas são: ὑπὲρ πολλῶν (Marcos), περὶ πολλῶν (Mateus), ὑπὲρ ὑμῶν (Lucas e Pablo), ὑπὲρ τῆς τοῦ ζωῆς (João). A fórmula ὑπέρ, presente em todas as formulações, é um termo fundamental que permite interpretar a narração da última ceia a partir da mais autêntica e profunda dimensão da existência de Jesus de Nazaré. Sua pessoa foi sempre *para* os demais, para todos. E as expressões ὑπὲρ πολλῶν (a versão de Marcos é a mais antiga), assim como as demais, são semitismos de caráter inclusivo que designam a totalidade[18]. Ele morreu por todos e seu sangue foi derramado por muitos, algo que, tendo em conta o significado do semitismo nos textos do Antigo Testamento,

---

18. J. JEREMIAS. *Teología del Nuevo Testamento* (Salamanca: Sígueme, 2009), p. 337, afirma: "A forma de alocução 'a vós' ὑπὲρ ὑμῶν (= por vós) (Pablo/Lucas) poderia ter surgido do emprego das palavras interpretativas como palavras de administração. A versão joanina é uma interpretação do πόλλοι includente, dirigida aos cristãos procedentes da gentilidade".

corresponde à "totalidade", e deve-se traduzir por "todos"[19]. As alusões a Isaías sobre a paixão e morte do servo, se revelam necessárias para entender as palavras da ceia. O serviço de Jesus chega ao extremo de entregar sua vida por muitos, por "todos", transformando-a em sacrifício expiatório em cumprimento do anúncio profético (Is 53,10). E. Schillebeeckx escreve: "o 'por vós' (fórmula *hyper*), no sentido de preexistência total de Jesus, indica a *intenção histórica* de toda sua vida e se realizou até sua morte. O argumento principal – sobre o pano de fundo de toda a vida de Jesus, em atitude de fidelidade ao Pai e de serviço ao ser humano – consiste, em meu entendimento, que toda a atividade de Jesus durante sua vida pública foi não somente *promessa* salvífica, mas sim *oferta* concreta e atual de salvação. Jesus não se limita a *falar* de Deus e de seu reino; onde aparece, leva salvação e realiza a soberania de Deus. A aceitação ativa de sua morte e da rejeição sofrida somente é compreensível como inclusão ativa da morte em *sua missão de oferecer a salvação e* não somente como obstáculo"[20]. Atualmente, existem opiniões teológicas que interpretam o termo "muitos" não por "todos", mas sim pela "totalidade de Israel", tanto em Isaías como nas palavras de Jesus, invocando a linguagem de Qumrã. Outras interpretações mantêm que as palavras sobre o cálice não aludiriam à morte de Jesus, e sim à ação sacramental, afirmando que enquanto a morte tem um valor universal, a ação sacramental é mais limitada[21]. A mim me parece convincente e clara a interpretação de um ponto de vista estritamente filológico, que obriga a traduzir "muitos" por "a totalidade", quer dizer, por todos. A autocompreensão da comunidade eclesial confirma esta interpretação ao considerar que também os pagãos devem alcançar a salvação, como afirma Paulo, e que Jesus ia morrer "não somente pela nação, mas também para reunir em um ser os filhos de Deus que estavam dispersos" (Jo 11,52).

J. Ratzinger resume magistralmente as diversas opiniões teológicas quando afirma: "Se em Isaías 'muitos' poderia significar essencialmente a totalidade de Israel, na resposta de fé que a Igreja dá ao novo uso da palavra por parte de Jesus fica cada vez mais claro que Ele, de fato, morreu por todos"[22]. Jesus, em perfeita sintonia com as palavras e ações durante seu ministério público, e com clara consciência do perigo que se acercava de sua pessoa, pronuncia na última ceia palavras que constituem uma profecia de sua morte: "Em verdade vos digo: Já não beberei do fruto da videira até o dia em que o beberei de novo no reino de Deus" (Mc 14,25). Em outra variante se oferece a determinação do tempo: "até que chegue o reino de Deus"

---

19. J. JEREMIAS. *Die Abendmahlsworte Jesu* (Göttingen: Vandenhoeck and Ruprecht, 1967).
20. E. SCHILLEBEECKX. *Jesús. La historia de un viviente* (Madri: Trotta, 2002), p. 284.
21. J. RATZINGER (Bento XVI). *Jesus de Nazaret. Desde la entrada en Jerusalén hasta la Resurrección* (Madri: Encuentro, 2011), p. 160-164.
22. *Ibid.*, p. 164.

(Lc 22,18). Naqueles momentos de violência e de morte, Jesus manteve firme a expectativa do reino de Deus, centro de sua mensagem profética. Jesus, na hora crítica de sua existência terrena, manteve sua profunda convicção da chegada do reino de Deus à humanidade, mensagem central de sua pregação e eixo de sua ação curadora. A ceia simbolizava esse reino de Deus. A morte anunciada e assumida – entendida como morte salvífica – não se contrapõe em absoluto à mensagem do reino, oferecido por Jesus como a salvação definitiva para a humanidade. Com a consciência clara da proximidade de sua morte e assumindo com obediência a condição de enviado de Deus, Jesus realizou uma Nova Aliança com o mundo, apresentando a todos a ideia de um Deus Pai e compassivo. Esta formosa realidade – de amor e libertação – deve ser entendida sempre na imensa e soberana realidade do reino de Deus. Jesus deixa como legado a seus seguidores uma ceia, envolvida em dor e morte, ao mesmo tempo orientada à grande e esplendorosa realidade do reino de Deus. Será celebrada para sempre pela comunidade de seus discípulos, segundo o mandato de repetição, recolhido em Lucas e Paulo (Lc 22,19; 1Cor 11,24-25), e constituirá a união com o Ressuscitado e com todo o mundo. A unidade daqueles que comemos de um mesmo pão está cimentada na morte de Jesus e deve ser sacramento de amor na comunidade eclesial e, através dela, no mundo inteiro. Não em vão, é signo e símbolo do banquete do reino. Jesus aceitou a morte em favor do reino de Deus e por isso prometeu não comer nem beber mais até fazê-lo no reino. Cada vez que celebramos a Eucaristia, anunciamos a morte do Senhor – na realidade, reconhecemos o serviço de toda sua vida a favor dos seres humanos – até que Ele volte. Em cada celebração eucarística, estamos diante da morte de Jesus e de tudo o que ela significa, ao tempo em que nos comprometemos a viver os valores do reino de Deus e proclamá-los a toda a humanidade. Esta é a tarefa do cristão até que Ele, o servo e salvador de todos, venha. É a esperança que deve impulsionar a todos os seguidores do Ressuscitado.

12.2. Ceia pascal e ceia de Jesus

A subida de Jesus a Jerusalém por ocasião da celebração da Páscoa e a ceia de despedida realizada com seus discípulos são narradas de forma unânime pelos quatro evangelistas. As complicações surgem ao determinar a data da última ceia de Jesus e o caráter pascal dela.

Segundo a narração dos evangelhos sinóticos, a ceia de Jesus se entende como uma ceia pascal. Assim, pode-se concluir das narrações de Marcos, que fala do primeiro dia dos Ázimos e do fato de os discípulos terem preparado a Páscoa (Mc 14,12-16), e de Lucas que põe na boca de Jesus o desejo de comer o cordeiro pascal com seus discípulos antes de padecer (Lc 22,15). Na mesma direção apontam a hora noturna da ceia e a celebração desta dentro das muralhas da cidade santa de Jerusalém. A data teria sido uma quinta-feira, após o pôr do sol. A partir desse momento, os acontecimentos se teriam precipitado. Jesus foi preso e levado ante os tribunais na noite da quinta para sexta-feira; foi condenado à morte pelo governador Pôncio Pilatos na sexta pela manhã; crucificado, às nove desta mesma manhã; e sua morte aconteceria às três da tarde desse dia.

Nesta questão, M. Karrer traz um argumento de cunho teológico, especificando que "nenhum motivo do tempo da ceia está ligado à ceia pascal, seja por ter tido lugar na noite anterior à festa da Páscoa, ou (numa mudança adaptada a Jesus) na festa da Páscoa. Sem dúvida, a ideia da ação salvífica de Deus em favor das comunidades, segundo a tradição sinóptica, se condensa em torno da 'Páscoa'. As comunidades, graças à entrega realizada por Jesus, experimentam uma Páscoa que documenta a redenção e a preservação por obra de Deus: uma Páscoa cuja plenitude festiva virá no reino de Deus"[23].

O evangelista João, pelo contrário, se empenha totalmente em demostrar que a última ceia de Jesus não foi uma ceia pascal. Segundo ele, nós estamos "antes da festa da Páscoa", na véspera da mesma ou no dia da preparação (Jo 13,1). O resto dos acontecimentos das últimas horas da vida de Jesus é idêntico aos que relatam os sinóticos, embora João destaque o momento da morte de Jesus que faz coincidir com o tempo em que acontecia a imolação dos cordeiros pascais no Templo. A cronologia oferecida por João, ainda que possa parecer duvidosa pela estreita associação teológica entre o verdadeiro Cordeiro, Jesus, e o sacrifício dos cordeiros da festa da Páscoa no Templo, é considerado mais provável que a dos sinóticos do ponto de vista histórico porque, entre outras razões, explicaria sem dificuldades o processo e a execução de Jesus, ao se darem fora da festa principal do povo judeu[24].

As especulações teológicas têm tratado de conciliar as diferenças entre os evangelistas sinóticos e João sobre a data e o caráter pascal da última ceia de Jesus. Tem-se analisado as tendências dos distintos evangelistas que permitam explicar a utilização de datas diferentes para narrar o mesmo acontecimento. Tem-se invo-

---

23. M. KARRER. *Jesus Cristo en el Nuevo Testamento* (Salamanca: Sígueme, 2002), p. 413, 414.
24. J. RATZINGER (Bento XVI). *Op. cit.*, p. 129-138. No capítulo "A data da Última Ceia" analisa toda a problemática sobre o tema. Cf. E. P. SANDERS. *La figura histórica de Jesus* (Estella: Verbo Divino, 2010), p. 309. S. VIDAL. *Jesus el Galileu* (Santander: Sal Terrae, 2006), p. 214, opina sobre este particular: "Há indícios de que a tradição 'joânica original' apresentava também a última ceia de Jesus como ceia pascal. Teria sido o autor da primeira edição do Evangelho de João quem criou o marco geográfico e cronológico do atual evangelho e quem suprimiu o motivo da ceia pascal e fixou a morte de Jesus na véspera da festa da Páscoa, precisamente no tempo em que se sacrificavam os cordeiros pascais, para apresentá-lo assim como autêntico cordeiro pascal, que superava o culto judaico". Cf. B. WITHERINGTON III. *Making a Meal of it. Rethinking the Theology of the Lord's Supper* (Waco: Baylor University Press, 2007), p. 17, 32.

cado a existência de dois calendários, o calendário solar dos essênios, em Qumrã, transmitido pelo *Livro dos Jubileus*, pelo qual se teria guiado Jesus, e o calendário lunar, vigente no Templo e pelo que se teriam regido as autoridades religiosas. Segundo o primeiro deles, as celebrações religiosas cairiam no mesmo dia da semana, ao dividir o ano em 12 meses, 8 deles de 30 dias e 4 de 31, com um total de 364 dias; segundo o calendário lunar, introduzido no século II a.C. por influência da cultura grega, baseado nas fases da lua, as datas podiam cair em diferentes dias da semana. As razões invocadas não são convincentes e deixam abertas o tema para ulteriores discussões.

Admitidas as variadas e legítimas opiniões teológicas sobre essa questão, me inclino a pensar que a última ceia de Jesus não foi estritamente uma ceia pascal. Em um momento de sua vida, especialmente difícil para Ele e seus seguidores, Jesus organiza uma ceia especial de despedida, em Jerusalém, a cidade mais emblemática da religiosidade do povo judeu, em um ambiente festivo, como correspondia à celebração da Páscoa judaica, com imensas expectativas escatológicas, porém carente de qualquer conotação pascal. John P. Meier diz: "a ceia não era de Páscoa, nem estava sendo celebrava para substituir a ceia pascal, porém foi tudo menos corriqueira. Dado que nela Jesus se despedia de seus discípulos mais próximos enquanto se preparava para a possibilidade de uma morte iminente e violenta, o tom da reunião seria, naturalmente, religioso e solene"[25].

A ceia é essencialmente o próprio Jesus. Ela simboliza e revela de maneira singular, diante da proximidade de uma morte misteriosa, a existência salvadora de Jesus de Nazaré, enraizada amorosamente no Pai e entregue em extremo ao ser humano. A novidade não é a antiga Páscoa, carregada de rituais judeus, mas a ceia celebrada por Jesus, cheia de morte e ressurreição. É a Páscoa de Jesus. Assim, como diz J. Ratzinger, podemos entender "como a última ceia de Jesus, que não era somente um anúncio, mas incluía nos dons eucarísticos também uma antecipação da cruz e a ressurreição, fora considerada muito cedo como Páscoa, sua Páscoa. E o era verdadeiramente"[26]. Na última ceia celebramos a nova Páscoa, a perpétua comunhão na morte e ressurreição de Jesus, enquanto caminhamos em transbordante esperança para a realização definitiva e gloriosa do reino de Deus. Caminhamos, conscientes, como diz J. Gnilka, de que "a última ceia sobrevive na ceia do Senhor celebrada pela comunidade"[27]. Nela fundamentamos a união pessoal com Cristo glorificado, a unidade eclesial e a salvação, oferecida ao mundo inteiro.

---

25. J. P. MEIER. *Un judío marginal. Nueva visión del Jesus histórico* I: *las raíces del problema y de la persona* (Estella: Verbo Divino, 1991), p. 406.
26. J. RATZINGER (Bento XVI). *Op. cit.*, p. 138.
27. J. GNILKA. *Jesus de Nazaret. Mensaje e historia* (Barcelona: Herder, 1995), p. 352.

12.3. A última ceia e a Eucaristia

Esta é a ceia que nós, cristãos, temos comido ao longo dos séculos, recordando a morte (e a vida) do Senhor, ao mesmo tempo em que esperamos sua vinda em majestade. Unimos assim o presente e o futuro em virtude do poder salvador de Cristo Jesus. Comemoramos e vivemos, portanto, cada instante de nossa salvação até que Ele, o Salvador, retorne (1Cor 11,26). É a mesma ceia, a única que permanece viva na recordação da vida de Jesus e garante, ao mesmo tempo, a salvação.

Com o passar do tempo, a comunidade cristã, assumindo a tradição eclesial, enriquecida pelo pensamento teológico e o magistério, tem se referido a esta ceia com nomes diversos – Missa, Eucaristia, Comunhão, Divisão do Pão (bem como, a ceia do Senhor) etc. – mas sempre manteve a centralidade da mesma na vida da Igreja, como o confirmam, para citar dois exemplos altamente autorizados e significativos, o documento ecumênico, elaborado por teólogos católicos, ortodoxos e protestantes sobre o batismo, a eucaristia e o ministério[28], e a Constituição *Lumem Gentium* do Concílio Vaticano II[29]. É certo que os processos teológicos em qualquer questão são lentos, complexos e, às vezes, provocam opiniões díspares. Este é também o caso da Eucaristia, especialmente no que se refere ao modo da presença de Cristo no sacramento[30]. Porém, de qualquer modo, e apesar da dificuldade do assunto, a fé da comunidade cristã, desde suas origens, sempre manteve o olhar nas Escrituras hebraicas, que apresentam o banquete escatológico como signo de comunhão com Deus nos tempos messiânicos de salvação (Is 25,6), recorrendo ao significativo ensinamento das Parábolas e das refeições de Jesus e rememorando cuidadosamente as aparições do Ressuscitado, que partilhava pão e peixe com seus discípulos, sendo assim reconhecido por eles. Desta forma, as primeiras comunidades cristãs, combinando os ritos do povo de Israel (especialmente, as bênçãos) e a fé judaica (שמע [*shemâ'*] e a leitura da Torá) com a recordação das palavras e as refeições de Jesus, começaram muito cedo a celebrar à ação eucarística, composta essencialmente de refeição e de palavra. É isso que se vai descobrindo na leitura

---

28. *Baptism, Eucharist and Ministry. Faith and Order Paper n. 111* (Conselho Mundial de Igrejas: Genebra, 1982): "*The Eucharist is a sacramental meal which by visible signs communicates to us God's love in Jesus Christ, the love by which Jesus loved his own 'to the end' (John 13,1)... Its celebration continues as the central act of the Church's worship*", p. 1.

29. *Lumen gentium*, n. 11 "Participando do sacrifício eucarístico, fonte e cume de toda a vida cristã, (os fiéis) oferecem a Deus a Vítima divina e se oferecem a si mesmos juntamente com ela".

30. Cf. J. N. D. KELLY. *Early Christian Doctrines* (London: A & C Black, 1977), p. 440s. Cf. B. WITHERINGTON III. *Making a Meal of it. Rethinking the Theology of the Lord's Supper* (Waco: Baylor University Press, 2007), p. 113-125.

da *Didaqué* ou *Doutrina dos Doze Apóstolos*[31], em Clemente de Roma, e de forma explícita na *Primeira Apologia* de Justino, como escreve R. Aguirre[32]. Esta *Apologia Prima pro Christianis ad Antoninum Pium* de Justino diz assim:

> "66. E este alimento é chamado entre nós Eucaristia (*Atque hoc alimentum apud nos vocatur eucharistia*), e a ninguém é lícito participar do mesmo senão ao que crê que são verdadeiras as coisas que ensinamos, tenha sido lavado com o batismo como já dito, para o perdão dos pecados e a regeneração, e viva da maneira que Cristo mandou. Porque não tomamos estas coisas como pão comum nem como vinho comum, mas sim, do mesmo modo que Jesus Cristo, nosso Salvador feito carne pelo Verbo de Deus, teve carne e sangue para nos salvar, assim também recebemos por tradição que aquele alimento sobre o qual se deu a ação de graças pela oração que contém as palavras dele, e com o qual se nutrem por conversão nosso sangue e nossa carne, é a carne e o sangue daquele Jesus encarnado. (*Neque enim ut communem panem, neque ut communem potum ista sumimus; sed quemadmodum per Verbum Dei caro factus Jesus Christus Salvator noster et carnem et sanguinem habuit nostrae salutis causa; sic etiam illam, in qua per precem ipsius verba continentem gratiae actae sunt, alimoniam, ex qua sanguis et carnes nostrae per mutationem aluntur, incarnati illius Jesu et carnem et sanguinem esse edocti sumus*). Porque os apóstolos, em seus comentários que se chamam *Evangelhos*, ensinaram que assim

---

31. Cf. D. RUIZ BUENO. *Padres Apostólicos* (Madri: BAC, 1965). *Didaché o Enseñanza de los Doce Apóstoles*, cap. IX- X: "Quanto à Eucaristia, dai graças assim. Em primeiro lugar, sobre o cálice":

"Damos-te graças, Pai-nosso, pela santa videira de Davi, teu servo, que nos deste a conhecer por Jesus, teu servo. A Ti glória pelos séculos". Em seguida, sobre o fragmento de pão: "Damos-te damos graças, Pai-nosso, pela vida e o conhecimento que nos deste a conhecer por meio de Jesus, teu servo. A Ti a glória pelos séculos. Assim como este trigo estava disperso pelos montes e reunido se fez um, assim também reúne a tua Igreja dos confins da terra em teu reino. Porque tua é a glória e o poder pelos séculos por meio de Jesus Cristo".

Ninguém coma nem beba de vossa Eucaristia a não ser os batizados no nome do Senhor, pois acerca disto também disse o Senhor: "Não deis o que é santo aos cães". Depois de haver-vos saciado, dai graças desta maneira: "Te damos graças, Pai Santo, por teu nome santo que fizeste habitar em nossos corações, assim como pelo conhecimento, pela fé e a imortalidade que nos deste a conhecer por Jesus teu servo. A Ti a glória pelos séculos. Tu, Senhor onipotente, criaste o universo por causa de teu nome, deste aos seres humanos alimento e bebida para seu desfrute, a fim de que te deem graças e, além disso, a nós nos concedeste a graça de um alimento e uma bebida espirituais e de vida eterna por meio de teu servo.

Antes de tudo, te damos graças porque és poderoso. A Ti a glória pelos séculos.

Lembra-te, Senhor, de tua Igreja para livrá-la de todo mal e aperfeiçoá-la em teu amor, e a ela, santificada, reúne-a dos quatro ventos no reino que preparaste. Porque teus são o poder e a glória pelos séculos. Venha a graça e passe este mundo! Hosana ao Deus de Davi! Se alguém é santo, venha! Caso não o seja, que se converta! Maranatha. Amém".

32. R. AGUIRRE (ed.). *Asi empezó el cristianismo* (Estella: Verbo Divino, 2010), p. 438-439.

o tinha mandado Jesus, a saber, que Ele, uma vez recebido o pão e tendo dado graças, disse: 'Fazei isto em memória de mim; isto é meu corpo', e que tendo recebido igualmente o cálice e dado graças, disse: 'Isto é meu sangue', e que a eles o entregou. E para que isto fosse feito também nos mistérios de Mitra, os maus demônios que o imitaram, o ensinaram. Porque sabeis disso ou podeis investigar facilmente que o cálice de água é posto nos mistérios daquele que é iniciado, acrescentando algumas palavras.

67. Desde aquele tempo sempre fazemos comemoração destas coisas, e aqueles de nós que temos bens socorremos a todos os necessitados e sempre estamos unidos uns aos outros. E em todas as oferendas louvamos ao Criador de todas as coisas por seu Filho Jesus Cristo e pelo Espírito Santo. E no dia que se chama do Sol se reúnem em um mesmo lugar os que habitam tanto as cidades como os campos e ouvem os comentários dos apóstolos ou os escritos dos profetas pelo tempo que se pode. Depois, quando o leitor termina, o presidente toma a palavra para admoestar e exortar à imitação de coisas tão insignes. Depois nos levantamos todos ao mesmo tempo e elevamos nossas preces; e, como já dissemos, enquanto terminamos a oração são trazidos o pão, o vinho e a água, e o presidente faz com todas as suas forças as preces e ações de graças, e o povo aclama *Amém*, e a comunicação dos dons sobre os quais foram dadas as ações de graças é feita pelos diáconos a cada um dos presentes e aos ausentes. Os que têm muitos bens e os querem distribuir ao seu arbítrio o fazem, e o que se recolhe é depositado nas mãos do presidente, e ele socorre aos órfãos e às viúvas e àqueles que, por enfermidade ou por outro motivo, se acham necessitados, como também aos que se encontram nos cárceres e aos hóspedes que vêm de longe; em uma palavra, cuida-se de todos os indigentes. E no dia do Sol todos nos juntamos, em parte porque é o primeiro dia em que Deus, fazendo volver a luz e a matéria, criou o mundo, e também porque nesse dia Jesus Cristo nosso Salvador ressuscitou dentre os mortos. Crucificaram-no, com efeito, no dia anterior ao de Saturno, e no dia seguinte, ou seja, o do Sol, aparecendo aos apóstolos e discípulos, ensinou aquelas coisas que por nossa vez entregamos a vossa consideração.

68. Tende estas coisas na devida estima se vos parecem conformes com a razão e a verdade; porém, se vos parecem bagatelas desprezai-as como bagatelas, mas não decreteis a morte contra homens inocentes como contra inimigos e criminosos. Anunciamos-vos que não escapareis do juízo de Deus se permanecerdes na injustiça; nós sempre exclamaremos: faça-se o que a Deus mais agrade. E, embora nos apoiando na epístola do máximo e ilustríssimo imperador Adriano, vosso pai, pudéssemos exigir que mandeis celebrar os julgamentos dos cristãos na forma em que pedimos, não o fizemos, sem dúvida, porque assim houvesse disposto Adria-

no, mas sim porque sabemos que pedimos coisas justas, e assim temos feito este discurso e esta exposição de nossas coisas"[33].

Sabemos que a eucaristia é uma realidade misteriosa que, de múltiplas e variadas formas, expressa e significa o dom que Deus Pai faz ao mundo em Cristo Jesus através da ação do Espírito. As formas em que se manifesta este admirável mistério são, como disse, muitas e variadas. Faço aqui um resumo das mais significativas delas, seguindo as orientações do Conselho Ecumênico das Igrejas, no documento já mencionado[34], com que estão de acordo todas as grandes Igrejas e comunidades cristãs:

– A Eucaristia é o grande dom entregue à Igreja pelo Senhor Jesus. Assim o testemunham tanto Paulo como os sinóticos, que falam de uma tradição, recebida de Jesus e entregue à comunidade de discípulos, em que o pão partido e o cálice de vinho são o corpo de Jesus e a Nova Aliança em seu sangue, que deve repetir-se sempre em memória dele (1Cor 11,23-25; Mt 26,26-29; Mc 14,22-25; Lc 22,14-20) (WCC, 1);

– A Eucaristia, que é essencialmente o dom de Deus, entregue à Igreja em Cristo Jesus pelo poder do Espírito, é o sacramento de salvação pela comunhão no corpo e sangue de Cristo. Todo batizado, de acordo com a promessa de Jesus, recebe na Eucaristia o perdão dos pecados (Mt 26,28) e a garantia da vida eterna (Jo 6,51-58) (WCC, 2).

– Na Eucaristia, que inclui sempre palavra e sacramento, se proclama e se celebra a obra de Deus de forma singular. Ela é a grande ação de graças ao Pai pela criação, redenção e santificação, levadas a cabo na Igreja e no mundo, apesar do pecado do ser humano. É a ברכה (*berakâh*) por excelência pela qual a comunidade cristã agradece todos seus dons a Deus. A Igreja, através da Eucaristia, proclama a glória de Deus a toda a criação, ao mesmo tempo em que anseia e intercede para que o mundo se converta em louvor ao seu Criador, trabalhando pela justiça e a paz. A Eucaristia agradece sobremaneira a entrega de Jesus momentos antes de padecer, sua morte e ressurreição e o dom do Espírito, invocado constantemente na celebração eucarística para que a Igreja seja santificada, conduzida à unidade, e cumpra sua missão no mundo. Também pelo Espírito a Igreja recebe a vida, a nova criação e a promessa da vinda do Senhor (WCC, 3,4,16,18).

---

33. JUSTINO. *Apologia* I, PG, t. VI, p. 427-431.
34. *Baptism, Eucharist and Ministry. Faith and Order Paper*, n. 111 (World Council of Churches [Conselho Mundial de Igrejas], Genebra: 1982). Nos referimos a este documento como WCC.

– A dimensão escatológica da Eucaristia é fundamental, de tal forma que, sem ela, seria um contrassenso a missão de Jesus e a proclamação dos valores do reino de Deus. No Antigo Testamento, se ratifica a aliança de Yahvé com o povo de Israel no monte Sinai, uma vez que Moisés vertera sobre o povo o sangue dos novilhos e dissera: "Eis aqui o sangue da Aliança que Yahvé pactuou convosco de acordo com todas estas palavras" (Ex 24). A Eucaristia, que dá continuidade às refeições de Jesus durante seu ministério e depois de sua ressurreição, é a ceia da Nova Aliança, entregue pelo Senhor a seus discípulos como ἀνάμνησις de sua morte e ressurreição, e antecipação da "ceia das bodas do Cordeiro" (Ap 19,9), quando se celebrará o triunfo da "salvação, glória, e o poder" de Deus (Ap 19,1). Os cristãos recordam e tornam viva a presença de Jesus na Eucaristia até que Ele venha. Na Eucaristia damos graças a Deus pela nova criação, onde se manifesta a graça de Deus e os valores humanos de amor, justiça e paz. Todo o mundo, reconciliado com Deus por Cristo Jesus, está presente na ação de graças ao Pai, no memorial do Senhor ressuscitado, e na súplica ao Espírito Santo para sua santificação. Na Eucaristia celebramos a vida, nos alegramos pelos sinais espetaculares da presença de Deus no mundo, e antecipamos a vinda do reino de Deus (Mt 26,29; 1Cor 11,26) (WCC, 1,22,23).

– A Eucaristia – nós católicos nos referimos a ela como "o Santo Sacrifício da Missa" – é o memorial do Senhor crucificado e ressuscitado, quer dizer, signo atual e eficaz de seu sacrifício realizado, uma vez por todas, na cruz e vigente em benefício de toda a humanidade. Cristo (desde sua encarnação até sua ascensão e o envio do Espírito) está presente nesta *anamnesis*, ἀνάμνησις, antecipação da Parusia e do reino final (WCC, 5-8). O conceito de *anamnesis* ἀνάμνησις é essencial nesta matéria. A teologia católica tradicional se refere à Eucaristia como a repetição do sacrifício da cruz "de modo incruento"; o discurso mais recente se refere às vezes à Eucaristia como "o sacramento do sacrifício de Cristo", tornando o sacrifício de Cristo sacramentalmente (e, portanto, realmente) presente na liturgia da Igreja[35].

– Acerca da presença de Cristo na Eucaristia, a linguagem teológica para explicar esta ideia é obscura e inconstante. Não vou entrar no mérito dos termos de "mudança" ou de "transubstanciação", utilizados frequentemente para explicar a transformação do pão e do vinho no corpo e no sangue de Jesus. De qualquer modo, a Eucaristia é o sacramento do corpo e sangue de Cristo, o sacramento de sua presença real. Fundamentada nas palavras e ações de Jesus, a Igreja con-

---

35. Cf. T. RAUSCH. *Catholicism in the Third Millennium* (Cochegeville: The Liturgical Press, 2003), p. 94-95.

fessa a presença real, viva e eficaz de Cristo na Eucaristia. Para discernir esta presença é necessária a fé (WCC, 13).

– A Eucaristia, além de ser comunhão com Cristo, é comunhão com o Corpo de Cristo, que é a Igreja. Aqueles que comungamos do mesmo pão e do mesmo vinho nos tornamos um com Cristo e com seus seguidores em todos os tempos e em qualquer lugar. Em toda celebração eucarística está a Igreja universal e esta se faz visível em qualquer Eucaristia que celebramos. Na Eucaristia adquirem significado e se realizam, portanto, a catolicidade e a caridade da Igreja (WCC, 19).

– A Eucaristia abarca todos os aspectos da vida humana. No plano espiritual, nos convida a voltarmos os olhos à bondade de Deus e a agradecer seus dons. Concede-nos, também, a reconciliação e a caridade com a grande família de Deus, ameaçada pelos problemas da vida econômica, política e social, especialmente com os mais pobres e desamparados. Participar da Eucaristia nos conduz a combater e superar o mal, manifestado na injustiça, na perseguição religiosa, na carência de liberdades, na violência e na guerra, no racismo e em qualquer ato que atente contra a dignidade da pessoa. Comer e beber juntos significa testemunhar o amor e o serviço a todas as pessoas, seguindo o caminho de Jesus, que não veio para ser servido, mas para servir (Mc 10,45; Mt 20,28) (WCC, 20,21).

– Finalmente, em continuidade com as refeições realizadas durante o ministério profético de Jesus e depois de sua ressurreição, a Eucaristia é o sinal mais nítido da presença e eficácia do reino de Deus. Os cristãos, reconciliados com Deus e entre si em Cristo Jesus pela ação do Espírito, prefiguram e visibilizam a união de todo o gênero humano. Toda a criação se renova na ação eucarística, onde se manifesta a graça de Deus que chega a todos aqueles que trabalham pela justiça, a paz e o amor. Na Eucaristia, a Igreja intercede por toda a humanidade, em busca da nova criação e santificação (WCC, 1,22).

12.4. Conclusão

Como resumo da exposição sobre este tema, direi que a última ceia e a Eucaristia permanecem vivas na memória atualizada da comunidade cristã. Quem come do pão e bebe do cálice, recorda e celebra a vida (gestos, palavras e ações) de Jesus, sua morte e ressurreição, ao mesmo tempo em que espera serena e confiantemente a realização definitiva do reino de Deus. Jesus se torna para Ele a garantia plena da humanização do mundo – estabelecendo a nova relação entre ser humano e Deus – e o Salvador de todas as pessoas, em virtude da Nova Aliança por seu sangue. Ao comer o pão e beber o vinho, o ser humano se dignifica e experimenta Deus através da união com Cristo Jesus, se relaciona amorosamente com os irmãos, ao participar de um mesmo pão se abre ao mundo, representado pela comunidade na unidade do corpo de Cristo, e se encaminha (tudo por pura graça) até o maravilhoso mundo de Deus.

CAPÍTULO 13
Ressuscitou!

13.1. Deus o ressuscitou

Aparentemente, a morte ignominiosa e violenta na cruz tinha posto fim não somente à vida e à mensagem de Jesus de Nazaré, mas também à sorte de seus seguidores e ao anseio de libertação do povo de Israel. Tudo parecia indicar que o abandono de Deus havia atingido o justo e o inocente, àquele que fora sempre extremamente obediente à vontade de seu Pai, que havia passado por este mundo fazendo o bem a todos os necessitados e pregando aos pobres e enfermos a boa notícia do reino de Deus. Poderia a morte encerrar a vida impecável do justo, entregue com tanto amor à humanidade e com tantas promessas de liberação? Acabaria para sempre o vigoroso anúncio do reino de Deus aos homens, permanecendo nas sombras da Antiguidade e caindo no esquecimento? Poderia desaparecer por completo a nova e autêntica manifestação de Deus à humanidade?

Em Jesus, a morte estava aberta à esperança da vida, segundo havia dito em diversas ocasiões. Ele, quando estava próxima a Pascoa dos judeus, havia pronunciado em Jerusalém estas palavras: "Destruí este templo, e em três dias o levantarei" (Jo 2,19). Evidentemente, falava do templo de seu corpo, segundo nos diz João (Jo 2,21). Perante o sinédrio, perguntado se Ele era o Messias, disse: "Eu sou. E vereis o Filho do homem sentado à direita do Poder, e chegar entre as nuvens do céu" (Mc 14,62). Com isso indicava sua divindade e seu poder, acima das contingências da morte. A seus discípulos havia declarado que tinha que padecer, "e sofrer a morte, e ao terceiro dia ressuscitar" (Mt 16,21; Lc 9,22). As palavras eram belas e carregadas de esperança, porém insuficientes para dissipar as dúvidas e sossegar os ânimos de seus ouvintes.

Os discípulos tiveram que lidar com o sonho suas ilimitadas esperanças atravessando a experiência mais traumática de sua vida. O futuro se desenhava para eles incerto e obscuro, cheio de inseguranças e tomado de terror. De fato, muitos deles, perplexos e desorientados, fugiram de Jerusalém para a Galileia, em busca de suas famílias e de seu antigo ofício. Não tinham mais outro horizonte senão voltar à vida de antes. Sobravam-lhes poucas esperanças. O reino, que apresentava o amor de Deus a toda a humanidade e que tantas vezes tinham escutado da boca de seu Mestre em forma de Parábolas, parecia afastar-se definitivamente de seus pensamentos, por mais que esses estivessem distantes da autêntica realidade anunciada. O relato de Lucas sobre os discípulos de Emaús ilustra perfeitamente a situação que experimentaram os seguidores de Jesus. Conta que, no primeiro dia da semana, dois discípulos de Jesus que caminhavam à pequena aldeia de Emaús (significativamente, o fato ocorre nas proximidades de Jerusalém), conversando sobre os recentes acontecimentos sucedidos em Jerusalém, se confessam decepcionados: "Nós esperávamos que fosse Ele quem iria libertar Israel; no entanto, este é o terceiro dia desde que isso aconteceu" (Lc 24,21). Além disso, informam que algumas mulheres de seu grupo não encontraram o corpo de Jesus no sepulcro e falaram sobre ter visto anjos que diziam que Ele estava vivo; inclusive, alguns de seus companheiros tinham constatado a mesma coisa. "A Ele, porém, não o viram" (Lc 24,24). A decepção e a dúvida são evidentes. É certo que os seguidores de Jesus podiam encontrar nas Escrituras judaicas alguma doutrina e imagens do sofrimento e da morte do justo que abrisse as portas à esperança. Porém Jesus era único em sua pessoa e em sua mensagem e, consequentemente, incomparável e insubstituível. Com sua morte, tudo teria terminado.

Porém, a semente libertadora de Jesus não podia ser abafada, nem pela dor nem mesmo pela própria morte. Os discípulos, no começo abatidos e dispersos, começaram a congregar-se em torno do Jesus ressuscitado, ainda que de forma tímida e duvidosa, tomados pelo medo e as dúvidas e inclusive carregando uma clara falta de fé e dureza de coração no começo (Mc 16,14; Mt 28,17; Lc 24,37). É o que refletem os relatos do sepulcro vazio e aqueles que relatam as aparições do Ressuscitado. O relato de Emaús, ao qual acabo de referir-me, mostra como os olhos dos discípulos se abriram, como reconheceram Jesus e contaram aos Onze que se revelou a eles na fração do pão. Maria Madalena, Pedro e outros discípulos também creram que Deus tinha ressuscitado Jesus dentre os mortos e o proclamaram vivo entre eles, com uma presença que ultrapassa toda observação humana. Certamente, Jesus vivia além da morte, de forma diferente, sem as amarras e as coordenadas do tempo e do espaço.

A fé em Jesus ressuscitado não se explica por meras razões históricas, religiosas ou culturais. O começo da fé da comunidade cristã deve ser tão forte e profundo que não somente explique a dinâmica da expansão portentosa do cristianismo primitivo, como também supere o grave problema da morte na cruz. Esta fé em Jesus ressuscitado se encontra no centro dos escritos do Novo Testamento. Todos os seus livros dão testemunho desta verdade: que Jesus, depois de ser crucificado e morrer, foi ressuscitado por Deus. Se não tivesse sido assim, como diz Paulo, a fé seria falsa (1Cor 15,14). A comunidade cristã o proclamou da mesma forma desde seus começos. Pois bem, como chegou esta comunidade a uma convicção tão transcendental? Como se produziu tão prodigiosa mudança nos discípulos? Como e por que houve o reconhecimento da nova e misteriosa presença de Jesus? Como foi a experiência pascal e o que significou na vida dos discípulos? O que gerou a experiência do Ressuscitado na vida da comunidade eclesial? Tentarei abordar e clarificar estas questões vitais para a vivência cristã em nosso tempo.

A ressurreição de Jesus não pertence mais à história terrena. Os métodos históricos não podem comprovar o fato da ressurreição. O Ressuscitado transcende o espaço e o tempo, embora sua pessoa se mescle com os traços próprios e singulares do Jesus histórico. Neste sentido, e especialmente pela centralidade da crença em Jesus ressuscitado desde o começo do cristianismo, o Jesus da fé está intimamente relacionado com o Jesus da história e sem a ressurreição não poderia explicar-se a religião cristã. Desta perspectiva, cabe entender de alguma maneira o componente histórico da ressurreição de Jesus. A continuidade entre o Jesus da história e o Cristo da fé é inquestionável. O crucificado e o glorificado são uma única realidade. Da memória e das vivências de Jesus – histórico e ressuscitado – surgiram tradições distintas que reproduziram suas palavras e obras, ao mesmo tempo em que proclamaram sua presença entre os vivos[1]. Porém, antes de examinar essas tradições, vejamos as expressões da experiência pascal dos discípulos de Jesus.

13.2. A experiência pascal

É extremamente complexo expressar as experiências que os discípulos sentiram ao ver Jesus ressuscitado. Os teólogos se têm pronunciado sobre este tema de maneiras diversas e diferentes. Na análise desta questão, é conveniente considerar a perspectiva da qual se devem interpretar as aparições do Ressuscitado, a imprecisão terminológica na narração destas experiências e a certeza de que os

---

1. Convém conhecer o pluralismo existente acerca da interpretação teológica sobre a natureza da ressurreição de Jesus e sua importância na fé cristã, assim como sobre os relatos das aparições e a tradição da tumba vazia. Nesta matéria se podem consultar, entre outros, os seguintes autores: R. HAIGHT. *Jesús, símbolo de Dios* (Madri: Trotta, 2007), p. 135-137. J. GALVIN. "The Resurrection of Jesus in Contemporary Catholic Systematics": *Heythrop Journal* 20 (1979), p. 123-145. D. FERGUSON. "Interpreting the Resurrection": *Scottish Journal of Theology* 38 (1985), p. 287-305. H. KÜNG. *Ser Cristiano* (Madri: Ediciones Cristiandad, 1977), p. 469-483, no capítulo V ("La Nueva Vida") se aprofunda na gênese da fé sob os seguintes tópicos: 1) Surgiu a fé da reflexão dos discípulos? 2) Objeções contra uma reconstrução histórico-psicológica. 3) Nasceu a fé de novas experiências dos discípulos? 4) Objeções contra a hipótese de novas experiências. 5) As aparições significam vocações. 6) As vocações apontam para a fé. 7) Crer hoje. T. LORENZEN. *Resurrection and Discipleship: Interpretive Models, Biblical Reflections, Theological Consequences* (Maryknoll: Orbis Books, 1995), p. 11-111.

discípulos chegaram a crer firmemente que Jesus, que havia sido crucificado e morrido, estava vivo.

As experiências pascais se inserem no contexto das crenças religiosas do povo judeu no tempo de Jesus. Sabemos que a existência de uma vida após a morte se instaurou bastante tarde na tradição religiosa do povo judeu. No tempo de Jesus esta tradição já fazia parte do imaginário religioso do povo de Israel, que contemplava a possibilidade de que os mortos voltassem à vida e que ressuscitassem pelo poder de Yahvé. Mesmo nesse contexto, a experiência dos discípulos que viram Jesus ressuscitado se apresenta de difícil interpretação. Em que consistiu realmente esta experiência? Foi uma visão? Um sonho? Uma iluminação? Uma revelação? Experimentaram os discípulos a presença de Jesus ressuscitado através de seus olhos, seus ouvidos, ou suas mãos? As dúvidas nascem junto com a terminologia utilizada nos escritos do Novo Testamento que, para relatar os atos acerca das aparições de Jesus, deixam transluzir uma realidade que não pode ser expressa de forma objetiva. Estes relatos falam de um Jesus que não se submete às coordenadas do espaço e do tempo, que aparece e desaparece de repente, que penetra em lugares fechados sem abrir portas ne trincos, e cujo aspecto é dificilmente reconhecível e, mais que isso, que se apresenta "com outro aspecto", como escreve o evangelista Marcos (Mc 16,12).

Esta imprecisão da linguagem dos relatos pascais tem motivado a disparidade de opiniões entre teólogos e biblistas ao pronunciar-se sobre essa questão. Alguns consideram que a experiência dos discípulos é puramente subjetiva, reduzindo a ressurreição de Jesus a mero produto de sua fé; outros, por sua vez, tratam de buscar uma explicação que harmonize a experiência dos discípulos com o fato inegável da ressurreição de Jesus. Expoente do primeiro grupo é o teólogo protestante alemão, Willi Marxsen. Segundo ele, a ressurreição de Jesus foi produto unicamente da experiência subjetiva de seus discípulos que, arrastados pela forte personalidade de seu mestre, comprovada depois de sua morte, proclamaram ao mundo que Ele continuava vivo, que estava entre eles[2].

---

2. W. MARXSEN. *La resurrección de Jesús de Nazaret* (Barcelona: Herder, 1974). No capítulo intitulado "A ressurreição de Jesus, um milagre", p. 158, escreve: "A resposta do historiador à pergunta se Jesus ressuscitou, tem que ser esta: 'Não sei; isto já não é possível ser averiguado'. Portanto, com esta pergunta também o cristão deve dar-se por satisfeito (caso se interesse pela verificação de um fato). Se, ao contrário, afirma como base de sua fé (ou de um reconhecimento pneumático) o caráter da ressurreição de Jesus, rebaixa seus próprios limites e fala sem fundamento". E, ao escrever sobre "A esperança de um futuro entre os cristãos", p. 231, afirma: "Não se trata, pois, por exemplo, de que Jesus (para fazer uso da representação tradicional) tenha ressuscitado e por isso seja certa a minha ressurreição. Trata-se de que Jesus de Nazaré ofereceu esta vida como possibilidade. Jesus ressuscitou no fato de que sua oferta continua afetando-nos hoje, e se a aceitamos, Ele mesmo nos outorga esta nova vida. Agora posso formular isso do seguinte modo: Jesus viveu e outorgou a ressurreição para a nova vida já antes de sua crucifixão. Por isso se pode verdadeiramente dizer que Jesus ressuscitou já antes de sua crucifixão".

A ressurreição, portanto, não é um fato objetivo, mas sim um mero produto da fé cega de seus discípulos, um fenômeno desencadeado no âmbito da consciência subjetiva dos discípulos e ausente de qualquer verificação neutra. Aqueles que tentam explicar a experiência dos discípulos admitindo a realidade da ressurreição falam dela como fato de revelação com significado escatológico, como experiência visual criadora de uma nova consciência ou como experiência luminosa vivida no âmbito do grupo mais íntimo dos seguidores de Jesus e não compartilhada por outros[3]. Em outra de suas obras, este teólogo afirma que os discípulos, "por meio de uma 'interpretação refletida' chegaram a dizer: Jesus foi ressuscitado por Deus, ou seja, ressuscitou". Eles acreditavam que falavam de um fato realmente sucedido, porém, "se hoje em dia 'historicamente' se formula a pergunta: 'Jesus ressuscitou?', então somente podemos responder: isso não pode ser comprovado". Os discípulos experimentaram uma vivência e a reflexão sobre esta vivência os conduziu à "interpretação: Jesus ressuscitou"[4]. Em outro lugar, expressa o seguinte: "a ressurreição não é o dado decisivo (com relação à ressurreição não se pode falar de um dado), mas o 'dado' foi Jesus, suas palavras e suas obras. Jesus foi conhecido 'em sua atividade terrena' como antecipação do 'eschaton', como manifestação de Deus... Esta manifestação de Deus que passou propriamente com sua morte, reapareceu de novo em virtude da experiência visionária"[5]. E. Schillebeeckx afirma que os relatos sobre as aparições aludem a um fato histórico-salvífico e que o modelo de "visão" é um recurso para expressar um "fato de graça, uma iniciativa divina de salvação". Os relatos evangélicos em forma de aparições devem ser interpretados como "pura graça de Deus". O Novo Testamento não diz explicitamente em quais atos históricos concretos se manifestou esta graça ou iniciativa divina de salvação, porém é uma graça de Cristo que, sob o aspecto de "iluminação", é obviamente revelação e não "uma invenção humana". O fundamento da fé cristã é, sem dúvida, Jesus de Nazaré em sua oferta "terrena" de salvação, "renovada" depois de sua morte, experimentada e expressada por Pedro e os Doze. Jesus, continua este teólogo, "oferece de novo a seus discípulos a salvação; eles o 'experimentam' em sua própria conversão; portanto, Jesus tem que estar vivo. Em sua experiência de 'conversão' a Jesus, na renovação de sua própria vida, experimenta a graça do perdão de Jesus; ali a experimentam; ali experimentam que Jesus vive. Um 'morto' não pode perdoar.

---

3. G. O'COLLINS. *Jesus Resucitado. Estudio histórico, fundamental e sistemático* (Barcelona: 1988), 96-100, faz uma resenha certeira da posição de Willi Marxsen, ressaltando os pontos frágeis de sua argumentação, a saber, que a fé para Marxsen é o milagre e não a ressurreição de Jesus, que a fé não é independente da razão, e que a fé pós-pascal, além dos conteúdos da fé pré-pascal, se funda na ressurreição de Jesus crucificado.

4. W. MARXSEN. *La resurrección de Jesus como problema histórico e teológico* (Salamanca: Sígueme, 1979), p. 35.

5. *Ibid.*, p. 62.

Assim fica restabelecida a comunhão atual com Jesus"[6]. R. Haight afirma que, nos debates sobre os diversos aspectos da ressurreição de Jesus, devem manter-se três pontos fundamentais:

1) Que os testemunhos do Novo Testamento sobre a ressurreição de Jesus não podem reduzir-se a um mero fenômeno existencial, quer dizer, simplesmente admitir que Jesus vive na fé da comunidade, mas ratificam que Deus atuou em Jesus e que os primeiros discípulos creram que Jesus estava vivo, que tinha ressuscitado, e havia sido exaltado à glória de Deus.

2) Que a ressurreição de Jesus não deve ser entendida como um retorno à vida neste mundo, como a ressuscitação de um cadáver, mas sim como "uma passagem a 'outro mundo', uma assunção no âmbito da realidade divina e absoluta que é Deus, o qual, como criador, é distinto da criação. O que ocorreu na ressurreição de Jesus pertence a outra ordem de realidade que supera este mundo porque é o âmbito de Deus".

3) A ressurreição, que implica uma identidade e continuidade entre Jesus durante sua vida e seu estar com Deus, foi "a exaltação e a glorificação de uma pessoa individual, Jesus de Nazaré". Este teólogo resume a natureza da ressurreição de Jesus com estas palavras: "É a assunção de Jesus de Nazaré na vida de Deus. É Jesus exaltado e glorificado na realidade de Deus. Isso ocorreu no momento mesmo de sua morte, de modo que não houve tempo algum entre seu falecimento e sua ressurreição e exaltação. É uma realidade transcendente que somente pode ser apreciada pela fé-esperança"[7].

13.3. Os relatos pascais

A ressurreição de Jesus é a verdade central do cristianismo. Assim o confessam seus seguidores ao longo dos séculos, seguindo os escritos do Novo Testamento, transmitidos fielmente a nós pela Igreja primitiva. A ressurreição é a confirmação divina da missão salvadora de Jesus e sem ela não teria sentido o reconhecimento de Jesus como "Senhor", nem a pregação da Igreja e nossa fé (Rm 10,9; 1Cor 15,14). O testemunho de Paulo em sua Carta aos Coríntios é uma demonstração representativa da fé em Jesus ressuscitado de toda a comunidade cristã primitiva: "Se não existe (a) ressurreição dos mortos tampouco Cristo ressuscitou; e se Cristo não ressuscitou, (é) falsa, portanto, nossa pregação, e (é) falsa a vossa fé, e nós, então, somos falsas testemunhas de Deus, porque contra Deus demos testemunho de que Ele ressuscitou Cristo, ao qual não ressuscitou se é que de fato (os) mortos não ressuscitam; pois se (os) mortos não ressuscitam, tampouco Cristo ressuscitou; e se Cristo

---

6. E. SCHILLEBEECKX. *Jesús. La historia de un viviente* (Madri: Trotta, 2002), p. 360-362.

7. R. HAIGHT. *Jesús, símbolo de Dios* (Madri: Trotta, 2007), p. 139-143.

não ressuscitou, vã (é) vossa fé, e ainda estais em vossos pecados; portanto, também pereceram os que dormiram em Cristo. Se apenas esperamos em Cristo para esta vida, somos os mais dignos de lástima entre todos os homens. Porém, o caso é que Cristo ressuscitou dentre os mortos, primícias dos que repousam!" (1Cor 15,13-20).

A situação de desconcerto produzida nos discípulos pela ignominiosa execução de Jesus se transforma repentinamente pela audácia e a convicção. Eles, que por medo tinham fugido para a Galileia, voltam a Jerusalém e proclamam diante das autoridades de Israel que Jesus está vivo e que Deus o ressuscitou. Aquele que havia sido crucificado e executado foi despertado do sono e retirado do *sheol*, a morada dos mortos, para ser levantado à vida. Os discípulos falam da intervenção poderosa de Deus, e também que Jesus morreu e ressuscitou. Na realidade, são fórmulas que significam a mesma realidade, na qual se expressam o poder amoroso do Pai e a glorificação e exaltação de Jesus. De fato, ao mesmo tempo que ressoam estas fórmulas, em que se afirma a ressurreição de Jesus, aparecem na comunidade cristã cantos e hinos litúrgicos que com outra linguagem confirmam a mesma realidade. Eles proclamam que Deus "elevou (Jesus) acima de tudo e lhe outorgou o nome (que está) sobre todo nome" (Fl 2,9), e "o constituiu Filho de Deus com poder, segundo (o) Espírito de santidade, a partir de (sua) ressurreição dentre os mortos" (Rm 1,4).

Convém lembrar que os relatos pascais dos evangelhos são posteriores à mensagem sobre a ressurreição de Jesus, que se materializou neles de formas diferentes, e às fórmulas de caráter confessional com as subsequentes reflexões teológicas.

Tais relatos, inspirados em tradições muito pouco unificadas, se diferem notavelmente em seus detalhes; inclusive, na opinião de G. Bornkamm, há uma tensão evidente entre a clareza da mensagem pascal e a ambiguidade e o caráter problemático dos relatos[8]. Contudo, devem-se entender como testemunhos de fé da comunidade cristã primitiva, orientados à mensagem pascal, cujo núcleo é a ressurreição de Jesus de Nazaré. São, por assim dizer, formas que utilizaram os discípulos de Jesus para expressar sua fé e transmiti-la as gerações vindouras. Às vezes, como indica J. A. Fitzmyer, o problema dos leitores atuais com a ressurreição de Jesus não é tanto o *kerigma* cristão básico quanto os relatos da tradição evangélica e sua interpretação[9]. Esses relatos precisam ser interpretados não de forma literal e fundamentalista, mas sim levando-se em conta os gêneros literários nos quais foram escritos e a sua finalidade[10].

---

8. G. BORNKAMM. *Jesus de Nazaret* (Salamanca: Sígueme, 2002), p. 193.
9. J. A. FITZMYER. *Catecismo cristológico. Respuestas del Nuevo Testamento* (Salamanca: Sígueme, 1998), p. 84.
10. N. T. WRIGHT. *The Resurrection of the Son of God* (Londres: SPCK, 2003), no cap. 13, p. 587-615, intitulado "General Issues in the Easter Stories", oferece ideias interessantes neste ponto sob as seguintes epígrafes: 1) *Introduction*. 2) *The Origin of the Resurrection Narratives*. 3) *The Surprise of the Resurrection Narratives*. 4) *The Historical Options*.

Do ponto de vista literário, é imensamente sugestivo o contraste existente entre os relatos da Páscoa e os da paixão. Na história da paixão de Jesus, os evangelhos – sem negar as peculiaridades de cada evangelista – se estruturam uniformemente e relatam de forma ordenada os episódios mais significativos da paixão. Nos relatos da Páscoa, pelo contrário, exceto pela ordem de sucessão nos atos narrados – o sepulcro vazio e as aparições – os evangelhos se diferem notavelmente. Algumas vezes, o Ressuscitado aparece a uma só pessoa; outras vezes, a duas ou mais, e excepcionalmente a uma multidão. Entre as testemunhas, predominam os homens, quase sempre pertencentes ao grupo mais íntimo de seus discípulos, porém há também mulheres. O lugar destas aparições é muito variado: um espaço aberto, uma casa, a cidade santa de Jerusalém, o lago de Genesaré, a região montanhosa da Galileia, ou fora dos limites da Palestina.

A forma em que aparecem esses relatos também é diferente: uns são curtos, espontâneos e alegres; outros, longos e enigmáticos[11].

Os relatos de Páscoa giram em torno de dois grandes temas, a saber, a tradição do sepulcro vazio, ao qual se dirigem as mulheres no primeiro dia da semana e recebem a notícia de que Jesus ressuscitou, e as tradições sobre as aparições de Jesus a alguns de seus seguidores. Vejamos com detalhe esses dois grupos temáticos.

13.4. A tradição do sepulcro vazio

Os evangelhos sinóticos, com pouquíssimas diferenças entre si, e o Evangelho de João, que oferece uma versão diversa, relatam a visita das mulheres ao sepulcro de Jesus de Nazaré. Segundo a interpretação bíblica atual, o interesse destes relatos está não tanto na determinação da realidade histórica do sepulcro vazio, mas, sobretudo, nas experiências que as mulheres viveram em torno do sepulcro e sua função na configuração da fé pascal[12].

---

11. J. JEREMIAS. *Teología del Nuevo Testamento. La predicación de Jesus* (Salamanca: Sígueme, 2009), p. 348-349, escreve a respeito desta diferença entre o relato da paixão e as narrativas da Páscoa: "Essa diferença radical não pode derivar nem de uma elaboração secundária dos relatos de Páscoa por parte da tradição nem por uma refundição levada a cabo pela redação, mas se funda nos próprios acontecimentos. Enquanto a paixão foi um acontecimento que se podia acompanhar com o olhar, um acontecimento de poucos dias, nas cristofanias se trata de uma multidão de acontecimentos da mais diversa índole e que foram ocorrendo ao longo de um grande espaço de tempo, provavelmente ao longo de anos; Apenas em época relativamente tardia a tradição limitou a 40 dias o período das cristofanias (At 1,3)". J. A. FITZMYER. *Op. cit.*, p. 86, se pronuncia assim nesta questão: "Os relatos das aparições de Jesus são produto de uma tradição e composição que varia e dificilmente podem ser considerados reflexos do nível mais primitivo da pregação sobre o Cristo ressuscitado [...]. Os relatos da ressurreição, com toda sua diversidade, devem ser considerados como intenções de completar os detalhes das informações das aparições do Cristo ressuscitado conservados em proclamações fundamentais como 1Cor 15,3-7".

12. X. LÉON-DUFOUR. *Resurrección de Jesús e Mensaje Pascual* (Salamanca: Sígueme, 1978), p. 163-181.

Marcos escreve o seguinte: "Passado o sábado, Maria Madalena, Maria, mãe de Tiago, e Salomé, compraram aromas para ungir Jesus. De manhã cedo, no primeiro dia depois do sábado, ao nascer do sol, elas foram ao túmulo. Diziam entre si: 'Quem nos vai remover a pedra da entrada do túmulo?' Mas, quando olharam, viram a pedra removida; e era uma pedra muito grande. Entrando no túmulo, viram um jovem sentado à direita, vestido de branco, e se assustaram. Ele lhes falou: 'Não vos assusteis! Estais procurando Jesus de Nazaré, que foi crucificado. Ele ressuscitou; não está aqui. Vede o lugar em que o puseram. Mas ide dizer aos discípulos e a Pedro que Ele irá à frente de vós para a Galileia. Lá o vereis como Ele vos disse'. Perplexas, elas saíram do sepulcro e fugiram apavoradas. E não disseram nada a ninguém, pois estavam com medo" (Mc 16,1-8).

O relato de Mateus é este: "Passado o sábado, ao amanhecer do primeiro dia da semana, Maria Madalena e a outra Maria foram ver o sepulcro. Subitamente houve um grande terremoto, pois um anjo do Senhor desceu do céu, aproximou-se, rolou a pedra do sepulcro e sentou-se nela. O seu aspecto era como o de um relâmpago e sua veste, branca como a neve. Paralisados de medo, os guardas ficaram como mortos. O anjo, dirigindo-se às mulheres, disse: 'Não tenhais medo. Sei que procurais Jesus, o crucificado. Ele não está aqui! Ressuscitou conforme tinha dito. Vinde ver o lugar onde estava. Ide logo dizer a seus discípulos que Ele ressuscitou dos mortos e que vai à frente de vós para a Galileia. Lá o vereis. Eis o que eu tinha a dizer'. Afastando-se logo do túmulo, cheias de temor e grande alegria, correram para dar a notícia aos discípulos" (Mt 28,1-8).

Lucas refere os acontecimentos desta maneira: "No primeiro dia da semana, de manhã muito cedo, as mulheres vieram ao túmulo trazer os perfumes que tinham preparado. Encontraram a pedra do túmulo removida e, entrando, não acharam o corpo do Senhor Jesus. Ficaram sem saber o que fazer. Nisso, dois homens vestidos de roupas brilhantes apareceram diante delas. Como ficassem aterrorizadas e baixassem os olhos para o chão, eles disseram: 'Por que procurais entre os mortos quem está vivo? Ele não está aqui, mas ressuscitou! Lembrai-vos do que vos falou, quando estava ainda na Galileia: O Filho do homem deveria ser entregue ao poder de pecadores e ser crucificado, mas ressuscitaria ao terceiro dia'. Então elas se lembraram das palavras de Jesus. Voltando do túmulo, comunicaram tudo isso aos Onze e a todos os outros. Eram Maria Madalena, Joana, Maria, mãe de Tiago, e as outras que com elas estavam. Contaram estas coisas aos apóstolos, mas suas palavras lhes pareciam tolice. Por isso não acreditaram nelas" (Lc 24,1-11).

A versão de João diz assim: "No primeiro dia da semana, Maria Madalena veio ao sepulcro bem de madrugada, quando ainda estava escuro, e viu que a pedra tinha sido removida do sepulcro. Então foi correndo até onde estava Simão Pedro e o outro discípulo a quem Jesus amava e lhes disse: 'Tiraram o Senhor do sepulcro e não sabemos onde o puseram'. Pedro saiu com o outro discípulo e foram ao sepulcro. Corriam juntos, mas o outro discípulo correu mais depressa do que Pedro e chegou primeiro. Inclinando-se, viu as faixas de linho no seu lugar, mas não entrou. Depois chegou Simão Pedro, entrou no sepulcro e viu as faixas de linho no seu lugar e o sudário que tinha estado sobre a cabeça de Jesus. O sudário não estava com as faixas de linho, mas enrolado num lugar à parte. O outro discípulo que chegou primeiro entrou também, viu e creu. De fato, eles ainda não se haviam dado conta da Escritura, segundo a qual era preciso que Jesus ressuscitasse dos mortos. A seguir, os discípulos voltaram para casa" (Jo 20,1-10).

Em todos esses relatos se observa um núcleo estável, que se repete constantemente, e que aparece ademais em outros escritos extracanônicos[13], e que pode resumir-se nestas palavras: Depois de haver presenciado a morte e a sepultura de Jesus, Maria Madalena e outras mulheres, no primeiro dia da semana, bem cedo, chegaram ao sepulcro, e observaram que a pedra estava removida para o lado. Ali viram um ou dois anjos do Senhor (segundo a versão dos sinóticos) que lhes disseram: "Ressuscitou. Não está Aqui". As mulheres entraram no sepulcro e não encontraram o corpo de Jesus. Pedro e o outro discípulo correram ao sepulcro, entraram, viram e creram.

As diferenças dos evangelistas, algumas notáveis, se dão em torno do núcleo apontado. Assim, Marcos fala de Maria Madalena, Maria a mãe de Tiago e Salomé e (com uma terminologia muito estranha no texto bíblico ἐφοβοῦντο γάρ) refere a incapacidade das mulheres para proclamar o que tinham visto, tomadas pelo pavor, o assombro e o medo. Marcos não descreve a ressurreição de Jesus. As mulheres anun-

---

13. A. PIÑERO (ed.). *Todos los Evangelios* (Madri: Edaf, 2009), p. 325. *El Evangelio de Pedro*, de autor desconhecido e composto até o ano 130, relata o seguinte com relação às mulheres e ao sepulcro vazio: "Na manhã do domingo, Maria Madalena, discípula do Senhor – com temor por causa dos judeus, pois estavam inflamados de ira –, não havia feito no sepulcro do Senhor o que costumavam fazer as mulheres com os defuntos e com seus entes queridos. Tomando consigo suas amigas, foi ao sepulcro onde Jesus havia sido enterrado. Tinham medo de que os judeus as vissem, e diziam: 'Como não pudemos chorar e lamentar naquele dia em que foi crucificado, façamo-lo ao menos agora junto a seu sepulcro. Porém, quem nos removerá a pedra, colocada diante da porta da sepultura, para que possamos entrar, sentar-nos junto a Ele e fazer o que é devido? Porque a pedra é grande e temos medo de que alguém nos veja. Porém, se não pudermos, deixemos mesmo que seja junto à entrada o que trazemos para sua memória; depois choramos e nos lamentamos até que regressemos a nossa casa'. Foram, pois, e encontraram aberto o sepulcro. Aproximaram-se para ver. E veem ali um jovem sentado em meio ao sepulcro, formoso e revestido com roupas brilhantíssimas, o qual lhes disse: 'Por quem viestes? A quem procurais? Acaso àquele que foi crucificado? Ressuscitou e partiu daqui. E se não o credes, achegai-vos e vede que não está no lugar onde jazia. Pois ressuscitou e se dirigiu para onde foi enviado'. Então as mulheres, cheias de temor, fugiram". O relato também se encontra na *Epistola Apostolorum*, a mais importante das Cartas apócrifas, escrita até meados do século II d.C., na Ásia Menor ou no Egito. Cf. *New Testament Apocrypha: Gospels and related writings* I (Louisville: Westminster John Knox Press, 1991), p. 249ss.

ciam que Pedro e seus discípulos verão o Ressuscitado na Galileia. Mateus menciona Maria Madalena e a outra Maria e acrescenta um grande terremoto. Segundo Lucas, as mulheres que chegaram ao sepulcro levando os aromas são as que tinham seguido Jesus e tinham chegado com Ele a Jerusalém da Galileia e a promessa de Marcos de uma aparição do Ressuscitado na Galileia (Mc 16,7) muda para as palavras de Jesus nesta região, dizendo que "o Filho do homem tinha que ser entregue nas mãos dos pecadores e ser crucificado, e ressuscitar ao terceiro dia" (Lc 24,6-7). João coloca em um lugar destacando Maria Madalena, a única mulher que foi ao sepulcro e viu a pedra removida e inclui o testemunho de Simão Pedro e do outro discípulo, aquele a quem Jesus amava, sobre o sepulcro vazio, no qual entraram, viram e acreditaram.

Os estudiosos da Escritura procuram dar resposta a essas diferenças da tradição do sepulcro vazio entre os evangelistas, porém sem chegar a uma solução definitiva. Alguns pensam que Marcos foi o criador do relato das mulheres no sepulcro, carente de base histórica, enquanto Mateus e Lucas o conheceram e modificaram. Outros recorrem a um processo de tradição oral, fundada no testemunho daqueles que experimentaram o acontecimento. Em conformidade com as narrativas deste acontecimento, essas testemunhas foram as mulheres que vieram ao sepulcro, ou os primeiros seguidores de Jesus que tiveram conhecimento do acontecido, ou a comunidade que celebrou os acontecimentos pela primeira vez[14].

Como questões significativas e chamativas neste processo de tradição sobre o sepulcro vazio, eu gostaria de apontar brevemente as seguintes:

a) O significado simbólico da pedra que sela o sepulcro – símbolo da morte – e que é retirada pelo poder de Deus, que anuncia a vida.

b) O anjo, quer dizer, Deus mesmo, comunica a ressurreição daquele que as mulheres buscam entre os mortos, convertendo a notícia no *kerigma* pascal, confessado pela comunidade cristã, segundo o qual Jesus não pertence ao âmbito da morte, mas está agora na dimensão de Deus.

c) É enorme a importância que se concede às mulheres no acontecimento da ressurreição. Elas foram as primeiras a anunciar que o sepulcro onde enterraram Jesus estava vazio. No papel das mulheres se destaca Maria Madalena que, apesar de sua associação com a possessão diabólica e com o pecado, e à parte a pouquíssima ou nula validez do testemunho da mulher na época de Jesus, tem o imenso privilégio de comunicar aos outros discípulos a ressurreição de Jesus[15].

---

14. R. AGUIRRE; C. BERNABÉ & C. GIL. *Qué se sabe de... Jesús de Nazaret* (Estella: Verbo Divino, 2009), p. 224-227. J. D. G. DUNN. *El Cristianismo en sus comienzos* I: *Jesus recordado* (Estella: Verbo Divino, 2009), p. 934-937.

15. Muito embora fique além o nosso propósito, é importante considerar o testemunho de Paulo sobre o sepulcro vazio. É a notícia mais clara sobre a ressurreição de Jesus, à parte dos evangelhos.

Segundo R. HAIGHT, *Jesús, símbolo de Dios* (Madri: Trota, 2007), p. 147, a declaração de Paulo, segundo a qual Jesus ressuscitou ao terceiro dia segundo as Escrituras, é a formulação mais antiga da mensagem da Páscoa e sua forma mais autorizada, e narrada pouquíssimos anos depois da morte de Jesus. Paulo escreve: "Pois eu vos transmiti em primeiro lugar aquilo que por minha vez recebi: que Cristo morreu por nossos pecados segundo as Escrituras; e que foi sepultado; e que ressuscitou ao terceiro dia segundo as Escrituras; e que apareceu a Cefas; depois, aos Doze; depois apareceu a mais de quinhentos irmãos de uma só vez, dos quais a maioria ainda estão (vivos) até agora, e alguns morreram; depois apareceu a Tiago; depois, a todos os apóstolos; ao final de todos, apareceu também a mim, como a um filho abortivo, pois eu sou o mais insignificante dos apóstolos, que não é digno de se chamar apóstolo, porque persegui a Igreja de Deus; porém, por graça de Deus sou o que sou, e sua graça, que me foi dada, não foi ineficaz; ao contrário, trabalhei mais do que todos eles, não eu, mas sim a graça de Deus que (está) comigo. Assim é que, seja eu ou sejam eles, pregamos assim, e assim abraçastes a fé" (1Cor 15,3-11). O termo utilizado ὤφθη (apareceu, mostrou-se, foi visto) é correntemente utilizado nas narrações sobre as aparições de Jesus e devem entender-se, mais do que em sentido físico, em um sentido simbólico, que indica uma experiência ou uma revelação religiosa em que Deus toma a iniciativa. O que aconteceu, referido ao básico, segundo R. Haight, citado anteriormente, foi "uma experiência pessoal (por definição, incomunicável) do Senhor ressuscitado e a aceitação ritual dessa experiência na comunidade" (p. 149). O texto mostra com clareza o ponto central de seu testemunho: a aparição de Cristo serve a Paulo para fundamentar a validez e a legitimidade de sua pregação entre os gentios. Cristo apareceu a ele para lhe confiar uma tarefa e lhe dá forças para realizá-la. Paulo não faz referência alguma ao sepulcro vazio; apenas fala de aparições do Ressuscitado. Provavelmente, sua mentalidade e ambiente helenísticos, que pressupunham uma relação menos estreita entre carne e espírito, o distanciavam do pensamento judeu sobre a ressurreição que, fundado no conceito de unidade do ser, a concebia como reconstrução física da pessoa. Em Paulo, o corpo do ressuscitado é diferente daquele que foi enterrado. Assim afirma: "E o que semeias não é o corpo da planta, que há de nascer, mas o simples grão, como o de trigo ou de alguma outra planta. E Deus lhe dá o corpo segundo quis, a cada uma das sementes o corpo que lhe é próprio" (1Cor 15,37-38). Na mesma carta, alguns versículos mais adiante, escreve: "Assim também será a ressurreição dos mortos: semeado corruptível, o corpo ressuscita incorruptível. Semeado desprezível, ressuscita glorioso. Semeado na fraqueza, ressuscita cheio de vigor. Semeado corpo animal, ressuscita corpo espiritual. Pois, se há um corpo animal, há também um corpo espiritual. E por isso está escrito: *O primeiro homem*, Adão, *foi feito um ser vivo animal*; o último Adão, um espírito que dá vida. Mas o espiritual não é o primeiro, e sim o animal; o espiritual vem depois. O primeiro ser humano, feito da terra, é terreno; o segundo é do céu. Qual foi o ser humano terreno, tais são também os terrenos; qual é o celestial, tais serão também os celestiais. E, assim como trouxemos a imagem do terreno, traremos também a imagem do celestial" (1Cor 15,42-49). Diz o *Novo Comentário Bíblico São Jerônimo, Novo Testamento* (2004), p. 337, que "o verbo 'semear' se usa para aplicar a ideia desenvolvida nos vv. 36-38, a saber, que a continuidade pode ser acompanhada por uma mudança radical. A imagem, obviamente, tem sua origem no enterro". Semeia-se um corpo animal (σῶμα ψυχικόν) e ressuscita um corpo espiritual (σῶμα πνευματικόν), com modalidade de existência própria, conferida pelo Espírito de Deus. "Cristo e Adão" – segundo o comentário citado – "representam cada um uma possibilidade de existência humana, possibilidades reais ambas, uma vez que todos somos o que Adão foi e podemos chegar a ser o que Cristo é". Assim se explica o v. 49. Mantém-se, assim, a identidade pessoal (a pessoa que ressuscita é a mesma que aquela que viveu neste mundo) e se afirma a transformação (haverá uma forma nova de existência). Voltando ao tema da tradição do sepulcro vazio, de que Paulo prescinde, tudo parece indicar que, embora inter-relacionada com a tradição das aparições do Senhor, ela surge de recordações independentes, embora presentes na primitiva comunidade cristã.

Sobre o tema da ressurreição na Primeira Carta aos Coríntios, N.T. Wright defende esta peculiar afirmação: "Esta referência a ver o Jesus ressuscitado não pode, portanto, pelo menos na mente de Paulo, ter algo a ver com a 'experiência cristã' regular e normal, ou mesmo, extraordinária, com as contínuas visões e revelações ou com uma sensação 'espiritual' da presença de Jesus. Como fica claro a

13.5. As aparições de Jesus

As tradições que contam as aparições de Jesus são mais amplas e mais diversas do que aquelas que fazem referência ao sepulcro vazio. De fato, dificilmente podem encontrar-se semelhanças estreitas entre elas, posto que os evangelistas tratam o tema de forma diferente, variam quanto ao lugar do acontecimento, à localização dele no tempo, às pessoas que participaram deste fato extraordinário e, inclusive, no conteúdo fundamental dos relatos. Por outra parte, estas diferenças entre tradições não excluem as coincidências de todo tipo, que podem ser comprovadas tanto na terminologia como nos conteúdos. Porém, vejamos com atenção os relatos sobre as aparições de Jesus[16].

a) As aparições às mulheres

O relato de Mateus é o seguinte: "Afastando-se logo do túmulo, cheias de temor e grande alegria, correram para dar a notícia aos discípulos. De repente, Jesus saiu ao encontro delas e disse-lhes: 'Salve!' Elas se aproximaram, abraçaram-lhe os pés e se prostraram diante dele. Disse-lhes então Jesus: "Não tenhais medo! Ide dizer a meus irmãos que se dirijam à Galileia e lá me verão" (Mt 28,8-10).

João descreve o acontecimento da seguinte forma: "Maria ficou do lado de fora, chorando junto ao sepulcro. Enquanto chorava, inclinou-se para o sepulcro e viu dois anjos vestidos de branco, sentados no lugar onde estivera o corpo de Jesus, um à cabeceira e outro aos pés. Eles perguntaram: 'Mulher, por que choras?' Ela respondeu: 'Porque levaram o Senhor e não sei onde o puseram'. Depois de dizer isso, ela virou-se para trás e viu Jesus que ali estava, mas não o reconheceu. Jesus perguntou-lhe: "Mulher, por que choras? A quem procuras?" Crendo que era o jardineiro, ela disse: "Senhor, se foste tu que o levaste, dize-me onde o puseste e eu irei buscá-lo". Respondeu Jesus: "Maria". Ela, virou-se e disse em hebraico: "*Rabbuni*" – que quer dizer meu Mestre. Jesus disse: "Não me retenhas porque ainda não subi ao Pai. Vai aos meus irmãos e dize-lhes: Subo para meu Pai e vosso Pai, meu Deus e vosso Deus". Maria Madalena foi anunciar aos discípulos que tinha visto o Senhor. E contou o que Jesus tinha dito (Jo 20,11-18).

---

partir de 1Cor 9,1, este 'ver' foi algo que constituía as pessoas como 'apóstolos', as testemunhas únicas de um acontecimento único. Os coríntios haviam tido todo tipo imaginável de experiências espirituais, como mostraram claramente os capítulos anteriores; mas não haviam visto o Jesus ressuscitado, tampouco eles ou Paulo haviam esperado que o veriam" (N. T. WRIGHT. *The Resurrection of the Son of God* [Minneapolis: Fortress Press, 2003], p. 318). N. T. Wright desenvolve no capítulo 5 do livro citado a ressurreição de Jesus segundo Paulo; primeiro em todas as suas cartas (exceto a 1ª e a 2ª aos Coríntios), p. 209-276, e no capítulo 7 analisa o tema nas Cartas aos Coríntios (especialmente, as passagens de 1Cor 15,1-11; 15,12-19; 15,20-28 e de 2Cor 4,7-15; 4,16–5,5; 5,6-10), p. 312-369.

16. X. LÉON-DUFOUR. *Resurrección de Jesus y mensaje pascual* (Salamanca: Sígueme, 1978), p. 135-161.

O contraste entre ambos os relatos é evidente. O texto de Mateus, com características próprias de um conteúdo que havia conhecido, provavelmente, a partir da tradição oral da comunidade (assim parece desprender-se da narração de João 20,14-18), é bastante sóbrio e simples, apresentando a saudação de Jesus, a reação das mulheres, traduzida em um ato de adoração, e o recado de avisar aos irmãos que vão à Galileia. Nele se narra que em algum trecho do caminho, fora do sepulcro, depois que souberam pelo anjo que Jesus havia ressuscitado dentre os mortos e com a promessa de vê-lo na Galileia, Jesus imediatamente sai ao encontro das mulheres e as saúda com a palavra χαίρετε (salve! Alegrai-vos!), confirmando assim a alegria experimentada pelas palavras do anjo. O relato não se detém em mais detalhes nem se observam nele traços de dúvidas, medo ou incerteza; se diz apenas que as mulheres "abraçaram seus pés e o adoraram" ἐκπάτησαν αὐτοῦ τοὺς πόδας καὶ προσεκύνησαν αὐτῷ, deixando entrever a identidade e continuidade entre o Jesus terreno e o Ressuscitado. As últimas palavras de Jesus às mulheres nesta passagem estão repletas de sentido amoroso (Jesus fala de "seus irmãos", τοῖς ἀδελφοῖς μου, omitindo qualquer debilidade de seus discípulos) e de significado eclesial, pois a elas corresponde a missão de comunicar aos discípulos que vão à Galileia para ali ver Jesus. Mateus refere que a primeira aparição de Jesus ressuscitado é para as mulheres, concretamente para Maria Madalena e a outra Maria, ainda que sua teologia não lhes conceda uma função especial na missão evangelizadora da Igreja.

Tudo parece indicar que sua intenção é destinar este episódio ao fato importante e decisivo que vai acontecer na Galileia, no qual somente os discípulos receberam de Jesus toda autoridade para fazer discípulos em todas as nações e ensinar a guardar as doutrinas de Jesus (Mt 28,16-20).

O relato de João é muito mais minucioso, detalhista e extenso em seus conteúdos. Com uma introdução da passagem, em que Maria Madalena se encontra novamente diante da tumba de Jesus, uma vez que os discípulos abandonaram o sepulcro e voltaram novamente a suas casas, João se centra na pessoa de Maria Madalena, só diante da frieza e obscuridade do sepulcro, chorosa e incapaz de crer no que havia acontecido e que, em parte, tinha comprovado com seus próprios olhos. Havia visto o sepulcro vazio, como Pedro e o outro discípulo ao que Jesus amava, porém continuava chorando junto dele. De repente, dois anjos com vestes brancas, sentados um à cabeceira e outro aos pés onde tinha sido colocado o corpo de Jesus, lhe perguntam: "Mulher, por que choras?" a resposta (individual) de Maria é a de alguém que ainda não crê na ressurreição: "Levaram o meu Senhor, e não sei onde o colocaram" (Jo 20,13). Maria nem sequer reconhece o Senhor quando Jesus está diante dela e o confunde com o jardineiro, a quem pergunta encarecidamente sobre o lugar onde repousa o corpo de Jesus para levá-lo e cuidar de dar-lhe um lugar adequado. As palavras de Jesus, chamando Maria por seu nome, supõem nela uma mudança profunda e radical. Ela, seguidora fiel durante o ministério profético de Jesus, o reconhece e o chama *Rabbuni* (meu Mestre), apegando-se ao Jesus que havia conhecido na história. Seu reconhecimento e confissão são autênticos, porém as palavras do Mestre indicam que a missão terrena está cumprida, porém falta ainda a glorificação de Jesus, da qual participarão os autênticos discípulos de Jesus e que terá lugar com a ascensão de Jesus ao Pai. As palavras: "Solta-me, pois ainda não subi ao Pai" (Jo 20,17) indicam a iminente glorificação de Jesus. A excelsa missão de Maria – já finalizado o processo de sua fé em Jesus – é anunciar aos discípulos a ressurreição do Senhor.

João enaltece a figura e a missão de Maria: não a identifica com a mulher pecadora que unge os pés de Jesus; ela aparece, em vez disso, junto à cruz de Jesus (Jo 19,25), e como protagonista nos episódios sobre o sepulcro vazio e nas aparições do Ressuscitado (Jo 20,11-18). A tradição joânica conserva com esmero a valiosíssima recordação do papel fundamental de Maria Madalena, a primeira discípula a ver Jesus.

b) A aparição a Pedro

Somente Lucas e Paulo descrevem, enquanto tal, e de forma muito breve, a aparição do Senhor a Pedro. Ambos os testemunhos se apresentam da seguinte forma: "Na mesma hora se levantaram e voltaram para Jerusalém. Lá encontraram reunidos os Onze e seus companheiros, que lhes disseram: 'O Senhor ressuscitou de verdade e apareceu a Simão' (Lc 24,33-34). "E que apareceu a Cefas e depois aos Doze" (1Cor 15,5). A afirmação de Lucas, na qual se afirma a aparição de Jesus a Pedro, se insere no extenso e belo relato da aparição aos discípulos no caminho de Emaús. O relato, ao qual farei referência detalhadamente mais tarde, fala da conversação dos discípulos que, pelo caminho, comentavam o poder de Jesus e seu anúncio de ressurreição ao terceiro dia, muito embora sua fé estivesse desvanecida, apesar dos testemunhos esperançosos de algumas mulheres.

A todo momento, aparece a importância de Jerusalém, no pano de fundo do relato. Pois bem, a assombrosa e apaixonante experiência dos discípulos de Emaús com o Ressuscitado se reduz diante do poder dos Onze que, reunidos na comunidade, testemunham que o Senhor ressuscitou realmente e apareceu a Simão. Simão Pedro, que correu até o túmulo vazio, aparece neste momento como o dirigente dos apóstolos, embora sua proeminência possua uma tonalidade de inegável modéstia. Na aparição de Jesus a Simão se utilizam os verbos tradicionais ἠγέρθη e ὤφθη, quer dizer, "despertar" e "ressuscitar". Paulo relata outra aparição a Pedro, a quem chama por seu sobrenome aramaico, Cefas, e utiliza o termo ὤφθη. O uso do termo sublinha a iniciativa de Jesus e o texto deixa sempre explícita a existência de testemunhas oculares quando se narram os acontecimentos.

A tudo isto, me parece conveniente e ilustrativo acrescentar o texto de João sobre Pedro, que diz assim:

"Depois disso, Jesus tornou a mostrar-se aos discípulos junto ao mar de Tiberíades. E apareceu assim: Estavam juntos Simão Pedro e Tomé chamado Dídimo, Natanael de Caná da Galileia, os filhos de Zebedeu e outros dois discípulos. Simão Pedro disse: 'Eu vou pescar'. Os outros disseram: 'Nós também vamos contigo'. Eles saíram e entraram no barco, mas naquela noite não pescaram nada. Chegada a manhã, Jesus estava na praia, mas os discípulos não o reconheceram.

Jesus perguntou: "Moços, tendes alguma coisa para comer?" Eles responderam: "Não". Jesus lhes disse: "Lançai a rede à direita do barco e achareis". Lançaram, pois, a rede, e foi tão grande a quantidade de peixes que não podiam arrastá-la. O discípulo a quem Jesus amava disse então a Pedro: "É o Senhor". Assim que Pedro ouviu que era o Senhor, vestiu a roupa – pois estava nu – e se jogou na água. Os outros discípulos vieram de barco – pois não estavam distantes da terra senão uns cem metros – puxando a rede com os peixes. Assim que desceram à terra, viram brasas acesas e um peixe sobre elas, e pão. Jesus lhes disse: "Trazei alguns dos peixes que apanhastes agora". Simão Pedro subiu ao barco e arrastou a rede para a terra com cento e cinquenta e três grandes peixes. Apesar de serem tantos, a rede não se rompeu. Jesus lhes disse: "Vinde comer". Nenhum dos discípulos se atreveu a perguntar-lhe: "Quem és tu?", sabendo que era o Senhor. Jesus aproximou-se, tomou o pão e deu para eles, e também o peixe. Esta foi a terceira vez que Jesus apareceu aos discípulos, depois de ressuscitado dos mortos. Quando acabaram de comer, Jesus disse a Simão Pedro: "Simão filho de João, tu me amas mais do que estes?" Ele respondeu: "Sim, Senhor, tu sabes que eu te amo". Jesus disse: "Apascenta os meus cordeiros". Jesus perguntou pela segunda vez: "Simão filho de João, tu me amas?" Pedro respondeu: "Sim, Senhor, tu sabes que eu te amo". Jesus lhe disse: "Apascenta as minhas ovelhas". Pela terceira vez Jesus perguntou: "Simão filho de João, tu me amas?" Pedro ficou triste por lhe ter perguntado três vezes "tu me amas?" e respondeu: "Senhor, tu sabes tudo, sabes que eu te amo". Disse-lhe Jesus: "Apascenta as minhas ovelhas. Na verdade, eu te digo: quando eras jovem, tu te vestias para ir aonde querias. Quando envelheceres, estenderás as mãos, e será outro que as amarrará e te levará para onde não queres". Disse isso para indicar com que morte Simão haveria de glorificar a Deus. Dito isto, acrescentou: "Segue-me". Pedro voltou-se e viu atrás de si o discípulo a quem Jesus amava, aquele que na ceia tinha estado ao lado de Jesus e lhe tinha perguntado: "Senhor, quem é que te vai entregar?"

Pedro perguntou a Jesus: "Senhor, e este? Que será dele?" Jesus respondeu: "O que te importa se eu quero que ele fique até que eu venha? Segue-me tu". Por isso se espalhou entre os irmãos o boato de que aquele discípulo não morreria. Mas Jesus não havia dito: "Não morrerá", e sim: "O que te importa se eu quero que ele fique até que eu venha?" (Jo 21,1-23).

Em perfeita harmonia com o que consta no capítulo 21 de João, e mais concretamente no versículo 7 do mesmo, e, embora em clara contradição com Lucas, que centra a aparição de Jesus em Jerusalém (Lc 24,34)[17], sendo que aqui se dá na Galileia, junto ao mar de Tiberíades, o autor do texto fixa sua atenção na figura de Pedro. Seja pelo costume do tempo de declarar três vezes diante de testemunhas para dar validez a um pacto, seja devido à sutileza das palavras de Jesus e de Pedro, ou talvez, mais provavelmente, porque se ajustem à tríplice negação de Pedro no relato da paixão, Jesus pergunta três vezes a Simão Pedro se o ama mais do que aos outros discípulos que partilham com Ele a ceia. Era necessário que Pedro, ausente no momento da crucifixão e ausente no recebimento do dom do Espírito, professasse incondicionalmente sua fé em Jesus. Somente assim Pedro poderia receber e desempenhar a função do Bom Pastor, em seguimento a Jesus. Pedro alimentará os cordeiros e apascentará as ovelhas βόσκε τὰ ἀρνία μου πρόβατά μου/ποίμαινε τὰ πρόβατά μου, em atitude de serviço à humanidade – o povo de Israel e os pagãos – a ponto de entregar a vida por eles.

Quando essas palavras foram escritas, com toda certeza, o seguimento de Pedro a seu Mestre já se havia consumado em uma morte na cruz. Ficavam para trás os vacilos da fé, as dúvidas, os temores e as negações. O tempo de juventude, quando Pedro se cingia e caminhava onde queria, havia culminado na morte e na glorificação a Deus.

c) Aparições aos Onze em Jerusalém

O texto de Lucas que faz referência a esta aparição é o seguinte:

Enquanto falavam, Jesus apresentou-se no meio deles e disse: "A paz esteja convosco". Assustados e cheios de medo, julgavam estar vendo um espírito. Mas ele lhes disse: "Por que estais perturbados e por que estas dúvidas em vossos corações? Vede minhas mãos e pés; sou eu mesmo! Tocai-me e vede: um espí-

---

17. J. D. G. DUNN. *El Cristianismo en sus comienzos* I: *Jesus recordado* (Estella: Verbo Divino, 2009), p. 951-952, se pergunta: "E se a memória coletiva tivesse recolhido aparições iniciais 'na Galileia', e toda a tradição de aparições iniciais em Jerusalém (e arredores) tivesse sido desenvolvida para consumo público pela Igreja jerusolomitana?" Também sugere a possibilidade de que versões muito divergentes se devam ao fato de que a aparição a Pedro deva ser considerada uma vivência de caráter privado e que, portanto, não se teria traduzido na tradição eclesial. De qualquer modo, este autor defende que a questão da prioridade petrina e de Jerusalém não tem aqui relevância especial.

rito não tem carne nem ossos como eu tenho". Dizendo isso, mostrou-lhes as mãos e os pés. Como ainda assim, dominados pela alegria, não acreditassem e permanecessem surpresos, perguntou-lhes: "Tendes aqui alguma coisa para comer?" Então lhe ofereceram um pedaço de peixe assado. Ele o tomou e comeu diante deles. Depois lhes disse: "Isto é o que vos dizia enquanto ainda estava convosco: é preciso que se cumpra tudo o que está escrito na lei de Moisés, nos profetas e nos salmos a meu respeito". Então Jesus abriu-lhes a inteligência para compreenderem as Escrituras, e lhes disse: "Assim estava escrito que o Cristo haveria de sofrer e ao terceiro dia ressuscitar dos mortos e, começando por Jerusalém, em seu nome seria pregada a todas as nações a conversão para o perdão dos pecados. Vós sois testemunhas disso. Eu vos mandarei aquele que meu Pai prometeu. Por isso, permanecei na cidade até que sejais revestidos da força do alto (Lc 24,36-49).

E o de João diz assim:
"Na tarde do mesmo dia, que era o primeiro da semana, estando trancadas as portas do lugar onde estavam os discípulos, por medo dos judeus, Jesus chegou, pôs-se no meio deles e disse: "A paz esteja convosco". Dito isto, mostrou-lhes as mãos e o lado. Os discípulos se alegraram ao ver o Senhor. Jesus disse-lhes de novo: "A paz esteja convosco. Como o Pai me enviou, assim também eu vos envio". Após essas palavras, soprou sobre eles e disse: "Recebei o Espírito Santo". A quem perdoardes os pecados serão perdoados. A quem não perdoardes os pecados não serão perdoados (Jo 20,19-23).

O modelo de aparição de Jesus que estes dois evangelistas relatam – as tradições sinóticas e joânicas normalmente se diferem – corresponde àquele com o que o leitor da Bíblia está tão familiarizado. Repete-se nele um núcleo comum, que pode ser resumido nestas frases: Jesus se apresenta em meio aos discípulos, os saúda com o gesto da paz, lhes mostra as mãos, os pés e o lado, e os discípulos se enchem de alegria. Nas palavras de F. Bovon, se compararmos ambos os textos, as semelhanças são surpreendentes: em João, se diz que, reunidos os discípulos "pôs-se no meio deles" (Jo 20,19), "apresentou-se no meio deles" (Lc 24,36); e lhes diz: "a paz esteja convosco" (Jo 20,19), a mesma formulação que aparece em Lc 24,36. Jesus "mostrou" (a mesma forma verbal em ambos os evangelistas) a seus discípulos "suas mãos e seu lado" (Jo 20,20), "suas mãos e seus pés" (Lc 24,40). Os dois evangelistas indicam a alegria dos discípulos: "se alegraram" (Jo 20,20), "pela alegria" (Lc 24,41). Em Lucas e João, em termos certamente diferentes, ressoa logo uma ordem missionária (Jo 20,21; Lc 24,47-48), aparece uma menção ao Espírito Santo (conferido em Jo 20,22; prometido em Lc 24,49) e consta também uma referência ao perdão dos pecados (Jo 20,23; Lc 24,47). Este autor conclui que "os inúmeros temas comuns, assim como o parentesco de vocabulário, conduzem a propor a seguinte hipótese: como também em outros lugares no relato da paixão e da ressurreição, Lucas e João compartem aqui não somente recordações comuns, mas também uma tradição firme de que dispõem livremente na verdade, porém, com o mesmo respeito"[18].

d) Aparição a Tomé

João narra a aparição do seguinte modo:

"Tomé, um dos Doze, chamado Dídimo, não estava com eles quando Jesus veio. Os outros discípulos lhe disseram: "Vimos o Senhor". Mas ele respondeu: "Se eu não vir nas mãos os sinais dos cravos, e não puser o dedo no lugar dos cravos e minha mão no seu lado, não acreditarei". Oito dias depois, os discípulos estavam outra vez no mesmo lugar, e Tomé com eles. Jesus entrou com as portas fechadas, pôs-se no meio deles e disse: "A paz esteja convosco". Depois disse a Tomé: "Põe aqui o dedo e olha minhas mãos, estende a mão e põe no meu lado, e não sejas incrédulo, mas homem de fé". Tomé respondeu-lhe: "Meu Senhor e meu Deus". Jesus lhe disse: "Porque me viste, acreditaste. Felizes os que não viram e creram" (Jo 20,24-29).

O texto corresponde a uma variação da tradição básica que descrevi anteriormente na aparição aos Onze em Jerusalém. Na realidade, encaixa-se perfeitamente com os elementos essenciais, a presença de Jesus, a saudação de paz, o sinal das mãos e do lado, que são narrados a partir do capítulo 19 deste evangelho. É o primeiro dia da semana e os discípulos estão na casa, alegres por haver visto o Senhor e ter recebido a missão confiada por Deus a Jesus. Tomé não se encontra com o grupo e, portanto, não recebeu a mensagem de Maria Madalena nem a aparição e o encargo de Jesus. Seus companheiros tratam de comunicar-lhe sua fé em Jesus ressuscitado, porém ele exige que o Ressuscitado se molde a seus critérios e possa ser tocado por Ele. Oito dias depois, em circunstâncias parecidas com as que se produziram com o grupo de discípulos, Jesus aparece e, submetendo-se às ordens de Tomé, lhe diz: "Põe aqui o dedo e olha minhas mãos, estende a mão e põe no meu lado, e não sejas incrédulo, mas homem de fé" (v. 27). Tomé não realiza os rituais por Ele exigidos; somente responde com algumas palavras, "Meu Senhor e meu Deus!", que, como diz R. E. Brown, "não é de se estranhar que a profissão de Tomé seja a última dita por um discípulo no quarto evangelho (tal como foi originalmente concebido, antes de que se acrescentasse o capítulo 21). Nada mais profundo cabia dizer de Jesus"[19].

---

18. F. BOVON. *El Evangelio según San Lucas* IV (Salamanca: Sígueme, 2010), p. 662-663.
19. R. E. BROWN. *El Evangelio según Juan XIII-XXI* (Madri: Cristiandad, 1979), p. 1.366.

e) A aparição a caminho da aldeia de Emaús

O texto de Lucas descreve esse acontecimento da seguinte maneira:

"Nesse mesmo dia, dois dos discípulos estavam a caminho de um povoado, chamado Emaús, distante uns doze quilômetros de Jerusalém. Eles conversavam sobre todos estes acontecimentos. Enquanto conversavam e discutiam, o próprio Jesus se aproximou e pôs-se a acompanhá-los. Seus olhos, porém, estavam como que vendados e não o reconheceram. Perguntou-lhes então: "Que conversa é essa que tendes entre vós pelo caminho?" Tristes eles pararam. Tomando a palavra um deles, de nome Cleófas, respondeu: "Tu és o único peregrino em Jerusalém que ainda não sabe o que aconteceu lá nestes dias?" Ele perguntou: "O que foi?" Eles disseram: "A respeito de Jesus de Nazaré que se tornou um profeta poderoso em obras e palavras diante de Deus e de todo o povo. Nossos sumos sacerdotes e nossos chefes o entregaram para ser condenado à morte e crucificado. Nós esperávamos que fosse ele quem iria libertar Israel. Agora, porém, além de tudo, já passaram três dias desde que essas coisas aconteceram. É verdade que algumas de nossas mulheres nos assustaram. Elas tinham ido de madrugada ao túmulo e não encontraram o corpo. Voltaram dizendo que tinham tido uma aparição de anjos e que estes afirmaram que Ele estava vivo. Alguns dos nossos foram ao túmulo, acharam tudo como as mulheres tinham dito; mas não o viram".

E Jesus lhes disse: "Ó homens sem inteligência e de coração lento para crer no que os profetas falaram. Não era necessário que o Cristo sofresse tudo isso para entrar na sua glória?" E, começando por Moisés e por todos os profetas, foi explicando tudo que a Ele se referia em todas as Escrituras. Quando se aproximaram do povoado para onde iam, Jesus fez menção de seguir adiante. Mas eles o obrigaram a parar: "Fica conosco, pois é tarde e o dia já está terminando". Ele entrou para ficar com eles.

E aconteceu que, enquanto estava com eles à mesa, tomou o pão, rezou a bênção, partiu-o e lhes deu. Então, abriram-se os olhos deles e o reconheceram, mas ele desapareceu. Disseram então um para o outro: "Não nos ardia o coração quando pelo caminho nos falava e explicava as Escrituras?" Na mesma hora se levantaram e voltaram para Jerusalém. Lá encontraram reunidos os Onze e seus companheiros, que lhes disseram: 'O Senhor ressuscitou de verdade e apareceu a Simão'. Eles também começaram a contar o que tinha acontecido no caminho e como o reconheceram ao partir o pão" (Lc 24, 13-35).

O relato da aparição de Jesus no caminho de Emaús é de inusitada beleza e está cheio de importantes ensinamentos. A alusão a Jesus como profeta, a atribuição da execução de Jesus aos dirigentes do povo judeu, os padecimentos do Messias e a referência à partilha do pão são claros indícios de que o texto pertence a Lucas, inteligente e hábil narrador. Também parece evidente que Lucas utilizou alguma tradição anterior como se pode concluir da menção a Cleófas e à aldeia de Emaús, às expectativas de sua missão, mencionadas por seus seguidores, ao uso das Escrituras e da partilha do pão. O relato, por outra parte, deixa com certa precariedade a proeminência de Pedro e os Doze no tema das aparições de Jesus, não obstante a menção feita no versículo 34[20].

O evangelista sublinha que os acontecimentos referidos no capítulo 24 de seu evangelho transcorrem no mesmo dia ἐν αὐτῇ τῇ ἡμέρᾳ. Dois caminhantes, pertencentes provavelmente ao grupo dos setenta e dois, mencionados em Lucas 10,1-20, (e não ao colégio dos Doze), se dirigem a uma aldeia, Emaús. A localização e identificação desta aldeia – cujo nome deriva do hebraico חמת Hammat e significa "fonte quente" – tem intrigado os cristãos desde a Antiguidade, e continua sendo um enigma. Sabemos que distava de Jerusalém sessenta estádios (uns 11 quilômetros), ainda que alguns manuscritos (na verdade, a minoria, porém, de grande importância, como o códice Sinaítico) ponham a cifra em 160 estádios (uns 30 quilômetros). A conversa dos caminhantes girava em torno dos acontecimentos ocorridos aqueles dias em Jerusalém, sobre o sepulcro vazio e o anúncio das mulheres aos apóstolos. A expressão καὶ ἐγένετο "e aconteceu" marca o começo de uma ação que será decisiva. A presença de Jesus se faz sentir, é o αὐτός cristológico que acompanha os dois discípulos e que confirmará que a mensagem dirigida às mulheres (vv. 5-7) é exata: Jesus está vivo.

Os dois discípulos falam entre si, dialogam, quer dizer buscam juntos a verdade, discutem (sem desacordo, em grego se utilizam os verbos ὁμιλέω e συζητέω), e, sem que o percebam, Jesus se aproxima e caminha com eles, (πορεύμαι), rumo a Jerusalém e acompanhando os discípulos ao descobrimento da verdade. A inteligência dos caminhantes está embotada, com os olhos incapacitados para reconhecer a Jesus. As primeiras palavras do Ressuscitado perguntam: O que estais conversando enquanto caminhais? e os discípulos, em lugar de alegrar-se, se surpreendem com tristeza, com um ar de confusão e inquietude, que alguém desconheça os eventos acontecidos em Jerusalém.

O relato se orienta ao diálogo, e Cleófas, com um tom de certa agressividade, pergunta ao acompanhante: "És tu o único forasteiro em Jerusalém que não sabe do que aconteceu estes dias na (cidade)?" (v. 18). Após ser interrompido pela pergunta de Jesus "ποῖα [o que?]", Cleófas conta os fatos de forma rigorosa e exata: Jesus de Nazaré, profeta de palavra e obras diante Deus e do povo, foi entregue pelas autoridades judaicas, condenado à morte e crucificado. À objetividade dos fatos se contrapõe a subjetividade desorientada e decepcionada dos discípulos. Nós, dizem,

---

20. J. D. G. DUNN. Op. cit., p. 953-954.

"esperávamos ἠλπίζομεν que fosse Ele o que ia libertar Israel" (v. 21). Porém a esperança da libertação de Israel – abstrata e confusa – não se vislumbrava em lugar nenhum. De repente, se percebe uma luz de esperança: as mulheres estiveram no sepulcro, e não tendo encontrado o corpo de Jesus, voltaram dizendo que tinham visto anjos que dizem que Ele vive: αὐτόν ζήν. E Jesus lhes disse ὦ ἀνόητοι (insensatos/privados de inteligência) καί βραδέῖς (lentos de coração), para crer as Escrituras, em definitiva, para entender Cristo como Messias que havia de sofrer para entrar em sua glória.

Passadas essas coisas, os dois caminhantes se aproximam de seu destino e o forasteiro faz menção de ir mais longe. Diante do convite de pernoitar com eles Jesus aceita, e aconteceu que, estando sentados para partilhar a comida, como é costume no povo judeu, Jesus "tomou o pão, rezou a bênção, (o) partiu e o deu" (v. 30). A expressão técnica κλάσις τοῦ ἄρτου (a fração do pão) Lucas a utiliza nos Atos (At 2,42). Fala-se aqui de uma refeição particular, ainda que não ordinária. E os exegetas a interpretam como "marco eucarístico" da revelação de Jesus ressuscitado aos discípulos de Emaús. Podemos dizer que Jesus colmou os discípulos de Emaús com sua presença, suas palavras, e seu sacramento. Os olhos dos discípulos se abriram e reconheceram Jesus, porém Ele voltou ἄφαντος, desaparecendo de sua vista. O relato conclui de forma pouco animada para os discípulos de Emaús com o regresso a Jerusalém, onde encontraram reunidos os Onze e os que estavam com eles que, a sua vez, proclamavam: "Realmente ressuscitou o Senhor, e foi visto por Simão" ἠγέρθη ὁ κύριος καί ὤφθη Σίμωνι (v. 34).

f) Aparições na Galileia

Os textos que narram as aparições de Jesus na Galileia o fazem da seguinte forma: "Mas ide dizer aos discípulos e a Pedro que Ele irá à frente de vós para a Galileia. Lá o vereis como Ele vos disse" (Mc 16,7).

"Os Onze discípulos foram para a Galileia, ao monte que Jesus lhes tinha indicado. Logo que o viram prostraram-se; alguns, porém, duvidaram. Então Jesus se aproximou e lhes disse: 'Toda a autoridade me foi dada no céu e na terra. Ide, pois, fazei discípulos meus todos os povos, batizando-os em nome do Pai e do Filho e do Espírito Santo, ensinando-os a observar tudo quanto vos mandei. Eis que eu estou convosco, todos os dias, até o fim do mundo'" (Mt 28,16-20).

"Depois disso, Jesus tornou a mostrar-se aos discípulos junto ao mar de Tiberíades. E apareceu assim: Estavam juntos Simão Pedro e Tomé chamado Dídimo, Natanael de Caná da Galileia, os filhos de Zebedeu e outros dois discípulos. Simão Pedro disse: 'Eu vou pescar'. Os outros disseram: 'Nós também vamos contigo'. Eles saíram e entraram no barco, mas naquela noite não pescaram nada. Chegada a manhã, Jesus estava na praia, mas os discípulos não o reconheceram. Jesus perguntou: 'Moços, tendes alguma coisa para comer?' Eles responderam: 'Não'. Jesus lhes disse: 'Lançai a rede à direita do barco e achareis'. Lançaram, pois, a rede, e foi tão grande a quantidade de peixes que não podiam arrastá-la. O discípulo a quem Jesus amava disse então a Pedro: 'É o Senhor'. Assim que Pedro ouviu que era o Senhor, vestiu a roupa – pois estava nu – e se jogou na água. Os outros discípulos vieram de barco – pois não estavam distantes da terra senão uns cem metros – puxando a rede com os peixes. Assim que desceram à terra, viram brasas acesas e um peixe sobre elas, e pão. Jesus lhes disse: 'Trazei alguns dos peixes que apanhastes agora'. 'Simão Pedro subiu ao barco e arrastou a rede para a terra com cento e cinquenta e três grandes peixes'. Apesar de serem tantos, a rede não se rompeu. Jesus lhes disse: 'Vinde comer'. Nenhum dos discípulos se atreveu a perguntar-lhe: 'Quem és tu?', sabendo que era o Senhor. Jesus aproximou-se, tomou o pão e deu para eles, e também o peixe. Esta foi a terceira vez que Jesus apareceu aos discípulos, depois de ressuscitado dos mortos. Quando acabaram de comer, Jesus disse a Simão Pedro: 'Simão filho de João, tu me amas mais do que estes?' Ele respondeu: 'Sim, Senhor, tu sabes que eu te amo'. Jesus disse: 'Apascenta os meus cordeiros'. Jesus perguntou pela segunda vez: 'Simão filho de João, tu me amas?' Pedro respondeu: 'Sim, Senhor, tu sabes que eu te amo'. Jesus lhe disse: 'Apascenta as minhas ovelhas'. Pela terceira vez Jesus perguntou: 'Simão filho de João, tu me amas?' Pedro ficou triste por lhe ter perguntado três vezes 'tu me amas?' e respondeu: 'Senhor, tu sabes tudo, sabes que eu te amo'. Disse-lhe Jesus: 'Apascenta as minhas ovelhas. Na verdade, eu te digo: quando eras jovem, tu te vestias para ir aonde querias. Quando envelheceres, estenderás as mãos, e será outro que as amarrará e te levará para onde não queres'". Disse isso para indicar com que morte Simão haveria de glorificar a Deus. Dito isto, acrescentou: "Segue-me". Pedro voltou-se e viu atrás de si o discípulo a quem Jesus amava, aquele que na ceia tinha estado ao lado de Jesus e lhe tinha perguntado: 'Senhor, quem é que te vai entregar? Pedro perguntou a Jesus: "Senhor, e este? Que será dele?" Jesus respondeu: "'O que te importa se eu quero que ele fique até que eu venha? Segue-me tu'. Por isso espalhou-se entre os irmãos o boato de que aquele discípulo não morreria. Mas Jesus não havia dito: 'Não morrerá', e sim: 'O que te importa se eu quero que ele fique até que eu venha?'" (Jo 21,1-23).

As aparições na Galileia, diferentemente das acontecidas em Jerusalém, têm poucos pontos de contato entre si. Marcos, que menciona de uma forma especial Pedro nas aparições de Jesus a seus discípulos, os conduz para fora de Jerusalém e os põe no caminho da Galileia – um lugar impreciso – onde iniciarão uma nova vida. Mateus indica que os Onze se dirigem para a Galileia, mais concretamente "ao monte", conforme a vontade de Jesus, que bem poderia ser o monte das bem--aventuranças (Mt 5,1; 8,1), o lugar por excelência das doutrinas de Jesus. No Evangelho de João, Jesus se revela de novo aos discípulos junto ao mar de Tiberíades. Obviamente, os três evangelistas situam as aparições de Jesus na Galileia, porém as localizações não coincidem.

Em Mateus, à parte o excelso hino de exaltação da soberania de Jesus e do mandato missionário da Igreja (se fala da *Great Commission* no âmbito exegético anglo-saxão) aparecem detalhes muito singulares. Não se precisa nem a figura nem a forma em que se deu a aparição de Jesus aos discípulos. O evangelista se fixa, em vez disso, na reação dos discípulos: καί ἰδόντες αὐτόν προσεκύνησαν, quer dizer, o adoraram, renderam-lhe homenagem, que, tratando-se de Jesus, correspondem a um ato de adoração. Alguns assim fizeram, ao enquanto outros mostraram uma atitude diferente: οἱ δέ ἐδίστασαν. A dúvida aqui levantada fica no ar, aberta a múltiplas interpretações.

João começa seu relato com a frase μετά ταῦτα ἐφανέρωσεν ἑαυτόν πάλιν, cujo verbo (revelar-se) só aparece neste lugar em referência às aparições do Ressuscitado. Jesus se manifesta aos discípulos junto ao mar de Tiberíades. Estavam "juntos" sete deles, em representação da nova comunidade, e em primeiro lugar se menciona Simão Pedro. Aparecem pela primeira vez os filhos de Zebedeu e se mencionam dois discípulos anônimos, deixando aberta a possibilidade da presença do discípulo amado. Conta-se que os discípulos estavam desorientados, frustrados e distraídos com suas tarefas habituais de pesca. Nesta situação de trivialidade e rotina, o discípulo a quem Jesus amava diz a Pedro: "É o Senhor". O discípulo amado confessa sua fé em Jesus e Pedro responde impulsivamente a suas indicações. Na margem do lago vieram algumas brasas e um peixe em cima, e pão e com a grande quantidade de peixes apanhados, Jesus lhes disse: "Vinde almoçar". Nessa frase, os discípulos reconhecem que Jesus está presente entre eles. Sabiam que era o Senhor e ninguém se atrevia a perguntar quem era. João está descrevendo nesta cena uma comunidade nova, reunida em nome de Cristo ressuscitado, sob a liderança de Pedro, celebrando uma ceia eucarística. O relato conclui dizendo: "Esta (foi) já a terceira vez que Jesus, ressuscitado dentre os mortos, se manifestou aos discípulos" (Jo 21,14)[21].

---

21. Nos comentários exegéticos sobre o sepulcro vazio e as aparições de Jesus ressuscitado, serviram-me de inspiração os seguintes comentários bíblicos: J. MARCUS. *El Evangelio según Marcos* I e II (Salamanca: Sígueme, 2010-2011). J. GNILKA. *El Evangelio según San Marcos* I e II (Salamanca, Sígueme, 2005). V. TAYLOR. *Evangelio según San Marcos* (Madri: Cristiandad, 1980). U. LUZ. *El Evangelio según San Mateus* I, II e III (Salamanca: Sígueme, 2001-2003-2006). P. BONARD, *Evangelio según San Mateus* (Madri: Cristiandad, 1983). F. BOVON. *El Evangelio según San Lucas* I, II, III, e IV (Salamanca: Sígueme, 2002-2004-2005-2010). F. J. MOLONEY. *El Evangelio de Juan* (Estella: Verbo Divino, 2005). R. E. BROWN. *El Evangelio según Juan* I e II (Madri: Cristiandad, 1979). R. BROWN; J. A. FITZMYER & R. E. MURPHY (eds.). *Nuevo Comentario Bíblico San Jerónimo. Nuevo Testamento e artículos temáticos* (Estella: Verbo Divino, 2004). F. FERNÁNDEZ RAMOS. *El Nuevo Testamento* I e II (Madri: Sociedad de Educación Atenas, 1988-1989). R. AGUIRRE & A. R. CARMONA.

13.6. A tradição sobre a fé pascal

A morte de Jesus provocou uma inusitada e profunda crise no seguimento do Mestre da Galileia por parte de seus discípulos e dos admiradores de sua doutrina e de sua forma de vida. As inúmeras e, por vezes, profundas mostras de admiração e de fé em Jesus de Nazaré – os teólogos utilizam a expressão "fé discipular" – atestadas nos escritos do Novo Testamento, ficaram obscurecidas pelo fato ignominioso de sua crucifixão e de sua morte. Porém, este mesmo acontecimento, tão inquietante e devastador, pôs em marcha de forma enérgica e surpreendente a fé dos discípulos. A morte deu passagem à vida e assim a comunidade de discípulos de Jesus, em um primeiro momento amedrontada e dispersa, começou uma missão universal que abarcou o povo judeu e a gentilidade. A tradição cristã se inicia muito cedo, imediatamente após a morte de Jesus, e dela dão testemunho todos os Livros do Novo Testamento. Os discípulos anunciam sua fé dizendo que "Jesus morreu e ressuscitou" (ἀνέστη) (1Ts 4,14), que "Deus o ressuscitou (ἤγειρεν) dentre (os) mortos" (Rm 10,9), que "Cristo morreu por nossos pecados segundo as Escrituras; e que foi sepultado; e que ressuscitou (ἐγήγερται) ao terceiro dia segundo as Escrituras" (1Cor 15,3-4). Este é o testemunho constante e unânime dos livros bíblicos, como escreve Paulo aos Coríntios: "Tanto eu como eles, é assim que pregamos, e foi assim que crestes" (1Cor 15,11).

As expressões da tradição falam indistintamente de Jesus como sujeito e objeto da ressurreição. Na maioria das versões, o enunciado de fé menciona Jesus como sujeito da ação; outras vezes aparece o enunciado teológico, em que se diz que Deus ressuscitou a Jesus. Todas as expressões se encontram em língua grega, empregando os verbos ἐγείρειν e ἀναστῆναι, nos quais, ajustando-se a uma correspondência entre a formulação semítica e a formulação grega, (a versão dos LXX utiliza ambos os verbos para traduzir o aramaico קם [qâm], "levantar-se"), o exegeta e teólogo M. Karrer descobre "um paradigma de unidade teológica entre os setores da comunidade cristã primitiva"[22].

Os testemunhos bíblicos se apresentam em duas versões, claramente diferenciadas entre si e, ao mesmo tempo, com notáveis diferenças em si mesmas, a saber, o querigma pascal e os relatos ou histórias pascais, que se encontram ao final dos evangelhos e falam do sepulcro vazio e das aparições do Ressuscitado. Esses relatos evangélicos dos acontecimentos de Páscoa são cronologicamente posteriores às fórmulas confessionais, aos próprios testemunhos paulinos e à elaboração teológica sobre eles.

Evangelios Sinópticos e Hechos de los Apóstoles (Estella: Verbo Divino, 2011). X. LÉON-DUFOUR. *Resurrección de Jesus y mensaje pascual* (Salamanca: Sígueme, 1978), p. 91-260.

22. M. KARRER. *Jesus Cristo en El Nuevo Testamento* (Salamanca: Sígueme, 2002), p. 28.

O querigma pascal, o anúncio ou proclamação dos cristãos da morte e ressurreição de Jesus, se expressa em fórmulas mais ou menos breves e complexas, antigas no tempo, fixas e originariamente independentes, que correspondem a formulações de fé das primeiras comunidades cristãs celebradas liturgicamente e cujos símbolos centrais correspondem à ressurreição e à exaltação ou glorificação de Jesus.

As confissões de fé, (a fé "confessada" e a "fé cantada", como se costuma dizer), são expressões de uma fé muito inicial, recebidas em tradições anteriores a Paulo e recolhidas por ele em suas cartas, escritas na primeira metade dos anos de 50 do século primeiro.

As mais antigas dessas confissões têm como símbolo central a ressurreição de Jesus dentre os mortos. Umas são mais simples, menos elaboradas teologicamente, e têm Deus como sujeito da ação (1Ts 1,10; Rm 4,24; 1Cor 6,14; At 2,32 etc.). Outras, por sua vez, apresentam maior desenvolvimento teológico em que cabem conceitos de relação entre morte e ressurreição, o plano de salvação de Deus e as consequências do mesmo para a humanidade e a confissão de Jesus como o Cristo. A Carta aos Coríntios costuma ser considerada paradigma dessas fórmulas confessionais. Paulo escreve assim: "Eu vos transmiti, em primeiro lugar, o que eu mesmo recebi: que Cristo morreu por nossos pecados, segundo as Escrituras; que foi sepultado; que ressuscitou ao terceiro dia, segundo as escrituras; que apareceu a Cefas e depois aos Doze" (1Cor 15,3-5). Aparte terminológico: "transmitir", "receber", com expressas referências à doutrina rabínica, Paulo fala de uma tradição recebida com esmero e que Ele transmite com fidelidade à comunidade de Corinto. Não é uma tradição de tons dramáticos, mas sim, simplesmente, assegura e proclama, com intenção de relatar algo solene e de criar vínculo. Afirma que Jesus morreu e ressuscitou, ao que acrescenta que foi sepultado (confirmando com isso a morte) e que ressuscitou, sendo garantia disso as aparições a Cefas e aos Doze. Também se revela o sentido salvífico da morte de Jesus (por nossos pecados) e se invocam as Escrituras para respaldar a verdade dos acontecimentos referidos[23]. Outros textos fundamentais, nos quais se declara a fé das primeiras comunidades

---

23. P. HÜNERMANN. *Cristología* (Barcelona: Herder, 1997), p. 135, faz uma referência a Karl Lehman que diz assim: "Se tivermos que datar a morte de Jesus no ano 30, e a confissão de Paulo em 33 (35?), Paulo teria que ter estado em Jerusalém uns seis ou oito anos depois da morte de Jesus. Assim pois, o *terminus a quo* para a adoção da fórmula se situaria em meados dos anos de 30, e o *terminus ad quem* não além do começo da década seguinte. Se aceitamos que foi o âmbito sírio o lugar de recepção paulina da fórmula – por exemplo, durante a época de sua conversão –, podemos concluir com Ulrich Wilckens que 'muito provavelmente, esta era já empregada na Antioquia na década de quarenta, e talvez em Damasco, primeira comunidade anfitriã de são Paulo, já na década precedente'". W. KASPER. *Jesús, el Cristo* (Salamanca, Sígueme, 2006), p. 212, referindo-se a esse escrito de Paulo, diz que "se trata de um texto muito antigo utilizado já nos anos quarenta, quem sabe no final dos anos 30, nas comunidades missionárias mais antigas, provavelmente na Antioquia".

cristãs na ressurreição de Jesus de Nazaré se encontram com relativa frequência nos Atos dos Apóstolos (cf. At 2,32-33; 2,36; 3,20; 5,30-31).

Outras confissões de fé aparecem especialmente nos hinos, cujo símbolo central é a "exaltação" ou a "elevação", muito enraizada na tradição judaica que concebia o poder soberano de Yahvé de tal forma que podia colmar o abismo intransponível entre o humano e o divino, "exaltando" certos personagens justos do povo de Israel e os liberando da queda no *sheol*. O símbolo faz alusão à glorificação de Jesus e esclarece perfeitamente o sentido genuíno da ressurreição de Jesus de Nazaré. Nessas confissões de fé deve-se ressaltar de forma especial as duas estrofes da Carta aos Romanos (Rm 1,3-4) e o hino cristológico da Carta aos Filipenses (Fl 2,6-11), ambos textos pré-paulinos. Também importante é a fórmula catequética da Carta aos Romanos, em que se afirma: "se com tua boca confessas Jesus como Senhor, e em teu coração crês que Deus o ressuscitou dentre (os) mortos, te salvarás" (Rm 10,9).

No capítulo 1 da Carta aos Romanos, Paulo escreve: "acerca de seu Filho, nascido da descendência de Davi segundo a carne, constituído Filho de Deus, poderoso segundo o Espírito santificador a partir da ressurreição dos mortos, Jesus Cristo nosso Senhor" (Rm 1,3-4). Paulo escreve a uma comunidade que ele não evangelizou, na qual provavelmente conviviam crenças de diferentes matizes e, por isso, se dirige a ela de forma não habitual, com o cabeçalho "escravo de Jesus Cristo", ainda que com a autoridade de apóstolo, chamado para anunciar o Evangelho de Deus. Cristo, afirma Paulo, é o Filho de Deus – o Filho do Pai – em unidade com Ele desde a eternidade, e descendente de Davi segundo a carne, o que equivale a dizer, o Messias prometido de Deus a seu povo. Cristo, segundo Paulo, não se torna Filho de Deus no momento de sua ressurreição, mas, como afirma U. Wilckens, "o Filho de Deus foi ressuscitado pelo poder de Deus, concretamente em virtude do poder (que ressuscita os mortos) do Espírito de Deus, e instaurado na soberania celeste do Exaltado"[24]. A última estrofe do texto termina com a confissão: "Jesus Cristo Nosso Senhor" que expressa a relação de Cristo com aqueles que creem nele.

O hino cristológico da Carta aos Filipenses, diz assim: "Foi por isso que Deus o exaltou e lhe deu o Nome que está acima de todo nome. Para que ao nome de Jesus se dobre todo joelho de quantos há no céu, na terra, nos abismos, e toda língua proclame, para glória de Deus Pai, que Jesus Cristo é Senhor (Fl 2,9-11). A abnegação de Cristo e a absoluta obediência ao Pai têm correspondência na exaltação ao mais alto, sobre todas as coisas, outorgando-se lhe o senhorio sobre o mundo inteiro. O hino se move entre categorias de humilhação/exaltação, sem que apareça menção alguma sobre a ressurreição. Jesus é o κύριος, com autorida-

---

24. U. WILCKENS. *La Carta a los Romanos* I (Salamanca: Sígueme, 2006), p. 87.

de sobre o céu, a terra e o abismo, em alusão ao poder de Yahvé, segundo palavras do profeta Isaías (Is 45,23). O hino termina com uma primitiva confissão cristã: "Jesus Cristo é Senhor"[25]. Outras fórmulas e hinos que confessam a fé na ressurreição de Jesus se encontram principalmente nos Atos dos Apóstolos e nas cartas de São Paulo (cf. At 2,32; 10,36-43; Rm 10,5-8; 1Cor 15,5; Ef 4,7-12; Fl 2,6-11; 1Tm 3,16; 1Pd 3,18-22).

13.7. A linguagem do Novo Testamento e a realidade sobre a nova vida de Jesus

Nos escritos do Antigo Testamento aparece claramente a ideia de que Yahvé é o Deus de vivos e mortos e, consequentemente, que tem poder para devolver a vida àqueles que passaram pela morte. Esta ideia geral se expressa em termos de ressurreição, uma vez que se configura com precisão o conceito semítico de *sheol*, aproximadamente dois séculos antes de Cristo. Assim, os judeus de língua aramaica e os de língua grega, ainda que com claras diferenças de matizes, reconhecem o poder de Deus sobre o reino dos mortos, expressado algumas vezes como libertação do ser humano completo de uma existência além-túmulo, e outras como resgate das almas do reino dos mortos ou *hades*, equivalente ao *sheol* judeu. As diferenças antropológicas entre ambas as concepções são evidentes, sendo as dos judeus de língua aramaica as mais adaptadas ao conceito de ressurreição.

Estes antecedentes veterotestamentários constituem a ótica a partir da qual os cristãos falam que Jesus vive após sua morte. É certo que a ideia de uma ressurreição geral dos mortos – pelo poder de Deus – era parte integrante do imaginário judaico e que em ambientes apocalípticos se entendia como retorno à vida terrena, de forma muito materialista, inclusive com o mesmo corpo. Porém, muito embora os primeiros cristãos tenham expressado sua experiência pascal em termos de ressurreição, existe outra linguagem em que também se revela a nova vida de Jesus[26]. Inegavelmente, nos escritos do Novo Testamento, a linguagem mais comum

---

25. R. BROWN; J. A. FITZMYER & R. E. MURPHY (eds.). *Nuevo Comentario Bíblico San Jerónimo. Nuevo Testamento* (Estella: Verbo Divino, 2004), p. 310.

26. Alguns teólogos são da opinião de que o querigma da comunidade Q não proclamava explicitamente a ressurreição, fazendo referência, antes, à presença de Jesus nos profetas cristãos e à Parusia. Neste tema, E. Schillebeeckx opina o seguinte: "O credo aparentemente mais antigo expressa a fé no 'Jesus que há de retornar' como juiz do mundo e salvador (da comunidade) sem falar explicitamente da 'ressurreição'... Assim, para a comunidade Q, o Crucificado é o salvador e juiz que há de vir, já presente na pregação dos profetas cristãos; em outras palavras, para a comunidade Q, Jesus se acha evidentemente 'junto a Deus'. Porém, como? Sobre isto não se reflete. A experiência pascal da comunidade é a experiência viva do Senhor, que atua nela e que a volverá em breve: uma experiência do *maranatha*. não interessa se Jesus ressuscitou, foi 'raptado' ou (segundo o modelo grego) retirado por Deus do reino dos mortos. De qualquer modo, está 'junto a Deus'" (E. SCHILLEBEECKX. *Jesús. La historia de un viviente* (Madri: Trotta, 2002), p. 366-367.

utilizada para expressar a nova vida de Jesus depois de sua morte é a da ressurreição. Para isso se empregam dois verbos: ἐγείρειν (um verbo transitivo que significa "despertar", "levantar", "ressuscitar") e ἀναστῆναι ("levantar-se" ou "ressuscitar"). Ambos se utilizam nas formas ativa e passiva, embora esta última seja a mais frequente, significando a ação de Deus sobre Jesus, dando-lhe sentido e confirmando seu ministério profético e o ressuscitando a uma nova vida. Como exemplos, podemos trazer Marcos (Mc 16,6), onde se diz às mulheres que tinham ido ao sepulcro de Jesus: ἠγέρθη, ressuscitou, e João (Jo 20,9), que refere que ὅτι δεῖ αὐτόν ἐκ νεκρῶν ἀναστῆναι, que Ele tinha que ressuscitar dentre os mortos.

Aparece também no Novo Testamento o termo de "exaltação", associado a um símbolo do Antigo Testamento, segundo o qual Yahvé elevava ao âmbito da divindade alguns personagens, singularmente significativos na história de Israel, evitando sua queda no *sheol*. (Sb 3,1-9; 5,1-5; Dn 7 etc.). Tanto o símbolo como a ideia de "exaltação", além de expressar mais nitidamente o sentido da ressurreição, confirmam que Jesus foi entronizado à direita de Deus. Este pensamento se capta perfeitamente no hino pré-paulino da Carta aos Filipenses, que diz: "se rebaixou a si mesmo fazendo-se obediente até a morte, e uma morte na cruz! Por isso Deus, por sua vez, o elevou sobre (tudo) (διὸ καὶ ὁ θεός αὐτόν ὑπερύψωσεν) e lhe outorgou um nome (que está) acima de todo nome" (Fl 2,8-9). O capítulo 2 dos Atos dos Apóstolos mostra claramente a união entre a ressurreição e a exaltação de Jesus ao afirmar: "A este Jesus Deus ressuscitou, e disso todos nós somos testemunhas. Exaltado pela direita de Deus e recebida do Pai a promessa do Espírito Santo, Ele o derramou sobre nós conforme vedes e ouvis" (At 2,32-33).

Existem, por sua vez, passagens do Novo Testamento que entrelaçam a exaltação e a ressurreição, indicando esta como causa da primeira. Aparecem em Romanos, quando afirma "que foi constituído Filho de Deus com poder, segundo o Espírito de santidade, desde sua ressurreição dentre os mortos, Jesus Cristo Nosso Senhor" (Rm 1,4) e em outros lugares, como em At 2,33; 5,30-31. Paulo emprega também, junto ao termo ressurreição, a imagem das "primícias", que indica a participação dos cristãos na vida da ressurreição, comunicada por Cristo. Por isso afirma na primeira Carta aos Coríntios: "Porém, o caso é que Cristo ressuscitou dentre os mortos, primícias (ἀπαρχή) dos que repousam!" (1Cor 15,20)[27].

Examinada a linguagem em que se expressa a nova vida de Jesus ressuscitado, volto à consideração do tema e do sentido, propriamente ditos, da ressurreição.

---

27. Convém recordar que, junto a essas fórmulas, estão as que fazem referência à experiência pascal dos discípulos, que remetem à iniciativa de Deus sobre o acontecimento da ressurreição de Jesus. Estas fórmulas utilizam um aoristo passivo do hebraico *niph'al* do causativo *hiph'il* (fazer ver), que se traduz por "fez-se ver", "deixou-se ver" (cf. 1Cor 15, 5-8).

Nas palavras de J. A. Fitzmyer, "a ressurreição corporal de Jesus à glória forma parte fundamental da proclamação querigmática do Novo Testamento e constitui uma afirmação fundamental da fé cristã"[28] ou, como diz J. D. G. Dunn, "constitui o começo da fé em sua exaltação, e não simplesmente o desenvolvimento de alguma outra afirmação ou crença anterior"[29]. Esta fé, como disse anteriormente, finca suas raízes na crença do poder de Deus sobre a vida e a morte, inclusive nos âmbitos mais obscuros e fantasmagóricos da existência humana, expressa nos escritos do Antigo Testamento. A fé que proclamava a morte e ressurreição de Jesus surgiu paulatinamente em um contexto judeu-cristão, explicitando-se pela primeira vez em Daniel (Dn 12,1-3), e afirmando a corporeidade da pessoa humana, uma vez que Yahvé insuflara nela seu Espírito vivificador[30].

Como sabemos, a antropologia judaica, diferentemente da grega, respondia a uma concepção totalizadora do ser, não dualista. E assim, quando Deus retirava o alento do ser humano, produzia-se a morte e, com ela, o abaixamento do ser humano (total), às vezes designado como alma e corpo ou Espírito e carne, ao mundo das sombras ou *sheol*. A ressurreição, por sua parte, envolvia a pessoa inteira, alma e corpo, por igual.

A ressurreição de Jesus não fica reduzida à imaginação e invenção de seus discípulos, mas acontece realmente em sua vida, confirmada e exaltada pelo poder de Deus. Tampouco se concebe como "ressuscitação" ou retorno a sua antiga forma de existência; mais ainda, os evangelhos evitam apresentar a Jesus como se fosse um fantasma. Igualmente, não deve ser entendida em categorias da filosofia grega, atribuindo-lhe uma sobrevivência da alma imortal, deixando de lado sua corporeidade. Jesus ressuscitado aparece a seus discípulos, reafirmando sua identidade, embora se reconheça que se apresenta "com outro aspecto" (ἐν ἑτέρᾳ μορφῇ), como relata Marcos no apêndice de seu evangelho (Mc 16,12).

A ressurreição, como opina J. D. G. Dunn, "não é tanto um fato histórico como um fato fundacional, a visão interpretativa da realidade que permite o discernimento da correspondente importância ou falta dela de todos os demais fatos"[31]. Cabe interpretar esta opinião no sentido de que o fato da ressurreição se apresenta como fundamento inquestionável para a compreensão e valoração de qualquer acontecimento relativo à vida de Jesus. É um acontecimento escatológico

---

28. J. A. FITZMYER. *Catecismo Cristológico. Respuestas del Nuevo Testamento* (Salamanca: Sígueme, 1998), p. 90.

29. J. D. G. DUNN. *El Cristianismo en sus comienzos* I: *Jesus recordado* (Estella: Verbo Divino, 2009), p. 983.

30. J. A. FITZMYER. *Op. cit.*, p. 89.

31. J. D. G. DUNN. *Op. cit.*, p. 986-987.

que marca o final e a plenitude de todos os tempos. Jesus está já definitivamente em Deus. Neste aspecto, J. Jeremias escreve magistralmente, afirmando que os discípulos experimentaram a ressurreição de Jesus "não como um singularíssimo ato do poder de Deus 'no curso' da história que se precipitava até seu fim (segundo deveria apresentar-se lhes necessariamente, depois de um breve lapso de tempo), mas sim como o começo do ἔσχατον. Eles viram Jesus com luz resplandecente. Foram testemunhas da entrada de Jesus em seu reino. Isto quer dizer: 'experimentaram a Parusia'".[32]

O tempo de Deus começava definitivamente na história, e a comunidade dos seguidores de Jesus iniciava seu caminho e se estenderia pelo mundo inteiro, em conformidade com a profissão de fé em Jesus ressuscitado, constituído Senhor do universo.

---

32. J. JEREMIAS. *Teología del Nuevo Testamento. La predicación de Jesus* (Salamanca: Sígueme, 2009), p. 358-359.

CAPÍTULO 14
A fé da Igreja em Jesus de Nazaré, ou o Credo eclesial

14.1. A fé da Igreja em Jesus

Os seguidores de Jesus de Nazaré reconheceram em suas palavras e ações o "ungido" de Deus (em hebraico, משיח [*masiah*]; em aramaico, *mshiha*), ὁ χριστός, de onde procede a palavra "Cristo". Sua pessoa não corresponde, simplesmente, a nenhum dos personagens proféticos (Messias, em definitiva) do Antigo Testamento que, com sua presença, anunciavam ao povo de Israel a intervenção libertadora de Deus. Ele era o "Messias", o rei ungido da dinastia de Davi. Nos evangelhos aparece nitidamente sua relação especial com Yahvé, sua autoridade (ἐξουσία) na interpretação das Escrituras, seu poder curador de toda enfermidade humana, seja esta corporal ou espiritual, sua capacidade para perdoar o pecado e sua missão libertadora a todos os povos.

Apesar de tudo isto, a cristologia que se desprende do ministério profético de Jesus é apenas implícita e variada, conforme a perspectiva dos escritores que recolhem as diversas tradições das primitivas comunidades cristãs, iluminados pelo acontecimento singular da ressurreição do "Senhor". É uma obviedade afirmar que os termos em que se expressa a fé cristã sistematizada nos séculos IV e V não se encontram nos escritos evangélicos. Em nenhuma passagem evangélica se diz, como no I Concílio de Niceia, que "(Cremos)... e em um só Senhor, Jesus Cristo, o Filho de Deus, gerado unigênito do Pai, quer dizer, da mesma substância do Pai, Deus de Deus, luz de luz, Deus verdadeiro de Deus verdadeiro, gerado, não criado, consubstancial ao Pai, por quem todas as coisas foram feitas, as que há no céu e as que há na terra"[1]. Tampou-

---

1. H. DENZINGER & P. HÜNERMANN. *El Magisterio de la Iglesia. Enchiridion Symbolorum Definitionum et Declarationum de Rebus Fidei et Morum* (Barcelona: Herder, 2006), n. 125 (versão grega). A versão latina diz assim: "(Cremos)...E em um só Senhor, Jesus Cristo, o Filho de Deus, nascido unigênito do Pai, quer dizer, da substância do Pai, Deus de Deus, luz da luz, Deus verdadeiro de Deus verdadeiro, nascido, não feito, de uma só substância com o Pai (que em grego se chama *homousion*), por quem todas as coisas foram feitas, as que há no céu e as que há na terra".

co encontramos formulações como as do Concílio de Calcedônia, segundo as quais "se há de reconhecer um só e mesmo Cristo Senhor, Filho unigênito em duas naturezas, sem confusão, sem mudança, sem divisão, sem separação. A diferença de naturezas de nenhum modo fica suprimida por sua união, mas ficam a salvo as propriedades de cada uma das naturezas e confluem em uma só pessoa e em uma só hipóstase, não partida ou dividida em duas pessoas, mas um só e mesmo Filho unigênito, Deus Verbo Senhor Jesus Cristo, como antigamente acerca dele nos ensinaram os profetas, e o próprio Jesus Cristo, e no-lo transmitiu o Símbolo dos Pais"[2].

E, como afirma R. E. Brown, "um passo fundamental em qualquer estudo sério da cristologia é reconhecer que o pensamento religioso cristão, ao implicar a compreensão de Jesus por parte dos seres humanos, se desenvolveu e esteve sujeito a mudanças como qualquer outro pensamento humano"[3]. Assim aconteceu realmente nesses escritos sobre Jesus, realizados ao longo de um extenso período e submetidos a pensamentos de culturas diferentes, embora sob a proteção da revelação sobre a identidade de sua pessoa, uma revelação captada pela comunidade cristã de forma gradual e cada vez mais perfeita.

14.2. Principais traços cristológicos dos evangelhos

Não pretendo de modo algum desenvolver as cristologias que se podem apreciar nos escritos do Novo Testamento. Seria uma tarefa sumamente árdua e complexa. Para isso seria preciso contemplar não somente os diferentes métodos da investigação exegética, mas também a evolução da Igreja ao longo dos séculos na compreensão da pessoa de seu Senhor, e estudar as múltiplas e variadas formas de fé da comunidade em Jesus de Nazaré. Limito-me a traçar algumas linhas – as mais indicativas – sobre este tema nos quatro evangelhos com o único propósito de visibilizar o processo experimentado pela comunidade eclesial na profissão de sua fé em Jesus, o Cristo e Senhor.

A reflexão sobre Jesus começa com a experiência pascal de seus discípulos, uma vez superado o medo da morte escandalosa e degradante do Mestre e comprovada a atuação de Deus sobre o Messias, confirmando sua mensagem e suas ações mediante a liberação das sombras da morte. Na mentalidade dos discípulos se havia produzido uma mudança que os obrigava a proclamar o acontecido e, obviamente, a interpretá-lo.

---

2. H. DENZINGER & P. HÜNERMANN. *Op. cit.*, n. 302. Segundo nota ao texto, deve-se ler ἕν δύο φύσεον, não ἐκ δύο φύσεων, uma variante que se oferece em edições mais antigas e menos críticas do texto grego, ao passo que todas as traduções latinas atestam "em duas naturezas" ("*in duabus naturis*").

3. R. E. BROWN. *Introducción a la Cristología del Nuevo Testamento* (Salamanca: Sígueme, 2005), p. 17.

A interpretação destes acontecimentos tão singulares se adaptou, logicamente, às categorias do mundo religioso em que se havia formado o povo judeu. Os escritos do Novo Testamento respondem às condições vividas pelos autores, familiarizados com as tradições do povo judeu, alimentadas basicamente pela esperança proclamada pelos grandes profetas de Israel, pela sabedoria originada especialmente na época pós-exílica e pela apocalíptica. Nas tradições proféticas do povo de Israel, que começam com a instauração da monarquia (1030 a.C.) e chegam mais depois do exílio, se observa a intervenção de Yahvé, apaixonado pelo bem do ser humano, tanto na denúncia do pecado de seu povo como na promessa da benção e da graça. A tradição sapiencial, caracterizada pela sábia e equilibrada relação do judeu com a natureza e o resto dos seres humanos, (obviamente, com Deus, conforme sua concepção de mundo) se encontra nos livros sapienciais os poéticos (em hebraico, נחוכים [*ketuvim*]), entre os quais costumam ser incluídos Jó, Provérbios, Eclesiastes (Qohélet), Eclesiástico (Ben Sirac) e Sabedoria. A apocalíptica, com um gênero literário similar ao profético, revela os segredos do plano de Deus sobre a história e o triunfo final sobre todos os poderes da terra, aos quais se imporá o reinado de Deus.

As tradições mencionadas, tão forte e estreitamente enraizadas na concepção sociorreligiosa do povo judeu, constituem o marco de inspiração dos escritores dos evangelhos. Algo muito diferente é a interpretação que os autores fazem das imagens e símbolos herdados do passado. A linguagem, por sua própria natureza, é sempre susceptível de mudança e interpretação, algumas vezes por sua insuficiência para expressar realidades novas e outras, por sua inevitável condição de sujeição aos preponderantes modelos linguístico-culturais de cada época. Nesse contexto, de tradição por uma parte e de novidade por outra, devem-se explicar os escritos do Novo Testamento sobre Jesus.

Vejamos, pois, concretamente, o que dizem os quatro evangelistas nesta questão. O conteúdo fundamental do Evangelho de Marcos aparece claramente sintetizado no versículo inicial do capítulo primeiro, a saber, "Jesus é o Cristo, o Filho de Deus" (Mc 1,1), que culminará, na primeira parte de sua composição, com a solene confissão de Pedro: "Tu és o Messias" (Mc 8,29). O mesmo acontece no momento transcendental de seu batismo, quando Jesus, ao sair da água, viu os céus se abrirem, e o Espírito, e escutou dos céus: 'Tu és meu Filho querido, em ti me comprazo'" (Mc 1,11). Com a presença do Espírito Santo, se cumpriam em Jesus os dons profetizados por Isaías (Is 11,2; 42,1-4). Em outro acontecimento solene de sua vida, durante a transfiguração no monte Tabor, sob símbolos que representam a divindade e a glória do outro mundo, soou uma voz que dizia: "Este é meu Filho querido; escutai-o" (Mc 9,7). E, ao final de sua vida, sentenciado perante o sinédrio, à pergunta do sumo sacerdote: " És tu o Messias, o Filho do Bendito"? Jesus respondeu: "Eu sou" (Mc 14,62).

Depois de sua morte, nas palavras de um centurião pagão, se diz dele: "Verdadeiramente este homem era Filho de Deus" (Mc 15,39). Jesus é também para Marcos o "Santo de Deus", reconhecido pelos espíritos impuros (Mc 1,24), e o "Filho do homem" que tinha que sofrer muito e ser rejeitado e sofrer a morte (Mc 8,31), anunciando o triunfo final, como permite interpretar o caráter transcendente da figura "Filho do homem" do Antigo Testamento (Da 7,13). Mediante este título se descreve na segunda parte do Evangelho de Marcos a natureza do messianismo de Jesus, em cuja pessoa se associam constantemente o sofrimento e a exaltação.

Com relação ao significado da expressão "Filho de Deus" em Marcos, podem servir de orientação algumas observações. Segundo J. Marcus, o evangelista sabe que "a palavra grega 'Cristo' se refere ao conceito judeu de um ungido da linhagem de Davi (em hebraico משיח [masiah], em aramaico משיחא [mshiha], e em grego χριστός, significam todos 'o ungido') como aparece em Mc 12,35; é o que indica também o fato de que em quase todos os casos Marcos emprega o artigo definido: 'o Cristo'. Somente aqui (em 1,1) e em (9,41) o evangelho emprega 'Cristo' sem o artigo definido, provavelmente porque se trata de um caso em genitivo"[4]. A maioria dos manuscritos, entre eles, alguns muito antigos e relevantes, acrescentam a "Jesus Cristo" "o Filho de Deus". Também está ausente esta expressão em outros testemunhos textuais muito importantes como o Sinaítico. Diante da supressão de υἱοῦ θεου, alguns exegetas não entram no mérito, sem se pronunciar a favor ou contra que essa expressão formasse parte do texto original de Marcos, enquanto outros a consideram atestada desde o século II em adiante e estão a favor de sua originalidade[5]. J. Gnilka se expressa da seguinte forma: "O Filho de Deus como determinação de Jesus Cristo convertido já em nome próprio, e com isso também como determinação do evangelho, suscita a confissão do centurião ao pé da cruz: 'Verdadeiramente, este homem era Filho de Deus' (Mc 15,39). Um arco se tensiona desde a primeira frase até esta *confessio* ao fechamento"[6].

É compreensível que se discuta entre os estudiosos das Sagradas Escrituras o alcance da expressão "Filho de Deus" em Marcos. O evangelista não relata episódio algum de concepção virginal nem do nascimento de Jesus. Ele, como vimos, é o Messias, aquele que sofre e se revela como Filho de Deus. Certamente, Jesus é o Filho de Deus, porém, segundo R. Haight, "o messianismo define o *status* de Je-

---

4. J. MARCUS. *El Evangelio según Marcos* I (Salamanca: Sígueme, 2010), p. 148.
5. J. MARCUS. Ibid. R. E. BROWN; J. A. FITZMYER & R. E. MURPHY (eds.). *Nuevo Comentario Bíblico San Jerónimo. Nuevo Testamento* (Estella: Verbo Divino, 2004), p. 19.
6. J. GNILKA. *El Evangelio según San Marcos* I (Salamanca: Sígueme, 2005), p. 50.

sus como Filho de Deus em categorias funcionais mais do que metafísicas, pelo que não deveria ser interpretado no sentido precisado com o tempo graças aos debates cristológicos da época patrística"[7]. Porém, há ocasiões em que o evangelista deixa entrever, para além do que declara expressamente, uma manifestação de Jesus como "Filho de Deus", em estreito paralelismo com passagens do Antigo Testamento, que testemunha a presença de Deus nele. Assim acontece com a frase "e queria passar à frente deles" (Mc 6,48), que se inclui na narração segundo a qual Jesus caminha sobre o mar de Galileia para dar ânimos a seus amedrontados discípulos. Apesar da variedade de interpretações sobre a citada frase, algumas com matização claramente eclesiológica, J. Marcus afirma categoricamente: "o pano de fundo desse estranho detalhe da narração se encontra na verdade em Ex 33,17–34,8, onde se diz que Deus revela sua glória a Moisés "passando diante dele". E continua dizendo: "sob o impacto dessas passagens (1Rs 19,11-13), o verbo παρελθεῖν (passar, passar ao lado) se converteu em um termo quase técnico para aludir a uma epifania divina na tradução bíblica dos LXX"[8]. J. Meier pensa da mesma forma ao interpretar este relato bíblico: "na composição marcana, a ação de Jesus de caminhar sobre as águas para se revelar em divina majestade e poder a seus discípulos constitui o eixo mesmo do relato, como sua solene autorrevelação (v. 50: ἐγώ εἰμι) aparece um pouco mais adiante no texto como o clímax verbal... Portanto, este relato não pode ser denominado uma 'epifania de salvamento marítimo'. É uma epifania de Jesus, pura e simplesmente"[9].

Não cabe entender esta fundada interpretação de epifania como uma perfeita e progressiva elaboração teológica sobre Jesus, assemelhando-a às concepções que se desprendem da terminologia atual, porém em nenhum caso resultaria estranha à mentalidade do povo judeu, acostumado às manifestações divinas, como se pode ler no Êxodo, nos Salmos e no Livro de Jó.

Mateus, em absoluta sintonia com os objetivos de uma comunidade judeu-cristã para a qual escreve – em que se percebem tensões entre a Igreja primitiva e a sinagoga – e aberto a abraçar a gentilidade, com contínuas expressões de sabor semítico e claras referências a costumes religiosos do povo judeu, centra sua mensagem na pessoa de Jesus de Nazaré. No evangelho, apresenta Jesus de forma significativa como "Filho de Deus"[10]. Já no primeiro capítulo (Mt 1,23), ao aludir ao

---

7. R. HAIGHT. *Jesús, símbolo de Diós* (Madri: Trotta, 2007), p. 179.

8. J. MARCUS. *Op. cit.*, p. 494. Não é estranho que Mateus silencie esta chocante frase e Lucas omita todo o relato.

9. J. P. MEIER. *Un judío marginal. Nueva visión del Jesús histórico* II/2: *los milagros* (Estella: Verbo Divino, 2005), p. 1.039.

10. J. D. G. DUNN. *Christology in the Making: A New Testament Inquiry into the Origins of the Doctrine of the Incarnation* (Chatham: Mackays of Chatham PLC, 1992), p. 48, escreve assim: "... It is sufficiently

"(estar) conosco" de Deus (Emmanuel), recorrente em várias passagens do evangelho, Mateus, como afirma U. Luz, cria "uma inclusão com este versículo e o último de seu evangelho ("eu estou convosco todos os dias até o fim do mundo" 28,20), inclusão que marca o tema fundamental: a presença do Senhor glorificado em sua comunidade o revela como Emmanuel, Deus conosco[11].

No Evangelho de Mateus, Jesus é o Mestre que interpreta a Lei (Mt 5-7), aquele que realiza curas no corpo e no Espírito (Mt 8-9) e no qual se cumprem as profecias sobre o servo de Yahvé, anunciadas pelo profeta Isaías (Is 42,1-4; Mt 12,17-21). O "Filho do homem" é um título que Mateus aplica frequentemente a Jesus, porém ele é sobretudo e de forma inovadora, o "Filho de Deus". Assim, no batismo, Jesus é proclamado "Filho querido" (Mt 3,17), o filho obediente e humilde. Na transfiguração, segundo a voz que soa a partir da nuvem dizendo: "Este é meu Filho querido" (Mt 17,5), Jesus é entronizado como Filho de Deus e se manifesta no novo Sinai. A confissão de Pedro: "Tu és o Messias, o Filho de Deus vivo" (Mt 16,16) se limita a expressar solenemente o que confessavam tanto os discípulos como o resto da comunidade cristã, a saber, que Jesus é o "Messias" autêntico de Israel, o verdadeiro "Filho de Deus", em quem o Deus vivo atua conosco[12]. Perante o sinédrio, Jesus ratifica sob juramento a pergunta feita pelo sumo sacerdote, a saber, se era "o Messias, o Filho de Deus" (Mt 26,63). Ademais, deixa patente, sob a figura do "Filho do homem", que configura seu presente e seu futuro, quem é verdadeiramente o Messias, o filho de Davi, o Senhor que já está sentado à direita do Poder (Mt 26,64). O final do evangelho: "Toda autoridade me foi dada –πᾶσα ἐξουσία– no céu e sobre a terra" (Mt 28,18) traz à memória dos leitores a autoridade de Jesus para ensinar, para curar enfermos e expulsar demônios, e para perdoar pecados. Porém, o poder que durante seu ministério público foi limitado e questionado por seus inimigos é agora, depois da ressurreição, absoluto, reside somente nele, e diante dele não cabe outra autoridade.

A palavra "pai" aparece frequentemente ao longo do capítulo 6 de Mateus. O vocábulo faz referência à antítese entre a lei antiga e a nova, destacando a pureza de intenção no agir e a relação da pessoa com o Pai que está nos céus. O termo "pai" se converte na locução "meu pai", aplicada a circunstâncias da vida de Jesus

---

clear that Mark's chief emphasis is on the Son of God as one whose anointing with the Spirit was with a view to his suffering and dying, as one who is to be recognized as Son of God precisely in his death and not simply in his subsequent resurrection and exaltation". [É suficientemente claro que a ênfase principal de Marcos está no Filho de Deus como aquele cuja unção com o Espírito foi com vistas ao seu sofrimento e morte, como aquele que deve ser reconhecido como Filho de Deus precisamente em sua morte, e não simplesmente em sua ressurreição e exaltação subsequentes].
11. U. LUZ. *El Evangelio según San Mateo* I (Salamanca: Sígueme, 2001), p. 146.
12. *Ibid.*, p. 604.

(Mt 26,39; 20,23), à conduta de seus seguidores, de rechaço ou de aprovação (Mt 7,21; 10,32; 12,50; 15,13; 18,10; 18,35), à resposta de Simão Pedro ao messianismo de Jesus (Mt 16,17), e à entrada no reino de Deus (Mt 25,34). Jesus fala, portanto, de "seu pai". Ele é "o Filho", com uma relação íntima, pessoal e única com o Pai. "Tudo me foi entregue por meu Pai, e ninguém conhece o Filho senão o Pai, e ninguém conhece o Pai senão o Filho, e aquele a quem o Filho o quiser revelar" (Mt 11,27). Ainda que o termo absoluto "Filho" possa distinguir-se na investigação bíblica do de "Filho de Deus", o Jesus histórico tem consciência clara de sua filiação divina, de entender-se "Filho" de uma forma singular. Neste sentido se expressa U. Luz ao afirmar: "Filho" é alguém relacionado *a priori com* o pai, e "pai" alguém relacionado *a priori com* o filho. A relação com o pai não é adicional, acidental no filho; e vice-versa[13]. Este é o sentido, indicado também na Parábola da vinha e os vinhateiros homicidas (Mt 21,37) e na questão acerca de "aquele dia e hora (que) ninguém sabe, nem os anjos dos céus, nem o Filho, senão o Pai somente" (Mt 24,36). Apesar das evidentes dificuldades e discussões através dos séculos sobre a última passagem, a intenção de Mateus é clara, a saber, recordar com a fórmula "o Filho" sua relação singular com Deus[14].

Lucas apresenta em seu evangelho uma cristologia algo complexa, no sentido de que complementa nos Atos dos Apóstolos – pode-se dizer que ambos os escritos são uma só obra – as formulações de fé dos discípulos em Jesus, expressas no evangelho[15]. Segundo R. Haight, Lucas expõe uma cristologia do Espírito "em duas etapas", que discorre desde a concepção virginal de Jesus ao longo de seu ministério público até a exaltação final[16]. Segundo suas palavras, "a cristologia do Espírito é uma cristologia narrativa; a atenção se concentra em Jesus de Nazaré e em sua pregação do reino de Deus. Começa com sua concepção pelo cobrimento da sombra divina, a presença criativa de Deus como Espírito, de modo que Jesus é concebido e iluminado como Filho de Deus. Esta cristologia segue o curso de sua vida pública desde seu princípio no Espírito até seu final na exaltação. E o relato continua com a história da Igreja onde Jesus Cristo exaltado é agora o Senhor do mundo do Espírito. É uma cristologia em duas etapas: começa com o início da existência de Jesus sobre a terra e conclui com o reino exaltado de Jesus. Na teologia lucana, a questão da preexistência de Jesus ou da encarnação nunca é

---

13. U. LUZ. *El Evangelio según San Mateo* II (Salamanca: Sígueme, 2006), p. 283.

14. U. LUZ. *El Evangelio según San Mateo* III (Salamanca: Sígueme, 2003), p. 577. R. E. BROWN; J. A. FITZMYER & R. E. MURPHY (eds.). *Nuevo Comentario Bíblico San Jerónimo. Nuevo Testamento* (Estella: Verbo Divino, 2004), p. 123.

15. R. E. BROWN. *Introducción a la Cristología del Nuevo Testamento* (Salamanca: Sígueme, 2005), p. 138

16. R. HAIGHT. *Jesús, símbolo de Diós* (Madri: Trotta, 2007), p. 180-185.

levantada"¹⁷. Jesus é o profeta de Deus (Lc 7,16.39; 9,8; 24,19), e o enviado para evangelizar os pobres e proclamar a liberdade aos oprimidos, a quem anuncia a boa notícia de Deus (Lc 4,18; 6,20-26; 7,22), aquele que come com pecadores (Lc 7,36-50), que exerce a misericórdia com os homens (Lc 15). Porém, sobretudo, Jesus é o Filho de Deus e o Senhor. Ele é o Filho de Deus. Além do *logion* Q, partilhado com Mateus e comentado anteriormente (Lc 10,22), a filiação divina de Jesus aparece expressamente já no começo de seu evangelho (Lc 1,35), onde "Filho de Deus" não é um mero título indicativo do messianismo de Jesus, como poderia ser entendido no contexto dos escritos do Antigo Testamento, mas afirma a filiação singular de Jesus, advertida no sinal misterioso da intervenção do Espírito Santo (Poder do Altíssimo) e da concepção virginal. No relato do batismo de Jesus (o evangelista apenas menciona o batismo), baseado em Marcos, se diz ainda que Jesus é: "o Filho querido" (Lc 3,21). O mesmo acontece nos episódios das tentações (Lc 4,1-13), no momento da transfiguração (Lc 9,28-36) e quando é apresentado ao sinédrio para ser interrogado sobre seu messianismo (Lc 22,66-70).

Talvez o título favorito e mais significativo de Lucas, referido a Jesus, seja o de "Senhor". Assim se reflete na ressurreição do filho de uma viúva em Naim (Lc 7,13), na mensagem enviada por João Batista (Lc 7,19), na missão dos discípulos (Lc 10,1), no diálogo com Marta e Maria (Lc 10,40-41) e na cura de uma mulher encurvada (Lc 13,15)¹⁸. O termo (ὁ) κύριος nos casos mencionados faz referência a Jesus durante sua atividade terrena, ainda que também seja proclamado assim depois de sua ressurreição (Lc 24,3.34). J. A. Fitzmyer afirma o seguinte: "Prescindindo do paralelo com a questão acerca do Filho de Davi (20,44), o uso lucano da expressão 'o Senhor' reflete a maneira de falar de seu tempo, quando o título pós-pascal (referido ao Ressuscitado) já se havia convertido quase em nome que se aplicava a Jesus"¹⁹.

João, ainda que existam em seu evangelho traços comuns, procedentes de algumas tradições, apresenta diferenças significativas em relação aos sinóticos não somente em circunstâncias ambientais, mas também em questões doutrinais. Em João, como observa R. E. Brown, pesa mais a exaltação da identidade

---

17. *Ibid.*, p. 183.
18. F. BOVON. *El Evangelio según San Lucas* I (Salamanca: Sígueme, 2005), p. 507. Ao comentar o relato da ressurreição em Naim, o autor escreve: "Este milagre tem como única motivação a compaixão e o poder do mensageiro de Deus. Por isso o título de Senhor (ὁ κύριος, v. 13) tem tanto peso quanto o adjetivo μέγας (grande) ao lado da palavra προφήτης (profeta, v. 16). Enquanto na perícope anterior (7,1-10) o crente ocupava o centro, aqui o ocupa o onipotente vencedor e senhor da morte!"
19. H. BALZ & G. SCHNEIDER (eds.). *Diccionario exegético del Nuevo Testamento* I (Salamanca: Sígueme, 1996), p. 2.445. O substantivo κύριος aparece 719 vezes no Novo Testamento. Lucas é quem o emprega mais frequentemente (104 vezes no Evangelho e 107 nos Atos).

de Jesus como Messias/Filho do que a humilhação como servo, fortemente presente nos evangelhos sinóticos. A cristologia que aparece no ministério de Jesus, narrado por João, é intensamente influenciada pela teologia da pré-existência, manifestada não somente no prólogo, mas também ao longo de todo o evangelho[20]. No Evangelho de João abundam termos para designar Jesus de Nazaré. Ele é o Verbo, o Filho de Deus e o Filho do homem, o Filho do Pai, Jesus Cristo, o Cordeiro de Deus, o rei de Israel, o pão de vida, a luz do mundo e outros mais. À parte o famoso prólogo propriamente dito (Jo 1,1-18), Jesus é reconhecido como "Messias" (Jo 1,41) e como "Filho de Deus" (Jo 1,49) no começo do evangelho. O chamado de André, o irmão de Simão Pedro (Jo 1,41) à conversão e ao seguimento se fundamenta na confissão de que Jesus é o "Messias", que significa Cristo[21], embora F. J. Maloney duvide que a frase: "encontramos o Messias" (assim como a palavra "Rabi" no versículo 38) cumpra com as exigências do reconhecimento correto de Jesus, tal como se narra no prólogo (Jo 1,1-18)[22]. As palavras de Natanael, a saber, "Rabbi, tu és o Filho de Deus, tu és (o) rei de Israel" (Jo 1,49) são autênticos títulos que correspondem ao de "Messias". A maioria dos escrituristas reconhece neles um significado profundo, ainda que, de novo, F. J. Maloney afirme que esses termos possam ser considerados expressões da esperança messiânica do século I[23].

No Evangelho de João, Jesus fala de si mesmo como "Filho Unigênito", "Filho", "Filho Unigênito de Deus", "o Filho" (Jo 3,16-18; 5,20-21; 6,40). O amor e a salvação de Deus ao mundo se revelam no mistério do Filho que é enviado para oferecer a vida e a salvação ao mundo. Ao mesmo tempo, o Pai e o Filho se amam e atuam em perfeita harmonia. De fato, Jesus afirma: "O Pai e eu somos uma só coisa" (Jo 10,30) e "Meu pai (está) em mim, e eu em meu pai" (Jo 10,38). Jesus é a presença visível de Deus e o povo de Israel não necessita mais de templos nem de lugares sagrados. A presença de Deus se faz única e singular em Jesus, substituindo qualquer outra presença. Não se fala de proposições metafísicas, mas sim de relações de amizade e de obediência entre o Pai e o Filho. F. Fernández, ao falar do título "Filho de Deus" no Evangelho de João, distingue nele duas realidades igualmente importantes, a saber, a filiação no plano da igualdade (igual ao Pai, eterno,

---

20. R. E. BROWN. *Introducción a la Cristología del Nuevo Testamento* (Salamanca: Sígueme, 2005), p. 139.
21. R. E. BROWN; J. A. FITZMYER & R. E. MURPHY (eds.). *Nuevo Comentario Bíblico San Jerónimo. Nuevo Testamento* (Estella: Verbo Divino, 2004), p. 540.
22. F. J. MALONEY. *El Evangelio de Juan* (Estella: Verbo Divino, 2005), p. 78.
23. *Ibid.*, p. 80. Este autor escreve: "Por muito exaltadas que nos pareçam estas confissões, estão logicamente determinadas pela própria cultura, religião e história de Natanael".

como Ele etc.) e no plano moral (obediente ao Pai)[24]. Isto nos remete às palavras do Prólogo que nos falam do verbo feito carne, que habitou entre nós, com o esplendor do Filho Único, que procede do Pai, cheio de graça e de verdade (Jo 1,14).

O Evangelho de João põe repetidamente na boca de Jesus a fórmula "Eu sou", ἐγώ εἰμι, utilizada nos LXX como tradução da fórmula de revelação hebraica: "Eu sou Yahvé" (Ex 6,7) ou simplesmente: "Sou eu" (Is 43,10). Quando os judeus se interessam pela identidade de Jesus, Ele lhes diz que "se não crerdes que 'eu sou' morrereis em vosso pecado" (Jo 8,24), e no transcurso da conversação, ao não descobrirem que lhes falava do Pai, lhes assegura: "Quando elevardes o Filho do homem, então sabereis que 'eu sou', e que não faço nada por minha conta, mas que digo as coisas tal como me ensinou o Pai" (Jo 8,28). Ao final da discussão com os judeus, Jesus lhes diz: "Em verdade vos asseguro: Antes de existir Abraão, 'eu sou'" (Jo 8,58). E antes de chegar a hora de passar deste mundo ao Pai, Jesus adverte a seus discípulos: "Digo-vos desde agora, antes que aconteça, para que, quando acontecer, creiais que 'eu sou'" (Jo 13,19). A propósito desta fórmula ἐγώ εἰμι, os exegetas ressaltam sua importância de forma muito parecida. Ao utilizar esta fórmula, "Jesus revela sua 'exclusiva' afirmação de que Ele é a presença do divino na história humana"[25]. Jesus é, de fato, "superior a Abraão: a Ele lhe corresponde o nome divino, 'Eu sou'"[26]. A fórmula "Eu sou", diz F. Fernández, tem um sentido de revelação no Evangelho de João, indica a dignidade única de Jesus, e define Cristo em sua missão e serviço à humanidade[27]. E R. E. Brown, afirma categoricamente: "O uso em João do absoluto 'eu sou' tem o efeito de apresentar Jesus como divino, com uma pré-existência como sua identidade, exatamente da mesma forma como o grego do Antigo Testamento entendeu o Deus de Israel"[28].

A cristologia e a teologia do Evangelho de João, afirma F. J. Maloney, disponibilizaram a matéria-prima com a qual se forjaram as grandes doutrinas cristãs, uma vez que o cristianismo se projetou para além do mundo judeu, penetrando na cultura greco-romana[29]. Esta alta cristologia de João – a mais excelsa de todos os evangelistas – se desvela de forma deslumbrante e poética no famoso próloꟷ

---

24. F. FERNÁNDEZ. *La Biblia. Claves para una lectura actualizada* II: *Nuevo Testamento* (León, 2011), p. 174.
25. F. J. MALONEY. *Op. cit.*, p. 287. Sobre a origem e o significado da utilização absoluta de ἐγώ εἰμι pode-se cf. a nota 24 deste autor, p. 289.
26. R. E. BROWN; J. A. FITZMYER & R. E. MURPHY (eds.). *Nuevo Comentario Bíblico San Jerónimo. Nuevo Testamento* (Estella: Verbo Divino, 2004), p. 561.
27. F. FERNÁNDEZ. *El Nuevo Testamento* II (Madri: Sociedade de Educação Atenas, 1989), p. 71.
28. R. E. BROWN. *Introducción a la Cristología del Nuevo Testamento* (Salamanca: Sígueme, 2005), p. 156.
29. F. J. MALONEY. *Op. cit.*, p. 44.

go do evangelho. O prólogo propriamente dito (Jo 1,1-18), de uma densidade doutrinal assombrosa, um antigo hino confessional utilizado pela comunidade cristã para anunciar e celebrar sua fé em Jesus, esboça poeticamente a cristologia e a teologia do autor. Jesus Cristo é a encarnação da Palavra, que existia ao princípio (pré-existência) com Deus (dirigida a Deus), e era Deus. Esta palavra, (ὁ λόγος) fora dos limites do espaço e do tempo, existente desde o princípio, antes de que se formassem as coisas, sempre relacionada com Deus – na própria intimidade de Deus – é a luz do mundo. A Palavra de vida trouxe a luz à humanidade. Explicitamente se diz que a Palavra se encarna, que ilumina a todo homem que vem a este mundo (v. 9). Os efeitos de crer na palavra se traduzem em filiação divina, cujos frutos se realizam "já", "no momento presente", exigindo um compromisso firme e sincero. O clímax do prólogo é constituído pela encarnação da Palavra (v. 14). A palavra preexistente se fez carne – Deus se revela na situação humana – habita ou vive entre nós (καὶ ἐσκήνωσεμ ἐν ἡμῖν) e quem crê pode afirmar que contemplou seu esplendor (τὴν δόξαν), ao estilo do Antigo Testamento, quando Yahvé se manifestava ao povo, utilizando o termo כבוד [kâbod]. Já ao final do prólogo, é mostrado o Filho como o único revelador final da ação de Deus na história da humanidade, superando a todas as produzidas em tempos anteriores. Ninguém, senão o Filho, por sua particular relação com o Pai, pode conhecer a Deus[30].

A teologia do prólogo de João está claramente inspirada na literatura sapiencial do judaísmo tardio[31]. A Sabedoria (Σοφία), que neste caso é substituída pelo Logos (λόγος), se apresenta ao longo do quarto evangelho. É um atributo de Deus (Pr 1,8.9), sai da boca do Altíssimo (Eclo 24,3), vem do Senhor e é gerada antes da criação do mundo (Eclo 1,4), atua e protege o povo de Israel (Sb 10–12), defende o justo oprimido, a quem proclama bem-aventurado por ter por pai a Deus (Sb 2,16) e chama "filho de Deus" (Sb 2,18). Segundo R. Haight, "A doutrina básica da literatura sapiencial é que todas as coisas se mantêm unidas na e pela Sabedoria de Deus[32]. E, sem examinar os paralelismos com outras cristologias sapienciais, este autor tem a impressão de que o prólogo de João "se parece com outras cristologias sapienciais ao mesmo tempo que as supera na direção de uma

---

30. *Ibid.*, p. 57-64. F. FERNÁNDEZ. *Op. cit.*, p. 31-33. R. E. BROWN; J. A. FITZMYER & R. E. MURPHY (eds.). *Nuevo Comentario Bíblico San Jerónimo. Nuevo Testamento* (Estella: Verbo Divino, 2004), p. 537-538.

31. R. E. BROWN. *Introducción à la Cristología del Nuevo Testamento* (Salamanca: Sígueme, 2005), p. 231-237. O autor analisa no apêndice 4 as características da cristologia do Evangelho Segundo João.

32. R. HAIGHT. *Jesús, símbolo de Diós* (Madri: Trotta, 2007), p. 186. *E* citando F. F. BRUCE (*Paul: Apostle of the Free Spirit* [Exeter: Paternoster Press, 1977], p. 419), na nota 51 do capítulo 6 diz: "Se no princípio criou Deus o céu e a terra, Cristo, como a Sabedoria de Deus, é o princípio "no" qual todas as coisas foram criadas".

declaração explícita da encarnação de uma entidade hipostasiada"[33]. Realmente, continua este autor, "interpretar esta cristologia poética segundo seu gênero faz com que o Espírito humano se eleve com ela, aporta à cristologia o poder da sacralidade, recorda a imponente afirmação da fé cristã de que é Deus quem se encontra em Jesus, na carne, de modo que Deus se revela realmente nele. Analogamente à cristologia do espírito em Lucas, é Deus como Logos e Deus como Sabedoria que se fez presente a Jesus e está presente nele. O símbolo do 'Logos feito carne' proporciona profundidade e seriedade à criação, sobretudo à existência e liberdade humanas que compartem a absolutidade de Deus. Realmente abre uma vida cheia de significado e sentido, quer dizer, a salvação"[34]. O prólogo de João, na opinião de outro grande especialista, é a culminação do pensamento cristológico da comunidade primitiva[35]. A Palavra, que existia antes de todas as coisas, volta para Deus, nos revela a Deus de maneira única e excelsa. Nos tempos antigos, Deus se preocupou com Israel e se revelou através de Moisés mediante a Lei (Ex 20,2-26). Agora, o Logos (somente ele viu a Deus) transmitirá o amor de Deus a todos os homens. Este é o evangelho[36].

14.3. A fé em Jesus e o diálogo com o mundo da cultura

Entre os escritos sobre Jesus de Nazaré do Novo Testamento e a fixação da doutrina cristológica no Concílio de Calcedônia (451), aceita pela maior parte das Igrejas cristãs, existe um longo trecho, que pode ser qualificado de sumamente intenso, belo, difícil e inclusive conflitivo. Calcedônia permanece hoje em dia como símbolo clássico da fé em Jesus Cristo, uma vez confrontada a fé cristã com a cultura greco-romana e examinados e superados os debates entre as diversas concepções sobre Jesus, especialmente o gnosticismo, o docetismo, o subordinacionismo, o modalismo e o arianismo. A fé percorreria o caminho do judeu-cristianismo,

---

33. *Ibid.*, p. 191-192. Citando a R. KYSAR (*John: The Maverick Gospel* [Atlanta: John Knox Press, 1976], p. 76), na nota 80 do capítulo 6 diz: "O Prólogo do quarto Evangelho é a declaração mais completa e clara da cristologia da encarnação no Novo Testamento".

34. *Ibid.*, p. 193.

35. J. D. G. DUNN. *Christology in the Making. A New Testament Inquiry into the Origins of the Doctrine of the Incarnation* (Chatham: Mackays of Chatham PLC, 1992), p. 249: "Certamente, portanto, o quarto evangelho pode ser adequadamente apresentado como o clímax do pensamento em evolução da compreensão cristã do primeiro século a respeito de Cristo. É um testemunho duradouro de que o gênio inspirado do quarto evangelista reuniu o poema do Logos e a cristologia do Pai-Filho de uma forma tão definitiva. Sem o quarto evangelho, todas as outras afirmações que temos visto teriam sido apresentadas por meio de afirmações mais modestas".

36. Considero que, nas reflexões que fiz acerca dos principais traços cristológicos nos evangelhos, é muito conveniente levar em consideração as observações a respeito das expectativas e pressuposições das mesmas, tal como indicado em R. E. BROWN. *Op. cit.*, p. 33-40.

passando pela entrada do pensamento helenista, até misturar-se com a rica e variada cultura do mundo de nossos dias, tanto oriental como ocidental.

O encontro entre o cristianismo, uma vez estendido para além do judaísmo, e o mundo helenístico do Império Romano requeria uma linguagem nova que expressasse as convicções fundamentais de sua fé em Jesus, o "Cristo", uma linguagem que sintetizasse a fé na pessoa de Jesus de Nazaré como o "ungido" de Deus e o salvador dos homens. Não era tarefa fácil, tampouco se mostraria pequena, porém, a "boa notícia" de Deus revelada em Jesus de Nazaré não estava reservada apenas ao povo judeu, mas se destinava a todas as gentes. Assim o testemunham o ministério de Paulo aos gentios (Gl 1,16; 2,9) e os esforços da primeira comunidade cristã, narrados nos Atos dos Apóstolos.

No começo da difusão do cristianismo, a filosofia greco-romana oferecia ao mundo cultural da época os modelos linguísticos e conceituais para expressar os conhecimentos, fossem culturais ou religiosos. Estes sistemas de pensamento se apresentavam às vezes de forma pura e outras carregados de hibridismo, porém sempre marcavam a orientação no saber e nos comportamentos morais da época. Funcionavam, então, poderosas correntes de pensamento, herdadas da Antiguidade em alguns casos, e atuais em outros, em grande medida de acordo com quatro grandes sistemas, a saber, o platonismo, o aristotelismo, o estoicismo e o neoplatonismo. Sua influência na configuração da nascente fé cristã é tanto inquestionável quanto complexa. Por isso, ainda que de forma muito sucinta, atrevo-me a esboçar algumas ideias básicas, que, por um lado, mostram as dificuldades de adaptação do cristianismo primitivo ao mundo cultural da época e, por outro, revelam-se imprescindíveis para a compreensão da formulação das primeiras confissões de fé cristãs e para iluminar o entendimento delas ao longo da história.

O platonismo (Platão, séc. 429-347 a.C.) dominou o mundo da cultura greco-romana durante vários séculos. Começou em sua primeira fase com o chamado "platonismo primitivo", representado pelos escritos de Platão e a obra de seus primeiros sucessores, e reapareceu, com um intervalo de quase dois séculos, no começo do século I a.C. com Antíoco de Escalão e a chamada "Academia Antiga", cuja terminologia filosófica era ostensivamente forjada pelo estoicismo. O período compreendido entre Antíoco e Numênio de Apameia é conhecido convencionalmente como "médio platonismo", que preparou o caminho para o surgimento do neoplatonismo de Plotino.

A filosofia platônica dá um lugar de destaque à teoria do conhecimento. O conhecimento é possível, porém não pode ser adquirido através dos sentidos, cuja percepção é efêmera e mutável, mas sim pelo mundo transcendente das ideias ou formas (εἴδη), apreendidas exclusivamente pelo entendimento. Estas ideias não são representações puramente mentais, mas sim substâncias, essências das coisas, pelas quais estas são o que realmente são. Também se chamam "paradigma", indicando que as ideias constituem o modelo ao qual deve acomodar-se toda a realidade. A realidade ideal é, segundo Platão, a autêntica realidade, ὄντως ὄν. O mundo sensível nunca alcançará a perfeição das ideias porque somente a ideia é realidade autêntica e inesgotável. Por isso, Platão distingue o mundo das ideias (κόσμος νοητός, *mundus intelligibilis*), que é o autêntico e verdadeiro, e o mundo visível (τόπος ὁρατός, *mundus sensibilis*), simples imagem daquele. As "formas", que gozam de existência objetiva, têm uma ordem hierárquica. Na ideia existem diversos estratos de ser e alguns se relacionam com outros de forma escalonada. Aquilo em que algo se funda se denomina "suposto" ou ὑπόθεσις, algo que deve pressupor-se para que outra coisa possa existir. Nesta relação há ideias subordinadas a outras superiores, até o ponto de chegar a uma que seja a "ideia das ideias", que sustenta e funda todas as demais. É o absoluto (ἀνυπόθετον) ou o suficiente em si mesmo (ἱκανόν), que não tem necessidade de outro, que está além do ser e que transcende a todos em dignidade e poder. Ao princípio supremo, chamado "Bem" ou "Uno", se contrapõe outro de posição inferior, denominado "Díada", e da combinação de ambos surge a totalidade das ideias.

Apesar desta linguagem espiritual, a ideia platônica de "Bem" ou de "Uno" não corresponde à ideia cristã de Deus, realidade divina certamente e, além disso, pessoal. A alma humana foi feita pelo Demiurgo, inferior ao mundo das ideias, e é essencialmente imaterial, espiritual e imortal, por ser capaz de conhecer as coisas eternas e imutáveis. Compõe-se de três partes, a saber, a racional (λογιστικόν), que percebe a verdade e dirige a vida humana, a irascível (θυμοειδές), onde residem os afetos, como a coragem e a ambição, e a concupiscível (ἐπιθυμητικόν), sede dos instintos, como o prazer e o descanso.

O "médio platonismo", que recolhe tendências filosóficas de índoles diversas, tem uma tonalidade claramente religiosa. Inspirado nos textos de Platão, especialmente no *Timeu*, e nas doutrinas não escritas do filósofo, esses pensadores incorporaram ao sistema pensamentos de Aristóteles, principalmente em temas referentes à lógica e à ética. Em relação à ética, a maioria dos escritores do "médio platonismo" chegaram a se identificar com as teorias de Platão e de Aristóteles, distanciando-se, por outra parte, dos estoicos, e admitindo a existência de bens morais e não morais, entre os quais se encontram a saúde e a riqueza. Incorporaram a ideia de Deus de Aristóteles, um ser único, eterno e necessário, transcendente em relação ao mundo, cuja natureza é a "aseidade". Do ponto de vista teológico, convieram em identificar a ideia de Aristóteles de "Ser Supremo" com a de "Bem" ou "Uno" de Platão, conseguindo assim uma posição mais teísta que seus predecessores.

Albino, mestre de Galeno, um dos filósofos mais importantes desta corrente platônica, concebeu a realidade estruturada hierarquicamente. No cume se encontra Deus, que é imutável, objeto de conhecimento ao mesmo tempo de um segundo ser, que move a alma do mundo, e esta que impulsiona o mundo material.

As conhecidas ideias platônicas eram para ele pensamentos de Deus. Admitiu a divisão tripartida da alma humana, assim como imortalidade sua. Outro filósofo, Celso, pertencente à mesma escola de pensamento, cujos textos contra o cristianismo foram replicados por Orígenes, negou a possibilidade de que Deus tivesse criado qualquer coisa material. A ideia de encarnação degradaria a essência de Deus. Somente a alma pode vir diretamente dele. Todos os pensadores desta corrente do "médio platonismo" admitiram com agrado a existência de seres intermediários entre Deus e os humanos – *daemones* – com funções auxiliares da alma para o funcionamento do mundo. Desta forma, ficava mais patente a estrutura hierárquica do universo, reservando a transcendência ao ser supremo e absoluto, chamado Deus.

Aristóteles (384-322 a.C.), discorda de seu mestre, Platão, em questões muito importantes, que levam a entender a realidade de forma muito diferente. No campo do entendimento, as que ele chama "categorias" representam não somente a forma em que o entendimento percebe a realidade do mundo exterior, senão também o modo em que as coisas existem objetivamente. Dez são estas categorias, a primeira delas, chamada οὐσία, quer dizer, "o ser", que temos traduzido em latim por *substantia*, à qual se acrescentam outras nove não substâncias, entre as quais se encontram, como principais, a quantidade, a qualidade e a relação. Ao fazer da substância primeira o ser em seu sentido próprio, Aristóteles se distancia claramente de Platão. O ὄντως ὄν, ou "ser autêntico", de Platão se encontra no universal, na espécie, enquanto para Aristóteles se encontra no concreto. Aristóteles, mesmo criticando duramente a teoria platônica das formas, admitiu chamá-las δεύτεραι οὐσίαι "substâncias secundárias", porém não as considerou separadas dos particulares; antes, estavam presentes neles. De fato, a substância, em seu sentido genuíno, é um composto de matéria e forma. Em relação à concepção da alma, Aristóteles, que manteve em um primeiro momento o dualismo platônico, ensinou que alma e corpo não são entidades distintas, mas que formam uma unidade, sendo o corpo a matéria da alma e esta a forma do corpo. A alma se comporta como uma totalidade no corpo e o ser humano é uma substância única, composta de corpo e alma. Falando da origem da alma e da pervivência depois da morte, o filósofo diz que "a alma inferior" se transmite do Pai ao Filho na geração, enquanto que "o entendimento ativo" procede de fora e reveste caracteres divinos. Esta alma é pré-existente e incriada. A influência platônica é clara, e dificilmente encontramos em seus escritos argumentos demonstrativos da imortalidade da alma. Ao falar de Deus, Aristóteles se refere a Ele como primeiro motor não movido (πρῶτον κινοῦν ἀκίνητον), independentemente de qualquer outro ser, um e indivisível, substância divina, inteligência pura, ser, Espírito e vida.

O estoicismo, talvez o movimento filosófico mais influente da época helenística, foi fundado por Zenão de Cítio, que criou a estoa ao redor do ano 300 a.C. Distinguem-se a estoa antiga, cujos nomes mais conhecidos são o próprio Zenão e Crisipo de Solos, a estoa média (entre o século II e o século I a.C.), na qual se encontram Panécio e Posidônio de Apameia com grande influência nos pensadores contemporâneos e nos da época seguinte, e a estoa posterior, da que formaram parte Séneca, Epíteto e o imperador Marco Aurélio. O estoicismo unifica a teoria do conhecimento, a interpretação do ser e a ética. A alma, considerada "tábula rasa" se enche com os conteúdos que lhe proporciona a percepção sensível. O entendimento não possui conteúdos imateriais, mas retém somente representações sensíveis. E como saber se estas representações são verdadeiras? O critério que invocam os estoicos é a κατάληψις. Somente as "representações catalépticas" (καταληπτική φαντασία) gozam de evidência. A alma emana do Logos e dá vida ao corpo; no homem, ela é o logos, distinguido em λόγος ἐνδιάθετος e λόγος προφορικός. É material e mortal, apesar de sobreviver ao corpo até a desintegração do universo, ao menos a sua parte racional. Na ampla concepção da alma, com significados distintos, esta sempre tem o caráter de *pneuma*; não se localiza em nenhuma parte concreta do corpo, mas se compenetra intimamente com ele. No mundo da física, os dois traços característicos do estoicismo são o materialismo e o panteísmo. Realidade equivale a dizer corporeidade. A distinção platônica entre o mundo transcendente e o da experiência sensível se desvanece. Tudo o que existe é corpóreo e o universo inteiro é material. Porém o ser é também força, hálito (πνεῦμα), fogo e tensão. Portanto, uma vez que o ser possui um caráter monístico, tudo é matéria e força vital ao mesmo tempo. O fundamento do mundo, que é eterno e infinito, radica em si mesmo, é imanente a ele. O mundo se explica pela força primitiva dele, concebida como razão do mundo, lei cósmica, providência ou destino (λόγος, νόμος, πρόνοια, εἱμαρμένη). Deus é concebido como o λόγος imanente no mundo da matéria, ao mesmo tempo que se fala de λόγοι σπερματικοί, ou *rationes seminales*, que dão vida às coisas no devir do mundo.

O estoicismo do começo da Era Cristã ressaltou significativamente a prática da virtude, postergando, em alguma medida, a posição clássica, embora mantendo sua lealdade teórica ao materialismo. A teoria não é suficiente, precisa complementar-se com a prática. A filosofia não consiste somente de teorias, mas também de vida e ação. A virtude, apesar de se apresentar revestida em uma linguagem metafísica, tem um caráter eminentemente realista. O ideal virtuoso de sua filosofia se resume no lema: "suporta e renuncia", *sustine et abstine*. A vontade determina o caráter, algo que se mostra claramente em Sêneca: "Apressa-te em vir a mim, porém, mais ainda progride em ir a ti e, acima de tudo, procura ser coerente contigo mesmo. Todas as vezes que quiseres verificar se fizeste algo de bom examina se queres hoje o mesmo que ontem: a mudança de vontade denuncia uma alma flutuante que ora aparece aqui, ora ali, ao sabor do vento. Não vagabundeia o que está fixo e bem ancorado; porém, este privilégio, o têm o sábio e o perfeito e, até certo ponto, o que já avançou e percorreu bom trecho"[37]. E em Marco Aurélio: "O que pensa que logo há de abandonar tudo ao abandonar aos homens se submete sem reserva às leis da justiça em tudo quanto dele dependa, e às da natureza nos demais casos. O que podem dizer e pensar dele ou fazer contra ele não lhe passa sequer pela mente; limita-se somente a essas duas regras de conduta: praticar a justiça em todos seus atos presentes e aceitar resignadamente o que a natureza lhe reservou. Fora disso, como o resto não lhe interessa, caminha direito segundo a lei e segue a Deus, que é quem lhe traçou a rota"[38]. O conceito de virtude se resume no ideal do "sábio". O σοφός – o homem sábio– é o autêntico modelo de virtude, o único que age sempre retamente, impassível (ἀπάθεια), imperturbável (ἀταραξία) e feliz. O neoplatonismo é uma corrente filosófica que revive, de maneira repentina e surpreendente, a grandiosidade do pensamento grego em sua época de declive durante o Império Romano. Inspirado no platonismo, incorpora elementos de Aristóteles e do estoicismo, apresentando como traço característico a expressão de um vigoroso sentimento religioso, místico em ocasiões e artificial em outras. Se assenta nos focos culturais mais importantes do helenismo –Atenas, Alexandria, Antioquia e Roma – e influi poderosamente no cristianismo nascente, projetando sobre ele os aspectos mais imortais e belos das ideias e ideais de Platão.

O fundador deste movimento foi Plotino (204-269), um egípcio, conhecedor da língua grega, que se alistou na expedição do imperador Gordiano III contra os persas (que tinham ocupado territórios romanos na Mesopotâmia e em parte de Armênia), em um afã por conhecer e viver – tal era o sentido que ele lhe dava – a filosofia deste povo. Ensinou em uma academia de filosofia em Roma e é autor do livro as *Enéadas* (uma coleção de seis secções com nove tratados cada una), publicado por seu discípulo Porfírio. Plotino defende nas *Enéadas os* princípios básicos da tradição filosófica de Platão, a saber, a imaterialidade da forma mais sublime da realidade, as diferenças entre as coisas sensíveis e o invisível, a superioridade da intuição intelectual sobre o conhecimento empírico, a crença em certas formas de imortalidade e o reconhecimento da bondade essencial do mundo. A diferença

---

37. L. A. SÊNECA. *Obras Completas* (Madri: Aguilar, 1961), *Cartas a Lucílio*, lib. IV, XXXV, p. 499.
38. MARCO AURELIO. *Pensamientos*, lib. X, 11 nos *Estoicos – Máximas [Epicteto] – Pensamientos [Marco Aurelio] – da consolação por a filosofía [Boecio]* (Madri: Ediciones Ibéricas, 19636), p. 233-234.

consiste no fato de o neoplatonismo ter uma visão monista, afirmando a identidade entre o natural e o sobrenatural, tanto no ser humano como na natureza. Por um lado, o ser é concebido separado em dois níveis, o sensível e o suprassensível e, por outro, se recorre a uma série de passos intermediários que reduzam o abismo que os distancia. Estabelece-se, uma tensão dialética entre dualismo e monismo, que conduzirá a uma nova síntese.

Deus é o princípio supremo, o absoluto, a ὑπόστασις, de quem não se pode predicar nenhum atributo, seja este material ou espiritual. Deus está além da matéria, do sensível, e inclusive, do espírito. Deus é o "Uno", no sentido de ser o primeiro e de negar a pluralidade. Este "Uno" é a origem e a meta de todo ser. Como Uno, livre e absolutamente bom, o "Uno" projeta sua bondade e beleza aos seres inferiores. A primeira destas projeções é o Espírito ou pensamento (νοῦς), e a segunda, a alma (ψυχή), que, por sua vez, é projeção do espírito. O espírito ou pensamento (νοῦς), imagem próxima ao "Uno", continua o processo de emanação, realizado também nele e, como demiurgo, cria ao mundo, configurado conforme às ideias encerradas nele. A alma do mundo é a primeira instauração, efetuada pelo demiurgo. Dentro da alma do mundo e em plena sintonia com ela se encontram as almas particulares. A alma é um meio entre o inteligível e o âmbito do sensível. Exerce uma função de ponte, posto que é uma totalidade, unida ao "Uno", ao mesmo tempo que se relaciona com o múltiplo. O grau ínfimo do anímico é a natureza física (φύσις), onde a alma se reveste de um corpo. A natureza é, efetivamente, imagem do mundo inteligível, porém, é menos espírito, menos livre; e a alma, ainda que livre, somente será dona de si mesma quando estiver separada do corpo. O processo de emanação termina na matéria, que não é outra coisa senão negação pura. É negação do bem, oposição ao "Uno", um ἐν καὶ πᾶν.

De forma similar ao descrito processo descendente, iniciado pelo "Uno", começa o retorno do mundo ao ponto de partida. Tal processo se visibiliza especialmente na alma individual, que não deixa de formar parte da alma do mundo e por conseguinte se integrar no processo cósmico. A alma, que, ao entrar no corpo, se fez pecadora, precisa libertar-se dele, purificar-se, unir-se com o Espírito (νοῦς) e fundir-se com o ser "Uno" e primeiro de todos. A alma, desprovida do corpo, se une misticamente ao Todo-Uno, uma vez que retornou àquele do qual procedem todas as coisas.

As semelhanças entre o neoplatonismo e a religião cristã revelam-se inquestionáveis. Aparece claramente, por uma parte, uma atitude otimista frente às realidades do mundo que, embora material e deficiente em si mesmo, reflete a ordem do pensamento e do Espírito e está sustentado pelo Ser primeiro. E, por outra, se expressa misticamente a ideia de um processo de toda a realidade que, passando por diversas fases, se encaminha para a união com o mais sublime, em última instância, com o "Uno"[39].

14.4. Pensamento cristológico no período pré-niceno

Uma vez estabelecidas as Escrituras como norma objetiva do conhecimento e interpretação do Jesus da história, examinados os traços fundamentais da cristologia dos evangelhos e conhecidas as principais correntes de pensamento do mundo greco-romano, a teologia passou a enfrentar o complexo problema de entender e explicar a realidade cristológica, quer dizer, como a confissão primitiva de que "Jesus é Senhor" (Rm 10,9; Fp 2,11) se entende em Jesus, que ao mesmo tempo é homem κατὰ σάρκα, segundo a carne, e Deus κατὰ πνεῦμα, segundo o espírito.

Essa problemática, a saber, conciliar a divindade e a humanidade de Jesus, mantendo a fé do povo judeu no monoteísmo e assumindo as categorias do pensamento greco-romano, nas quais precisava expressar-se a fé cristã, tão alheias à ideia cristã da encarnação de Deus, subjaz, como diz J. I. González Faus, "em todas as perguntas concretas e em todas as respostas concretas que vão aparecendo nas disputas teológicas dos seis primeiros séculos"[40]. As discussões cristológicas anteriores ao Concílio de Niceia costumam ser consideradas, na maioria das ocasiões, tentativas ou ensaios, porém, sempre são orientadoras e contribuem ao entendimento das sérias e maduras reflexões do século IV nessa matéria teológica. Começava,

---

39. Para o desenvolvimento deste capítulo, "o diálogo da fé com o mundo da cultura" (entradas sobre platonismo, aristotelismo, estoicismo e neoplatonismo), utilizei ideias, que podem ser encontradas mais aprofundadamente nas seguintes obras filosóficas e teológicas:
– L. JONES (ed.). *Encyclopedia of Religion* (Detroit: Thomson Gale, 2003).
– *The New Catholic Encyclopedia* (Detroit, 2003).
– J. WENTZEL VREDE VAN HUYSSTEEN (ed.). *Encyclopedia of Science and Religion* (Nova York: Thomson Gale 2003), 2 vols.
– J. N. D. KELLY. *Early Christian Doctrines* (Londres: A & C Black, 1977), p. 14-22.
– K. RAHNER & H. VORGRIMLER. *Diccionario teológico* (Barcelona: Herder, 1966).
– M. C. HOROWITZ (ed.). *New Dictionary of the History of Ideas* (Nova York/New Haven: Thomson Gale, 2005).
– D. M. BORCHERT (ed.). *Encyclopedia of Phlylosophy* (Detroit: Thomson Gale, 2006).
– J. FERRATER MORA. *Diccionario de Filosofía*. 6. ed. (Madri: Alianza, 1979), 4 vols.
– G. REALE & D. ANTISERI. *Historia do Pensamento Filosófico e Científico* (Barcelona: Herder, 1995) I, p. 119-313.
– J. HIRSCHBERGER. *Historia da Filosofía* (Barcelona: Herder, 1964) I, p. 48-212.
– *Routledge History of Philosophy* (Londres & Nova York: Taylor & Francis Group, 1994).
– *Routledge Encyclopedia of Philosophy* (Londres & Nova York: Routledge, 1998).
– T. HONDERICH (ed.). *The Oxford Companion to Philosophy* (Oxford and Nova York: Oxford University Press, 1995).
40. J. I. GONZÁLEZ FAUS. *La Humanidade Nueva. Ensayo de Cristología*. 9. ed. (Santander: Sal Terrae, 1984), p. 354.

assim, a reflexão das primeiras comunidades cristãs sobre Jesus. As cristologias da tradição judeu-cristã, expressadas em simples formulações acerca da identidade de Jesus, caracterizam Cristo como o cumprimento perfeito e acabado da revelação do Antigo Testamento. Não esperemos nelas formulações complexas nem perfeitas. Era extremamente difícil expressar nos termos da exuberante reflexão filosófica do pensamento greco-romano da época a singularidade do acontecimento de Cristo. Faltavam conceitos e termos apropriados para especificar a natureza da pessoa de Jesus, para estabelecer sua relação com Deus Pai e para apresentar sua mensagem de salvação e liberação à humanidade. A compreensão destas realidades fundamentais da fé cristã se realizará no devir da Igreja, na vivência, a práxis e o entendimento do crente que, na misericordiosa história da tradição da revelação de Deus em Jesus Cristo, descobre a autocomunicação de Deus, ao mesmo Jesus Cristo, revelação última e completa de Deus e a seu próprio ser, iluminado pela ação do Espírito, em sua relação com o mundo.

A *Didaqué*, ou *Doutrina dos Doze Apóstolos*, um escrito judeu-cristão do século II, menciona Jesus em algumas ocasiões chamando-o "servo de Jahvé", pelo qual nos foi dado conhecer a vinha de Davi (9,2), por quem nos foi revelado o nome de Deus, sendo merecedor da glória para sempre (10,2) e que virá entre as nuvens "como Senhor" para julgar ao mundo (16,8). São afirmações muito simples e breves, desprovidas de toda elaboração teológica, que refletem a simplicidade da fé das primitivas comunidades cristãs.

O *Pastor de Hermas* (escrito até meados do século II), além de chamar Jesus de "princípio", "anjo", "lei" e "aliança", que são, em definitiva, formas da sabedoria divina, lhe atribui o nome de "Filho de Deus, grande e imenso", cuja atividade sustenta toda a criação[41]. O Filho de Deus é "a pedra" e "a porta", anterior a toda criatura, inclusive presente perante o Pai na hora de *condendam creaturam*, e somente através dele se acede ao reino de Deus. Ele é o varão glorioso, rodeado por anjos à direita e à esquerda, e quem não acolhe seu nome não entrará no reino de Deus[42].

Os nomes de "anjo" e "aliança" indicam o elemento divino de Jesus, designado como a "Palavra", que se fez carne (σάρξ), no sentido de homem mortal. O desen-

---

41. *Pastor Hermas*, PG, t. 2, p. 994: "Nomen Filii Dei magnum et immensum est, et totus ab eo sustentatur orbis. Si ergo, inquam, omnis Dei creatura per Filium ejus sustentatur, cur non et eos sustinet qui invitati sunt ab eo, et nomen ejus ferunt, et in praeceptis ejus ambulant?... Ipse igitur fundamentum est eorum, et libenter portat eos qui non negant nomen ejus, sed libenter sustinent illum".

42. *Pastor Hermas*, PG, t. 2, p. 992: "Porta vero Filius Dei est, qui solus est accessus ad Deum. Aliter ergo nemo intrabit ad Deum, nisi per Filium ejus. Vidisti, inquit, illos sex viros, et in medio eorum praecelsum virum illum ac magnum, qui circa turrim ambulavit, et lapides de structura reprobavit? Vidi, inquam, domine, praecelsus, Filius Dei est; et illi sex, nuntii sunt dignitate conspicui, dextra laevaque eum circumstantes. Ex his, inquit, excellentibus nuntiis, nemo sine eo intrabit ad Deum. Et dixit: Quicumque ergo nomen ejus non acceperit, non intrabit in regnum Dei".

volvimento desta unidade em Jesus é exposto pelo *Pastor de Hermas* utilizando a alegoria de uma vinha, a terra e o povo de Deus, cujo criador é Deus e Jesus, o escravo, a quem também chama Filho e em quem habita o Espírito[43].

Dificilmente pode livrar-se o conteúdo desta alegoria de uma visão adocionista. Tal concepção se põe em evidência ao atribuir a filiação de Jesus ao fato de sua obediência ao Pai e ao concebê-lo como o homem "espiritual" completo[44].

Em resumo, pode dizer-se que Cristo, seguindo a temática do Antigo Testamento, é o "filho", a "aliança", o πνεῦμα, a comunicação singular de Deus que se manifesta ao mundo inteiro. Porém, esta comunicação se diferencia de todas que anteriormente traziam à humanidade a mensagem divina. Cristo é a própria revelação, a consumação de toda comunicação; por isso é o "nome" e a "aliança" de Deus. Pode-se afirmar que a força de relação de Deus supera os velhos moldes, consumando em Jesus sua energia e dinamismo de comunicação e de entrega.

Estas ideias evidenciam uma lógica tensão teológica. O Espírito Santo configura e eleva a carne à categoria de "companheira do Espírito" e o mesmo Espírito habita no "escravo", que é chamado Filho de Deus. A reflexão judeu-cristã não mostra sinais de elaboração conceitual das tensões teológicas existentes, deixando a porta aberta a desvios cristológicos, como o docetismo e o ebionismo, que, respectivamente, atribuem a Jesus um corpo "aparente" ou negam abertamente sua filiação divina.

Justino Mártir († ca. 165) é uma figura fundamental para entender as relações entre o primitivo pensamento cristológico e o mundo. Conhecedor profundo das teorias filosóficas do mundo greco-romano, especialmente do platonismo, e insatisfeito com elas, chegou ao conhecimento do cristianismo através dos escritos dos profetas do Antigo Testamento. Sua conversão não constituiu motivo de desconsideração a seus conhecimentos anteriores, mas, pelo contrário, foi o começo de um aprofundamento na fé cristã que o haveria de levar a proclamar o diálogo com o

---

43. *Pastor Hermas*. PG, t. 2, p. 962: "Dominus autem fundi demonstratur esse is, qui creavit cuncta et consummavit, et virtutem illis dedit. Filius autem, Spiritus sanctus est; servus vero ille, Filius Dei est; vinea autem, populus est quem servat ipse...".

44. *Pastor Hermas*. PG, t. 2, p. 962: "Quare autem Dominus in consilio adhibuerit Filium de haereditate, et bonos angelos? Quia nuntius audit illum Spiritum sanctum, qui infusus est omnium primus in corpore, in quo habitaret Deus. Collocavit enim eum intellectus in corpore, ut ei videbatur. Hoc ergo corpus, in quod inductus est Spiritus sanctus, servivit illi Spiritui, recte in modestia ambulans et caste, neque omnino maculavit Spiritum illum: Cum igitur corpus illud paruisset omni tempore Spiritui sancto, recteque et caste laborasset cum eo, nec succubuisset in omni tempore; fatigatum corpus illud serviliter conservatum est, sed fortiter cum Spiritu sancto comprobatum Deo receptum est. Placuit igitur Deo hujusmodi potens cursus; quia maculatus non esset in terra, possidens in se Spiritum sanctum. In consilio advocavit ergo Filium, et nuntios bonos, ut et huic scilicet corpori quod servivit Spiritui sancto sine querela, locus aliquis consistendi daretur, ne videretur mercedem servitutis suae perdidisse. Accipiet enim mercedem omne corpus purum ac sine macula repertum, in quo habitandi gratia constitutus fuerit Spiritus sanctus".

mundo grego (*Apologia pro Christianis*) e com o povo judeu (*Dialogus cum Tryphone Judaeo*), afirmando o valor universal de Cristo, cume da história da civilização humana e fundamento de salvação para todos os povos. Era o começo da reflexão cristã, que pretendia harmonizar as primeiras formulações de fé das primitivas comunidades, seguidoras de Jesus de Nazaré, e a linguagem da nova tradição cultural e linguística, atendo-se à norma da Escritura. Com outras palavras, a teologia começava a tarefa interminável da enculturação, um esforço titânico e continuado de verter em linguagem atual e válida para o mundo da época a doutrina – neste caso, sobre Cristo – permanente da revelação de Deus.

Justino, como afirma J. N. D. Kelly, reproduz literalmente em suas *Apologias e Diálogos* afirmações completamente familiares às primeiras comunidades cristãs, a saber, que a Palavra se fez carne e nasceu de uma virgem, que o Logos se fez homem por vontade de Deus para salvar à humanidade, que a encarnação supôs a aceitação de carne e sangue e que o Messias padeceu e morreu. Inclusive, que a Palavra foi ao mesmo tempo Deus e homem[45].

Porém, a teologia de Justino é mais elaborada do que possam parecer estas elementares e conhecidas afirmações. Imbuído das teorias de Filo sobre Deus, a quem reconhece como ser perfeito, bom e transcendente, e sobre o Logos, enviado de Deus e mediador entre Deus e os seres criados, Justino afirma que o Filho, a quem unicamente pode atribuir-se tal nome no sentido autêntico do termo, é anterior a toda a criação, Ele que ordenou todas as coisas e que recebe o nome de Cristo, o Ungido de Deus[46]. O λόγος, primariamente, Palavra interna de Deus, presente no começo da criação, se converte em λόγος externo no momento em que Deus traz todas as coisas à existência. Na história da salvação há um λόγος ἐνδιάθετος (palavra imanente) e um λόγος προφορικός (palavra expressada), de que encontramos vestígios não somente no paganismo, mas também e de forma muito especial nos escritos proféticos do Antigo Testamento, que anunciam a Jesus Cristo, em quem se manifesta intensa e singularmente o λόγος.

A interpretação de uma passagem crucial que aparece na a*pologia II*, referido a Cristo, é ainda questão discutida. Justino afirma que o cristianismo é superior a qualquer doutrina humana porque *quidquid ad Verbum pertinet, id exstitit Christus qui pro nobis apparuit, nempe corpus et Verbum et anima.* (καὶ σῶμα, καὶ λόγον,

---

45. J. N. D. KELLY. *Early Christian Doctrines* (London: A & C Black, 1977), p. 145.
46. JUSTINO MÁRTIR. *Apologia II pro Christianis*, PG, t. 6, p. 454: "Ejus autem Filius, qui solus proprie Filius dicitur, Verbum antequam mundus crearetur, quod et uma cum eo aderat, et genitum est, cum per illud initio omnia condidit et ornavit; hic, inquam, Filius, eo quod unctus sit et per eum Deus omnia ornaverit, Christus vocatur; quo quidem et ipso nomine res significatur indeprehensa; quemadmodum Dei appellatio non nomen est, sed rei non enarrabilis insita naturae hominum opinio. Jesus autem et hominis et Salvatoris nomen et significationem habet".

καὶ ψυχὴν)⁴⁷. Segundo J. N. D. Kelly, a implicação desta cláusula, supondo que seja correta, conduziria à afirmação de que o λόγος tomaria no homem Jesus o lugar da alma racional humana (νοῦς o πνεῦμα), convertendo-se assim a teologia de Justino na primeira das cristologias denominadas λόγος- σάρξ.

Na medida em que a discussão em torno deste tema permanece aberta, convém ter em conta que, enquanto o λόγος trabalha em toda a criação de forma fragmentária (κατά μέρος), em Cristo o faz de forma completa, e ao mesmo tempo a humanidade de Cristo aparece formada por alma, animada pela Palavra, e corpo.

Cristo é, como traduz J. I. González Faus, "o sentido" total, feito corpo e razão e alma (quer dizer: homem), do qual participa, parcialmente, o mundo inteiro e que determina o valor de tudo que neste existe[48].

Clemente de Alexandria († 215), inspirado na doutrina especulativa e ascética da famosa escola de Alexandria (um excelente centro cultural onde concorriam o sincretismo do pensamento judeu-helenista, o platonismo e o gnosticismo cristão), afirmou a absoluta e incompreensível transcendência de Deus, "Criador de todas as coisas, o Pai, obreiro excelente, que modelou assim uma estátua viva, o homem, a nós mesmos"[49]. Deus é único, ao mesmo tempo que produz e abarca tudo que existe. É o Pai, cuja imagem é sua Palavra o seu Filho, seu νοῦς ou racionalidade. "Certamente, imagem de Deus é seu Logos (e o Logos divino é Filho legítimo da Inteligência, luz arquétipo da luz)"[50].

O Logos procede do Pai, é a causa da criação, gerou a si mesmo – tornou-se presente entre os homens – criando sua própria humanidade, e se manifestou para poder ser contemplado[51]. Esse Filho de Deus, criador de todas as coisas, "assumiu uma carne e foi concebido em um seio virginal, de maneira que assim se formou sua pobre carne visível e que, em consonância, depois de gerado padeceu e ressuscitou"[52]. Cristo se converte assim, enquanto Logos, em harmonia plena entre Deus e o mundo, chegando inclusive a entregar sua vida para manifestar aos homens o amor de Deus[53].

---

47. JUSTINO MÁRTIR. *Apologia II pro Christianis*, PG, t. 6, p. 459-460.
48. J. I. GONZÁLEZ FAUS. *La Humanidade Nueva. Ensayo de Cristología*. 9. ed. (Santander: Sal Terrae, 1984), p. 361-362.
49. CLEMENTE DE ALEXANDRIA. *Protréptico* (Madri: Cidade Nueva 2008), p. 283.
50. *Ibid.*, p. 283.
51. CLEMENTE DE ALEXANDRIA. *Stromata* (Madri: Cidade Nueva 2008), p. 341-342.
52. *Ibid.*, p. 263.
53. CLEMENTE DE ALEXANDRIA. *Protréptico*, p. 315: "Ele mesmo transformou com sua crucifixão o poente em oriente, e a morte em vida; arrancando o homem da perdição e elevando-o ao céu, transformando a corrupção em incorrupção e mudando a terra em céu".

Clemente foi um defensor da encarnação de Jesus, apartando-se da doutrina do docetismo, embora algumas de suas afirmações cristológicas guardem semelhanças inequívocas com as teorias dessa corrente teológica[54]. Parece claro, ademais, que atribuiu alma humana ao Deus feito homem[55]. O problema surge ao determinar a função exercida por seu conceito de απαθεια aplicado à realidade de Cristo. Em todo caso, o Logos é para Clemente de Alexandria o princípio de unidade de Cristo Jesus[56].

Algo muito diferente é especificar a função da alma humana de Cristo ao fazer esta corresponder à Palavra divina. Inácio de Antioquia († ca. 117), no começo da Carta *Ad Smyrnaeos*, deixa bem claro que Jesus procede realmente *ex genere Davi secumdum carnem e é Filium Dei secumdum voluntatem et potentiam Dei*[57]. De Jesus, segundo a carne, afirma que nasceu de uma virgem, que foi batizado por João e que sofreu sob Pilatos e Herodes até ser crucificado[58]. É evidente a tensão nas afirmações, admitindo juntamente o elemento corporal e o espiritual em Jesus. Reage assim contra o docetismo, afirmando contundentemente que Cristo se fez carne, não só aparentemente, mas verdadeira e realmente, sofrendo e morrendo na cruz[59]. Divindade e humanidade se afirmam por igual em Jesus Cristo, como se desprende nitidamente da conhecida passagem da Carta aos Efésios, que diz assim: "Existe apenas um médico, carnal e espiritual, gerado e não gerado, Deus feito carne, Filho de Maria e Filho de Deus, vida verdadeira na morte, vida primeiro passível e agora impassível, Jesus Cristo nosso Senhor"[60]. Jesus Cristo é o verdadeiro acontecimento de Deus, a vida verdadeira, e a autêntica *gnosis* de Deus em pessoa.

Tertuliano († depois do ano 220), o primeiro teólogo que escreve em latim, é um exemplo patente do enorme aporte teológico do Ocidente às formulações cristológicas no período anterior ao Concílio de Niceia. Em suas controvérsias com os gnósticos, Tertuliano defende com extrema fidelidade a fé bíblica. Cristo é o Logos de

---

54. *Ibid.*, p. 7, 2.
55. CLEMENTE DE ALEXANDRIA. *Quis dives*, PG, t. 9, p. 642.
56. CLEMENTE DE ALEXANDRIA. *Paedagogus*, PG, t. 8, p. 556: "Homo autem ille, cui Logos cohabitat, non variatur non fingitur, formam habet Logi, Deo assimilatur... est enim Deus: Deus autem ille fit homo, quoniam Deus vult".
57. IGNACIO DE ANTIOQUÍA. *Ad Smyrnaeos* I, PG, t. 5, p. 708. ID. *Ad Trallianos*, PG, t. 5, p. 682. ID. *Ad Ephesios*, PG, t. 5, p. 659. ID. *Ad Magnesios*, PG, t. 5, p. 661.
58. ID. *Ad Ephesios*, PG, t. 5, p. 660: "Deus enim noster Jesus Christus in utero gestatus est a Maria, juxta dispensationem Dei, ex semine quidem Daviis, Spiritu autem Sancto; qui natus est et baptizatus est, ut passione aquam purificaret".
59. ID. *Ad Trallianos*, PG, t. 5, p. 682; *Ad Ephesios*, PG, t. 5, p. 660.
60. ID. *Ad Ephesios*, PG, t. 5, p. 650: "Unus medicus est, carnalis et spiritualis, genitus et ingenitus, in carne factus Deus, in immortali vita vera, et ex Maria et ex Deo, primo passibilis et tunc impassibilis, Dominus Christus noster".

Deus, que existia junto ao Pai desde a eternidade, Uno em essência com Ele, embora pessoa distinta. Este Filho de Deus se fez homem, padeceu, morreu, foi sepultado e ressuscitou, convertendo-se em *sacramentum humanae salutis*, "sacramento da salvação humana"[61]. Nasceu de uma virgem, e em suas próprias palavras – em oposição à teoria gnóstica de Valentino – *ex virgine*, e não simplesmente *per virginem*, entendendo a concepção virginal como algo essencial e não meramente instrumental[62]. O nascimento de Cristo foi real, e autêntica é sua humanidade, constituída por alma e corpo, sujeita às *passiones humanas*, como a sede, a fome e o pranto, próprias de quem nasce e morre[63]. O princípio que rege tudo é o Espírito divino que assumiu o homem (*suscepit hominem*), unindo deste modo nele Deus e o homem[64]. Em sua oposição ao monarquianismo de Práxeas, Tertuliano tenta explicar a existência do Filho sem romper a unidade de Deus. A substância divina – única – tem três pessoas distintas, porém não separadas. O Logos se fez carne, não no sentido de que se transformasse (*transfiguratus*) em carne – dado que, por essência, resulta impossível a mutabilidade de Deus e do Logos –, mas se revestiu dela (*indutus carnem*)[65]. As duas substâncias de Cristo (*utramque substantiam Christi, et carnis et spiritus*) permanecem inalteradas depois da união[66]. O Filho de Deus e o filho do homem são uma mesma pessoa. Jesus é, simultaneamente, Deus e homem. Assim o afirma ao escrever: "*Vidimus duplicem statum non confusum, sed conjunctum in unam persona, Deum et hominem Jesum*"[67]. Ireneu de Lyon († ca. 202) defendeu de maneira brilhante a figura de Cristo enfrentando certos setores do mundo judeu-cristão que consideravam a Jesus um homem como outro qualquer e os erros do gnosticismo e de Marcião, confundidos com a realidade material de Cristo ao estimar que um ser divino não poderia tomar carne, já que a matéria era considerada a origem do mal. Ireneu defende a unidade de Deus, expressada no Antigo e no Novo Testamento, a do Logos e o homem real e verdadeiro em Jesus Cristo e a reconciliação nele de todo o gênero humano.

Dificilmente pode encontrar-se em seus escritos um indício de sistematização. Seu pensamento discorre, antes, pela leitura comparativa e pela reflexão simples dos escritos de ambos os Testamentos, reconhecendo com toda naturalidade as verdades mais elementares da vida, morte e ressurreição de Jesus Cristo. Destrinchando as Escrituras, especialmente algumas passagens de João, Marcos e as epís-

---

61. TERTULIANO. *Ad Marcionem* II (J. P. Migne, *Patrologia Latina*, t. 2, p. 345. [daqui por adiante, PL]).
62. ID. *De Carne Christi* II, PL, t. 2, p. 830.
63. ID. *Adversus Praxeam*, PL, t. 2, p. 175.
64. ID. *Adversus Marcionem* II, PL, t. 2, p. 345.
65. ID. *Adversus Praxeam*, II, PL, t. 2, p. 190.
66. ID. *De Carne Christi*, II, PL, t. 2, p. 829.
67. ID. *Adversus Praxeam*, II, PL, t. 2, p. 191.

tolas de Paulo aos Romanos e aos Gálatas, Ireneu demonstra, por uma parte, a continuidade consubstancial de Jesus com a mensagem do Antigo Testamento e, por outra, a absoluta novidade de sua pessoa. Jesus é o "Verbo de Deus, o Unigênito do Pai, Cristo Jesus, Senhor nosso"[68]. Um é o Pai e um Jesus Cristo, que recapitula todas as coisas em si mesmo, constituindo-se em salvação para o mundo inteiro[69]. Existia no princípio junto a Deus, por Ele todas as coisas foram feitas, porém se fez homem e, assim, o que havíamos perdido em Adão se recuperou em Cristo Jesus[70].

Ireneu insiste, inclusive de forma monótona, na unidade do Filho de Deus e o filho do homem, afastando qualquer dúvida gnóstica contra esta verdade[71]. A unidade da divindade e da humanidade na pessoa de Jesus Cristo é concebida primordialmente por razões soteriológicas. Para manter o autêntico paralelismo entre Adão e Cristo era necessário que o Logos, que tomou carne humana no ventre de Maria, tivesse uma natureza idêntica em tudo – menos no pecado – à daqueles que seriam salvos por Ele. O Logos de Deus se faz homem corporalmente em Jesus Cristo para converter a nós mesmos naquilo que Ele é. Ireneu expressa esta ideia de "divinização" da humanidade de forma clara e concisa[72]. O equilíbrio entre a divindade e a humanidade de Jesus Cristo mostra-se evidente. Também o caráter soteriológico da encarnação do Logos. Orígenes (ca. 254), seguindo os modelos de pensamento do platonismo médio, constrói um grandioso, complexo e, às vezes, confuso sistema, que trata de explicar as verdades mais importantes do cristianismo. No vértice deste sistema se encontra Deus Pai, único Deus, no sentido mais estrito do termo, não gerado, a quem Jesus chama "único Deus verdadeiro" (Jo 17,3). Ele é a bondade e a perfeição absolutas, de quem depende a existência de todos os seres no universo.

O Logos, seu Filho e imagem, é o mediador entre a unidade do Absoluto e a multiplicidade dos seres do mundo. Deus mesmo será "tudo em todas as coisas" ao final, quando se produzir "a partir de baixo" o retorno ao Absoluto mediante à

---

68. IRENEU. *Adversus Haereses*, PG, t. 7-1, p. 929.

69. *Ibid.*, p. 925-926: "Unus igitur Deus Pater, quemadmodum ostendimus, et unus Christus Dominus noster, veniens per universam dispositionem, et omnia in semetipsum recapitulans... et Verbum homo, universa in semetipsum recapitulans".

70. *Ibid.*, p. 932: "Sed quando incarnatus est, et homo factus, longam hominum expositionem in seipso recapitulavit, in compendio nobis salutem praestans, ut quod perdideramus in Adam, id est secundum imaginem et similitudinem esse Dei, hoc in Christo Jesu reciperemus".

71. *Ibid.*, p. 941: "Hic igitur Filius Dei Dominus noster, existens Verbum Patris, et filius hominis: quoniam ex Maria, quae ex hominibus habebat genus, quae et ipsa erat homo, habuit secundum hominem gerationem, factus est filius hominis".

72. *Ibid.*, p. 1.120: "Solum autem verum et firmum magistrum sequens, Verbum Dei, Jesum Christum Dominum nostrum: qui propter immensam suam dilectionem factus est quod sumus nos, uti nos perficeret esse quod est ipse".

ação do Espírito. O Logos é, como digo, o mediador entre Deus Pai e a criação, na qual se inclui (na transcendência) o próprio Logos, como primícia da criação imaterial e transcendente. Convém indicar que a geração eterna do Logos permanece equívoca no pensamento de Orígenes, ao encobrir a nítida distinção entre o Criador e a criatura. Por um lado, esta "geração eterna e sempiterna" do Filho é *sicut splendor geratur ex luce* (como a geração do esplendor pela luz) e não *per adoptionem Spiritus Filius fit extrinsecus, sed natura Filius est* (o Filho é por natureza)[73]. Em outras ocasiões, sem dúvida, Orígenes fala do Filho como δεύτερος θεός ou "Deus secundário"[74], ou, ainda, afirma sem rubor algum que o Filho é distinto do Pai "na substância"[75] e que ambos são distintos quanto a sua pessoa, porém são "um" em "unanimidade, harmonia e identidade de vontade" (ἐν δὲ τῇ ὁμόνοια καὶ συμφωνία καὶ τῇ ταυτότητι τοῦ βουλήματος)[76]. A unidade entre o Pai e o Filho se entende, antes, em termos de amor e vontade e não tanto conforme a categoria de consubstancialidade, apesar de alguns de seus textos – adulterados provavelmente nas traduções latinas – poderem sugerir esta interpretação.

O Logos é a imagem do Pai. Uma imagem, sabedoria de Deus, resplendor de sua glória e conjuntamente feito homem pela salvação da humanidade. Em uma de suas passagens centrais sobre Cristo, Orígenes afirma que "esse mesmo Logos de Deus, sabedoria de Deus, por quem foram criadas todas as coisas, se submeteu às limitações da natureza humana, nascendo na Judeia de uma mulher, chorando como uma criança, perplexo diante da morte, condenado a morrer, e ressuscitando ao terceiro dia"[77]. A passagem, de grande profundidade e de especial plasticidade, constitui o núcleo da cristologia de Orígenes. A explicação dos conteúdos deste formoso texto, a encontramos no pensamento filosófico-teológico de Orígenes acerca da pré-existência dos seres espirituais – nos quais se inclui a alma humana – desde a eternidade. Uma dessas almas, destinada à união com o homem Jesus, humana como todas as demais, se uniu ao Logos de forma completa a ponto de formar "uma unidade inseparável (e não casual) com Deus"[78] e, como diz a Escritura (1Cor 6,17),

---

73. ORÍGENES. *De Principiis*, PG, t. 11, p. 133.
74. ID. *Contra Celsum*, PG, t. 11, p. 1.243. ID. *In Johannem*, PG, t. 14, p. 302-303.
75. ID. *Contra Celsum*, PG, t. 11, p. 1.534.
76. ID. *De Oratione*, PG, t. 11, p. 463-467.
77. ID. *De Principiis*, II, PG, t. 11, p. 210: "ipsum illud Verbum Patris, atque ipsa sapientia Dei, in qua creata sunt omnia visibilia et invisibilia, intra circumscriptionem ejus hominis qui apparuit in Judaea, fuisse credenda sit; sed et ingressa esse Dei sapientia vulvam feminae, et nasci parvulus, et vagitum emitiere ade similitudinem plorantium parvulorum; tum deinde quod in morte conturbatus refertur, ut ipse etiam profitetur dicens: 'Tristis est anima mea usque ade mortem'; et ad ultimum quod usque ad eam quae inter homines indignissima habetur, adductus est mortem, licet post tertiam surrexerit diem".
78. ID. *De Principiis* II, PG, t. 11, p. 212.

um "Espírito com Ele". Sobre a encarnação, Orígenes insiste na dupla natureza de Cristo – sua humanidade e sua divindade – e inclusive fala de sua ὑπόστασις, como homem e como Filho unigênito. Ambas as naturezas mantêm suas características específicas e assim o Logos não pode sofrer as limitações naturais, enquanto a natureza humana está submetida a elas, inclusive à morte. Por outro lado, a unidade de Cristo se mantém, definindo a relação entre naturezas como ἕνωσις (união real) ou ἀνάκρασις (mistura com outros), e não simplesmente κοινωνία (associação). Outras afirmações deste grande teólogo podem parecer conflitivas e árduas para poder manter com todo rigor estas teorias, já que em seus escritos paira a ideia de que a natureza do Logos predomina em Cristo.

O Logos de Deus assumiu um corpo e uma alma humana, cheia da verdade e da vida de Deus, incapaz de separar-se dele. Ele é a Palavra que revela a Deus, a quem conheceu desde a eternidade, e guia à humanidade no caminho até Ele. É o exemplo e modelo humano no "retorno" até Deus e por esta razão a percepção soteriológica de Orígenes demanda inexoravelmente uma ideia de Cristo realmente humano, um ser humano (λόγος ἄνθρωπος), que possa ser modelo e exemplo do ser humano que busca a autêntica sabedoria.

14.5. Erros sobre Jesus no cristianismo nascente

Ao buscar averiguar qual o pensamento das primeiras comunidades cristãs a respeito de Jesus, me vem à memória aquela cena, no distrito de Cesareia de Filipo. Nessa área de impressionante beleza, ao norte do mar de Galileia e aos pés do monte Hermon, na cordilheira do Antilíbano, entre escarpadas montanhas, vegetação selvagem, águas cristalinas, fontes do rio Jordão e crenças primitivas de deuses poderosos, Jesus pergunta ao círculo de seus amigos mais íntimos, conhecedores em parte da grandeza de seu Mestre, "quem dizem os homens que é o Filho do homem?" As divagações do grupo dos Doze, inseguras e desorientadas, apontam espontaneamente aos personagens mais conhecidos e importantes da história de Israel. Somente Simão Pedro, inspirado pelo Pai, diz claramente: "Tu és o Messias, o Filho do Deus vivo" (Mt 16,16).

Hoje nos parece complicado imaginar as dificuldades dos primeiros cristãos para plasmar a identidade de Jesus de Nazaré. Os titubeios e debates sobre Jesus nos parecem ancorados no legendário e distantes da confiança de que o discípulo deve ter em seu Mestre. Porém, a fé em Jesus não foi fácil para eles, como tampouco foi cômodo para os primeiros discípulos confessar a divindade do Messias de Deus. Menos ainda, expô-la ao resto do mundo e entendê-la em linguagem e categorias diferentes das do povo judeu. Assim, tiveram que enfrentar desviações sobre a autêntica identidade de Jesus de Nazaré revestidas na aparência de genuínas expressões de fé, e se confrontar com múltiplas e variadas tradições religiosas, teístas e ateístas, e com um complexo sincretismo de influentes sistemas filosóficos.

O gnosticismo representou uma ameaça e, ao mesmo tempo, paradoxalmente, um estímulo para o aprofundamento da fé em Jesus de Nazaré por parte das primeiras comunidades cristãs. Apesar de a categoria do gnosticismo ter sido utilizada inapropriadamente para unificar uma infinidade de realidades complexas e diversas dos pontos de vista cultural, filosófico e teológico, é legítimo pensar nela como elemento determinante entre as forças que contribuíram para configurar o ambiente teológico – neste caso, cristológico – dos séculos segundo e terceiro da nascente comunidade cristã.

Com o descobrimento dos manuscritos em Nag Hammadi (Egito), e os textos heresiológicos e apologéticos dos Pais da Igreja, podemos fundamentar a existência de um mito gnóstico, misturando elementos do cristianismo nascente e de épocas pré-cristãs, de origem judaica com toda probabilidade, carregado de pensamento platônico, assentado nas principais cidades helenistas daquela época e de enorme influência na configuração do pensamento das primeiras comunidades eclesiais.

O gnosticismo (da palavra γνῶσις, conhecimento), um sincretismo de elementos pagãos, judeus, orientais e cristãos, é um movimento caracterizado por certas ideias e atitudes apresentadas como solução aos problemas mais vitais da existência humana, entre os quais se encontram o mal e a salvação. Apesar da variedade de tendências existentes no movimento e os numerosos mestres que as representavam, é facilmente compreensível que suas crenças penetrassem em círculos cristãos, fascinados por uma doutrina de salvação através do conhecimento interior, acessível unicamente aos iniciados no seguimento de Jesus.

Não é absolutamente improvável que as ideias do gnosticismo deslumbrassem as primeiras comunidades cristãs, familiarizadas com as doutrinas do evangelista João, que apresentavam Cristo como caminho que conduzia ao "conhecimento" da vida do Pai e, consequentemente, à salvação do ser humano. Surgiram assim grupos gnósticos, alguns de autêntica raiz cristã e outros entretidos e excessivamente animados com suas especulações filosóficas e suas esotéricas mitologias e muito afastados da ortodoxia da comunidade eclesial. Entre eles, alguns especialistas na matéria incluem o mítico grupo descendente de Set, o personagem bíblico a que se refere o Livro do Gênesis (Gn 4,25), destinado a dominar as forças do mal. No campo da história destacam os nomes de Valentino, mestre-cristão na Alexandria e em Roma até meados do século II, o sírio Basílides que ensinou em Alexandria, Isidoro, seu filho e discípulo, Menandro de Samaria, mago e discípulo de Simão o Mago, Satornilus ou Saturnino de Antioquia, aluno de Menandro, Paulo de Samosata, Carpocrates de Alexandria e, singularmente, Marcião de Sinope, cujas teorias chegaram a nós através dos escritos de Tertuliano.

Suas doutrinas – variadas e dificilmente classificáveis – se centram em certas questões que aparecem insistentemente em seu sistema de verdades, destinadas a levar ao conhecimento dos mistérios da divindade. Os gnósticos, em perfeita sintonia com a cultura helenística de que procediam, defendiam uma concepção nitidamente dualista da vida. Deus e o mundo; o Espírito e a matéria eram realidades radicalmente distintas e irreconciliáveis, situadas nos extremos do bem e do mal, entre a luminosidade e a sordidez, até o extremo de afirmar que a libertação da pessoa somente podia ser alcançada mediante a fuga do mundo. A bondade correspondia ao mundo do espírito, e o mundo da matéria era intrinsicamente mau. A natureza humana, ainda que *substantia pneumatica* (no ser humano existe um elemento espiritual, estranho ao mundo da matéria e que tende a libertar-se dela), está encerrada em um corpo material, criado por uma deidade inferior chamada Demiurgo. A libertação ou redenção é conseguida através do conhecimento espiritual, mediante éons ou mediadores que conduzem à verdade o homem pneumático ou espiritual. A gnosis é, portanto, o princípio do conhecimento da natureza espiritual do homem e a origem da libertação redentora. E ao final se restabelecerá a unidade do Espírito, uma vez aniquilado o mundo da matéria.

As conclusões cristológicas derivadas destes princípios gnósticos são simples de compreender, ao mesmo tempo que carregam sérios desvios doutrinais. Cristo, o eón celestial, desceu somente de maneira momentânea sobre Jesus de Nazaré. Assumiu um corpo não terreno, quer dizer, uma carne "espiritualizada" e sua presença terrena foi unicamente "aparente", descaracterizando a verdadeira humanidade de Jesus Cristo e descrevendo uma salvação limitada à parte espiritual humana. Outro tanto se pode prognosticar em questões morais, em que a dignidade do corpo e quanto a ele faz referência fica subestimado, e a moralidade humana fica à mercê de arbitrariedades e normas caprichosas. Tal parece ter sido o caso de alguns grupos, integrantes da comunidade de Corinto, que justificavam suas imoralidades e libertinagem sexual antepondo sua elevada estima pelo conhecimento espiritual às doutrinas de Paulo sobre a liberdade e a pureza cristã (1Cor 6,12-20).

O adocionismo é uma das heresias cristológicas mais importantes dos primeiros séculos do cristianismo. O erro, que aparece ao longo de vários séculos e com expressões diferentes, em um intento de compaginar o Jesus da história e o Cristo da fé nos esquemas da cultura helenística, se inspira no pensamento das comunidades judeus-cristãs ebionitas que, fiéis à lei de Moisés, confessavam Jesus como Messias, porém rejeitavam sua pré-existência e sua natureza divina. Jesus não era Deus, mas sim um homem ordinário, apesar de ter sido "adotado" como Filho e revestido da força do Espírito no momento de seu batismo no rio Jordão. A concepção de Jesus foi milagrosa em virtude do Espírito de Deus, porém Deus não se encarnou em Jesus. Este é o pensamento de Teodoro, o Curtidor, habitante de Bizâncio e excomungado em Roma, onde pregou sua doutrina até finais do século II. Paulo de Samosata, bispo de Antioquia (260-268), partindo da unicidade de Deus, viu em Jesus o homem inspirado pelo Logos que, com sua vida santa e milagres, realizou sua missão salvadora.

O docetismo é uma versão do gnosticismo. Surgido no início do cristianismo – como parecem testemunhar alguns textos do Novo Testamento (1Jo 4,1-3; 2Jo 7) que advertem os cristãos da presença de espíritos que não procedem de Deus, assim como em alguns escritos de Inácio de Antioquia[79] –, o docetismo considera Cristo como um mediador, uma manifestação de Deus, porém em nenhum caso o Verbo divino feito carne, com as conotações que este fato traz consigo. Jesus, por tanto, era uma pura manifestação terrena, havia vivido apenas "aparentemente" (δοκέω) em um corpo humano não real, da mesma forma que seus sofrimentos e a morte em cruz (defendidos exclusivamente por aqueles que creem nele) foram pura ilusão e fantasia.

O modalismo defende a unicidade de pessoas e de naturezas em Deus. Pai, Filho e Espírito Santo não são senão representações ou modos de considerar a Deus em suas operações *ad extra*, como a criação, a redenção ou a efusão da graça. Não fala de um Deus trinitário, mas sim de "monarquia" (também recebe o nome de monarquismo) e ao atribuir a encarnação ou a morte ao Filho, na verdade se as há de assignar ao Pai, quem realmente se encarnou e morreu pela humanidade. Expressado de outra forma, o modalismo, mais que atribuir a Jesus uma força divina, afirmou que o Pai se fez homem em Cristo, mantendo assim a unicidade de Deus e a divindade de Cristo, comunicação absoluta do Deus trino. O modalismo foi ensinado em Roma, até finais do século II, por Noeto de Esmirna, bispo da Ásia Menor. Segundo ele, Cristo é Deus e, ao não haver mais do que um Deus, o Pai, este, eterno e impassível, se fez visível na terra como o Filho e desta forma, morreu e ressuscitou. Outro nome importante desta corrente cristológica é Sabélio, mestre em Roma e excomungado por Calixto I. Sabélio, reconhecendo uma única hipóstasis divina "Filho-Pai", defendia a revelação de três "modos" ou "pessoas" ao longo da história da salvação, a saber, o Pai na criação, o Filho em Jesus, e o Espírito no acontecimento de Páscoa. Praxeas defende opiniões semelhantes, com grande influência em Roma e no Norte de África. Suas afirmações cristológicas recebem também o nome de patripasianismo.

O subordinacionismo, ao fio da corrente do pensamento helenístico do chamado platonismo médio, trata de resolver o problema de como o "Uno", transcendente e apessoal, se comunica com a pluralidade de seres existentes neste mundo.

---

79. IGNACIO DE ANTIOQUIA. *Ad Ephesios* VII, PG, t. 5, p. 738. ID. *Ad Trallianos* IX, PG, t. 5, p. 787-790. ID. *Ad Smyrnaeos* I-III, PG, t. 5, p. 839-846.

Nos esquemas de sua ideologia, Jesus é concebido como Logos e alma do mundo, que participa da divindade do "Uno", mediador entre Deus e a realidade humana, porém realidade de posição inferior e subordinada a Deus Pai.

14.6. O caminho até o Concílio de Niceia[80]

No livro *História dos concílios ecumênicos* afirma L. Perrone que, entre os sete concílios da Antiguidade cristã, "destacam-se por sua autoridade doutrinal e por sua importância histórica os quatro primeiros, de Niceia (325) até Calcedônia (451)[81].

A primazia destes concílios deriva – é o que reconhece o autor – sobretudo da importância de seus pronunciamentos sobre temas centrais da fé, como a Trindade e a Encarnação, de sua continuidade histórica com as doutrinas evangélicas e de sua referência teológica intransponível no desenvolvimento e aprofundamento da fé da Igreja nas etapas posteriores. Antes de chegar a Niceia, a teologia se caracteriza por um intenso, especial, apaixonado e complexo debate cristológico, polarizado entre Oriente e Ocidente e, mais concretamente, entre duas grandes escolas, a de Alexandria, no Egito, e a de Antioquia, na Síria, amparada por Roma e o Ocidente, diante do ataque dos eminentes mestres alexandrinos. Assentadas as bases no Oriente e no Ocidente – Orígenes e Tertuliano são seus representantes mais eminentes – para um aprofundamento no conhecimento de Cristo, a reflexão teológica se entregou ao duplo desafio de tornar a fé cristã compatível com o monoteísmo judeu e com o monoteísmo filosófico dos gregos. A solução dependia, como afirma A. Grillmeier, "da possibilidade de combinar em Deus a verdadeira unidade com uma autêntica diferença (entre Pai, Filho e Espírito)"[82]. O cristianismo começou a ocupar um lugar proeminente entre os grandes sistemas de pensamento, convertendo-se em referência obrigatória para uma concepção nova do mundo e da história, cuja centralidade se fixava em Deus Pai e em Jesus, o Filho feito homem, para a salvação da humanidade. Tanto a escola de Alexandria como a de Antioquia debateram sobre questões teológico-pastorais cruciais, de extrema atualidade e de impredizível importância para o futuro desenvolvimento da fé cristã, apesar de am-

---

80. J. STEVENSON (ed.). *Creeds, Councils, and Controversies. Documents illustrative of the history of the Church A. D. 337-461* (Londres: SPCK, 1972), p. 372-377, oferece listas cronológicas sumamente ilustrativas para conhecer a história geral e, particularmente, os imperadores romanos, os bispos e os acontecimentos celebrados em Roma, Alexandria, Constantinopla e Antioquia, os escritores cristãos mais proeminentes, os concílios, credos, heresias e cismas, o paganismo e escritores não eclesiásticos, na época compreendida entre os anos 337 e 461.
81. G. ALBERIGO (ed.). *Historia de los Concilios Ecuménicos* (Salamanca:Sígueme, 2004), p. 19.
82. A. GRILLMEIER. *Cristo en la Tradición Cristiana* (Salamanca: Sígueme, 1997), p. 249.

bas terem estado marcadas por princípios e métodos filosófico-teológicos muito distintos e claramente diferenciados.

A escola de Alexandria, helenizada em muitos de seus pressupostos doutrinais, e um dos grandes centros teológicos do cristianismo primitivo, onde teve lugar um importante movimento cristológico ao longo do século III, foi fundada no ano 195 por Clemente de Alexandria (morto em 215). Já falei (e a isso remeto o leitor) do pensamento teológico de Clemente de Alexandria e de Orígenes, o representante por excelência desta escola. Em geral, pode-se afirmar que a teologia alexandrina, fascinada diante do grande mistério da transcendência e unidade de Deus, embasa sua reflexão e coloca sua tônica no λόγος (λόγος – σάρξ) que entra no mundo fazendo-se carne. Como afirma R. Haight, "o núcleo da cristologia alexandrina está na unidade consistente ou identidade contínua do Logos ou Filho divino durante as três etapas 'de sua existência', por assim dizer. Esta cristologia tem um único objeto: o Logos. Este Logos-Filho é o Filho eterno de Deus que, de uma maneira que parece ter sido entendida literalmente, tomou carne humana durante o espaço de uma vida humana, e depois ressuscitou dentre os mortos e ascendeu ao seu lugar dentro da divindade"[83]. O pensamento teológico de Clemente e de Orígenes assim o confirmam. Clemente de Alexandria fala da unicidade de Deus. Deus é o Pai, cuja imagem é sua Palavra ou seu Filho. O Logos procede de Deus e o Filho de Deus desceu do céu, assumiu carne humana, foi concebido em um seio virginal, de maneira que assim se formou sua pobre carne visível e em consequência, depois de gerado, padeceu e ressuscitou[84]. Orígenes, com um tratamento cristológico mais vigoroso e inovador, situa no vértice de seu sistema Deus Pai, único Deus. O Logos, seu Filho e imagem, é o mediador entre a unidade do absoluto a multiplicidade dos seres do mundo. E em uma de suas passagens centrais sobre Cristo, Orígenes afirma que "esse mesmo Logos de Deus, Sabedoria de Deus, por quem foram criadas todas as coisas, se submeteu às limitações da natureza humana, nascendo na Judeia de uma mulher, chorando como uma criança, perplexo diante da morte, condenado a morrer, e ressuscitando ao terceiro dia"[85]. A passagem, como mencionei em outro lugar de grande profundidade e de especial plasticidade, constitui o núcleo da cristologia de Orígenes.

Dadas por resolvidas as diferenças teológicas existentes entre os eminentes teólogos alexandrinos e deixando abertas as interpretações de algumas questões colocadas, nem um pouco triviais, parece óbvio reconhecer que a ideia fundamen-

---

83. R. HAIGHT. *Jesús, símbolo de Diós* (Madri: Trotta, 2007), p. 277.
84. CLEMENTE DE ALEJANDRÍA. *El Protréptico* X (Madri: Cidade Nueva 2008), p. 283. ID. *Stromata* VI (Madri: Cidade Nueva 2008), p. 263.
85. ORÍGENES. *De Principiis* II, PG, t. 11, p. 10 (cf. texto na nota 77).

tal desta escola consiste em admitir a centralidade de um Logos divino que toma carne humana. Ainda que, em princípio, o significado da palavra "carne" guarde uma relação completa com o que se entende por "ser humano", sem dúvida, a tradição alexandrina tendia a deixar subentendidos alguns de seus aspectos essenciais, como são a individualidade e a liberdade. O perigo da teologia alexandrina consiste, nas palavras de T. P. Rausch, "na tendência de menosprezar a plena humanidade de Jesus, uma tendência que chega posteriormente a ser negação efetiva no caso de Apolinário"[86]. A força de sua cristologia, por sua vez, fundamenta-se, como escreve R. Haight, "na experiência religiosa e em sua convicção de que a salvação somente pode vir de Deus e que Jesus é o mediador de Deus para a salvação humana. Sua força está no que acentua exageradamente, a saber, a divindade de Jesus Cristo"[87]. A força do λόγος ou a divindade de Jesus Cristo, acentuada de forma exagerada, rege poderosamente todo o campo da cristologia desta escola alexandrina.

Antioquia, uma cidade síria fora de Palestina, onde se tinha estabelecido uma numerosa e vigorosa comunidade cristã, se converteu, até o começo do século IV, em uma famosa escola teológica, fundada provavelmente por Luciano de Antioquia († 312). Os eruditos desta escola representam a facção brusca da teologia, metidos em grosseiras discussões, em cismas, frequentemente marcados por tons políticos e de poder social e carregados de excomunhões às suas costas.

A doutrina cristológica da escola antioquena se centra no λόγος – ἄνθροπως, enfatizando a humanidade de Jesus. Segundo afirma R. Haight, "o núcleo da cristologia antioquena consiste em uma sólida concepção de Jesus Cristo como figura ou pessoa histórica que tinha duas naturezas distintas"[88]. Evitando qualquer aparência de adocionismo, esta escola centra a atenção não no Logos, mas sim na figura histórica de Jesus de Nazaré, convertido em ser humano, assumido por quem é a Palavra de Deus. A pessoa de Jesus apresenta duas naturezas íntegras, claramente diferenciadas e distintas, sem admitir a divisão, embora não apareça clara a terminologia para expressar esta profunda realidade. Jesus é, portanto, um ser humano completo, a quem podemos atribuir inteligência, vontade e liberdade, e em quem atua o Verbo de Deus. A salvação humana, envolta nestes termos de humanidade de Jesus Cristo, implica logicamente a liberdade e a ação humana cujo modelo e caminho é Jesus de Nazaré.

A concepção cristológica antioquena, mais próxima à mentalidade moderna do valor e o interesse pela história que a escola de Alexandria, defende energicamente a humanidade de Jesus Cristo juntamente com sua divindade, ainda que a

---

86. T. P. RAUSCH. ¿Quién es Jesús? Introducción a la Cristología (Bilbao: Mensajero, 2006), p. 222.
87. R. HAIGHT. Op. cit., p. 281.
88. Ibid., p. 281.

unidade da pessoa de Jesus não esteja convenientemente clara. A explicação para este vínculo entre as duas realidades, a saber, o Logos como indivíduo e Jesus enquanto ser humano individual, não somente se move em um enfrentamento dialético tenaz, como também leva consigo uma dificuldade conceptual intrínseca, à qual tratariam de dar solução debates posteriores, aportando terminologia nova, métodos mais refinados e maior aprofundamento teológico. O cenário do debate teológico, que se apresentava vital, aparece evidente. O tema tinha que abordar a teologia judeu-cristã acerca de Jesus, os desvios heréticos que tinham se produzido no cristianismo com a introdução do pensamento filosófico do mundo greco-romano e dar resposta, em uma linguagem da época, aos grandes interrogantes sobre a figura de Jesus de Nazaré. Quem é Jesus? Como se explica a unidade de Jesus com Deus e com o homem? É Jesus verdadeiro Deus e verdadeiro homem? Como se faz presente o Deus revelado em Jesus? Como se entende um λόγος eterno feito carne humana? É possível que uma afirmação (linguagem filosófica-teológica, na verdade) possa captar a totalidade do mistério de Jesus? Estas interrogações evidenciam que o problema tratado constitui o núcleo fundamental da fé da Igreja em Cristo Jesus. A linguagem para expressar os mistérios cristãos devia dar forma original aos conteúdos tradicionais, preservando a essência dos mesmos e abrindo ao mesmo tempo o caminho que conduzisse a um futuro de unidade e de esperança na comunidade eclesial.

Ário é um personagem fundamental entre os teólogos que, de uma ou outra forma, configuram o pensamento cristológico dos primeiros séculos do cristianismo. Nasceu na Líbia por volta do ano 260. Recebeu sua formação filosófico-teológica na Alexandria e na Antioquia, onde teve por mestre Luciano, um reconhecido exegeta naquele tempo. Logo se viu envolto em intrigas eclesiásticas e cismas. Simpatizante primeiro de Melecio em suas aspirações ao primado de Alexandria e defensor depois de Pedro I da Alexandria, por quem seria excomungado mais tarde, foi recebido de novo na Igreja por Aquiles e ordenado sacerdote, exercendo seu ministério no famoso distrito de Baucalis, na Alexandria. Foi condenado por suas opiniões teológicas em vários sínodos locais. A informação que nos chegou sobre seu pensamento está recolhida em algumas cartas suas, as de seus defensores e críticos e certos fragmentos de sua obra *Thalia* (Banquete), preservada nos escritos de Atanásio. Sua doutrina foi defendida e condenada no I Concílio ecumênico de Niceia. Foi deportado para a Ilíria pelo imperador Constantino I, o Grande. Um dia antes de sua anunciada reconciliação pelo imperador, morreu em Constantinopla, no ano 336. Ário descobre nos textos bíblicos o fundamento de sua doutrina, que, basicamente, concebe Jesus como uma criatura excelsa, porém não de natureza divina. Jesus está muito próximo ao Pai, porém sua natureza é distinta da de Deus. Assim entende Ele ao interpretar as passagens bíblicas referidas a Jesus. Deus fez

Jesus (ἐποίησεμ / *fecit* faz referência a uma criatura) Senhor e Messias (At 2,36). Paulo diz que para os que foram chamados, judeus e gregos, Jesus é "um Messias, força de Deus e Sabedoria de Deus". Cristo é Θεοῦ δύναμιν καί Θεοῦ σοφίαν / *Dei virtutem et Dei sapientiam*, porém não eterna, e sim enviada a este mundo (1Cor 1,24). Outros textos expressam claramente a humanidade de Jesus ao falar de seu processo de aprendizagem, da fome e a sede de que padeceu, de seu cansaço, de sua tristeza e de sua obediência radical ao Pai (Mt 4,2; Lc 2,52; Jo 4,6; Fl 2,8 etc.). Deus é para Ário um ser único, e nesta afirmação está o fundamento último de sua concepção cristológica. Assim o expressa ele na profissão de fé que enviou a Alexandre de Alexandria pelo ano 320, escrita presumivelmente antes do sínodo de Bitínia: "Conhecemos um só Deus, o único incriado [não feito, ingênito = ἀγέννητον], o único eterno, o único sem origem, o único verdadeiro, o único possuidor da imortalidade, o único sábio, o único bom; o soberano do universo, o juiz de todos, o ordenador e reitor, invariável e imutável, justo e bom, o Deus da lei, dos profetas e da Nova Aliança, que antes dos tempos eternos gerou [γεννήσαντα; esta expressão deve ser entendida aqui em sentido 'neutral'; não se refere a uma verdadeira geração] o Filho unigênito, por quem criou (πεποίηκε) também os éons e o universo; não o gerou (γεννήσαντα) em aparência, mas sim em verdade, como um ser dotado de sua própria vontade [com seu livre-arbítrio], invariável e imutável, como criatura perfeita de Deus; o gerou (γέννημα), mas não como são gerados outros..."

O Filho é semelhante ao Pai, criatura distinta de todas as demais, porém também feita por Deus: "Confessamos que foi criado (κτισθέντα) pela vontade de Deus antes dos tempos e éons, que recebeu vida e (os títulos de) honra do Pai, de forma que o Pai coexiste com Ele (συνυποστήσαντος αὐτῷ τοῦ πατρός). Porque o Pai não se despojou ao dar-lhe em herança todo o incriado que encerra em si. O Pai, com efeito, é a fonte de tudo. Há assim três hipóstases. E Deus (ὁ μέν Θεός quer dizer, Deus Pai) é a causa de todos, só e sem origem; e o Filho gerado (γεννηθείς) pelo Pai intemporalmente (quer dizer, antes de existir o tempo) e criado e fundado com anterioridade em relação aos éons, não existia antes de ser gerado; é gerado previamente a tudo, e somente Ele recebeu sua existência do Pai. Porque ele não é eterno, ou tão eterno ou tão incriado como o Pai, nem possui um ser idêntico ao Pai, como afirmam os que falam de 'relação mútua' (ὥς τίνες λέγουσι τά πρός τι) e introduzem assim dois ἀρχαι incriados. Ele (o Pai), mônada e o princípio de tudo, é o Deus anterior a tudo. Por isso é também antes do Filho, como aprendemos de ti e tu proclamaste em meio à Igreja.

Como recebe de Deus o ser e os (títulos de) honra e a vida, e tudo lhe foi entregue (por Deus), sua origem é (o) Deus (ὁ Θεός). (Deus) reina sobre Ele como seu Deus e anterior a ele. E se alguns entendem certas expressões como 'dele', 'do seio' e 'procedi e vim do Pai' (1Cor 8,6; Sl 109,3; Jo 8,42) no sentido de parte ou emanação da mesma substância, o Pai estará composto e será separável, mutável e corpóreo, e o Deus incorpóreo será também corpóreo e passível"[89].

Em outra carta a Eusébio de Nicomédia, Ário escreve, referindo-se ao Filho: *"Que o Filho não é inengendrado, nem parte do inengendrado de modo algum, nem [formado] de substrato algum, senão que foi constituído segundo a vontade e conselho [de Deus]*, antes dos tempos e os séculos, cheio (de graça e de verdade), divino, único e imutável. E antes que fosse gerado ou criado ou ordenado ou fundado, não existia, pois não era engendrado. Perseguem-nos porque dissemos: "O Filho tem um princípio, porém Deus é sem princípio". Por isso nos perseguem, e porque dissemos: "O Filho foi [feito] do nada". Porém isto é o que dissemos, já que o Filho não é parte de Deus nem foi [formado] de substrato algum"[90].

Em perfeita sintonia com estas afirmações de Ário, J. N. D. Kelly, resume o pensamento sobre o Filho ou Logos (um título inapropriado para se referir a Cristo, segundo Ário) nas seguintes proposições:

– O Filho é uma criatura, trazida à existência pelo Pai (só o Pai é Deus, segundo Ário). Dizer que o Filho "emana" ou é "parte consubstancial" do Pai é reduzir a divindade a meras categorias físicas. O Filho é a criatura mais perfeita da criação, porém, enquanto tal, deve seu ser à vontade do Pai e não é ἀγέννητος e, consequentemente, pertence ao mundo da contingência.

– Enquanto criatura, o Filho teve um princípio. Apesar de sua existência, anterior a todos os tempos e idades, e apesar de ser o criador do tempo e do mundo contingente, Ele não existia antes de sua geração. Esta ideia ficou plasmada no famoso lema ariano: "Houve um tempo em que Ele (o λόγος) não existiu; antes de ser criado não existia". Se fosse eterno, quer dizer, co-eterno com o Pai, a ideia de monoteísmo ficaria aniquilada.

– O Filho não está em comunhão nem conhece diretamente o Pai. Mesmo sendo "Palavra" e "Sabedoria" de Deus, não pertence à mesma essência de Deus. Distingue-se do Pai quanto à essência, como as demais criaturas. O Filho, sendo finito, nunca poderá compreender a infinidade de Deus. O que conhece do Pai corresponde a sua capacidade e seu conhecimento, consequentemente, nunca será perfeito e completo.

– O Filho é susceptível de mudança e, inclusive, de pecado. Tal afirmação, atrevida e ofensiva, seria mitigada se interpretada no sentido de que, embora a natureza do Filho estivesse em princípio sujeita ao pecado, teria permanecido virtuosa pela providência divina.

---

89. A. GRILLMEIER. *Op. cit.*, p. 402-403.
90. R. HAIGHT. *Op. cit.*, p. 289.

– O Filho somente poderia ser chamado Deus ou Filho de Deus em um sentido nominal ou como mero título de cortesia[91].

Ário, reduzindo a doutrina sobre o Filho de Deus a um subordinacionismo radical, havia desconsiderado as nobres ideias da geração eterna do λόγος, cedendo aos princípios filosóficos do platonismo médio.

14.7. O Concílio I de Niceia (325)

As especulações teológicas de Ário, afirma J. N. D. Kelly, tinham reduzido o λόγος a "semideus", uma criatura infinitamente superior às demais, porém simplesmente isso: uma criatura, em relação com o Pai[92]. Segundo a opinião de W. Kasper, "em Ário, o Deus dos filósofos se impôs ao Deus vivo da história. A doutrina bíblica do Logos de tipo soteriológico se converteu em especulação cosmológica e moral. Sua teologia é uma aguda helenização do cristianismo"[93]. E em outra passagem faz a mesma afirmação: "O arianismo era uma helenização ilegítima que reduzia o cristianismo à cosmologia e à moral"[94]. Os extensos e facilmente memorizados *slogans* da doutrina ariana, como seu famoso "houve um tempo em que (o Logos) não existiu", levaram inquietação religiosa e também política ao império. Para afrontar os desafios políticos e religiosos que se apresentaram, Constantino, uma vez derrotado seu rival, Licínio, no ano 324, convocou um concílio geral na cidade de Niceia. As razões desta convocação não se reduziam à problemática originada pela doutrina ariana, mas se estendiam a outros assuntos de caráter político e à organização eclesial. Além do arianismo, pairavam no ambiente as dissensões produzidas pelo cisma originado em Antioquia depois do ano 268 com a condenação de Paulo de Samosata, o cisma de Melécio de Antioquia no Egito, a perseguição da Igreja oriental e a nova organização da Igreja, convertida em instituição fundamental para o império. No Concílio tomaram parte aproximadamente 318 bispos, procedentes quase totalmente das Igrejas de Oriente[95].

O Concílio se reuniu no palácio imperial de Niceia, presidido em sua sessão inaugural por Constantino, em maio do ano 325. Sua preocupação fundamental foi afirmar os ensinamentos das Escrituras e a Tradição sobre Jesus Cristo, o Verbo de Deus. As discussões conciliares começaram – uma vez superadas as primeiras

---

91. J. N. D. KELLY. *Early Christian Doctrines* (Londres: A & C Black, 1977), p. 227-229.
92. *Ibid.*, p. 230.
93. W. KASPER. *Jesús, el Cristo* (Salamanca: Sígueme, 2006), p. 289.
94. *Ibid.*, p. 293.
95. G. ALBERIGO (ed.). *Historia de los Concilios Ecuménicos* (Salamanca: Sígueme, 1993), p. 27-30.

proposições dos adversários – com a aceitação de uma fórmula de fé proposta por Eusébio de Cesareia, usada em sua Igreja e originária da área sírio-palestina[96]. Esta fórmula, segundo a qual foi batizado Eusébio, bispo de Cesareia e que, provavelmente, remonta a meados do século III, diz assim:

"Cremos em um só Deus, Pai onipotente, criador de todas as coisas visíveis e invisíveis. E em um só Senhor, Jesus Cristo, a Palavra de Deus, Deus de Deus, luz de luz, vida de vida, Filho unigênito, primogênito de toda a criação, gerado antes de todos os séculos pelo Pai, por meio do qual tudo foi feito, se encarnou por nossa salvação e viveu entre os homens, e sofreu, e ressuscitou de novo em glória para julgar os vivos e os mortos. Cremos também em um só Espírito Santo"[97]. O Credo de Niceia, aprovado pelos padres presentes no Concílio, é o seguinte:

[*Versio latina*]:

"Credimus in unum Deum, Patrem omnipotentem, omnium visibilium et invisibilium factorem. Et in unum Dominum nostrum Iesum Christum Filium Dei, natum ex Patre unigenitum, hoc st de substantia Patris, Deum ex Deo, lumem ex lumine, Deum verum de Deo vero, natum, non factum, unius substantiae cum Patre (quod graece dicunt homousion), per quem omnia facta sunt, quae in caelo et in terra, qui propter nostram salutem descendit, incarnatus est et homo factus est et passus est, et resurrexit tertia die, et ascendit in caelos, venturus iudicare vivos et mortuos. Et in Spiritum Sanctum. Eos autem, qui dicunt 'Erat, quando non erat' et 'Antequam nasceretur, non erat' et 'Quod de non exstantibus factus est' vel ex alia substantia aut essentia dicentes aut convertibilem aut demutabilem Deum, hos anathematizat catholica Ecclesia".

[*Versão Latina. Tradução ao Português*]:

"Cremos em um só Deus, Pai onipotente, criador de todas as coisas visíveis e invisíveis. E em um só Senhor, Jesus Cristo, Filho de Deus, nascido unigênito do Pai, quer dizer, da substância do Pai, Deus de Deus, luz de luz, Deus verdadeiro de Deus verdadeiro, nascido, não feito, de uma só substância com o Pai (o que, em grego, se chama *homousion*), por quem todas as coisas foram feitas, as que há no céu e as que há na terra, o qual por nossa salvação desceu, se encarnou e se fez homem, padeceu, e ressuscitou ao terceiro dia, subiu aos céus, e há de vir a julgar aos vivos e os mortos. E no Espírito Santo. Os que, por sua vez, dizem: 'Houve um tempo em que não existiu', e 'Antes de ser gerado, não

---

96. Cf. J. N. D. KELLY. *Op. cit.*, p. 231-237.
97. H. DENZINGER & P. HÜNERMANN. *El Magisterio der la Iglesia. Enchiridion Symbolorum Definitionum et Declarationum de Rebus Fidei et Morum* (Barcelona: Herder, 2006), n. 40, p. 66-67.

existia' e 'Que foi feito do nada', ou dizem que Deus é de outra substância ou essência, ou cambiável ou mutável, os anatematiza a Igreja Católica"[98].

[*Versão grega, tradução ao Português, na qual aponto alguns termos ou expressões gregas muito significativas*]:

"Cremos em um só Deus, Pai onipotente, criador de todas as coisas visíveis e invisíveis; e em um só Senhor, Jesus Cristo, o Filho de Deus, gerado unigênito do Pai, (γεννηθέντα ἐκ τοῦ Πατρός), quer dizer, da substância do Pai, ἐκ τῆς οὐσίας τοῦ Πατρός, Deus de Deus, luz de luz, Deus verdadeiro de Deus verdadeiro, gerado, não feito (γεννήθεντα οὐ ποιηθέντα), consubstancial ao Pai (ὁμοούσιον τῷ πατρί), por quem todas as coisas foram feitas, as que há no céu e as que há na terra, o qual por nós, os homens, e por nossa salvação, desceu e se encarnou, se fez homem, padeceu, e ressuscitou ao terceiro dia, [e] subiu aos céus, e vem a julgar os vivos e os mortos. E no Espírito Santo. Os que, por sua vez, dizem: 'Houve um tempo em que não existiu', e: 'Antes de ser gerado, não existia' e que foi feito do nada, ou dizem que o Filho de Deus é de outra hipóstase ou substância ou *criado* [!], ou cambiável ou mutável, os anatematiza a Igreja Católica".

O Concílio condenou "a ímpia doutrina" e "as expressões blasfemas" dos arianos acerca do Filho de Deus, a saber, que "vinha do nada e que antes do nascimento não existia, que era capaz do bem e do mal; em uma palavra, que o Filho de Deus era uma criatura"[99].

A interpretação teológica da confissão da fé nicena se esclarece perfeitamente a partir das conhecidas "adições" ou "interpolações" antiarianas, introduzidas no texto do símbolo. A primeira delas diz que o Filho é "gerado, não feito" (γεννηθέντα, οὐ ποιηθέντα). O λόγος é verdadeiro Deus; não é um ser criado, mas sim gerado (uma distinção que os arianos não faziam), e sua existência não depende de um ato da vontade do Pai, já que o Pai e o Filho são idênticos em sua essência. O Pai não existia antes que o Filho, nem o Filho é uma criatura originada do nada. Os Padres conciliares consideraram que a divindade e a imutabilidade do λόγος se apoiavam na Escritura e na Tradição. Ao considerar esta afirmação em seus tratados antiarianos, Santo Atanásio acusava o arianismo de se inclinar ao politeísmo por negar a eternidade da Trindade, desconsiderar a fórmula batismal, na qual se invoca o Filho, junto com o Pai e o Espírito, e minar a ideia de redenção ao negar a divindade do Mediador, Jesus Cristo[100]. Falando desta afirmação, P. Hünermann afirma que

---

98. *Ibid.*, n. 125-126, p. 92-93.
99. *Ibid.*, n. 130, p. 95.
100. SANTO ATANÁSIO. *Contra Arianos*, PG, t. 26, p. 46-47; 56; 254-255; 290-291; 295.

"Aqui nos encontramos com uma das mais decisivas transformações conceituais na história do conceito de Deus jamais empreendidas"[101]. Com efeito, o conceito grego de Deus como princípio, imutável e distante do mundo, é substituído pelo de comunicação no seio de Deus, que envia seu próprio Filho ao mundo.

O Filho é, ademais, "da substância do Pai" (ἐκ τῆς οὐσίας τοῦ Πατρός). Esta afirmação está em aberta contradição com a doutrina ariana, segundo a qual o Filho é de outra οὐσία. Constata, ainda, que o λόγος não foi criado do nada e que é da mesma essência (οὐσία significa precisamente isso) que o Pai. Rebatia-se, assim, a doutrina de Ário utilizando a terminologia empregada por ele – οὐσία e ὑπόστασις–, segundo a qual "o Pai é distinto do Filho segundo a substância". O Filho é "Deus verdadeiro de Deus verdadeiro" (Θεὸν ἀληθινὸν ἐκ Θεοῦ ἀληθινοῦ), equiparando-o plenamente a Deus, conforme a teologia de João que diz: "E a vida eterna é esta: conhecer a ti, o único verdadeiro Deus, e àquele que enviaste, Jesus Cristo" (Jo 17,3). A invocação de Ário deste versículo joânico para negar a autêntica divindade do Filho havia sido rejeitada pelo Concílio. Diz, além disso, que o Filho é "consubstancial ao Pai" (ὁμοούσιον τῷ πατρί), da mesma natureza que o Pai, contradizendo a afirmação de Ário que, em *Thalia*, afirmava: "Não é de igual condição que o Pai, logo tampouco é ὁμοούσιος"[102]. O termo ὁμοούσιος, apesar das dificuldades que podem implicar tanto seu significado como sua variada utilização histórica, sua origem não bíblica e o próprio sentido utilizado pelos bispos do Concílio, explica hoje em dia a identidade de substância nas pessoas da Trindade ao afirmar-se a imaterialidade e indivisibilidade da natureza divina. A consubstancialidade do Filho com o Pai (ὁμοουσία) evita a interpretação neoplatônica que poderia ser atribuída a frases do símbolo niceno, como "Deus de (ἐκ) Deus". Mesmo assim, faltou aprofundamento e precisão ao termo por parte dos padres conciliares e foi motivo de controvérsia nos anos seguintes. Aparece claro que, para além da teologia do Concílio, o objetivo primordial era a consecução do máximo de acordo e concórdia possíveis. O pensamento cristológico permanecia aberto às interpretações dos diferentes grupos teológicos, conquanto o credo fosse aceito e a paz assegurada. À parte as limitações consignadas anteriormente no tratamento das formulações do Concílio, a teologia de Niceia enfrenta, hoje em dia, a crítica proveniente fundamentalmente dos campos dogmático, filosófico e bíblico[103]. Do ponto de vista dogmático, diz-se, existem ambiguidades acerca do objeto da doutrina definida pelo Concílio. Trata-se da doutrina do λόγος? Da doutrina sobre Deus? Da doutrina sobre Jesus? E se é sobre Jesus, trata-se do Filho, gerado antes

---

101. P. HÜNERMANN. *Cristología* (Barcelona: Herder, 1997), p. 3.
102. SANTO ATANÁSIO. *De Synodis* XV, PG, t. 26, p. 708.
103. Cf. R. HAIGHT. *Op. cit.*, p. 292-299; cf. P. HÜNERMANN. *Op. cit.*, p. 190-197.

de todos os séculos? Da vida diferenciada de Deus na Trindade? De Jesus de Nazaré, tal como o enxerga a pesquisa contemporânea? As objeções filosóficas fazem referência à impossibilidade de adequar conceitos tais como "natureza", "essência" e "pessoa" às realidades misteriosas de Deus e de Cristo. No que se refere às objeções exegéticas, se aduz que as declarações de Niceia não correspondem aos conteúdos da Escritura, principalmente porque se apoiam quase exclusivamente em textos joânicos, prescindindo dos evangelhos sinóticos que apresentam Jesus como um ser integral, porque desconsideram o componente mitológico da pregação original de Jesus, se apoiam em textos sobre a pré-existência que apenas aparecem em escritos tardios do Novo Testamento e porque não utilizam as ferramentas críticas e hermenêuticas disponíveis na atualidade.

Em resumo, como diz R. Haight, "o problema subjacente da doutrina de Niceia a partir de uma perspectiva pós-moderna está em ter feito do Logos uma hipóstase e na troca de uma cristologia neotestamentária a partir de baixo por uma cristologia a partir de cima, própria do século II. E a solução para este problema consiste em reinterpretar o significado de Niceia em termos de uma cristologia a partir de baixo que seja fiel e compatível com o Novo Testamento"[104].

É necessário asseverar categoricamente que a confissão de fé de Niceia não responde a um curioso interesse especulativo, mas sim a uma preocupação soteriológica que contempla a revelação de Deus em Jesus Cristo. Assim se depreende claramente da importância que os padres davam à redenção, como testemunham alguns testemunhos, especialmente o de Atanásio em sua *Oratio contra arianos*[105]. O pensamento grego sobre Deus como ἀρχή, como último, imutável e segregado do mundo, abre caminho à concepção cristã de Deus, criador livre do universo, em relação livre com o ser humano e que se revela para sua salvação. Deus se comunica no λόγος, da mesma essência que o Pai e que se faz carne. A profissão de Niceia, diz W. Kasper, "não é uma doutrina abstrata, mas uma profissão litúrgica de fé ('cremos'). Esta profissão de fé se orienta para a história da salvação e procede da tradição bíblica e eclesial. Portanto, o novo dogma se entende como serviço à fé e interpretação da tradição"[106].

A importância do Credo Niceno é inquestionável. Hoje em dia, mantém-se como profissão litúrgica oficial da Igreja e como lugar de convergência das grandes Igrejas do Oriente e do Ocidente. Constitui, ademais, um princípio fundamental na busca de um ecumenismo cristão, no qual se irmanem a unidade e o pluralismo

---

104. R. HAIGHT. *Op. cit.*, p. 294.
105. SANTO ATANÁSIO. *Oratio Contra Arianos*, PG, t. 26, p. 294-295.
106. W. KASPER. *Jesús, el Cristo* (Salamanca: Sígueme, 2006), p. 289.

legítimo dos seguidores de Jesus[107]. Na Igreja se devem integrar harmonicamente a unidade, proporcionada pela Escritura e a Tradição, e a busca contínua da verdade que há de expressar-se em termos de modernidade. A dinâmica da fé cristã havia descoberto em Niceia a força de Deus, manifestada na graça do λόγος, que comunica à humanidade o amor do Pai[108].

As importantes conquistas cristológicas do Concílio não evitaram as profundas crises que sobrevieram à Igreja durante o meio século seguinte[109]. Algumas foram de tipo político e outras, de caráter teológico. No plano político desempenhou uma função decisiva o cesaropapismo de Constantino e seus sucessores. Começaram as lutas, as intrigas e as destituições. Eusébio de Nicomédia, que primeiro foi desterrado às Gálias por retirar sua assinatura da confissão de Niceia, ocupou mais tarde o posto de conselheiro teológico da corte imperial para a Igreja de Oriente. Atanásio, sucessor de Alexandre de Alexandria, foi acusado e caluniado ante o imperador e muitos bispos se viram obrigados a fugir ao exílio. Constantino II, por outra parte, desenvolveu uma política abertamente hostil ao Concílio de Niceia.

A crise teológica, ainda mais grave, centrou-se na doutrina do ὁμοούσιος, insuficientemente aprofundada e definida para converter-se em fórmula de fé definitivamente consensual e aceita. Os bispos contrários à definição de Niceia se situaram teologicamente em torno a três grupos. O primeiro deles, seguidor das teses de Ário, se centrava na desigualdade entre o Pai e o Filho, insistindo na natureza criada do λόγος. O segundo, cuja referência era Acácio de Cesareia, admitia a semelhança entre o Pai e o Filho, ao mesmo tempo em que rejeitava a ideia expressa no termo ὁμοούσιος e outras formas de origem ariana. O terceiro, (que se conhece

---

107. Cf. *Ibid.*, p. 292.

108. Cf. J. STEVENSON (ed.). *Creeds, Councils, and Controversies. Documents illustrative of the history of the Church A. D. 337-461* (Londres: SPCK, 1972), p. 26. Revela-se extremamente significativo e ilustrativo comparar o Credo de Niceia com a fórmula batismal ou Credo de Jerusalém, do ano 348, e com o chamado Credo de Cesareia.

109. J. N. D. KELLY. *Early Christian Doctrines* (Londres: A & C Black, 1977), 237-238. Kelly opina que, embora esta questão seja matéria específica do historiador, o teólogo está obrigado a conhecer sumariamente os períodos significativos em que se produziram os flutuantes debates depois da celebração do Concílio de Niceia. Ele distingue os seguintes: Um primeiro período, no qual se experimenta uma forte reação contra o Concílio e que dura até a morte de Constantino no ano 337. Eusébio de Nicomédia e outros líderes arianos, vindos do exílio, se conjuraram para depor e exilar seus adversários mais importantes, como Atanásio, Eustáquio de Antioquia e Marcelo de Ancira. No segundo período, que engloba dos anos 337 a 350, apesar do reinado pró-ariano do imperador Constâncio no Oriente, os líderes defensores da doutrina nicena foram protegidos por Constante I, imperador do Ocidente. No terceiro período, do ano de 350 a 361, reinando Constâncio como único imperador, protegeram-se totalmente os postulados arianos. A famosa frase de São Jerônimo, segundo a qual o mundo inteiro estremeceu e se maravilhou ao descobrir-se a si mesmo ariano, faz referência a este período. A fase final, compreendida entre 361 e 381, dá lugar à derrocada do arianismo e à aceitação de Niceia. O Concílio de Constantinopla (381) reafirmou a fé de Niceia e proibiu as teorias arianas.

indevidamente como "semi-arianos"), cujo máximo representante era Basílio de Ancira, substituía o termo ὁμοούσιος pelo de ὁμοιούσιος (de substância semelhante) para preservar, por um lado, as semelhanças em essência entre o Pai e o Filho e, por outro, a diferença entre eles. Os dois grandes teólogos defensores da doutrina de Niceia foram Atanásio de Alexandria († 373), no Oriente, e Hilário de Poitiers († 367), no Ocidente.

Atanásio de Alexandria defendeu energicamente a ortodoxia de Niceia, aproximando-se de seus conteúdos a partir de considerações filosóficas e, principalmente, da perspectiva da salvação humana. O Logos existe eternamente junto do Pai, posto que Deus não pode estar sem sua Palavra, como não pode deixar de brilhar a luz ou se deter uma corrente de água. Jesus é a Palavra, gerada pelo Pai em um processo eterno; e ainda que isto constitua um mistério, não implica nem a imperfeição do Pai (que necessita da Palavra) nem a inferioridade do Filho (pelo fato de ser gerado). O Filho é diferente a toda criatura, pertence à substância do Pai e é da mesma natureza que Ele[110]. A divindade do Pai é idêntica à do Filho e desta forma quanto se predique do Filho se predica do Pai[111]. A οὐσία ou natureza divina, única e indivisível, é compartilhada igualmente pelo Pai e pelo Filho, e a distinção entre eles – real – se radica na própria distinção entre a divindade como eternamente geradora e eternamente também expressada e gerada[112]. Pai e Filho são duas pessoas distintas. O Filho é a imagem do Pai, uma imagem não meramente externa, mas sim consubstancial, e assim Cristo nos conduz a Ele.

A partir da perspectiva da redenção humana, Atanásio argumenta a divindade de Jesus de uma maneira coerente e simples: se Jesus Cristo fosse uma simples criatura e não Deus, não seria o autêntico revelador do Pai e salvador dos homens, como afirmam os escritos do Novo Testamento. Sem o reconhecimento da divindade de Jesus seria inconcebível uma autêntica redenção, possibilitada pela participação na vida de Deus. Somente através daquele que é o Filho de Deus por natureza podem os seres humanos converter-se em "Filhos do Pai" por adoção, pois, acolhendo seu Espírito, nos unimos a Ele[113].

Atanásio, que defendeu com afinco a divindade de Jesus, não conseguiu reconhecer em profundidade as implicações de sua humanidade. Sob o manto protetor da natureza incriada do Logos, Atanásio procurou ocultar qualquer debilidade da natureza humana de Jesus – como a ignorância e a fome – insinuando que as debi-

---

110. SAN ATANASIO. *Contra Arianos*, PG, t. 26, p. 31-134.
111. *Ibid.*, p. 410-411.
112. Cf. J. N. D. KELLY. *Op. cit.*, p. 245-247.
113. SAN ATANASIO. *Contra Arianos*, PG, t. 26, p. 131-134.

lidades que Cristo mostrou em sua vida terrena correspondiam a uma contenção de sua divindade.

Hilário de Poitiers, imerso no debate teológico do Oriente por seu exílio durante três anos na Ásia Menor, considerava que, para evitar a interpretação do sabelianismo, o termo ὁμοούσιος do Concílio de Niceia devia manter a unidade de substância e a distinção de Pessoas na Trindade[114]. Na Ásia Menor, Basílio de Cesareia, Gregório de Nissa e Gregório Nazianzeno contribuíram para afiançar a doutrina de Niceia, afirmando a divindade do Filho e a apropriada relação entre o Pai e o Filho[115].

As tensões e divisões do período pós-niceno se mitigaram com a celebração do denominado sínodo da paz, celebrado em Alexandria no ano 362. Acolheram-no todos que aceitassem a confissão de Niceia, embora os termos de οὐσία e ὑπόστασις ainda estivessem expostos a interpretações diferentes. Somente o Concílio de Constantinopla pôs fim à controvérsia.

14.8. O Concílio de Constantinopla I (381)

A unidade da Igreja continuava ameaçada por problemas políticos e religiosos. Para conseguir a normalização na organização da Igreja de Constantinopla, uma questão nada banal diante da importância desta Igreja como guia da ortodoxia, e para combater o arianismo e outras heresias, o imperador Teodósio I convocou o primeiro dos Concílios que haveriam de acontecer em Constantinopla.

O Concílio, a que assistiram 150 bispos das dioceses orientais, foi presidido por Melécio de Antioquia e, depois de sua morte, sucessivamente por Gregório Nazianzeno e Nectário de Constantinopla. Nele teve influência decisiva a teologia dos chamados "Padres Capadócios": Basílio Magno, Gregório de Nissa e Gregório Nazianzeno. A importância deste concílio, ainda que obscurecida pela enorme repercussão eclesial do concílio de Niceia, se deve ao fato de que, segundo opina L. Perrone, a ele precisamente se pode atribuir o reconhecimento da doutrina de Niceia como patrimônio de todas as Igrejas, tanto do Oriente como do Ocidente[116]. As Atas do Concílio desapareceram quase que totalmente.

O Credo Constantinopolitano, com toda probabilidade existente desde antes da celebração do Concílio, tendo em conta que parte de seu conteúdo aparece no *Ancoratus* de Epifânio, escrito no ano 374, é conhecido atualmente – desde finais

---

114. Cf. J. N. D. KELLY. *Op. cit.*, p. 252-253.
115. Cf. T. P. RAUSCH. *¿Quién es Jesús? Introducción a la cristología* (Bilbao: Mensajero, 2006), p. 228-229.
116. Cf. G. ALBERIGO (ed.). *Historia de los Concilios Ecuménicos* (Salamanca: Sígueme, 1993), p. 55.

do século XVII – com o nome de "Niceno-Constantinopolitano". O Credo Constantinopolitano diz assim:

[*Recensio latina*]
"Credo in unum Deum, Patrem omnipotentem, factorem caeli et terrae, visibilium omnium et invisibilium. Et in unum Dominum Jesum Christum Filium Dei unigenitum, et ex Patre natum ante omnia saecula, Deum de Deo, lumem de lumine, Deum verum de Deo vero, genitum, non factum, consubstantialem Patri: per quem omia facta sunt; qui propter nos homines et propter nostram salutem descendit de caelis, et incarnatus est de Spiritu Sancto ex Maria virgine, et homo factus est, crucifixus etiam pro nobis sub Pontio Pilato, passus et sepultus est, et resurrexit tertia die secundum Scripturam, et ascendit in caelum, sedet ad dexteram Patris, et iterum venturus est cum gloria, iudicare vivos et mortuos: cuius regni non erit finis. Et in Spiritum Sanctum, Dominum et vivificantem, qui ex Patre Filioque procedit, qui cum Patre et Filio simul adoratur et conglorificatur. Qui locutus est per prophetas. Et unam sanctam catholicam et apostolicam Ecclesiam. Confiteor unum baptisma in remissionem peccatorum. Et exspecto resurrectionem mortuorum, et vitam venturi saeculi. Amen".

[*Versão grega. Tradução ao Português*)
"Cremos em um só Deus, Pai todo-poderoso, criador de céu e da terra, de todo o visível e o invisível; e em um só Senhor, Jesus Cristo, Filho único de Deus, gerado do Pai antes de todos os séculos, Deus de Deus, luz de luz, Deus verdadeiro de Deus verdadeiro, gerado, não criado, da mesma substância que o Pai, por quem tudo foi feito; por nós homens, e por nossa salvação, desceu do céu, por obra do Espírito Santo se encarnou de Maria, a Virgem, e se fez homem. Por nossa causa foi crucificado sob Pôncio Pilatos: padeceu e foi sepultado, e ressuscitou ao terceiro dia segundo as Escrituras, subiu ao céu e está sentado à direita do Pai; de novo virá com glória para julgar os vivos e os mortos, e seu reino não terá fim. E no Espírito Santo, Senhor e doador de vida, que procede do Pai, que com o Pai e o Filho recebe uma mesma adoração e glória, e que falou pelos profetas. E na Igreja, una, santa, católica e apostólica. Reconhecemos um só batismo para o perdão dos pecados e esperamos a ressurreição dos mortos e a vida do mundo futuro. Amém".

[*Versão latina. Tradução ao português*)
"Creio em um só Deus, Pai todo-poderoso, criador de céu e terra, de todo o visível e o invisível. E em um só Senhor, Jesus Cristo, Filho único de Deus, e

nascido do Pai antes de todos os séculos; Deus de Deus, luz de luz, Deus verdadeiro de Deus verdadeiro, gerado, não criado, consubstancial ao Pai, por quem tudo foi feito; por nós os homens e por nossa salvação desceu do céu, e por obra do Espírito Santo se encarnou de Maria, a Virgem, e se fez homem; por nossa causa foi também crucificado sob Pôncio Pilatos, padeceu e foi sepultado, e ressuscitou ao terceiro dia segundo as Escrituras, e subiu ao céu e está sentado à direita do Pai; e de novo virá com glória para julgar os vivos e os mortos, e seu reino não terá fim. E no Espírito Santo, Senhor e doador de vida, que procede do Pai e do Filho, que com o Pai e o Filho recebe uma mesma adoração e glória, e que falou pelos profetas. E na Igreja, una, santa, católica e apostólica. Reconheço um só batismo para o perdão dos pecados. E espero a ressurreição dos mortos e a vida do mundo futuro. Amém"[117].

A grande medida adotada pelo Concílio é a reafirmação do Credo Niceno na doutrina da relação entre o Pai e o Filho, sem que apareça a identificação entre ουσία e ὑπόστασις e a omissão do inciso "da essência do Pai". Por outro lado, no Concílio se adiciona a cláusula referida a Jesus "cujo reino não terá fim", contra a doutrina de Marcelo de Ancira, e se reconhece indiretamente a divindade do Espírito Santo, de quem se diz que é "Senhor e doador de vida", que "procede do Pai" e que "com o Pai e o Filho recebe a mesma adoração e glória"[118]. A famosa declaração doutrinal, conhecida como *Tomus*, da qual se tem notícia por um documento análogo do ano seguinte à celebração do Concílio, reconheceu a essência divina do Espírito Santo. O Pai, o Filho e o Espírito Santo são "uma só divindade, poder e substância".

O canon I do Concílio, síntese dos conteúdos do *Tomus*, formula anatemas contra os diversos erros surgidos do arianismo. Deve-se anatemizar, diz, "toda herezia, especialmente a dos eunomeanos ou anomeus, dos arianos ou eudoxianos, dos semiarianos ou pneumatômacos, dos sabelianos, dos marcelianos, dos fotinianos e dos apolinaristas"[119]. O Concílio de Calcedônia recuperaria este símbolo de fé, em grande medida esquecido, porque, como diz L. Perrone, "tinha que servir de base para justificar a mesma definição dogmática de Calcedônia que, desta for-

---

117. H. DENZINGER & P. HÜNERMANN. *El Magisterio de la Iglesia. Enchiridion Symbolorum Definitionum et Declarationum de Rebus Fidei et Morum* (Barcelona: Herder, 2006), n. 150, p. 110-111.

118. O símbolo inclui o famoso e conhecido teologicamente *Filioque*, adicionado provavelmente depois da celebração do Concílio. O termo, reconhecido pela primeira vez em um documento magisterial, gerou calorosas discussões teológicas a partir do século VIII. O credo Niceno-constantinopolitano foi cantado oficialmente em Roma, com a aprovação de Bento VIII, no ano de 1014, por ocasião da coroação do imperador Enrique II, com a adição do *Filioque*. O termo foi reconhecido no Concílio de Lyon (1274) e no de Florença (1439).

119. H. DENZINGER & P. HÜNERMANN. *Op. cit.*, n. 151, p. 111.

ma, procurava confirmar de novo aquela relação com Niceia e com a regra de fé que havia inspirado também aos 150 padres"[120].

14.9. Entre Constantinopla e Calcedônia

A doutrina do Concílio I de Constantinopla, à parte o fato de reafirmar a comunhão de pessoas na Trindade, deixava aberto o caminho a novos interrogantes teológicos sobre a encarnação. A plena divindade e humanidade de Cristo ficavam firmemente afiançadas no credo eclesial, embora sem se reconhecer uma fórmula dogmática que estabelecesse a relação entre elas. O problema que enfrentarão as discussões teológicas nos concílios do século V não será tanto o reconhecimento da plena divindade e humanidade de Cristo, mas sim a explicação do modo de união de ambas as realidades[121].

As duas grandes figuras que dominam o panorama cristológico entre os concílios de Constantinopla I e Calcedônia são: Nestório e Cirilo de Alexandria. Nestório († 451) nasceu em uma localidade síria, no ano 381. Monge primeiro e mais tarde presbítero na cidade de Antioquia, adquiriu sua formação teológica nessa cidade. No ano 428 foi escolhido arcebispo de Constantinopla, sendo condenado alguns anos mais tarde, no Concílio de Éfeso. Morreu no exílio, no ano 451, ao tempo em que se celebrava o Concílio de Calcedônia. Seu pensamento teológico aparece detalhado em sua obra *Liber Heraclidis*, composta em seu período de desterro. Sua teologia, marcada por sua espiritualidade monástica, tem um forte componente anti-herético – especialmente contra os arianos e os apolinaristas – e se orienta à animação da vida cristã a partir de uma perspectiva soteriológica e a utilização de terminologia bíblica. Pouco depois de ser escolhido arcebispo de Constantinopla, em uma carta dirigida ao patriarca da Antioquia, escreve: "Tendo acabado de chegar, encontramos os membros da Igreja divididos por uma virulenta disputa. Alguns deles denominavam à Santa Virgem aquela que dera à luz Deus, enquanto outros não viam nela mais do que a mãe de um ser humano. Com a solicitude de voltar a unir as duas facções [...] nós a chamamos aquela que deu à luz Cristo (χριστοτόκον), denominação que devia abarcar ambas as coisas: a Deus (em Cristo) e ao homem, em conformidade com as palavras do evangelho"[122]. O título Θεοτόκος (deípara), utilizado já no começo do século III e deduzível do conceito teológico da *communicatio idiomatum* (comunicação de atributos) implícito nas doutrinas de Niceia, aplicado a Maria, não parecia apropriado a Nestorio por conta do perigo que carregava em si de conduzir

---

120. G. ALBERIGO (ed.). *Op. cit.*, p. 66.
121. *Ibid.*, p. 67-68.
122. Cf. P. HÜNERMANN. *Cristología* (Barcelona: Herder, 1997), p. 200-201.

ao apolinarismo, que afirmava a unidade física do Logos e a carne. Em todo caso, se poderia aplicar o título χριστοτόκος ou inclusive o de Θεοδόχος (receptora de Deus), considerando sempre que a Virgem não pode ser entendida como pessoalmente divina. Deus, diz Nestório, não pode ter mãe. Nenhuma criatura pode gerar a divindade. Maria deu à luz um homem, veículo da divindade, porém não Deus. Sob a descrição de Maria como Θεοτόκος se esconde, diz, a negação da divindade (arianismo) e a imperfeição da humanidade de Cristo (apolinarismo).

A argumentação a estas afirmações, Nestório a expressa em sua segunda carta a Cirilo: "Rogo-te que reflitas detidamente sobre suas palavras (se refere ao Concílio de Niceia). Verás que o coro sagrado dos padres não disse que a divindade essencial (do Filho) seja capaz de padecer, nem tampouco que a divindade, igualmente eterna como o Pai, tivesse nascido havia pouco tempo, nem que ela, que havia reerguido o templo destruído, tivesse ressuscitado dentre os mortos ... Observa, ademais, que os padres colocam em primeiro lugar as palavras 'Jesus', 'Cristo', 'Unigênito', e 'Filho', denominações que são comuns à divindade e ao homem, e como depois erigem sobre esse fundamento o edifício da tradição sobre a encarnação, a ressurreição e a paixão"[123]. O sujeito de todas as declarações nicenas é "Jesus", "Cristo", "o Filho", a quem correspondem as afirmações feitas da natureza divina e humana. Nestório distingue entre as naturezas humana e divina de Cristo, que chama φύσις e ουσία. Delas se diferencia o πρόσωπον. Jesus Cristo é, como afirma R. Haight, "uma só pessoa (em grego *prósopon*) que combinou em si mesmo claramente e sem confusão dois elementos radicalmente diferentes, dois *ousiai* ou modos/classes de ser, a divindade e a humanidade, de maneira que cada uma delas possuía intactas e completamente todas as características destas naturezas"[124]. Cristo, e não o Logos, é o sujeito de todos os atributos divinos e humanos. A unidade de Cristo é inquestionável: "depois da encarnação não se poderia chamá-lo Filho separadamente, para não incorrer em decretar que houvesse dois Filhos"[125]. Não há dois, senão um Cristo, e as duas naturezas estão em unidade não separada ou em união sem mistura: "No πρόσωπον do Filho há uma unicidade, porém *como se tivesse dois olhos*, separado nas naturezas da humanidade e da divindade. Pois nós não conhecemos dois Cristos, nem dois Filhos, nem dois Unigênitos, nem dois Senhores, nem um Filho e depois outro Filho, nem um primeiro e um segundo Unigênito, nem um primeiro e um segundo Cristo, mas sim um e o mesmo, que foi contemplado em sua natureza criada e incriada"[126].

---

123. Cita tomada de P. HÜNERMANN. *Op. cit.*, p. 201.
124. R. HAIGHT. *Op. cit.*, p. 301.
125. Cita tomada de P. HÜNERMANN. *Op. cit.*, p. 202.
126. Cita tomada de P. HÜNERMANN. *Op. cit.*, p. 202-203.

Nestório intui que a unidade de Cristo não pode encontrar-se no campo das naturezas. O Concílio de Calcedônia indicará mais tarde o caminho para a solução do problema. A condenação de sua doutrina por Calcedônia não reflete em sua completa dimensão a autêntica medida de sua reflexão teológica, enormemente matizada por suas apaixonadas e polêmicas manifestações públicas. Nestório se deparou com a inimizade e o enfrentamento teológico de Cirilo, patriarca de Alexandria. Cirilo de Alexandria, formado na escola alexandrina e claro expoente da teologia λόγος-σάρξ (Verbo-carne), atacou duramente a concepção nestoriana do Θεοτόκος. A dissociação entre a Palavra e o homem, opinava, poria em grave risco à concepção de Cristo como o "novo Adão", a realidade da encarnação e a redenção, convertidas em mera ilusão ou aparência. Sua perspectiva cristológica, como opina R. Haight, é que "Jesus de Nazaré, o Jesus deste mundo, é realmente o Logos celestial; são um e o mesmo, porque a existência carnal humana é precisamente a do sujeito divino, o Logos ou Filho eterno de Deus"[127].

Na existência do Logos podem distinguir-se duas fases: a anterior à encarnação e a da própria encarnação. Porém, o Logos permanece sempre "o que foi"; na encarnação, sem deixar de existir eternamente na forma de Deus, tomou a forma de servo. Porém, tanto antes como depois da encarnação é a mesma pessoa, imutável em sua essência divina. "O Logos de Deus, afirma, não veio (dentro) de um homem, mas sim, fez-se verdadeiramente homem, embora continuasse sendo Deus"[128].

Cirilo cunhou a fórmula que seria o epítome de sua teologia: μία φύσις (termo que, em sua linguagem, se aproxima à ὑπόστασις τοῦ Θεοῦ λόγου σεσαρκωμένη). Cristo é Uno, εις ἐκ δύο naturezas distintas, com uma união que Ele descreve como "natural" ou "hipostática", indissolúvel, sem que admita nem alteração nem mistura da divindade e da humanidade. As analogias preferidas para descrever esta realidade as encontra Cirilo de Alexandria na união entre a alma e o corpo, conforme a filosofia platônica, e no carvão penetrado pelo fogo, na impressionante visão de Isaías (Is 6,1-13). Em ambas as analogias, se mantêm a identidade e a distinção das realidades em questão. O Jesus da história é Deus mesmo em carne humana, que viveu, sofreu, morreu e ressuscitou pela salvação dos homens. Cirilo afirma também que Jesus Cristo teve alma. Depois destes enunciados cristológicos, se compreende facilmente a aversão deste teólogo à teoria de Nestório sobre o termo Θεοτόκος.

Sua famosa fórmula μία φύσις τοῦ Θεοῦ λόγου σεσαρκωμένη revelou-se imprecisa, e as tensões teológicas continuaram com a crueza e virulência de costume. O contínuo aumento dos conflitos político-religiosos propiciou a celebração

---

127. R. HAIGHT. *Op. cit.*, p. 300.
128. CIRILO DE ALEJANDRÍA. *De recta fide ade reginas* LVIII, PG, t. 76, p. 1.228.

de um Concílio na cidade de Éfeso, em junho do ano 431. Foi convocado pelo imperador Teodósio II, que convidou as sedes metropolitanas do Oriente e o papa Celestino, Agostinho (falecido havia alguns meses) e a uma modesta representação das Igrejas do Ocidente. A ele acudiram – alguns atrasados – Cirilo de Alexandria junto a cerca de quarenta bispos egípcios, os bispos da Palestina, presididos por Juvenal de Jerusalém, com uma delegação reduzida de pessoas, até alcançar a cifra de uns 150 bispos.

Nestório, acompanhado por um pequeno grupo de seguidores, chegou a Éfeso, onde foi recebido com fortes protestos. Mais tarde, se apresentariam João de Antioquia, com bispos de dioceses orientais, e a legação de Roma[129]. A rivalidade entre os teólogos ficou patente. Cirilo de Alexandria, sem esperar a anunciada e iminente chegada dos bispos orientais e na ausência de Nestório, convocou a primeira sessão do Concílio, em que Nestório foi condenado e deposto de sua sede. Alguns dias mais tarde chegou João de Antioquia, que, com outros cinquenta bispos, excomungou e depôs Cirilo de Alexandria e Mémnon de Éfeso. Em princípios de julho chegaram os legados do papa Celestino, que respaldaram, em uma terceira sessão conciliar, as decisões de Cirilo de Alexandria e a condenação de Nestório. Entendia-se, portanto, que a interpretação de Cirilo era a autorizada e se conformava ao Credo de Niceia. Com a luta e o mal-estar ainda latentes entre os grupos de teólogos, em agosto, João de Antioquia enviou a Cirilo um documento com o propósito de conciliar os grupos rivais. O documento é conhecido como "Símbolo de União", e confessa Jesus como "perfeito Deus e perfeito homem, composto de alma racional e de corpo", "consubstancial com o Pai quanto à sua divindade" e ao mesmo tempo "consubstancial conosco quanto à sua humanidade". Confessamos, diz o documento, "um Cristo, um Filho, um Senhor". Também a Virgem "como Θεοτόκος", já que o Verbo divino tomou carne e se fez homem desde o instante da concepção. O documento reconhece, ademais, que, quanto às declarações evangélicas e apostólicas sobre o Senhor, "os teólogos utilizam algumas, indiferentemente, atendendo à unidade das pessoas (ὡς ἐφενός προσώπου), porém distinguem outras, atendendo à dualidade das naturezas (ὡς ἐπὶ δύο φύσεων)"[130].

As dúvidas iniciais de Cirilo de Alexandria – entre outras razões, porque a Carta de João não mencionava a condenação de Nestório – deram lugar à aceitação do documento *pro bono pacis com* a famosa *Laetentur coeli*, uma carta dirigida ao bispo da Antioquia que anunciava o fim do cisma. Porém, uma coisa era a reconstrução da unidade eclesial e outra, muito distinta, a paz no debate teológico. As

---

129. Cf. G. ALBERIGO (ed.). *Op. cit.*, p. 72-84.
130. Tradução de J. N. D. KELLY. *Op. cit.*, p. 328-329.

fórmulas utilizadas para falar de Cristo – unidade, natureza, pessoa – não estavam isentas de dificuldade e de diferentes interpretações. Na Alexandria, criava dificuldade a linguagem das duas naturezas em Cristo e na Antioquia se recordava o tratamento concedido a Nestório.

Com a morte de Cirilo de Alexandria no ano 444, seu sucessor, Dióscoro, recuperou a linguagem de uma natureza em Cristo, a divina, deixando à margem a humanidade. Neste contexto, surge a figura de Eutiques. Eutiques, um homem destacado, hábil e bem relacionado com o poder político, embora de pouquíssima formação teológica, se converteu no porta-voz daqueles que rejeitavam os acordos do ano 433. Afirmou, contrariando os acordos doutrinais do Símbolo da União, que Jesus Cristo possui "duas natureza", porém que, uma vez encarnado, só tem "uma" (μία φύσις, repetindo a clássica fórmula de Cirilo de Alexandria), a do Logos--Deus. O então patriarca de Constantinopla, Flaviano, convocou um Sínodo nessa cidade, no ano 448, no qual Eutiques foi excomungado, tendo o patriarca lido uma profissão de fé, cuja formulação haveria de supor uma passagem gigantesca para a doutrina de Calcedônia. A profissão de fé diz assim: "Nós confessamos que Cristo é de duas naturezas (ἐκ δύο φύσεων) depois da encarnação, confessando um Cristo, um Filho, um Senhor, em uma *hupostasis e uma prosopon*"[131]. A influência de Eutiques na corte conseguiu do imperador Teodósio II que Dióscoro de Alexandria se encarregasse da convocatória de um concílio em Éfeso, no ano 449, para dirimir esta problemática. O Concílio se constituiu em sua maioria por simpatizantes de Dióscoro, aos que se agregaram monges e soldados procedentes da Alexandria. O Ocidente, como acontecia habitualmente, estava representado quase exclusivamente pelos legados de Roma. Depois da abertura, os enviados papais apresentaram a carta de Leão I conhecida como *Tomus ad Flavianum*, sem que fosse permitida a leitura da mesma. Aceitar o escrito do papa Leão I teria significado aprovar uma alternativa teológica contrária aos interesses dos monofisitas. Lidas as atas do Sínodo de Constantinopla e submetida à votação a questão das "duas naturezas" em Cristo se proclamou a ortodoxia de Eutiques, ao mesmo tempo em que se privava do ministério o patriarca Flaviano e um bispo acompanhante, Eusébio de Dorileia. "Em vão", afirma A. Grillmeier, "tentou protestar o diácono romano Hilário; desconhecedor do grego, gritou seu *contradicitur* latino à assembleia excitada. Dióscoro fez entrarem imediatamente soldados, monges e *parabalani* para amedrontar os bispos orientais contrários ao veredito. O sínodo se converteu em cenário de um verdadeiro

---

131. Cf. *Ibid.*, p. 331. A expressão ἐκ δύο φύσεων causou alguns mal-entendidos por haver-se transformado em lema do monofisismo, embora estivesse claro que a intenção de Flaviano era afirmar as duas naturezas do Verbo encarnado. A identificação de ὑπόστασις (substância) e πρόσοπων (pessoa) apontou o caminho de Calcedônia.

tumulto, e Leão pôde cunhar mais tarde a célebre frase: *in illo Ephesino non iudicio sed latrocinio*"[132].

Flaviano morreu enquanto era conduzido ao desterro. O diácono romano Hilário conseguiu escapar e mais tarde, se tornaria o papa Hilário. O Concílio, que passou à história como o "Concílio de ladrões" de Éfeso (*latrocinium*), obviamente, não foi aprovado pela Igreja.

14.10. O Concílio de Calcedônia (451)

A férrea resolução de Teodósio II de manter em seu império a doutrina do "Concílio de ladrões" apesar dos desejos do papa Leão de reabrir o debate teológico ficou quebrada com sua morte repentina em julho do ano 450. A situação política e religiosa mudou radicalmente. O novo imperador Marciano se mostrou favorável ao entendimento com Roma e o papa obteve a adesão da Igreja de Constantinopla. O novo patriarca desta sede, Anatólio, se retratou dos conteúdos monofisistas do "Concílio de ladrões" e aceitou a doutrina de Flaviano. Estando assim as coisas, e apesar de o papa Leão ter mostrado sua displicência para a celebração de um Concílio – evidenciando claramente, uma vez mais, as tensões entre o papado e o império – o imperador Marciano convocou o Concílio de Niceia (o Papa desejava que se celebrasse na Itália), que finalmente, por compromissos militares e desejos pessoais de participação nas discussões, se celebraria em Calcedônia, à margem do Bósforo e perto da capital, Constantinopla. Ao Concílio acudiram mais de 500 bispos, a maioria deles orientais. O objetivo primordial da numerosa assembleia era o estabelecimento de uma fé comum em todo o império, reafirmando o Credo Niceno e reconhecendo as fórmulas de Cirilo de Alexandria e as cartas do *Tomus* de Leão. A dialética e os êxitos do Concílio excederam em muito os prognósticos iniciais[133].

Nas sessões inauguradas pelos padres conciliares em outubro do ano 451, e depois de reiterados e sufocantes espetáculos por parte dos bispos assistentes, que condenavam e reabilitavam doutrinas de fé de forma caprichosa, foi finalmente aprovada uma profissão de fé aceita unanimemente. A profissão, inspirada, como dizem alguns autores[134] em quatro textos principais: a fórmula de união do ano 433, a Segunda Carta de Cirilo de Alexandria a Nestório, o *Tomus* do papa Leão e a profissão de fé de Flaviano ao Concílio constantinopolitano do ano 448, afirma o seguinte:

---

132. A. GRILLMEIER. *Cristo en la Tradición Cristiana* (Salamanca: Sígueme, 1997), p. 805.
133. Cf. G. ALBERIGO (ed.). *Op. cit.*, p. 84-95.
134. *Ibid.*, p. 90; cf. J. N. D. KELLY. *Op. cit.*, p. 341.

"Seguindo, pois, os santos padres, ensinamos unanimemente que se deve confessar um só e mesmo Filho e Senhor nosso Jesus Cristo: perfeito na divindade, e perfeito na humanidade; verdadeiramente Deus, e verdadeiramente homem "composto" de alma racional e corpo; consubstancial com o Pai segundo a divindade, e consubstancial conosco segundo a humanidade, em tudo semelhante a nós, exceto no pecado [cf. Hb 4,5]; gerado do Pai antes dos séculos segundo a divindade, e nos últimos dias, por nós e por nossa salvação, gerado de Maria Virgem, a mãe de Deus, segundo a humanidade; que se deve reconhecer um só e mesmo Cristo Senhor, Filho unigênito em duas naturezas, sem confusão, sem mistura, sem divisão, sem separação. A diferença de naturezas de nenhum modo fica suprimida por sua união, senão que ficam a salvo as propriedades de cada uma das naturezas e confluem em uma só pessoa e em uma só hipóstase não partida ou dividida em duas pessoas, mas sim um só e o mesmo Filho unigênito, Deus Verbo Senhor Jesus Cristo, como antigamente sobre Ele nos ensinaram os profetas, e o mesmo Jesus Cristo, e no-lo transmitiu o símbolo dos padres"[135].

A teologia que subjaz à definição dogmática pode ser resumida nos seguintes enunciados fundamentais:

1. Os Padres conciliares professam a doutrina dos profetas e do mesmo Jesus Cristo, expressada ao longo dos séculos nas reflexões dos Concílios de Niceia, Éfeso e Constantinopla. Destacam, portanto, a unidade da fé, anunciada pelos profetas do Antigo Testamento, realizada e anunciada por Cristo, o Senhor, e professada pela comunidade eclesial.

2. Jesus Cristo – este é um enunciado nuclear – é um "só e único Filho", de quem se diz que é "Filho unigênito, Deus, o Verbo, o Senhor Jesus Cristo", títulos que evidenciam a inspiração bíblica da profissão, tal como se encontra nas fórmulas cristológicas de Paulo (1Cor 8,6).

3. Existe uma simetria harmoniosa e perfeita ao afirmar-se que o Filho é "o mesmo perfeito em sua divindade" e "o mesmo perfeito em sua humanidade". É "verdadeiramente Deus" e "verdadeiramente homem". A estas proposições se acrescenta o inciso "de alma racional e corpo". Com isso se integram os interesses da cristologia antioquena (que mantêm a totalidade das naturezas divina e humana) e se desaprova a teoria do apolinarismo.

4. Reafirma-se a fé nicena da consubstancialidade do Filho com o Pai quanto à sua divindade e se a completa com a afirmação de que Cristo é "consubstancial conosco quanto à sua humanidade". A ὁμοούσία de Cristo com o Pai e conosco se explica em virtude de sua dupla procissão, quer dizer, por ter origem tanto

---

135. H. DENZINGER & P. HÜNERMANN. *Op. cit.*, p. 301-302.

no Pai como na Virgem Maria, a quem se chama "Mãe de Deus", como proclamou o Concílio de Éfeso.

5. Reconhece-se "um só Cristo", "em duas naturezas"[136], (perfeitamente indicadas com os quatro substantivos famosos: sem confusão, sem mistura, sem divisão, sem separação). A unidade, ἕνωσις, não destrói a diferença entre as naturezas. As naturezas se unificam em "uma pessoa" (πρόσοπων, manifestação externa) e em "uma hipóstase" (ὑπόστασις interna), termos utilizados pela cristologia alexandrina e antioquena respectivamente.

Em suma, como expõe T P. Rausch, "a confissão de Calcedônia foi uma síntese de visões. As preocupações alexandrinas pela união de Jesus com o Logos divino foram consignadas com a expressão de Flaviano 'Uma *prosopon e uma hypostasis*', assim como a repetição das palavras 'o mesmo', e a ênfase a que a referência às duas naturezas não significa divisão ou separação alguma. A reafirmação do título mariano de *Theotokos* também foi importante para Alexandria. A linguagem das 'duas naturezas' reflete a teologia de Antioquia, como o faz a clara afirmação da humanidade de Jesus"[137].

As críticas à profissão de fé de Calcedônia podem sintetizar-se nas reflexões de R. Haight. Este teólogo escreve: "as críticas (formuladas a propósito do Concílio de Niceia) se aplicam também aqui: uma perspectiva exclusivamente joânica, uma argumentação antiquada a partir da Escritura, a hipostatização dos símbolos bíblicos, uma cristologia que desce a partir de cima em seu método e conteúdo, ambiguidade sobre o objeto da cristologia. A estes argumentos podem-se acrescentar algumas reservas sérias sobre a terminologia específica de Calcedônia"[138]. Calcedônia, opina este teólogo, com sua linguagem abstrata centrada em conceitos como natureza, substância, ser e pessoa, relega a segundo plano o retrato oferecido pelos evangelhos sinóticos de Jesus de Nazaré. Mais que enfocar a atenção sobre a união, em Jesus, de sua natureza humana e o Logos, os evangelhos falam de Jesus de Nazaré como um de nós, em relação com seu Pai do céu, Deus. R. Haight parece entender que ao ser o princípio da unidade de Jesus Cristo divino, o sujeito que atua na história não é um ser humano, Jesus, mas sim Deus. Desta forma, fica "comprometido" que Jesus seja um ser humano íntegro.

---

136. *Ibid.*, p. 302. Em relação a esta expressão diz: "É preciso ler 'ἐν δύο φύσειν', não 'ἐκ δύο φύσειν' ('de duas naturezas'), uma variante que se oferece em edições mais antigas e menos críticas do texto grego, ao passo que todas as traduções latinas atestam 'em duas naturezas' (*in duabus naturis*). A outra variante, por seu sabor monofisista, se oporia precisamente à intenção do concílio".
137. T. P. RAUSCH. *¿Quién es Jesús? Introducción a la cristología* (Bilbao: Mensajero, 2006), p. 234.
138. R. HAIGHT. *Op. cit.*, p. 303.

Por outra parte, continua argumentando R. Haight, a nova problemática em respeito à cristologia, centrada no plano histórico – e não no metafísico – coloca como premissa e ponto de partida não o Logos, mas Jesus de Nazaré, o que torna pouquíssimo compreensível e pouco adequada a linguagem tradicional.

A crítica à doutrina de Calcedônia embasa-se fundamentalmente no contexto, linguagem e método de argumentação do Concílio. Não obstante, a declaração, segundo a qual Jesus Cristo é "consubstancial conosco segundo a humanidade", situa o Jesus da história no centro da reflexão cristológica.

14.11. Conclusão

Calcedônia constituiu o ápice da reflexão teológica da Igreja primitiva sobre Jesus de Nazaré. Porém, não solucionou todas as questões cristológicas, nem propôs discussões futuras. As tradições primitivas e escritos sobre Jesus de Nazaré e, mais tarde, as grandes escolas da Alexandria e da Antioquia, o pensamento patrístico e os grandes Concílios dos séculos IV e V plasmaram a mesma realidade que defende a dimensão divina de Jesus Cristo (como afirma Niceia) e a de sua integridade humana (como confessa Calcedônia).

Nas palavras de R. Haight, "o significado simbólico normativo, dotado de autoridade, de Calcedônia e Niceia implica a necessária tensão dialética entre Jesus como ser humano e sua realidade divina, porque Ele é o mediador de Deus e de sua salvação"[139]. A continuidade entre a fé das primeiras tradições e escritos do cristianismo e os símbolos conciliares está fora de qualquer dúvida. Calcedônia, por outro lado (junto com Niceia) potencializou a reflexão e o aprofundamento cristológicos, dando expressão à fé tradicional da Igreja na linguagem filosófica da época. Introduziram-se na reflexão teológica termos da cultura grega como ὁμοούσιος, οὐσία, φύσις, ὑπόστασις, πρόσωπον marcados, segundo alguns, por arriscada e audaz helenização da cristologia. Na realidade, como opina A. Grillmeier, "uma análise do CE (*Codex Encyclius* do imperador Leão I) permitiu constatar que a maioria dos bispos consultados entenderam o quarto concílio em sentido kerigmático; só alguns poucos notaram aí uma mudança terminológica. Deve-se observar, em todo caso, que os bispos defendem algo muito importante: o decisivo não são os novos conceitos, mas o símbolo, a instrução e a fé batismais, como na tradição anterior da Igreja. Tão firme é esta atitude no CE, que alguns bispos defenderam expressamente que o quarto concílio não podia servir de base para a catequese batismal, embora aceitassem o seu conteúdo"[140].

---

139. *Ibid.*, p. 313.
140. A. GRILLMEIER. *Op. cit.*, p. 838.

Depreende-se claramente que a fé da Igreja, expressada e ratificada no símbolo de Niceia, repousa na doutrina dos evangelistas e dos apóstolos. Constantinopla – assumindo a proeminência de Niceia – preservou intacta a fé recebida, ao tempo que condenava as desviações heréticas, surgidas depois do primeiro Concílio ecumênico. Calcedônia não reproduziu simplesmente Niceia, mas sim interpretou seu credo, dando forma a expressões descritivas que constituem a primeira parte da definição dogmática e simultaneamente introduzindo (diria, antes, ampliando) e precisando conceitos da filosofia grega, úteis para o aprofundamento cristológico, diante da problemática dos novos tempos.

Neste contexto, é inviável colocar em contraposição a perspectiva "querigmática" e a reflexão "filosófica" na fé de Calcedônia. Com outras palavras, o entramado filosófico em que se sustentam as definições de Calcedônia pode conduzir-nos ao descobrimento de Jesus de Nazaré, verdadeiro homem, que partilhou a existência conosco. No fundo, como diz A. Grillmeier, "a cristologia calcedonense se insere na cristologia joânico-nicena do *Logos-sarx*; porém destaca com toda claridade os traços de Cristo homem, mesmo que apenas de maneira esquemática. A tarefa do futuro na pregação e na teologia consistirá em fazer aflorar a 'plenitude de Cristo' dentro da sóbria linguagem de Calcedônia"[141].

Assim é realmente, e a filosofia deve continuar exercendo uma função preponderante no aprofundamento da fé cristã. Aconteceu deste modo na Idade Média e hoje em dia é preciso manter a harmonia entre fé e razão, singularidade da tradição cristã.

Calcedônia não conseguiu a paz das Igrejas, confrontadas pelas divisões de natureza político-eclesiástica e pelas controvérsias cristológicas. O Ocidente acolheu sem reservas a fé de Calcedônia, ao passo que as Igrejas do Oriente persistiram na hostilidade e divisão, que continuam até hoje, apesar de mitigadas com o tempo. Os séculos posteriores contemplariam um aprofundamento nos conceitos filosóficos e sua aplicação à cristologia. É o caminho da busca e da harmonização entre a filosofia e a teologia. Esta busca continuará até o final dos tempos, porque Jesus de Nazaré sempre será a fonte de inspiração – expressada em fórmulas antigas ou novas – para aqueles que vemos nele o Filho de Deus e homem entre nós e nos fascina recriá-lo em nossas palavras e em nossa vida.

---

141. *Ibid.*, p. 841.

Conclusão final

Ao finalizar este estudo, iniciado com particular interesse e grande determinação, encontro-me, paradoxalmente, com uma certa insegurança, insatisfação e desacerto. Concluir significa "finalizar" algo e, tratando-se da pessoa de Jesus de Nazaré, toda obra humana mostra-se imperfeita e incompleta. Nunca tive a sensação de concluir nada nas questões que examinei. Mais do que concluir, conviria utilizar o termo "acabar", no sentido de aplicar sumo esmero na obra realizada. E isto, ao menos, com certeza procurei fazer, advertido ou não por quem vier a ler este escrito.

A pessoa de Jesus está aberta aos homens e mulheres de todos os tempos, nunca fechada ou esgotada. Sobre ela se projetam inúmeras questões relacionadas não só ao tempo em que transcorreu sua existência terrena, como também à influência que possa ter exercido entre seus seguidores ao longo dos séculos. As questões abertas sobre Jesus de Nazaré têm, portanto, vigência em todas as épocas e sempre contribuem para retocar ou iluminar a informação sobre a inesgotável riqueza de sua pessoa.

Isso pôde ser comprovado em todos os capítulos deste estudo, que pretendeu fazer uma aproximação do conhecimento que temos sobre a pessoa de Jesus de Nazaré e de sua mensagem. Constatei a interminável busca do Jesus da história a partir da época da Ilustração, quando se afanaram estudiosos, católicos e protestantes, das ciências históricas, da Escritura e da teologia, e exploraram múltiplos e extraordinariamente diferenciados enfoques, em escritos canônicos e não canônicos. Os resultados desta apaixonante busca – central na reflexão teológica cristã – podem resumir-se em uma frase muito ilustrativa do eminente exegeta J. P. Meier: o Jesus da história "pode reconstruir apenas fragmentos de um mosaico, fazer o leve esboço de um afresco descolorido que permite muitas interpretações"[142]. É inegável que a investigação histórica atual nos proporciona os meios científicos para podermos traçar as características mais importantes de Jesus, porém, parece evidente que não podemos conhecer o "Jesus real", a totalidade de sua pessoa. Consequentemente, a pergunta sobre o Jesus histórico permanece, ainda hoje, completamente aberta.

---

142. J. P. MEIER. *Un judío marginal. Nueva visión del Jesus histórico* I: las *raíces del problema y de la persona* (Estella: Verbo Divino, 2005), p. 51.

No capítulo "Pressupostos de estudo e questões metodológicas" aparece novamente a indeterminação e a limitação das colocações. A manifestação de Deus a toda a humanidade, visibilizada num primeiro momento no povo de Israel, se transformou em "boa notícia" para todas as pessoas na pessoa de Jesus de Nazaré. As primeiras comunidades cristãs refletiram e viveram esta experiência, recolhida em diversas tradições orais e escritas recompiladas nos quatro evangelhos. Os evangelhos, autênticos testemunhos de fé, devem ser examinados em conformidade com os métodos aprovados pela Igreja Católica. O método e a interpretação para chegar ao conhecimento de Jesus variam e se aperfeiçoam com o tempo, como ocorre em qualquer matéria bíblico-teológica. Existem muitas coisas acerca da vida de Jesus – da bela terra em que nasceu, dos poderes políticos e religiosos daquele tempo, dos seguidores de sua mensagem – que aglutinam um amplo consenso entre os estudiosos das ciências históricas e religiosas. Porém surgem, ao mesmo tempo, diferenças significativas em torno à contextualização e à interpretação do sentido de sua vida e de sua mensagem, especialmente naqueles temas que constituem o núcleo de seu discurso. Esta disparidade de interpretação se observa nitidamente na explicação do reino de Deus, centro da mensagem de Jesus.

A noção de reino de Deus aparece diáfana em alguns aspectos: Deus atua como Senhor, no tempo presente, na pessoa de Jesus de Nazaré, se proclamam valores novos e revolucionários e se anuncia e se oferece generosamente com força e poder a salvação e a liberação a todos os seres humanos, tipificados nos pobres, pecadores e pagãos. Esse reino de Deus se faz presente nas palavras de Jesus, desde o começo de seu ministério profético, se manifesta claramente em suas inúmeras parábolas, em seus milagres e exorcismos e nas refeições partilhadas com marginalizados e pecadores. As questões surgem no instante em que tentamos reconciliar a dimensão presente e futura do reino de Deus e averiguamos a forma de incorporar à nossa vida cristã os valores próprios desse reino.

Questionamentos e problemáticas se levantam em todos os capítulos de nosso estudo. Enormes dificuldades e grande quantidade de questões abertas podem ser vislumbradas no que se refere ao sentido da morte de Jesus, ao significado da última ceia, no que diz respeito ao poder e senhorio do Ressuscitado e à expressão da fé da comunidade eclesial no Senhor Jesus. Jesus me parece inabarcável em todos os aspectos de seu ser.

Apesar da transbordante e complexa problemática que envolve Jesus de Nazaré, biblistas e teólogos têm-se convencido razoavelmente de que existe um núcleo de atos e ditos de Jesus que podem ser considerados como históricos. Jesus nasceu na Palestina, de uma mulher de nome Maria, nos últimos anos do rei Herodes, o Grande. Viveu com sua família em Nazaré, uma pequena aldeia, nas montanhas de Galileia. Batizado por João, começou seu ministério público até o ano 28 d.C., décimo-quinto do imperador Tibério Julio César Augusto. Este ministério, desenvolvido principalmente na Galileia, coincidiu com a tetrarquia de Herodes Antipas, a prefeitura de Pôncio Pilatos e o sumo sacerdócio de Caifás. O núcleo central de seu anúncio profético foi o reino de Deus, com preferência pelos pobres e marginalizados, social e religiosamente. Sua doutrina gozou de uma autoridade singular e suscitou uma forte esperança em amplos setores do povo de Israel.

Escolheu para seguirem um grupo de homens, pescadores de ofício, que o acompanharam nos momentos mais transcendentais de sua vida e a quem ensinou um modelo de vida que em muitas ocasiões contrastou com as doutrinas e as atitudes dos intérpretes autênticos da lei de Moisés. Ao final de seu ministério subiu a Jerusalém, onde realizou um sinal no Templo, foi julgado, condenado a morte e crucificado. Enterrado, seu sepulcro foi encontrado vazio após três dias, e seus discípulos começaram a difundir notícias de aparições do Mestre "ressuscitado" dentre os mortos, sendo eles mesmos testemunhas destas aparições.

Em qualquer circunstância, e para além das limitações de todo tipo apresentadas, a luz irradiada pela pessoa e a mensagem de Jesus de Nazaré é espetacular e abundante, impossível de ser cegada ou ofuscada por nenhuma força humana. Nela me amparo para expressar otimismo e a alegria, e proclamo que: Jesus está entre nós, homens e mulheres de nosso tempo. Todos podemos ter uma imagem própria de Jesus, mais ou menos precisa ou desvirtuada, através da qual percebemos e vivemos nossa fé cristã. Talvez, inadvertidamente, tenhamos convertido Jesus em um personagem – admirável e adorável, evidentemente – do passado, mumificado em normas de conduta e sistemas doutrinais. Talvez, esqueçamos o essencial: Jesus está entre nós como quem cura e quem salva. O cumprimento do tempo e a chegada do reino de Deus de que falam os escritos do Novo Testamento são atuais e definitivos e afetam a todas as pessoas da história em termos de salvação e libertação. Deus irrompe na história humana na pessoa de Jesus de Nazaré, de forma nova e definitiva, com valores também novos e revolucionários, anunciando a todos – pecadores, marginalizados e pagãos – sua misericórdia e sua bondade. Também, agora.

Com toda probabilidade, as obras do Jesus da história soam em nossos dias como grandes extravagâncias, em discordância absoluta com a cultura ocidental. Porém, a beleza e a ternura das Parábolas de Jesus de Nazaré, bem como as curas, milagres e exorcismos realizados são realmente autênticas manifestações e realizações da misericórdia de Deus neste mundo. Hoje, como faz dois mil anos, Jesus come conosco, proclama o perdão a todos, e restabelece a reconciliação entre nós e Deus. Deus atua em Jesus, hoje como naquele tempo, transformando radicalmente a vida de todos, especialmente dos pobres e desamparados, que se confiam ao seu poder e à sua misericórdia infinita. A este Jesus, tão próximo de nossa vida, e homem como nós, menos no pecado, também o proclamamos e confessamos "Filho de Deus" e

"Senhor dos vivos e dos mortos", que abrange, preenche e enobrece nossa existência. Jesus é o Mestre a quem devemos seguir.

Se está entre nós, e sua palavra é vida e verdade, o seguimento é uma consequência lógica. Os relatos vocacionais dos evangelhos – marcados por um ambiente natural de intensa beleza – se dirigem às pessoas com ternura e atenção especiais. Interpelam a todos nós, seus discípulos, homens e mulheres, puros e impuros, observantes da Lei e pessoas afastadas de Deus, sabendo que aquele que nos chama toma a iniciativa, se interessa por nós e nos convida ao serviço do reino de Deus.

Não somos, como se repete constantemente, seguidores de uma corrente filosófica, nem estamos presos a um sistema de pensamento; tampouco imitamos alguém que, neste caso, mostra-se inimitável; nem sequer nos voltamos ou nos orientamos para alguém, enfatizando com isso a importância de nossa decisão e pondo em segundo plano ou esquecendo a grandiosa origem do chamado. Seguimos, simplesmente, a Jesus de Nazaré e caminhamos atrás dele, sob sua direção e escutando-o apenas a Ele.

Seguir Jesus, embora constitutivo da essência cristã, apresenta muitos elementos de índole diversa, que não pretendo analisar em profundidade. Interessa-me exclusivamente elencar alguns pontos fundamentais do discipulado cristão:

a) O seguimento do discípulo de Jesus é adesão total a sua pessoa, é entregar a vida pelos valores pregados pelo Mestre e servir a todos os homens e mulheres deste mundo – crentes ou descrentes – generosa e gratuitamente, inclusive aos inimigos.

b) O discípulo, em lugar de aspirar aos primeiros lugares, deve estar atento às necessidades dos outros, especialmente dos mais pobres e necessitados, exercendo para com todos a compreensão, a acolhida e a misericórdia.

c) O seguidor de Jesus deve renunciar a tudo por seu Mestre, marcando diferença diante de um estilo de vida antievangélico e sendo sinal do reino de Deus. A pobreza, a insegurança e a abnegação do discípulo só podem ser entendidas a partir dos valores do reino.

d) Seguir Jesus é proclamar a irmandade de todo o gênero humano, trabalhando pela justiça e a paz e derrubando barreiras que impedem a comunicação e geram ódios e guerras.

e) Seguir Jesus é, finalmente, abrir-se à vida luminosa de Deus e, passando pelo caminho terrível da cruz, esperar e confiar na misericórdia infinita daquele que é Pai de todos nós.

Jesus é a esperança definitiva de nossa vida. O mundo atual, enredado em embelezamentos estéreis, experimentos perigosos e atividades que degradam a dignidade do ser humano, perdeu o horizonte de esperança de que Jesus de Nazaré permanentemente nos apresenta. Diante das dolorosas desgraças e horrores intoleráveis que sofrem os homens e mulheres de nosso tempo sobre quem recaem a pobreza, a enfermidade e a incultura, não cabe outra esperança que não seja aquela que provém de Jesus de Nazaré.

O mundo de hoje – como aconteceu em outras épocas da história – ignora ou põe em dúvida a realidade cheia de esperança da pessoa de Jesus. Pergunta-se com grande ceticismo e assombro se Jesus pode ser a razão de sua esperança, como acontecera com os discípulos do Batista, incapazes de reconhecer aquele que havia de vir para a salvação de todos (Mt 11,3). O sofrimento mais atroz e a injustiça mais perversa para com os irmãos nos alienam, paradoxalmente, dos valores mais significativos de humanização e realização integral ensinados e praticados por Jesus de Nazaré.

A quem esperamos nós? Temos a tentação de cobiçar a fama, o poder e o dinheiro, diluindo em vãos desejos a realização do futuro de nosso ser. Por fim, concebemos a libertação futura como realização de nossas esperanças mundanas, ao estilo dos caminhantes de Emaús, que unicamente pensavam na liberação gloriosa de Israel (Lc 24,21).

Nós esperamos em Jesus, que passou pela terra fazendo o bem, morreu com indizível sofrimento, Deus o ressuscitou e o constituiu Senhor do universo. Esperamos somente nele e só o concebemos desta forma. Toda a vida de Jesus está orientada à esperança. Suas palavras, seus gestos, seus milagres e curas, suas refeições, sobretudo, sua morte e ressurreição assim o confirmam. A morte de Jesus estava aberta à esperança da vida, como Ele mesmo havia dito em diversas ocasiões: "Destruí este templo, e em três dias o levantarei" (Jo 2,19). E também estava aberta à glória e ao senhorio: "E vereis o Filho do homem sentado à direita do poder, e chegando entre as nuvens do céu" (Mc 14,62). Estas belas e animadoras palavras tiveram seu pleno cumprimento na experiência pascal, cujo anúncio ou querigma expressamos em fórmulas mais ou menos antigas, breves ou complexas, porém que sempre incorporam a exaltação e a glorificação de Jesus e nossa esperança, fixa na luminosa realidade do *éskaton*. Ali está transbordante nossa autêntica esperança, pois, como diz João no Apocalipse: "Não haverá mais noite, não haverá mais necessidade da luz da lâmpada, nem da luz do sol, porque o Senhor Deus os iluminará e eles reinarão pelos séculos dos séculos" (Ap 22,5). Não encontro no Novo Testamento palavras mais belas e cheias de esperança. Deus, que é todo luz, eliminará em nós toda sombra e resplandecerá sobre nós e, em sua impenetrável misericórdia, reinará para sempre. Esta é e assim se manifesta a esperança do discípulo de Jesus de Nazaré.

As vivências cotidianas e as esperanças futuras são vividas pelos discípulos de Cristo, com os homens e mulheres de nosso tempo, como diz o Concílio Vaticano II, na comunidade eclesial[143]. Sei que Jesus salva e o reino de Deus chega e se realiza também fora da Igreja, porque ambas as realidades, embora inseparáveis, são distintas e inconfundíveis. Porém, o cristão vive sua fé na comunidade eclesial e não pode fazê-lo nem à margem dela nem em outro lugar.

A muitos discípulos de Cristo custa assimilar a necessidade e a atração da comunidade que eles mesmos formam e escolheram como lugar único e privilegiado para dar testemunho da presença do Ressuscitado no mundo. Reparamos isso com frequência em estruturas arcaicas e rígidas, em sinais de salvação pouquíssimo transparentes, em ministérios de exíguo serviço, em tarefas afastadas das necessidades reais, em ideais e ocupações inconciliáveis com as claras exigências do Evangelho. Mais do que isso, nos deparamos, às vezes, com o pecado, a obstinação e a arrogância, que aniquilam a esperança e a abertura ao Espírito de Jesus. Na Igreja encontramos todos esses elementos negativos e outras deficiências inerentes à condição humana. Porém, não esqueçamos em nenhum caso que a Igreja é obra de Deus, guiada pelo Espírito e indefectível no tempo para proclamar com energia a todos os seres humanos a boa notícia da salvação, anunciada e realizada na pessoa de Jesus de Nazaré.

Misteriosos permanecem os obscuros e mutáveis caminhos de libertação traçados por Deus ao povo de Israel no Antigo Testamento, marcados por medos e incertezas (Dt 4,1–6,25). Em Jesus de Nazaré resplandece o autêntico e definitivo caminho de salvação para a humanidade. Esse caminho diáfano conduz ao reino de Deus, no qual Jesus é Deus, como o Pai e o Espírito, e Senhor do universo.

---

143. Concílio Vaticano II. *Gaudium et spes*, p. 1.

Glossário[144]

Abbá. Palavra aramaica אבא (*aba*), que significa literalmente "pai". Tal palavra não aparece com este significado nem no Antigo Testamento nem na literatura judaica posterior. No Novo Testamento, o termo, que sempre vem acompanhado de sua transliteração e tradução gregas (αββα ou πατήρ), aparece referido a Jesus em Mc 14,36, que se dirige ao Pai orando no horto de Getsêmani. Expressa uma relação singularmente íntima entre Deus e Jesus, o Filho predileto. Os primeiros cristãos se dirigem a Deus com este nome (Rm 8,15; Gl 4,6) e, como discípulos, os cristãos podemos invocar a Deus como Pai "no Espírito" (Mt 6,9-13; Lc 11,2-4).

Acontecimento-Jesus. Entende-se por este conceito a presença e atuação de Jesus de Nazaré na história – realmente, um grande acontecimento – que anuncia os valores do reino de Deus e oferece a salvação à humanidade.

AD. Esta expressão latina, *Anno Domini* (no ano do Senhor), estabelecida aproximadamente no ano 526 por Dionísio, o Exíguo, indica que a cifra antecedente deve ser contada a partir do nascimento de Jesus Cristo, segundo cálculos do monge citado anteriormente.

Adonai. Termo hebraico, יהוה, que significa "Senhor". Com este nome se designa a Deus, equivalente ao tetragrama sagrado YHWH (Yahvé), que os judeus não pronunciavam por respeito. A transcrição do tetragrama por "Jeová" é errônea.

Adocionismo. Nome que recebem aquelas sentenças teológicas que veem em Jesus Cristo um homem que possui de forma especial o Espírito de Deus, como se manifestou em seu batismo, a quem Deus "adota" como filho. Esta doutrina foi defendida por alguns cristão-judeus do século I, e no século III por Paulo de Samosata, seu principal representante.

Ágape. Termo grego, ἀγάπη, que significa "amor". É utilizado no Novo Testamento com o sentido de entrega ou amor divino, em contraposição e distinção em relação à palavra φίλος [amor fraterno, amizade] e a ἔρως [amor sensual]. Principalmente, se entendeu por "ágape" a Eucaristia celebrada pela comunidade dos seguidores de Jesus ressuscitado (Jd 1,12) e, na sequência, a refeição associada a ela. Em breve espaço de tempo, começou-se a celebrar separadamente a ceia do Senhor e o ágape, talvez como consequência dos abusos descritos em 1Cor 11,17-22.

---

144. Este glossário, explicação de algumas palavras ou expressões que possam encontrar-se neste livro e, ao mesmo tempo, em outros que tratam da vida de Jesus, foi concebido como ajuda ou mesmo como complemento didático aos conteúdos desta obra, para aqueles leitores que encontrem alguma dificuldade para a compreensão do texto ou, simplesmente, tenham alguma curiosidade bíblica ou teológica. Para este propósito, utilizei os autores que são apresentados abaixo, após este "glossário".

Ágrapha. Termo grego que significa "não escrito". Aplica-se aos ditos de Jesus que não se encontram nos evangelhos canônicos e que se preservam em outros escritos do Novo Testamento, em certos manuscritos bíblicos, nos primeiros Pais da Igreja, nos apócrifos, no Talmud e em escritos islâmicos. A autenticidade destes ditos se rege por critérios de qualidade da transmissão e a ausência de lendas sectárias, alheias aos escritos canônicos.

Alexandria, escola de. Esta escola se distingue pelo estudo teológico sobre a palavra de Deus, escrita e encarnada. Acentua a divindade de Jesus e utiliza a alegoria e a tipologia na interpretação da Escritura.

Alexandrino, Códice. Um dos códices gregos mais importantes da Bíblia (Antigo Testamento e Novo Testamento). É do século V, e sua sigla é A.

Aleluia. Termo hebraico, הַיּוּלְלָה, que significa "Louvai a Yahvé". É uma exclamação de alegria e gratidão a Deus.

Aleluiáticos, salmos. São aqueles que começam e terminam ou apenas terminam com a exclamação *alleluja* (por exemplo, 104-106; 115; 146-150 etc.).

Aliança. É uma relação estável e duradoura, baseada em distintos ritos simbólicos que estabelecem a relação entre Deus e o povo de Israel. Não é um pacto entre duas partes iguais, senão em analogia com os acordos políticos firmados entre soberanos e vassalos do antigo Oriente Médio. Na ciência bíblica, a aliança se inspira no amor e na fidelidade. São típicas as alianças de Deus com Noé, com Abraão, com o povo no monte Sinai e, especialmente, a Nova Aliança, selada com o sangue de Jesus.

Am-ha arés. Frase hebraica que significa "o povo da terra". É um termo empregado frequentemente para designar a pessoas de baixa condição e, às vezes, com desprezo.

Amonita. Tribo de provável origem amorreia que se assentou na Transjordânia, entre o Jordão e o deserto, até o século XII a.C., formando o reino de Amón. Suas relações com Israel foram cordiais algumas vezes, e hostis outras.

Amora/Amoraíta. Voz arameia que significa "o que fala", "mestre" ou "narrador". Os *amoraim* foram mestres judeus (ca. 200-400 ADE) cuja geração seguiu aos *Tannaim e* que compuseram a Gemará, um comentário à Misná e às Escrituras hebraicas. Existem duas escolas de *Amoraim*, conforme vivessem em Israel ou na Babilônia.

Amorreu. Povo nômade de origem semita que invadiu a Meia Lua Fértil até o ano de 2500 a.C. Este povo estabeleceu famosas e poderosas dinastias, como a da Babilônia, e foi um dos povoadores pré-israelitas de Palestina.

Analogia da fé. Em latim, *analogia fidei*, é um dos princípios teológicos que tem de guiar a interpretação da Escritura. Toda interpretação da Escritura deve estar em consonância com o conjunto da revelação de Deus.

Anámnesis. Termo grego, ἀνάμνησις, que significa "comemoração" cúltica de um fato.

Antinomismo. Teoria que discute a validez de toda lei e que, em relação com o evangelho, põe em dúvida a obrigação da lei moral para o cristão.

Antioquia, Escola de. Em oposição à Escola de Alexandria, praticou a interpretação literal e espiritual da Escritura. Seu representante principal é Teodoro de Mopsuestia.

Antítese. Figura literária que, segundo o dicionário da RAE, consiste "em contrapor uma frase ou uma palavra a outra de significação contrária". No campo bíblico, são famosas as recolhidas no sermão da montanha: "Ouvistes o que foi dito... Eu, porém, vos digo..." (Mt 5,21ss.).

Antropomorfismo. Segundo o dicionário da RAE, "conjunto de crenças ou de doutrinas que atribuem à divindade a figura ou as qualidades do ser humano". Deus é concebido desta maneira no Antigo Testamento para caracterizar seu caráter pessoal e sua intervenção na história humana.

Aparato crítico. Conjunto de notas, colocadas ao pé de página que, em edições científicas dos textos bíblicos, indicam as diferentes leituras existentes nos códices. Indicam ainda os códices de cada leitura mostrada.

Apocalipse, apocalíptico. Termo que deriva do grego, com significado de "revelação" ou "manifestação". Gênero literário que utiliza os tempos passados e o anúncio do tempo definitivo, referidos por alguma personalidade religiosa de grande autoridade. Nesse gênero se emprega uma grande variedade de símbolos, alegorias e complexas especulações numéricas, inseridas em uma visão determinista da história que se orienta aos últimos tempos. Esses conceitos, de formas diversas e variadas, fazem referência especial ao último livro do Novo Testamento, o Apocalipse de São João. Esse tipo de literatura revela o plano salvífico de Deus para a humanidade em Cristo Jesus.

Apócrifo. Escritos judeus e obras cristãs primitivas que, embora guardem semelhanças com os livros canônicos, não foram admitidos no cânon. Recebem o nome de pseudepígrafos pelos protestantes, que chamam de apócrifos os deuterocanônicos.

Apolinarismo. Doutrina que leva o nome do bispo de Laodiceia, Apolinário, e que não aceita plenamente a humanidade de Cristo ao defender que, em Cristo, a pessoa divina ocupava o lugar da alma espiritual de Jesus.

Apotegma. Máxima que contém uma norma de conduta. Encontram-se nas respostas de Jesus a seus discípulos e adversários religiosos e políticos.

Áquila, versão de. Versão grega do Antigo Testamento a partir do texto hebraico, até o ano 135.

Arameísmo. Barbarismo produzido pelo influxo do aramaico em outras línguas. Palavras existentes no grego do Novo Testamento que revelam uma origem aramaico-palestina.

Aramaico. Língua semítica emparentada com o hebraico. Foi idioma dominante nos antigos territórios assírio-babilônicos, entre os quais se achava a Síria-Palestina. Foi a língua vernácula do povo judeu a partir do ano 586 a.C. Nessa língua estão escritos os livros de Daniel e Esdras, assim como os Targumin.

Harmonização. No campo da crítica textual, ação que consiste em alterar o texto para fazê-lo coincidir com o correspondente de outro autor ou livro.

Arianismo. Doutrina segundo a qual o Logos não é eterno como o Pai, ainda que goze de distinção e eminência sobre o resto das criaturas. Não é da mesma substância que o Pai, é engendrado e criado ao mesmo tempo e é Deus por participação. O Logos ocupou em Jesus o lugar da alma e, em consequência, Jesus carecia de alma humana. O arianismo foi condenado no primeiro Concílio de Niceia, no ano 325. Atanásio, mais tarde escolhido bispo de Alexandria, foi o grande defensor da doutrina de Niceia.

Assíria. Parte setentrional da Mesopotâmia o "País dos dois Rios", que teve como capitais Assur, Calah e Nínive, esta última destruída e conquistada por Nabopolasar, rei da Babilônia, no ano 612 a.C. Na época de seu maior apogeu, século VIII a.C., Assíria chegou a dominar grande parte de Ásia Ocidental e Egito. Os reinos de Israel e Judá também foram dependentes da Assíria.

Assírio. Língua semítica, cujo nome deriva de Assur, capital do império assírio, às margens do rio Tigre.

Asmoneu. Dinastia descendente de Simão Macabeu.

Autenticidade. Qualidade do livro bíblico, escrito pelo autor a quem é atribuído. Pode ser: divina (livros inspirados por Deus) ou humana, no sentido descrito.

BCE. Acrônimo inglês que significa "antes da era comum (AEC) ou Era Cristã". É uma expressão aconfessional que substitui BC (AC).

BC. Significa "antes de Cristo" em inglês. O período que precede o nascimento de Cristo, segundo a datação do monge Dionísio, o Exíguo.

B. Sigla do Códice Vaticano.

Baal. Nome genérico dos antigos povos semíticos, que significa "Senhor" e se aplica às divindades da Síria e da Palestina. Na Bíblia, se utiliza para designar ídolos. Em algumas línguas, aparece a forma Bel, por exemplo, Bel-zebú.

Babel. Nome bíblico de Babilônia.

Babilônia. Cidade situada às margens do rio Eufrates, na Mesopotâmia Meridional. Seu reinado passou por várias etapas: o império paleobabilônico (ss. XIX-XVI), ao que pertence Hammurabi, que dominou toda a Mesopotâmia. Entre os séculos XVI e XII a.C. foi subjugada por vários povos. Depois de alguns séculos de confusão e declive, os caldeus fundaram o império neobabilônico, que terminou com a conquista do povo persa no século VI a.C. No ano 587 a.C., o rei Nabucodonosor destruiu Jerusalém no reino do Sul e deportou seus habitantes para a Babilônia.

Baraita. ברייתא, empréstimo do aramaico (em plural, Baraitot), que significa "externo", e corresponde à tradição rabínica não incluída na Misná por Judah ha-Nasi. É considerado um complemento da Misná. Daí sua acepção semântica de "complemento". Desconhece-se sua importância e reconhecimento de autoridade anteriormente ao século II.

Ben Sirá. Confira: Sirácida.

Berakah. ברכרה, Termo hebraico que significa "bênção". Oração judaica de louvor e ação de graças. Forma também o primeiro tratado da Ordem Zera'im, זרים.

Beza. Ou códice de Beza é um dos mais importantes do Novo Testamento, dos séculos IV-V. Escrito em grego, contém igualmente a versão latina. É conservado na cidade de Cambridge. Sua sigla é D.

Bem-aventurança. Louvor, dirigido a alguém, para expressar a felicidade de que é objeto.

Bodmer, papiros. São conhecidos por este nome os papiros do Novo Testamento editados por Martin Bodmer. Os mais importantes são: Bodmer II, cuja sigla é P66, e Bodmer XIV-XV, com a sigla P75, ambos do século III.

CE. Significa "era comum ou Era Cristã". Expressão aconfessional que substitui a D.

Calcedônia. Cidade da Ásia Menor em que foi realizado, no ano 451, o concílio ecumênico que formulou o dogma cristológico, segundo o qual Jesus Cristo, o Logos de Deus encarnado, é uma pessoa com duas naturezas, inseparáveis, imutáveis e inconfusas. Esta doutrina foi defendida contra Nestório e Eutiques.

Caldeus. Povos de origem semita, assentados na região Sul do atual Iraque, que antigamente pertencia à região da Babilônia Oriental. Nos textos bíblicos aparecem como um grupo de gente especializada na adivinhação e de astrólogos da corte babilônica. Na atualidade, o termo é empregado como denominação oficial da Igreja caldeia, cujo patriarca reside em Bagdá e usa o título oficial de Patriarca da Babilônia dos Caldeus.

Canaã. Nome utilizado na Bíblia para designar a Palestina, cujo gentílico se utiliza para referir-se à população e cultura pré-israelitas da Síria Ocidental e Palestina. Da língua cananeia procede a língua hebraica.

Cânon. Referido à Escritura, são livros que compõem a Bíblia, inspirados por Deus e norma de fé e moral. Existe o cânon palestino (hebraico), o alexandrino (grego dos LXX) e o cristão (católico e protestante).

Cantabrigiense, Códice. Confira: Códice de Beza.

Carisma. Dons do Espírito Santo, concedidos a certos membros da comunidade crente para o bem comum.

Cativeiro. Desterro do povo judeu na Babilônia.

Chester Beatty. Série de importantes papiros do Novo Testamento adquiridos pelo colecionador estadunidense que leva esse nome. Entre eles se encontram o P45 e o P46.

Claromontano. Códice grego, um dos mais importantes do Novo Testamento. É do século V, e sua sigla é D.

Códice. Folhas, geralmente de pergaminho, unidas em forma de caderno. Existem códices com o texto bíblico que servem para sua reconstrução. Os cristãos foram os primeiros a empregá-los em grande escala para publicar os escritos sagrados.

Comissão bíblica. Foi fundada por Leão XIII, no ano de 1902, para ampliar e velar pelos estudos bíblicos. A partir do Concílio Vaticano II, forma parte do corpo consultivo da Congregação para a Doutrina da fé.

Concílio. Os concílios, também chamados sínodos, são reuniões, especialmente de bispos da Igreja Católica, em que são tratados temas da Igreja, tomadas decisões e promulgados decretos. Se o concílio é convocado pelo papa e representa a Igreja universal, recebe o nome de concílio ecumênico.

Constantinopla. Capital do império bizantino, hoje em dia Istambul. Nesta cidade se celebraram quatro concílios ecumênicos, a saber: a) o primeiro, celebrado no ano 381, condenou as heresias que negavam a divindade do Espírito Santo; b) o segundo se celebrou no ano 553 e condenou o nestorianismo; c) o terceiro, chamado também Concílio de Trullo, condenou o monotelismo, que atribui a Cristo uma única vontade; d) o quarto, celebrado no ano 869, que condenou o patriarca grego Fócio como cismático.

Corpus paulino. Denomina-se assim o conjunto das Cartas autênticas de São Paulo.

Corpus. Termo que faz referência ao conjunto de obras de um autor ou escola.

Credo. Conjunto de verdades fundamentais, expressadas na liturgia da Igreja, centradas na ação salvadora de Deus à humanidade e realizadas singularmente na morte-ressurreição de Jesus Cristo e na atividade do Espírito na comunidade cristã.

Crítica, edição. Análise científica das fontes, da história e das formas literárias dos textos bíblicos para determinar o sentido genuíno dos mesmos.

D. Sigla de vários códices do Novo Testamento, o mais importante dos quais sendo o Códice de Beza.

Decápole. Dez cidades helenísticas situadas na Transjordânia, liberadas da Judeia por Pompeu no ano 63 a.C.

Dei verbum. Constituição dogmática sobre a Divina Revelação do Concilio Vaticano II, do ano de 1965.

Depósito da fé. Conjunto de bens salvíficos – palavras e dons – confiados à comunidade eclesial para que esta os preserve com fidelidade e os transmita de forma infalível.

Desmitização. Termo popularizado pelo teólogo Rudolf Bultmann que tratou de explicar o chamado por ele "mito" do Novo Testamento em termos do próprio entendimento humano. Segundo Bultmann, a comunidade cristã primitiva interpretou a vida e a mensagem de Jesus recorrendo a mitos extraídos do pensamento helenista, do gnosticismo e da apocalíptica judaica. Para que essa linguagem mítica seja compreensível ao ser humano moderno é preciso fazer uma transposição da mensagem de Cristo a categorias filosóficas atuais. O conteúdo da mensagem, uma vez levada a cabo a desmitização, ficaria reduzido àqueles elementos relacionados a nossa existência e nossa relação pessoal com Deus. Bultmann tentou reinterpretar o "mito", mais que suprimi-lo, com a intenção de recuperar o autêntico sentido da mensagem evangélica e aplicá-lo à existência humana. Seria, portanto, uma tentativa de explicar a linguagem mítica do Novo Testamento, empregando técnicas de desmitização.

Desmitologização. Confira: Desmitização.

Desterro. Confira: Exílio.

Determinismo. Doutrina segundo a qual todos os movimentos humanos, orientados a um fim determinado, não são produzidos livremente, mas estão previamente determinados por causas externas e alheias ao ser humano.

Deuterocanônicos. Livros que, embora tenham sido incorporados tardiamente ao cânon da Escritura, são literalmente canônicos. Os protestantes consideram apócrifos os Livros Deuterocanônicos do Antigo Testamento.

Deuteroisaías. Segundo a crítica, nome que se dá ao autor anônimo de Is 40-55.

Deuteronômico. Uma das fontes com que se compôs o Pentateuco, segundo a teoria documentária. Designa-se com a letra D.

Deuteropaulinas, cartas. Confira: Protopaulinas, cartas.

Diáspora. Nome atribuído aos distintos grupos judeus que viveram fora de Palestina como consequência de diversos desterros e emigrações. Às vezes, faz referência aos cativeiros judaicas da Assíria e da Babilônia.

Diatessarão. Termo utilizado por Taciano, ao final do século II, para referir-se à combinação ou concórdia dos quatro evangelhos canônicos e algum material não canônico.

Didaché (Doutrina dos Doze Apóstolos). É um dos escritos mais importantes da comunidade cristã primitiva. Sua origem remonta provavelmente à segunda metade do século I d.C, e foi publicado no ano de 1883, dez anos depois de ser encontrado. São de sumo interesse as instruções para a celebração do batismo e da eucaristia, assim como a redação do Pai-nosso.

Divino Afflante Spiritu. Encíclica do papa Pio XII sobre a Sagrada Escritura (1943), que incorpora a utilização dos métodos críticos ao estudo da Bíblia na exegese católica.

Docetismo. Teoria cristológica, segundo a qual Cristo só possuía um corpo aparente e, em consequência, seus sofrimentos e sua morte foram também aparentes.

Doutrina católica, verdades da. São aquelas verdades que a Igreja Católica propõe autenticamente, ainda que não sejam definidas como infalíveis.

Duas fontes, teoria das. Hipótese exegética, segundo a qual os Evangelhos sinóticos têm sido elaborados a partir de duas fontes comuns, um Mc primitivo (*Ur--Markus*) e a fonte Q.

Doxologia. Fórmula que celebra e louva a glória de Deus.

E. Confira: Eloísta.

Edom. País e população do Sul e Sudeste do mar Morto, descendente de Esaú, segundo a Bíblia, em contínuo conflito com Israel. No primeiro milênio a.C. se chamava Idumeia.

Éfeso. Cidade de Ásia Menor em que se celebrou, no ano 431, o terceiro concílio ecumênico, que condenou o nestorianismo e outorgou à virgem Maria o título de "Mãe de Deus".

Efrem Rescripto. Um dos códices gregos mais importantes da Bíblia. É do século V, e sua sigla é C.

El. Em hebraico, אל é o Deus por excelência, o Deus criador. É utilizado pelos israelitas, só ou com algum epíteto, para designar o Deus único e verdadeiro. Assim, El de Abraão, El de Isaac etc. É um dos termos mais antigos e aparece tanto em cananeu como em acádio.

Elohim. Termo hebraico, אלהים, o plural de אל, utilizado frequentemente, com o qual se designa Deus no Antigo Testamento.

Eloísta. Uma das quatro fontes com que se compôs o Pentateuco. Chama a Deus de Eloim. Sua sigla é E.

Escatologia. Termo grego, ἔσχατος λόγος, que significa: doutrina das "coisas últimas" e faz referência às esperanças que o Antigo e o Novo Testamento descrevem para o povo de Deus e os seguidores de Jesus nos últimos tempos.

Escriba. Em sua origem, funcionário da corte. Posteriormente, na época da tradição rabínica chegou a significar "estudioso" e "mestre" da lei (os escribas eram considerados doutores da lei, na realidade). Gozava de grande prestígio social e era chamado *rabbi*, que quer dizer "meu mestre".

Essênio. Membro de um movimento tradicionalista judeu, de práticas rigorosas e extravagantes, estabelecido no deserto de Judá até o século II a.C. e que terminou com a destruição de Jerusalém no ano 70 d.C.

Etnarca. Título de menor posição que o rei, que existia em alguns países orientais da Antiguidade. Também, governador de algumas províncias romanas.

Evangelho. Termo grego que se utiliza para descrever a "boa notícia" anunciada por Jesus. Também, documentos escritos sobre a pessoa, pregação e obras de Jesus, recolhidos nos quatro evangelhos canônicos do Novo Testamento e a mensagem que eles proclamam.

Exaltação (de Cristo). Termo que expressa o Senhorio de Jesus na glória do Pai, uma vez que, como diz o hino da Carta aos Filipenses, se despojou a si mesmo (κενόω), adotando a condição de escravo e obedecendo até a morte, uma morte de cruz, por isso Deus o elevou (ὑπερύψωσεν) sobre tudo (céu, terra e abismos) e o constituiu κύριος, Senhor do universo (Fl 2,6-11).

Exegese. Interpretação crítica de um texto bíblico.

Exílio. Nome com que se designa a época em que o povo judeu foi deportado por Nabucodonosor para a Babilônia, no ano 587 a.C., onde permaneceu aproximadamente até o ano 538 a.C. O rei Ciro permitiu a volta dos judeus à sua terra.

Êxodo. Nome com que se descreve a libertação do povo de Israel desde a saída do Egito, guiado por Moisés, até a passagem do mar Vermelho, a marcha pelo deserto e a entrada na terra prometida.

Expiação, dia da. Festa judaica de caráter penitencial e expiatória.

Fariseus. Os separados/apartados, do verbo פרשׁ, *perash* em hebraico/aramaico e φαρισαῖοι em grego, constituem um movimento judeu, procedente, talvez, dos hassidianos, distinguido por seu cumprimento rigoroso da lei de Moisés. Rejeitavam o domínio de potências ocupantes de sua terra e tinham em alta estima a tradição oral. Esperavam um Messias da casa de Davi e acreditavam na ressurreição dos mortos e no juízo final. Entre eles se encontravam numerosos escribas. Ainda que o Novo Testamento ressalte suas muitas hipocrisias, também houve fariseus que convidaram Jesus a sua mesa. Graças a seu fervor, o judaísmo sobreviveu após a destruição de Jerusalém pelo Império Romano.

Festas. As principais festas judaicas eram a Páscoa, Pentecostes e as Tendas ou Cabanas. Outras festas menores eram o sábado, a expiação, o ano sabático e o dia da expiação e a dedicação do Templo.

Filioque. Termo latino que significa "e do filho". Doutrina que afirma que o Espírito Santo procede do Pai e do Filho, como princípio único. O acréscimo, embora não tenha sido incorporado em todas partes ao mesmo tempo, foi introduzido pela Igreja latina no Credo Niceno-Constantinopolitano no final do século VII.

Freer, Códice de. Um dos códices gregos mais importantes do Novo Testamento. É do século V, contém os quatro evangelhos e é chamado também Códice de Washington. Sua sigla é W.

Gemara. Termo hebraico, גמרה, que significa "complemento". É um comentário da Misná, feito por rabinos da Palestina e da Babilônia. Com o tempo, chegou a formar parte do Talmud.

Gentil. Diz-se de todo aquele que não pertence ao povo eleito de Israel.

Glosa. Palavras acrescentadas ao texto original, à margem ou entre linhas, com a intenção de explicá-lo ou melhorá-lo.

Glossolalia. Dom das línguas.

Gnosis. Gnosticismo. Termo grego, γνῶσις, que significa "conhecimento". Movimento ou conjunto de doutrinas filosófico-teológicas, manifestadas entre o século I a.C. e o IV d.C. Reconhece o dualismo entre o bem (Deus) e o mal (o mundo da matéria criada pelo demiurgo). O ideal da vida consiste na existência como Espírito puro, e a salvação se consegue pelo conhecimento do divino e a fuga dos valores terrenos. Influenciou em alguns escritos do Novo Testamento.

Graduais, salmos. Quinze salmos, do 119 ao 133, que descrevem as etapas da subida em peregrinação até Jerusalém.

Hagadá. Termo hebraico, הנדה, que significa "contar", "narrar". Interpretação judaica exortativa, edificante, da Escritura.

Hagiógrafo. Autor sagrado.

Halaká. Termo hebraico, הלכה, que significa "caminhar", "proceder", porém também preceito, regra, jurisprudência talmúdica. Releitura atualizada de um texto jurídico do Antigo Testamento para que sirva de norma de conduta ao indivíduo ou à comunidade. Estas regulações legais são consideradas pelos rabinos de maior importância que a Hagadá.

Hanuká. Festa da dedicação do altar dos holocaustos do Templo de Jerusalém no ano 164 a.C., depois da profanação por Antíoco IV.

Hebraico. Língua semítica ocidental em que está escrita a maior parte do Antigo Testamento. Foi substituído pelo aramaico como língua viva a partir do desterro da Babilônia. O termo tem uma etimologia incerta. Alguns fazem derivar seu nome do patriarca Heber; outros pensam que se trata dos *hapiru*, população emigrante ou estrangeira, como os israelitas no Egito, e alguns o associam a sociedades marginais, dedicadas à bandidagem, existentes no Oriente Próximo (*habiru*). Hoje em dia, o vocábulo é sinônimo de israelita.

Helenismo. Nome com que se conhece a cultura helênica, difundida pelo Oriente Médio e o mundo Mediterrâneo até a chegada do Império Romano.

Hermenêutica. Ciência de interpretação do texto bíblico.

Herodiano. Nome com que se designam os partidários de Herodes, o Grande.

Hierofania. Termo grego, ἱερός (sagrado/santo) e φαίνω (aparecer/manifestar-se), que significa: manifestação do sagrado.

Hilemorfismo. Teoria aristotélica, elaborada pela filosofia escolástica, segundo a qual a realidade material é constituída essencialmente por dois elementos: matéria (em grego, ὕλη) e forma (em grego, μορφή), que constituem uma realidade.

História da salvação. Em alemão, *Heilsgeschichte*, quer dizer, a história do povo eleito, na qual se revelam a ação e a salvação de Deus.

História das formas. Em alemão, *Formengeschichte*, que significa o estudo das formas literárias empregadas pelos primeiros cristãos para dar forma às tradições sobre Jesus.

História das tradições. Em alemão, *Traditionsgeschichte*, ou análise do processo da composição dos textos bíblicos.

Homoousios. Termo grego, ὁμοούσιος, que significa "de essência igual". O termo é utilizado para designar que a essência de Deus é igual (una) a do Logos, dentro da Trindade de Deus.

Hosanna. Termo hebraico que significa: "ajuda-nos". Súplica dirigida a Yahvé e que adquiriu posteriormente um sentido de louvor e alegria.

Humani generis. Encíclica do papa Pio XII sobre a Escritura, do ano de 1950.

Inerrância. Qualidade da Sagrada Escritura, que está livre de erro pela inspiração divina. Hoje se fala, preferencialmente, de "verdade" da Escritura.

Inspiração. Ação do Espírito Santo sobre os autores sagrados, que converte seus escritos em palavra de Deus.

Interpolação. Parte de um texto intercalado no original, ao qual não pertence.

Intertestamentário. Diz-se do período bíblico entre o ano 150 a.C. e o 150 d.C., no qual se escreveu um tipo especial de literatura judeu-cristã, como os chamados apócrifos.

Ipsissima Verba. Palavras que se consideram pronunciadas literalmente por Jesus.

Israel. Segundo nome de Jacó, de quem descende o povo de Israel, e do reino do Norte, depois da separação dos reinos com a morte de Salomão no século X a.C.

Israelita. Membro do povo de Israel e, mais propriamente, pertencente ao reino do Norte.

J. Sigla do documento Javista.

Jamnia. Nome de uma cidade entre Jerusalém e a costa mediterrânea, em que se assentou no fim do século I e princípio do século II uma escola de fariseus que reestruturou o judaísmo nos moldes vigentes até a atualidade.

Javé. Nome do Deus de Israel. Corresponde ao tetragrama יהוה, "YHWH", pronunciado *Adonai*), ou Senhor, por respeito ao nome de Deus.

Javista. Um dos quatro documentos com que se compôs o Pentateuco, segundo a teoria documentária. Designa Deus com o nome de Javé, e sua sigla é J.

Jebuseu. Nome que se dá aos antigos habitantes de Jerusalém antes da conquista desta cidade pelo rei Davi.

Jeovista. Compilação com base das fontes J e E do Pentateuco, depois da queda da Samaria, no ano 722 a.C.

Judá. Nome de um dos filhos de Jacó. Nome do reino do Sul depois da separação dos reinos com a morte de Salomão.

Judaísmo. Nome que recebe o povo eleito e sua cultura a partir do desterro. Contrapõe-se ao helenismo.

Judeu-cristão. Chama-se assim o judeu convertido ao cristianismo para distingui-lo do pagão-cristão.

Judeu. O Termo designa originariamente os pertencentes ao reino de Judá. A partir do cativeiro da Babilônia, passaram a chamar-se assim todos os habitantes do povo de Israel.

Kairós. Aplica-se – distinguindo-o da palavra χρόνος – a momentos de grande importância no que diz respeito à salvação, e especialmente ao tempo da consumação final.

Kénosis. Diz-se da aceitação da condição humana por parte de Cristo Jesus, o Filho de Deus.

Kerigma. Termo grego, κήρυγμα, que significa "proclamação". Aplica-se à proclamação do núcleo central da fé cristã, quer dizer, a salvação da humanidade por Cristo, constituído Senhor e Salvador por sua morte e ressurreição, para afirmar a presença do Ressuscitado no mundo. É norma e fundamento para a teologia e o dogma da Igreja, dos quais se distingue nitidamente.

Koiné. Termo pelo qual se conhece o grego corrente, falado no mundo Mediterrâneo helenizado e utilizado pelos autores do Novo Testamento.

L. Abreviatura que faz referência ao material do Evangelho de Lucas, próprio deste evangelista.

Levita. Membro da tribo sacerdotal de Levi. Tais membros exerceram tarefas de culto e serviço no Templo.

Literal, sentido. Sentido primeiro de um texto bíblico, que se depreende das palavras em si mesmas.

Logia. Plural de *Logion*.

Logion. Qualquer classe de sentenças curtas. Em um sentido técnico, faz referência às máximas de Jesus de caráter parenético sapiencial.

Logos. Termo grego que traduzimos por "palavra" ou "verbo". Aplicamos este termo a Jesus Cristo, Filho de Deus. Segundo o prólogo do Evangelho de João, "a palavra existia no princípio, existia com Deus e era Deus. Por ela foram feitas todas as coisas, e ela era a Vida e a Luz dos homens". Tomou carne, viveu entre nós, padeceu e morreu e ressuscitou, manifestando a glória do Pai e efetuando a libertação e salvação da humanidade.

LXX. Sigla da versão grega dos Setenta. Confira: Setenta.

Macedonianismo. Doutrina teológica que leva o nome de Macedônio, bispo de Constantinopla, e defende que o Espírito Santo é uma criatura não divina, sem relação alguma com o Pai e ao Filho. Foi condenada no ano 381, no I concílio de Constantinopla.

Mar Morto, rolos (papiros) do. Manuscritos achados em Qumrã e seus arredores.

Maranathá. Expressão aramaica, מרן אתא, que significa: "Vem, Senhor".

Massora. Signos vocálicos e de pontuação do texto da Bíblia hebraica.

Massoretas. Sábios judeus, dedicados à crítica textual, entre os anos de 750-1000 d.C.

Maternidade divina. Doutrina segundo a qual a virgem Maria é verdadeira mãe de Jesus Cristo, Filho de Deus.

Meia Lua Fértil. Zona de grande fertilidade, que faz fronteira pelo norte com o deserto da Síria e une o golfo pérsico com a desembocadura do Nilo através da Mesopotâmia e a Palestina. Traduz-se às vezes, incorretamente, por "Crescente fértil".

Megillot. Termo hebraico, מגלות, que significa "rolos" e se aplica aos Livros de Rute, Cânticos, Eclesiastes, Lamentações e Ester, lidos nas principais festas judaicas.

Menorá. Termo hebraico, מנורה, que significa "lâmpada", "tocha". É o candelabro de sete braços que se menciona no Livro do Êxodo, ou o de nove, que se utiliza na festa judaica de Hanuká.

Messias. Em sentido estrito, se designa "Messias" no campo bíblico a um personagem futuro, salvador do tempo futuro, que instaurará o reinado de Deus.

Metanoia. Termo grego, matanoia, que significa, na linguagem bíblica, a volta ou conversão do ser humano a Deus, em todas as dimensões da pessoa.

Midrash. Termo hebraico, מדרש (no plural *midrashim*, מדרשים), que significa "estudar", "investigar", "explicar", entre outras acepções. Comentário ou interpretação da Escritura de caráter homilético. Os comentários hebraicos mais antigos das Escrituras são o *Megilta* (sobre o Êxodo), o *Sipra* (sobre o Levítico), e o *Sipre* (sobre os Números e o Deuteronômio).

Milagre. Narração de um fato surpreendente, interpretado pelo crente como signo da ação de Deus sobre a humanidade.

Milenarismo. Crença na existência de um reino de mil anos de Cristo neste mundo antes do juízo final.

Misná. Termo hebraico, משנה, que significa "repetição". Compêndio da tradição oral judaica, que data do tempo anterior ao nascimento de Jesus até o rabi Jehudah ha-Nasi (200-219). Esta tradição é posta por escrito a partir do século II e, mais tarde, servirá de base para o Talmud.

Moab. Território ao Leste do mar Morto. Seus habitantes se mostraram, em geral, hostis ao povo de Israel.

Modalismo. Doutrina que nega a distinção de pessoas na Trinidade. O Deus uno se faz trino exclusivamente nos modos ou manifestação de seu agir *ad extra*. Uma variante desta doutrina é a heresia dos séculos III e IV que nega a Trindade, conhecida como "sabelianismo", cujo fundador, Sabelio, foi condenado pelo papa Calixto I.

Monarquianismo (o monarquismo). Doutrina que nega a Trindade (três pessoas) em Deus. Jesus seria um profeta singular, adotado como filho por Deus.

Monofisismo. Termo grego que significa "natureza única". Doutrina segundo a qual, pela união substancial do Logos com a natureza humana, se produziu uma única natureza (φύσις), ficando a humanidade absorvida pela divindade.

Nabateu. Povo oriundo da península arábica. Formou um grupo de comerciantes que dominaram uma grande extensão territorial a partir do século II a.C. Foi um reino próspero entre o século II a.C. e o II d.C. Estendeu-se até Damasco, e Petra foi uma de suas cidades mais belas e importantes.

Nag-Hammadi. Localidade egípcia onde foram descobertos, no ano de 1946, importantes documentos gnósticos do século IV.

Nazir. Termo hebraico, נזיר, que significa "eleito", "iniciado", e se aplica àquela pessoa que fez o voto de nazirato a Yahvé. O voto consistia em deixar crescer os cabelos, abster-se de licores e evitar impurezas legais.

Nazireu. Confira: Nazir.

Nestorianismo. Doutrina de Nestório, patriarca de Constantinopla, que negava que o Logos eterno fosse sujeito às realidades humanas em Jesus. Somente Cristo podia ser sujeito do que se poderia denominar o divino e o humano. Esta doutrina foi condenada no concílio ecumênico celebrado em Éfeso, no ano 431.

Niceia. Cidade da Ásia Menor, hoje Iznik, na Turquia, em que se celebrou o primeiro concílio ecumênico, no ano 325. Nele se formulou o Credo Niceno, no que se declarava a divindade do Filho e sua igualdade de essência com o Pai (ὁμοούσιον).

Número simbólico. Diz-se daquele que, à parte seu valor quantitativo, possui uma conotação qualitativa. Por exemplo, o número três indica o divino, e o sete a plenitude.

Oração sacerdotal. Diz-se da oração que finaliza o discurso de Jesus na última ceia.

P. Sigla do documento sacerdotal.

Pagão-cristão. Termo que se aplica aos cristãos que provêm do paganismo.

Pagão. Termo usado pelos cristãos para designar aqueles que não são de sua religião.

Palestina. Geralmente, por "Palestina" entendemos o país da Bíblia, ainda que seu nome não se mencione em nenhuma parte dela. Foi, em sua origem, o país dos filisteus, que, no entanto, dela só ocuparam uma pequena parte. A região se integrou na província romana da Síria no ano 65 d.C., e no ano 139 d.C. passou a formar parte da província romana da Judeia.

Parábola. Narração simbólica da qual se pode extrair uma doutrina teológica ou moral.

Paradosis. Transmissão da mensagem do evangelho a partir dos apóstolos.

Parasceve. Termo grego παρασκενή, que significa "preparação", "disposição", e faz referência principalmente à vigília do *Sabbath* o da Páscoa, quando se iniciavam as preparações para a festa.

Parenesis. Discursos nos quais predomina o tom exortativo.

Parusia. Termo com que se designa no Novo Testamento a segunda e definitiva vinda do Senhor no final dos tempos.

Páscoa. A mais importante das festas judaicas, celebrada no dia 14-15 do mês de *nissan*, quando o povo de Israel comemorava sua libertação do Egito. Os cristãos falam da Páscoa de Cristo, referindo-se à sua morte e ressurreição.

Pastor de Hermas. Importante obra cristã, do século II, cuja primeira versão foi escrita em grego, posteriormente traduzida ao latim, que gozou de enorme autoridade entre os Pais da Igreja. Seu conteúdo consta de visões de gênero apocalíptico, mandamentos e parábolas.

Pastorais, Cartas. Nome com que se designam as cartas 1 e 2Tm e Tito, do Corpus paulino.

Pentecostes. Festa do povo judeu, celebrada sete semanas depois da Páscoa, em que se davam graças a Deus pela colheita.

Peshitta, versão. É a versão siríaca mais conhecida da Bíblia.

Pleroma. O termo significa "plenitude" e se aplica ao cosmos e a Cristo.

Poliglota. Bíblia impressa em várias línguas, ordenadas em colunas paralelas.

Prosélito. Pagão convertido ao judaísmo.

Protocanônicos. São os livros que foram admitidos no cânon da Escritura em datas muito primitivas, com raríssimas objeções à sua incorporação.

Protoevangelho. Com este nome se conhece a sentença de Deus, relatada no Livro do Gênesis (Gn 3,15).

Protopaulinas, cartas. O termo se aplica às Cartas de São Paulo que, cronologicamente, pertencem à primeira época (1Ts, Gl, 1-2Cor, Rm, Fl e Fm). As que são da segunda época se denominam "deuteropaulinas" (Cl, Ef, 1-2Tm, Tt e, talvez, 2Ts). Sobre estas últimas existem dúvidas acerca de sua autenticidade.

Providentissimus Deus. Carta encíclica de Leão XIII sobre a Sagrada Escritura, do ano de 1893.

Publicano. Segundo o Novo Testamento, recolhedor de impostos em Israel a favor do Império Romano, desprezado pelo povo e assemelhado aos pecadores públicos por seus abusos. Jesus os acolheu e fez refeições com eles.

Povos do Mar. Invasores procedentes do Sul e Sudeste da Europa, que se estabeleceram nas costas orientais do Mediterrâneo, inclusive a Palestina, nos séculos XIII-XII a.C. Entre eles se encontram os filisteus.

Q. Abreviação da palavra alemã *Quelle* ("fonte"), que faz referência à suposta coleção de ditos de Jesus, que contribuiu para a identificação de material nos evangelhos de Mateus e de Lucas que não se encontra em Marcos.

Qohélet. Nome hebraico, קוהלת, do autor do Eclesiastes.

Qumrã. Localidade situada na parte Noroeste do mar Morto, a poucos quilômetros da cidade de Jericó. Em onze grutas próximas foram encontrados, a partir de 1947, numerosos textos bíblicos e extrabíblicos, dos séculos III a.C. – I d.C., conhecidos como "pergaminhos do mar Morto".

Rabínico. Pertencente ou relacionado com o rabinismo e os rabinos.

Rabinismo. Tradição de doutrina judaica, que regeu a vida do judaísmo desde o século I até a atualidade.

Rabino. Confira: Escriba.

Reais, salmos. Aqueles que, por seu conteúdo, se referem ao rei ou à realeza (ex.: Sl 2; 18; 42 etc.).

Redator. Nome que se dá ao compositor de um Livro Sagrado. Sua sigla é R.

Resto de Israel. Pequena parte do povo (de Israel) que, segundo os profetas, escapa do castigo de Deus e continua a história da salvação.

Rolo. Folhas de papiro, costuradas ou amarradas entre si, nas quais se escrevia em colunas, e enroladas em dois bastõezinhos verticais. É anterior ao códice.

Rylands, papiro. O papiro mais antigo do Novo Testamento (primeira metade do século II). Contém a parte do capítulo 18 do Evangelho de João e pertence à John Rylands Library de Manchester. A sigla é P52.

S. Sigla do códice Sinaítico. Também se utiliza a letra hebraica *Alef*.

Sabaot. Título que acompanha com frequência o nome de Javé, indicando o poder de Deus.

Sabelianismo. Confira: Modalismo.

Sacerdotal, documento. Uma das fontes com que se compôs o Pentateuco, segundo a teoria documentária. Designa-se com a letra inicial P (Priester Codex) e foi composto durante o exílio, no século VI a.C.

Saduceu. Procede do termo hebraico סדקה, *sadaqá*, que significa "misericórdia", "justiça". Os saduceus são descendentes do sumo sacerdote Sadoq, da época de Salomão, que significa "justo". No Evangelho de Mateus aparecem ordinariamente em companhia dos fariseus (ainda que se distingam claramente deles). São membros de uma seita judaica que se guiava somente pela Torá, desprezando as tradições orais rabínicas. Não creem na existência de seres espirituais nem na ressurreição dos mortos. Pertenciam, no tempo de Jesus, à aristocracia e à nobreza sacerdotal, dominando a política e a religião do povo. Desapareceram com a destruição de Jerusalém, no ano 70 d.C.

Salmos. Livro da Bíblia que contém 150 composições que recebem este nome.

Samaritano. Procede do verbo שמר, *shmar*, que significa "guardar", "preservar", entre outros. Trata-se dos habitantes da região Norte do reino do Norte (Israel). Do ponto de vista etimológico, significa "guardião", ou o que preserva a tradição, segundo os primeiros cinco livros da Torá. Foram deportados para a Assíria no ano 721 a.C.

Sanctum Sanctorum. (Santo dos Santos) O recinto mais sagrado do tabernáculo do Templo de Jerusalém.

Sinédrio. Órgão do governo político-religioso e tribunal supremo do povo judeu, formado por 71 varões (leigos da aristocracia, sumos sacerdotes, escribas e doutores da lei), sob a presidência do sumo sacerdote em exercício. Desapareceu com a destruição de Jerusalém, no ano 70 d.C.

Segredo messiânico. Imposição de silêncio por parte de Jesus a seus discípulos em relação à sua condição messiânica.

Seder. Este termo hebraico, que significa "ordem", faz referência ao ritual que o povo judeu seguia na celebração da primeira noite da Páscoa, no dia 14 do mês de Nissan. O fundamento bíblico deste ritual judeu se encontra no Livro do Êxodo, onde se narram as instruções de Javé a Moisés e Aarão no país do Egito (Ex 12,1-14).

Shemá Israel. Em hebraico, שמע ישראל. Assim começam as primeiras palavras do Deuteronômio (Dt 6,4-9), que formam uma das orações mais importantes do povo judeu.

Semeion. Termo grego, σημεῖον, que significa "signo". É utilizado por João (em lugar do termo "milagre") para demonstrar o papel messiânico de Jesus.

Semitas. Um dos povos da humanidade que, segundo a Bíblia, descende de Sem, filho de Noé.

Sentidos bíblicos. São interpretações que podem dar-se aos textos da Bíblia. Os mais importantes são: a) o sentido alegórico, segundo o qual os textos do Antigo Testamento são concebidos como símbolos de Cristo e da Igreja; b) o sentido acomodatício, que aplica as palavras da Escritura a outras realidades diferentes das quais se referem originariamente; c) o sentido espiritual, aquele que se sobrepõe ao literal ou histórico; d) o sentido pleno, mais profundo que o literal, descoberto quando a Escritura é estudada sob a luz de um maior entendimento da revelação; e) o sentido típico, que deixa entrever a relação entre dois elementos da realidade bíblica.

Sermão da montanha. Discurso de Jesus, recolhido em Mt 5-7.

Setenta, os. A versão grega mais importante do Antigo Testamento, confeccionada nos séculos III-II a.C. Segundo a lenda, a tradução foi feita por 72 sábios judeus em Alexandria, no Egito. É conhecida pela abreviatura "LXX". Foi conservada, entre outros, por grandes unciais, como o B, A e S. Foi a Bíblia utilizada pelas primeiras comunidades cristãs e pelos judeus da diáspora.

Servo de Javé. Figura que aparece em alguns textos do Deuteroisaías conhecidos como "Cantos do Servo de Javé". No Novo Testamento, estes textos se aplicam a Cristo Jesus.

Sinagoga. Termo grego, συναγωγή, que significa "reunião". Lugar de reunião dos judeus para a oração, a adoração, e a leitura da Escritura e outras atividades da comunidade. Simboliza o judaísmo, em contraste com a "Igreja" dos cristãos.

Sinaítico, Códice. Um dos códices gregos mais importantes do Antigo e do Novo Testamento. Pertence ao século IV. Suas siglas são S o *Alef* hebraico.

Sinopsis. Texto dos evangelhos, organizado em colunas paralelas.

Sinótica, questão. Aplica-se este nome ao conjunto de problemas que derivam das fontes, composição e dependências mútuas dos evangelhos.

Sinótico, problema. Discussão acerca dos temas que se referem às origens e relações existentes entre Mateus, Marcos e Lucas, os evangelhos sinóticos.

Sinóticos, evangelhos. Em contraposição ao Evangelho de João, nome que recebem os evangelhos de Mt, Mc, e Lc, a partir de Griesbach (1776), ao permitir apreciar com um só olhar suas semelhanças e diferenças.

Sirácida. Nome que se dá também ao Livro do Eclesiástico, derivado de seu autor, Ben Sirá ou Ben Sirac.

Siro-palestinense, Bíblia. Nome de um lecionário dos evangelhos do século V, escrito em aramaico.

Sitz im Leben. Termo alemão que significa "situação vital" e faz referência ao contexto social de um determinado texto, acontecimento ou pessoa.

Soteriológico. Pertencente o relativo à salvação (*soter*, em grego).

Subordinacionismo. Concepção teológica trinitária, segundo a qual o Filho e o Espírito Santo não são da mesma natureza que o Pai, senão meras forças divinas, subordinadas a Deus (Pai), que configurariam o mundo e a salvação dos homens.

Sumério. Língua e cultura dos povos do Sul da Mesopotâmia, anteriores aos acádios. Exerceu grande influência no Oriente Próximo Antigo.

Tabernáculo. Tenda em que se abrigavam a Arca da Aliança e as tábuas da lei de Moisés até a construção do Templo de Salomão.

Talmud. Termo hebraico, תלמוד, que significa "estudo" ou "aprendizagem", com o qual se conhece a lei oral judaica posta por escrito. Consta da Misná, a Guemará e outras adições, denominadas *baraytot*. Existiram dois Talmudes principais: o de Jerusalém, composto na Palestina até o século IV, e o de Babilônia, mais importante e amplo que o anterior, composto na academia de Sura.

Tanak/Tenak. Termo hebraico, תנך, acrônimo formado pelas iniciais de Torá, Nebiim, Ketubim, que compõem a Bíblia judaica.

Tanna. (Plural, tannaim). Termo aramaico, תנה, que significa "repetidor", "aquele que ensina". Chamam-se assim os mestres rabínicos desde o fim do século I a.C. até, aproximadamente, o ano 200 d.C.

Targum. Termo aramaico, תרגום (plural, targumim), que significa "tradução" e designa as traduções aramaicas – com glosas interpretativas– feitas pelos judeus da Palestina e da Babilônia do Tanak.

Templo. Por excelência, se designa assim o Templo de Jerusalém, que passou pelas seguintes fases: a) Primeiro Templo, construído por Salomão no século X a.C.; b) Segundo Templo, reconstruído na volta do exílio, no século VI a.C. Foi profanado pelo rei Antíoco IV e consagrado de novo no ano 164 a.C.; c) Terceiro Templo, construído por Herodes, o Grande (séc. I a.C.) e destruído por Roma no ano 70. Este último é considerado pelos teólogos judeus "Segundo Templo", continuação do que foi reconstruído depois do exílio do povo judeu.

Teofania. Manifestação de Deus, acompanhada de fenômenos extraordinários na natureza ou em outros aspectos.

Tetragrama. Designação em hebraico do nome de Deus, que consta de quatro letras: YHWH.

Tipologia. Relação entre dois elementos, o primeiro dos quais (tipo) prefigura e conduz ao segundo (antitipo).

TM. Sigla correspondente ao texto massorético.

Torá. תורה Lei judaica, ou os cinco Livros do Pentateuco.

Ugarítico. Língua de um povo semita que habitou em Ugarit, na costa setentrional da Síria, até os anos de 2000-1200 a.C. Suas tabuletas cuneiformes são utilíssimas para o estudo e conhecimento do Antigo Testamento.

Última ceia. Nome que se da à ceia de despedida, celebrada por Jesus com seus discípulos momentos antes de padecer, segundo comentam os quatro evangelistas.

Unciais. Manuscritos bíblicos, escritos em letras grandes ou capitais (unciais) e separadas, em contraposição às letras minúsculas. A maior parte deles datam do século II ao século X.

Ur- Markus. Confira: "Duas fontes, teoria das".

Vaticano, Códice. Um dos mais importantes códices gregos da Bíblia, do Antigo Testamento e do Novo Testamento. É do século IV, e sua sigla é B.

Vetus Latina. Nome dado a uma tradução do século II da Bíblia ao latim. Chama-se, às vezes, "Ítala". sua sigla é VL.

Vg. Sigla da Vulgata.

Vulgata. Tradução da Bíblia ao latim, feita por São Jerônimo no século IV. Foi aprovada e declarada "autêntica" pelo Concílio de Trento.

W. Sigla do Códice Freer

Zelota. Termo aplicado aos que defendiam com paixão a causa religioso-política de Israel. Em sentido estrito, chamam-se assim os membros de um grupo religioso judeu que lutaram fanaticamente contra o Império Romano, no século I.

Bibliografia geral

ÁBREGO, J. M.; AGUIRRE, R. & ARTOLA, A. M. et al. *Libros al servicio de la Biblia*. Estella: Verbo Divino, 1992.

AGUIRRE, R. *Del movimiento de Jesús a la Iglesia cristiana. Ensayo de exégesis sociológica del cristianismo primitivo*. Estella: Verbo Divino, 2001.

_____. *Ensayo sobre los orígenes del cristianismo. De la religión política de Jesús a la religión doméstica de Pablo*. Estella: Verbo Divino, 2001.

_____. *La mesa compartida. Estudios del NT desde las ciencias sociales*. Santander: Sal Terrae, 1994.

_____. (ed.). *Los milagros de Jesús. Perspectivas metodológicas plurales*. Estella: Verbo Divino, 2002.

_____. *Así empezó el cristianismo*. Estella: Verbo Divino, 2010.

AGUIRRE, R. &RODRÍGUEZ CARMONA, A. *Evangelios Sinópticos y Hechos de los Apóstoles*. Estella: Verbo Divino, 2012.

AGUIRRE, R.; BERNABÉ, C. & GIL, C. *Qué se sabe de... Jesús de Nazaret*. Estella: Verbo Divino, 2009.

ALBERTO SOGGIN, J. *Nueva Historia de Israel*. Bilbao: Desclée de Brouwer, 1999.

ALLISON, D. C. *Jesus of Nazareth, Millenarian Prophet*. Minneapolis: Fortress Press, 1998.

AVALOS, H. *Health Care and the Rise of Christianity*. Peabody: Hendrickson, 1999.

BAAB, O. J. *The Theology of the Old Testament*. Nashville: Abingdon, 1949.

BARBAGLIO, G. *Jesús, hebreo de Galilea. Investigación histórica*. Salamanca: Secretariado Trinitario, 2003.

BALZ. H. & SCHNEIDER, G. *Diccionario Exegético del Nuevo Testamento* (2 vols.). Salamanca: Sígueme, 1996-1998.

BARTOLOMÉ, J. J. *El evangelio y Jesús de Nazaret*. Madri: CCS, 1995.

BAUCKHAM, R. (ed.). *The Gospels for All Christians. Rethinking the Cospel Audiences*. Grand Rapids: Eerdmans, 1998.

BAUMGARTEN, O. et al. (eds.). *Die Schriften des Neuen Testaments*. Gottingen: Vandenhoeck and Ruprecht, 1929.

BAYLEY, K. E. *Poet and Peasant. Through Peasant Eyes. A Literary-Cultural Approach to the Parables in Luke.* Grand Rapids: Eerdmans, 1983.

BEASLEY-MURRAY, G. R. *Jesus and the Kingdom of God.* Grand Rapids: Eerdmans, 1986.

BEAUDE, P. M. *Jesús de Nazaret.* Estella: Verbo Divino, 1988.

BEAUDE, P. M. & COTHENET, E. et al. *Jesús. Trece textos del Nuevo Testamento.* Estella: Verbo Divino, 1985.

BECKER, J. *Jesus von Nazaret.* Berlim – Nova York: Walter de Gruyter, 1996.

BERGER, K. *Jesús.* Santander: Sal Terrae, 2009.

BERNABÉ, C. *Tradiciones en el cristianismo primitivo.* Estella: Verbo Divino, 2003.

BERNABÉ, C. & GIL, C. J. *Reimaginando los orígenes del cristianismo.* Estella: Verbo Divino, 2008.

BEST, E. *Disciples and Discipleship. Studies in the Gospel according to Mark.* Edimburgo: T. & T. Clark, 1986.

BLACK, M. *The Scrolls and Christian Origins.* Londres: Thomas Nelson, 1961.

BLANK, J. *Jesús de Nazaret: Historia y mensaje.* Madri: Cristiandad, 1973.

BLOMBERG, C. L. *Interpreting the Parables.* Downers Grave: Inter-Varsity Press, 1990.

_____. *Preaching the Parables. From Responsible Interpretation to Powerful Proclamation.* Grand Rapids: Baker Academic, 2004.

BOCKMUEHL, M. (ed.). *Jesus.* Cambridge: University Press, 2001.

BOFF, L. *Jesucristo y la liberación del hombre.* Madri: Cristiandad, 1981.

BOGAERT, P-M.; DELCOR, M. & LIPINSKI, E. et al. *Diccionario Enciclopédico de la Biblia.* Barcelona: Herder, 1993.

BOISMARD, M. E. *À l'aube du christianisme. Avant la naissance des dogmes.* Paris: Cerf, 1998.

_____. *Jésus, un homme de Nazareth raconté par Marc l'évangeliste.* Paris: Cerf, 1996.

BONNET, J. & CHESSERN, P. G. et al. *50 palabras de la Biblia.* Estella: Verbo Divino, 2005.

BORG, M. J. *Conflict, Holiness and Politics in the Teaching of Jesus.* Harrisburg: Trinity Press International, 1998.

_____. *Jesus. A New Vision, Spirit, Culture and the Life of Discipleship.* São Francisco: Harper, 1987.

_____. *Meeting Jesus again for the First Time. The historical Jesus and the Heart of Contemporay Faith*. São Francisco: Harper, 1994.

BORG, M. J. & CROSSAN, J. D. *La última semana de Jesús. El relato, día a día, de la semana final de Jesús en Jerusalén*. Madri: PPC, 2007.

BORG, M. J. & WRIGHT, N. T. *The Meaning of Jesus. Two Visions*. São Francisco: Harper, 1998.

BORNKAMM, G. *Jesús de Nazaret*. Salamanca: Sígueme, 2002.

BOUCHER, M. *The Mysterious Parable. A Literary Study*. Washington: Catholic Biblical Association, 1977.

BOVON, F. *El Evangelio según San Lucas* I: Salamanca: Sígueme, 2005; II: Salamanca: Sígueme, 2002; III: Salamanca: Sígueme, 2004; IV: Salamanca: Sígueme, 2010.

_____. *Los últimos días de Jesús. Textos y acontecimientos*. Santander: Sal Terrae, 2007.

BOWMAN, J. W. *Prophetic Realism and the Gospel. A Preface to Biblical Theology*. Filadélfia: Westminster Press, 1955.

_____. *The Intention of Jesus*. Filadélfia: Westminster Press, 1943.

BREECH, J. *The Silence of Jesus. The authentic voice of the historical Man*. Filadélfia: Fortress Press, 1987.

BRIEND, J.; ARTUS, O. & NOEL, D. *Arqueología, Biblia, Historia*. Estella: Verbo Divino, 2006.

BRIGHT, J. *La historia de Israel*. Bilbao: Desclée de Brouwer, 1970.

BROWN, R. E. *Introducción a la Cristología del Nuevo Testamento*. Salamanca: Sígueme, 2005.

_____. *Introducción al Nuevo Testamento* I: *Cuestiones preliminares, evangelios y obras conexas*. Madri: Trotta, 2002.

BROWN, R. E. *La muerte del Mesías. Desde Getsemaní hasta el sepulcro. Comentarios a los relatos de la pasión de los cuatro evangelios* (2 vols.). Estella: Verbo Divino, 2005-2006.

_____. *The death of the Messiah: from Gethsemane to the grave: a commentary on the Passion narratives in the four Gospels*. Nova York: Doubleday, 1994.

_____. *El nacimiento del Mesías. Comentario a los relatos de la infancia*. Madri: Cristiandad, 1982.

BROWN, R. E. *El Evangelio según Juan*. Madri: Cristiandad, 1979. 2 vols.

BROWN, R. E.; FITZMYER, J. A. & MURPHY, R. E. (eds.). *Nuevo Comentario Bíblico San Jerónimo. Nuevo Testamento y artículos temáticos*. Estella: Verbo Divino, 2004.

_____. *Nuevo Comentario Bíblico San Jerónimo. Antiguo Testamento.* Estella: Verbo Divino, 2005.

BRUCE, F. E. *Testimonianze extrabibliche su Gesu. Da Giuseppe Flavio al Corano.* Turim: Claudiana, 2003.

BRUCE, F. F. *Biblical Exegesis in the Qumran Texts.* Gran Rapids: Eerdmans, 1959.

BRUEGGEMANN, W. *Teología del Antiguo Testamento.* Salamanca: Sígueme, 2007.

BÜCHSEL, F. *Jesus: Verkündigung und Geschichte.* Gütersloh: Bertelsmann, 1947.

BULTMANN, R. *Theology of the New Testament* I. Nova York: Scribner, 1951.

_____. *Teología del Nuevo Testamento.* Salamanca: Sígueme, 1987.

_____. *Jesus Christ and Mithology.* Londres: SCM Press, 1960.

_____. "History and Eschatology in the New Testament": *New Testament Studies* (1954-1955).

_____. *Jesus and the Word.* Nova York: Scribner, 1934.

_____. *Primitive Christianity in its Contemporary Setting.* Londres: Thames and Hudson, 1956.

BURKITT, F. C. *Jewish and Christian Apocalypses.* Londres: Oxford Press, 1914.

BURROWS, M. *More Light on the Dead Sea Scrolls.* Nova York: Viking, 1958.

CACHO, I. *Cristología.* Santander: Sal Terrae, 2015.

CADOUX, A. T. *The Theology of Jesus.* Londres: Nicholson and Watson, 1940.

CADOUX, C. J. *The Historic Mission of Jesus: A constructive re-examination of the eschatological teaching in the Synoptic Gospels.* Cambridge: James Clarke & Co., 2002.

CARBAJOSA, I.; GONZÁLEZ ECHEGARAY & J., VARO, F. *La Biblia en su entorno.* Estella: Verbo Divino, 2013.

CARREIRA DAS NEVES, J. *Jesus de Nazaré, quem és tu?* Braga: Franciscana, 1991.

CARRILLO, S. *Jesús de Nazaret.* Estella: Verbo Divino, 2009.

CARROLL, J. T. & GREEN, J. B. *The Death of Jesus in Early Christianity.* Peabody: Hendrickson, 1995.

CARTER, W. *Mateo y los márgenes.* Estella: Verbo Divino, 2007.

CASEY, M. *Jesus of Nazareth. An Independent Historian's Account of His Life and Teaching.* Londres & Nova York: Published por T&T Clark International, 2010.

CASTILLO, J. M. *El reino de Dios. Por la vida y la dignidad de los seres humanos.* Bilbao: Desclée de Brouwer, 1999.

CHARLESWORTH, J. H. (ed.). *The Messiah. Developments in Earliest Judaism and Christianity*. Minneapolis: Fortress Press, 1992.

_____. *Jesus and Archaeology*. Grand Rapids: Cambridge, Eerdmans, 2006.

_____. *Gesù nel giudaismo del suo tempo alla luce delle più recenti scoperte*. Turim: Claudiana, 1998.

_____. *L'ebraicità di Gesù*. Turim: Claudiana, 2002.

CHILTON, BR. (ed.). *The Kingdom of God in the Teaching of Jesus*. Filadélfia: Fortress Press, 1984.

_____. *Jesus' Baptism and Jesus' Healing. His Personal Practice of Spirituality*. Harrisburg: Trinity Press International, 1998.

_____. *Pure Kingdom. Jesus Vision of God*. Michigan: SPCK, 1996.

_____. *Rabbi Jesus. An Intimate Biography*. Nova York: Doubleday, 2002.

CHILTON, B. & EVANS, C. A. (eds.). *Authenticating the Activities of Jesus*. Boston-Leiden: Brill, 2002.

_____. *Authenticating the Words of Jesus*. Boston-Leiden: Brill, 2002.

_____. *Studying the Historical Jesus. Evaluations of the State of Current Research*. Boston-Leiden – Colônia: Brill, 1998.

CHILTON, B. & MCDONALD, J. L. H. *Jesus and the Ethics of the Kingdom*. Grand Rapids: Eerdmans, 1988.

COENEN, L. (ed.). *Diccionario teológico del Nuevo Testamento* I-II. Salamanca: Sígueme, 2012.

_____. *Diccionario teológico del Nuevo Testamento* III-IV. Salamanca: Sígueme, 2004.

COLERIDGE, M. *Nueva lectura de la infancia de Jesús. La narrativa como cristología en Lucas 1-2*. Córdoba: El Almendro, 2000.

COMBLIN, J. *Jesús de Nazaret: Meditación sobre la vida y acción humana de Jesús*. Santander: Sal Terrae, 1977.

CONCILIO VATICANO II. *Constituciones. Decretos. Declaraciones. Legislación posterior*. Madri: BAC, 1966.

CONZELMANN, H. *Die Mitte der Zeit*. Tübingen: Mohr, 1957.

COOK, M. L. *The Jesus of Faith: A Study in Christology*. Nova York: Paulist Press, 1981.

CORLEY, K. E. *Private Women, Public Meals: Social Conflict in the Synoptic Tradition*. Peabody: Hendrickson, 1993.

COUSIN, H. (ed.). *Le monde où vivait Jésus*. Paris: Cerf, 1998.

CROSSAN, J. D. *El nacimiento del cristianismo. Qué sucedió en los años inmediatamente posteriores a la ejecución de Jesús*. Santander: Sal Terrae, 2002.

_____. *In Fragments. The Aphorisms of Jesus*. São Francisco: Harper and Row, 1983.

_____. *In Parables. The Challenge of the Historical Jesus*. Sonoma: Polebridge Press, 1992.

_____. *Jesús. Biografía revolucionaria*. Barcelona: Grijalbo-Mondadori, 1996.

_____. *Jesús: vida de un campesino judío*. Barcelona: Crítica, 1994.

_____. *Who is Jesus?* Nova York: Harper Paperbacks, 1996.

_____. *Who killed Jesus?* São Francisco: Harper, 1996.

CROSSAN, J. D. & REED, J. L. *Jesús desenterrado*. Barcelona: Crítica, 2003.

CULLMANN, O. *Christus und die Zeit*. Zürich: Zollikon, 1946.

_____. *The Christology of the New Testament*. Filadélfia: Westminster Press, 1959.

DAVIES, S. L. *Jesus the Healer*. Londres: SCM Press, 1995.

DE HAVEN-SMITH, L. *The Hidden Teachings of Jesus. The Political Meanings of the Kingdom of God*. Grand Rapids: Phanes Press, 1999.

DE JONGE, M. *God's Final Envoy. Early Christology and Jesus' Own View of His Mission*. Grand Rapids: Eerdmans, 1998.

DENZINGER, H. & HÜNERMANN, P. *El Magisterio de la Iglesia. Enchiridion Symbolorum Definitionum et Declarationum de Rebus Fidei et Morum*. Barcelona: Herder, 2006.

DEVAR, L. *An Outline of New Testament Ethics*. Londres: Hodder and Stoughton, 1949.

DE VAUX, R. *Instituciones del Antiguo Testamento*. Barcelona: Herder, 1992.

_____. *Historia Antigua de Israel* I. Madri: Cristiandad, 1975.

DIBELIUS, M. *Die Formgeschichte des Evangeliums*. Tübingen: Mohr, 1919.

_____. *Jesus*. Filadelfia: Westminster Press, 1949.

DÍEZ MACHO, A. (ed.). *Apócrifos del Antiguo Testamento* III Madri: Cristiandad, 1982.

DODD, C. H. *Las parábolas del reino*. Madri: Cristiandad, 1974.

_____. *Coming of Christ*. Cambridge: University Press, 1954.

_____. *The Interpretation of the Fourth Gospel*. Cambridge: University Press, 1963.

_____. *Interpretación del Cuarto Evangelio*. Madri: Cristiandad, 1978.

_____. *The Founder of Christianity*. Nova York: Macmillan, 1970.

_____. *History and the Gospel*. Nova York: Charles Scribner's Sons, 1938.

DONAHUE, J. R. *The Gospel in Parable*. Filadélfia: Fortress Press, 1990.

DUCAY REAL, A. *Jesús. El Hijo Salvador*. Madri: Rialp, 2016.

DUNN, J. D. G. *Christianity in the Making* I: *Jesus Remembered*. William B. Eerdmans Publishing Company. Grand Rapids; Cambridge: Eerdmans, 2003.

_____. *El cristianismo en sus comienzos* I: *Jesús recordado*. Estella: Verbo Divino, 2009.

_____. *El cristianismo en sus comienzos* II: *Comenzando desde Jerusalén*. I. Estella: Verbo Divino, 2012.

_____. *El cristianismo en sus comienzos* II: *Comenzando desde Jerusalén* II. Estella: Verbo Divino, 2012.

_____. *Christianity in the making* II: *Beginning from Jerusalem*. Grand Rapids; Cambridge: Eerdmanns, 2009.

_____. *A new perspective on Jesus: what the quest for the historical Jesus missed*. Grand Rapids: Baker Academic, 2005.

_____. *Redescubrir a Jesús de Nazaret. Lo que la investigación sobre el Jesús histórico ha olvidado*. Salamanca: Sígueme, 2015.

_____. *Jesús y el Espíritu. Un estudio de la experiencia religiosa y carismática de Jesús y de los primeros cristianos, tal como aparece en el Nuevo Testamento*. Salamanca: Secretariado Trinitario, 1981.

_____. *The Oral Gospel tradition*. Grand Rapids: Eerdmanns, 2013.

_____. *¿Dieron culto a Jesús los primeros cristianos?: los testimonios del Nuevo Testamento*. Estella: Verbo Divino, 2011.

_____. *Christology in the Making: a New Testament inquiry into the Origins of the Doctrine of the Incarnation*. Chatham: Mackays PLC, 1992.

_____. *Unity and diversity in the New Testament: an inquiry into the character of earliest Christianity*. Londres: SCM, 1981.

DUPONT, J. *Les Béatitudes* I: *Le problème littéraire*; II: *La bonne nouvelle*; III. *Les évangelistes*. Paris: Gabalda, 1969-1973.

DUQUOC, Ch. *Cristología. El Hombre Jesús*. Salamanca: Sígueme, 1971.

EASTON, B. S. *Christ in the Gospels*. Nova York, Scribners, 1930.

EDELMANN, E. *Jesus parlait araméen. À la recherche de l'enseignement originel.* Gordes: Les Éditions du Relié, 2000.

EHRMAN, B. D. *Jesús, el profeta judío apocalíptico.* Barcelona: Paidós, 2001.

EICHRODT, W. *Theology of the Old Testament.* Filadélfia: Westminster Press, 1961.

ENSLIN, M. S. *The Prophet from Nazareth.* Nova York: McGrawHill, 1961.

ESCUDERO FREIRE, C. *Jesús y el poder religioso. El Evangelio y la liberación de los oprimidos.* Madri: Nueva Utopía, 2003.

ESPEJA, J. *Jesús de Nazaret.* Aula Fray Bartolomé de las Casas, 2005.

ESPINEL, J. L. *La poesía de Jesús.* Salamanca: San Esteban, 1986.

ETCHELLS, R. *A Reading of the Parables of Jesus.* Londres: Darton, Longman and Todd, 1998.

EVANS, C. A. *Jesus and His Contemporaries.* Boston: Leiden: Brill, 2001.

EVANS, C. A. & WRIGHT, N. T. *Jesus, the final Days. What Really Happened.* Louisville: Westminster John Knox Press, 2009.

FABRIS, R. *Jesús de Nazaret. Historia e interpretación.* Salamanca: Sígueme, 1985.

FERNÁNDEZ-CARVAJAL, F. *Vida de Jesús de acuerdo con los Relatos Evangélicos.* Madri: Palabra, 2015.

FERNÁNDEZ RAMOS, F. *La Biblia: Claves para una lectura actualizada. Primera parte: Antiguo Testamento; Segunda parte: Nuevo Testamento.* León, 2011.

_____. *El Nuevo Testamento* I y II. Madri: Sociedad de Educación Atenas, 1988-1989.

FERNÁNDEZ RAMOS, F. (ed.). *Diccionario de Jesús de Nazaret.* Burgos: Monte Carmelo, 2001.

FITZMYER, J. A. *Catecismo cristológico. Respuestas del Nuevo Testamento.* Salamanca: Sígueme, 1998.

FLAVIO JOSEFO. *Autobiografía. Contra Apión.* Madri: Gredos, 1994.

_____. *Las Guerras de los Judíos* I y II. Terrassa: CLIE, 1990.

_____. *Antigüedades de los Judíos* I, II y III. Terrassa: CLIE, 1988.

FLUSSER, D. *Jesús en sus palabras y en su tiempo.* Madri: Cristiandad, 1975.

_____. *La secte de la mer Morte. L'histoire spirituelle et les manuscrits.* Paris: Desclée de Brouwer, 2000.

FORTE, B. *Jesús de Nazaret. Historia de Diós. Diós de la historia.* Madri: Paulinas, 1989.

FRAIJÓ, M. *El cristianismo. Una aproximación*. Madri: Trotta, 1997.

_____. *Jesús y los marginados. Utopía y esperanza cristiana*. Madri: Cristiandad, 1985.

FREDRIKSEN, P. *From Jesus to Christ*. New Haven–Londres: Yale University Press, 2000.

_____. *Jesus of Nazareth, King of the Jews*. Nova York: Vintage Books, 1999.

FREDRIKSEN, P. & REINHARTZ, A. (eds.). *Jesus, Judaism and Christian Anti-Judaism*. Louisville–Londres–Westminster: John Knox Press, 2002.

FREYNE, S. *Galilee and Gospel*. Boston, Leiden: Brill, 2002.

_____. *Jesus, a Jewish Galilean*. Londres – Nova York: Clark International, 2005.

_____. *Jesús, un galileo judío*. Estella: Verbo Divino, 2007.

FUELLENBACH, J. *The Kingdom of God. The Message of Jesus Today*. Maryknoll: Orbis Books, 2002.

FUNK, R. W. *Honest to Jesus. Jesus for a New Millenium*. São Francisco: Harper, 1996.

FUNK, R. W. & HOOVER, R. W. *The Five Gospels. What Did Jesus Really Say?* São Francisco: Harper, 1993.

FUNK R. W. & JESUS SEMINAR. *The Acts of Jesus. What Did Jesus Really Do?* São Francisco: Harper, 1998.

FUNK ROBERT W.; SCOTT, B. B. & BURRS, J. R. *The Parables of Jesus*. Red Letter Edition. Sonoma: Polebridge Press, 1988.

FUSCO, V. *Oltre la parabola. Introduzione alle parabole di Gesu*. Roma; Borla, s./f.

GALBIATI, E. & SERAFINI, F. *Atlas Histórico de la Biblia*. Madri: San Pablo, 2004.

GAMBLE, H. *The New Testament Canon, its Making and Meaning*. Filadélfia: Fortress Press, 1985.

GIBERT, P. & THEOBALD, C. *Le cas Jésus Christ. Exégètes, historiens et théologiens en confrontation*. Paris: Bayard, 2002.

GIL, C. J. *Marcos, un relato que interroga*. Estella: Verbo Divino, 2015.

GNILKA, J. *El Evangelio según San Marcos* I: Salamanca: Sígueme, 2005; II: Salamanca: Sígueme, 2005.

_____. *Jesús de Nazaret. Mensaje e historia*. Barcelona: Herder, 1993.

GODTSSEELS, L. *Biblia Temática. Diccionario temático de los textos bíblicos*. Madri: Edibesa, 2008.

GOGUEL, M. *Jésus*. Paris: Payot, 1950.

GONZÁLEZ DE CARDEDAL, O. *Jesús de Nazaret: Aproximación a la cristología*. Madri: BAC, 1993.

GONZÁLEZ ECHEGARAY, J. *Arqueología y evangelios*. Estella: Verbo Divino, 1999.

_____. *Jesús de Galilea. Aproximación desde la arqueología*. Estella: Verbo Divino, 2000.

_____. *Pisando tus umbrales, Jerusalén. Historia antigua de la ciudad*. Estella: Verbo Divino, 2005.

_____. *El Creciente Fértil y la Biblia*. Estella: Verbo Divino, 2011.

GONZÁLEZ FAUS, J. I. *La Humanidad Nueva. Ensayo de Cristología*. 4. ed. Santander: Sal Terrae, 1984.

_____. *Clamor del reino. Estudio sobre los milagros de Jesús*. Salamanca: Sígueme, 1982.

_____. *Acceso a Jesús*. Salamanca: Sígueme, 1979.

GORDON, T. *The Life and Inevitable Crucifixion of Jesus*. Oxford: Lion Publishing, 1997.

GOWLER, D. B. *What are they saying about Parables?* Nova York: Paulist Press, 2000.

GRANADOS, C. & SÁNCHEZ NAVARRO, L. *Enchiridion Bíblico. Documentos de la Iglesia sobre la Sagrada escritura*. Madri: BAC, 2010.

GRAPPE, C. *Le Royaume de Dieu. Avant, avec et après Jésus*. Genebra: Labor et Fides, 2001.

GREEN, J. B. & TURNER, M. (eds.). *Jesus of Nazareth: Lord and Christ. Essays on the Historical Jesus and New Testament Christology*. Grand Rapids: Eerdmans, 1994.

GREEN, J. B.; MC KNIGHT, S. & MARSHALL, I. H. (eds.). *Dictionary of Jesus and the Gospels*. Downers Grove: Inter-Varsity Press, 1992.

GREEN, J. B. & MCDONALD, L. *The World of the New Testament*. Grand Rapids: Baker Academy, 2013.

GRELOT, P. *L'espérance juive à l'heure de Jésus*. Paris: Desclée de Brouwer, 1978.

GRILLMEIER, A. *Cristo en la tradición cristiana*. Salamanca: Sígueme, 1997.

GUEVARA, H. *Ambiente político del pueblo judío en tiempos de Jesús*. Madri: Cristiandad, 1977.

GUIJARRO, S. *Los Cuatro Evangelios*. Salamanca: Sígueme, 2010.

_____. *Dichos primitivos de Jesús. Una introducción al "Protoevangelio de dichos Q"*. Salamanca: Sígueme, 2004.

_____. *Fidelidades en conflicto. La ruptura con la familia por causa del discipulado y de la misión en la tradición sinóptica*. Salamanca: Universidad Pontificia, 1998.

_____. *Jesús y el origen de los evangelios*. Estella: Verbo Divino, 2006.

_____. *Jesús y sus primeros discípulos*. Estella: Verbo Divino, 2007.

HANSON K. C. & OAKMAN, D. E. *Palestine in the time of Jesus. Social Structures and Social Conflicts*. Minneapolis: Fortress Press, 1998.

HARNACK, A. VON. *What is Christianity?* Nova York: G. P. Putnam's Sons 1901; (nova ed.: Nova York: Harper & Row, 1957).

_____. *La esencia del cristianismo* I. Barcelona: Heinrich y Compañía, 1904.

HARRINGTON, D. & KEENAN, J. *Jesus and Virtue Ethics*. Lanham: Sheed and Ward, 2002.

HARVEY, A. E. *Strenuous Commands. The Ethic of Jesus*. Londres: SCM Press, 1990.

HEDRICK, C. W. *Parables as poetic Fictions. The Creative Voice of Jesus*. Peabody: Hendrikson, 1994.

HELLER, A. *La resurrección del Jesús judío*. Barcelona: Herder, 2007.

HENGEL, M. *Crucifixion*. Filadelfia: Fortress Press, 1977.

_____. *Seguimiento y carisma. La radicalidad de la llamada de Jesús*. Santander: Sal Terrae, 1981.

HERZOG II, W. R. *Jesus, Justice, and the Reign of God. A ministry of Liberation*. Louisville, Westminster: John Knox Press, 2000.

_____. *Parables as Subversive Speech. Jesus as Pedagogue of the Oppressed*. Louisville: Westminster-John Knox Press, 1994.

HIERS, R. H. *The Kingdom of God in the Synoptic Tradition*. Gainesville: University of Florida, 1970.

HILL, B. R. *Jesus the Christ. Contemporary Perspectives*. Mystic, Twenty-Third Publications, 2004.

HOOKER, M. D. *The Signs of a Prophet. The prophetic Actions of Jesus*. Harrisburg: Trinity Press International, 1997.

HORSLEY, R. A. *Jesus and the Spiral of Violence. Popular Jewish Resistance in Roman Palestine*. Minneapolis: Fortress Press, 1993.

_____. *Jesús y el imperio. El reino de Dios y el nuevo desorden mundial*. Estella: Verbo Divino, 2003.

_____. *Galilee History, Politics, People*. Harrisburg: Trinity Press International, 1995.

_____. *Sociology and the Jesus Movement*. Nova York: Continuum, 1994.

_____. *Archeology, History and Society in Galilee. The Social Context of Jesus and the Rabbis*. Harrisburg: Trinity Press International, 1996.

_____. *Sociology and the Jesus Movement*. Nova York: Crossroad, 1989.

HORSLEY, R. A. & DRAPER, J. A. *Whoever Hears You, Hears Me. Prophets, Performance and Tradition in Q*. Harrisburg: Trinity Press, 1999.

HORSLEY, R. A. & HANSON, J. S. *Bandits, Prophets, and Messiahs. Popular Movements at the Time of Jesus*. São Francisco: Harper, 1988.

HORSLEY, R. A. & SILBERMAN, N. A. *La revolución del reino. Cómo Jesús y Pablo transformaron el mundo antiguo*. Santander: Sal Terrae, 2005.

HOUZIAUX, A. (ed.). *Jésus. De Qumram à l'Évangile de Thomas. Les judaïsmes et la genèse du christianisme*. Paris: Bayard, 1999.

_____. *Jésus-Christ, de quoi est-on sur?* Paris: Éd. de l'Atelier, 2006. HÜNERMANN, P., *Cristología*. Barcelona: Herder, 1997

JEREMIAS, J. *Abba. El mensaje central del Nuevo Testamento*. Salamanca: Sígueme, 2005.

_____. *Jerusalén en tiempos de Jesús*. Madri: Cristiandad, 1977.

_____. *Las parábolas de Jesús*. Estella: Verbo Divino, 1971.

_____. *La última cena. Palabras de Jesús*. Madri: Cristiandad, 1980.

_____. *Teología del Nuevo Testamento. La predicación de Jesús*. Salamanca: Sígueme, 1974.

JOHNSON, L. T. *The Real Jesus: The Misguided Quest for the Historical Jesus and the Truth of the Traditional Gospels*. Nova York: HarperCollins, 1971.

_____. *Living Jesus: Learning the Heart of the Gospel*. São Francisco: Harper, 2000.

JOHNSON, S. E. *Jesus in His Own Times*. Nova York: Scribners, 1957.

JOSSA, G. *I gruppi giudaici ai tempi di Gesù*. Brescia: Paideia, 2001.

_____. *Il processo di Gesù*. Brescia: Paideia, 2002.

KARRER, M. *Jesucristo en el Nuevo Testamento*. Salamanca: Sígueme, 2002.

KASPER, W. *Jesús, el Cristo*. Salamanca: Sígueme, 2006.

_____. *Diccionario enciclopédico de exégesis y teología bíblica*. Barcelona: Herder, 2011.

_____. *El evangelio de Jesucristo*. Santander: Sal Terrae, 2013.

KÄSEMANN, E. *Ensayos exegéticos*. Salamanca: Sígueme, 1978.

KAYLOR, R. D. *Jesus, the Prophet. His vision of Kingdom on Earth*. Louisville: Westminster-John Knox Press, 1994.

KELBER, W. H. *The Oral and the Written Gospel. Hermeneutics of Speaking and Writing in the Synoptic Tradition, Mark, Paul, and Q*. 2. ed. Bloomington: Indiana University Press, 1997.

KELLY, J. N. D. *Early Christian Doctrines*. Londres: A & C Black, 2010.

KESSLER, R. *Historia social del Antiguo Israel*. Salamanca: Sígueme, 2013.

KINGSBURY, J. D. *Conflicto en Marcos. Jesús, autoridades, discípulos*. Córdoba: El Almendro, 1991.

KISTEMAKER, S. J. *The Parables. Understanding the Stories Jesus Told*. Grand Rapids: Baker Books, 2005.

KLAUCK, H. J. *Los evangelios apócrifos. Una introducción*. Santander: Sal Terrae, 2006.

KLAUSNER, J. *Jesús de Nazaret. Su vida, su época, sus enseñanzas*. Barcelona: Paidós, 1991.

KLOPPENBORG, J. S. *Q. El evangelio desconocido*. Salamanca: Sígueme, 2005

KNIGHT, J. *Jesus. An historical and Theological Investigation*. Nova York: Clark International, 2004.

KNOHL, I. *El Mesías antes de Jesús. El Siervo sufriente de los manuscritos del Mar Muerto*. Madri: Trotta, 2004.

KOGLER, F.; EGGER-WENZEL, R. & ERNST, M. *Diccionario de la Biblia*. Bilbao-Santander: Mensajero-Sal Terrae, 2012.

KONINGS, J. *La Biblia, su historia y su lectura. Una Introducción*. Estella: Verbo Divino, 1995.

KÖSTER, H. *Ancient Christian Gospels. Their History and Development*. Londres: SCM Press, 1990.

_____. *Introducción al Nuevo Testamento*. Salamanca: Sígueme, 1988.

KÜMMEL, W. G. *Promise and Fulfilment: The Eschatological Message of Jesus*. Londres: S.C.M. Press, 1957.

KÜNG, H. *Jesús*. Madri: Trotta, 2014.

LADD, G. E. *A Theology of the New Testament* (Ed. D. A. Hagner). Grand Rapids: W. B. Eerdmans Publishing Company, 1993.

_____. *The Presence of the Future. The Eschatology of Biblical Realism*. Grand Rapids: W. B. Eerdmans Publishing Company, 2002.

_____. *Jesus and the Kingdom*. Nova York: Harper & Row, 1964.

LAPIDE, P. *Predicava nelle loro sinagoghe. Esegesi ebraica dei vangeli*. Brescia: Paideia, 2001.

LAPPLE, A. *Jesús de Nazaret: Reflexiones críticas*. Madri: Paulinas, 1972.

LE DONNE, A. *Historical Jesus. What Can We Know and How Can We Know It?* Grand Rapids: Eerdmans, 2011.

LEIPOLDT, J. & GRUNDMANN, W. *El mundo del Nuevo Testamento*. Madri: Cristiandad, 1973.

LEIVESTAD, R. *Jesus in His Own Perspective. An Examination of His Sayings, Actions and Eschatological Titles*. Minneapolis: Augsburg Publishings House, 1987.

LEMONON, J. P. *Jesús de Nazaret: Profeta y sabio*. Estella: Verbo Divino, 2004.

LÉON-DUFOUR, X. *Agir selon l'Évangile*. Paris: Seuil, 2002.

_____. *Jesús y Pablo ante la muerte*. Madri: Cristiandad, 1982.

_____. *Diccionario del Nuevo Testamento*. Bilbao: Desclée de Brower, 2002.

LÉON-DUFOUR, X (ed.). *Los milagros de Jesús*. Madri: Cristiandad, 1979.

LEVINE, A-J. (ed.). *Una compañera para Mateo*. Bilbao: Desclée de Brouwer, 2003.

LINNEMANN, E. *Jesus of the Parables. Introduction and Exposition*. Nova York – Eraston: Harper and Row, s./f.

LOADER, W. *Jesus' Attitude towards the Law. A Study of the Gospels*. Grand Rapids: Eerdmans, 2002.

LOHFINK, G. *Jesús de Nazaret: qué quiso, quién fue*. Barcelona: Herder, 2013.

_____. *Jesus of Nazaret: What He Wanted, Who He Was*. Collegeville: Liturgical Press, 2012.

LOIS, J. *Jesús de Nazaret, el Cristo liberador*. Madri: HOAC, 1995.

LONGENECKER, R. N. (ed.). *The Challenge of Jesus' Parables*. Grand Rapids-Cambridge: Eerdmans, 2000.

LÜDEMANN, G. *Jesus after two thousand years. What he really said and did*. Amherst: Prometheus Books, 2001.

_____. *What Really Happened to Jesus: A Historical Approach to the Resurrection*. Westminster: John Knox Press, 1995.

LUJÁN, J. *Concordancias del Nuevo Testamento*. Barcelona: Herder, 1991.

LUNY, W. J. *The Jesus Option*. Nova York: Paulist Press, 1994.

Luz, U. *El Evangelio según San Mateo I-IV*. Salamanca: Sígueme, 2001-2006.

MAGNANI, G. *Origini del cristianesimo. Gesù costruttore e maestro. L'ambiente: nuove prospettive*. Assis: Citadella, 1996.

MAIER, J. *Entre los dos Testamentos. Historia y religión en la época del segundo Templo*. Salamanca: Sígueme, 1996.

MALAMAT, A. *History of Biblical Israel. Major Problems and Minor Issues*. Leiden-Boston-Köln: Koninklijke Brill, 2001.

MÁLEK, L.; ZESATI, C.; JUNCO, C. & DUARTE, R. *El Mundo del Antiguo Testamento*. Estella: Verbo Divino, 2012.

MALINA, B. J. *El mundo del Nuevo Testamento. Perspectivas desde la antropología cultural*. Estella: Verbo Divino, 1995.

_____. *El mundo social de Jesús y los evangelios*. Santander: Sal Terrae, 2002.

_____. *The Social Gospel of Jesus. The Kingdom in Mediterranean Perspective*. Minneapolis: Fortress Press, 2000.

MALINA, B. J. & ROHRBAUGH, R. *Los evangelios sinópticos y la cultura mediterránea del siglo I*. Estella: Verbo Divino, 1996.

MALONEY, F. J. *El evangelio de Juan*. Estella: Verbo Divino, 2005.

MANNS, F. *La prière d'Israel à l'heure de Jésus*. Jerusalem: Franciscan Printing Press, 1986.

MANSON, T. W. *The Teaching of Jesus. Studies in its form and content*. Cambridge: University Press, 1963.

_____. *The Sayings of Jesus: As recorded in the gospels according to St. Matthew and St. Luke arranged with introduction and commentary*. Londres: SCM Press, 1949.

MARCUS, J. *El Evangelio según Marcos* I-II. Salamanca: Sígueme, 2010-2011.

MARGUERAT, D.; NORELLI, E. & POFFET, J.-M. (eds.). *Jésus de Nazareth. Nouvelles approches d'une énigme*. Genève: Labor et Fides, 1998.

MARSHALL, I. H. *I believe in the Historical Jesus*. Grand Rapids: Eerdmans, 1977.

MARTIN, J. *Jesus. A Pilgrimage*. Nova York: HarperOne Publishers, 2014.

_____. MARTIN. J. *Jesús*. Bilbao: Mensajero, 2014.

MARXSEN, W. *Jesus and the Church. The Beginnings of Christianity*. Filadélfia: Trinity Press International, 1992.

MATEOS, J. *Los "Doce" y otros seguidores de Jesús en el evangelio de Mateo*. Madri: Cristiandad, 1982.

McBRIDE, D. *Les paraboles de Jésus*. Paris: Éd. De l'Atelier, 2001.

McDONALD, L. M. *The Biblical Canon: Its Origin, Transmission, and Authority*. Peabody: Hendrickson Publisher, 2007.

McKIM, D. K. *Westminster Dictionary of Theological Terms*. Westminster John Knox Press, 1996.

McKNIGHT, S. *A New Vision for Israel. The Teachings of Jesus in National Context*. Grand Rapids: Eerdmans, 1999.

MEADOWS, E. E. *Jesus, the Messianic Herald of Salvation*. Peabody: Hendrickson, 1997.

MEIER, E. *Women and Ministry in the New Testament: Called to Serve*. Lanham--Nova York-Londres: University Press, 1980.

MEIER, J. P. *Un judío marginal. Nueva visión del Jesús histórico* I.: *Las raíces del problema y la persona*. Estella: Verbo Divino, 2005.

_____. *Un judío marginal. Nueva visión del Jesús histórico* II/1: *Juan y Jesús. El reino de Dios*. Estella: Verbo Divino, 2004.

_____. *Un judío marginal. Nueva visión del Jesús histórico* II/2: *Los milagros*. Estella: Verbo Divino, 2005.

_____. *Un judío marginal. Nueva visión del Jesús histórico* III: *Compañeros y competidores*. Estella: Verbo Divino, 2005.

_____. *Un judío marginal. Nueva visión del Jesús histórico* IV: *Ley y amor*. Estella: Verbo Divino, 2010.

MERKLEIN, H. *La signoria di Dio nell annuncio di Gesù*. Brescia: Paideia, 1994.

METZGER, B. M. *A Textual Commentary on the Greek New Testament*. Stuttgart: Deutsche Bibelgesellschaft, 2007.

MEYER, B. E. *The Aims of Jesus*. Eugene: Pickwic, 2002.

MOLONEY, F. J. *El evangelio de Juan*. Estella: Verbo Divino, 2005.

MOLTMANN, J. *El camino de Jesucristo*. Salamanca: Sígueme, 1993.

MOLTMANN, J. & WENDEL, E. *The Women around Jesus*. Nova York: Crossroad, 1982.

MORRICE, W. *Dichos desconocidos de Jesús. Palabras atribuidas a Jesús fuera de los cuatro evangelios*. Santander: Sal Terrae, 2002.

MOXNES, H. *Poner a Jesús en su lugar. Una visión radical del grupo familiar y el reino de Dios*. Estella: Verbo Divino, 2005.

NEITZEL, R. & WAYMENT, T. A. (eds.). *From the Last Supper through the Resurrection. The Savior's Final Hours*. Salt Lake City: Desert Books, 2003.

NELSON-PALLMEYER, J. *Jesus against Christianity. Reclaiming the missing Jesus*. Harrisburg: Trinity Press International, 2001.

NESTLE, E. & ALAND, K. *Novum Testamentum Graece et Latine.* Stuttgart: Deutsche Bibelgesellschaft, 1993.

NEYREY, J. H. *Honor y vergü enza. Lectura cultural del evangelio de Mateo.* Salamanca: Sígueme, 2005.

NODET, É. *Histoire de Jésus? Nécessité et limites d'une enquête.* Paris: Cerf, 2003.

NOLAN, A. *¿Quién es este hombre?: Jesús, antes del cristianismo.* Santander: Sal Terrae, 1981.

NOTH, M. *Estudios sobre el Antiguo Testamento.* Salamanca: Sígueme, 1985.

_____. *Historia de Israel.* Barcelona: Garriga, 1966.

ORNI, E. & EFRAT, E. *Geography of Israel.* Jerusalem: Israel Universities Press, 1973.

OTTO, R. *The Kingdom of God and the Son of Man: A Study in the History of Religion.* Londres: Starr King Press, 1943

PAGOLA, J. A. *Jesús de Nazaret. El hombre y su mensaje.* San Sebastián: Idatz, 1981.

_____. *Jesús: Aproximación histórica.* Madri: PPC, 2007

PARKER, A. *Painfully Clear. Parables of Jesus.* Sheffield: Academic Press, 1996.

PATIN, A. *La aventura de Jesús de Nazaret.* Santander: Sal Terrae, 1997.

PATTERSON, S. J. *Beyond the Passion. Rethinking the Death and Life of Jesus.* Minneapolis: Fortress Press, 2004.

_____. *The God of Jesus. The Historical Jesus and the Search for Meaning.* Harrisburg: Trinity Press International, 1998.

PAUL, A. *El mundo judío en tiempos de Jesús. Historia política.* Madri: Cristiandad, 1982.

_____. *Jésus Christ, la rupture. Essai sur la naissance du christianisme.* Paris: Bayard, 2001.

PENTECOST, J. D. *Things to Come: A Study in Biblical Eschatology.* Grand Rapids: Zondervan, 1958.

PERRIN, N. *Rediscovering the Teaching of Jesus.* Londres: SCM Press, 1967.

_____. *The Kingdom of God in the Teaching of Jesus.* Londres: SCM Press, 1975.

PERROT, C. *Jesús y la historia.* Madri: Cristiandad, 1982.

_____. *Los Relatos de la Infancia de Jesús.* Estella: Verbo Divino, 1980.

PIKAZA, X. *La figura de Jesús. Profeta, taumaturgo, rabino, mesías.* Estella: Verbo Divino, 1992.

_____. *Sistema, Libertad, Iglesia. Instituciones del Nuevo Testamento*. Madri: Trotta: 2001.

_____. *La nueva figura de Jesús. Guía evangélica*. Salamanca: Sígueme, 2003.

_____. *El evangelio. Vida y pascua de Jesús*. Salamanca: Sígueme, 1990.

_____. *Los orígenes de Jesús: ensayo de cristología bíblica*. Salamanca: Sígueme, 1976.

_____. *Cristología del Nuevo Testamento*. Salamanca: Sígueme, 1998.

_____. *La nueva figura de Jesús*. Estella: Verbo Divino, 2003.

_____. *Historia de Jesús*. Estella: Verbo Divino, 2010.

_____. *Evangelio de Marcos. La Buena Noticia de Jesús*. Estella: Verbo Divino, 2012.

PILCH, J. J. *Cultural Tools for Interpreting the Good News*. Collegeville: The Liturgical Press, 2002.

_____. *Healing in the New Testament insights from Medical and Mediterranean Anthropology*. Minneapolis: Fortress Press, 2000.

PIÑERO, A. *El otro Jesús. Vida de Jesús según los evangelios apócrifos*. Córdoba: El Almendro, 1996.

_____. *En la frontera de lo imposible. Magos, médicos y taumaturgos en el Mediterráneo antiguo en tiempos del Nuevo Testamento*. Córdoba: El Almendro, 2001.

_____. *Fuentes del cristianismo. Tradiciones primitivas sobre Jesús*. Córdoba: El Almendro, 1993.

_____. *Textos gnósticos. Biblioteca de Nag Hammadi. II: Evangelios, Hechos, cartas*. Madri: Trotta, 2004.

_____. *Todos los Evangelios Canónicos y Apócrifos*. Madri: Edaf, 2009.

PIÑERO, A. (ed.). *Biblia y helenismo. El pensamiento griego y la formación del cristianismo*. Córdoba: El Almendro, 2006.

PORTER, S. E. *The Messiah in the Old and New Testaments*. Grand Rapids: Eerdmans, 2007.

POWELL, M. A. *Jesus as a Figure in History. How Modern Historians View the Man from Galilee*. Louisville-Londres, Westminster: John Knox Press, 1998.

PUIG I TARRECH, A. *Jesús. Una biografía*. Barcelona: Destino, 2005.

RAHNER, K. & VORGRIMLER, H. *Diccionario Teológico*. Barcelona: Herder, 1966.

RÄISÄNEN, H. *El nacimiento de las creencias cristianas*. Salamanca: Sígueme, 2012.

RATZINGER, J. (Benedicto XVI). *Jesús de Nazaret. Desde el Bautismo a la Transfiguración.* Madri: La Esfera de los Libros, 2007.

_____. *Jesús de Nazaret. Desde la Entrada en Jerusalén hasta la Resurrección.* Madri: Encuentro, 2011.

_____. *La Infancia de Jesús.* Barcelona: Planeta, 2012.

RAUSCH, T. *¿Quién es Jesús? Introducción a la cristología.* Bilbao: Mensajero, 2006.

RAVASI, G. *Cuestiones de Fe: 150 respuestas a preguntas de creyentes y no creyentes.* Estella: Verbo Divino, 2011.

REED, J. L. *El Jesús de Galilea. Aportaciones de la arqueología.* Salamanca: Sígueme, 2006.

RENAN, E. *Vida de Jesús.* Madri: Edaf, 1968.

RICHARD, E. *Jesus: One and Many: The Christological Concepts of the New Testament Authors.* Wilmington: Michael Glazier, 1988.

RICHARDSON, A. *Las narraciones evangélicas sobre milagros.* Madri: Fax, 1974.

RILEY, G. J. *Un Jésus, plusieurs Christs. Essai sur les origines plurielles de la foi chrétienne.* Genève: Labor et Fides, 2002.

RITSCHL, A. *Unterricht in der christlichen Religion.* (Tübingen: Mohr Siebeck GmbH & Co. KG, 2002).

RIVKIN, E. *What crucified Jesus? Messianism, Pharisaism, and the Development of Christianity.* Nova York: UAHC Press, 1997.

RYRIE, C. C. *Dispensationalism Today.* Chicago: The Moody Bible Institute, 1965.

ROBINSON, J. M.; HOFFMANN, P. & KLOPPENBORG, J. S. (eds.). *El documento Q en griego y en español.* Salamanca: Sígueme, 2002.

_____. *El Documento Q.* Salamanca: Sígueme, 2004.

ROLOFF, J. *Jesús.* Madri: Acento, 2003.

ROVIRA BELLOSO, J. M. *Jesús, el Mesías de Dios.* Salamanca: Sígueme, 2005.

RUIZ BUENO, D. *Padres Apostólicos.* Madri: BAC, 1965.

SALDARINI, A. J. *Pharisees, Scribes and Saducees in Palestinian Society.* Grand Rapids-Cambridge: Eerdmans, 2001.

SANDERS, E. P. *Jesús y el judaísmo.* Madri: Trotta, 2004.

_____. *La figura histórica de Jesús.* Estella: Verbo Divino, 2010.

SANFORD, J. A. *The Kingdom within. The inner Meaning of Jesus Sayings.* São Francisco: Harper, 1987.

SAULNIER, C. & ROLLAND, B. *Palestina en tiempos de Jesús*. Estella: Verbo Divino, 1981.

SCHILLEBEECKX, E. *En torno al problema de Jesús. Claves de una cristología*. Madri: Cristiandad, 1983.

_____. *Jesús. La historia de un viviente*. Madri: Trotta, 2002.

SCHLOSSER, J. *El Dios de Jesús*. Salamanca: Sígueme, 1995.

_____. *Jesús, el profeta de Galilea*. Salamanca: Sígueme, 2005.

SCHNACKENBURG, R. *Reino y reinado de Dios*. Madri: Fax, 1967.

SCHNEIDER, G. *Cristología del Nuevo Testamento*. Brescia: Paideia, 1975.

SCHOTTROFF, L. & STEGEMANN, W. *Jesús de Nazaret, esperanza de los pobres*. Salamanca: Sígueme, 1981.

SCHRAGE, W. *Ética del Nuevo Testamento*. Salamanca: Sígueme, 1987.

SCHÜRER, E. *Historia del pueblo judío en tiempos de Jesús* (2 vols.). Madri: Cristiandad, 1985.

SCHÜRMANN, H. *¿Cómo entendió y vivió Jesús su muerte?* Salamanca: Sígueme, 1982.

_____. *El destino de Jesús: su vida y su muerte*. Salamanca: Sígueme, 2003.

_____. *La prière du Seigneur. A la lumière de la prédication de Jésus*. Paris: Éds. de l'Orante, 1965.

SCHÜSSLER-FIORENZA, E. *Cristología feminista crítica. Jesús, el Hijo de Miriam, Profeta de la Sabiduría*. Madri: Trotta, 2000.

_____. *En memoria de ella. Una reconstrucción teológico-feminista de los orígenes del cristianismo*. Bilbao: Desclée de Brouwer, 1989.

_____. *In Memory of Her: A Feminist Theological Reconstruction of Christian Origins*. Nova York: Crossroads, 1992.

SCHWEITZER, A. *The Quest of the Historical Jesus: A Critical Study of its Progress from Reimarus to Wrede*. Nova York: Macmillan, 1965.

SCHWEITZER, E. *Jesús, parábola de Dios*. Salamanca: Sígueme, 2001.

SCOTT, B. B. *Hear Then the Parable. A Commentary on the Parables of Jesus*. Minneapolis: Fortress Press, 1990

_____. *Jesus, Symbol-Maker for the Kingdom*. Filadélfia: Fortress Press, 1981.

SCOTT, E. *What did Jesus do? Gospel Profiles of Jesus' Personal Conduct* Harrisburg-Londres-Nova York: Trinity Press International, 2003.

SEGUNDO, J. L. *El hombre de hoy ante Jesús de Nazaret* (3 vols.). Madri: Cristiandad, 1982.

SHANKS, H. *The Search for Jesus. Modern Scholarship. Looks at the Gospels.* Washington: Biblical Archaeology Society, 1994.

SHILLINGTON, V. G. (ed.). *Jesus and his Parables. Interpreting the Parables of Jesus Today.* Edinburgh: T. & T. Clark, 1997.

SICRE, J. L. *Introducción al Antiguo Testamento.* Estella: Verbo Divino, 2000.

SLOYAN, G. S. *The crucifixion of Jesus. History, Myth, Faith.* Minneapolis: Fortress Press, 1995.

SNYDER, H. A. *Models of the Kingdom.* Eugene, Oregon: Wipf and Stock, 1991.

SOBRINO, J. *Jesucristo liberador. Lectura histórico-teológica de Jesús de Nazaret.* Madri: Trotta, 1991.

_____. *La fe en Jesucristo. Ensayo desde las víctimas.* Madri: Trotta, 1999.

_____. *Jesús en América Latina. Su significado para la fe y la cristología.* Santander: Sal Terrae, 1982.

SOGGIN ALBERTO, J. *Nueva Historia de Israel.* Bilbao: Desclée de Brouwer, 1999.

SÖLLE, D. & SCHOTIROFF, L. *Jesus of Nazareth.* Louisville-Londres-Westminster: John Knox Press, 2002.

SPOHN, W. C. *Go and Do Likewise. Jesus and Ethics.* Nova York: Continuum, 1999.

STEGEMANN, H. *Los esenios, Qumrán, Juan Bautista y Jesús.* Madri: Trotta, 1996.

STEGEMANN, E. W. & STEGEMANN, W. *Historia social del cristianismo primitivo. Los inicios en el judaísmo y las comunidades cristianas en el mundo mediterráneo.* Estella: Verbo Divino, 2001.

STEGEMANN, W.; MALINA, B. J. & THEISSEN, G. *The Social Setting of Jesus and the Gospels.* Minneapolis: Fortress Press, 2002.

STEIN, R. H. *The Method and Message of Jesus' Teachings.* Louisville: Westminster John Knox Press, 1994.

STEVENSON, J. (ed.). *Creeds, Councils, and Controversies. Documents illustrative of the history of the Church A. D. 337-461.* Londres: SPCK, 1972.

STIEWE, M. & VOUGA, F. *Le Sermon sur la Montagne. Un abrégé de l'Évangile dans le miroitement de ses interprétations.* Genebra: Labor et Fides, 2002.

STUHLMACHER, P. *Jesús de Nazaret. Cristo de la fe.* Salamanca: Sígueme, 1996.

SWARTLEY, W. M. (ed.). *The Love of Enemy and Nonretaliation in the New Testament.* Louisville-Westminster: John Knox Press, 1992.

TATUM, W. B. *John the Baptist and Jesus. A report of the Jesus Seminar.* Sonoma: Polebridge Press, 1994.

TAUSSIG, H. *Jesus before God. The Prayer Life of the Historical Jesus.* Santa Rosa: Polebridge Press, 1999.

TAYLOR, V. *Evangelio según San Marcos.* Madri: Cristiandad, 1979.

THEISSEN, G. *Colorido local y contexto histórico en los evangelios. Una contribución a la historia de la tradición sinóptica.* Salamanca: Sígueme, 1997.

_____. *The Miracle Stories of the Early Christian Tradition.* Filadélfia: Fortress Press, 1983.

_____. *El movimiento de Jesús. Historia social de una revolución de los valores.* Salamanca: Sígueme, 2005.

_____. *El Nuevo Testamento. Historia, literatura, religión.* Santander: Sal Terrae, 2003.

_____. *La religión de los primeros cristianos.* Salamanca: Sígueme, 2002.

_____. *Sociología del movimiento de Jesús. El nacimiento del cristianismo primitivo.* Santander: Sal Terrae, 1979.

THEISSEN, G. & MERZ, A. *El Jesús histórico.* Salamanca: Sígueme, 2012.

THOMSON, P. *L'affaire Jésus et les Juifs.* Paris: Cerf, 2003.

TRAGÁN, P. R. *La preistoria dei Vangeli. Tradizione cristiana primitiva.* Fontanella di Sotto il Monte: Servitium, 1999.

TREBOLLE, J. (coord.). *Paganos, judíos y cristianos en los textos de Qumrã.* Madri: Trotta, 1999.

TREVIJANO, R. *Orígenes del cristianismo. El trasfondo judío del cristianismo primitivo.* Salamanca: Universidad Pontificia, 1996.

TRILLING, W. *Jesús y los problemas de su historicidad.* Barcelona: Herder, 1970.

TUNE, S. *También las mujeres seguían a Jesús.* Santander: Sal Terrae, 1999.

TWELFTREE, G. H. *Jesus the Exorcist. A Contribution to the Study of the Historical Jesus.* Peabody: Hendrickson, 1993.

_____. *Jesus. The Miracle Worker.* Downers Grove: Inter-Vasity Press, 1999.

VERMES, G. *Enquête sur l'identité de Jésus. Nouvelles interprétations.* Paris: Bayard, 2003.

_____. *Jesus and the World of Judaism.* Londres: SCM Press, 1983.

_____. *Jesús el judío.* Barcelona: Muchnik, 1977.

_____. *La pasión. La verdad sobre el acontecimiento que cambió la historia de la humanidad*. Barcelona: Crítica, 2007.

_____. *La religione di Gesù l'ebreo. Una grande sfida al cristianesimo*. Assis: Citadella, 2002.

VIA, D. O. *The Parables. Their literary and existential Dimension*. Filadélfia: Fortress Press, 1977.

VIDAL, S. *Los tres proyectos de Jesús y el cristianismo naciente. Un ensayo de reconstrucción histórica*. Salamanca: Sígueme, 2003.

_____. *Jesús el Galileo*. Santander: Sal Terrae, 2006.

_____. *El documento Q: los primeros dichos de Jesús*. Santander: Sal Terrae, 2011.

_____. *Iniciación a Jesús de Nazaret*. Santander: Sal Terrae, 2014.

_____. *Nuevo Testamento*. Santander: Sal Terrae, 2015.

VIELHAUER, P. *Historia de la literatura cristiana primitiva*. Salamanca: Sígueme, 2003.

VON RAD, G. *Teología del Antiguo Testamento* I-II: *Las tradiciones históricas de Israel*. Salamanca: Sígueme, 2009.

VOUGA, F. *Los primeros pasos del cristianismo. Escritos, protagonistas, debates*. Estella: Verbo Divino, 2000.

_____. *Una teología del Nuevo Testamento*. Estella: Verbo Divino, 2002.

WEDER, H. *Metafore del Regno: le parabole di Gesù: ricostruzione e interpretazione*. Brescia: Paideia, 1991.

WEISS, J. *Die Predigt Jesu von Reiche Gottes*. Göttingen: Vandenhoeck & Ruprecht, 1964.

WENHAM, D. & BLOMBERG, C. (eds.). *Gospel Perspectives. The Miracles of Jesus*. Eugene, Oregon: Wipf and Stock, 1986.

WHITE, L. M. *De Jesús al cristianismo*. Estella: Verbo Divino, 2007.

WILLIS, W. (ed.). *The Kingdom of God in 20th Century Interpretation*. Peabody: Hendrickson, 1987.

WINTON, A. P. *The Proverbs of Jesus. Issues of History and Rhetoric*. Sheffield: Academic Press, 1990.

WITHERINGTON III, Ben. *Jesus the Sage. The Pilgrimage of Wisdom*. Minneapolis: Fortress Press, 1994.

_____. *The Jesus Quest. The Third Search for the Jew of Nazaret*. Downers Grove: Inter-Varsity Press, 1997.

_____. *Making a meal of it. Rethinking the Theology of the Lord's Supper*. Waco: Baylor University Press, 2007.

WRIGHT, N. T. *Following Jesus. Biblical Reflections on Discipleships*. Grand Rapids: Eerdmans, 1994.

_____. *Jesus and the Victory of God*. Minneapolis: Fortress Press, 1996.

_____. *The Resurrection of the Son of God*. Minneapolis: Fortress Press, 2003.

YODER, J. H. *The Politics of Jesus*. Grand Rapids: Eerdmans, 2002.

ZORN, R. O. *Church and Kingdom*. Filadélfia: Presbyterian and Reformed, 1962.

LEIA TAMBÉM:

Jesus – A enciclopédia

O cristianismo tem em Jesus a figura emblemática de seu fundador, e, por mais que se discuta qual é o seu papel na origem do cristianismo, torna-se inegável a sua influência, sobretudo a dos evangelhos, na constituição grupal dos cristãos. Também é certo que os evangelhos não são textos históricos, por mais que tenham elementos históricos. Então, o que é possível afirmar sobre Jesus? Esta não é uma pergunta que se limita à cristologia ou à teologia cristã, mas faz do homem de Nazaré um objeto da história, seja ela em âmbito da história geral, seja a história da Palestina da época de Jesus.

Para a reconstrução dos textos bíblicos a obra *Jesus – A enciclopédia* faz uso de dois importantes instrumentos: a história e a exegese. Eles possibilitam um melhor e mais acertado entendimento dos textos bíblicos e, consequentemente, de sua interpretação. Justamente a história e a exegese possibilitam que essa obra dialogue com os vários textos de teologia espalhados pelo Brasil, sejam eles de graduação, sejam eles de pós. Estes podem contar com textos de autores já conhecidos do público brasileiro como Marie-Françoise Baslez, Christoph Theobald e Daniel Marguerat, entre outros.

Ao leitor não acadêmico ou de outras áreas, que não a teologia, essa obra, que conta com dezenas de autores, mostra-se um itinerário que percorre os textos bíblicos ou as situações vividas pelo cristianismo, de modo a oferecer leituras e perspectivas. Figuram entre os autores nomes conhecidos como André Comte-Sponville e Edgar Morin.

CULTURAL
- Administração
- Antropologia
- Biografias
- Comunicação
- Dinâmicas e Jogos
- Ecologia e Meio Ambiente
- Educação e Pedagogia
- Filosofia
- História
- Letras e Literatura
- Obras de referência
- Política
- Psicologia
- Saúde e Nutrição
- Serviço Social e Trabalho
- Sociologia

CATEQUÉTICO PASTORAL
Catequese
- Geral
- Crisma
- Primeira Eucaristia

Pastoral
- Geral
- Sacramental
- Familiar
- Social
- Ensino Religioso Escolar

TEOLÓGICO ESPIRITUAL
- Biografias
- Devocionários
- Espiritualidade e Mística
- Espiritualidade Mariana
- Franciscanismo
- Autoconhecimento
- Liturgia
- Obras de referência
- Sagrada Escritura e Livros Apócrifos

Teologia
- Bíblica
- Histórica
- Prática
- Sistemática

REVISTAS
- Concilium
- Estudos Bíblicos
- Grande Sinal
- REB (Revista Eclesiástica Brasileira)

VOZES NOBILIS
Uma linha editorial especial, com importantes autores, alto valor agregado e qualidade superior.

PRODUTOS SAZONAIS
- Folhinha do Sagrado Coração de Jesus
- Calendário de mesa do Sagrado Coração de Jesus
- Almanaque Santo Antônio
- Agendinha
- Diário Vozes
- Meditações para o dia a dia
- Encontro diário com Deus
- Guia Litúrgico

VOZES DE BOLSO
Obras clássicas de Ciências Humanas em formato de bolso.

CADASTRE-SE
www.vozes.com.br

EDITORA VOZES LTDA.
Rua Frei Luís, 100 – Centro – Cep 25689-900 – Petrópolis, RJ
Tel.: (24) 2233-9000 – Fax: (24) 2231-4676 – E-mail: vendas@vozes.com.br

UNIDADES NO BRASIL: Belo Horizonte, MG – Brasília, DF – Campinas, SP – Cuiabá, MT
Curitiba, PR – Fortaleza, CE – Juiz de Fora, MG – Petrópolis, RJ – Recife, PE – São Paulo, SP